Steuergesetze II

D1726739

Alphabetische Schnellübersicht

Steuergesetze II

Außensteuer
Berlinförderung
Bewertungsrecht
Erbschaft- und Schenkungsteuer
Grunderwerbsteuer
Grundsteuer
Umsatzsteuer
Sonstige Verkehrsteuern

Textausgabe mit ausführlichem Sachregister
Einführung
von Professor Dr. Christian Flämig

18., neubearbeitete Auflage
Stand: 1. Januar 1992

Deutscher
Taschenbuch
Verlag

Sonderausgabe unter redaktioneller Verantwortung
des Verlages C. H. Beck, München
Umschlaggestaltung: Celestino Piatti
Gesamtherstellung: C. H. Beck'sche Buchdruckerei, Nördlingen
ISBN 3 423 055502 (dtv)
ISBN 3 406 361137 (C. H. Beck)

Inhaltsverzeichnis

Inhaltsverzeichnis

Abkürzungen

a. F.	alte(r) Fassung
AIG	Auslandsinvestitionsgesetz
AO	Abgabenordnung
AStG	Außensteuergesetz
Berlin FG	Gesetz zur Förderung der Wirtschaft von Berlin (West)
BewG	Bewertungsgesetz
BKGG	Bundeskindergeldgesetz
DBA	Doppelbesteuerungsabkommen
DDR-IG	DDR-Investitionsgesetz
DV	Durchführungsverordnung
EE	Einführungserlaß
ErbStDV	Erbschaftsteuer-Durchführungsverordnung
ErbStG	Erbschaftsteuergesetz
ErbStRG	Gesetz zur Reform des Erbschaftsteuer- und Schenkungsteuerrechts
EStDV	Einkommensteuer-Durchführungsverordnung
EStG	Einkommensteuergesetz
EZ	Erhebungszeitraum
FeuerschStG	Feuerschutzsteuergesetz
GewStDV	Gewerbesteuer-Durchführungsverordnung
GewStG	Gewerbesteuergesetz
GrEStG	Grunderwerbsteuergesetz
GrStG	Grundsteuergesetz
InvZulG	Investitionszulagengesetz
InvZulVO	Investitionszulagenverordnung
Kj.	Kalenderjahr
KraftStDV	Kraftfahrzeugsteuer-Durchführungsverordnung
KraftStG	Kraftfahrzeugsteuergesetz
KStDV	Körperschaftsteuer-Durchführungsverordnung
KStG	Körperschaftsteuergesetz
KVStDV	Kapitalverkehrsteuer-Durchführungsverordnung
KVStG	Kapitalverkehrsteuergesetz
LStDV	Lohnsteuer-Durchführungsverordnung
mWv	mit Wirkung vom
n. F.	neue(r) Fassung
RAO	Reichsabgabenordnung
SachBezV	Sachbezugsverordnung
SparPDV	Durchführungsverordnung zum Sparprämiengesetz

Abkürzungen

SparPG . . . . Sparprämiengesetz
UmwStG . . . . . Umwandlungssteuergesetz
UStDV . . . . Umsatzsteuer-Durchführungsverordnung
UStG . . . . Umsatzsteuergesetz
VersStDV . . . . . Versicherungsteuer-Durchführungsverordnung
VersStG . . . . . . Versicherungsteuergesetz
VStG . . . . Vermögensteuergesetz
VZ . . . . Veranlagungszeitraum
Wj. . . . . Wirtschaftsjahr
WoBauFG . . . . . Wohnungsbauförderungsgesetz
WoBauG . . . . . . Wohnungsbaugesetz
WoPDV . . . . . . Wohnungsbauprämien-Durchführungsverordnung
WoPG . . . . Wohnungsbauprämiengesetz
WStDV . . . . Wechselsteuer-Durchführungsverordnung
WStG . . . . Wechselsteuergesetz
ZRFG . . . . Zonenrandförderungsgesetz

Einführung
in die Substanz- und Verkehrsteuergesetze

von Prof. Dr. Christian Flämig

1. Bewertungsrecht

Dem Bewertungsgesetz ist die Aufgabe gestellt, die *Einheitlichkeit der Bewertung* von Wirtschaftsgütern und wirtschaftlichen Einheiten für die *Einzelsteuergesetze* sicherzustellen; insoweit ist der Einheitswert (vgl. §§ 19 ff. BewG) als der einheitliche Wert der Grundgedanke des BewG. Dem BewG ist damit wie der AO der Rang eines Rahmengesetzes eigen. Es enthält Vorschriften,

was zu bewerten ist,

nach welchen Bewertungsmaßstäben zu bewerten ist,

auf welche Zeitpunkte zu bewerten ist und

nach welchen Verfahren zu bewerten ist.

Für die neuen Bundesländer enthält der Vierte Teil des BewG Sondervorschriften für die Bewertung von Wirtschaftsgütern auf der Grundlage einzelner Steuergesetze (insbesondere Vermögensteuer, Grundsteuer und Erbschaftsteuer). Grundsätzlich bleibt es hiernach bei den Einheitswerten 1935; dies gilt selbst nach der Sondervorschrift des § 136 BewG für die wirtschaftlichen Einheiten des Betriebsvermögens und die Mineralgewinnungsrechte.

1. Geltungsbereich des BewG

Von dem Ziel des BewG, die für die einzelnen Steuern maßgebende Bewertung zu vereinheitlichen, gibt es Ausnahmen. Demgemäß ist für die Anwendung des BewG von grundlegender Bedeutung, die Geltungsbereiche des Ersten, Zweiten und des neuen Vierten Teils und innerhalb des Zweiten Teils die Geltungsbereiche des Ersten und Zweiten Abschnitts genau auseinander zu halten. Die Geltungsbereiche der Teile unterscheiden sich nach Maßgabe der nach den Vorschriften des BewG zu bewertenden Steuern sowie – wie oben für die neuen Bundesländer erwähnt – nach dem Anwendungsgebiet.

a) Die Allgemeinen Bewertungsvorschriften des Ersten Teils (§§ 2 bis 16 BewG) gelten gemäß § 1 I BewG für alle öffentlich-rechtlichen Abgaben, die durch Bundesrecht geregelt sind, soweit sie durch Bundesfinanzbehörden oder durch Landesfinanzbehörden verwaltet werden, es sei denn, es ergibt sich aus dem Zweiten Teil des BewG etwas anderes oder einzelne Steuergesetze enthalten eigene Bewertungsvorschriften. Letzteres gilt ins-

Einführung

besondere für das Einkommen- und Körperschaftsteuerrecht, so daß es *zwei* selbständige *Bewertungssysteme* gibt, das des EStG[1] und das des BewG.

b) Die Abgrenzung des Geltungsbereichs des Besonderen Teils richtet sich nach Steuerarten und nach Vermögensarten:

aa) Die Besonderen Bewertungsvorschriften, also der gesamte Zweite Teil, gelten für die Vermögensteuer (§ 17 I BewG). Hingegen gelten die Vorschriften über die Einheitsbewertung im Ersten Abschnitt nach näherer Regelung durch die in Betracht kommenden Gesetze auch für die Grundsteuer [8], die Gewerbesteuer[2], die Grunderwerbsteuer [7] und die Erbschaftsteuer [5.1] (§ 17 II BewG). Somit gilt der Zweite Abschnitt lediglich für die Vermögensteuer [14].

bb) Der Zweite Teil des BewG umfaßt die Bewertung der Vermögensarten:

land- und forstwirtschaftliches Vermögen,
Grundvermögen,
Betriebsvermögen,
sonstiges Vermögen.

Die Bewertung der wirtschaftlichen Einheiten der ersten drei Vermögensarten ist im Ersten Abschnitt sowie – für die neuen Bundesländer und das frühere Berlin (Ost) – in den §§ 125 bis 136 des Vierten Teils, die Bewertung der vierten Vermögensart im Zweiten Abschnitt behandelt. Je nachdem, welcher Vermögensart die zu bewertende wirtschaftliche Einheit zuzurechnen ist, sind die Bewertungsmaßstäbe dem Ersten Abschnitt oder dem Zweiten Abschnitt des Zweiten Teils zu entnehmen. Die Bewertung von ausländischem Sachvermögen erfolgt nach den Vorschriften des Ersten Teils (§ 31 BewG).

2. Umfang und Bewertung der vier Vermögensarten

Die Bewertung der Wirtschaftsgüter und wirtschaftlichen Einheiten der vier Vermögensarten stellt sich wie folgt dar (siehe auch beiliegendes Schema):

a) Land- und forstwirtschaftliches Vermögen (§§ 33–67 BewG). Hierzu gehören gem. § 33 BewG alle Wirtschaftsgüter, die dauernd einem land- und forstwirtschaflichen Betrieb (§ 34 BewG) zu dienen bestimmt sind. Das sind insbesondere der Grund und Boden, die Wohn- und Wirtschaftsgebäude, das tote und lebende Inventar (Maschinen, Viehbestand) und ein angemessener Bestand an umlaufenden Betriebsmitteln (Düngemittel, Getreidevorräte u. a.). Zahlungsmittel, Geldforderungen und ein Überbestand an umlaufenden Betriebsmitteln werden dem sonstigen Vermögen (d) zugerechnet.

---

[1] Abgedruckt in dem dtv-Band „Steuergesetze 1" (Nr. 5549) unter 1.1.
[2] Abgedruckt in dem dtv-Band „Steuergesetze 1" (Nr. 5549) unter 2.1.

Einführung

Das land- und forstwirtschaftliche Vermögen ist gem. § 36 BewG mit dem *Ertragswert* zu bewerten; die Einzelheiten des Ertragswertverfahrens sind in den §§ 37–41 BewG niedergelegt. Gem. § 36 II 3 BewG ist als Ertragswert das Achtzehnfache des durchschnittlichen, nachhaltig erzielbaren jährlichen Reinertrags bei ordnungsmäßiger und schuldenfreier Bewirtschaftung anzusehen; das entspricht einem Kapitalisierungszinsfuß von 5,5 v. H. Da die getrennte Bewertung jedes einzelnen landwirtschaftlichen Betriebes einen nicht vertretbaren Verwaltungsaufwand erfordert, wird im allgemeinen nur für eine geringe Zahl von Betrieben (Bewertungsstützpunkte; § 39 BewG) eine Ertragswertermittlung durchgeführt. Die Bewertung der übrigen Betriebe erfolgt in einem *vergleichenden Verfahren* (§§ 38–41 BewG) mit den Bewertungsstützpunkten.

b) Grundvermögen (§§ 68–94 BewG). Hierzu gehören gem. § 68 BewG Grund und Boden und Gebäude (unter Einschluß der sonstigen Bestandteile und des Zubehörs), Erbbaurechte und Wohnungseigentum, soweit diese Grundstücke bzw. Grundstücksrechte nicht dem land- und forstwirtschaftlichen Vermögen oder den Betriebsgrundstücken zuzurechnen sind. Das BewG unterscheidet zwischen unbebauten (§ 72f. BewG) und bebauten Grundstücken (§§ 74ff. BewG). Letztere werden in 6 Grundstücksarten eingeteilt:

Mietwohngrundstücke,
Geschäftsgrundstücke,
gemischt-genutzte Grundstücke,
Einfamilienhäuser,
Zweifamilienhäuser,
sonstige bebaute Grundstücke.

Da für die verschiedenen Grundstücksarten unterschiedliche Bewertungsverfahren anzusetzen sind, ist eine genaue Abgrenzung der Zugehörigkeit von Grundstücken zu den einzelnen Vermögensarten und innerhalb des Grundvermögens zu den verschiedenen Grundstücksarten erforderlich.

Die Bewertung des Grundvermögens erfolgt im allgemeinen nach dem *gemeinen Wert.* So werden unbebaute Grundstücke einschließlich der baureifen Grundstücke mit dem gemeinen Wert bewertet. Bebaute Grundstücke werden gleichfalls mit dem gemeinen Wert bewertet, allerdings in besonders vorgeschriebenen Verfahren: die sonstigen bebauten Grundstücke nach dem *Sachwertverfahren (§§ 83–90 BewG),* die übrigen Grundstücke nach dem *Ertragswertverfahren (§§ 78–82 BewG),* wobei nach Maßgabe des § 76 III BewG unter Umständen auch das Sachwertverfahren Anwendung findet.

c) Betriebsvermögen (§§ 95–109 BewG). Die allgemeine Regelung des § 95 I BewG bestimmt, daß „zum Betriebsvermögen alle Teile einer wirtschaftlichen Einheit, die dem Betrieb eines Gewerbes als Hauptzweck dient", gehören. In den §§ 99 und 100 BewG wird in Ergänzung dazu

Einführung

festgestellt, daß Betriebsgrundstücke und Mineralgewinnungsrechte zwar zum Betriebsvermögen zählen, aber als wirtschaftliche Untereinheiten getrennt zu bewerten sind. Die §§ 101–105 BewG gestatten für einzelne Posten die Nichteinbeziehung bzw. den Abzug vom Rohvermögen.

Die Bewertung des Betriebsvermögens erfolgt gemäß § 109 BewG nach Maßgabe des *Teilwerts* und des *gemeinen Werts*. Die Bewertung mit Hilfe des gemeinen Werts bezieht sich grundsätzlich einmal auf die Betriebsgrundstücke und die Mineralgewinnungsrechte (§ 109 II BewG), zum anderen auf die Bewertung von Wertpapieren und Anteilen (§ 109 III BewG).

d) Sonstiges Vermögen (§§ 110–113a BewG). Zum sonstigen Vermögen gehören gem. § 110 BewG alle Wirtschaftsgüter, die nicht zu den drei anderen Vermögensarten zählen, so u. a. Spareinlagen, Bankguthaben, Bargeld, Wertpapiere und Anteile, Ansprüche aus privaten Lebens- und Kapitalversicherungen, Edelmetalle, Edelsteine, Perlen, Schmuck, Kunstgegenstände und Handschriften.

Die zum sonstigen Vermögen gehörenden Wirtschaftsgüter sind grundsätzlich mit dem *gemeinen Wert* sowie den hiervon abgeleiteten Werten anzusetzen. Bei Wirtschaftsgütern, bei denen der gemeine Wert sich nicht aus Verkäufen ableiten läßt, erfolgt die Bewertung mit Hilfe besonderer Ermittlungs- oder Schätzungsverfahren, so z. B. für Wertpapiere und Anteile (§ 11 II BewG i. V. m. dem sog. Stuttgarter Verfahren, Abschnitte 76–90 VStR).

Die Ermittlung des *Gesamtvermögens* (§ 114 BewG) geht in der Weise vor sich, daß die Werte der einzelnen Vermögensarten zusammengerechnet werden. Von diesem *Rohvermögen* werden die Schulden und andere nach dem BewG zugelassenen Beträge abgezogen (§ 118 BewG), ausgenommen die Betriebsschulden, die schon bei der Ermittlung des Betriebsvermögens berücksichtigt werden; für das inländische Betriebsvermögen gewährt § 117a BewG einen Freibetrag. Das sich daraus ergebene *Reinvermögen* ist das Gesamtvermögen.

Einführung

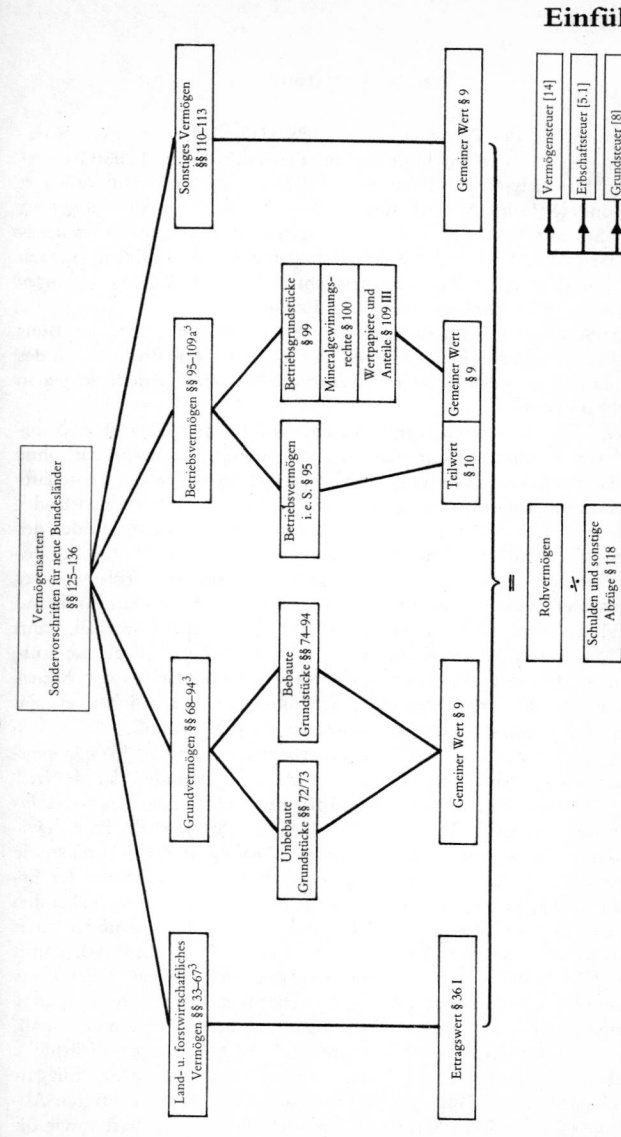

1 Die in eckige Klammern gesetzten Ziffern bezeichnen die Nummern der Gesetze.
2 Die Pfeile kennzeichnen die Übernahme bestimmter Regelungen;
  die Striche (ohne Pfeile) kennzeichnen neuen Ablaufstufen.
3 Sowie für die Gebiete der neuen Bundesländer und des
  früheren Berlin (Ost) §§ 125–134.

Einführung

2. Erbschaftsteuer

Die Ermittlung der Erbschaftsteuer nach Maßgabe des Erbschaftsteuerergesetzes gestaltet sich im Hinblick auf den Aufbau des ErbStG etwas schwierig. Das ErbStG zerfällt in vier Teile, die wiederum untergliedert sind. Besondere Probleme wirft auch die Einbeziehung der *Schenkungsteuer* in das ErbStG auf. § 1 II ErbStG weist darauf hin, daß die erbschaftsteuerlichen Vorschriften auch für die Schenkungsteuer gelten. Einen eigenen Standort innerhalb des Erbschaftsteuerrechts nehmen die *Familienstiftungen* und Familienvereine ein (vgl. § 1 I Nr. 4 ErbStG).

Das ErbStG gilt auch für die nach dem 31. 12. 1990 in den neuen Bundesländern entstandenen bzw. entstehenden Erwerbe. Die Problematik des Übergangs auf das neue Erbschaftsteuerrecht hat seinen Niederschlag in § 37a ErbStG erfahren.

Die *persönliche Steuerpflicht* ergibt sich aus § 2 ErbStG. Das ErbStG unterscheidet zwischen unbeschränkter und beschränkter Steuerpflicht, ohne daß diese Ausdrücke im Gesetz gebraucht werden. Auch bei der Erbschaftsteuer bestimmt sich die persönliche Steuerpflicht nach dem Wohnsitz oder dem gewöhnlichen Aufenthalt des Erblassers (bzw. Schenkers) oder des Erwerbers (für nichtnatürliche Personen vgl. § 2 I Nr. 1d ErbStG). Unbeschränkte Steuerpflicht besteht im allgemeinen, wenn der Erblasser oder der Erbe seinen Wohnsitz oder seinen gewöhnlichen Aufenthalt im Inland (§ 2 II ErbStG) hat (§ 2 I Nr. 1a ErbStG); ist beides nicht der Fall, dann besteht beschränkte Steuerpflicht (§ 2 I Nr. 3 ErbStG). Eine eigene Antwort sieht § 20 ErbStG für die Frage der Steuerschuldnerschaft vor; *Steuerschuldner* ist der Erwerber, bei einer Schenkung auch der Schenker. Zu beachten sind auch die Haftungsvorschriften des § 20 ErbStG.

Der unbeschränkten Steuerpflicht unterliegt der *„gesamte Vermögensanfall"*, auch soweit sich der Nachlaß im Ausland befindet (§ 2 I Nr. 1 ErbStG). Von der beschränkten Steuerpflicht wird hingegen nur das *Inlandsvermögen* i. S. des § 121 BewG (§ 2 I Nr. 3 ErbStG) erfaßt. Eine Präzisierung des „Gegenstands der Erbschaftsteuer" erfolgt in § 1 ErbStG sowie in den §§ 3–8 ErbStG. Der Erbschaftsteuer unterliegen nicht nur der Erwerb von Todes wegen, sondern auch die Schenkungen unter Lebenden und die Zweckzuwendungen (§ 1 I ErbStG) – sowie das Vermögen einer Familienstiftung und eines Familienvereins (§ 1 I Nr. 4 ErbStG); damit versucht das ErbStG jede *Bereicherung unter Lebenden oder von Todes wegen* zu erfassen. Im einzelnen regelt § 3 ErbStG abschließend, welche Vorgänge als *Erwerb von Todes wegen* zu gelten haben (u. a. Erwerb durch Erbanfall, durch Vermächtnis sowie aufgrund eines geltend gemachten Pflichtteils). Steuerpflichtig ist auch der Übergang des Anteils des verstorbenen Ehegatten am Gesamtgut der Gütergemeinschaft auf die anteilsberechtigten Abkömmlinge (§ 4 ErbStG). Schließlich ist auch die Vorerbschaft sowie die

Einführung

Nacherbschaft steuerpflichtig (§ 6 ErbStG). Steuerpflichtig sind weiter Schenkungen und sonstige unentgeltliche Zuwendungen unter Lebenden, wenn dadurch der Bedachte auf Kosten des Zuwendenden bereichert wird (§ 7 ErbStG).

Der II. Teil des ErbStG ist der *Bemessungsgrundlage* gewidmet. Dabei ist zu berücksichtigen, daß die Wertermittlung auf den Zeitpunkt der Entstehung der Steuerschuld (§ 11 i. V. m. § 9 ErbStG) zu erfolgen hat *(= Stichtagsbewertung)*. Die Bewertung selbst richtet sich nach den Allgemeinen Vorschriften des Ersten Teils (§ 12 I ErbStG) sowie für die Gebiete der neuen Bundesländer und des früheren Berlin (Ost) nach dem Vierten Teil des BewG [4] (§ 37 a III ErbStG). Grundvermögen und land- und forstwirtschaftliches Vermögen sind mit dem im Zeitpunkt der Entstehung der Steuerschuld maßgebenden *Einheitswert* anzusetzen (§ 12 II ErbStG). Für einen zum steuerpflichtigen Erwerb gehörenden gewerblichen Betrieb ist ein besonderer Stichtagswert zu ermitteln, wobei die für die Einheitsbewertung des Betriebsvermögens geltenden Vorschriften (§§ 95 ff. BewG) anzuwenden sind (§ 12 V ErbStG). Von dem hiernach ermittelten Wert sind nach Maßgabe des § 10 ErbStG die Belastungen abzuziehen. Das sind vor allem die sog. *Erblasserschulden* und sog. *Erbfallschulden*.

Die Höhe der Erbschaftsteuer *(Steuertarif)* richtet sich zunächst im wesentlichen nach dem Verwandtschaftsverhältnis des Erwerbers zum Erblasser oder zum Schenker; hierzu unterscheidet § 15 ErbStG vier Steuerklassen. Für die einzelnen Steuerklassen steigen die Steuersätze dem Wert des Erwerbs entsprechend progressiv an (§ 19 ErbStG). Dabei ist allerdings zu berücksichtigen, daß der *„Zugewinn"* i. S. des § 5 ErbStG und bestimmte in § 13 ErbStG aufgeführte Werte gemäß § 10 I ErbStG außer Ansatz bleiben; außerdem ist der steuerpflichtige Erwerb (vgl. § 10 ErbStG) nach Maßgabe der Freibeträge und Freigrenzen der §§ 16 und 17 ErbStG zu korrigieren. Gemäß § 14 ErbStG kann dabei eine Berücksichtigung früherer Erwerbe erfolgen. Soweit für Personen der Steuerklasse I oder II dasselbe Vermögen schon einmal innerhalb der letzten 10 Jahre versteuert worden ist, wird die Erbschaftsteuer gem. § 27 ErbStG ermäßigt. Gem. § 29 Abs. 1 ErbStG kommt es zum Erlöschen der Erbschaftsteuer bzw. Schenkungsteuer für den Fall, daß ein Erbe bzw. Beschenkter Vermögensgegenstände an eine gemeinnützige Stiftung mit wissenschaftlicher oder kultureller Zielsetzung weitergibt.

Die *verfahrensmäßige Behandlung* wird im IV. Teil des ErbStG geklärt. Er enthält Hinweise auf die Anzeige- und Erklärungspflichten (§§ 30 ff. ErbStG), die in der ErbStDV [5.2] noch eine Erweiterung erfahren, sowie hinsichtlich der Steuerfestsetzung, für die die ErbStDV [5.2] ebenfalls Präzisierungen vorsieht. Die Sondervorschrift des § 37 a hat auch für die verfahrensmäßige Behandlung von erbschaftsteuerlichen Erwerben Bedeutung.

Einführung

Erbschaftsteuerermittlung[1,2]

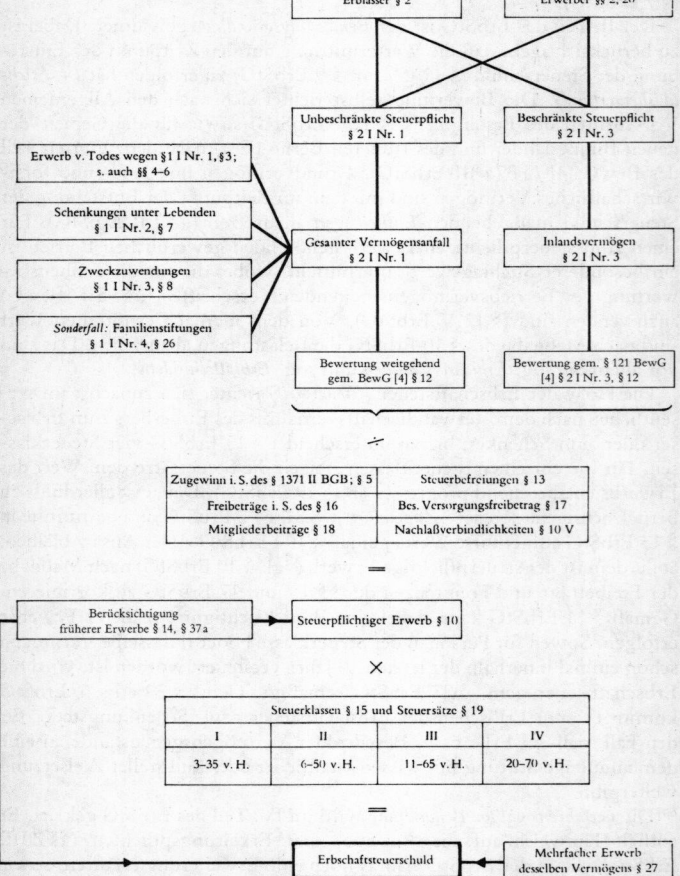

Erblasser § 2 — Erwerber §§ 2, 20

Unbeschränkte Steuerpflicht § 2 I Nr. 1 — Beschränkte Steuerpflicht § 2 I Nr. 3

Erwerb v. Todes wegen § 1 I Nr. 1, § 3; s. auch §§ 4–6

Schenkungen unter Lebenden § 1 I Nr. 2, § 7

Zweckzuwendungen § 1 I Nr. 3, § 8

Sonderfall: Familienstiftungen § 1 I Nr. 4, § 26

Gesamter Vermögensanfall § 2 I Nr. 1 — Inlandsvermögen § 2 I Nr. 3

Bewertung weitgehend gem. BewG [4] § 12 — Bewertung gem. § 121 BewG [4] § 2 I Nr. 3, § 12

Zugewinn i. S. des § 1371 II BGB; § 5	Steuerbefreiungen § 13
Freibeträge i. S. des § 16	Bes. Versorgungsfreibetrag § 17
Mitgliederbeiträge § 18	Nachlaßverbindlichkeiten § 10 V

Berücksichtigung früherer Erwerbe § 14, § 37a → Steuerpflichtiger Erwerb § 10

×

Steuerklassen § 15 und Steuersätze § 19			
I	II	III	IV
3–35 v. H.	6–50 v. H.	11–65 v. H.	20–70 v. H.

Erbschaftsteuerschuld ← Mehrfacher Erwerb desselben Vermögens § 27

[1] Die in eckige Klammern gesetzten Ziffern bezeichnen die Nummern der Gesetze.

[2] Die Pfeile kennzeichnen die Übernahme bestimmter Regelungen; die Striche (ohne Pfeile) kennzeichnen neue Ablaufstufen.

Einführung

3. Grunderwerbsteuer

Die Grunderwerbsteuer belastet die Verkehrsvorgänge bezüglich inländischer Grundstücke. Demgemäß unterliegt der Abschluß eines auf Übereignung eines *Grundstücks* i. S. des § 2 I und II GrEStG gerichteten Rechtsgeschäfts der Grunderwerbsteuer (§ 1 I Nr. 1 GrEStG). Zur Absicherung dieses Haupttatbestandes hat der Gesetzgeber in § 1 I Nr. 2–7, II–VII GrEStG einen Kranz von Neben- und Ersatztatbeständen angelegt.

Das Übermaß an Steuerbefreiungen ist durch das GrEStG 1983 abgebaut worden. Das Gesetz enthält nur noch in den §§ 3–7 einige Steuervergünstigungen, u. a. auch für Erwerbe in den neuen Bundesländern.

Die *persönliche Steuerpflicht* regelt § 13 GrEStG im Zusammenhang mit den Erwerbsvorgängen der §§ 1ff. GrEStG. Regelmäßig sind Steuerschuldner die an einem Erwerbsvorgang als Vertragsteile beteiligten Personen.

Die *Bemessungsgrundlage* bestimmt sich nach §§ 8ff. GrEStG. § 8 GrEStG sieht einmal den Wert der *Gegenleistung* (Abs. 1), zum anderen den Wert des Grundstücks (Abs. 2) als Bemessungsgrundlagen vor. Was als Wert der Gegenleistung anzusehen ist, bestimmt sich gem. § 9 GrEStG; dabei ist zu beachten, daß zu dem Kaufpreis noch andere vom Käufer übernommene Leistungen hinzuzurechnen sind. Als Wert des Grundstücks sind grundsätzlich die Einheitswerte bzw. die Ersatzwirtschaftswerte (§ 125) des BewG [4] anzusetzen (§ 10 GrEStG).

Der *Steuertarif* beträgt nach § 11 GrEStG ausnahmslos 2 v. H.; lediglich § 12 GrEStG gewährt die Möglichkeit einer Pauschbesteuerung.

Die *verfahrensmäßige Behandlung* ist im GrEStG in § 16 (Fälligkeit) und in § 17 (Erstattung) geregelt. Darüber hinaus enthält das GrEStG weitere Verfahrensregelungen, so insbesondere hinsichtlich der Anzeigepflicht der an den Erwerbsvorgängen beteiligten Urkundspersonen.

4. Grundsteuer

Die *persönliche Steuerpflicht* regelt § 10 GrStG. Steuerpflichtiger in der Ausgestaltung des Steuerschuldners ist hiernach im allgemeinen der *Eigentümer* des Grundbesitzes, für die neuen Bundesländer unter den Voraussetzungen des § 40 der (oder die) Nutzer. § 11 GrStG ergänzt die Steuerpflicht in Richtung einer persönlichen Haftung anderer Personen.

Die *Frage* nach dem *Steuergegenstand* findet ihre Beantwortung zunächst in § 1 I GrStG, der besagt, daß die Gemeinde die Grundsteuer von dem in ihrem Gebiet gelegenen *Grundbesitz* erhebt. Was im einzelnen zum Grundbesitz gehört, ist dem § 2 GrStG unter Verweisung auf das BewG [4] zu entnehmen; hiernach bildet der land- und forstwirtschaftliche Betrieb einen

Einführung

Grundsteuerermittlung und -veranlagung[1,2]

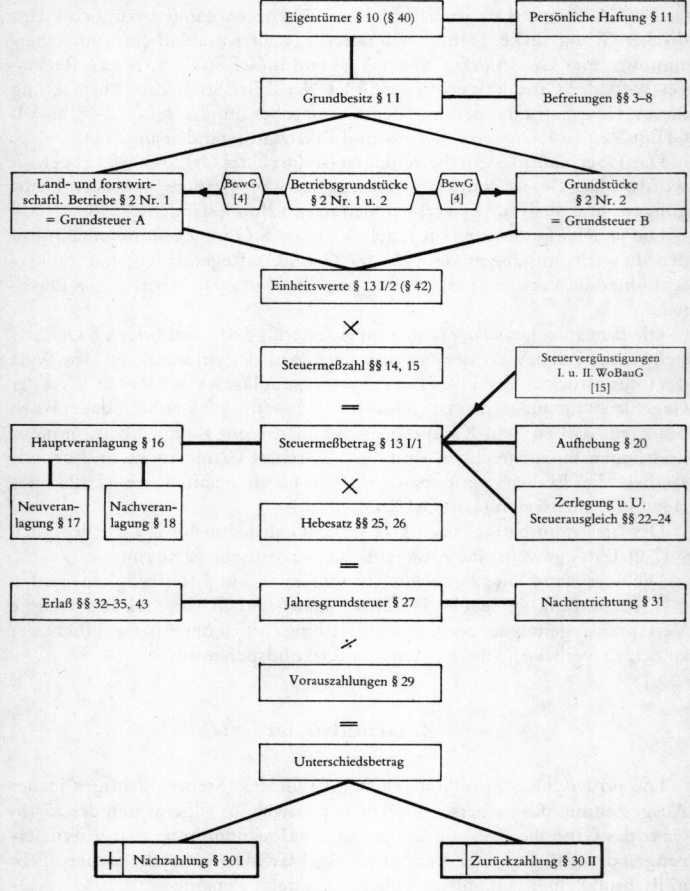

Eigentümer § 10 (§ 40) — Persönliche Haftung § 11

Grundbesitz § 1 I — Befreiungen §§ 3–8

Land- und forstwirt-
schaftl. Betriebe § 2 Nr. 1
= Grundsteuer A
← BewG [4] — Betriebsgrundstücke § 2 Nr. 1 u. 2 — BewG [4] →
Grundstücke § 2 Nr. 2
= Grundsteuer B

Einheitswerte § 13 I/2 (§ 42)

×

Steuermeßzahl §§ 14, 15

Steuervergünstigungen I. u. II. WoBauG [15]

=

Hauptveranlagung § 16 — Steuermeßbetrag § 13 I/1 — Aufhebung § 20

Neuveran-lagung § 17 / Nachveran-lagung § 18

Zerlegung u. U. Steuerausgleich §§ 22–24

×

Hebesatz §§ 25, 26

=

Erlaß §§ 32–35, 43 — Jahresgrundsteuer § 27 — Nachentrichtung § 31

∕

Vorauszahlungen § 29

=

Unterschiedsbetrag

+ Nachzahlung § 30 I — − Zurückzahlung § 30 II

[1] Die in eckige Klammern gesetzten Ziffern bezeichnen die Nummern der Gesetze.

[2] Die Pfeile kennzeichnen die Übernahme bestimmter Regelungen; die Striche (ohne Pfeile) kennzeichnen neue Ablaufstufen.

Einführung

Steuergegenstand der Grundsteuer – auch *Grundsteuer A* genannt – und zum anderen ist das Grundstück Steuergegenstand i. S. des GrStG – auch als *Grundsteuer B* bezeichnet. Die *Betriebsgrundstücke* sind entweder der Gruppe der land- und forstwirtschaftlichen Betriebe oder der Grundstücke des Grundvermögens zuzurechnen. Befreiungen von der Grundsteuer sind in den §§ 3–8 GrStG enthalten.

Die *Bemessungsgrundlage* ist der nach dem BewG [4] festgestellte *Einheitswert* (§ 13 I/2 GrStG) bzw. für die neuen Bundesländer die Ersatzbemessungsgrundlage nach §§ 41, 42 GrStG.

Der *Steuertarif* zeichnet sich im GrStG durch Besonderheiten insoweit aus, daß bei der Berechnung der Grundsteuer von einem Steuermeßbetrag (§ 13 GrStG) auszugehen ist, der durch Anwendung eines Tausendsatzes, der sog. *Steuermeßzahl* (§§ 14/15 GrStG), auf den Einheitswert zu ermitteln ist; soweit sich der Steuergegenstand über mehrere Gemeinden erstreckt, ist eine Zerlegung des Steuermeßbetrages, ersatzweise ein Steuerausgleich, vorzunehmen (§§ 22–24 GrStG). Die Jahresgrundsteuer wird dann in der Weise berechnet, daß ein Hundertsatz, nämlich der von der Gemeinde festgesetzte *Hebesatz* (§§ 25, 26 GrStG), auf den Steuermeßbetrag angewendet wird. An den Steuermeßbetrag knüpfen einige *Grundsteuervergünstigungen* an, so insbesondere die gemäß dem I. und II. WobauG [15] gewährten Vergünstigungen. Das GrStG enthält in §§ 32–34 eigene Erlaßvorschriften sowie Sondervergünstigungen für die Gebiete der neuen Bundesländer und des früheren Berlin (Ost) in § 43 GrStG.

Die *verfahrensmäßige Behandlung* bezieht sich einmal auf die Veranlagung der Grundsteuermeßbeträge, die sich im Anschluß an die Feststellung der Einheitswerte in eine *Hauptveranlagung* (§ 16 GrStG), *Neuveranlagung* (§ 17 GrStG) und *Nachveranlagung* (§ 18 GrStG) aufgliedern läßt. Dem verfahrensmäßigen Ablauf ist Abschnitt III der GrStG gewidmet, der sich auf die Festsetzung (§ 27 GrStG), die Fälligkeit (§ 28 GrStG), die Vorauszahlungen (§ 29 GrStG) sowie die Nachzahlungen und Zurückzahlungen (§ 30 GrStG) einschließlich der Nachentrichtung der Steuer (§ 31 GrStG) bezieht.

5. Kraftfahrzeugsteuer

Den *Steuergegenstand* nennt § 1 KraftStG. Die sachliche Steuerpflicht umfaßt einmal das *Halten eines einheimischen Fahrzeugs* (zum Begriff siehe § 2 I KraftStG) zum Verkehr auf öffentlichen Straßen, zum anderen die Zuteilung eines Kennzeichens für Probe- und Überführungsfahrten sowie die widerrechtliche Benutzung eines Kraftfahrzeugs oder Anhängers; schließlich unterliegt auch das Halten von gebietsfremden Fahrzeugen zum Verkehr auf öffentlichen Straßen, solange sich die Fahrzeuge im Geltungsbereich des KraftStG befinden, der Kraftfahrzeugsteuer. Das KraftStG ent-

Einführung

hält umfangreiche Befreiungen von der sachlichen Steuerpflicht in §§ 3–3g KraftStG. Die Befreiung bezieht sich einmal auf Fahrzeuge, die für hoheitliche Zwecke und für den Bereich der Daseinsvorsorge verwendet werden; zum anderen sind diejenigen Fahrzeuge, die ausschließlich in der Land- und Forstwirtschaft eingesetzt werden, für Behinderte zugelassen sind sowie ins Ausland überführt werden, von der Steuer befreit; schließlich gewährt das KraftStG Steuerbefreiungen für schadstoffarme und bedingt schadstoffarme Personenkraftwagen (unter Einschluß von Personenkraftwagen mit Dieselmotor) sowie für Elektrofahrzeuge. Neu eingeführt wurden Förderungsbeträge für den nachträglichen Einbau eines Katalysators.

Gem. § 7 KraftStG ist *persönlich steuerpflichtig,* wer beim Halten eines im deutschen Zulassungsverfahren zugelassenen Fahrzeugs – in der Regel der Zulassungsberechtigte – Steuerschuldner ist (§ 7 I Nr. 1 KraftStG). Für die Ersatz- und Nebentatbestände gelten in den Nrn. 2–4 Sondervorschriften. Die Kraftfahrzeugsteuerpflicht entsteht in der Regel mit der Zulassung und endet mit deren Entziehung (§ 5 KraftStG). Für den sich aus der Veräußerung eines Fahrzeugs ergebenden Wechsel der Steuerschuldnerschaft sowie bei Veränderungen am Fahrzeug gelten Sonderbestimmungen (§ 5 III und V KraftStG).

Bemessungsgrundlage ist bei Personenkraftwagen und Krafträdern der *Hubraum* (§ 8 Nr. 1 KraftStG), soweit diese Fahrzeuge durch Hubkolbenmotoren angetrieben werden, bei allen anderen Fahrzeugen das verkehrsrechtlich höchstzulässige *Gesamtgewicht* (§ 8 Nr. 2 KraftStG).

Der *Steuertarif* bestimmt sich nach § 9 KraftStG. Als Regeltarif gilt für schadstoffarme Personenkraftwagen mit Hubkolbenmotoren ein Proportionaltarif von jährlich 13,20 DM je angefangene 100 ccm Hubraum; für Personenkraftwagen, die diese Voraussetzungen nicht erfüllen, steigt der Steuersatz bis auf 38,– DM. Bis zum 31. 12. 1992 werden gem. § 9 Abs. 6 KraftStG Steuervergünstigungen für in den neuen Bundesländern zugelassene Personenkraftwagen gewährt.

Im KraftStG sind verfahrensrechtliche Bestimmungen wie die Entrichtungszeiträume (§ 11 KraftStG), die Steuerfestsetzung (§ 12 KraftStG) und die Steuerentrichtung durch Steuermarken für Kraftfahrzeuge im Gebiet der früheren DDR (§ 12a KraftStG), der Nachweis der Besteuerung (§ 13 KraftStG) und die Abmeldung von Amts wegen (§ 14 KraftStG) enthalten. Weitere Bestimmungen zum verfahrensmäßigen Ablauf bietet die KraftStDV.

6. Kapitalverkehrsteuer

Das KVStG enthält die Vorschriften für zwei Steuerarten: für die Gesellschaftsteuer und die Börsenumsatzsteuer, die dementsprechend auch eine getrennte Darstellung erfahren sollen.

Einführung

Die nur noch bis zum 31. 12. 1991, in den Gebieten der neuen Bundesländer und des früheren Berlin (Ost) bereits ab 1. 1. 1991 nicht mehr erhobene Gesellschaftsteuer knüpft an die Rechtsvorgänge an, die auf die Zuführung von *Eigenkapital* an inländische Kapitalgesellschaften gerichtet sind. Die Vorschriften zur Gesellschaftsteuer sind nach dem 31. 12. 1991 weiterhin anzuwenden, soweit Gesellschaftsteuer bereits vor dem 1. 1. 1992 entstanden ist und noch Steuerpflichten zu erfüllen sind, die mit bereits entstandener Steuer im Zusammenhang stehen, oder soweit für diese Steuern gehaftet wird.

Gem. § 2 I Nr. 1 KVStG unterliegt der Erwerb von *Gesellschaftsrechten* (dazu § 6 KVStG) an einer inländischen *Kapitalgesellschaft* (im einzelnen § 5 KVStG, u.a. die GmbH & Co.) durch den ersten Erwerber (als Gesellschafter i. S. des § 6 II KVStG) der Gesellschaftsteuer. Wie bei der Grunderwerbsteuer [7], so ist auch der Haupttatbestand des § 2 I Nr. 1 KVStG durch einige Neben- und Sondertatbestände vor Umgehungen abgeschirmt worden (im einzelnen § 2 I Nrn. 2–6 und II KVStG sowie § 4 KVStG). Einige Ausnahmen von der sachlichen Steuerpflicht enthält § 7 KVStG.

Gem. § 10 I KVStG i. V. m. § 5 KVStG trifft die *persönliche Steuerpflicht* in der Form der Steuerschuldnerschaft die Kapitalgesellschaft, die sich durch die Haftungsbestimmung des § 10 II KVStG auf den Erwerber und den Leistenden erweitern kann.

Steuermaßstab ist gem. § 8 KVStG der Wert der Gegenleistung, der Wert der Gesellschaftsrechte, der Wert der Leistung oder der Wert des Anlage- oder Betriebskapitals. Der Ansatz des jeweiligen Maßstabs ist abhängig von dem entsprechenden steuerpflichtigen Vorgang des § 2 KVStG.

Nach § 9 KVStG beträgt der allgemeine Steuersatz 1 v. H. Für verschiedene Rechtsvorgänge kann unter bestimmten Voraussetzungen der ermäßigte Steuersatz des § 9 II KVStG in Anspruch genommen werden.

Die *verfahrensmäßige Behandlung* ist weitgehend in der KVStDV geregelt; dabei sind besonders die Anmeldungs- und Mitteilungspflichten der mit den steuerpflichtigen Vorgängen befaßten Personen zu beachten; das KVStG enthält lediglich in § 27 KVStG die Bestimmung, daß die Steuer zwei Wochen nach Entstehung der Steuerschuld fällig wird.

Die zum 1. 1. 1991 aufgehobene Börsenumsatzsteuer schließt sich insoweit an die Gesellschaftsteuer an, als hiervon nicht der Ersterwerb, sondern die späteren Umsätze von Gesellschaftsrechten an inländischen Kapitalgesellschaften und von Schuldverschreibungen erfaßt werden sollen.

Der Börsenumsatzsteuer unterliegt der Abschluß von *Anschaffungsgeschäften* über *Wertpapiere* im Inland oder unter Beteiligung wenigstens eines Inländers im Ausland (§ 17 I KVStG). § 17 II KVStG enthält die Antwort auf die Frage, wer Inländer ist; § 18 KVStG bezeichnet die Anschaffungsgeschäfte, die dann in bezug auf die Beteiligten in den §§ 20, 21 KVStG

Einführung

unterschieden werden, und § 19 KVStG bestimmt, was als Wertpapiere i. S. des KVStG zu gelten hat. Ausnahmen von der sachlichen Steuerpflicht enthält § 22 KVStG.

Die *persönliche Steuerpflicht* regelt § 25 KVStG. Bei Kundengeschäften (§ 20 II KVStG) sind die Händler Steuerschuldner, bei Privatgeschäften (§ 20 III KVStG) treten die Vertragsteile als Gesamtschuldner auf.

Die *Bemessungsgrundlage* ist gemäß § 23 KVStG im allgemeinen der vereinbarte Preis, dem Abschlußkosten oder besonders berechnete Stückzinsen nicht hinzuzurechnen sind. Abweichungen hiervon enthalten die Nrn. 2–4 von § 23 KVStG.

Der *Steuertarif* ist unterschiedlich, je nachdem welche Anschaffungsgeschäfte der Börsenumsatzsteuer unterworfen werden sollen. Der Steuersatz ist gemäß § 24 KVStG von 1 über 2 bis 2,5 v. T. gestaffelt; als normaler Steuersatz (vor allem für Dividendenwerte) ist 2,5 v. T. anzusehen. Nach Maßgabe des Abs. 2 von § 24 KVStG ermäßigen sich die Sätze jeweils auf die Hälfte.

Die *verfahrensmäßige Behandlung* ist in §§ 21 ff. KVStDV geregelt; die Steuer kann danach auch durch die Verwendung von Börsenumsatzsteuermarken entrichtet werden.

7. Umsatzsteuer

Die Ermittlung der Umsatzsteuer im Einzelfall kann sich recht schwierig gestalten. Es empfiehlt sich daher auch hier beim Studium des nachfolgenden Textes das Ermittlungsschema aufzuschlagen.

Steuergegenstand sind gem. § 1 Abs. 1 UStG die steuerbaren *Umsätze*. Von den steuerbaren Umsätzen gibt es vier Arten, die in § 1 Abs. 1 UStG aufgeführt sind, nämlich die *Leistungen* (Nr. 1), der *Eigenverbrauch* (Nr. 2), die unentgeltlichen Leistungen von Körperschaften i. S. des § 1 I Nrn. 1–5 KStG[1] an ihre Mitglieder (Nr. 3) und die *Einfuhr* (Nr. 4). Die Leistungen gliedern sich in Lieferungen (zum Ort der sonstigen Leistung s. § 3a UStG) und sonstige Leistungen und erfahren in § 3 UStG für bestimmte Fälle noch eine Präzisierung; hingegen untergliedert sich der Eigenverbrauch in Gegenstandsentnahme (Nr. 2a), Gegenstandsverwendung (Nr. 2b) und nichtabzugsfähige Betriebsausgaben (Nr. 2c). Sonderregelungen gelten für die Besteuerung von Reiseleistungen (§ 25 UStG) und für die Umsätze von Gebrauchtfahrzeugen (§ 25a UStG). Von den unter § 1 Abs. 1 Nrn. 1–3 UStG fallenden Umsätzen sind die in § 4 UStG unter Einschluß von §§ 5–8 UStG (siehe auch §§ 8 ff. UStDV [12.2]) genannten Umsätze, so u. a. auch die Beteiligung als stiller Gesellschafter an einem Unternehmen, steuerbefreit (zur Steuervergütung für gemeinnützige Körperschaften siehe § 4a

---

[1] Abgedruckt in dem dtv-Band „Steuergesetze 1" (Nr. 5549) unter 3.1.

UStG). Dabei ist darauf hinzuweisen, daß für die in § 4 Nrn. 1–6 aufgeführten Umsätze der *Vorsteuerabzug* nicht ausgeschlossen ist; zudem besteht nach Maßgabe des § 9 UStG für einige Befreiungstatbestände die
Möglichkeit, diese Umsätze dem UStG zu unterwerfen („Option").

Die *persönliche Steuerpflicht* ergibt sich aus § 13 II iVm § 2 UStG (für die
Einfuhr ist § 21 II UStG heranzuziehen); hiernach ist der *Unternehmer* Steuerschuldner. Wer Unternehmer ist und was zu dessen Unternehmen gehört, wird in § 2 UStG beantwortet. In Zusammenhang mit dem Vorsteuerabzug ergibt sich jedoch, daß mit der Umsatzsteuer letztlich der
Endverbraucher wirtschaftlich belastet werden soll.

Die *Bemessungsgrundlage* ist in § 10 UStG für die Leistungen und den
Eigenverbrauch, in § 11 UStG für die Einfuhr geregelt. Für den Bereich
der Leistungen ist das in § 10 I/2 UStG näher umschriebene *Entgelt* die
Bemessungsgrundlage; für den Eigenverbrauch, die unentgeltlichen Leistungen i. S. des § 1 I Nr. 3 UStG und die Einfuhr legt das UStG besondere
Bewertungsmaßstäbe fest. Bei Änderung der Bemessungsgrundlage greift
§ 17 UStG ein. Gegenüber der *Sollversteuerung* (§ 16 I/1 UStG) kann unter
den Voraussetzungen des § 20 UStG die Istversteuerung angewendet werden.

Das UStG sieht *zwei Steuersätze* in § 12 UStG vor; der Regelsteuersatz
beträgt derzeit 14 v. H.; für Güter des allgemeinen Lebensbedarfs ermäßigt
sich der Steuersatz auf 7 v. H. Der Regelsteuersatz erhöht sich ab 1. 1. 1993
von 14 v. H. auf 15 v. H. Unter Anwendung des einen oder anderen Steuersatzes auf die entsprechende Bemessungsgrundlage läßt sich die Umsatzsteuer ermitteln. Indessen ist damit erst die erste Stufe in der Ermittlungs-
folge angesprochen. Von der Umsatzsteuer sind nämlich grundsätzlich die
dem steuerpflichtigen Unternehmer in Rechnung gestellte Umsatzsteuer
als sog. *Vorsteuer* (§ 15 UStG, §§ 35 ff. UStDV) in Abzug zu bringen (§ 16
II/1 UStG). Für die abziehbaren Vorsteuern können gem. §§ 23, 23 a UStG
Durchschnittssätze iVm §§ 66 a, 69 f. UStDV [12.2] angesetzt werden. Besonderheiten zeigen sich bei der Besteuerung land- und forstwirtschaftlicher Betriebe: im Hinblick auf die *Durchschnittsatzbesteuerung* des § 24
UStG entsteht im Regelfall keine Zahllast. Für den Bereich der Berlinförderung sieht das BerlinFG [3] Vergünstigungen bei der Umsatzsteuer vor.
Die Besteuerung der Kleinunternehmer regelt sich nach § 19 UStG.

Im Rahmen der Voranmeldung und der endgültigen Veranlagung ist
lediglich die Differenz zwischen der Umsatzsteuer und der Vorsteuer abzu-
führen (im einzelnen § 18 UStG). Von besonderer Bedeutung sind die
Rechnungslegungsvorschriften des UStG (Aufzeichnungspflichten – § 22
UStG; Fragen der Rechnungserteilung – § 14 UStG); §§ 31 ff., §§ 63 ff.
UStDV [12.2] sehen hierzu Erleichterungen vor.

Einführung

Umsatzsteuerermittlung und -veranlagung[1,2]

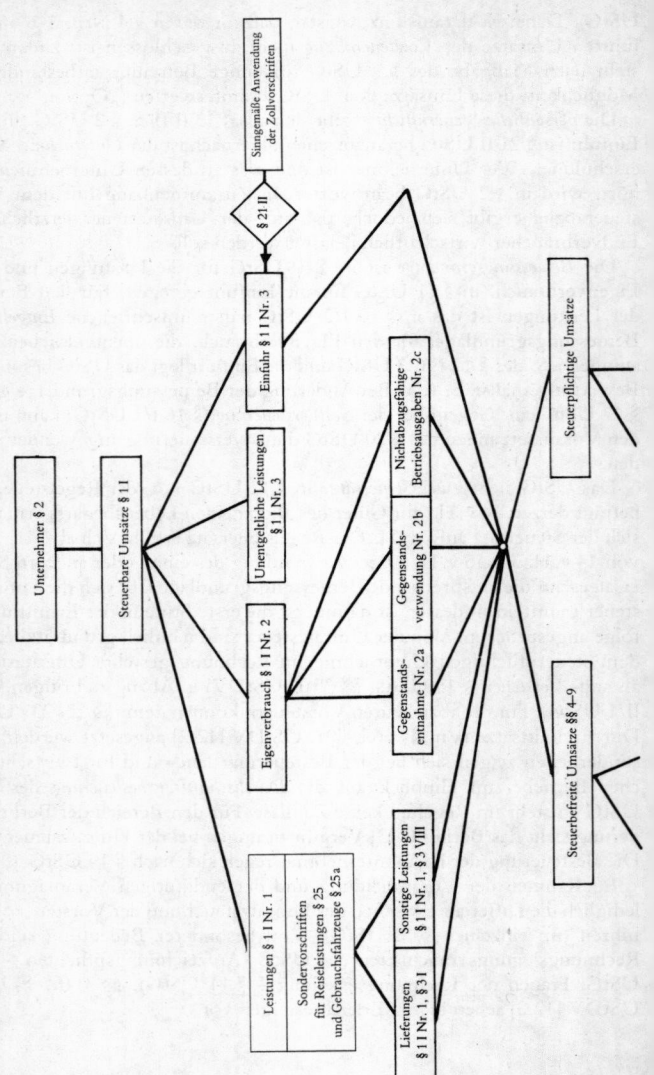

- Sinngemäße Anwendung der Zollvorschriften
- § 21 II
- Einfuhr § 11 Nr. 3
- Unentgeltliche Leistungen § 11 Nr. 3
- Eigenverbrauch § 11 Nr. 2
- Nichtabzugsfähige Betriebsausgaben Nr. 2c
- Gegenstandsverwendung Nr. 2b
- Gegenstandsentnahme Nr. 2a
- Unternehmer § 2
- Steuerbare Umsätze § 11
- Leistungen § 11 Nr. 1 / Sondervorschriften für Reiseleistungen § 25 und Gebrauchsfahrzeuge § 25a
- Lieferungen § 11 Nr. 1, § 3 I
- Sonstige Leistungen § 11 Nr. 1, § 3 VIII
- Steuerpflichtige Umsätze
- Steuerfreie Umsätze §§ 4–9

XXIV

Einführung

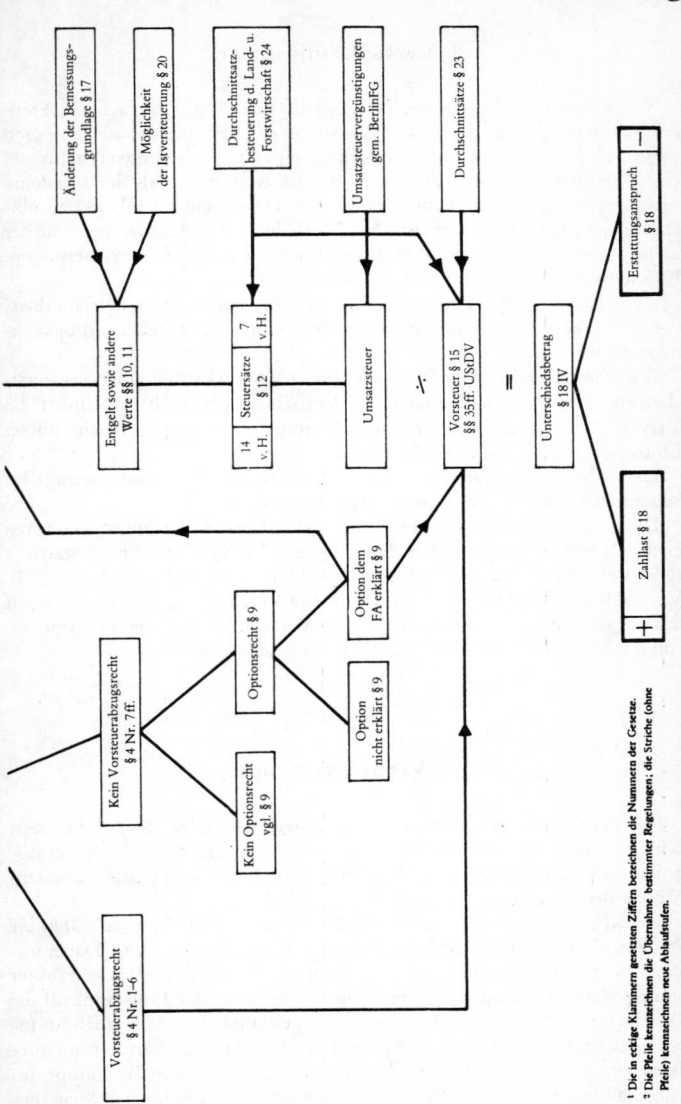

¹ Die in eckige Klammern gesetzten Ziffern bezeichnen die Nummern der Gesetze.
² Die Pfeile kennzeichnen die Übernahme bestimmter Regelungen; die Striche (ohne Pfeile) kennzeichnen neue Ablaufstufen.

Änderung der Bemessungsgrundlage § 17

Möglichkeit der Istversteuerung § 20

Durchschnittsatzbesteuerung d. Land- u. Forstwirtschaft § 24

Umsatzsteuervergünstigungen gem. BerlinFG

Durchschnittsätze § 23

Erstattungsanspruch § 18

Entgelt sowie andere Werte §§ 10, 11

Steuersätze 14 v. H. 7 v. H. § 12

Umsatzsteuer

Vorsteuer § 15 §§ 35ff. UStDV

Unterschiedsbetrag § 18 IV

Zahllast § 18

Kein Vorsteuerabzugsrecht § 4 Nr. 7ff.

Optionsrecht § 9

Option dem FA erklärt § 9

Option nicht erklärt § 9

Kein Optionsrecht vgl. § 9

Vorsteuerabzugsrecht § 4 Nr. 1–6

XXV

Einführung

8. Versicherungsteuer

Steuergegenstand ist nicht das Versicherungsverhältnis; die sachliche Steuerpflicht ist vielmehr gemäß § 1 VersStG in der Zahlung des *Versicherungsentgelts* (§ 3 VersStG) auf der Grundlage eines Versicherungsverhältnisses (§ 2 VersStG) zu sehen. Voraussetzung ist weiterhin, daß der Versicherungsnehmer steuerlicher Inländer ist (Nr. 1) oder ein im Inland befindlicher Gegenstand versichert ist (Nr. 2). Bedeutsame Ausnahmen von der sachlichen Steuerpflicht (u. a. Rückversicherungen, Lebensversicherungen, Krankenversicherungen) gewährt § 4 VersStG.

Zwar ist gemäß § 7 VersStG der Versicherungsnehmer Steuerschuldner, der Versicherer hat jedoch die Steuer für Rechnung des Versicherungsnehmers zu entrichten.

Bemessungsgrundlage ist gemäß § 5 I Nr. 1 VersStG regelmäßig das Versicherungsentgelt. Den Umfang des Versicherungsentgelts bestimmt § 3 VersStG; hierzu gehören Prämien, Beiträge, Vorschüsse, Nachschüsse, Eintrittsgelder, Gebühren, Nebenkosten usw.

Der *Steuertarif* ergibt sich aus § 6 VersStG. Der Steuersatz beträgt im allgemeinen 10 v. H. des Versicherungsentgelts.

Die *verfahrensmäßige Behandlung* wird im VersStG insoweit angesprochen, als es Vorschriften über die Fälligkeit (§ 8 VersStG), die Erstattung (§ 9 VersStG), die Aufzeichnungspflichten und Außenprüfung (§ 10 VersStG) und die Mitteilungspflicht (§ 10a VersStG) enthält. Das sich auf das Abrechnungsverfahren durch die Versicherer beziehende Besteuerungsverfahren wird in der VersStDV eingehend geregelt.

9. Vermögensteuer

Die Ermittlung der Vermögensteuer nach Maßgabe des VStG weist keine besonderen Schwierigkeiten auf, denn die Reihenfolge der vermögensteuerlichen Prüfung erschließt sich dem Leser weitgehend aus dem Aufbau des Gesetzes.

Persönlich steuerpflichtig sind nach §§ 1 und 2 VStG sowohl *natürliche Personen* als auch nichtnatürliche Personen *(juristische Personen)*. Dabei unterscheidet man zwischen unbeschränkter (§ 1 VStG) und beschränkter Steuerpflicht (§ 2 VStG). Abgrenzungsmerkmal ist der Umstand, ob die natürlichen Personen ihren Wohnsitz oder gewöhnlichen Aufenthalt im In- oder Ausland bzw. ob die juristischen Personen ihre Geschäftsleitung oder ihren Sitz im In- oder Ausland haben (§§ 8–11 AO). Von Bedeutung im Einzelfall können die in dem § 3 VStG enthaltenen persönlichen Steuerbefreiungen sein; beispielsweise sind die Unternehmensbeteiligungsgesellschaften von der Vermögensteuer befreit. Für Steuerpflichtige in den neuen Bundesländern gewährt § 24c VStG eine auf 1991/92 begrenzte Vermögensteuerfreiheit.

Die Frage nach dem *Steuergegenstand* findet eine grobe Beantwortung zunächst in § 1 III und § 2 II VStG. Bei unbeschränkt Steuerpflichtigen erstreckt sich die sachliche Steuerpflicht grundsätzlich auf das *Gesamtvermögen* (§§ 114ff. BewG), hingegen bei beschränkt Steuerpflichtigen auf das *Inlandsvermögen* i. S. des § 121 BewG. Einige sachliche Steuerbefreiungen sind in § 3 VStG enthalten. In der Hauptsache findet die sachliche Steuerpflicht ihre Regelung im BewG [4]; daselbst sind die Regelungen aufgeführt, welches sachlich steuerpflichtige Vermögen dem Eigentümer steuerlich zuzurechnen ist. Insoweit ergibt sich auch bei der Vermögensteuer eine Gemengelage zwischen Steuergegenstand und Bemessungsgrundlage.

Die *Bemessungsgrundlage* ist zunächst einmal in § 4 VStG geregelt. Diese ausdrücklich mit „Bemessungsgrundlage" gekennzeichnete Vorschrift weist dem Gesamtvermögen bzw. dem Inlandsvermögen den Wert zu, der sich gem. §§ 114–121 BewG ergibt. § 4 VStG ist demnach die *Verknüpfungsnorm* des VStG mit dem BewG [4]. Der aus dem BewG übernommene Wert stellt jedoch noch nicht die Besteuerungseinheit dar, auf die der Steuersatz angewandt werden darf.

Zur Ermittlung des *Steuertarifs* ist der gemäß § 4 VStG übernommene Wert des Gesamtvermögens noch durch die Freibeträge für natürliche Personen (§ 6 VStG) und für Erwerbs- und Wirtschaftsgenossenschaften sowie Vereine, die Land- und Forstwirtschaft betreiben (§ 7 VStG), zu korrigieren; außerdem ist bei den Körperschaften i. S. des § 1 I Nr. 2 VStG und den beschränkt Steuerpflichtigen die Besteuerungsgrenze des § 8 VStG zu beachten. Die hiernach zugrunde gelegten Beträge sind das *steuerpflichtige Vermögen* i. S. des § 9 VStG. Erst im Anschluß daran kann die eigentliche Frage nach dem Steuertarif beantwortet werden (§§ 10–13 VStG). Von allgemeiner Relevanz ist nur der § 10 VStG, der den Steuersatz von 0,5 v. H. für natürliche Personen und von 0,6 v. H. für Körperschaften angibt.

Die Frage nach der *verfahrensmäßigen Behandlung* bezieht sich einmal auf die Veranlagung (§§ 14–19 VStG) und zum anderen auf die Steuerentrichtung (§§ 20–23 VStG). Gegenüber der Einkommensteuer ist darauf hinzuweisen, daß im Bereich der Vermögensteuer die Zusammenveranlagung in der Form einer *Haushaltsbesteuerung* zulässig ist (§ 14 VStG). Die allgemeine Veranlagung der Vermögensteuer – auch *Hauptveranlagung* genannt – wird für drei Kalenderjahre vorgenommen (§ 15 I/1 VStG); der dreijährige Zeitraum ist der Hauptveranlagungszeitraum (§ 15 I/2 VStG; einmalig 4 Jahre in den Gebieten der neuen Bundesländer und des früheren Berlin (Ost), § 24a VStG). Insgesamt findet die nach § 15 Abs. 1 VStG erforderliche Hauptveranlagung erst auf den 1. 1. 1993 statt (Artikel 10 § 2 StÄndG 1991). Der Hauptveranlagung wird dabei der Wert des steuerpflichtigen

Einführung

Vermögens zugrunde gelegt, der auf den Beginn des Hauptveranlagungszeitraums festgestellt worden ist (§ 5 VStG). Insoweit ist auf jeden Hauptveranlagungszeitpunkt eine *Vermögensteuererklärung* abzugeben (§ 19 VStG). Die für drei Kalenderjahre geltende Feststellung der Bemessungsgrundlage bedeutet aber nicht, daß die Vermögensteuerschuld eine Dreijahresschuld ist; sie ist vielmehr eine Jahressteuerschuld. Während des Hauptveranlagungszeitraums kann unter den in §§ 16 und 17 VStG genannten Voraussetzungen eine Vermögensteuer-*Neuveranlagung* oder eine Vermögensteuer-*Nachveranlagung* vorgenommen werden. – Die hiernach veranlagte Vermögensteuerschuld ist nach Maßgabe der §§ 20–23 VStG zu entrichten. Sie ist gem. § 20 VStG grundsätzlich in vier Jahresraten zu bezahlen. Soweit die Jahressteuerschuld noch nicht bekanntgegeben worden ist, sind Vorauszahlungen in Höhe von je ¼ der zuletzt festgesetzten Jahressteuerschuld abzuführen (§ 21 VStG), die dann auf die endgültige Steuerschuld anzurechnen sind (§ 22 VStG).

10. Wechselsteuer

Steuergegenstand ist nicht die Wechselurkunde selbst. Die nur noch bis zum 31. 12. 1991 erhobene Wechselsteuer knüpft vielmehr nur an bestimmte Vorgänge mit der Wechselurkunde an, nämlich gemäß § 1 WStG an deren Aushändigung und unter bestimmten Voraussetzungen an die Rückgabe des Wechsels. Für die Ausfertigung mehrerer Stücke eines Wechsels und für Wechselabschriften gelten Sonderbestimmungen (§§ 2 und 3 WStG). Die Vorschriften für Wechsel (zum Begriff siehe § 4 WStG) gelten auch für wechselähnliche Urkunden (§ 5 WStG). Ausnahmen von der sachlichen Steuerpflicht gewährt § 6 WStG (u. a. für Schecks und Auslandswechsel). Die Vorschriften zur Wechselsteuer sind nach dem 31. 12. 1991 weiterhin anzuwenden, soweit Wechselsteuer bereits vor dem 1. 1. 1992 entstanden ist und noch Steuerpflichten zu erfüllen sind, die mit bereits entstandener Steuer im Zusammenhang stehen, oder soweit für diese Steuern gehaftet wird.

Die *persönliche Steuerpflicht* wird in § 9 WStG geregelt. Steuerschuldner ist hiernach derjenige, der den Wechsel im Zeitpunkt der Entstehung der Steuerschuld (§§ 1 bis 3 WStG) aushändigt; das ist in der Regel der Aussteller. Die weiteren Inhaber des Wechsels haften für die Steuer (§ 9 II WStG).

Gemäß § 7 I WStG ist die Wechselsumme die *Bemessungsgrundlage*. Fehlt die Angabe der Wechselsumme auf dem Wechsel, greift eine Mindestbesteuerung (§ 7 II WStG) ein.

Der *Steuertarif* ergibt sich aus § 8 WStG. Der Steuersatz beträgt 15 Pf. für je angefangene 100 DM – da die Wechsel in der Regel nur 3 Monate laufen, ergibt sich damit eine Verteuerung des Wechselverkehrs um 0,60 v. H. Die

Einführung

Steuer ermäßigt sich unter bestimmten Voraussetzungen bei vom Inland auf das Ausland und umgekehrt gezogenen Wechseln auf die Hälfte; sie beträgt aber mindestens 10 Pf.

Die *verfahrensmäßige Behandlung* ist im WStG insoweit schon angesprochen, als es Bestimmungen über die Fälligkeit (§ 10 WStG) und über die Erstattung (§ 11 WStG) enthält. Das eigentliche Verfahren der Steuerentrichtung – entweder Verwendung von Wechselsteuermarken oder eines Steuerstemplers – regelt sich nach den Bestimmungen der WStDV.

Christian Flämig

Einführung

Vermögensteuerermittlung und -veranlagung[1,2]

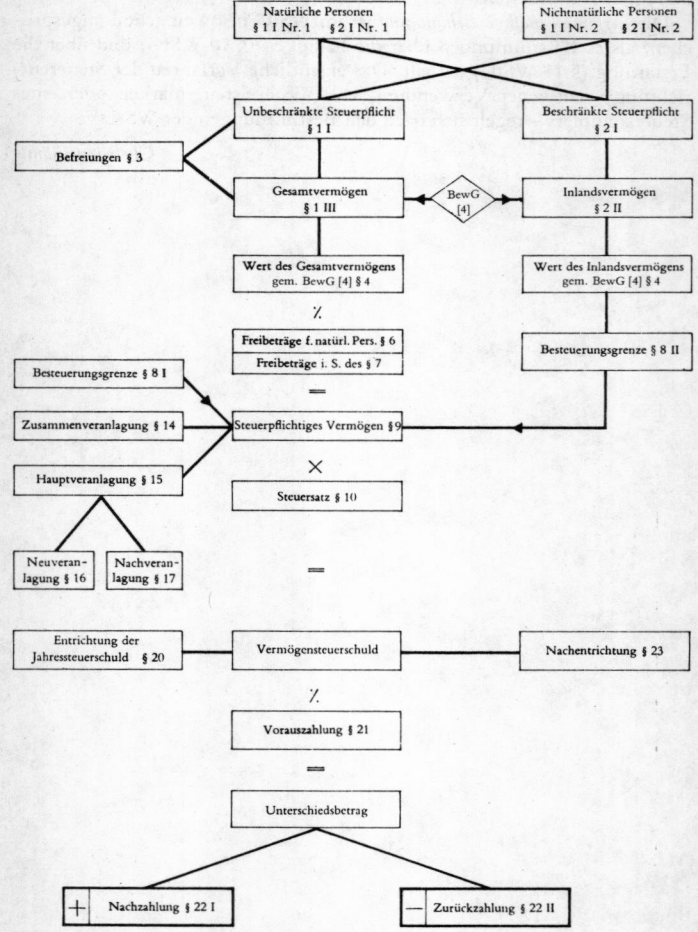

[1] Die in eckige Klammern gesetzten Ziffern bezeichnen die Nummern der Gesetze.
[2] Die Pfeile kennzeichnen die Übernahme bestimmter Regelungen; die Striche (ohne Pfeile) kennzeichnen neue Ablaufstufen.

Vor **1**. Vertrag zwischen der Bundesrepublik Deutschland und der Deutschen Demokratischen Republik über die Herstellung der Einheit Deutschlands
– Einigungsvertrag –

Vom 31. August 1990

(BGBl. II S. 889)

– Auszug –

Kapitel I. Wirkung des Beitritts

Art. **1** Länder

(1) [1]Mit dem Wirksamwerden des Beitritts der Deutschen Demokratischen Republik zur Bundesrepublik Deutschland gemäß Artikel 23 des Grundgesetzes am 3. Oktober 1990 werden die Länder Brandenburg, Mecklenburg-Vorpommern, Sachsen, Sachsen-Anhalt und Thüringen Länder der Bundesrepublik Deutschland. [2]Für die Bildung und die Grenzen dieser Länder untereinander sind die Bestimmungen des Verfassungsgesetzes zur Bildung von Ländern in der Deutschen Demokratischen Republik vom 22. Juli 1990 – Ländereinführungsgesetz – (GBl. I Nr. 51 S. 955) gemäß Anlage II maßgebend.

(2) Die 23 Bezirke von Berlin bilden das Land Berlin.

Art. **2** Hauptstadt, Tag der Deutschen Einheit

(1) [1]Hauptstadt Deutschlands ist Berlin. [2]Die Frage des Sitzes von Parlament und Regierung wird nach der Herstellung der Einheit Deutschlands entschieden.

(2) Der 3. Oktober ist als Tag der Deutschen Einheit gesetzlicher Feiertag.

Kapitel II. Grundgesetz

Art. **3** Inkrafttreten des Grundgesetzes

Mit dem Wirksamwerden des Beitritts tritt das Grundgesetz für die Bundesrepublik Deutschland in der im Bundesgesetzblatt Teil III, Gliederungsnummer 100-1, veröffentlichten bereinigten Fassung, zuletzt geändert durch Gesetz vom 21. Dezember 1983 (BGBl. I S. 1481), in den Ländern Brandenburg, Mecklenburg-Vorpommern, Sachsen, Sachsen-Anhalt und Thüringen sowie in dem Teil des Landes Berlin, in dem es bisher nicht galt, mit den sich aus Artikel 4 ergebenden Änderungen in Kraft, soweit in diesem Vertrag nichts anderes bestimmt ist.

. . .

Art. 7 Finanzverfassung

. . .

Kapitel III. Rechtsangleichung

Art. 8 Überleitung von Bundesrecht

Mit dem Wirksamwerden des Beitritts tritt in dem in Artikel 3 genannten Gebiet Bundesrecht in Kraft, soweit es nicht in seinem Geltungsbereich auf bestimmte Länder oder Landesteile der Bundesrepublik Deutschland beschränkt ist und soweit durch diesen Vertrag, insbesondere dessen Anlage I, nicht anderes bestimmt wird.

Art. 9 Fortgeltendes Recht der Deutschen Demokratischen Republik

(1) [1]Das im Zeitpunkt der Unterzeichnung dieses Vertrags geltende Recht der Deutschen Demokratischen Republik, das nach der Kompetenzordnung des Grundgesetzes Landesrecht ist, bleibt in Kraft, soweit es mit dem Grundgesetz ohne Berücksichtigung des Artikels 143, mit in dem in Artikel 3 genannten Gebiet in Kraft gesetztem Bundesrecht sowie mit dem unmittelbar geltenden Recht der Europäischen Gemeinschaften vereinbar ist und soweit in diesem Vertrag nichts anderes bestimmt wird. [2]Recht der Deutschen Demokratischen Republik, das nach der Kompetenzordnung des Grundgesetzes Bundesrecht ist und das nicht bundeseinheitlich geregelte Gegenstände betrifft, gilt unter den Voraussetzungen des Satzes 1 bis zu einer Regelung durch den Bundesgesetzgeber als Landesrecht fort.

(2) Das in Anlage II aufgeführte Recht der Deutschen Demokratischen Republik bleibt mit den dort genannten Maßgaben in Kraft, soweit es mit dem Grundgesetz unter Berücksichtigung dieses Vertrags sowie mit dem unmittelbar geltenden Recht der Europäischen Gemeinschaften vereinbar ist.

(3) [1]Nach Unterzeichnung dieses Vertrags erlassenes Recht der Deutschen Demokratischen Republik bleibt in Kraft, sofern es zwischen den Vertragsparteien vereinbart wird. [2]Absatz 2 bleibt unberührt.

(4) [1]Soweit nach den Absätzen 2 und 3 fortgeltendes Recht Gegenstände der ausschließlichen Gesetzgebung des Bundes betrifft, gilt es als Bundesrecht fort. [2]Soweit es Gegenstände der konkurrierenden Gesetzgebung oder der Rahmengesetzgebung betrifft, gilt es als Bundesrecht fort, wenn und soweit es sich auf Sachgebiete bezieht, die im übrigen Geltungsbereich des Grundgesetzes bundesrechtlich geregelt sind.

(5) Das gemäß Anlage II von der Deutschen Demokratischen Republik erlassene Kirchensteuerrecht gilt in den in Artikel 1 Abs. 1 genannten Ländern als Landesrecht fort.

Art. 10 Recht der Europäischen Gemeinschaften

. . .

Kapitel IV. Völkerrechtliche Verträge und Vereinbarungen

Art. 11 Verträge der Bundesrepublik Deutschland

. . .

Art. 12 Verträge der Deutschen Demokratischen Republik

. . .

Kapitel V. Öffentliche Verwaltung und Rechtspflege

. . .

Art. 18 Fortgeltung gerichtlicher Entscheidungen

(1) [1]Vor dem Wirksamwerden des Beitritts ergangene Entscheidungen der Gerichte der Deutschen Demokratischen Republik bleiben wirksam und können nach Maßgabe des gemäß Artikel 8 in Kraft gesetzten oder des gemäß Artikel 9 fortgeltenden Rechts vollstreckt werden. [2]Nach diesem Recht richtet sich auch eine Überprüfung der Vereinbarkeit von Entscheidungen und ihrer Vollstreckung mit rechtsstaatlichen Grundsätzen. [3]Artikel 17 bleibt unberührt.

(2) Den durch ein Strafgericht der Deutschen Demokratischen Republik Verurteilten wird durch diesen Vertrag nach Maßgabe der Anlage I ein eigenes Recht eingeräumt, eine gerichtliche Kassation rechtskräftiger Entscheidungen herbeizuführen.

Art. 19 Fortgeltung von Entscheidungen der öffentlichen Verwaltung

[1]Vor dem Wirksamwerden des Beitritts ergangene Verwaltungsakte der Deutschen Demokratischen Republik bleiben wirksam. [2]Sie können aufgehoben werden, wenn sie mit rechtsstaatlichen Grundsätzen oder mit den Regelungen dieses Vertrags unvereinbar sind. [3]Im übrigen bleiben die Vorschriften über die Bestandskraft von Verwaltungsakten unberührt.

. . .

Kapitel IX. Übergangs- und Schlußbestimmungen

...

Art. 45 Inkrafttreten des Vertrags★

(1) Dieser Vertrag einschließlich des anliegenden Protokolls und der Anlagen I bis III tritt an dem Tag in Kraft, an dem die Regierungen der Bundesrepublik Deutschland und der Deutschen Demokratischen Republik einander mitgeteilt haben, daß die erforderlichen innerstaatlichen Voraussetzungen für das Inkrafttreten erfüllt sind.

(2) Der Vertrag bleibt nach Wirksamwerden des Beitritts als Bundesrecht geltendes Recht.

Anlage I

– Auszug –

Kapitel IV. Geschäftsbereich des Bundesministers der Finanzen

Sachgebiet B: Haushalts- und Finanzwesen

Abschnitt II

Bundesrecht wird wie folgt aufgehoben, geändert oder ergänzt:
...

14. Besitz- und Verkehrsteuern

– Inkrafttreten und allgemeine Anwendungsvorschriften –

(1) Das Recht der Bundesrepublik Deutschland auf folgenden Gebieten tritt in dem in Artikel 3 des Vertrages genannten Gebiet am 1. Januar 1991 in Kraft:
1. das Recht der Besitz- und Verkehrsteuern einschließlich der Einfuhrumsatzsteuer,
2. das Recht der Zulagen und Prämien, auf die Abgabenrecht Anwendung findet,
3. das Rennwett- und Lotterierecht sowie die bundesrechtlichen Regelungen der Abgabe von Spielbanken.

Für die in Satz 1 genannten Abgaben, Zulagen und Prämien, die vor dem 1. Januar 1991 entstehen, ist das bis zum 31. Dezember 1990 in dem in Artikel 3 des Vertrages genannten Gebiet geltende Recht weiter anzuwenden.

★ In Kraft getreten am 29. September 1990 (BGBl. II S. 1360).

(2) Bei der Anwendung des in Absatz 1 genannten Rechts für die Zeit vor dem 1. Januar 1991 behalten die Begriffe „Inland", „Erhebungsgebiet", „inländisch", „einheimisch", „Geltungsbereich des Grundgesetzes", „Land Berlin", „Ausland", „Außengebiet", „ausländisch", „gebietsfremd" und „außengebietlich" die Bedeutung, die sie vor der Herstellung der Einheit Deutschlands in dem Staat hatten, in dessen Recht sie enthalten waren.

(3) Bei der Anwendung des in Absatz 1 genannten Rechts für die Zeit nach der Herstellung der Einheit Deutschlands ist unter der Bezeichnung „Deutsche Demokratische Republik" mit oder ohne Hinweis auf den Einschluß von Berlin (Ost) das in Artikel 3 des Vertrages genannte Gebiet und unter der Bezeichnung „Berlin(West)" der Teil des Landes Berlin, in dem das Grundgesetz schon bisher galt, zu verstehen.

(4) Absatz 1 gilt auf den dort genannten Rechtsgebieten auch für Recht, das auf völkerrechtlichen Verträgen oder Vereinbarungen beruht.

15. Vorauszahlungen zur Einkommen-, Körperschaft-, Gewerbe-, Vermögen- und Grundsteuer in dem in Artikel 3 des Vertrages genannten Gebiet

(1) [1]Bis zur Festsetzung von Vorauszahlungen durch das zuständige Finanzamt sind die zuletzt zu leistenden Abschlagzahlungen nach der Selbstberechnungsverordnung vom 27. Juni 1990 (GBl. I Nr. 41 S. 616) und der Verordnung über die Zahlung von Steuern der in Kapitalgesellschaften umgewandelten ehemaligen volkseigenen Kombinate, Betriebe und Einrichtungen im 2. Halbjahr 1990 vom 27. Juni 1990 (GBl. I Nr. 41 S. 618) als Vorauszahlungen für die Einkommen-, Körperschaft-, Gewerbe- und Vermögensteuer ab 1. Januar 1991 in derselben Höhe und zu denselben Zahlungsterminen an das zuständige Finanzamt zu entrichten, ohne daß es dazu eines Steuerbescheids und einer besonderen Aufforderung bedarf. [2]Dabei ist die bisher zusammengefaßte Abschlagzahlung nach Steuerarten aufzugliedern und der Zeitraum, für den die Steuer entrichtet wird, sowie die Steuernummer anzugeben.

(2) [1]Körperschaften im Sinne der Verordnung über die Zahlung von Steuern der in Kapitalgesellschaften umgewandelten ehemaligen volkseigenen Kombinate, Betriebe und Einrichtungen im 2. Halbjahr 1990 vom 27. Juni 1990 (GBl. I Nr. 41 S. 618) haben ab 1. Januar 1991 bis zu der Festsetzung der Grundsteuer zu den in § 28 des Grundsteuergesetzes genannten Fälligkeitstagen Vorauszahlungen auf die Grundsteuer für Betriebsgrundstücke mit Ausnahme der Mietwohngrundstücke und Einfamilienhäuser zu entrichten, ohne daß es dazu eines Steuerbe-

scheids und einer besonderen Aufforderung bedarf. [2]Der Jahresbetrag der Vorauszahlungen beträgt 0,2 vom Hundert des Wertes, mit dem das Betriebsgrundstück in der DM-Eröffnungsbilanz angesetzt worden ist. [3]Festsetzungen der Grundsteuer, die vor dem 1. Januar 1991 für die in Satz 1 genannten Grundstücke erfolgt sind, verlieren für die Zeit ab 1. Januar 1991 ihre Wirksamkeit.

1. Gesetz über steuerliche Maßnahmen bei Auslandsinvestitionen der deutschen Wirtschaft*

Vom 18. August 1969

(BGBl. I S. 1211, 1214; BStBl. I S. 480)

Zuletzt geändert durch Steuerreformgesetz 1990 vom 25. Juli 1988
(BGBl. I S. 1093)

BGBl. III 707-6

§ 1[1] Steuerfreie Rücklage bei Überführung bestimmter Wirtschaftsgüter in Gesellschaften, Betriebe oder Betriebstätten im Ausland

(1) *Steuerpflichtige, die den Gewinn nach § 4 Abs. 1 oder § 5 des Einkommensteuergesetzes ermitteln und im Zusammenhang mit Investitionen im Sinne des Absatzes 2 zum Anlagevermögen eines inländischen Betriebs gehörende abnutzbare Wirtschaftsgüter in die Gesellschaft, den Betrieb oder die Betriebstätte im Ausland überführen, können im Wirtschaftsjahr der Überführung bis zur Höhe des durch die Überführung entstandenen Gewinns eine den steuerlichen Gewinn mindernde Rücklage bilden. Die Rücklage ist vom fünften auf ihre Bildung folgenden Wirtschaftsjahr an jährlich mit mindestens einem Fünftel gewinnerhöhend aufzulösen.*

(2) *Investitionen im Ausland im Sinne des Absatzes 1 sind*

1. *der Erwerb von Beteiligungen an Kapitalgesellschaften mit Sitz und Geschäftsleitung in einem ausländischen Staat,*

2. *Einlagen in Personengesellschaften in einem ausländischen Staat und*

3. *die Zuführung von Betriebsvermögen in einen Betrieb oder eine Betriebstätte des Steuerpflichtigen in einem ausländischen Staat.*

(3) *Die Bildung der Rücklage nach Absatz 1 ist ausgeschlossen, wenn der Steuerpflichtige für die Investition im Ausland die Steuervergünstigung des § 3 des Entwicklungsländer-Steuergesetzes in Anspruch nimmt.*

(4) *Werden Beteiligungen im Sinne des Absatzes 2 Nr. 1 veräußert oder in das Privatvermögen überführt, so ist die für die Beteiligung gebildete Rücklage im Wirtschaftsjahr der Veräußerung oder Überführung in das Privatvermögen im Verhältnis des Anteils der veräußerten oder in das Privatvermögen überführten Beteili-*

---

* Das Gesetz wurde verkündet als Art. 2 des Gesetzes über die Gewährung von Investitionszulagen und zur Änderung steuerrechtlicher und prämienrechtlicher Vorschriften (Steueränderungsgesetz 1969) vom 18. 8. 1969 (BGBl. I S. 1211).
[1] **Rücklagen nach § 1 können letztmals für das Wirtschaftsjahr gebildet werden, das vor dem 1. 1. 1990 endet (§ 8 Abs. 4).**

*gung zur gesamten Beteiligung im Sinne des Absatzes 2 Nr. 1 vorzeitig gewinner-
höhend aufzulösen. Entsprechendes gilt, wenn bei Investitionen im Ausland im
Sinne des Absatzes 2 Nr. 2 und 3 die zugeführten Wirtschaftsgüter veräußert oder
in das Inland oder in das Privatvermögen überführt werden, ohne daß der Personengesellschaft, dem Betrieb oder der Betriebstätte im Ausland bis zum Ende des auf die
Veräußerung oder Überführung folgenden Wirtschaftsjahrs in entsprechendem Umfang Ersatzwirtschaftsgüter zugeführt werden. Bei einer durch die Verhältnisse im
ausländischen Staat bedingten Umwandlung einer Personengesellschaft, eines Betriebs oder einer Betriebstätte im Ausland in eine Kapitalgesellschaft entfällt die
vorzeitige gewinnhöhende Auflösung der Rücklage in Höhe des Betrags oder
Teilbetrags, der dem Verhältnis zwischen der Beteiligung des Steuerpflichtigen an
dieser Kapitalgesellschaft und seinem Anteil an der Personengesellschaft, dem Betrieb oder der Betriebstätte vor der Umwandlung entspricht. Nach der Umwandlung
gelten die Sätze 1 und 2 sinngemäß. Erfüllt die Gesellschaft, der Betrieb oder die
Betriebstätte im Ausland nicht mehr die Voraussetzungen des § 5, so ist die steuerfreie Rücklage in voller Höhe gewinnhöhend aufzulösen.*

*(5) Voraussetzung für die Anwendung der Absätze 1 bis 4 ist, daß die Bildung
und Auflösung der Rücklage in der Buchführung verfolgt werden können.*

§ 2[1] Ausländische Verluste bei Doppelbesteuerungsabkommen

*(1) Sind nach einem Abkommen zur Vermeidung der Doppelbesteuerung bei
einem unbeschränkt Steuerpflichtigen aus einer in einem ausländischen Staat belegenen Betriebstätte stammende Einkünfte aus gewerblicher Tätigkeit von der Einkommensteuer oder Körperschaftsteuer zu befreien, so ist auf Antrag des Steuerpflichtigen ein Verlust, der sich nach den Vorschriften des Einkommensteuergesetzes bei diesen Einkünften ergibt und nach den Vorschriften des Einkommensteuergesetzes vom Steuerpflichtigen ausgeglichen oder abgezogen werden könnte, wenn
die Einkünfte nicht von der Einkommensteuer oder Körperschaftsteuer zu befreien
wären, bei der Ermittlung des Gesamtbetrags der Einkünfte insoweit abzuziehen,
als er nach diesem Abkommen zu befreiende positive Einkünfte aus gewerblicher
Tätigkeit aus anderen in diesem ausländischen Staat belegenen Betriebstätten übersteigt. Soweit der Verlust dabei nicht ausgeglichen wird, ist bei Vorliegen der
Voraussetzungen des § 10d des Einkommensteuergesetzes der Verlustabzug zulässig. Der nach Satz 1 abgezogene Betrag ist, soweit sich in einem der folgenden
Veranlagungszeiträume bei den nach diesem Abkommen zu befreienden Einkünften aus gewerblicher Tätigkeit aus in diesem ausländischen Staat belegenen Betriebstätten insgesamt ein positiver Betrag ergibt, in dem betreffenden Veranlagungszeitraum bei der Ermittlung des Gesamtbetrags der Einkünfte wieder hinzuzurechnen.
Satz 3 ist nicht anzuwenden, wenn der Steuerpflichtige nachweist, daß nach den
für ihn geltenden Vorschriften des ausländischen Staates ein Abzug von Verlusten
in anderen Jahren als dem Verlustjahr allgemein nicht beansprucht werden kann.*

---

[1] Zur letztmaligen Anwendung von § 2 vgl. § 8 Abs. 5. Ab VZ 1990 Übernahme der
Regelung in § 2a Abs. 3 und 4 EStG, abgedruckt im dtv-Band „Steuergesetze 1" unter 1.1.

(2) Wird eine in einem ausländischen Staat belegene Betriebstätte in eine Kapitalgesellschaft umgewandelt, so ist ein nach Absatz 1 Satz 1 und 2 abgezogener Verlust, soweit er nach Absatz 1 Satz 3 nicht wieder hinzugerechnet worden ist oder nicht noch hinzuzurechnen ist, im Veranlagungszeitraum der Umwandlung in entsprechender Anwendung des Absatzes 1 Satz 3 dem Gesamtbetrag der Einkünfte hinzuzurechnen. Satz 1 ist nicht anzuwenden, wenn

1. bei der umgewandelten Betriebstätte die Voraussetzungen des Absatzes 1 Satz 4 vorgelegen haben oder

2. der Steuerpflichtige nachweist, daß die Kapitalgesellschaft nach den für sie geltenden Vorschriften einen Abzug von Verlusten der Betriebstätte nicht beanspruchen kann.

§ 3¹ Steuerfreie Rücklage für Verluste von ausländischen Tochtergesellschaften

(1) Unbeschränkt Steuerpflichtige, die den Gewinn nach § 4 Abs. 1 oder § 5 des Einkommensteuergesetzes ermitteln, können für Verluste einer Kapitalgesellschaft mit Sitz und Geschäftsleitung in einem ausländischen Staat, an deren Nennkapital der Steuerpflichtige mindestens zu 50 vom Hundert, bei Kapitalgesellschaften mit Sitz und Geschäftsleitung in Entwicklungsländern im Sinne des § 6 des Entwicklungsländer-Steuergesetzes mindestens zu 25 vom Hundert, unmittelbar beteiligt ist (ausländische Tochtergesellschaft), eine den steuerlichen Gewinn mindernde Rücklage bilden. Die Bildung der Rücklage ist für das Wirtschaftsjahr, in dem der Steuerpflichtige Anteile an der ausländischen Kapitalgesellschaft in einem Ausmaß erwirbt, das erstmals zu einer Beteiligung des Steuerpflichtigen in dem in Satz 1 bezeichneten Umfang führt, oder – wenn der Steuerpflichtige an der ausländischen Kapitalgesellschaft bereits in dem in Satz 1 bezeichneten Umfang beteiligt war – in dem er weitere Anteile an dieser Kapitalgesellschaft erwirbt, und in den vier folgenden Wirtschaftsjahren zulässig; die neu erworbenen Anteile müssen mindestens 5 vom Hundert des Nennkapitals der ausländischen Kapitalgesellschaft betragen. Die Rücklage darf für das Wirtschaftsjahr des Steuerpflichtigen, in dem der Verlust der ausländischen Tochtergesellschaft entstanden ist, bis zur Höhe des Teils des Verlustes gebildet werden, der dem Verhältnis der neu erworbenen Anteile zum Nennkapital dieser Gesellschaft entspricht; sie ist zu vermindern um den Betrag, in dessen Höhe der Steuerpflichtige im Wirtschaftsjahr ihrer Bildung auf die neu erworbenen Anteile an der ausländischen Tochtergesellschaft eine Teilwertabschreibung vornimmt. Die Rücklage darf den Betrag nicht übersteigen, mit dem die neu erworbenen Anteile in der Steuerbilanz angesetzt sind.

(2) Voraussetzung für die Bildung der Rücklage ist, daß

1. der neue Anteilserwerb im Sinne des Absatzes 1 Satz 2 nach dem 31. Dezember 1968 stattgefunden hat,

---

¹ Rücklagen nach § 3 können letztmals für das Wirtschaftsjahr gebildet werden, das vor dem 1. 1. 1990 endet (§ 8 Abs. 4).

2. *der Verlust der ausländischen Tochtergesellschaft nach Vorschriften ermittelt ist, die den allgemeinen deutschen Gewinnermittlungsvorschriften entsprechen; steuerliche Vergünstigungen sind dabei unberücksichtigt zu lassen,*

3. *die Voraussetzungen der Nummer 2 und des § 5 durch Vorlage sachdienlicher Unterlagen, insbesondere Bilanzen und Ergebnisrechnungen und etwaige Geschäftsberichte der ausländischen Tochtergesellschaft, nachgewiesen werden; auf Verlangen sind diese Unterlagen mit dem im Staat der Geschäftsleitung oder des Sitzes vorgeschriebenen oder üblichen Prüfungsvermerk einer behördlich anerkannten Wirtschaftsprüfungsstelle oder einer vergleichbaren Stelle vorzulegen,*

4. *der Steuerpflichtige und die ausländische Tochtergesellschaft sich verpflichten, Unterlagen der in Nummer 3 bezeichneten Art auch für die dem Verlustjahr folgenden Wirtschaftsjahre vorzulegen, solange eine Rücklage im Sinne des Absatzes 1 ausgewiesen wird; aus den Unterlagen muß sich die Höhe der in diesen Wirtschaftsjahren erzielten Betriebsergebnisse der ausländischen Tochtergesellschaft zweifelsfrei ergeben, und*

5. *die ausländische Tochtergesellschaft erklärt, daß sie mit der Erteilung von Auskünften durch die Steuerbehörden des Staates, in dem sie ihren Sitz und ihre Geschäftsleitung hat, an die deutschen Steuerbehörden einverstanden ist.*

(3) Die Rücklage ist gewinnerhöhend aufzulösen,

1. *wenn die ausländische Tochtergesellschaft in einem auf das Verlustjahr folgenden Wirtschaftsjahr einen Gewinn erzielt,*
   in Höhe des Teils des Gewinns, der dem Verhältnis der neu erworbenen Anteile im Sinne des Absatzes 1 Satz 2 zum Nennkapital der ausländischen Tochtergesellschaft entspricht, soweit er die Verlustteile, die bei der Bildung der Rücklage nach Absatz 1 Satz 3 zweiter Halbsatz und Satz 4 unberücksichtigt geblieben sind, oder den Auflösungsbetrag im Sinne der Nummer 2 übersteigt,

2. *wenn in einem auf ihre Bildung folgenden Wirtschaftsjahr auf die neu erworbenen Anteile im Sinne des Absatzes 1 Satz 2 an der ausländischen Tochtergesellschaft eine Teilwertabschreibung vorgenommen wird,*
   in Höhe des Betrags der Teilwertabschreibung,

3. *wenn vom Steuerpflichtigen Anteile an der ausländischen Tochtergesellschaft veräußert oder in das Privatvermögen überführt werden,*
   in Höhe des Teils der Rücklage, der dem Anteil der veräußerten oder in das Privatvermögen überführten Anteile an den neu erworbenen Anteilen im Sinne des Absatzes 1 Satz 2 entspricht,

4. *wenn die Nachweisverpflichtungen im Sinne des Absatzes 2 Nr. 4 nicht erfüllt werden,*
   in voller Höhe

spätestens jedoch am Schluß des fünften auf ihre Bildung folgenden Wirtschaftsjahrs.

(4) § 1 Abs. 5 gilt entsprechend.

§ 4 *(aufgehoben)*

§ 5[1] Gemeinsame Voraussetzungen

Voraussetzung für die Anwendung der §§ 1 bis 3 ist, daß die Gesellschaft, der Betrieb oder die Betriebstätte im Ausland ausschließlich oder fast ausschließlich die Herstellung oder Lieferung von Waren außer Waffen, die Gewinnung von Bodenschätzen sowie die Bewirkung gewerblicher Leistungen zum Gegenstand hat, soweit diese nicht in der Errichtung oder dem Betrieb von Anlagen, die dem Fremdenverkehr dienen, oder in der Vermietung und Verpachtung von Wirtschaftsgütern einschließlich der Überlassung von Rechten, Plänen, Mustern, Verfahren, Erfahrungen und Kenntnissen bestehen. Soweit die Bewirkung gewerblicher Leistungen im Betrieb von Handelsschiffen oder Luftfahrzeugen im internationalen Verkehr besteht, ist weitere Voraussetzung, daß der Bundesminister für Verkehr oder die von ihm bestimmte Stelle die verkehrspolitische Förderungswürdigkeit bestätigt.

§ 6[1] Gewerbesteuer

Die Vorschriften der §§ 1, 3 und 4 gelten auch für die Ermittlung des Gewerbeertrags.

§ 7 Ermächtigung

Der Bundesminister der Finanzen wird ermächtigt, den Wortlaut dieses Gesetzes in der jeweils geltenden Fassung mit neuem Datum bekanntzumachen, die Paragraphenfolge zu ändern und Unstimmigkeiten des Wortlauts zu beseitigen.

§ 8 Anwendungsbereich

(1) Die vorstehende Fassung dieses Gesetzes ist vorbehaltlich der Absätze 2 und 3 erstmals für den Veranlagungszeitraum 1982 anzuwenden.

(2) § 4 in der Fassung des Artikels 2 des Gesetzes vom 18. August 1969 (BGBl. I S. 1214) ist auf Anteile an Kapitalgesellschaften anzuwenden, die vor dem 1. Januar 1982 erworben werden.

(3) § 5 in Verbindung mit den §§ 1 und 3 ist erstmals für das Wirtschaftsjahr anzuwenden, das nach dem 31. Dezember 1981 beginnt; für Wirtschaftsjahre, die vor dem 1. Januar 1982 beginnen, sind § 1 Abs. 3 Satz 1 und 2 sowie § 3 Abs. 2 Nr. 2 in der Fassung des Artikels 2 des Gesetzes vom 18. August 1969 (BGBl. I S. 1214) anzuwenden.

(4) Rücklagen nach den §§ 1 und 3 können letztmalig für das Wirtschaftsjahr gebildet werden, das vor dem 1. Januar 1990 endet.

---

[1] Gegenstandslos; vgl. § 8 Abs. 4 und 5.

(5) § 2 ist letztmals auf Verluste des Veranlagungszeitraums 1989[1] anzuwenden.

§ 9 Anwendung im Land Berlin

(gegenstandslos)

§ 10 Inkrafttreten

Dieses Gesetz tritt am Tage nach seiner Verkündung[2] in Kraft.

---

[1] Ab VZ 1990 Übernahme der Regelung in § 2a Abs. 3 und 4 EStG, abgedruckt im dtv-Band „Steuergesetze 1" unter 1.1.
[2] Verkündet am 21. 8. 1969.

2. Gesetz
über die Besteuerung bei Auslandsbeziehungen (Außensteuergesetz)*

Vom 8. September 1972

(BGBl. I S. 1713; BStBl. I S. 450)

Zuletzt geändert durch Steueränderungsgesetz 1992 vom 25. 2. 1992 (BGBl. I S. 297)

BGBl. III 610–6–8

Erster Teil. Internationale Verflechtungen

§ 1 Berichtigung von Einkünften

(1) Werden Einkünfte eines Steuerpflichtigen aus Geschäftsbeziehungen mit einer ihm nahestehenden Person dadurch gemindert, daß er im Rahmen solcher Geschäftsbeziehungen zum Ausland Bedingungen vereinbart, die von denen abweichen, die voneinander unabhängige Dritte unter gleichen oder ähnlichen Verhältnissen vereinbart hätten, so sind seine Einkünfte unbeschadet anderer Vorschriften so anzusetzen, wie sie unter den zwischen unabhängigen Dritten vereinbarten Bedingungen angefallen wären.

(2) Dem Steuerpflichtigen ist eine Person nahestehend, wenn

1. die Person an dem Steuerpflichtigen mindestens zu einem Viertel unmittelbar oder mittelbar beteiligt (wesentlich beteiligt) ist oder auf den Steuerpflichtigen unmittelbar oder mittelbar einen beherrschenden Einfluß ausüben kann oder umgekehrt der Steuerpflichtige an der Person wesentlich beteiligt ist oder auf diese Person unmittelbar oder mittelbar einen beherrschenden Einfluß ausüben kann oder

2. eine dritte Person sowohl an der Person als auch an dem Steuerpflichtigen wesentlich beteiligt ist oder auf beide unmittelbar oder mittelbar einen beherrschenden Einfluß ausüben kann oder

3. die Person oder der Steuerpflichtige imstande ist, bei der Vereinbarung der Bedingungen einer Geschäftsbeziehung auf den Steuerpflichtigen oder die Person einen außerhalb dieser Geschäftsbeziehung begründeten Einfluß auszuüben oder wenn einer von ihnen ein eigenes Interesse an der Erzielung der Einkünfte des anderen hat.

(3) Ist bei in Absatz 1 genannten Einkünften eine Schätzung nach § 162 der Abgabenordnung vorzunehmen, so ist mangels anderer geeigneter Anhaltspunkte bei der Schätzung als Anhaltspunkt von einer Verzinsung für das im Unternehmen eingesetzte Kapital oder einer Umsatzrendite auszu-

---

* Zur Anwendung vgl. § 21.

Das Gesetz tritt im Gebiet der ehem. DDR am 1. 1. 1991 in Kraft (vgl. Anl. I Kap. IV Sachgebiet B Abschn. II Nr. 14 des Einigungsvertrags, – abgedruckt vor **1** –).

gehen, die nach Erfahrung und Üblichkeit unter normalen Umständen zu erwarten ist.

(4) Geschäftsbeziehungen im Sinne der Absätze 1 und 2 liegen vor, wenn die den Einkünften zugrunde liegende Beziehung entweder beim Steuerpflichtigen oder bei der nahestehenden Person Teil einer Tätigkeit ist, auf die die §§ 13, 15, 18 oder 21 des Einkommensteuergesetzes anzuwenden sind oder wären, wenn die Tätigkeit im Inland vorgenommen würde.

Zweiter Teil. Wohnsitzwechsel in niedrig-besteuernde Gebiete

§ 2 Einkommensteuer

(1)[1] Eine natürliche Person, die in den letzten zehn Jahren vor dem Ende ihrer unbeschränkten Steuerpflicht nach § 1 Abs. 1 Satz 1 des Einkommensteuergesetzes als Deutscher insgesamt mindestens fünf Jahre unbeschränkt einkommensteuerpflichtig war und

1. in einem ausländischen Gebiet ansässig ist, in dem sie mit ihrem Einkommen nur einer niedrigen Besteuerung unterliegt, oder in keinem ausländischen Gebiet ansässig ist und

2. wesentliche wirtschaftliche Interessen im Geltungsbereich dieses Gesetzes hat,

ist bis zum Ablauf von zehn Jahren nach Ende des Jahres, in dem ihre unbeschränkte Steuerpflicht geendet hat, über die beschränkte Steuerpflicht im Sinne des Einkommensteuergesetzes hinaus beschränkt einkommensteuerpflichtig mit allen Einkünften im Sinne des § 2 Abs. 1 Satz 1 erster Halbsatz des Einkommensteuergesetzes, die bei unbeschränkter Einkommensteuerpflicht nicht ausländische Einkünfte im Sinne des § 34 c Abs. 1 des Einkommensteuergesetzes sind. Satz 1 findet nur Anwendung für Veranlagungszeiträume, in denen die hiernach insgesamt beschränkt steuerpflichtigen Einkünfte mehr als 32 000 Deutsche Mark betragen.

(2) Eine niedrige Besteuerung im Sinne des Absatzes 1 Nr. 1 liegt vor, wenn

1. die Belastung durch die in dem ausländischen Gebiet erhobene Einkommensteuer – nach dem Tarif unter Einbeziehung von tariflichen Freibeträgen – bei einer in diesem Gebiet ansässigen unverheirateten natürlichen Person, die ein steuerpflichtiges Einkommen von 150 000 Deutsche Mark bezieht, um mehr als ein Drittel geringer ist als die Belastung einer im Geltungsbereich dieses Gesetzes ansässigen natürlichen Person durch

---

[1] Zur teilweisen Nichtigkeit von § 2 Abs. 1 und Abs. 5 Satz 2 i. V. m. § 20 *[jetzt § 21]* Abs. 1 Buchst. a AStG vgl. BVerfG-Beschluß vom 14. 5. 1986 – 2 BvL 2/83, BStBl. II S. 628, abgedruckt als Fußnote zu § 21 AStG.

die deutsche Einkommensteuer unter sonst gleichen Bedingungen, es sei denn, die Person weist nach, daß die von ihrem Einkommen insgesamt zu entrichtenden Steuern mindestens zwei Drittel der Einkommensteuer betragen, die sie bei unbeschränkter Steuerpflicht nach § 1 Abs. 1 des Einkommensteuergesetzes zu entrichten hätte, oder

2. die Belastung der Person durch die in dem ausländischen Gebiet erhobene Einkommensteuer auf Grund einer gegenüber der allgemeinen Besteuerung eingeräumten Vorzugsbesteuerung erheblich gemindert sein kann, es sei denn, die Person weist nach, daß die von ihrem Einkommen insgesamt zu entrichtenden Steuern mindestens zwei Drittel der Einkommensteuer betragen, die sie bei unbeschränkter Steuerpflicht nach § 1 Abs. 1 des Einkommensteuergesetzes zu entrichten hätte.

(3) Eine Person hat im Sinne des Absatzes 1 Nr. 2 wesentliche wirtschaftliche Interessen im Geltungsbereich dieses Gesetzes, wenn

1. sie zu Beginn des Veranlagungszeitraums Unternehmer oder Mitunternehmer eines im Geltungsbereich dieses Gesetzes belegenen Gewerbebetriebs ist oder, sofern sie Kommanditist ist, mehr als 25 vom Hundert der Einkünfte im Sinne des § 15 Abs. 1 Ziff. 2 des Einkommensteuergesetzes aus der Gesellschaft auf sie entfallen oder ihr eine wesentliche Beteiligung im Sinne des § 17 Abs. 1 Satz 3 des Einkommensteuergesetzes an einer inländischen Kapitalgesellschaft gehört oder

2. ihre Einkünfte, die bei unbeschränkter Einkommensteuerpflicht nicht ausländische Einkünfte im Sinne des § 34c Abs. 1 des Einkommensteuergesetzes sind, im Veranlagungszeitraum mehr als 30 vom Hundert ihrer sämtlichen Einkünfte betragen oder 120000 Deutsche Mark übersteigen oder

3. zu Beginn des Veranlagungszeitraums ihr Vermögen, dessen Erträge bei unbeschränkter Einkommensteuerpflicht nicht ausländische Einkünfte im Sinne des § 34c Abs. 1 des Einkommensteuergesetzes wären, mehr als 30 vom Hundert ihres Gesamtvermögens beträgt oder 300000 Deutsche Mark übersteigt.

(4) Bei der Anwendung der Absätze 1 und 3 sind bei einer Person Gewerbebetriebe, Beteiligungen, Einkünfte und Vermögen einer ausländischen Gesellschaft im Sinne des § 5, an der die Person unter den dort genannten Voraussetzungen beteiligt ist, entsprechend ihrer Beteiligung zu berücksichtigen.

(5)[1] Ist Absatz 1 anzuwenden, so kommt der Steuersatz zur Anwendung, der sich für sämtliche Einkünfte der Person ergibt. Auf Einkünfte, die dem Steuerabzug vom Kapitalertrag oder dem Steuerabzug auf Grund des § 50a

[1] Zur teilweisen Nichtigkeit von § 2 Abs. 1 und Abs. 5 Satz 2 i. V. m. § 20 *[jetzt § 21]* Abs. 1 Buchst. a AStG vgl. BVerfG-Beschluß vom 14. 5. 1986 – 2 BvL 2/83, BStBl. II S. 628, abgedruckt als Fußnote zu § 21 AStG.

des Einkommensteuergesetzes unterliegen, ist § 50 Abs. 5 des Einkommensteuergesetzes nicht anzuwenden. § 50 Abs. 3 Satz 2 des Einkommensteuergesetzes gilt mit der Maßgabe, daß die Einkommensteuer die Steuerabzugsbeträge nicht unterschreiten darf.

(6) Weist die Person nach, daß die auf Grund der Absätze 1 und 5 zusätzlich zu entrichtende Steuer insgesamt zu einer höheren inländischen Steuer führt, als sie sie bei unbeschränkter Steuerpflicht und Wohnsitz ausschließlich im Geltungsbereich dieses Gesetzes zu entrichten hätte, so wird der übersteigende Betrag insoweit nicht erhoben, als er die Steuer überschreitet, die sich ohne Anwendung der Absätze 1 und 5 ergäbe.

§ 3 Vermögensteuer

(1) Ist § 2 Abs. 1 Satz 1 anzuwenden, so ist die Person über das Inlandsvermögen im Sinne des § 121 Abs. 2 des Bewertungsgesetzes hinaus mit allem Vermögen beschränkt vermögensteuerpflichtig, dessen Erträge bei unbeschränkter Einkommensteuerpflicht nicht ausländische Einkünfte im Sinne des § 34c Abs. 1 des Einkommensteuergesetzes wären. Die §§ 110, 111 und 121 Abs. 3 des Bewertungsgesetzes sind entsprechend anzuwenden.

(2) Von dem Vermögen, auf das sich nach Absatz 1 über das Inlandsvermögen im Sinne des § 121 Abs. 2 des Bewertungsgesetzes hinaus die beschränkte Vermögensteuerpflicht erstreckt, bleiben 60 000 Deutsche Mark steuerfrei.

(3) § 2 Abs. 4 ist entsprechend anzuwenden.

§ 4 Erbschaftsteuer

(1) War bei einem Erblasser oder Schenker zur Zeit der Entstehung der Steuerschuld § 2 Abs. 1 Satz 1 anzuwenden, so tritt bei Erbschaftsteuerpflicht nach § 2 Abs. 1 Nr. 3 des Erbschaftsteuergesetzes die Steuerpflicht über den dort bezeichneten Umfang hinaus für alle Teile des Erwerbs ein, deren Erträge bei unbeschränkter Einkommensteuerpflicht nicht ausländische Einkünfte im Sinne des § 34c Abs. 1 des Einkommensteuergesetzes wären.

(2) Absatz 1 findet keine Anwendung, wenn nachgewiesen wird, daß für die Teile des Erwerbs, die nach dieser Vorschrift über § 2 Abs. 1 Nr. 3 des Erbschaftsteuergesetzes hinaus steuerpflichtig wären, im Ausland eine der deutschen Erbschaftsteuer entsprechende Steuer zu entrichten ist, die mindestens 30 vom Hundert der deutschen Erbschaftsteuer beträgt, die bei Anwendung des Absatzes 1 auf diese Teile des Erwerbs entfallen würde.

§ 5 Zwischengeschaltete Gesellschaften

(1) Sind natürliche Personen, die in den letzten zehn Jahren vor dem Ende ihrer unbeschränkten Steuerpflicht nach § 1 Abs. 1 Satz 1 des Einkommensteuergesetzes als Deutscher insgesamt mindestens fünf Jahre un-

beschränkt einkommensteuerpflichtig waren und die Voraussetzungen des § 2 Abs. 1 Satz 1 Nr. 1 erfüllen (Person im Sinne des § 2), allein oder zusammen mit unbeschränkt Steuerpflichtigen an einer ausländischen Gesellschaft im Sinne des § 7 beteiligt, so sind Einkünfte, mit denen diese Personen bei unbeschränkter Steuerpflicht nach den §§ 7, 8 und 14 steuerpflichtig wären und die nicht ausländische Einkünfte im Sinne des § 34 c Abs. 1 des Einkommensteuergesetzes sind, diesen Personen zuzurechnen. Liegen die Voraussetzungen des Satzes 1 vor, so sind die Vermögenswerte der ausländischen Gesellschaft, deren Erträge bei unbeschränkter Steuerpflicht nicht ausländische Einkünfte im Sinne des § 34 c Abs. 1 des Einkommensteuergesetzes wären, im Fall des § 3 der Person, im Fall des § 4 dem Erwerb entsprechend der Beteiligung zuzurechnen.

(2) Das Vermögen, das den nach Absatz 1 einer Person zuzurechnenden Einkünften zugrunde liegt, haftet für die von dieser Person für diese Einkünfte geschuldeten Steuern.

(3) § 18 findet entsprechende Anwendung.

Dritter Teil. Behandlung wesentlicher Beteiligungen bei Wohnsitzwechsel ins Ausland

§ 6 Besteuerung des Vermögenszuwachses

(1) Bei einer natürlichen Person, die insgesamt mindestens zehn Jahre nach § 1 Abs. 1 des Einkommensteuergesetzes unbeschränkt einkommensteuerpflichtig war und deren unbeschränkte Steuerpflicht durch Aufgabe des Wohnsitzes oder gewöhnlichen Aufenthaltes endet, ist auf Anteile an einer inländischen Kapitalgesellschaft § 17 des Einkommensteuergesetzes im Zeitpunkt der Beendigung der unbeschränkten Steuerpflicht auch ohne Veräußerung anzuwenden, wenn im übrigen für die Anteile zu diesem Zeitpunkt die Voraussetzungen dieser Vorschrift erfüllt sind. Bei Anteilen, für die die Person nachweist, daß sie ihr bereits im Zeitpunkt der erstmaligen Begründung der unbeschränkten Steuerpflicht gehört haben, ist als Anschaffungskosten der gemeine Wert der Anteile in diesem Zeitpunkt anzusetzen. An Stelle des Veräußerungspreises (§ 17 Abs. 2 des Einkommensteuergesetzes) tritt der gemeine Wert der Anteile im Zeitpunkt der Beendigung der unbeschränkten Steuerpflicht. § 34 des Einkommensteuergesetzes ist entsprechend anzuwenden. § 17 und § 49 Abs. 1 Nr. 2 Buchstabe e des Einkommensteuergesetzes bleiben mit der Maßgabe unberührt, daß der nach diesen Vorschriften anzusetzende Gewinn aus der Veräußerung von Anteilen um den nach den vorstehenden Vorschriften besteuerten Vermögenszuwachs zu kürzen ist.

(2) Hat der unbeschränkt Steuerpflichtige die Anteile durch ganz oder teilweise unentgeltliches Rechtsgeschäft erworben, so sind für die Errech-

nung der nach Absatz 1 maßgebenden Dauer der unbeschränkten Steuerpflicht auch Zeiträume einzubeziehen, in denen der Rechtsvorgänger bis zur Übertragung der Anteile unbeschränkt steuerpflichtig war. Sind die Anteile mehrmals nacheinander in dieser Weise übertragen worden, so gilt Satz 1 für jeden der Rechtsvorgänger entsprechend. Zeiträume, in denen die Person oder ein oder mehrere Rechtsvorgänger gleichzeitig unbeschränkt steuerpflichtig waren, werden dabei nur einmal angesetzt.

(3) Der Beendigung der unbeschränkten Steuerpflicht im Sinne des Absatzes 1 Satz 1 steht gleich

1. die Übertragung der Anteile durch ganz oder teilweise unentgeltliches Rechtsgeschäft unter Lebenden auf nicht unbeschränkt steuerpflichtige Personen; die Steuer wird auf Antrag ermäßigt oder erlassen, wenn für die Übertragung der Anteile Erbschaftsteuer zu entrichten ist; oder

2. die Begründung eines Wohnsitzes oder gewöhnlichen Aufenthaltes oder die Erfüllung eines anderen ähnlichen Merkmals in einem ausländischen Staat, wenn die Person auf Grund dessen nach einem Abkommen zur Vermeidung der Doppelbesteuerung als in diesem Staat ansässig anzusehen ist, oder

3. die Einlage der Anteile in einen Betrieb oder eine Betriebstätte der Person in einem ausländischen Staat, wenn das Besteuerungsrecht der Bundesrepublik Deutschland hinsichtlich des Gewinns aus der Veräußerung der Anteile durch ein Abkommen zur Vermeidung der Doppelbesteuerung ausgeschlossen wird, oder

4. der Tausch der Anteile gegen Anteile an einer ausländischen Kapitalgesellschaft.

(4) Beruht die Beendigung der unbeschränkten Steuerpflicht auf vorübergehender Abwesenheit und wird der Steuerpflichtige innerhalb von fünf Jahren seit Beendigung der unbeschränkten Steuerpflicht wieder unbeschränkt einkommensteuerpflichtig, so entfällt der Steueranspruch nach Absatz 1, soweit die Anteile in der Zwischenzeit nicht veräußert oder die Tatbestände des Absatzes 3 Nr. 1, 3 und 4 erfüllt worden sind; das Finanzamt kann diese Frist um höchstens fünf Jahre verlängern, wenn der Steuerpflichtige glaubhaft macht, daß berufliche Gründe für seine Abwesenheit maßgebend sind und seine Absicht zur Rückkehr unverändert fortbesteht.

(5) Die nach Absatz 1 geschuldete Einkommensteuer ist auf Antrag in regelmäßigen Teilbeträgen für einen Zeitraum von höchstens fünf Jahren seit Eintritt der ersten Fälligkeit gegen Sicherheitsleistung zu stunden, wenn ihre alsbaldige Einziehung mit erheblichen Härten für den Steuerpflichtigen verbunden wäre. Bei einer Veräußerung von Anteilen während des Stundungszeitraumes ist die Stundung entsprechend zu berichtigen. In Fällen des Absatzes 4 richtet sich der Stundungszeitraum nach der auf Grund dieser Vorschrift eingeräumten Frist; die Erhebung von Teilbeträ-

gen entfällt; von der Sicherheitsleistung kann nur abgesehen werden, wenn der Steueranspruch nicht gefährdet erscheint.

Vierter Teil. Beteiligung an ausländischen Zwischengesellschaften

§ 7 Steuerpflicht inländischer Gesellschafter

(1) Sind unbeschränkt Steuerpflichtige an einer Körperschaft, Personenvereinigung oder Vermögensmasse im Sinne des Körperschaftsteuergesetzes, die weder Geschäftsleitung noch Sitz im Geltungsbereich dieses Gesetzes hat und die nicht gemäß § 3 Abs. 1 des Körperschaftsteuergesetzes von der Körperschaftsteuerpflicht ausgenommen ist (ausländische Gesellschaft), zu mehr als der Hälfte beteiligt, so sind die Einkünfte, für die diese Gesellschaft Zwischengesellschaft ist, bei jedem von ihnen mit dem Teil steuerpflichtig, der auf die ihm zuzurechnende Beteiligung an Nennkapital der Gesellschaft entfällt.

(2) Unbeschränkt Steuerpflichtige sind im Sinne des Absatzes 1 an einer ausländischen Gesellschaft zu mehr als der Hälfte beteiligt, wenn ihnen allein oder zusammen mit Personen im Sinne des § 2 am Ende des Wirtschaftsjahres der Gesellschaft, in dem sie die Einkünfte nach Absatz 1 bezogen hat (maßgebendes Wirtschaftsjahr), mehr als 50 vom Hundert der Anteile oder der Stimmrechte an der ausländischen Gesellschaft zuzurechnen sind. Bei der Anwendung des vorstehenden Satzes sind auch Anteile oder Stimmrechte zu berücksichtigen, die durch eine andere Gesellschaft vermittelt werden, und zwar in dem Verhältnis, das den Anteilen oder Stimmrechten an der vermittelnden Gesellschaft zu den gesamten Anteilen oder Stimmrechten an dieser Gesellschaft entspricht; dies gilt entsprechend bei der Vermittlung von Anteilen oder Stimmrechten durch mehrere Gesellschaften. Ist ein Gesellschaftskapital nicht vorhanden und bestehen auch keine Stimmrechte, so kommt es auf das Verhältnis der Beteiligungen am Vermögen der Gesellschaft an.

(3) Sind unbeschränkt Steuerpflichtige unmittelbar oder über Personengesellschaften an einer Personengesellschaft beteiligt, die ihrerseits an einer ausländischen Gesellschaft im Sinne des Absatzes 1 beteiligt ist, so gelten sie als an der ausländischen Gesellschaft beteiligt.

(4) Einem unbeschränkt Steuerpflichtigen sind für die Anwendung der §§ 7 bis 14 auch Anteile oder Stimmrechte zuzurechnen, die eine Person hält, die seinen Weisungen so zu folgen hat oder so folgt, daß ihr kein eigener wesentlicher Entscheidungsspielraum bleibt. Diese Voraussetzung ist nicht schon allein dadurch erfüllt, daß der unbeschränkt Steuerpflichtige an der Person beteiligt ist.

(5) Ist für die Gewinnverteilung der ausländischen Gesellschaft nicht die Beteiligung am Nennkapital maßgebend oder hat die Gesellschaft kein Nennkapital, so ist der Aufteilung der Einkünfte nach Absatz 1 der Maßstab für die Gewinnverteilung zugrunde zu legen.

(6) Ist eine ausländische Gesellschaft Zwischengesellschaft für Zwischeneinkünfte mit Kapitalanlagecharakter im Sinne des § 10 Absatz 6 Satz 2, bestehen ihre Einkünfte überwiegend hieraus und ist ein unbeschränkt Steuerpflichtiger an der Gesellschaft mindestens zu 10 v. H. beteiligt, sind diese Zwischeneinkünfte bei diesem Steuerpflichtigen in dem in Absatz 1 bestimmten Umfang steuerpflichtig, auch wenn die Voraussetzungen des Absatz 1 im übrigen nicht erfüllt sind.

§ 8 Einkünfte von Zwischengesellschaften

(1) Eine ausländische Gesellschaft ist Zwischengesellschaft für Einkünfte, die einer niedrigen Besteuerung unterliegen und nicht stammen aus:

1. der Land- und Forstwirtschaft,

2. der Herstellung, Bearbeitung, Verarbeitung oder Montage von Sachen, der Erzeugung von Energie sowie dem Aufsuchen und der Gewinnung von Bodenschätzen,

3. dem Betrieb von Kreditinstituten oder Versicherungsunternehmen, die für ihre Geschäfte einen in kaufmännischer Weise eingerichteten Betrieb unterhalten, es sei denn, die Geschäfte werden überwiegend mit unbeschränkt Steuerpflichtigen, die nach § 7 an der ausländischen Gesellschaft beteiligt sind, oder solchen Steuerpflichtigen im Sinne des § 1 Abs. 2 nahestehenden Personen betrieben,

4. dem Handel, soweit nicht
   a) ein unbeschränkt Steuerpflichtiger, der gemäß § 7 an der ausländischen Gesellschaft beteiligt ist, oder eine einem solchen Steuerpflichtigen im Sinne des § 1 Abs. 2 nahestehende Person die gehandelten Güter oder Waren aus dem Geltungsbereich dieses Gesetzes an die ausländische Gesellschaft liefert,
   oder
   b) die Güter oder Waren von der ausländischen Gesellschaft in den Geltungsbereich dieses Gesetzes an einen solchen Steuerpflichtigen oder eine solche nahestehende Person geliefert werden,

es sei denn, der Steuerpflichtige weist nach, daß die ausländische Gesellschaft einen für derartige Handelsgeschäfte in kaufmännischer Weise eingerichteten Geschäftsbetrieb unter Teilnahme am allgemeinen wirtschaftlichen Verkehr unterhält und die zur Vorbereitung, dem Abschluß und der Ausführung der Geschäfte gehörenden Tätigkeiten ohne Mitwirkung eines solchen Steuerpflichtigen oder einer solchen nahestehenden Person ausübt,

5. Dienstleistungen, soweit nicht
   a) die ausländische Gesellschaft für die Dienstleistung sich eines unbeschränkt Steuerpflichtigen, der gemäß § 7 an ihr beteiligt ist, oder einer einem solchen Steuerpflichtigen im Sinne des § 1 Abs. 2 nahestehenden Person bedient, die mit ihren Einkünften aus der von ihr beigetragenen Leistung im Geltungsbereich dieses Gesetzes steuerpflichtig ist,
   oder
   b) die ausländische Gesellschaft die Dienstleistung einem solchen Steuerpflichtigen oder einer solchen nahestehenden Person erbringt, es sei denn, der Steuerpflichtige weist nach, daß die ausländische Gesellschaft einen für das Bewirken derartiger Dienstleistungen eingerichteten Geschäftsbetrieb unter Teilnahme am allgemeinen wirtschaftlichen Verkehr unterhält und die zu der Dienstleistung gehörenden Tätigkeiten ohne Mitwirkung eines solchen Steuerpflichtigen oder einer solchen nahestehenden Person ausübt,

6. der Vermietung und Verpachtung, ausgenommen
   a) die Überlassung der Nutzung von Rechten, Plänen, Mustern, Verfahren, Erfahrungen und Kenntnissen, es sei denn, der Steuerpflichtige weist nach, daß die ausländische Gesellschaft die Ergebnisse eigener Forschungs- oder Entwicklungsarbeit auswertet, die ohne Mitwirkung eines Steuerpflichtigen, der gemäß § 7 an der Gesellschaft beteiligt ist, oder einer einem solchen Steuerpflichtigen im Sinne des § 1 Abs. 2 nahestehenden Person unternommen worden ist,
   b) die Vermietung oder Verpachtung von Grundstücken, es sei denn, der Steuerpflichtige weist nach, daß die Einkünfte daraus nach einem Abkommen zur Vermeidung der Doppelbesteuerung steuerbefreit wären, wenn sie von den unbeschränkt Steuerpflichtigen, die gemäß § 7 an der ausländischen Gesellschaft beteiligt sind, unmittelbar bezogen worden wären, und
   c) die Vermietung oder Verpachtung von beweglichen Sachen, es sei denn, der Steuerpflichtige weist nach, daß die ausländische Gesellschaft einen Geschäftsbetrieb gewerbsmäßiger Vermietung oder Verpachtung unter Teilnahme am allgemeinen wirtschaftlichen Verkehr unterhält und alle zu einer solchen gewerbsmäßigen Vermietung oder Verpachtung gehörenden Tätigkeiten ohne Mitwirkung eines unbeschränkt Steuerpflichtigen, der gemäß § 7 an ihr beteiligt ist, oder einer einem solchen Steuerpflichtigen im Sinne des § 1 Abs. 2 nahestehenden Person ausübt,

7. der Aufnahme und darlehensweisen Vergabe von Kapital, für das der Steuerpflichtige nachweist, daß es ausschließlich auf ausländischen Kapitalmärkten aufgenommen und auf Dauer außerhalb des Geltungsbereichs dieses Gesetzes gelegenen Betrieben oder Betriebstätten, die ihre

Bruttoerträge ausschließlich oder fast ausschließlich aus unter den Nummern 1 bis 6 fallenden Tätigkeiten beziehen, zugeführt wird.

(2) Eine ausländische Gesellschaft ist nicht Zwischengesellschaft für Einkünfte aus einer Beteiligung an einer anderen ausländischen Gesellschaft, an deren Nennkapital sie mindestens zu einem Viertel unmittelbar beteiligt ist, wenn die Beteiligung ununterbrochen seit mindestens zwölf Monaten vor dem für die Ermittlung des Gewinns maßgebenden Abschlußstichtag besteht und wenn der Steuerpflichtige nachweist, daß

1. diese Gesellschaft Geschäftsleitung und Sitz in demselben Staat wie die ausländische Gesellschaft hat und ihre Bruttoerträge ausschließlich oder fast ausschließlich aus den unter Absatz 1 Nr. 1 bis 6 fallenden Tätigkeiten bezieht oder

2. die ausländische Gesellschaft die Beteiligung in wirtschaftlichem Zusammenhang mit eigenen unter Absatz 1 Nr. 1 bis 6 fallenden Tätigkeiten hält und die Gesellschaft, an der die Beteiligung besteht, ihre Bruttoerträge ausschließlich oder fast ausschließlich aus solchen Tätigkeiten bezieht.

(3) Eine niedrige Besteuerung im Sinne des Absatzes 1 liegt vor, wenn die Einkünfte weder im Staat der Geschäftsleitung noch im Staat des Sitzes der ausländischen Gesellschaft einer Belastung durch Ertragsteuern von 30 vom Hundert oder mehr unterliegen, ohne daß dies auf einem Ausgleich mit Einkünften aus anderen Quellen beruht, oder wenn die danach in Betracht zu ziehende Steuer nach dem Recht des betreffenden Staates um Steuern gemindert wird, die die Gesellschaft, von der die Einkünfte stammen, zu tragen hat; Einkünfte, die nach § 13 vom Hinzurechnungsbetrag auszunehmen sind, und auf sie entfallende Steuern bleiben unberücksichtigt.

§ 9 Freigrenze bei gemischten Einkünften

Für die Anwendung des § 7 Abs. 1 sind Einkünfte, für die eine ausländische Gesellschaft Zwischengesellschaft ist und die nicht unter § 13 Abs. 1 fallen, außer Ansatz zu lassen, wenn die ihnen zugrunde liegenden Bruttoerträge nicht mehr als zehn vom Hundert der gesamten Bruttoerträge der Gesellschaft, soweit sie sich nicht auf die unter § 13 Abs. 1 fallenden Einkünfte beziehen, betragen, vorausgesetzt, daß die bei einer Gesellschaft oder bei einem Steuerpflichtigen hiernach außer Ansatz zu lassenden Beträge insgesamt 120 000 Deutsche Mark nicht übersteigen.

§ 10 Hinzurechnungsbetrag

(1) Die nach § 7 Abs. 1 steuerpflichtigen Einkünfte sind bei dem unbeschränkt Steuerpflichtigen mit dem Betrag, der sich nach Abzug der Steuern ergibt, die zu Lasten der ausländischen Gesellschaft von diesen Einkünften sowie von dem diesen Einkünften zugrunde liegenden Vermögen

erhoben worden sind, anzusetzen (Hinzurechnungsbetrag). Soweit die abzuziehenden Steuern zu dem Zeitpunkt, zu dem die Einkünfte nach Absatz 2 als zugeflossen gelten, noch nicht entrichtet sind, sind sie nur in den Jahren, in denen sie entrichtet werden, von den nach § 7 Abs. 1 steuerpflichtigen Einkünften abzusetzen. Ergibt sich ein negativer Betrag, so entfällt die Hinzurechnung.

(2) Der Hinzurechnungsbetrag gehört zu den Einkünften aus Kapitalvermögen im Sinne des § 20 Abs. 1 Ziff. 1 des Einkommensteuergesetzes und gilt unmittelbar nach Ablauf des maßgebenden Wirtschaftsjahres der ausländischen Gesellschaft als zugeflossen. Gehören Anteile an der ausländischen Gesellschaft zu einem Betriebsvermögen, so erhöht der Hinzurechnungsbetrag den nach dem Einkommen- oder Körperschaftsteuergesetz ermittelten Gewinn des Betriebs für das Wirtschaftsjahr, das nach dem Ablauf des maßgebenden Wirtschaftsjahres der ausländischen Gesellschaft endet.

(3) Die dem Hinzurechnungsbetrag zugrunde liegenden Einkünfte sind in entsprechender Anwendung der Vorschriften des deutschen Steuerrechts zu ermitteln. Eine Gewinnermittlung entsprechend den Grundsätzen des § 4 Abs. 3 des Einkommensteuergesetzes steht einer Gewinnermittlung nach § 4 Abs. 1 oder § 5 des Einkommensteuergesetzes gleich. Bei mehreren Beteiligten kann das Wahlrecht für die Gesellschaft nur einheitlich ausgeübt werden. Steuerliche Vergünstigungen, die an die unbeschränkte Steuerpflicht oder an das Bestehen eines inländischen Betriebs oder einer inländischen Betriebstätte anknüpfen, sowie die Vorschriften des Entwicklungshilfe-Steuergesetzes bleiben unberücksichtigt. Verluste, die bei Einkünften entstanden sind, für die die ausländische Gesellschaft Zwischengesellschaft ist, können in entsprechender Anwendung des § 10d des Einkommensteuergesetzes, soweit sie die nach § 9 außer Ansatz zu lassenden Einkünfte übersteigen, abgezogen werden.

(4) Bei der Ermittlung der Einkünfte, für die die ausländische Gesellschaft Zwischengesellschaft ist, dürfen nur solche Betriebsausgaben abgezogen werden, die mit diesen Einkünften in wirtschaftlichem Zusammenhang stehen.

(5) Auf den Hinzurechnungsbetrag sind die Bestimmungen der Abkommen zur Vermeidung der Doppelbesteuerung entsprechend anzuwenden, die anzuwenden wären, wenn der Hinzurechnungsbetrag an den Steuerpflichtigen ausgeschüttet worden wäre.

(6) Absatz 5 gilt nicht, soweit im Hinzurechnungsbetrag Zwischeneinkünfte mit Kapitalanlagecharakter enthalten sind und die ausländische Zwischengesellschaft überwiegend derartige Einkünfte erzielt. Zwischeneinkünfte mit Kapitalanlagecharakter sind Einkünfte der ausländischen Zwischengesellschaft, die aus dem Halten, der Verwaltung, Werterhaltung

oder Werterhöhung von Zahlungsmitteln, Forderungen, Wertpapieren, Beteiligungen oder ähnlichen Vermögenswerten stammen, es sei denn, der Steuerpflichtige weist nach, daß sie

1. aus einer Tätigkeit stammen, die einer unter § 8 Abs. 1 Nr. 1 bis 6 fallenden eigenen Tätigkeit der ausländischen Gesellschaft dient, ausgenommen Tätigkeiten im Sinne des § 1 Abs. 1 Nr. 6 des Kreditwesengesetzes,

2. aus Gesellschaften stammen, an denen die ausländische Zwischengesellschaft zu mindestens einem Zehntel beteiligt ist,

3. aus der Finanzierung von ausländischen Betriebsstätten oder ausländischen Gesellschaften stammen, die zu demselben Konzern gehören wie die ausländische Zwischengesellschaft, oder

4. einem nach dem Maßstab des § 1 angemessenen Teil der Einkünfte entspricht, der auf die von der ausländischen Zwischengesellschaft erbrachten Dienstleistungen entfällt.

§ 11 Ausschüttung von Gewinnanteilen

(1) Der Hinzurechnungsbetrag ist um Gewinnanteile zu kürzen, die der unbeschränkt Steuerpflichtige in dem Kalenderjahr oder Wirtschaftsjahr, in dem der Hinzurechnungsbetrag nach § 10 Abs. 2 anzusetzen ist, von der ausländischen Gesellschaft bezieht.

(2) Soweit die Gewinnanteile den Hinzurechnungsbetrag übersteigen, ist ein Betrag in Höhe der Einkommen- oder Körperschaftsteuer und der Gewerbesteuer zu erstatten, die für die vorangegangenen vier Kalenderjahre oder Wirtschaftsjahre auf Hinzurechnungsbeträge bis zur Höhe des übersteigenden Betrags entrichtet und noch nicht erstattet worden sind.

(3) Veräußert der unbeschränkt Steuerpflichtige Anteile an der ausländischen Gesellschaft, so ist Absatz 2 mit der Maßgabe anzuwenden, daß die zu erstattenden Beträge die auf den Veräußerungsgewinn jeweils zu entrichtende Einkommen- oder Körperschaftsteuer und Gewerbesteuer nicht übersteigen dürfen.

(4) Soweit im Hinzurechnungsbetrag Zwischeneinkünfte mit Kapitalanlagecharakter im Sinne des § 10 Abs. 6 Satz 2 enthalten sind, darf der Hinzurechnungsbetrag nicht nach Absatz 1 um Gewinnanteile gekürzt werden. Die Gewinnanteile sind steuerfrei, soweit sie diese Zwischeneinkünfte nicht übersteigen. Die Absätze 2 und 3 sind auf den in Satz 1 genannten Teil des Hinzurechnungsbetrages nicht anzuwenden. Liegen noch andere Zwischeneinkünfte vor, kann insoweit wegen der nach Satz 2 befreiten Gewinnanteile eine Kürzung oder Erstattung nach den Absätzen 1 bis 3 nicht verlangt werden.

§ 12 Steueranrechnung

(1) Auf Antrag des Steuerpflichtigen werden auf seine Einkommen- oder Körperschaftsteuer, die auf den Hinzurechnungsbetrag entfällt, die Steuern angerechnet, die nach § 10 Abs. 1 abziehbar sind. In diesem Fall ist der Hinzurechnungsbetrag um diese Steuern zu erhöhen.

(2) Bei der Anrechnung sind die Vorschriften des § 34c Abs. 1 des Einkommensteuergesetzes und des § 26 Abs. 1, 2a und 6 des Körperschaftsteuergesetzes entsprechend anzuwenden.

(3) Steuern von den nach § 11 Abs. 4 Satz 2 befreiten Gewinnanteilen werden auf Antrag im Veranlagungszeitraum des Anfalls der zugrundeliegenden Zwischeneinkünfte mit Kapitalanlagecharakter angerechnet oder abgezogen. Das gilt auch, wenn der Steuerbescheid für diesen Veranlagungszeitraum bereits bestandskräftig ist.

§ 13 Schachteldividenden

(1) Gewinnanteile, die die ausländische Gesellschaft von einer nicht unbeschränkt steuerpflichtigen Kapitalgesellschaft bezieht, deren Bruttoerträge ausschließlich oder fast ausschließlich aus unter § 8 Abs. 1 Nr. 1 bis 6 fallenden Tätigkeiten stammen, sind mit dem auf den unbeschränkt Steuerpflichtigen entfallenden Teil

1. für die Körperschaftsteuer
   a) vom Hinzurechnungsbetrag auszunehmen, soweit die Gewinnanteile von der Körperschaftsteuer befreit wären, wenn der unbeschränkt Steuerpflichtige sie unmittelbar von der ausschüttenden Gesellschaft bezogen hätte,
   b) nur mit dem Steuerbetrag zur Körperschaftsteuer heranzuziehen, der sich nach Berücksichtigung des § 12 aus der Anwendung des § 26 Abs. 2, 3 und 4 des Körperschaftsteuergesetzes ergeben würde, wenn der unbeschränkt Steuerpflichtige die Gewinnanteile unmittelbar von der ausschüttenden Gesellschaft bezogen hätte;
2. für die Gewerbesteuer vom Hinzurechnungsbetrag auszunehmen, soweit die Gewinnanteile von der Gewerbesteuer befreit wären, wenn der unbeschränkt Steuerpflichtige sie unmittelbar von der ausschüttenden Gesellschaft bezogen hätte.

Satz 1 ist nicht anzuwenden

1. für die Körperschaftsteuer, soweit die Gewinnanteile der ausländischen Gesellschaft nach § 26 Abs. 5 des Körperschaftsteuergesetzes zu berücksichtigen sind,
2. für die Gewerbesteuer, soweit die Gewinnanteile der ausländischen Gesellschaft nach § 26 Abs. 5 des Körperschaftsteuergesetzes oder nach § 9 Nr. 7 Satz 2 und 3 des Gewerbesteuergesetzes zu berücksichtigen sind.

(2) Gewinnanteile, die die ausländische Gesellschaft von einer unbeschränkt steuerpflichtigen Kapitalgesellschaft bezieht, sind mit dem auf den unbeschränkt Steuerpflichtigen entfallenden Teil vom Hinzurechnungsbetrag auszunehmen, wenn der Steuerpflichtige

1. eine unbeschränkt steuerpflichtige Körperschaft, Personenvereinigung oder Vermögensmasse und

2. mindestens zu einem Zehntel als an der ausschüttenden Gesellschaft beteiligt anzusehen ist.

Satz 1 ist nur anzuwenden, soweit die Beteiligung im Sinne der Nummer 2 ununterbrochen seit mindestens zwölf Monaten vor dem Ende des Veranlagungszeitraums oder des davon abweichenden Gewinnermittlungszeitraums besteht.

(3) Veräußert die ausländische Gesellschaft Anteile an einer Kapitalgesellschaft an eine andere Kapitalgesellschaft, die zu demselben Konzern wie die ausländische Gesellschaft gehört, so ist der Veräußerungsgewinn vom Hinzurechnungsbetrag auszunehmen, wenn auf Gewinnanteile, die auf diese Anteile entfallen, Absatz 1 oder 2 anzuwenden wäre.

(4) Für die Anwendung der Absätze 1 bis 3 ist der Steuerpflichtige als zu dem Teil an der ausschüttenden Gesellschaft beteiligt anzusehen, der seinem Anteil am Nennkapital der ausländischen Gesellschaft, bezogen auf deren Beteiligung an der ausschüttenden Gesellschaft, entspricht.

(5) Die Absätze 1 bis 4 sind nur anzuwenden, wenn der Steuerpflichtige nachweist, daß alle Voraussetzungen erfüllt sind.

§ 14 Nachgeschaltete Zwischengesellschaften

(1) Ist eine ausländische Gesellschaft allein oder zusammen mit unbeschränkt Steuerpflichtigen gemäß § 7 an einer anderen ausländischen Gesellschaft (Untergesellschaft) beteiligt, so sind für die Anwendung der §§ 7 bis 13 die Einkünfte der Untergesellschaft, für die diese Zwischengesellschaft ist und die nicht nach § 13 vom Hinzurechnungsbetrag auszunehmen sind, der ausländischen Gesellschaft zu dem Teil, der auf ihre Beteiligung am Nennkapital der Untergesellschaft entfällt, zuzurechnen, soweit nicht nachgewiesen wird, daß diese Einkünfte aus Tätigkeiten oder Gegenständen stammen, die einer unter § 8 Abs. 1 Nr. 1 bis 6 fallenden eigenen Tätigkeit der ausländischen Gesellschaft dienen.

(2) Der nach Absatz 1 zuzurechnende Betrag ist in entsprechender Anwendung des § 11 Abs. 1 um Gewinnanteile zu kürzen, die die Untergesellschaft ausschüttet; soweit die Gewinnanteile den zuzurechnenden Betrag übersteigen, sind sie um Beträge zu kürzen, die für die vorangegangenen vier Wirtschaftsjahre nach Absatz 1 der ausländischen Gesellschaft zugerechnet und noch nicht für eine solche Kürzung verwendet worden sind. § 11 Abs. 4 ist sinngemäß anzuwenden.

(3) Die Absätze 1 und 2 sind entsprechend anzuwenden, wenn der Untergesellschaft weitere ausländische Gesellschaften nachgeschaltet sind.

(4) Soweit einem Hinzurechnungsbetrag Zwischeneinkünfte zugrunde liegen, die einer ausländischen Gesellschaft (Obergesellschaft) nach den Absätzen 1 bis 3 zugerechnet worden sind, können die Bestimmungen der Abkommen zur Vermeidung der Doppelbesteuerung nach § 10 Abs. 5 nur dann angewandt werden, wenn sie auch bei direkter Beteiligung des Steuerpflichtigen an der Untergesellschaft, bei der diese Einkünfte entstanden sind, anzuwenden wären; § 10 Abs. 6 und § 13 Abs. 4 gelten entsprechend. Ausschüttungen der Obergesellschaft, die auf Grund solcher Abkommen steuerbefreit sind, berechtigen nicht zur Kürzung dieses Teils des Hinzurechnungsbetrags (§ 11 Abs. 1) oder zur Erstattung von auf Hinzurechnungsbeträge entrichteten Steuern (§ 11 Abs. 2). Schüttet die Untergesellschaft die Zwischeneinkünfte an die Obergesellschaft aus, so begründet dies nicht die Steuerpflicht nach § 7 Abs. 1 und berechtigt nicht zur Kürzung nach Absatz 2. Steuern, die im Staat der Untergesellschaft und der Obergesellschaft von diesen Ausschüttungen erhoben werden, sind im Zeitpunkt der Ausschüttung nach § 10 Abs. 1 abzuziehen oder nach § 12 anzurechnen. Auf Zwischeneinkünfte einer Untergesellschaft ist § 10 Abs. 6 Satz 1 auch dann anzuwenden, wenn die Einkünfte aus der Beteiligung einer Obergesellschaft an ihr unter § 10 Abs. 6 Satz 2 Nr. 2 fallen.

Fünfter Teil. Familienstiftungen

§ 15 Steuerpflicht von Stiftern, Bezugsberechtigten und Anfallsberechtigten

(1) Vermögen und Einkommen einer Familienstiftung, die Geschäftsleitung und Sitz außerhalb des Geltungsbereichs dieses Gesetzes hat, werden dem Stifter, wenn er unbeschränkt steuerpflichtig ist, sonst den unbeschränkt steuerpflichtigen Personen, die bezugsberechtigt oder anfallsberechtigt sind, entsprechend ihrem Anteil zugerechnet. Dies gilt nicht für die Erbschaftsteuer.

(2) Familienstiftungen sind Stiftungen, bei denen der Stifter, seine Angehörigen und deren Abkömmlinge zu mehr als der Hälfte bezugsberechtigt oder anfallsberechtigt sind.

(3) Hat ein Unternehmer im Rahmen seines Unternehmens oder als Mitunternehmer oder eine Körperschaft, eine Personenvereinigung oder eine Vermögensmasse eine Stiftung errichtet, die Geschäftsleitung und Sitz außerhalb des Geltungsbereichs dieses Gesetzes hat, so wird die Stiftung wie eine Familienstiftung behandelt, wenn der Stifter, seine Gesellschafter, von ihm abhängige Gesellschaften, Mitglieder, Vorstandsmitglieder, lei-

tende Angestellte und Angehörige dieser Personen zu mehr als der Hälfte bezugsberechtigt oder anfallsberechtigt sind.

(4) Den Stiftungen stehen sonstige Zweckvermögen, Vermögensmassen und rechtsfähige oder nichtrechtsfähige Personenvereinigungen gleich.

(5) Die §§ 5 und 12 sind entsprechend anzuwenden. Im übrigen finden, soweit Absatz 1 anzuwenden ist, die Vorschriften des Vierten Teils dieses Gesetzes keine Anwendung.

Sechster Teil. Ermittlung und Verfahren

§ 16 Mitwirkungspflicht des Steuerpflichtigen

(1) Beantragt ein Steuerpflichtiger unter Berufung auf Geschäftsbeziehungen mit einer ausländischen Gesellschaft oder einer im Ausland ansässigen Person oder Personengesellschaft, die mit ihren Einkünften, die im Zusammenhang mit den Geschäftsbeziehungen zu dem Steuerpflichtigen stehen, nicht oder nur unwesentlich besteuert wird, die Absetzung von Schulden oder anderen Lasten oder von Betriebsausgaben oder Werbungskosten, so ist im Sinne des § 160 der Abgabenordnung der Gläubiger oder Empfänger erst dann genau bezeichnet, wenn der Steuerpflichtige alle Beziehungen offenlegt, die unmittelbar oder mittelbar zwischen ihm und der Gesellschaft, Person oder Personengesellschaft bestehen und bestanden haben.

(2) Der Steuerpflichtige hat über die Richtigkeit und Vollständigkeit seiner Angaben und über die Behauptung, daß ihm Tatsachen nicht bekannt sind, auf Verlangen des Finanzamts gemäß § 95 der Abgabenordnung eine Versicherung an Eides Statt abzugeben.

§ 17 Sachverhaltsaufklärung

(1) Zur Anwendung der Vorschriften der §§ 5 und 7 bis 15 haben Steuerpflichtige für sich selbst und im Zusammenwirken mit andern die dafür notwendigen Auskünfte zu erteilen. Auf Verlangen sind insbesondere

1. die Geschäftsbeziehungen zu offenbaren, die zwischen der Gesellschaft und einem so beteiligten unbeschränkt Steuerpflichtigen oder einer einem solchen im Sinne des § 1 Abs. 2 nahestehenden Person bestehen,

2. die für die Anwendung der §§ 7 bis 14 sachdienlichen Unterlagen einschließlich der Bilanzen und der Erfolgsrechnungen vorzulegen. Auf Verlangen sind diese Unterlagen mit dem im Staat der Geschäftsleitung oder des Sitzes vorgeschriebenen oder üblichen Prüfungsvermerk einer behördlich anerkannten Wirtschaftsprüfungsstelle oder vergleichbaren Stelle vorzulegen.

(2) Ist für die Ermittlung der Einkünfte, für die eine ausländische Gesellschaft Zwischengesellschaft ist, eine Schätzung nach § 162 der Abgabenordnung vorzunehmen, so ist mangels anderer geeigneter Anhaltspunkte bei der Schätzung als Anhaltspunkt von mindestens 20 vom Hundert des gemeinen Werts der von den unbeschränkt Steuerpflichtigen gehaltenen Anteile auszugehen; Zinsen und Nutzungsentgelte, die die Gesellschaft für überlassene Wirtschaftsgüter an die unbeschränkt Steuerpflichtigen zahlt, sind abzuziehen.

§ 18 Gesonderte Feststellung von Besteuerungsgrundlagen

(1) Die Besteuerungsgrundlagen für die Anwendung der §§ 7 bis 14 werden gesondert festgestellt. Sind an der ausländischen Gesellschaft mehrere unbeschränkt Steuerpflichtige beteiligt, so wird die gesonderte Feststellung ihnen gegenüber einheitlich vorgenommen; dabei ist auch festzustellen, wie sich die Besteuerungsgrundlagen auf die einzelnen Beteiligten verteilen. Die Vorschriften der Abgabenordnung, mit Ausnahme des § 180 Abs. 3, und der Finanzgerichtsordnung über die gesonderte Feststellung von Besteuerungsgrundlagen sind entsprechend anzuwenden.

(2) Für die gesonderte Feststellung ist das Finanzamt zuständig, das bei dem unbeschränkt Steuerpflichtigen für die Ermittlung der aus der Beteiligung bezogenen Einkünfte örtlich zuständig ist. Ist die gesonderte Feststellung gegenüber mehreren Personen einheitlich vorzunehmen, so ist das Finanzamt zuständig, das nach Satz 1 für den Beteiligten zuständig ist, dem die höchste Beteiligung an der ausländischen Gesellschaft zuzurechnen ist. Läßt sich das zuständige Finanzamt nach den Sätzen 1 und 2 nicht feststellen, so ist das Finanzamt zuständig, das zuerst mit der Sache befaßt wird.

(3) Jeder der an der ausländischen Gesellschaft beteiligten unbeschränkt Steuerpflichtigen und erweitert beschränkt Steuerpflichtigen hat eine Erklärung zur gesonderten Feststellung abzugeben. Diese Verpflichtung kann durch die Abgabe einer gemeinsamen Erklärung erfüllt werden. Die Erklärung ist von dem Steuerpflichtigen oder von den in § 34 der Abgabenordnung bezeichneten Personen eigenhändig zu unterschreiben.

Siebenter Teil. Schlußvorschriften

§ 19 Übergangsregelung für die Auflösung von Zwischengesellschaften

(1) Wird eine ausländische Gesellschaft innerhalb von fünf Jahren nach dem Jahr des Inkrafttretens dieses Gesetzes aufgelöst, so kann ein unbeschränkt Steuerpflichtiger, der gemäß § 7 an der Gesellschaft beteiligt ist und der die Beteiligung im Zeitpunkt der Auflösung in seinem Betriebsvermögen führt, ihm zugeteiltes Vermögen, für dessen Erträge die auslän-

dische Gesellschaft Zwischengesellschaft gewesen ist, mit Ausnahme von Geld, Guthaben und Forderungen (begünstigtes Vermögen) statt mit dem gemeinen Wert mit dem sich für den Zeitpunkt der Auflösung ergebenden anteiligen Buchwert der Beteiligung ansetzen. Der anteilige Buchwert ist der Teil des Buchwertes der Beteiligung, der dem Anteil des gemeinen Wertes des begünstigten Vermögens am gemeinen Wert des insgesamt zugeteilten Vermögens entspricht. Soweit Satz 1 anzuwenden ist, sind die gemeinen Werte der einzelnen Wirtschaftsgüter jeweils um den Vomhundertsatz zu verringern, der dem Verhältnis des Unterschieds zwischen dem gemeinen Wert des begünstigten Vermögens und dem anteiligen Buchwert der Beteiligung zum gemeinen Wert des begünstigten Vermögens entspricht. Auf Liquidationsgewinne, die bei einer Auflösung nach den Sätzen 1 bis 3 entstehen, sind die §§ 7 bis 14 nicht anzuwenden.

(2) Absatz 1 ist sinngemäß anzuwenden, wenn eine ausländische Gesellschaft auf Grund einer Herabsetzung ihres Kapitals begünstigtes Vermögen unbeschränkt Steuerpflichtigen zuteilt und die übrigen Voraussetzungen des Absatzes 1 erfüllt sind.

§ 20 Bestimmungen über die Anwendung von Abkommen zur Vermeidung der Doppelbesteuerung

(1) Die Vorschriften der §§ 7 bis 18 und der Absätze 2 und 3 werden durch die Abkommen zur Vermeidung der Doppelbesteuerung nicht berührt.

(2)[1] Fallen Einkünfte mit Kapitalanlagecharakter im Sinne des § 10 Abs. 6 Satz 2 in der ausländischen Betriebsstätte eines unbeschränkt Steuerpflichtigen an und wären sie als Zwischeneinkünfte steuerpflichtig, falls diese Betriebsstätte eine ausländische Gesellschaft wäre, ist insoweit die Doppelbesteuerung nicht durch Freistellung, sondern durch Anrechnung der auf diese Einkünfte erhobenen ausländischen Steuern zu vermeiden.

(3)[1] In den Fällen des Absatzes 2 ist bei Vermögen, das Einkünften mit Kapitalanlagecharakter im Sinne des § 10 Abs. 6 Satz 2 zugrunde liegt, die Doppelbesteuerung nicht durch Freistellung, sondern durch Anrechnung der auf dieses Vermögen erhobenen ausländischen Steuern zu vermeiden. In den Fällen des § 7 ist Satz 1 sinngemäß anzuwenden.

§ 21 Anwendungsvorschriften

(1) Die Vorschriften dieses Gesetzes sind vorbehaltlich des Absatzes 4 wie folgt anzuwenden:

---

[1] Zur zeitlichen Anwendung von § 20 Abs. 2 und 3 vgl. § 21 Abs. 7 Nr. 2.

a)[1] für die Einkommensteuer und für die Körperschaftsteuer erstmals für den Veranlagungszeitraum 1972,

b) für die Gewerbesteuer erstmals für den Erhebungszeitraum 1972,

c) für die Vermögensteuer erstmals bei Neuveranlagungen oder Nachveranlagungen auf den 1. Januar 1973,

d) für die Erbschaftsteuer auf Erwerbe, bei denen die Steuerschuld nach dem Inkrafttreten dieses Gesetzes entstanden ist.

(2) Die Anwendung der §§ 2 bis 5 wird nicht dadurch berührt, daß die unbeschränkte Steuerpflicht der natürlichen Person bereits vor dem 1. Januar 1972 geendet hat.

(3) Soweit in Anwendung des § 10 Abs. 3 Wirtschaftsgüter erstmals zu bewerten sind, sind sie mit den Werten anzusetzen, die sich ergeben würden, wenn seit Übernahme der Wirtschaftsgüter durch die ausländische Gesellschaft die Vorschriften des deutschen Steuerrechts angewendet worden wären.

(4) § 13 Abs. 2 Nr. 2 ist erstmals anzuwenden

1. für die Körperschaftsteuer für den Veranlagungszeitraum 1984,

2. für die Gewerbesteuer für den Erhebungszeitraum 1984.

(5) § 18 Abs. 3 ist auch für Veranlagungszeiträume und Erhebungszeiträume vor 1985 anzuwenden, wenn die Erklärungen noch nicht abgegeben sind.

(6) Bei der Anwendung der §§ 2 bis 6 für die Zeit nach dem 31. Dezember 1990 steht der unbeschränkten Steuerpflicht nach § 1 Abs. 1 Satz 1 des Einkommensteuergesetzes die unbeschränkte Steuerpflicht nach § 1 Abs. 1

---

[1] Zur **teilweisen Nichtigkeit** von § 20 *[jetzt § 21]* Abs. 1 Buchst. a i. V. m. § 2 Abs. 1 und Abs. 5 Satz 2 AStG vgl. BVerfG-Beschluß vom 14. 5. 1986 – 2 BvL 2/83, BStBl. II S. 628:

1. a) § 20 Absatz 1 Buchst. a des Gesetzes über die Besteuerung bei Auslandsbeziehungen (Außensteuergesetz) vom 8. September 1972 (Bundesgesetzbl. I S. 1713) ist insoweit mit dem Rechtsstaatsprinzip (Artikel 20 Absatz 3 des Grundgesetzes) unvereinbar und daher nichtig, als die Bestimmung die Anwendung des § 2 Absatz 1 und Absatz 5 Satz 2 Außensteuergesetz auf die vom 1. Januar 1972 bis zum 21. Juni 1972 (einschließlich) zugeflossenen Einkünfte solcher Personen anordnet, bei denen nach der ursprünglich maßgeblichen Rechtslage entweder in dieser Zeit nur die beschränkte Einkommensteuerpflicht des § 1 Absatz 2 Einkommensteuergesetz 1971 bestanden hat und diese Pflicht vor dem 22. Juni 1972 jedenfalls für das Kalenderjahr 1972 ersatzlos geendet hat oder in dieser Zeit überhaupt eine Einkommensteuerpflicht nicht bestanden hat und eine solche Pflicht auch nicht im restlichen Kalenderjahr 1972 noch entstanden wäre.

b) Weiterhin ist die auf § 2 Absatz 1 und Absatz 5 Satz 2 Außensteuergesetz bezogene Anordnung des § 20 Absatz 1 Buchst. a Außensteuergesetz insoweit mit dem Rechtsstaatsprinzip (Artikel 20 Absatz 3 des Grundgesetzes) unvereinbar und daher nichtig, als sie sich auf solche Einkünfte erstreckt, die dem Steuerpflichtigen vom 1. Januar 1972 bis zum 21. Juni 1972 (einschließlich) zugeflossen sind und der nach der ursprünglich maßgeblichen Rechtslage einem Steuerabzug mit Abgeltungswirkung unterworfen waren.

c) Im übrigen sind § 2 Absatz 1 und Absatz 5 Satz 2 Außensteuergesetz sowie die auf diese Bestimmung bezogene Anordnung des § 20 Absatz 1 Buchst. a Außensteuergesetz mit dem Grundgesetz vereinbar.

des Einkommensteuergesetzes der Deutschen Demokratischen Republik in der Fassung vom 18. September 1970 (Sonderdruck Nr. 670 des Gesetzblattes) gleich. Die Anwendung der §§ 2 bis 5 wird nicht dadurch berührt, daß die unbeschränkte Steuerpflicht der natürlichen Personen bereits vor dem 1. Januar 1991 geendet hat.

(7) § 10 Abs. 6, § 11 Abs. 4, § 12 Abs. 3, § 14 Abs. 2 Satz 2 und § 20 sind erstmals anzuwenden

1. für die Einkommensteuer und Körperschaftsteuer für den Veranlagungszeitraum,

2. mit Ausnahme des § 20 Abs. 2 und 3 für die Gewerbesteuer für den Erhebungszeitraum,

für den Zwischeneinkünfte mit Kapitalanlagecharakter im Sinne des § 10 Absatz 6 Satz 2 hinzuzurechnen sind, die in einem Wirtschaftsjahr der Zwischengesellschaft oder der Betriebsstätte entstanden sind, das nach dem 31. Dezember 1991 beginnt. § 20 Abs. 3 ist erstmals für die Vermögensteuer des Jahres 1993 anzuwenden.

(8) In den Fällen des § 7 sind die §§ 16 bis 20 des Auslandsinvestment-Gesetzes nicht anzuwenden.

§ 22 Inkrafttreten

Dieses Gesetz tritt am Tage nach seiner Verkündung[1] in Kraft.

---

[1] Verkündet am 12. 9. 1972.

3. Gesetz zur Förderung der Berliner Wirtschaft (Berlinförderungsgesetz 1990 – BerlinFG 1990)*

In der Fassung der Bekanntmachung vom 2. Februar 1990

(BGBl. I S. 173)

Zuletzt geändert durch Steueränderungsgesetz 1992 vom 25. 2. 1992 (BGBl. I S. 297)

BGBl. III 610–6–5

Inhaltsübersicht

Abschnitt I. Vergünstigungen bei der Umsatzsteuer und bei den Steuern vom Einkommen und Ertrag, Gewährung einer Investitionszulage

* **Zur Anwendung vgl. § 31.**

Abschnitt I

Vergünstigungen bei der Umsatzsteuer und bei den Steuern vom Einkommen und Ertrag, Gewährung einer Investitionszulage

Artikel I. Vergünstigungen bei der Umsatzsteuer[1]

§ 1 Kürzungsanspruch des Berliner Unternehmers

(1) Hat ein Berliner Unternehmer an einen westdeutschen Unternehmer Gegenstände geliefert, so ist er berechtigt, die von ihm geschuldete Umsatzsteuer um 2 vom Hundert des für diese Gegenstände vereinbarten Entgelts zu kürzen, wenn die Gegenstände in Berlin (West) hergestellt worden sind und aus Berlin (West) in den übrigen Geltungsbereich dieses Gesetzes gelangt sind.

(2) Hat ein Berliner Unternehmer bei einer Werklieferung außerhalb von Berlin (West) an einen westdeutschen Unternehmer in Berlin (West) hergestellte Gegenstände als Teile verwendet, so ist er berechtigt, die von ihm geschuldete Umsatzsteuer um 2 vom Hundert des auf diese Gegenstände entfallenden Entgelts zu kürzen, wenn die Gegenstände besonders berechnet worden sind.

(3) Hat ein Berliner Unternehmer Werkleistungen für einen westdeutschen Unternehmer in Berlin (West) ausgeführt, so ist er berechtigt, die von ihm geschuldete Umsatzsteuer um 2 vom Hundert des für diese Leistungen vereinbarten Entgelts zu kürzen, wenn die bearbeiteten oder verarbeiteten Gegenstände aus Berlin (West) in den übrigen Geltungsbereich dieses Gesetzes gelangt sind.

(4) Hat ein Berliner Unternehmer an einen westdeutschen Unternehmer Gegenstände vermietet oder verpachtet, so ist er berechtigt, die von ihm geschuldete Umsatzsteuer um 2 vom Hundert des für die Überlassung dieser Gegenstände vereinbarten Entgelts zu kürzen, wenn die Gegenstände von dem Berliner Unternehmer nach dem 31. Dezember 1961 in Berlin (West) hergestellt worden sind und im übrigen Geltungsbereich dieses Gesetzes genutzt werden.

(5) Hat ein Berliner Unternehmer Filme einem westdeutschen Unternehmer zur Auswertung im übrigen Geltungsbereich dieses Gesetzes überlassen, so ist er berechtigt, die von ihm geschuldete Umsatzsteuer um 6 vom Hundert des für die Überlassung zur Auswertung vereinbarten Entgelts zu kürzen, wenn die Filme nach dem 31. Dezember 1961 in Berlin (West) hergestellt worden sind.

---

[1] Zur Anwendung der §§ 1, 1a, 3–7 und 9–12 vgl. § 31 Abs. 2 und 2a.

(6) Hat ein Berliner Unternehmer für einen westdeutschen Unternehmer eine der folgenden Leistungen ausgeführt, so ist er berechtigt, die von ihm geschuldete Umsatzsteuer um 10 vom Hundert des für diese Leistungen vereinbarten Entgelts zu kürzen:

1. die technische und wirtschaftliche Beratung und Planung für Anlagen außerhalb von Berlin (West) einschließlich der Anfertigung von Konstruktions-, Kalkulations- und Betriebsunterlagen und der Überwachung der Ausführung, wenn der Unternehmer hierbei ausschließlich oder zum wesentlichen Teil in Berlin (West) tätig geworden ist. Das gilt auch, wenn die in Satz 1 bezeichnete Leistung Bestandteil einer Werklieferung ist, sofern das auf die Leistung entfallende Entgelt besonders berechnet worden ist und nicht bereits zu dem Entgelt für die nach Absatz 2 begünstigten Gegenstände gehört;

2. die Überlassung von gewerblichen Verfahren, Erfahrungen und Datenverarbeitungsprogrammen, die ausschließlich oder zum wesentlichen Teil in Berlin (West) entwickelt oder gewonnen worden sind;

3. die Datenverarbeitung mit in Berlin (West) installierten Anlagen;

4. die Überlassung von in Berlin (West) selbst hergestellten Entwürfen für Werbezwecke, Modellskizzen und Modefotografien;

5. die üblicherweise und ausschließlich der Werbung oder der Öffentlichkeitsarbeit dienenden sonstigen Leistungen der Werbungsmittler und Werbeagenturen sowie entsprechender Unternehmer der Öffentlichkeitsarbeit, wenn der Unternehmer hierbei ausschließlich oder zum wesentlichen Teil in Berlin (West) tätig geworden ist;

6. die unmittelbar mit dem Betrieb Berliner Film- und Fernsehateliers verbundenen Leistungen für die Herstellung von Bild- und Tonträgern, sofern diese zur Auswertung im übrigen Geltungsbereich dieses Gesetzes bestimmt sind; das gilt nicht für Film- und Fernsehateliers, die von juristischen Personen des öffentlichen Rechts oder in der Form privatrechtlicher Gesellschaften betrieben werden, deren Anteile nur juristischen Personen des öffentlichen Rechts gehören und deren Erträge nur diesen juristischen Personen zufließen;

7. die Überlassung von Vorabdruck- und Nachdruckrechten sowie von Aufführungs-, Sende- und Verfilmungsrechten, auch zur auszugsweisen Verwertung, an den in Berlin (West) selbst verlegten und in Berlin (West) hergestellten Werken;

8. die Auswertung und Überlassung von Informationen und Presseveröffentlichungen durch Zeitungsausschnittbüros;

9. die Überlassung von in Berlin (West) hergestellten Tonnegativen oder Mischbändern von Synchronfassungen zur Auswertung im übrigen Geltungsbereich dieses Gesetzes.

(7) Werden in den Fällen der Absätze 1 bis 4 die Leistungen von einem Berliner Unternehmer ausgeführt, dessen Berliner Wertschöpfungsquote (§ 6a Abs. 1) im vorletzten Wirtschaftsjahr mehr als 10 betragen hat, so erhöht sich der Vomhundertsatz der Kürzung (Kürzungssatz) vorbehaltlich des Absatzes 8 bei einer Wertschöpfungsquote im vorletzten Wirtschaftsjahr

1. von mehr als 10 bis unter 30 auf 1,35 zuzüglich 6,5 vom Hundert der Wertschöpfungsquote,

2. ab 30 auf 11 vom Hundert der Wertschöpfungsquote.

Der Kürzungssatz darf 10 nicht übersteigen. Er gilt für den gesamten Besteuerungszeitraum und wird nur auf besonderen Antrag gewährt. Dem Antrag ist eine Berechnung der Berliner Wertschöpfungsquote nach amtlich vorgeschriebenem Vordruck beizufügen.

(8) Der erhöhte Kürzungssatz nach Absatz 7 findet auf die Lieferungen der in § 4 Abs. 2 bezeichneten Gegenstände keine Anwendung, wenn der Berliner Unternehmer die Gegenstände nicht selbst hergestellt hat.

(9) Die Kürzungssätze nach den Absätzen 1 bis 7 werden jeweils gemindert

1. für Umsätze, die nach dem 31. Dezember 1991 und vor dem 1. Juli 1992 ausgeführt werden, um 30 vom Hundert,

2. für Umsätze, die nach dem 30. Juni 1992 und vor dem 1. Januar 1993 ausgeführt werden, um 50 vom Hundert und

3. für Umsätze, die nach dem 31. Dezember 1992 und vor dem 1. Januar 1994 ausgeführt werden, um 75 vom Hundert.

Der geminderte Kürzungssatz ist auf zwei Dezimalstellen zu runden.

(10) Die Voraussetzungen für die Kürzungen nach den vorstehenden Absätzen 1 bis 7 sind belegmäßig (§ 9) und buchmäßig (§ 10) nachzuweisen.

§ 1a Kürzungsanspruch für Innenumsätze

(1) Hat ein Unternehmer Gegenstände, die er in einer Betriebsstätte in Berlin (West) hergestellt hat, zwecks gewerblicher Verwendung in eine westdeutsche Betriebsstätte verbracht und ist ein Kürzungsanspruch nach § 1 nicht gegeben, so ist der Unternehmer berechtigt, die von ihm geschuldete Umsatzsteuer um 3 vom Hundert des Verrechnungsentgelts (§ 7 Abs. 3) für die verbrachten Gegenstände zu kürzen. Die Lieferung der Gegenstände an Abnehmer im übrigen Geltungsbereich dieses Gesetzes, die nicht westdeutscher Unternehmer im Sinne des § 5 Abs. 2 sind, gilt nicht als gewerbliche Verwendung, es sei denn, daß die Gegenstände in der westdeutschen Betriebsstätte bearbeitet oder verarbeitet worden sind; die Vorschrift des § 6 Abs. 1 gilt sinngemäß.

(2) Werden in den Fällen des Absatzes 1 die Gegenstände von einem Berliner Unternehmer hergestellt, dessen Berliner Wertschöpfungsquote (§ 6a Abs. 1) im vorletzten Wirtschaftsjahr mehr als 10 betragen hat, so erhöht sich der Kürzungssatz bei einer Wertschöpfungsquote im vorletzten Wirtschaftsjahr

1. von mehr als 10 bis unter 30 auf 2,35 zuzüglich 6,5 vom Hundert der Wertschöpfungsquote,

2. ab 30 auf 11 vom Hundert der Wertschöpfungsquote, erhöht um einen Vomhundertpunkt.

Der Kürzungssatz darf 10 nicht übersteigen. § 1 Abs. 7 Satz 3 und 4 gilt entsprechend.

(3) Der Kürzungssatz nach den Absätzen 1 und 2 wird gemindert

1. für Innenumsätze, die nach dem 31. Dezember 1991 und vor dem 1. Juli 1992 ausgeführt werden, um 30 vom Hundert,

2. für Innenumsätze, die nach dem 30. Juni 1992 und vor dem 1. Januar 1993 ausgeführt werden, um 50 vom Hundert,

3. für Innenumsätze, die nach dem 31. Dezember 1992 und vor dem 1. Januar 1994 ausgeführt werden, um 75 vom Hundert,

Der geminderte Kürzungssatz ist auf zwei Dezimalstellen zu runden.

(4) Die Voraussetzungen für die Kürzung nach den Absätzen 1 und 2 sind belegmäßig (§ 9) und buchmäßig (§ 10) nachzuweisen.

§ 2 *(aufgehoben)*

§ 3 Beschränkung auf den Unternehmensbereich

Die Kürzungen nach § 1 werden nur gewährt, wenn der Berliner Unternehmer die Lieferungen und sonstigen Leistungen im Rahmen seines Unternehmens und für das Unternehmen des westdeutschen Unternehmers ausgeführt hat. § 5 Abs. 2 Nr. 4 bleibt unberührt.

§ 4 Ausnahmen, Einschränkungen

(1) Die Kürzungen nach § 1 Abs. 1 und § 1a Abs. 1 werden nicht gewährt für die Lieferung, das Verbringen oder den Erwerb folgender Gegenstände:

1. Originalwerke der Plastik, Malerei und Graphik nicht mehr lebender Künstler;

2. Gebrauchtwaren;

3. Antiquitäten;

4. Briefmarken;

5. Edelsteine und Schmucksteine (Halbedelsteine), auch synthetische, sowie Gegenstände in Verbindung mit diesen Steinen, ausgenommen

Diamantwerkzeuge (Werkzeuge mit arbeitendem Teil aus Industriediamanten);

6. echte Perlen, einschließlich Zuchtperlen, sowie Gegenstände in Verbindung mit diesen Perlen;

7. Edelmetalle und Edelmetallegierungen in Form von Roh- und Halbmaterial sowie Fertigwaren aus Edelmetallen oder Edelmetallegierungen (hierzu gehören nicht Waren, die mit Edelmetallen oder Edelmetallegierungen überzogen sind);

8. Zinn, Wismut und Cadmium sowie Legierungen, die mehr als 20 vom Hundert Zinn oder mehr als insgesamt 3 vom Hundert Wismut oder Cadmium enthalten, in Form von Roh- und Halbmaterial sowie von Fertigfabrikaten.
Das gilt nicht für Fertigfabrikate aus Zinn, die von einem Berliner Unternehmer hergestellt worden sind, dessen Berliner Wertschöpfungsquote (§ 6a Abs. 1) im vorletzten Wirtschaftsjahr mehr als 50 betragen hat, sowie für Druckgußerzeugnisse;

9. Quecksilber;

10. NE-Metalle und NE-Metallegierungen, soweit nicht unter den Nummern 8 und 9 aufgeführt, in Form von Vor- und Rohmaterial, die nicht von einem Berliner Unternehmer durch thermisches Raffinieren oder Legieren in Berlin (West) hergestellt worden sind;

11. Trinkbranntweine im Sinne des Gesetzes über das Branntweinmonopol in der im Bundesgesetzblatt Teil III, Gliederungsnummer 612-7, veröffentlichten bereinigten Fassung in der jeweils geltenden Fassung und Halbfabrikate zur Trinkbranntweinherstellung, ausgenommen Essenzen, die nicht in einer Betriebsstätte in Berlin (West) in Behälter bis zu 10 Liter abgefüllt worden sind. Satz 1 gilt nicht für Halbfabrikate, die in einer Brennerei oder in einem Reinigungsbetrieb in Berlin (West) durch Destillation gewonnen worden sind;

12. Fleisch und genießbarer Schlachtabfall von Rindern, Kälbern, Schweinen und Schafen, frisch, gekühlt oder gefroren; ausgenommen sind
   a) Fleisch und genießbarer Schlachtabfall von Tieren, die in Berlin (West) geschlachtet und in handelsübliche Teile zerlegt worden sind,
   b) Fleisch, das in Berlin (West) durch vollständiges Entbeinen von Köpfen, Schweine-, Kälber- oder Schafhälften sowie von Rindervierteln gewonnen worden ist. Kotelettstränge, Schinken, Köpfe von Schweinen, Eis- und Spitzbeine von Schweinehälften sowie Köpfe, Füße und Schwänze von Kälber- und Schafhälften brauchen nicht entbeint zu werden. Die Lieferungen und Innenumsätze dieser nicht entbeinten Gegenstände werden nicht begünstigt,
   c) Fleisch aus in Berlin (West) zerlegten Tierkörpern in Einzelpackungen bis zu 1000 g;

13. a) gerösteter Kaffee (Unterpositionen 0901.21 und 0901.22 des Zolltarifs), soweit nicht sämtliche zu seiner Herstellung erforderlichen Bearbeitungen und Verarbeitungen (ausgenommen Entziehen von Koffein und Reizstoffen) einschließlich der zum Verkauf an Endverbraucher üblichen Verpackung (Einzelpackungen bis zu 1000 g) in Berlin (West) ausgeführt werden,

    b) Auszüge, Essenzen und Konzentrate aus Kaffee (Unterpositionen 2101 1011 und 2101 1019 des Zolltarifs), soweit bei diesen Gegenständen nicht sämtliche zu ihrer Herstellung erforderlichen Bearbeitungen und Verarbeitungen (ausgenommen Entziehen von Koffein und Reizstoffen) in Berlin (West) ausgeführt werden;

14. Zigaretten, Rauchtabak und Zigarren, soweit bei diesen Gegenständen nicht sämtliche zu ihrer Herstellung erforderlichen Bearbeitungen und Verarbeitungen (ausgenommen das Entziehen von Nikotin und anderen tabakeigenen Stoffen sowie die Herstellung von gemischter Zigarreneinlage) einschließlich der zum Verkauf an Endverbraucher üblichen Verpackung in Berlin (West) ausgeführt werden;

15. Schrott, Alt- und Abfallmaterial einschließlich Bearbeitungsabfälle.

(2) Soweit nach Absatz 1 eine Kürzung nicht ausgeschlossen ist, ist das Entgelt oder Verrechnungsentgelt zu mindern bei

1. Rohmassen (Marzipan-, Persipan- und Nougatmassen) und Kernpräparaten (geschälte oder zerkleinerte Mandeln, Haselnüsse, Cashewnüsse, Aprikosenkerne, Pfirsichkerne) für die Kürzung nach § 1a Abs. 1 um 25 vom Hundert;

2. Kupfer und Kupferlegierungen in Form von Vor- und Rohmaterial für die Kürzung nach § 1a Abs. 1 um 50 vom Hundert;

3. Trinkbranntweinen und Halbfabrikaten zur Trinkbranntweinherstellung, ausgenommen Essenzen, für die Kürzungen nach § 1 Abs. 1 und § 1a Abs. 1 mit folgender Maßgabe:

    a) Aus dem Entgelt oder Verrechnungsentgelt sind die Branntweinabgaben auszuscheiden.

    b) Das nach Buchstabe a gekürzte Entgelt oder Verrechnungsentgelt ist um 40 vom Hundert zu mindern, wenn die Gegenstände von einem Berliner Unternehmer hergestellt worden sind, dessen Berliner Wertschöpfungsquote (§ 6a Abs. 1) im vorletzten Wirtschaftsjahr weniger als 10 betragen hat.

    c) Die sich nach den Buchstaben a und b ergebende Bemessungsgrundlage ist mit dem zweifachen Betrag anzusetzen;

4. Fleisch und genießbarem Schlachtabfall, soweit die Gegenstände in Absatz 1 Nr. 12 Buchstaben a, b Satz 1 und Buchstabe c bezeichnet sind, für die Kürzung nach § 1a Abs. 1 um 50 vom Hundert;

5. geröstetem Kaffee (Absatz 1 Nr. 13 Buchstabe a) für die Kürzungen nach § 1 Abs. 1 und § 1a Abs. 1 um 60 vom Hundert.
Das Entgelt oder Verrechnungsentgelt darf nach der Minderung höchstens 7,20 DM je Kilogramm betragen;

6. Auszügen, Essenzen und Konzentraten aus Kaffee (Absatz 1 Nr. 13 Buchstabe b) für die Kürzungen nach § 1 Abs. 1, § 1a Abs. 1 um 8,30 DM je Kilogramm, bei Gegenständen in flüssiger Form um 8,30 DM je Kilogramm Trockenmasse, sofern in der Bemessungsgrundlage die Kaffeesteuer enthalten ist;

7. Zigaretten und Rauchtabak für die Kürzungen nach § 1 Abs. 1 und § 1a Abs. 1 um die in der Bemessungsgrundlage enthaltene Tabaksteuer. Der sich danach ergebende Betrag um 33 vom Hundert zu erhöhen;

8. den der Werbung oder der Öffentlichkeitsarbeit dienenden sonstigen Leistungen (§ 1 Abs. 6 Nr. 5) für die Kürzung nach § 1 Abs. 6 um die Entgelte, die an Dritte für die Durchführung der Werbung gezahlt werden;

9. Kakaohalberzeugnissen (Kakaomasse, Kakaopreßkuchen, auch fettarme, Kakaobutter) sowie Kakaopulver, auch fettarmem, – nicht gezukkert –, Kuvertüre, Milchschokolade- und Sahneschokoladeüberzugsmasse und Schokoladenmassen – ausgenommen Fertigschokolade für den Endverbrauch – für die Kürzung nach § 1a Abs. 1 um 5 vom Hundert.
Die Minderungen des Entgelts oder Verrechnungsentgelts sind buchmäßig (§ 10) nachzuweisen.

(3) Die Bundesregierung kann durch Rechtsverordnung mit Zustimmung des Bundesrates bestimmen, daß die Kürzungen nach § 1 Abs. 1 oder § 1a Abs. 1 hinsichtlich bestimmter Gegenstände nicht anzuwenden sind, wenn durch diese Vergünstigungen die Existenz eines maßgeblichen Teils derjenigen westdeutschen Unternehmer erheblich gefährdet würde, die Gegenstände gleicher Art liefern.

§ 5 Berliner Unternehmer, westdeutscher Unternehmer

(1) Berliner Unternehmer im Sinne dieses Gesetzes ist

1. ein Unternehmer, der seine Geschäftsleitung in Berlin (West) hat, auch mit seinen im übrigen Geltungsbereich dieses Gesetzes belegenen Betriebsstätten, soweit nicht die Vorschrift des Absatzes 2 Nr. 2 Anwendung findet;

2. eine in Berlin (West) belegene Betriebsstätte eines Unternehmers, der seine Geschäftsleitung im übrigen Geltungsbereich dieses Gesetzes oder im Ausland hat. Voraussetzung ist, daß die Geschäftsleitung (Nummer 1) oder die Betriebsstätte (Nummer 2) vor dem 3. Oktober 1990 in

Berlin (West) begründet worden ist. Satz 2 gilt auch für die Berliner Betriebsstätte des in § 1 a bezeichneten Unternehmers.

(2) Westdeutscher Unternehmer im Sinne dieses Gesetzes ist

1. ein Unternehmer, der seine Geschäftsleitung im übrigen Geltungsbereich dieses Gesetzes hat, mit seinen im übrigen Geltungsbereich dieses Gesetzes belegenen Betriebsstätten;

2. eine im übrigen Geltungsbereich dieses Gesetzes belegene Betriebsstätte eines Berliner Unternehmers, wenn sie das Umsatzgeschäft mit einem anderen Berliner Unternehmer im eigenen Namen abgeschlossen hat; Absatz 1 Satz 2 findet keine Anwendung;

3. eine im übrigen Geltungsbereich dieses Gesetzes belegene Betriebsstätte eines Unternehmers, der seine Geschäftsleitung außerhalb des Geltungsbereichs dieses Gesetzes hat;

4. eine juristische Person des öffentlichen Rechts und eine politische Partei im übrigen Geltungsbereich dieses Gesetzes, auch wenn die Lieferungen und sonstigen Leistungen nicht für ihr Unternehmen ausgeführt worden sind.

§ 6 Herstellung in Berlin (West)

(1) Eine Herstellung in Berlin (West) liegt vor, wenn durch eine Bearbeitung oder Verarbeitung in Berlin (West) nach der Verkehrsauffassung ein Gegenstand anderer Marktgängigkeit entstanden ist, es sei denn, daß der Gegenstand in Berlin (West) nur geringfügig behandelt worden ist. Kennzeichnen, Umpacken, Umfüllen, Sortieren, das Zusammenstellen von erworbenen Gegenständen zu Sachgesamtheiten und das Anbringen von Steuerzeichen gelten nicht als Bearbeitung oder Verarbeitung.

(2) Weitere Voraussetzung für eine Herstellung in Berlin (West) ist, daß die Berliner Wertschöpfungsquote (§ 6a Abs. 1) des Berliner Unternehmers, der den Gegenstand in Berlin (West) im Sinne von Absatz 1 mehr als geringfügig behandelt hat, im vorletzten Wirtschaftsjahr mindestens 10 betragen hat. Auf die in § 4 Abs. 2 Satz 1 Nr. 2 bis 5 und 9 bezeichneten Gegenstände findet Satz 1 keine Anwendung.

(3) Absatz 2 gilt für Werkleistungen entsprechend. Eine Werkleistung durch einen Berliner Unternehmer liegt auch dann vor, wenn dieser die Werkleistung ganz oder teilweise von einem anderen Berliner Unternehmer ausführen läßt.

(4) Filme gelten als in Berlin (West) hergestellt, wenn die Atelieraufnahmen ausschließlich oder fast ausschließlich in Berliner Atelierbetrieben und die technischen Leistungen (Schnitt, Musikaufnahmen, Mischung und Massenkopien) ausschließlich oder fast ausschließlich in Berliner filmtechnischen Betrieben durchgeführt worden sind. Tonnegative und Mischbänder von Synchronfassungen gelten als in Berlin (West) hergestellt, wenn

die technischen Leistungen ausschließlich oder fast ausschließlich in Berlin (West) durchgeführt worden sind.

§ 6a Berliner Wertschöpfungsquote

(1) Die Berliner Wertschöpfungsquote im Sinne dieses Gesetzes ist der Vomhundertsatz, der sich aus dem Verhältnis ergibt, in dem die Berliner Wertschöpfung zum wirtschaftlichen Umsatz der in Berlin (West) belegenen Betriebsstätten des Berliner Unternehmers steht. In den Fällen des § 2 Abs. 2 Nr. 2 des Umsatzsteuergesetzes sind Organgesellschaften als Betriebsstätten des Unternehmers anzusehen.

(2) Als Berliner Wertschöpfung gilt die Summe aus

1. dem Berliner Gewinn (§ 6b Abs. 1),

2. den Berliner Arbeitslöhnen (§ 6b Abs. 2),

3. den Hinzurechnungsbeträgen für bestimmte Berliner Arbeitnehmer, für Berliner Auszubildende und für Berliner Unternehmer, die keine Körperschaften, Personenvereinigungen oder Vermögensmassen im Sinne des § 1 Abs. 1 Nr. 1 bis 6 des Körperschaftsteuergesetzes sind (§ 6b Abs. 3),

4. den Aufwendungen für die Zukunftssicherung der Berliner Arbeitnehmer (§ 6b Abs. 4),

5. den Berliner Zinsen (§ 6b Abs. 5),

6. den Berliner Abschreibungen (§ 6b Abs. 6),

7. dem Erhaltungsaufwand für abnutzbare bewegliche und unbewegliche Wirtschaftsgüter, die in den in Berlin (West) belegenen Betriebsstätten des Berliner Unternehmers genutzt werden,

8. den Miet- und Pachtaufwendungen sowie den Erbbauzinsen für die Nutzung beweglicher und unbeweglicher Wirtschaftsgüter in den in Berlin (West) belegenen Betriebsstätten des Berliner Unternehmers und

9. dem anrechenbaren Wert der Berliner Vorleistungen (§ 6c).

Dieselben Beträge dürfen nur einmal in einer der Nummern 2 bis 9 angesetzt werden. Die in den Nummern 2 und 4 bis 8 bezeichneten Beträge sind nur insoweit einzubeziehen, als sie den Berliner Gewinn gemindert haben. Die Sätze 2 und 3 gelten nicht für aktivierte Eigenleistungen.

(3) Als wirtschaftlicher Umsatz gilt die den in Berlin (West) belegenen Betriebsstätten des Berliner Unternehmers zuzurechnende wirtschaftliche Leistung. Sie umfaßt

1. die in § 1 Abs. 1 Nr. 1 bis 3 des Umsatzsteuergesetzes bezeichneten Umsätze einschließlich der nicht steuerbaren Umsätze außerhalb des Erhebungsgebiets mit den Bemessungsgrundlagen nach § 10 des Umsatzsteuergesetzes,

2. die Überlassung von Gegenständen an Unternehmensteile außerhalb von Berlin (West) zu Marktpreisen ohne Umsatzsteuer,

3. die Bestandsveränderungen der bearbeiteten unfertigen und fertigen Erzeugnisse zu Herstellungskosten und

4. andere aktivierte Eigenleistungen zu Herstellungskosten.

Aus dem wirtschaftlichen Umsatz dürfen ausgeschieden werden

1. die Lieferungen und die Überlassung von nicht in Berlin (West) hergestellten Gegenständen und sonstige Leistungen nicht Berliner Ursprungs bis zu 25 vom Hundert des wirtschaftlichen Umsatzes und

2. die Umsätze, die den in § 6 b Abs. 1 Satz 2 bezeichneten Beträgen zuzurechnen sind.

Die Tabaksteuer, die Branntweinabgaben und die Kaffeesteuer bleiben bei der Ermittlung des wirtschaftlichen Umsatzes außer Ansatz, soweit sie der Berliner Unternehmer entrichtet hat.

(4) Die Bundesregierung kann durch Rechtsverordnung mit Zustimmung des Bundesrates zur Wahrung der Gleichmäßigkeit bei der Besteuerung, zur Beseitigung von Unbilligkeiten in Härtefällen oder zur Vereinfachung des Besteuerungsverfahrens den Umfang der Berliner Wertschöpfung und des wirtschaftlichen Umsatzes näher bestimmen.

§ 6 b Begriffe

(1) Als Berliner Gewinn im Sinne des § 6a Abs. 2 Nr. 1 gilt der für Zwecke der Einkommensteuer ermittelte Gewinn, der in den in Berlin (West) belegenen Betriebsstätten erzielt worden ist; bei Körperschaften, Personenvereinigungen und Vermögensmassen im Sinne des Körperschaftsteuergesetzes sind die für Zwecke der Körperschaftsteuer ermittelten Einkünfte aus Gewerbebetrieb anzusetzen. Bei der Ermittlung des Berliner Gewinnes bleiben unberücksichtigt.

1. Veräußerungsgewinne und Veräußerungsverluste im Sinne der §§ 14, 14a, 16 und 18 Abs. 3 des Einkommensteuergesetzes,

2. Gewinne und Verluste aus der Auflösung und Abwicklung (Liquidation) von Körperschaften (§ 11 des Körperschaftsteuergesetzes),

3. Gewinne und Verluste aus Abgängen von Wirtschaftsgütern des Anlagevermögens,

4. Gewinne und Verluste aus der Veräußerung oder Entnahme von Wertpapieren des Umlaufvermögens,

5. Einnahmen der in § 20 Abs. 1 und 2 des Einkommensteuergesetzes genannten Art und

6. Anteile am Gewinn einer offenen Handelsgesellschaft, einer Kommanditgesellschaft oder einer anderen Gesellschaft, bei der die Gesellschafter

als Mitunternehmer im Sinne des Einkommensteuergesetzes anzusehen sind.

Hat der Unternehmer Betriebsstätten in Berlin (West) und an anderen Orten unterhalten, so gilt als Berliner Gewinn der Teil des um die in Satz 2 bezeichneten Beträge bereinigten Gesamtgewinns, der sich aus dem Verhältnis ergibt, in dem die Berliner Arbeitslöhne (Absatz 2) zu der Summe der Arbeitslöhne stehen, die für die bei allen Betriebsstätten beschäftigten Arbeitnehmer gezahlt worden sind.

(2) Als Berliner Arbeitslöhne im Sinne des § 6a Abs. 2 Nr. 2 gelten die nach § 28 zulagenbegünstigten Arbeitslöhne zuzüglich der unter § 40 des Einkommensteuergesetzes oder unter ein Doppelbesteuerungsabkommen fallenden nicht zulagenbegünstigten Arbeitslöhne, soweit hierfür die Voraussetzungen des § 23 Nr. 4 Buchstabe a erfüllt sind. Nicht dazu gehören Abfindungen wegen einer vom Arbeitgeber veranlaßten oder gerichtlich ausgesprochenen Auflösung des Dienstverhältnisses.

(3) Hinzurechnungsbeträge im Sinne des § 6a Abs. 2 Nr. 3 sind

1. in den Fällen, in denen der Berliner Arbeitslohn des einzelnen Arbeitnehmers den Jahresbetrag der maßgebenden Beitragsbemessungsgrenze in der gesetzlichen Rentenversicherung der Angestellten übersteigt, das Dreifache des Betrages, der 80 vom Hundert dieses Jahresbetrages übersteigt,

2. das Dreifache der Vergütungen, die an Personen gezahlt werden, die zu ihrer Berufsausbildung beschäftigt werden, wenn die Vergütungen zu den Berliner Arbeitslöhnen nach Absatz 2 gehören, höchstens 60 vom Hundert des Jahresbetrages der maßgebenden Beitragsbemessungsgrenze in der gesetzlichen Rentenversicherung der Angestellten je Person, und

3. 210 vom Hundert des Jahresbetrages der maßgebenden Beitragsbemessungsgrenze in der gesetzlichen Rentenversicherung der Angestellten, wenn der Berliner Unternehmer keine Körperschaft, Personenvereinigung oder Vermögensmasse im Sinne des § 1 Abs. 1 Nr. 1 bis 6 des Körperschaftsteuergesetzes ist.

(4) Als Aufwendungen für die Zukunftssicherung der Berliner Arbeitnehmer im Sinne des § 6a Abs. 2 Nr. 4 gelten alle Aufwendungen des Arbeitgebers, um Berliner Arbeitnehmer oder diesen nahestehende Personen für den Fall der Krankheit, des Unfalls, der Invalidität, des Alters oder des Todes sicherzustellen. Berliner Arbeitnehmer sind Personen, denen Arbeitslöhne für eine Beschäftigung in Berlin (West) aus einem gegenwärtigen oder früheren Dienstverhältnis zufließen. Soweit die Aufwendungen nicht eindeutig Berliner Arbeitnehmern zugerechnet werden können, ist der Teil dieser Aufwendungen anzusetzen, der sich aus dem Verhältnis der

Berliner Arbeitslöhne zu der Summe der Arbeitslöhne (Absatz 1 Satz 3) ergibt.

(5) Als Berliner Zinsen im Sinne des § 6a Abs. 2 Nr. 5 gelten alle Zinsen und ähnlichen Aufwendungen für Fremdkapital der in Berlin (West) belegenen Betriebsstätten. Hierzu gehören auch die Vergütungen an stille Gesellschafter, die nicht als Mitunternehmer im Sinne des Einkommensteuergesetzes anzusehen sind. Hat der Unternehmer Betriebsstätten in Berlin (West) und an anderen Orten unterhalten, so gilt für die Ermittlung der Berliner Zinsen Absatz 1 Satz 3 entsprechend.

(6) Als Berliner Abschreibungen im Sinne des § 6a Abs. 2 Nr. 6 gelten

1. die Absetzungen für Abnutzung oder Substanzverringerung,

2. die erhöhten Absetzungen,

3. die Sonderabschreibungen,

4. die Abschreibungen auf den niedrigeren Teilwert und

5. die nach § 6 Abs. 2 des Einkommensteuergesetzes als Betriebsausgaben abgesetzten Anschaffungs- oder Herstellungskosten,

die sich auf abnutzbare bewegliche und unbewegliche Wirtschaftsgüter beziehen, die zum Anlagevermögen der in Berlin (West) belegenen Betriebsstätten des Berliner Unternehmers gehören und dort genutzt werden.

§ 6c Berliner Vorleistungen

(1) Als Berliner Vorleistungen im Sinne des § 6a Abs. 2 Nr. 9 gelten

1. die Lieferungen von Gegenständen, die ein anderer Unternehmer in Berlin (West) hergestellt hat, an eine in Berlin (West) belegene Betriebsstätte des Berliner Unternehmers, wenn die Gegenstände beim Berliner Unternehmer zum Waren- oder Materialeingang gehören oder als Warenumschließungen des Vertriebs bestimmt sind; ausgenommen sind Gegenstände, für deren Lieferung, Verbringen oder Erwerb nach § 4 Abs. 1 Kürzungen nicht gewährt werden;

2. die folgenden sonstigen Leistungen, die eine in Berlin (West) belegene Betriebsstätte eines anderen Unternehmers an eine in Berlin (West) belegene Betriebsstätte des Berliner Unternehmers ausgeführt hat:

   a) die Werkleistungen, die dem Waren- oder Materialeingang zuzurechnen und in Berlin (West) ausgeführt worden sind,

   b) die technische und wirtschaftliche Beratung und Planung für Anlagen einschließlich der Anfertigung von Konstruktions-, Kalkulations- und Betriebsunterlagen und der Überwachung der Ausführung sowie die betriebswirtschaftliche Unternehmensberatung, ausgenommen Rechts- und Steuerberatung, wenn der Unternehmer bei diesen Leistungen ausschließlich oder zum wesentlichen Teil in Berlin (West) tätig geworden ist,

c) die Überlassung von gewerblichen Verfahren, Erfahrungen und Datenverarbeitungsprogrammen, die ausschließlich oder zum wesentlichen Teil in Berlin (West) entwickelt oder gewonnen worden sind,

d) die Datenverarbeitung mit in Berlin (West) installierten Anlagen,

e) die Überlassung von in Berlin (West) selbst hergestellten Entwürfen für Werbezwecke, Modellskizzen und Modefotografien,

f) die üblicherweise und ausschließlich der Werbung oder der Öffentlichkeitsarbeit dienenden sonstigen Leistungen der Werbungsmittler und der Werbeagenturen sowie entsprechender Unternehmer der Öffentlichkeitsarbeit, wenn der Unternehmer bei diesen Leistungen ausschließlich oder zum wesentlichen Teil in Berlin (West) tätig geworden ist,

g) die Überlassung von in Berlin (West) hergestellten Lehr-, Industrie- und Werbefilmen,

h) die unmittelbar mit dem Betrieb Berliner Film- und Fernsehateliers verbundenen Leistungen für die Herstellung von Bild- und Tonträgern; das gilt nicht für Film- und Fernsehateliers, die von juristischen Personen des öffentlichen Rechts oder in Form privatrechtlicher Gesellschaften betrieben werden, deren Anteile nur juristischen Personen des öffentlichen Rechts gehören und deren Erträge nur diesen juristischen Personen zufließen, und

i) die Reinigung von in Berlin (West) belegenen Grundstücken.

(2) Die Berliner Vorleistungen sind mit folgenden Werten anzurechnen:

1. im Fall des Absatzes 1 Nr. 1 mit dem Teil des Entgelts, der sich bei Anwendung der Vorleistungsquote (Absatz 3) des Lieferers auf das Entgelt ergibt; die Minderungen des Entgelts nach § 4 Abs. 2 Satz 1 Nr. 3 Buchstabe a und Nr. 5 bis 7 sind zu berücksichtigen. Ist der Lieferer ein Unternehmer, dessen Jahresgesamtumsatz im vorletzten Wirtschaftsjahr 450 000 DM nicht überstiegen hat, kann statt der nach Absatz 3 berechneten Vorleistungsquote eine pauschale Quote von 40 vom Hundert angewendet werden;

2. im Fall des Absatzes 1 Nr. 2 mit dem Entgelt, in den Fällen des Buchstaben f gemindert um die Entgelte, die an Dritte für die Durchführung der Werbung gezahlt werden.

(3) Als Vorleistungsquote gilt der Vomhundertsatz, der sich aus dem Verhältnis ergibt, in dem das Eineinhalbfache der Berliner Arbeitslöhne (§ 6b Abs. 2) zum wirtschaftlichen Umsatz (§ 6a Abs. 3) des Lieferers steht. Der Vomhundertsatz ist auf die nächste durch 5 teilbare ganze Zahl aufzurunden. Die Vorleistungsquote ist nach dem vorletzten Wirtschaftsjahr zu ermitteln.

(4) Der Lieferer hat die Vorleistungsquote oder die pauschale Quote und die Minderungen des Entgelts auf der Rechnung und der Rechnungsdurchschrift anzugeben. Ändern sich die Berechnungsgrundlagen für die Quoten

nachträglich, so sind die Änderungen bei der Berechnung der Vorleistungsquote zu berücksichtigen, die für das erste Wirtschaftsjahr maßgebend ist, für das der Unternehmer noch keine Rechnungen ausgestellt hat.

(5) Der Unternehmer, der die Berliner Vorleistungen ausführt, hat deren Voraussetzungen sowie die Berechnungsgrundlagen für die Vorleistungsquote oder die pauschale Quote buchmäßig (§ 10) nachzuweisen.

§ 7 Bemessungsgrundlage

(1) Zum Entgelt im Sinne dieses Gesetzes gehört nicht die Umsatzsteuer. § 10 Abs. 1 des Umsatzsteuergesetzes ist anzuwenden.

(2) In § 1 treten an die Stelle der vereinbarten Entgelte die vereinnahmten Entgelte, wenn der Unternehmer die Umsatzsteuer nach vereinnahmten Entgelten berechnet. Anstatt des vereinbarten Entgelts ist das vereinnahmte Entgelt und der Tag der Vereinnahmung buchmäßig nachzuweisen. Bei einem Wechsel der Besteuerungsart dürfen Kürzungsbeträge nicht doppelt in Anspruch genommen werden.

(3) Als Verrechnungsentgelt im Sinne des § 1a Abs. 1 ist der Betrag anzusetzen, den der Unternehmer hätte aufwenden müssen, um den in die westdeutsche Betriebsstätte verbrachten Gegenstand von einem fremden Unternehmer zu erhalten (Marktpreis ohne Umsatzsteuer). Ist ein Verrechnungsentgelt in dieser Weise nicht zu ermitteln, so sind der Kürzung höchstens 115 vom Hundert der nach den einkommensteuerlichen Vorschriften berechneten Herstellungskosten zugrunde zu legen.

§ 8 *(aufgehoben)*

§ 9 Versendungs- und Beförderungsnachweis

(1) Der Nachweis, daß die in § 1 Abs. 1 und 3 und § 1a Abs. 1 bezeichneten Gegenstände in den übrigen Geltungsbereich dieses Gesetzes gelangt sind, ist durch einen Versendungsbeleg, insbesondere durch Frachtbrief, Posteinlieferungsschein, Konnossement oder deren Doppelstücke, oder durch einen sonstigen handelsüblichen Beleg, insbesondere durch eine Bescheinigung des vom Unternehmer beauftragten Spediteurs, eine Versandbestätigung des Lieferers oder eine Empfangsbestätigung der Betriebsstätte oder des Erwerbers oder Auftraggebers im übrigen Geltungsbereich dieses Gesetzes, im Geltungsbereich dieses Gesetzes zu führen. Aus dem sonstigen Beleg muß sich mindestens die handelsübliche Bezeichnung und Menge der Gegenstände, der Tag der Versendung oder Beförderung und das Beförderungsmittel (z. B. Eisenbahn oder Lastkraftwagen) ergeben. Außerdem soll der Beleg die Versicherung des Ausstellers enthalten, daß die Angaben in dem Beleg auf Grund von Geschäftsunterlagen gemacht wurden, die im Geltungsbereich dieses Gesetzes nachprüfbar sind.

(2) Der Nachweis, daß die in § 1 Abs. 4 und 5 und § 1 Abs. 6 Nr. 9 bezeichneten Gegenstände im übrigen Geltungsbereich dieses Gesetzes genutzt oder ausgewertet werden, ist durch eine Bescheinigung des westdeutschen Unternehmers zu erbringen, aus der auch der Zeitraum der Nutzung oder Auswertung hervorgehen muß.

(3) Das Finanzamt kann in begründeten Fällen auf Antrag zulassen, daß der Nachweis durch andere Belege geführt wird.

§ 10 Buchmäßiger Nachweis

(1) Die buchmäßig nachzuweisenden Voraussetzungen müssen eindeutig und leicht nachprüfbar aus der Buchführung zu ersehen sein. Die Bücher sind im Geltungsbereich dieses Gesetzes zu führen.

(2) In der Regel sollen aufgezeichnet werden

1. bei den Kürzungen nach § 1:
   a) die Menge und die handelsübliche Bezeichnung der Gegenstände, die geliefert oder im Werklohn bearbeitet oder verarbeitet worden sind,
   b) die Art der Herstellung des Gegenstandes oder die Art der Werkleistung in Berlin (West),
   c) der Lieferer und der Tag der Lieferung an den Berliner Unternehmer oder der Werkleistende und der Tag der Werkleistung an den Berliner Unternehmer, wenn der Berliner Unternehmer den Gegenstand nicht selbst hergestellt oder selbst bearbeitet oder verarbeitet hat,
   d) die Art der Leistung im Sinne des § 1 Abs. 6,
   e) der Empfänger der Lieferung oder der sonstigen Leistung im übrigen Geltungsbereich dieses Gesetzes nach Namen, Bezeichnung des Gewerbezweigs oder Berufs und Anschrift,
   f) der Tag der Versendung oder der Beförderung des gelieferten oder im Werklohn bearbeiteten oder verarbeiteten Gegenstandes unter Hinweis auf die Versendungsbelege oder die sonstigen Belege (§ 9 Abs. 1),
   g) die Zeit, während der die vermieteten oder verpachteten Gegenstände im übrigen Geltungsbereich dieses Gesetzes genutzt oder die Filme, Tonnegative oder Mischbänder von Synchronfassungen im übrigen Geltungsbereich dieses Gesetzes ausgewertet worden sind, unter Hinweis auf die darüber ausgestellte Bescheinigung des westdeutschen Unternehmers (§ 9 Abs. 2),
   h) in den Fällen des § 1 Abs. 7 die Berechnung der Berliner Wertschöpfungsquote,
   i) in den Fällen des § 6 c die Art der Berliner Vorleistung und der anrechenbare Wert,
   j) das vereinbarte Entgelt unter Hinweis auf die Rechnungsdurchschrift,

k) in den Fällen des § 4 Abs. 2 der Betrag, um den das Entgelt zu mindern ist;

2. bei der Kürzung nach § 1a:

a) die Menge und die handelsübliche Bezeichnung der Gegenstände, die in die westdeutsche Betriebsstätte verbracht worden sind,

b) die Art der Herstellung der Gegenstände in einer Betriebsstätte in Berlin (West),

c) der Tag, an dem die Gegenstände in der westdeutschen Betriebsstätte eingegangen sind,

d) der Verwendungszweck,

e) das Verrechnungsentgelt und die Art der Ermittlung,

f) in den Fällen des § 1a Abs. 2 die Berechnung der Berliner Wertschöpfungsquote,

g) in den Fällen des § 6c die Art der Berliner Vorleistung und der anrechenbare Wert,

h) in den Fällen des § 4 Abs. 2 der Betrag, um den das Verrechnungsentgelt zu mindern ist.

(3) Das Finanzamt kann einem steuerlich zuverlässigen Unternehmer gestatten, daß er den buchmäßigen Nachweis in anderer Weise erbringt.

§ 11 Verfahren bei der Kürzung

(1) Die Kürzungsbeträge nach den §§ 1 und 1a sind mit der für einen Voranmeldungszeitraum oder Besteuerungszeitraum geschuldeten Umsatzsteuer zu verrechnen.

(2) Werden Entgelte oder Verrechnungsentgelte gemindert, so sind Kürzungsbeträge nach den §§ 1 und 1a insoweit zurückzuzahlen, als diese auf die Entgeltminderung entfallen. Der zurückzuzahlende Betrag ist der Steuer für den Voranmeldungszeitraum (Besteuerungszeitraum) hinzuzurechnen, in dem die Entgelte gemindert werden.

(3) Absatz 2 gilt sinngemäß, wenn vereinbarte Entgelte uneinbringlich geworden sind. Werden die Entgelte nachträglich vereinnahmt, kann der Unternehmer die Kürzung der Umsatzsteuer erneut vornehmen.

§ 12 Wegfall der Kürzungsansprüche

Gelangen Gegenstände, für deren Verbringen Anspruch auf die Kürzungen nach § 1a besteht, nach Berlin (West) zurück, ohne daß sie im übrigen Geltungsbereich dieses Gesetzes einer Bearbeitung oder Verarbeitung im Sinne des § 6 Abs. 1 unterlegen haben, so darf die geschuldete Umsatzsteuer nicht gekürzt werden. Liefert der westdeutsche Unternehmer die Gegenstände an den Berliner Lieferer zurück, so darf auch die Kürzung nach

§ 1 nicht vorgenommen werden. Ist die Kürzung bereits vorgenommen worden, so ist der Kürzungsbetrag an das Finanzamt zurückzuzahlen.

§ 13 *(aufgehoben)*

Artikel II. Vergünstigungen bei den Steuern vom Einkommen und Ertrag

§ 13a *(aufgehoben)*

§ 14[1] Erhöhte Absetzungen für abnutzbare Wirtschaftsgüter des Anlagevermögens

(1) Bei abnutzbaren Wirtschaftsgütern, die zum Anlagevermögen einer in Berlin (West) belegenen Betriebsstätte gehören und bei denen die Voraussetzungen des Absatzes 2 vorliegen, können im Wirtschaftsjahr der Anschaffung oder Herstellung und in den 4 folgenden Wirtschaftsjahren an Stelle der nach § 7 des Einkommensteuergesetzes zu bemessenden Absetzungen für Abnutzung erhöhte Absetzungen bis zur Höhe von insgesamt 75 vom Hundert der Anschaffungs- oder Herstellungskosten vorgenommen werden. Von dem Wirtschaftsjahr an, in dem erhöhte Absetzungen nach Satz 1 nicht mehr vorgenommen werden können, spätestens vom fünften auf das Wirtschaftsjahr der Anschaffung oder Herstellung folgenden Wirtschaftsjahr an, bemessen sich die Absetzungen für Abnutzung nach § 7a Abs. 9 des Einkommensteuergesetzes.

(2) Die erhöhten Absetzungen nach Absatz 1 können in Anspruch genommen werden

1. für neue bewegliche Wirtschaftsgüter, die mindestens drei Jahre nach ihrer Anschaffung oder Herstellung in einer in Berlin (West) belegenen Betriebsstätte verbleiben;

2. für in Berlin (West) belegene unbewegliche Wirtschaftsgüter, die Gebäude, Gebäudeteile, Eigentumswohnungen oder im Teileigentum stehende Räume sind (Gebäude), wenn sie im Betrieb des Steuerpflichtigen mindestens 3 Jahre nach ihrer Anschaffung oder Herstellung zu mehr als 80 vom Hundert unmittelbar

   a) der Fertigung oder Bearbeitung von Wirtschaftsgütern, die zum Absatz bestimmt sind, oder der Erzeugung von Energie oder Wärme oder

   b) der Wiederherstellung von Wirtschaftsgütern oder

---

[1] Zur Anwendung von § 14 vgl. § 31 Abs. 4.

c) der Forschung oder Entwicklung im Sinne des § 51 Abs. 1 Nr. 2
   Buchstabe u Satz 4 des Einkommensteuergesetzes
   oder
d) der Geschäftsführung oder Verwaltung oder der Lagerung von Vorräten im Zusammenhang mit den in den Buchstaben a bis c bezeichneten Tätigkeiten

dienen.

Bei Schiffen ist die Vorschrift des Satzes 1 Nr. 1 mit der Maßgabe anzuwenden, daß an die Stelle des Zeitraums von 3 Jahren ein Zeitraum von
8 Jahren tritt. Für Luftfahrzeuge können erhöhte Absetzungen nach Absatz 1 nicht in Anspruch genommen werden.

(3) Die erhöhten Absetzungen nach Absatz 1 können auch in Anspruch
genommen werden

1. für Ausbauten und Erweiterungen an in Berlin (West) belegenen Gebäuden, wenn die ausgebauten oder hergestellten Teile des Gebäudes mindestens 3 Jahre nach ihrer Herstellung die Voraussetzungen des Absatzes
   2 Satz 1 Nr. 2 erfüllen, und
2. für andere nachträgliche Herstellungsarbeiten an in Berlin (West) belegenen Gebäuden, wenn die Gebäude mindestens 3 Jahre nach Beendigung der nachträglichen Herstellungsarbeiten die Voraussetzungen des
   Absatzes 2 Satz 1 Nr. 2 erfüllen.

Die erhöhten Absetzungen bemessen sich in diesen Fällen nach den Herstellungskosten, die für den Ausbau, für die Erweiterung oder für die
anderen nachträglichen Herstellungsarbeiten aufgewendet worden sind.
Von dem Wirtschaftsjahr an, in dem erhöhte Absetzungen nach Satz 1
nicht mehr vorgenommen werden können, ist der Restwert den Anschaf-
fungs- oder Herstellungskosten des Gebäudes oder dem an deren Stelle
tretenden Wert hinzuzurechnen; die weiteren Absetzungen für Abnutzung
sind einheitlich für das gesamte Gebäude nach dem sich hiernach ergebenden Betrag und dem für das Gebäude maßgebenden Hundertsatz zu bemessen.

(4) Die erhöhten Absetzungen nach den Absätzen 1 und 3 können bereits
für Anzahlungen auf Anschaffungskosten und für Teilherstellungskosten
in Anspruch genommen werden.

§ 14a[1] Erhöhte Absetzungen für Mehrfamilienhäuser

(1) Bei in Berlin (West) belegenen Gebäuden, die mehr als zwei Wohnungen enthalten (Mehrfamilienhäuser), zu mehr als 66⅔ vom Hundert
Wohnzwecken dienen und vom Steuerpflichtigen hergestellt oder bis zum
Ende des Jahres der Fertigstellung angeschafft worden sind, können abweichend von § 7 Abs. 4 und 5 des Einkommensteuergesetzes im Jahr der

---

[1] Zur Anwendung von § 14a vgl. § 31 Abs. 6, 7 und 9.

Fertigstellung oder Anschaffung und dem darauffolgenen Jahr jeweils bis zu 14 vom Hundert, ferner in den darauffolgenden 10 Jahren jeweils bis zu 4 vom Hundert der Herstellungskosten oder Anschaffungskosten abgesetzt werden. Im Falle der Anschaffung ist Satz 1 nur anzuwenden, wenn der Hersteller für das veräußerte Gebäude weder Absetzungen für Abnutzung nach § 7 Abs. 5 des Einkommensteuergesetzes noch erhöhte Absetzungen oder Sonderabschreibungen in Anspruch genommen hat. Nach Ablauf dieser zwölf Jahre sind als Absetzungen für Abnutzung bis zur vollen Absetzung jährlich 3,5 vom Hundert des Restwerts abzuziehen; § 7 Abs. 4 Satz 2 des Einkommensteuergesetzes gilt entsprechend.

(2)[1] Die erhöhten Absetzungen nach Absatz 1 Satz 1 können auch für Ausbauten und Erweiterungen an in Berlin (West) belegenen Mehrfamilienhäusern in Anspruch genommen werden, wenn die ausgebauten oder neu hergestellten Gebäudeteile zu mehr als 80 vom Hundert Wohnzwecken dienen. Die erhöhten Absetzungen bemessen sich nach den Herstellungskosten für die ausgebauten oder neu hergestellten Gebäudeteile oder nach den Anschaffungskosten, die auf diese Gebäudeteile entfallen, soweit die Ausbauten oder Erweiterungen nach dem rechtswirksamen Abschluß eines obligatorischen Erwerbsvertrags oder eines gleichgestellten Rechtsakts durchgeführt worden sind.

(3) In den Fällen der Absätze 1 und 2 kann der Bauherr oder der Erwerber erhöhte Absetzungen, die er im Jahr der Fertigstellung und in den zwei folgenden Jahren nicht ausgenutzt hat, bis zum Ende des dritten auf das Jahr der Fertigstellung folgenden Jahres nachholen. Nachträgliche Herstellungskosten, die bis zum Ende des dritten auf das Jahr der Fertigstellung folgenden Jahres entstehen, können abweichend von § 7a Abs. 1 des Einkommensteuergesetzes vom Jahr ihrer Entstehung an so behandelt werden, als wären sie bereits im ersten Jahr des Begünstigungszeitraums entstanden.

(4) Bei in Berlin (West) belegenen Mehrfamilienhäusern, die im steuerbegünstigten oder frei finanzierten Wohnungsbau errichtet worden sind, mindestens 3 Jahre nach ihrer Fertigstellung zu mehr als 80 vom Hundert Wohnzwecken dienen und vom Steuerpflichtigen hergestellt oder bis zum Ende des Jahres der Fertigstellung angeschafft worden sind, können anstelle der in Absatz 1 bezeichneten erhöhten Absetzungen abweichend von § 7 Abs. 4 und 5 des Einkommensteuergesetzes im Jahr der Fertigstellung oder Anschaffung und in den beiden folgenden Jahren erhöhte Absetzungen bis zur Höhe von insgesamt 50 vom Hundert der Herstellungskosten oder der Anschaffungskosten vorgenommen werden. Im Falle der Anschaffung ist Satz 1 nur anzuwenden, wenn der Hersteller für das veräußerte Gebäude weder Absetzungen für Abnutzung nach § 7 Abs. 5 des Einkommensteuer-

---

[1] Zur Anwendung von § 14a Abs. 2 vgl. § 31 Abs. 6 und 7.

gesetzes noch erhöhte Absetzungen oder Sonderabschreibungen in Anspruch genommen hat. Die erhöhten Absetzungen nach Satz 1 stehen unter der Bedingung, daß nicht vor Ablauf von 5 Jahren nach der Fertigstellung oder Anschaffung des Gebäudes für darin befindliche Wohnungen öffentliche Mittel im Sinne des § 6 Abs. 1 des Zweiten Wohnungsbaugesetzes gewährt werden. Von dem Jahr an, in dem erhöhte Absetzungen nach Satz 1 nicht mehr vorgenommen werden können, spätestens vom dritten auf das Jahr der Fertigstellung oder Anschaffung folgenden Jahr an, sind die Absetzungen für Abnutzung nach dem Restwert und dem nach § 7 Abs. 4 des Einkommensteuergesetzes unter Berücksichtigung der Restnutzungsdauer maßgebenden Hundertsatz zu bemessen.

(5)[1] Die erhöhten Absetzungen nach Absatz 4 Satz 1 können auch für Ausbauten und Erweiterungen an in Berlin (West) belegenen Mehrfamilienhäusern in Anspruch genommen werden, wenn die Ausbauten oder Erweiterungen im steuerbegünstigten oder frei finanzierten Wohnungsbau hergestellt worden sind und die ausgebauten oder neu hergestellten Gebäudeteile mindestens 3 Jahre nach ihrer Fertigstellung zu mehr als 80 vom Hundert Wohnzwecken dienen. Absatz 2 Sätze 2 und 3 und Absatz 4 Satz 3 gelten entsprechend.

(6)[2] Die erhöhten Absetzungen nach den Absätzen 1 bis 5 können bereits für Teilherstellungskosten und für Anzahlungen auf Anschaffungskosten in Anspruch genommen werden. In den Fällen der Absätze 1 und 2 ist § 7a Abs. 2 des Einkommensteuergesetzes mit der Maßgabe anzuwenden, daß die Summe der erhöhten Absetzungen 14 vom Hundert der bis zum Ende des jeweiligen Jahres insgesamt aufgewendeten Teilherstellungskosten oder Anzahlungen nicht übersteigen darf.

(7) In den Fällen der Absätze 1 bis 5 sind zum Gebäude gehörende Garagen ohne Rücksicht auf ihre tatsächliche Nutzung als Wohnzwecken dienend zu behandeln, soweit in ihnen nicht mehr als ein Personenkraftwagen für jede in dem Gebäude befindliche Wohnung untergestellt werden kann. Räume für die Unterstellung weiterer Kraftwagen sind stets als nicht Wohnzwecken dienend zu behandeln.

(8) Die Absätze 1 bis 7 sind auf Eigentumswohnungen, die mindestens 5 Jahre nach ihrer Anschaffung oder Herstellung fremden Wohnzwecken dienen, entsprechend anzuwenden.

§ 14b[3] Erhöhte Absetzungen für Modernisierungsmaßnahmen bei Mehrfamilienhäusern

(1) Bei in Berlin (West) belegenen Mehrfamilienhäusern kann der Steuerpflichtige neben den Absetzungen für Abnutzung für das Gebäude von

---

[1] Zur Anwendung von § 14a Abs. 5 vgl. § 31 Abs. 6 und 7.
[2] Zur Anwendung von § 14a Abs. 6 vgl. § 31 Abs. 9.
[3] Zur Anwendung von § 14b vgl. § 31 Abs. 7 und 8.

den Herstellungskosten, die er für Modernisierungsmaßnahmen aufgewendet hat, anstelle der nach § 7 Abs. 4 oder 5 des Einkommensteuergesetzes oder nach § 14a zu bemessenden Absetzungen im Jahr der Beendigung der Modernisierungsarbeiten und in den beiden folgenden Jahren erhöhte Absetzungen bis zur Höhe von insgesamt 50 vom Hundert vornehmen. Satz 1 gilt entsprechend für Anschaffungskosten, die auf Modernisierungsmaßnahmen entfallen, soweit diese nach dem rechtswirksamen Abschluß eines obligatorischen Erwerbsvertrags oder eines gleichstehenden Rechtsakts durchgeführt worden sind. Von dem Jahr an, in dem erhöhte Absetzungen nach Satz 1 nicht mehr vorgenommen werden können, spätestens vom dritten auf das Jahr der Beendigung der Modernisierungsarbeiten folgenden Jahr an, ist der Restwert in 5 gleichen Jahresbeträgen abzusetzen.

(2) Voraussetzung für die Anwendung des Absatzes 1 ist, daß

1. das Mehrfamilienhaus
   a) in den Fällen des Absatzes 3 Nr. 1 bis 10 vor dem 1. Januar 1961,
   b) in den Fällen des Absatzes 3 Nr. 11 und 12 vor dem 1. Januar 1978
   fertiggestellt worden ist,

2. der Steuerpflichtige durch eine Bescheinigung des Senators für Bau- und Wohnungswesen, Berlin, nachweist, daß das zu modernisierende Mehrfamilienhaus nach Art der Nutzung der Festsetzung eines Bebauungsplans nicht widerspricht und die Durchführung der Modernisierungsmaßnahmen einer geordneten baulichen Entwicklung des Gemeindegebietes sowie den Zielsetzungen neuzeitlichen Städtebaus hinsichtlich Erschließung und Auflockerung entspricht und

3. das Mehrfamilienhaus bis zum Ablauf von mindestens 3 Jahren nach Beendigung der Modernisierungsarbeiten zu mehr als 66⅔ vom Hundert Wohnzwecken dient; § 14a Abs. 7 gilt entsprechend.

Die Voraussetzung der Nummer 1 Buchstabe a entfällt bei Aufwendungen für die in Absatz 3 Nr. 9 bezeichneten Anschlüsse, wenn durch eine Bescheinigung des zuständigen Bezirksamtes nachgewiesen wird, daß diese Anschlüsse im Zusammenhang mit der Errichtung des Gebäudes noch nicht hergestellt werden konnten.

(3) Modernisierungsmaßnahmen im Sinne des Absatzes 1 sind Einbauten, durch die folgende Anlagen und Einrichtungen geschaffen werden:

1. Wohnungsabschluß mit oder ohne Vorraum in der Wohnung,

2. Kochraum mit Entlüftungsmöglichkeiten, Wasserzapfstelle und Spülbecken, Anschlußmöglichkeit für Kohle-, Gas- oder Elektroherd; entlüftbare Speisekammer oder entlüftbarer Speiseschrank,

3. neuzeitliche sanitäre Anlagen,

4. ein eingerichtetes Bad oder eine eingerichtete Dusche je Wohnung sowie Waschbecken,

5. Anschlußmöglichkeit für Ofen oder gleichwertiges Heizgerät,

6. elektrische Brennstellenanschlüsse und Steckdosen,

7. Heizungs- und Warmwasseranlagen,

8. Fahrstuhlanlagen bei Gebäuden mit mehr als vier Geschossen,

9. Anschlüsse an die Kanalisation und an die Wasserversorgung,

10. Umbau von Fenstern und Türen,

11. Maßnahmen, die ausschließlich zum Zweck des Wärme- oder Lärmschutzes vorgenommen werden,

12. Anschlüsse an die Fernwärmeversorgung, die überwiegend aus Anlagen der Kraft-Wärme-Kopplung, zur Verbrennung von Müll oder zur Verwertung von Abwärme gespeist wird,

13. Wärmepumpenanlagen, Solaranlagen und Anlagen zur Rückgewinnung von Wärme einschließlich der Anbindung an das Heizsystem.

§ 14 c[1] Erhöhte Absetzungen für Baumaßnahmen an Gebäuden zur Schaffung neuer Mietwohnungen

Bei in Berlin (West) belegenen Wohnungen ist § 7 c des Einkommensteuergesetzes mit der Maßgabe anzuwenden, daß

1. § 7 c Abs. 2 Nr. 3 des Einkommensteuergesetzes nicht anzuwenden ist,

2. die Bemessungsgrundlage höchstens 75 000 Deutsche Mark je Wohnung beträgt und der Steuerpflichtige im Jahr der Fertigstellung und in den folgenden 2 Jahren Absetzungen jeweils bis zu 33⅓ vom Hundert der Bemessungsgrundlage vornehmen kann,

3. bei Wohnungen, die im steuerbegünstigten oder frei finanzierten Wohnungsbau errichtet worden sind, abweichend von Nummer 2 die Bemessungsgrundlage höchstens 100 000 Deutsche Mark je Wohnung beträgt und der Steuerpflichtige im Jahr der Fertigstellung und in den folgenden 2 Jahren Absetzungen bis zur Höhe von insgesamt 100 vom Hundert vornehmen kann; § 14 a Abs. 4 Satz 3 gilt entsprechend.

Die erhöhten Absetzungen können nur in Anspruch genommen werden, wenn die Wohnung vom Zeitpunkt der Fertigstellung bis zum Ende des vierten auf das Jahr der Fertigstellung folgenden Jahres fremden Wohnzwecken dient. Satz 1 gilt nicht für Wohnungen, die durch den Umbau bisher gewerblich oder landwirtschaftlich genutzter Räume geschaffen worden sind.

---

[1] Zur Anwendung von § 14 c vgl. § 31 Abs. 9.

§ 14 d[1] Erhöhte Absetzungen für Wohnungen mit Sozialbindung

(1) Bei in Berlin (West) belegenen Wohnungen, die vor dem 1. Januar 1993 fertiggestellt worden sind, ist § 7 k des Einkommensteuergesetzes mit der Maßgabe anzuwenden, daß der Steuerpflichtige abweichend von § 14 a

1. Absetzungen im Jahr der Fertigstellung und dem darauffolgenden Jahr jeweils bis zu 20 vom Hundert, ferner in den darauffolgenden 10 Jahren jeweils bis zu 5,5 vom Hundert der Herstellungskosten oder der Anschaffungskosten vornehmen kann; § 14 a Abs. 1 Satz 3 und Abs. 3 gilt entsprechend,

2. bei Wohnungen, die im frei finanzierten Wohnungsbau errichtet worden sind, abweichend von Nummer 1 im Jahr der Fertigstellung und in den folgenden 4 Jahren Absetzungen bis zur Höhe von insgesamt 75 vom Hundert der Herstellungskosten oder der Anschaffungskosten vornehmen kann; von dem Jahr an, in dem die Absetzungen nicht mehr vorgenommen werden können, spätestens vom fünften auf das Jahr der Fertigstellung folgenden Jahr an, sind die Absetzungen für Abnutzung nach dem Restwert und dem nach § 7 Abs. 4 des Einkommensteuergesetzes unter Berücksichtigung der Restnutzungsdauer maßgebenden Hundertsatz zu bemessen.

(2) Die Absetzungen nach Absatz 1 Nr. 1 können abweichend von § 7 k Abs. 2 Nr. 3 des Einkommensteuergesetzes auch dann vorgenommen werden, wenn für die Wohnungen öffentliche Mittel im Sinne des § 6 Abs. 1 des Zweiten Wohnungsbaugesetzes gewährt werden.

(3) Die Absetzungen können bereits für Teilherstellungskosten und für Anzahlungen auf Anschaffungskosten in Anspruch genommen werden. In den Fällen des Absatzes 1 Nr. 1 ist § 7 a Abs. 2 des Einkommensteuergesetzes mit der Maßgabe anzuwenden, daß die Summe der erhöhten Absetzungen 20 vom Hundert der bis zum Ende des jeweiligen Jahres insgesamt aufgewendeten Teilherstellungskosten oder Anzahlungen nicht übersteigen darf.

§ 15 Erhöhte Absetzungen für Einfamilienhäuser, Zweifamilienhäuser und Eigentumswohnungen

(1) Bei in Berlin (West) belegenen Einfamilienhäusern, Zweifamilienhäusern und Eigentumswohnungen sowie bei Ausbauten und Erweiterungen an in Berlin (West) belegenen Einfamilienhäusern, Zweifamilienhäusern und Eigentumswohnungen ist § 7 b Abs. 1 bis 6 des Einkommensteuergesetzes mit der Maßgabe anzuwenden, daß

1. der Steuerpflichtige im Jahr der Fertigstellung oder Anschaffung und in dem darauffolgenden Jahr jeweils bis zu 10 vom Hundert, ferner in den

---

[1] Zur Anwendung von § 14 d vgl. § 31 Abs. 9.

darauffolgenden 10 Jahren jeweils bis zu 3 vom Hundert der Anschaffungs- oder Herstellungskosten absetzen kann,

2. in § 7b Abs. 2 Satz 1 des Einkommensteuergesetzes an die Stelle des 1. Januar 1964 der 1. Januar 1977 tritt,

3. bei Anwendung des § 7b Abs. 5 Satz 3 des Einkommensteuergesetzes erhöhte Absetzungen außer Betracht bleiben, die der Steuerpflichtige auf Grund von Vorschriften in Anspruch genommen hat oder in Anspruch nimmt, die vor dem 1. Januar 1977 in Kraft getreten sind, und

4. bei Anwendung des § 7b Abs. 5 Satz 4 und 5 des Einkommensteuergesetzes die für das Jahr der Fertigstellung oder Anschaffung und das folgende Jahr zulässigen erhöhten Absetzungen von jeweils bis zu 10 vom Hundert der Anschaffungs- oder Herstellungskosten nur beim Erstobjekt oder nur beim Folgeobjekt in Anspruch genommen werden können und daß in den Fällen des § 7b Abs. 5 Satz 5 zweiter Halbsatz des Einkommensteuergesetzes beim Folgeobjekt an die Stelle des Jahres der Fertigstellung oder Anschaffung das Jahr tritt, in dem für das Folgeobjekt der Begünstigungszeitraum beginnt.

§ 7b Abs. 7 des Einkommensteuergesetzes ist anzuwenden.

(2) Werden Einfamilienhäuser, Zweifamilienhäuser und Eigentumswohnungen, die mindestens 3 Jahre nach ihrer Fertigstellung zu mehr als 80 vom Hundert Wohnzwecken dienen, in Berlin (West) im steuerbegünstigten oder frei finanzierten Wohnungsbau vor dem 1. Januar 1987 hergestellt, kann der Bauherr anstelle der in Absatz 1 bezeichneten erhöhten Absetzungen abweichend von § 7 Abs. 4 und 5 des Einkommensteuergesetzes im Jahr der Fertigstellung und in den beiden folgenden Jahren erhöhte Absetzungen bis zur Höhe von insgesamt 50 vom Hundert der Herstellungskosten vornehmen. Von dem Jahr an, in dem erhöhte Absetzungen nach Satz 1 nicht mehr vorgenommen werden können, spätestens vom dritten auf das Jahr der Fertigstellung folgenden Jahr an, sind die Absetzungen für Abnutzung nach dem Restwert und dem nach § 7 Abs. 4 des Einkommensteuergesetzes unter Berücksichtigung der Restnutzungsdauer maßgebenden Hundertsatz zu bemessen. § 7b Abs. 1 Satz 3 und Abs. 4 des Einkommensteuergesetzes ist entsprechend anzuwenden. § 7b Abs. 5 des Einkommensteuergesetzes ist mit der Maßgabe entsprechend anzuwenden, daß

1. die Inanspruchnahme der erhöhten Absetzungen nach den Sätzen 1 bis 3 der Inanspruchnahme der erhöhten Absetzungen nach § 7b des Einkommensteuergesetzes gleichsteht,

2. bei Anwendung des § 7b Abs. 5 Satz 3 des Einkommensteuergesetzes die Vorschrift des Absatzes 1 Nr. 3 entsprechend gilt und

3. bei der Inanspruchnahme der erhöhten Absetzungen nach den Sätzen 1 bis 3 die Vorschriften des § 7b Abs. 5 Satz 4 und 5 des Einkommensteuergesetzes keine Anwendung finden.

(3) Die erhöhten Absetzungen nach Absatz 2 Satz 1, 3 und 4 können auch für Ausbauten und Erweiterungen an einem Einfamilienhaus, einem Zweifamilienhaus oder einer Eigentumswohnung in Berlin (West) in Anspruch genommen werden, wenn

1. das Einfamilienhaus, das Zweifamilienhaus oder die Eigentumswohnung vor dem 1. Januar 1977 fertiggestellt und nicht nach dem 31. Dezember 1976 angeschafft worden ist,

2. die Ausbauten oder Erweiterungen vor dem 1. Januar 1987 im steuerbegünstigten oder frei finanzierten Wohnungsbau hergestellt worden sind und

3. die ausgebauten oder neu hergestellten Gebäudeteile mindestens 3 Jahre nach ihrer Fertigstellung zu mehr als 80 vom Hundert Wohnzwecken dienen.

Die erhöhten Absetzungen bemessen sich in diesem Fall nach den Herstellungskosten, die für den Ausbau oder die Erweiterung aufgewendet worden sind. § 7 b Abs. 2 Satz 3 des Einkommensteuergesetzes gilt entsprechend.

(4) Geht das Eigentum an einem Einfamilienhaus, einem Zweifamilienhaus oder einer Eigentumswohnung im Sinne des Absatzes 2 Satz 1 innerhalb von 3 Jahren nach der Fertigstellung vor dem 1. Januar 1987 auf eine natürliche Person (Ersterwerber) oder nach einem Zwischenerwerb auf eine natürliche Person (Zweiterwerber) über, gilt Absatz 2 entsprechend für den Ersterwerber oder den Zweiterwerber, wenn

1. im Falle des Ersterwerbs
der Bauherr,

2. im Falle des Zweiterwerbs
der Bauherr und der Zwischenerwerber

für das Einfamilienhaus, das Zweifamilienhaus oder die Eigentumswohnung erhöhte Absetzungen nicht geltend gemacht haben. Für den Ersterwerber und den Zweiterwerber treten an die Stelle der Herstellungskosten die Anschaffungskosten und an die Stelle des Jahres der Fertigstellung das Jahr der Anschaffung.

(5) Abweichend von den Absätzen 1, 2 und 4 findet § 7 b Abs. 5 des Einkommensteuergesetzes keine Anwendung auf in Berlin (West) belegene Einfamilienhäuser, Zweifamilienhäuser und Eigentumswohnungen, die ein Steuerpflichtiger im Sinne des Einkommensteuergesetzes vor dem 1. Januar 1987 anschafft oder herstellt, wenn der Steuerpflichtige oder dessen Ehegatte, bei dem die Voraussetzungen des § 26 Abs. 1 des Einkommensteuergesetzes vorliegen, im Zusammenhang mit der Aufnahme einer gewerblichen Tätigkeit oder einer selbständigen oder nichtselbständigen Arbeit in Berlin (West) zugezogen ist und die Voraussetzungen des § 21 Abs. 1 Satz 1 erfüllt. Die Anschaffung oder Herstellung muß innerhalb von

5 Jahren nach Aufnahme der gewerblichen Tätigkeit oder der selbständigen oder nichtselbständigen Arbeit erfolgen. Satz 1 gilt nur für Veranlagungszeiträume, in denen der Steuerpflichtige oder dessen Ehegatte, bei dem die Voraussetzungen des § 26 Abs. 1 des Einkommensteuergesetzes vorliegen, das Einfamilienhaus, Zweifamilienhaus oder die Eigentumswohnung selbst bewohnt.

§ 15a[1] Verluste bei beschränkter Haftung

§ 15a des Einkommensteuergesetzes gilt nicht, soweit Verluste bei den Einkünften aus Land- und Forstwirtschaft, Gewerbebetrieb oder selbständiger Arbeit auf der Inanspruchnahme erhöhter Absetzungen nach den §§ 14, 14a bis 14d oder 15 beruhen. Scheidet ein Mitunternehmer, dessen Kapitalkonto in der Steuerbilanz der Gesellschaft auf Grund von nach Satz 1 ausgleichs- oder abzugsfähigen Verlusten negativ geworden ist, aus der Gesellschaft aus oder wird in einem solchen Fall die Gesellschaft aufgelöst, so gilt der Betrag, den der Mitunternehmer nicht ausgleichen muß, als Veräußerungsgewinn im Sinne des § 16 des Einkommensteuergesetzes. In Höhe der nach Satz 2 als Gewinn zuzurechnenden Beträge sind bei den anderen Mitunternehmern unter Berücksichtigung der für die Zurechnung von Verlusten geltenden Grundsätze Verlustanteile anzusetzen.

§ 15b Steuerbegünstigung der zu eigenen Wohnzwecken genutzten Wohnung im eigenen Haus

(1) Bei zu eigenen Wohnzwecken genutzten Wohnungen in einem in Berlin (West) belegenen eigenen Haus und bei zu eigenen Wohnzwecken genutzten Eigentumswohnungen in Berlin (West) gilt § 10e des Einkommensteuergesetzes mit der Maßgabe, daß

1. der Steuerpflichtige anstelle der Abzugsbeträge nach § 10e Abs. 1 Satz 1 des Einkommensteuergesetzes im Jahr der Fertigstellung oder der Anschaffung der Wohnung und in dem darauffolgenden Jahr jeweils bis zu 10 vom Hundert der Bemessungsgrundlage, höchstens jeweils 30000 Deutsche Mark, ferner in den darauffolgenden zehn Jahren jeweils bis zu 3 vom Hundert der Bemessungsgrundlage, höchstens jeweils 9000 Deutsche Mark wie Sonderausgaben abziehen kann,

2. bei einem Anteil an der zu eigenen Wohnzwecken genutzten Wohnung der Steuerpflichtige den entsprechenden Teil der Abzugsbeträge nach Nummer 1 wie Sonderausgaben abziehen kann,

3. bei Anwendung des § 10e Abs. 4 Satz 3 des Einkommensteuergesetzes erhöhte Absetzungen außer Betracht bleiben, die der Steuerpflichtige auf Grund von Vorschriften in Anspruch genommen hat oder in Anspruch nimmt, die vor dem 1. Januar 1977 in Kraft getreten sind, und

---

[1] Zur Anwendung von § 15a vgl. § 31 Abs. 9 und 10.

4. bei Anwendung des § 10e Abs. 4 Sätze 4 bis 6 des Einkommensteuergesetzes die für das Jahr der Fertigstellung oder Anschaffung und das
folgende Jahr zulässigen Abzugsbeträge von jeweils bis zu 10 vom Hundert der Bemessungsgrundlage, höchstens jeweils 30000 Deutsche Mark
entweder nur beim Erstobjekt oder nur beim Folgeobjekt in Anspruch
genommen werden können und in den Fällen des § 10e Abs. 4 Satz 5
zweiter Halbsatz des Einkommensteuergesetzes beim Folgeobjekt an die
Stelle des Jahres der Fertigstellung oder Anschaffung das Jahr tritt, in
dem für das Folgeobjekt der Abzugszeitraum beginnt.

Für ein Objekt, für das erhöhte Absetzungen nach § 14a Abs. 4 oder 5 von
dem Steuerpflichtigen in Anspruch genommen worden sind, können Abzugsbeträge nach Satz 1 nicht abgezogen werden.

(2) Ist eine zu eigenen Wohnzwecken genutzte Wohnung in einem in
Berlin (West) belegenen eigenen Haus oder eine zu eigenen Wohnzwecken
genutzte Eigentumswohnung in Berlin (West) im steuerbegünstigten oder
frei finanzierten Wohnungsbau hergestellt worden und dient sie mindestens drei Jahre nach ihrer Fertigstellung eigenen Wohnzwecken, kann der
Bauherr anstelle der in Absatz 1 bezeichneten Abzugsbeträge im Jahr der
Fertigstellung und in den beiden folgenden Jahren insgesamt bis zu 50 vom
Hundert der Herstellungskosten der Wohnung zuzüglich der Hälfte der
Anschaffungskosten für den dazugehörenden Grund und Boden, höchstens
150000 Deutsche Mark wie Sonderausgaben abziehen. Absatz 1 Nr. 2 und
§ 10e Abs. 1 Sätze 2, 3 und 6, Abs. 6 und 7 des Einkommensteuergesetzes
sind entsprechend anzuwenden. § 10e Abs. 4 und 5 des Einkommensteuergesetzes ist mit der Maßgabe entsprechend anzuwenden, daß

1. die Inanspruchnahme der Abzugsbeträge nach den Sätzen 1 und 2 der
   Inanspruchnahme der Abzugsbeträge nach § 10e des Einkommensteuergesetzes gleichsteht,

2. bei Anwendung des § 10e Abs. 4 Satz 3 des Einkommensteuergesetzes
   Absatz 1 Nr. 3 entsprechend gilt und

3. bei der Inanspruchnahme der Abzugsbeträge nach den Sätzen 1 und 2
   § 10e Abs. 4 Satz 4 des Einkommensteuergesetzes keine Anwendung
   findet.

(3) Absatz 2 gilt entsprechend für Herstellungskosten, die für im steuerbegünstigten oder frei finanzierten Wohnungsbau hergestellte Ausbauten
und Erweiterungen an einer eigenen Wohnzwecken dienenden Wohnung
in einem in Berlin (West) belegenen eigenen Haus oder an einer zu eigenen
Wohnzwecken genutzten Eigentumswohnung in Berlin (West) aufgewendet worden sind.

(4) Geht das Eigentum an einem in Berlin (West) belegenen Einfamilienhaus oder Zweifamilienhaus oder einer in Berlin (West) belegenen Eigentumswohnung innerhalb von drei Jahren nach der Fertigstellung auf eine

natürliche Person (Ersterwerber) oder nach einem Zwischenerwerb auf eine natürliche Person (Zweiterwerber) über, gilt Absatz 2 entsprechend für eine von dem Ersterwerber oder dem Zweiterwerber zu eigenen Wohnzwecken genutzte Wohnung im Sinne von Absatz 2 Sätze 1 und 2, wenn

1. im Falle des Ersterwerbs der Bauherr,

2. im Falle des Zweiterwerbs der Bauherr und der Zwischenerwerber

für die Wohnung Abzugsbeträge anch Absatz 1 oder 2 nicht geltend gemacht haben. Für den Ersterwerber und den Zweiterwerber treten an die Stelle der Herstellungskosten die Anschaffungskosten der Wohnung und an die Stelle des Jahres der Fertigstellung das Jahr der Anschaffung.

(5) Abweichend von den Absätzen 1, 2 und 4 findet § 10e Abs. 4 des Einkommensteuergesetzes keine Anwendung auf in Berlin (West) belegene, zu eigenen Wohnzwecken genutzte Wohnungen im eigenen Haus oder Eigentumswohnungen, die ein Steuerpflichtiger anschafft oder herstellt, wenn der Steuerpflichtige oder dessen Ehegatte, bei denen die Voraussetzungen des § 26 Abs. 1 des Einkommensteuergesetzes vorliegen, im Zusammenhang mit der Aufnahme einer gewerblichen Tätigkeit oder einer selbständigen oder nichtselbständigen Arbeit in Berlin (West) zugezogen ist und die Voraussetzungen des § 21 Abs. 1 Satz 1 erfüllt. Die Anschaffung oder Herstellung muß innerhalb von fünf Jahren nach Aufnahme der gewerblichen Tätigkeit oder der selbständigen oder nichtselbständigen Arbeit erfolgen.

§ 16 Steuerermäßigung für Darlehen zur Finanzierung von betrieblichen Investitionen

(1) Bei unbeschränkt Steuerpflichtigen, die der Berliner Industriebank Aktiengesellschaft oder der Niederlassung Berlin der Industriekreditbank Aktiengesellschaft – Deutsche Industriebank unter den Voraussetzungen des Absatzes 2 vor dem 1. Juli 1991 Darlehen gewähren, ermäßigt sich die Einkommensteuer oder Körperschaftsteuer für den Veranlagungszeitraum der Hingabe um 12 vom Hundert der hingegebenen Darlehen. Sind die Darlehen aus Mitteln eines Betriebs gegeben worden, so ermäßigt sich die Einkommensteuer oder Körperschaftsteuer des Veranlagungszeitraums, in dem das Wirtschaftsjahr endet, in dessen Verlauf die Darlehen gegeben worden sind.

(2) Voraussetzung für die Steuerermäßigung nach Absatz 1 ist, daß die Darlehen

1. nach den vertraglichen Vereinbarungen eine Laufzeit von mindestens 8 Jahren haben und frühestens vom Ende des vierten Jahres an jährlich mit höchstens einem Fünftel des Darlehensbetrags zurückzuzahlen sind und

2. weder unmittelbar noch mittelbar in wirtschaftlichem Zusammenhang
   mit der Aufnahme eines Kredits stehen; die Inanspruchnahme laufender
   Geschäftskredite ist unschädlich.

Die Steuerermäßigung nach Absatz 1 wird unter der Bedingung gewährt,
daß eine vorzeitige Rückzahlung der Darlehen nicht stattfindet. Die entgeltliche Abtretung von Darlehensforderungen steht einer Rückzahlung
gleich.[1]

(3) Die Berliner Industriebank Aktiengesellschaft und die Niederlassung
Berlin der Industriekreditbank Aktiengesellschaft – Deutsche Industrie-
bank haben die Darlehen, gegebenenfalls unter Einschaltung von Berliner
Kreditinstituten, an Unternehmen weiterzugeben, die die Darlehen unver-
züglich und unmittelbar zur Anschaffung oder Herstellung abnutzbarer
Wirtschaftsgüter des Anlagevermögens einer in Berlin (West) belegenen
Betriebsstätte verwenden. Die Wirtschaftsgüter müssen,

1. soweit sie zum beweglichen Anlagevermögen gehören, mindestens
   3 Jahre nach ihrer Anschaffung oder Herstellung in einer in Berlin
   (West) belegenen Betriebsstätte verbleiben,
2. soweit sie zum unbeweglichen Anlagevermögen gehören, in Berlin
   (West) errichtet werden.

Bei Schiffen tritt an die Stelle des Zeitraums von 3 Jahren ein Zeitraum von
8 Jahren. Für die Anschaffung oder Herstellung von Luftfahrzeugen dürfen
Darlehen nach Absatz 1 nicht verwendet werden.[2] Der Herstellung eines
Gebäudes in Berlin (West) steht der Umbau, die Erweiterung, die Modernisierung oder die Instandsetzung eines Gebäudes in Berlin (West) gleich.
Die Berliner Industriebank Aktiengesellschaft und die Niederlassung Berlin der Industriekreditbank Aktiengesellschaft – Deutsche Industriebank
haben sicherzustellen, daß die Darlehen nur zu diesen Zwecken verwendet
werden. Ist der Bedarf an Darlehen für die bezeichneten Zwecke gedeckt,
so können die Berliner Industriebank Aktiengesellschaft und die Niederlassung Berlin der Industriekreditbank Aktiengesellschaft – Deutsche Industriebank den Abschluß weiterer Darlehensverträge ablehnen.

(4) Die Vorschriften der Absätze 1 und 2 sind auf Darlehen entsprechend
anzuwenden, die vor dem 1. Juli 1991 unmittelbar an Unternehmen zur
Verwendung zu den in Absatz 3 bezeichneten Zwecken gegeben worden
sind. Für die Ermäßigung der Einkommensteuer oder Körperschaftsteuer
ist in diesen Fällen weitere Voraussetzung, daß sich der Darlehensgeber
und der Darlehensnehmer gegenüber der Berliner Industriebank Aktiengesellschaft oder der Niederlassung Berlin der Industriekreditbank Aktiengesellschaft – Deutsche Industriebank damit einverstanden erklären, daß diese
die Verwendung der Darlehen zu den bezeichneten Zwecken und die
Durchführung des Darlehensvertrags überwacht.

---

[1] Zur Anwendung von § 16 Abs. 2 Satz 3 vgl. § 31 Abs. 11.
[2] Zur Anwendung von § 16 Abs. 3 Satz 3 und 4 vgl. § 31 Abs. 12.

(5) Die Ermäßigung der Einkommensteuer oder Körperschaftsteuer nach Absatz 1 darf zusammen mit der Ermäßigung der Einkommensteuer oder Körperschaftsteuer nach § 17 50 vom Hundert der Einkommensteuer oder Körperschaftsteuer nicht übersteigen, die sich ohne die Ermäßigung ergeben würde.

(6) Die Absätze 1 bis 5 gelten nicht für Kreditinstitute im Sinne des Gesetzes über das Kreditwesen in der Fassung der Bekanntmachung vom 3. Mai 1976 (BGBl. I S. 1121), geändert durch Artikel 72 des Gesetzes vom 14. Dezember 1976 (BGBl. I S. 3341).

§ 17 Steuerermäßigung für Darlehen zur Finanzierung von Baumaßnahmen

(1) Bei unbeschränkt Steuerpflichtigen, die vor dem 1. Januar 1992 unverzinsliche, in gleichen Jahresbeträgen zu tilgende Darlehen mit einer Laufzeit von mindestens 10 Jahren gewähren, ermäßigt sich unter den Voraussetzungen der Absätze 3 bis 7 die Einkommensteuer oder Körperschaftsteuer für den Veranlagungszeitraum der Hingabe um 20 vom Hundert der hingegebenen Darlehen. Werden die Darlehen von Steuerpflichtigen, die den Gewinn nach § 4 Abs. 1 oder § 5 des Einkommensteuergesetzes ermitteln, aus Mitteln des Betriebs gegeben, so sind die Darlehen in der Bilanz mit dem Wert anzusetzen, der sich nach Abzug von Zwischenzinsen unter Berücksichtigung von Zinseszinsen vom Nennbetrag der Darlehen ergibt. Dabei ist von einem Zinssatz von höchstens 5,5 vom Hundert auszugehen. Die Sätze 2 und 3 gelten auch, wenn die Hingabe der Darlehen nicht durch den Betrieb veranlaßt ist. Sind die Darlehen aus Mitteln eines Betriebs gegeben worden, so ermäßigt sich die Einkommensteuer oder Körperschaftsteuer des Veranlagungszeitraums, in dem das Wirtschaftsjahr endet, in dessen Verlauf die Darlehen gegeben worden sind.

(2) Bei unbeschränkt Steuerpflichtigen, die vor dem 1. Januar 1992 verzinsliche Darlehen mit einer Laufzeit von mindestens 25 Jahren gewähren, ermäßigt sich unter den Voraussetzungen der Absätze 3 bis 7 die Einkommensteuer oder Körperschaftsteuer für den Veranlagungszeitraum der Hingabe um 20 vom Hundert der hingegebenen Darlehen. Werden Darlehen von Kreditinstituten auf Grund eines vor dem 1. Juli 1991 abgeschlossenen Darlehensvertrags gewährt, tritt an die Stelle des 1. Januar 1992 der 1. Januar 1993. Sätze 1 und 2 sind nur anzuwenden, wenn die Darlehen nach den vertraglichen Vereinbarungen

1. höchstens mit gleichen Jahresbeträgen, die der im Darlehensvertrag vereinbarten Laufzeit entsprechen, zu tilgen oder

2. mit gleichen Jahresbeträgen, bei denen sich bei gleichbleibenden Bedingungen infolge der laufenden Tilgung der Zinsanteil verringert und der Tilgungsanteil entsprechend erhöht, zu verzinsen und zu tilgen sind;

Änderungen des Zinssatzes in Anpassung an die allgemeine Zinshöhe sind jedoch zulässig.

Absatz 1 letzter Satz gilt entsprechend.

(3)[1] Voraussetzung für die Steuerermäßigung nach den Absätzen 1 und 2 ist, daß die Darlehen

1. in den Fällen des Absatzes 1 von einem Bauherrn unverzüglich und unmittelbar zur Finanzierung des Baues von Wohnungen im Sinne des § 39 oder § 82 des Zweiten Wohnungsbaugesetzes (Wohnungsbau- und Familienheimgesetz) in Berlin (West) verwendet werden,

2. in den Fällen des Absatzes 2 unverzüglich und unmittelbar

    a) von einem Bauherrn zur Finanzierung des Baues, des Umbaues, der Erweiterung, der Modernisierung oder der Instandsetzung von Gebäuden in Berlin (West) verwendet werden oder

    b) von einem Ersterwerber zur Finanzierung des Erwerbs von Kaufeigenheimen oder Kaufeigentumswohnungen in Berlin (West) verwendet werden, die er bis zum Ende des Jahres der Fertigstellung anschafft.

Satz 1 gilt entsprechend, wenn die Darlehen zur Finanzierung von Anschaffungskosten verwendet werden, die auf Maßnahmen im Sinne des Satzes 1 Nr. 1 und Nr. 2 Buchstabe a entfallen, soweit diese nach dem rechtswirksamen Abschluß eines obligatorischen Erwerbsvertrags oder eines gleichstehenden Rechtsakts durchgeführt worden sind. Für die Anwendung des Absatzes 1 ist weitere Voraussetzung, daß die Darlehen weder unmittelbar noch mittelbar in wirtschaftlichem Zusammenhang mit der Aufnahme eines Kredits stehen. Die Steuerermäßigung nach den Absätzen 1 und 2 wird unter der Bedingung gewährt, daß eine vorzeitige Rückzahlung der Darlehen nicht stattfindet; vorzeitige Rückzahlungen, die nach Ablauf von 10 Jahren seit der Hingabe des Darlehens auf Grund einer Kündigung oder Teilkündigung des Schuldners stattfinden, sind jedoch unschädlich.[2] Die entgeltliche Abtretung von Darlehensforderungen steht einer Rückzahlung gleich.

(4) Die Vorschriften des Absatzes 1 sind nur anzuwenden, soweit die Darlehen 10 000 Deutsche Mark für jede geförderte Wohnung nicht übersteigen.

(5) Die Vorschriften der Absätze 2 und 3 sind auf Darlehen entsprechend anzuwenden, die der Wohnungsbau-Kreditanstalt Berlin oder der Berliner Pfandbrief-Bank vor dem 1. Januar 1992 gewährt werden. Die Wohnungsbau-Kreditanstalt Berlin und die Berliner Pfandbrief-Bank haben die Darlehen, gegebenenfalls unter Einschaltung von Berliner Kreditinstituten, an

---

[1] Zur Anwendung von § 17 Abs. 3 vgl. § 31 Abs. 13.
[2] Zur Anwendung von § 17 Abs. 3 Satz 4 vgl. § 31 Abs. 11.

Bauherren oder Erwerber weiterzugeben, die die Darlehen unverzüglich und unmittelbar zu den in Absatz 3 Nr. 2 bezeichneten Zwecken verwenden. Die Wohnungsbau-Kreditanstalt Berlin und die Berliner Pfandbrief-Bank haben sicherzustellen, daß die Darlehen nur zu diesen Zwecken verwendet werden. Ist der Bedarf an Darlehen für die bezeichneten Zwecke gedeckt, so können die Wohnungsbau-Kreditanstalt Berlin und die Berliner Pfandbrief-Bank den Abschluß weiterer Darlehensverträge ablehnen.

(6) Die Ermäßigung der Einkommensteuer oder Körperschaftsteuer nach den Absätzen 1 und 2 darf zusammen mit der Ermäßigung der Einkommensteuer oder Körperschaftsteuer nach § 16 50 vom Hundert der Einkommensteuer oder Körperschaftsteuer nicht übersteigen, die sich ohne die Ermäßigungen ergeben würde.

(7) Zum Nachweis der in Absatz 1 Satz 1, Absatz 2, Absatz 3 Satz 1 und in den Absätzen 4 und 5 bezeichneten Voraussetzungen ist eine Bescheinigung des Senators für Bau- und Wohnungswesen, Berlin, oder der von ihm bestimmten Stelle vorzulegen.

§ 18[1] Anwendung der §§ 16 und 17 durch Arbeitnehmer

Besteht das Einkommen ganz oder teilweise aus Einkünften aus nichtselbständiger Arbeit, von denen ein Steuerabzug vorgenommen wird, und liegen die Voraussetzungen des § 46 Abs. 1 und 2 des Einkommensteuergesetzes nicht vor, so kann die Veranlagung zur Anwendung der Vorschriften der §§ 16 und 17 beantragt werden; § 46 Abs. 2 Nr. 8 Buchstabe a und Abs. 3 und 5 des Einkommensteuergesetzes ist sinngemäß anzuwenden.

Artikel III. Investitionszulage

[Alte Fassung][2]

§ 19[2] Investitionszulage für Investitionen in Berlin (West)

(1) Steuerpflichtige im Sinne des Einkommensteuergesetzes und des Körperschaftsteuergesetzes, die in Berlin (West) einen Betrieb (eine Betriebsstätte) haben, können für abnutzbare Wirtschaftsgüter des Anlagevermögens und Ausbauten, Erweiterungen und andere nachträgliche Herstellungsarbeiten an

[Neue Fassung][2]

§ 19[2] Investitionszulage für Investitionen in Berlin (West)

(1) Steuerpflichtige im Sinne des Einkommensteuergesetzes und des Körperschaftsteuergesetzes, die begünstigte Investitionen vornehmen, haben Anspruch auf eine Investitionszulage. Bei Gesellschaften im Sinne des § 15 Abs. 1 Nr. 2 und Abs. 3 des Einkommensteuergesetzes tritt an die Stelle des Steuer-

---

[1] Zur letztmaligen Anwendung von § 18 vgl. § 31 Abs. 13a.
[2] Zur Anwendung von § 19 n. F. sowie zur Weiteranwendung von § 19 a. F. vgl. § 31 Abs. 14.

[Alte Fassung]

abnutzbaren unbeweglichen Wirtschaftsgütern des Anlagevermögens, die Gebäude, Gebäudeteile, Eigentumswohnungen oder im Teileigentum stehende Räume sind, eine Investitionszulage erhalten. Werden von einer Gesellschaft im Sinne des § 15 Abs. 1 Nr. 2 des Einkommensteuergesetzes Wirtschaftsgüter angeschafft oder hergestellt oder Ausbauten, Erweiterungen oder andere nachträgliche Herstellungsarbeiten vorgenommen, gilt Satz 1 mit der Maßgabe, daß der Gesellschaft eine Investitionszulage gewährt wird. Die Investitionszulage beträgt

1. 10 vom Hundert der Summe der Anschaffungs- oder Herstellungskosten der im Kalenderjahr angeschafften oder hergestellten abnutzbaren beweglichen Wirtschaftsgüter und

2. 20 vom Hundert der Summe der Herstellungskosten der im Kalenderjahr hergestellten abnutzbaren unbeweglichen Wirtschaftsgüter und der im Kalenderjahr beendeten Ausbauten, Erweiterungen und anderen nachträglichen Herstellungsarbeiten an abnutzbaren unbeweglichen Wirtschaftsgütern.

Sie erhöht sich

1. für abnutzbare bewegliche Wirtschaftsgüter des Anlagevermögens, die mindestens 3 Jahre nach ihrer Anschaffung oder Herstellung
   a) in einem Betrieb (einer Betriebsstätte)

[Neue Fassung]

pflichtigen die Gesellschaft als Anspruchsberechtigter.

(2) Begünstigte Investitionen sind unter den Voraussetzungen des Absatzes 3

1. die Anschaffung und die Herstellung von neuen abnutzbaren beweglichen Wirtschaftsgütern,

2. nachträgliche Herstellungsarbeiten an abnutzbaren beweglichen Wirtschaftsgütern,

3. die Herstellung von unbeweglichen Wirtschaftsgütern, die Gebäude, Gebäudeteile, Eigentumswohnungen oder im Teileigentum stehende Räume sind (Gebäude), und

4. Ausbauten und Erweiterungen sowie andere nachträgliche Herstellungsarbeiten an Gebäuden,

wenn die Wirtschaftsgüter und die ausgebauten oder hergestellten Teile mindestens 3 Jahre nach der Anschaffung oder Herstellung oder nach Beendigung der nachträglichen Herstellungsarbeiten zum Anlagevermögen eines Betriebs in Berlin (West) gehören. Hat ein Betrieb Betriebsstätten in Berlin (West) und außerhalb von Berlin (West), gilt die Gesamtheit aller Betriebsstätten in Berlin (West) als ein Betrieb in Berlin (West). Nicht begünstigt sind

1. die Anschaffung oder Herstellung von
   a) geringwertigen Wirtschaftsgütern im Sinne des § 6 Abs. 2 des Einkommensteuergesetzes,
   b) Luftfahrzeugen,

[Alte Fassung]   *[Neue Fassung]*

aa) des verarbeitenden Gewerbes – ausgenommen
Baugewerbe – unmittel-
bar oder mittelbar der
Fertigung oder unmittel-
bar der Datenverarbei-
tung dienen,

bb) der Energiewirtschaft
einschließlich Fernheiz-
werke unmittelbar oder
mittelbar der Erzeugung
von Energie oder Wärme
oder unmittelbar der Da-
tenverarbeitung dienen,

cc) des Dienstleistungsgewerbes unmittelbar der
Datenverarbeitung die-
nen, wenn der Umsatz
des Betriebs (der Be-
triebsstätte) in Berlin
(West) im Kalenderjahr
der Anschaffung oder
Herstellung und in den
beiden folgenden Kalen-
derjahren überwiegend
auf sonstige Leistungen
an Auftraggeber außer-
halb von Berlin (West)
entfällt,

auf 25 vom Hundert der An-
schaffungs- oder Herstel-
lungskosten,

b) ausschließlich der Forschung
oder Entwicklung im Sinne
des § 51 Abs. 1 Nr. 2 Buchstabe u Satz 4 des Einkommensteuergesetzes dienen, auf
40 vom Hundert der Anschaf-
fungs- oder Herstellungskosten, soweit diese den Betrag
von 500 000 Deutsche Mark
im Kalenderjahr nicht über-

c) Personenkraftwagen, die
nicht im Betrieb des An-
spruchsberechtigten aus-
schließlich

aa) der Beförderung von Personen gegen Entgelt die-
nen,

bb) kurzfristig an Selbstfahrer
vermietet werden oder

cc) für Fahrschulzwecke verwendet werden

und nachträgliche Herstellungsarbeiten an solchen Wirtschaftsgütern
und

2. die Herstellung von Gebäuden in
Betrieben der Elektrizitätserzeu-
gung, Gaserzeugung und Fernwärmeversorgung sowie Ausbauten, Erweiterungen und andere nachträgliche Herstellungsarbeiten an solchen Gebäuden.

Kurzfristig im Sinne des Satzes 3
Nr. 1 Buchstabe c Doppelbuchstabe bb ist eine Vermietung von jeweils bis zu 3 Monaten.

(3) Bewegliche Wirtschaftsgüter
und nachträgliche Herstellungsarbeiten an beweglichen Wirtschaftsgütern sind begünstigt,

1. wenn die Wirtschaftsgüter
a) in einem Betrieb des verarbeitenden Gewerbes verbleiben
und es sich nicht um Lastkraftwagen, Zugmaschinen
und Kraftfahrzeuganhänger
handelt, die zum Verkehr auf
öffentlichen Straßen zugelassen sind,
oder

[Alte Fassung]

steigen, und auf 30 vom Hundert der diesen Betrag übersteigenden Anschaffungs- oder Herstellungskosten;

2. a) für unbewegliche Wirtschaftsgüter, die die Voraussetzungen des § 14 Abs. 2 Satz 1 Nr. 2 Buchstabe a Doppelbuchstabe dd erfüllen,

b) aa) für Ausbauten und Erweiterungen an unbeweglichen Wirtschaftsgütern, wenn die ausgebauten oder neu hergestellten Teile mindestens 3 Jahre nach ihrer Herstellung,

bb) für andere nachträgliche Herstellungsarbeiten an unbeweglichen Wirtschaftsgütern, wenn die unbeweglichen Wirtschaftsgüter mindestens 3 Jahre nach Beendigung der nachträglichen Herstellungsarbeiten

die Voraussetzungen des § 14 Abs. 2 Satz 1 Nr. 2 Buchstabe a Doppelbuchstabe dd erfüllen,

auf 25 vom Hundert der Herstellungskosten.

Wird der Gewinn nach einem vom Kalenderjahr abweichenden Wirtschaftsjahr ermittelt, so tritt an die Stelle des Kalenderjahrs das Wirtschaftsjahr, das im Kalenderjahr endet.

(2) Die Investitionszulage wird nur für neue abnutzbare bewegliche Wirtschaftsgüter gewährt, die zum Anlagevermögen eines Betriebs (einer Betriebsstätte) in Berlin (West)

[Neue Fassung]

b) in einem Betrieb des Dienstleistungsgewerbes unmittelbar der Datenverarbeitung dienen und der Umsatz des Betriebs in Berlin (West) im Kalenderjahr der Anschaffung oder Herstellung und in den beiden folgenden Kalenderjahren überwiegend auf sonstige Leistungen an Auftraggeber außerhalb von Berlin (West) entfällt
oder

c) ausschließlich der Forschung oder Entwicklung im Sinne des § 51 Abs. 1 Nr. 2 Buchstabe u Satz 4 des Einkommensteuergesetzes dienen
oder

2. wenn andere als die nach Nummer 1 begünstigten Wirtschaftsgüter in einem Betrieb in Berlin (West) verbleiben.

Gebäude sowie ausgebaute und hergestellte Teile von Gebäuden sind begünstigt, wenn sie die Voraussetzungen des § 14 Abs. 2 Satz 1 Nr. 2 erfüllen. Andere nachträgliche Herstellungsarbeiten an Gebäuden sind begünstigt, wenn das Gebäude die Voraussetzungen des § 14 Abs. 2 Satz 1 Nr. 2 erfüllt. Die Voraussetzungen der Sätze 1 bis 3 müssen in einem Betrieb in Berlin (West) mindestens 3 Jahre nach der Anschaffung oder Herstellung oder nach Beendigung der nachträglichen Herstellungsarbeiten vorliegen. Bei Schiffen tritt an die Stelle des Zeitraums von 3 Jahren ein Zeitraum von 8 Jahren.

[Alte Fassung]

gehören und mindestens 3 Jahre nach ihrer Anschaffung oder Herstellung in einem solchen Betrieb (einer solchen Betriebsstätte) verbleiben; bei Schiffen tritt an die Stelle des Zeitraums von 3 Jahren ein Zeitraum von 8 Jahren. Für Personenkraftfahrzeuge wird eine Investitionszulage nur gewährt, wenn sie im eigenen gewerblichen Betrieb ausschließlich der Beförderung von Personen gegen Entgelt dienen oder an Selbstfahrer vermietet oder für Fahrschulzwecke verwendet werden. Für geringwertige Wirtschaftsgüter im Sinne des § 6 Abs. 2 des Einkommensteuergesetzes und für Luftfahrzeuge wird eine Investitionszulage nicht gewährt. Für abnutzbare unbewegliche Wirtschaftsgüter des Anlagevermögens sowie für Ausbauten, Erweiterungen und andere nachträgliche Herstellungsarbeiten an abnutzbaren unbeweglichen Wirtschaftsgütern des Anlagevermögens, die Gebäude, Gebäudeteile, Eigentumswohnungen oder im Teileigentum stehende Räume sind, wird die Investitionszulage nur gewährt, wenn

1. die unbeweglichen Wirtschaftsgüter in Berlin (West) errichtet werden und die Voraussetzungen des § 14 Abs. 2 Satz 1 Nr. 2 Buchstabe a erfüllen,

2. a) die Ausbauten oder Erweiterungen an in Berlin (West) belegenen unbeweglichen Wirtschaftsgütern vorgenommen werden und die ausgebauten oder neu hergestellten

[Neue Fassung]

(4) Die Investitionszulage beträgt

1. 15 vom Hundert des Teils der Bemessungsgrundlage, der auf begünstigte Investitionen im Sinne des Absatzes 2 Satz 1 Nr. 1 und 2 in Verbindung mit Absatz 3 Nr. 1 entfällt,

2. 7,5 vom Hundert des Teils der Bemessungsgrundlage, der auf begünstigte Investitionen im Sinne des Absatzes 2 Satz 1 Nr. 1 und 2 in Verbindung mit Absatz 3 Nr. 2 entfällt, höchstens 22500 Deutsche Mark im Wirtschaftsjahr,

3. 10 vom Hundert des Teils der Bemessungsgrundlage, der auf begünstigte Investitionen im Sinne des Absatzes 2 Satz 1 Nr. 3 und 4 entfällt.

Bemessungsgrundlage für die Investitionszulage ist die Summe der Anschaffungs- und Herstellungskosten der im Wirtschaftsjahr vorgenommenen begünstigten Investitionen. In die Bemessungsgrundlage können die im Wirtschaftsjahr geleisteten Anzahlungen auf Anschaffungskosten und entstandenen Teilherstellungskosten einbezogen werden. In den Fällen des Satzes 3 dürfen im Wirtschaftsjahr der Anschaffung oder Herstellung der Wirtschaftsgüter oder der Beendigung der nachträglichen Herstellungsarbeiten die Anschaffungs- oder Herstellungskosten bei der Bemessung der Investitionszulage nur berücksichtigt werden, soweit sie die Anzahlungen oder Teilher-

[Alte Fassung]

Teile mindestens 3 Jahre nach ihrer Herstellung,

b) die anderen nachträglichen Herstellungsarbeiten an in Berlin (West) belegenen unbeweglichen Wirtschaftsgütern vorgenommen werden und diese Wirtschaftsgüter mindestens 3 Jahre nach Beendigung der nachträglichen Herstellungsarbeiten

die Voraussetzungen des § 14 Abs. 2 Satz 1 Nr. 2 Buchstabe a oder Abs. 4 erfüllen.

(3) Die Investitionszulage kann bereits für im Kalenderjahr (Wirtschaftsjahr) aufgewendete Anzahlungen auf Anschaffungskosten und für Teilherstellungskosten gewährt werden. In diesem Fall dürfen die nach den Absätzen 1 und 2 begünstigten Anschaffungs- oder Herstellungskosten im Kalenderjahr oder Wirtschaftsjahr der Anschaffung oder Herstellung bei der Bemessung der Investitionszulage nur berücksichtigt werden, soweit sie die Anzahlungen oder Teilherstellungskosten übersteigen. § 7a Abs. 2 Satz 3 bis 5 des Einkommensteuergesetzes gilt entsprechend.

(4) Die Investitionszulage gehört nicht zu den Einkünften im Sinne des Einkommensteuergesetzes. Sie mindert nicht die steuerlichen Anschaffungs- oder Herstellungskosten.

(5) Die Investitionszulage wird auf Antrag nach Ablauf des Kalenderjahrs, in dem die Wirtschaftsgüter, Ausbauten, Erweiterungen und

[Neue Fassung]

stellungskosten übersteigen. § 7a Abs. 2 Satz 3 bis 5 des Einkommensteuergesetzes gilt entsprechend.

(5) Der Antrag auf Investitionszulage ist bis zum 30. September des Kalenderjahrs zu stellen, das auf das Wirtschaftsjahr folgt, in dem die Investitionen vorgenommen worden, Anzahlungen geleistet worden oder Teilherstellungskosten entstanden sind. Der Antrag ist bei dem für die Besteuerung des Anspruchsberechtigten nach dem Einkommen zuständigen Finanzamt zu stellen. Ist eine Gesellschaft im Sinne des § 15 Abs. 1 Nr. 2 oder Abs. 3 des Einkommensteuergesetzes Anspruchsberechtigter, so ist der Antrag bei dem Finanzamt zu stellen, das für die einheitliche und gesonderte Feststellung der Einkünfte zuständig ist. Der Antrag muß von dem Anspruchsberechtigten eigenhändig unterschrieben sein. In dem Antrag müssen die Investitionen, für die eine Investitionszulage beansprucht wird, innerhalb der Antragsfrist so genau bezeichnet werden, daß ihre Feststellung bei einer Nachprüfung möglich ist.

(6) Auf die Investitionszulage sind die für Steuervergütungen geltenden Vorschriften der Abgabenordnung entsprechend anzuwenden. Dies gilt nicht für § 163 der Abgabenordnung. Die Investitionszulage ist innerhalb eines Monats nach Bekanntgabe des Bescheids aus den Einnahmen an Ein-

[Alte Fassung]

anderen nachträglichen Herstellungsarbeiten angezahlt, angeschafft oder ganz oder teilweise hergestellt worden sind (bei einem vom Kalenderjahr abweichenden Wirtschaftsjahr: nach Ablauf des Kalenderjahrs, in dem das Wirtschaftsjahr endet, in dem die Wirtschaftsgüter, Ausbauten, Erweiterungen und anderen nachträglichen Herstellungsarbeiten angezahlt, angeschafft oder ganz oder teilweise hergestellt worden sind), durch das für den Antragsteller für die Besteuerung nach dem Einkommen zuständige Finanzamt aus den Einnahmen an Einkommensteuer oder Körperschaftsteuer gewährt. Personengesellschaften wird die Investitionszulage von dem Finanzamt gewährt, das für die einheitliche oder gesonderte Feststellung der Einkünfte zuständig ist. Der Antrag auf Gewährung der Investitionszulage kann nur innerhalb von 9 Monaten nach Ablauf des Kalenderjahrs gestellt werden. In dem Antrag müssen die Wirtschaftsgüter, Ausbauten, Erweiterungen und anderen nachträglichen Herstellungsarbeiten, für die eine Investitionszulage beansprucht wird, so genau bezeichnet werden, daß ihre Feststellung bei einer Nachprüfung möglich ist.

(6) Das Finanzamt setzt die Investitionszulage durch schriftlichen Bescheid fest. Die Investitionszulage ist innerhalb eines Monats nach Bekanntgabe des Bescheids auszuzahlen.

(7) Auf die Investitionszulage sind die für Steuervergütungen gel-

[Neue Fassung]

kommensteuer oder Körperschaftsteuer auszuzahlen.

(7) Ist der Bescheid über die Investitionszulage aufgehoben oder zuungunsten des Anspruchsberechtigten geändert worden, so ist der Rückzahlungsanspruch nach § 238 der Abgabenordnung vom Tag der Auszahlung der Investitionszulage, in den Fällen des § 175 der Abgabenordnung vom Tag des Eintritts des Ereignisses an zu verzinsen. Die Festsetzungsfrist beginnt mit Ablauf des Kalenderjahrs, in dem der Bescheid aufgehoben oder geändert worden ist.

(8) In öffentlich-rechtlichen Streitigkeiten über die auf Grund der Absätze 1 bis 7 ergehenden Verwaltungsakte ist der Finanzrechtsweg gegeben.

(9) Die Investitionszulage gehört nicht zu den Einkünften im Sinne des Einkommensteuergesetzes. Sie mindert nicht die steuerlichen Anschaffungs- oder Herstellungskosten.

[Alte Fassung]

tenden Vorschriften der Abgabenordnung einschließlich der Vorschriften über außergerichtliche
Rechtsbehelfe entsprechend anzuwenden. Dies gilt nicht für § 163
der Abgabenordnung sowie für
diejenigen Vorschriften, die lediglich Zollvergütungen und Verbrauchsteuervergütungen betreffen. Abweichende Vorschriften
dieses Gesetzes bleiben unberührt.

(8) Der Anspruch auf die Investitionszulage erlischt mit Wirkung
für die Vergangenheit, soweit bewegliche Wirtschaftsgüter, deren
Anschaffungs- oder Herstellungskosten bei der Bemessung der Investitionszulage berücksichtigt worden sind, nicht mindestens 3 Jahre –
bei Schiffen nicht mindestens 8 Jahre – seit ihrer Anschaffung oder
Herstellung in einem Betrieb oder
einer Betriebsstätte in Berlin (West)
verblieben sind. Das gleiche gilt,
soweit bei unbeweglichen Wirtschaftsgütern, Ausbauten, Erweiterungen oder anderen nachträglichen Herstellungsarbeiten die nach
Absatz 2 Satz 4 erforderlichen Voraussetzungen nicht erfüllt werden.
Der Anspruch auf die erhöhte Investitionszulage nach Absatz 1 Satz 4
erlischt mit Wirkung für die Vergangenheit, soweit bei Wirtschaftsgütern, Ausbauten, Erweiterungen
oder anderen nachträglichen Herstellungsarbeiten die nach dieser
Vorschrift erforderlichen Voraussetzungen nicht erfüllt werden; in
diesen Fällen bleibt der Anspruch
auf die Investitionszulage nach Absatz 1 Satz 3 unberührt, soweit bei

den Wirtschaftsgütern, Ausbauten,
Erweiterungen oder anderen nachträglichen Herstellungsarbeiten die
nach Absatz 2 erforderlichen Voraussetzungen vorliegen.

(9) Ist die Investitionszulage zurückzuzahlen, weil der Bescheid über
die Investitionszulage aufgehoben
oder geändert worden ist, so ist der
Rückzahlungsanspruch vom Zeitpunkt der Auszahlung, in den Fällen
des Absatzes 8 von dem Zeitpunkt
an, in dem die Voraussetzungen für
die Aufhebung oder Änderung des
Bescheides eingetreten sind, nach
§ 238 der Abgabenordnung zu verzinsen. Die Festsetzungsfrist beginnt mit Ablauf des Kalenderjahrs,
in dem der Bescheid aufgehoben
oder geändert worden ist.

(10) In   öffentlich-rechtlichen
Streitigkeiten über die auf Grund
dieses Artikels ergehenden Verwaltungsakte der Finanzbehörden ist
der Finanzrechtsweg gegeben.

§ 20 Verfolgung von Straftaten nach § 264 des Strafgesetzbuches

Für die Verfolgung einer Straftat nach § 264 des Strafgesetzbuches, die
sich auf die Investitionszulage bezieht, sowie der Begünstigung einer Person, die eine solche Straftat begangen hat, gelten die Vorschriften der
Abgabenordnung über die Verfolgung von Steuerstraftaten entsprechend.

Abschnitt II
Steuererleichterungen und Arbeitnehmer-
vergünstigungen

Artikel IV. Einkommensteuer (Lohnsteuer) und
Körperschaftsteuer

§ 21 Ermäßigung der veranlagten Einkommensteuer und Körper-
schaftsteuer

(1) Bei zur Einkommensteuer veranlagten Personen, die

1. ihren ausschließlichen Wohnsitz in Berlin (West) zu Beginn des Veranlagungszeitraums haben oder ihn im Laufe des Veranlagungszeitraums begründen oder

2. bei mehrfachen Wohnsitz während des ganzen Veranlagungszeitraums einen Wohnsitz in Berlin (West) haben und sich dort vorwiegend aufhalten oder

3. – ohne einen Wohnsitz im Geltungsbereich dieses Gesetzes zu haben – ihren gewöhnlichen Aufenthalt in Berlin (West) haben,

ermäßigt sich die tarifliche Einkommensteuer (§ 32a Abs. 1 und 5 des Einkommensteuergesetzes), soweit sie auf Einkünfte aus Berlin (West) im Sinne des § 23 entfällt. Die Ermäßigung beträgt

1. für den Veranlagungszeitraum 1990 30 vom Hundert,

2. für den Veranlagungszeitraum 1991 27 vom Hundert,

3. für den Veranlagungszeitraum 1992 18 vom Hundert,

4. für den Veranlagungszeitraum 1993 12 vom Hundert,

5. für den Veranlagungszeitraum 1994 6 vom Hundert.

Bei Ehegatten im Sinne des § 26 Abs. 1 des Einkommensteuergesetzes genügt es für die Ermäßigung, wenn einer der Ehegatten die Voraussetzungen des Satzes 1 erfüllt. Die Ermäßigung der Einkommensteuer, die auf Einkünfte aus nichtselbständiger Arbeit im Sinne des § 23 Nr. 4 Buchstabe a entfällt, ist durch die für den Veranlagungszeitraum gezahlten Zulagen nach § 28 Abs. 1 Satz 1 bis 3 abgegolten, soweit sie diese nicht übersteigen. Zulagen zum Arbeitslohn, von dem die Lohnsteuer nach § 40a des Einkommensteuergesetzes mit einem Pauschsteuersatz erhoben worden ist, bleiben außer Betracht.

(2) Bei Körperschaften, Personenvereinigungen und Vermögensmassen, die ihre Geschäftsleitung und ihren Sitz ausschließlich in Berlin (West) haben, ermäßigt sich vorbehaltlich des Satzes 2 die tarifliche Körperschaftsteuer (§ 23 Abs. 1 und 2 und § 26 Abs. 6 des Körperschaftsteuergesetzes),

soweit sie auf Einkünfte aus Berlin (West) im Sinne des § 23 entfällt, wie folgt:

1. für den Veranlagungszeitraum 1990 um 22,5 vom Hundert,
2. für den Veranlagungszeitraum 1991 um 20 vom Hundert,
3. für den Veranlagungszeitraum 1992 um 13,5 vom Hundert,
4. für den Veranlagungszeitraum 1993 um 9 vom Hundert,
5. für den Veranlagungszeitraum 1994 um 4,5 vom Hundert.

Für Einkünfte im Sinne des § 23 Nr. 2, soweit sie Einnahmen im Sinne des § 20 Abs. 1 Nr. 1 bis 3 des Einkommensteuergesetzes aus Anteilen an Körperschaften oder Personenvereinigungen enthalten, die unbeschränkt körperschaftsteuerpflichtig sind, ermäßigt sich die tarifliche Körperschaftsteuer wie folgt:

1. für den Veranlagungszeitraum 1990 um 10 vom Hundert,
2. für den Veranlagungszeitraum 1991 um 9 vom Hundert,
3. für den Veranlagungszeitraum 1992 um 6 vom Hundert,
4. für den Veranlagungszeitraum 1993 um 4 vom Hundert,
5. für den Veranlagungszeitraum 1994 um 2 vom Hundert.

(3) Bei Steuerpflichtigen, die, ohne die Voraussetzungen der Absätze 1 oder 2 zu erfüllen, eine oder mehrere Betriebsstätten eines Gewerbebetriebs in Berlin (West) unterhalten, in denen während des Veranlagungszeitraums im Durchschnitt regelmäßig insgesamt mindestens 25 Arbeitnehmer beschäftigt worden sind, ermäßigt sich die tarifliche Einkommensteuer um die in Absatz 1 Satz 2 genannten Vomhundertsätze oder vorbehaltlich des Satzes 2 die tarifliche Körperschaftsteuer um die in Absatz 2 Satz 1 genannten Vomhundertsätze, soweit sie nach § 23 Nr. 2 auf Einkünfte aus diesen Betriebsstätten entfällt. Absatz 2 Satz 2 gilt entsprechend. Ist der Steuerpflichtige Mitunternehmer im Sinne des § 15 Abs. 1 Nr. 2 des Einkommensteuergesetzes, so genügt es, wenn die in Satz 1 bezeichnete Mindestzahl von Arbeitnehmern insgesamt in den in Berlin (West) unterhaltenen Betriebsstätten des Unternehmens, an dem der Steuerpflichtige beteiligt ist, beschäftigt worden ist. Unterhält ein Steuerpflichtiger Betriebsstätten mehrerer Gewerbebetriebe in Berlin (West), so werden die Ermäßigungen nur insoweit gewährt, als in den Betriebsstätten der einzelnen Gewerbebetriebs die in Satz 1 bezeichnete Mindestzahl von Arbeitnehmern beschäftigt worden ist.

§ 22¹ Ermäßigung der veranlagten Einkommensteuer bei Zuzug von Arbeitnehmern

Bei zur Einkommensteuer veranlagten Arbeitnehmern, die, ohne die Voraussetzungen des § 21 Abs. 1 zu erfüllen, in Berlin (West) ihren Auf-

---

¹ Zur letztmaligen Anwendung von § 22 vgl. § 31 Abs. 14a.

enthalt begründen und dort eine nichtselbständige Beschäftigung für einen zusammenhängenden Zeitraum von mindestens 3 Monaten aufnehmen, ermäßigt sich die tarifliche Einkommensteuer (§ 32a Abs. 1 und 5 des Einkommensteuergesetzes), soweit sie auf Einkünfte im Sinne des § 23 Nr. 4 Buchstabe a aus dieser Beschäftigung entfällt, um 30 vom Hundert. § 21 Abs. 1 Satz 3 und 4 gilt entsprechend.

§ 23 Einkünfte aus Berlin (West)

Einkünfte aus Berlin (West) im Sinne des § 21 sind

1. Einkünfte aus in Berlin (West) betriebener Land- und Forstwirtschaft;

2. Einkünfte aus Gewerbebetrieb, die in einer Betriebsstätte in Berlin (West) erzielt worden sind. Hat ein Gewerbebetrieb Betriebsstätten (Teile von Betriebsstätten) in Berlin (West) und in anderen Orten unterhalten, so gilt als Gewinn der Betriebsstätten in Berlin (West) der Teil des Gesamtgewinns, der sich aus dem Verhältnis ergibt, in dem die Arbeitslöhne, die an die bei den Betriebsstätten in Berlin (West) beschäftigten Arbeitnehmer gezahlt worden sind, zu der Summe der Arbeitslöhne stehen, die an die bei allen Betriebsstätten beschäftigten Arbeitnehmer gezahlt worden sind. Für den Begriff der Arbeitslöhne sind die Vorschriften des § 31 des Gewerbesteuergesetzes maßgebend. Liegen Veräußerungsgewinne im Sinne des § 16 des Einkommensteuergesetzes vor, so tritt insoweit an die Stelle der Aufteilung nach dem Verhältnis der Arbeitslöhne eine Aufteilung nach dem Verhältnis der Werte des anteiligen Betriebsvermögens, die für die Berechnung des Veräußerungsgewinns zugrunde gelegt werden;

3. Einkünfte aus selbständiger Arbeit, soweit sie aus einer in Berlin (West) ausgeübten Tätigkeit erzielt worden sind;

4. Einkünfte aus nichtselbständiger Arbeit, wenn der Arbeitslohn
   a) für eine Beschäftigung in Berlin (West) aus einem gegenwärtigen Dienstverhältnis bezogen wird. Wird im Rahmen einer solchen Beschäftigung Arbeitslohn für eine vorübergehende Tätigkeit außerhalb von Berlin (West) bezogen, so liegen Einkünfte in diesem Sinne dann vor, wenn die Arbeitnehmer ihren ausschließlichen Wohnsitz in Berlin (West) haben. Bei Ehegatten, die beide unbeschränkt steuerpflichtig sind und nicht dauernd getrennt leben, genügt es, wenn einer der Ehegatten seinen ausschließlichen Wohnsitz in Berlin (West) hat. Eine vorübergehende Tätigkeit außerhalb von Berlin (West) ist jeweils höchstens für die Dauer von 12 Monaten anzunehmen, wenn sich die Arbeitnehmer anläßlich einer Dienstreise oder einer Tätigkeit, die auf eine bestimmte Zeit oder auf die Zeit der Durchführung eines bestimmten Vorhabens begrenzt ist, außerhalb von Berlin (West) aufhalten. Zum Arbeitslohn aus einem gegenwärtigen Dienstverhältnis im Sinne dieser Vorschrift gehören auch Bezüge und Vorteile, die nachträglich für Zeiten gewährt werden, in denen eine Beschäftigung

in einem gegenwärtigen Dienstverhältnis vorgelegen hat, oder die gleichzeitig mit einem anderen Arbeitslohn aus einem gegenwärtigen Dienstverhältnis von demselben Arbeitgeber oder aus derselben öffentlichen Kasse bezogen werden. Als Beschäftigung in Berlin (West) gilt auch eine Beschäftigung in dem Teil des Landes Berlin, in dem das Grundgesetz vor dem 3. Oktober 1990 nicht gegolten hat, wenn sie im Rahmen eines vor dem 3. Oktober 1990 begründeten Dienstverhältnisses ausgeübt wird, in dem der Arbeitnehmer bis zur Beschäftigung im letztgenannten Teil des Landes Berlin seit dem 3. Oktober 1990 ununterbrochen in Berlin (West) beschäftigt worden ist; die Fälle des § 28 Abs. 1 Satz 2 und 3 gelten als ununterbrochene Beschäftigung,

b) vorbehaltlich der Regelung in Buchstabe a vorletzter Satz als Wartegeld, Ruhegeld, Witwen- und Waisengeld oder andere Bezüge und Vorteile aus früheren Dienstleistungen zufließt;

5. Einkünfte aus Kapitalvermögen
   a) im Sinne des § 20 Abs. 1 Nr. 1 bis 4 und Nr. 6 bis 9 des Einkommensteuergesetzes, wenn der Steuerpflichtige nachweist,
      aa) daß der Schuldner der Kapitalerträge seinen ausschließlichen Wohnsitz oder seine Geschäftsleitung und seinen Sitz in Berlin (West) hat oder
      bb) daß es sich um Zinsen auf Einlagen einschließlich Darlehen bei einer in Berlin (West) belegenen Betriebsstätte eines Kreditinstituts handelt,
   b) im Sinne des § 20 Abs. 1 Nr. 5 des Einkommensteuergesetzes, wenn das Kapitalvermögen durch Grundbesitz in Berlin (West), durch Rechte in Berlin (West), die den Vorschriften des bürgerlichen Rechts über Grundstücke unterliegen, oder durch Schiffe, die in ein Schiffsregister in Berlin (West) eingetragen sind, gesichert ist;

6. Einkünfte aus Vermietung und Verpachtung im Sinne des § 21 Abs. 1 und 2 des Einkommensteuergesetzes, wenn das unbewegliche Vermögen, die Sachinbegriffe, gewerblichen Erfahrungen oder Gerechtigkeiten in Berlin (West) belegen oder in ein öffentliches Buch oder Register in Berlin (West) eingetragen sind oder in einer in Berlin (West) belegenen Betriebsstätte verwertet werden;

7. Einkünfte im Sinne des § 22 des Einkommensteuergesetzes.

§ 24 Behandlung von Organgesellschaften und verbundenen Unternehmen

(1) In den Fällen der §§ 14, 17 und 18 des Körperschaftsteuergesetzes sind für die Ermittlung der in Betriebsstätten in Berlin (West) erzielten Einkünfte aus Gewerbebetrieb (§ 23 Nr. 2) Organgesellschaften als Betriebsstätten des Organträgers anzusehen.

(2) Bestehen bei einem Unternehmen mit einem oder mehreren anderen Unternehmen, ohne daß die Voraussetzungen des Absatzes 1 vorliegen, Verbindungen organisatorischer, finanzieller oder wirtschaftlicher Art, so kann das Finanzamt für die Zwecke der Ermäßigung der Einkommensteuer oder Körperschaftsteuer den Gewinn aus Gewerbebetrieb dieses Unternehmens abweichend von dem bei der Veranlagung zugrunde gelegten Gewinn ansetzen. Maßgebend ist der Gewinn, der sich nach den Verhältnissen des Unternehmens ohne die bezeichneten Verbindungen ergeben hätte.

§25 Berechnung der Ermäßigung der veranlagten Einkommensteuer und Körperschaftsteuer

(1) Sind in dem Einkommen nur Einkünfte aus Berlin (West) enthalten oder beträgt der Gesamtbetrag der Einkünfte nicht mehr als 3000 Deutsche Mark, so wird die Ermäßigung vorbehaltlich des Absatzes 3 in vollem Umfang gewährt.

(2) Sind in dem Einkommen neben den Einkünften aus Berlin (West) noch andere Einkünfte enthalten, so ist die Einkommensteuer oder Körperschaftsteuer für die Berechnung der Ermäßigung

1. bei Steuerpflichtigen im Sinne des §21 Abs. 1 und 2 im Verhältnis der Summe aller Einkünfte aus Berlin (West) – §23 – zum Gesamtbetrag der Einkünfte,
2. bei Steuerpflichtigen im Sinne des §22 im Verhältnis der nach dieser Vorschrift für die Ermäßigung zu berücksichtigenden Einkünfte aus nichtselbständiger Arbeit aus Berlin (West) zum Gesamtbetrag der Einkünfte,
3. bei Steuerpflichtigen im Sinne des §21 Abs. 3 im Verhältnis der für die Ermäßigung zu berücksichtigenden Einkünfte aus Gewerbebetrieb aus Berlin (West) – §23 Nr. 2 – zum Gesamtbetrag der Einkünfte

aufzuteilen. Beträgt die Summe der für die Ermäßigung der Einkommensteuer oder Körperschaftsteuer nicht zu berücksichtigenden Einkünfte nicht mehr als 3000 Deutsche Mark, so wird die Ermäßigung vorbehaltlich des Absatzes 3 in vollem Umfang gewährt.

(3) Bestehen die Einkünfte aus Berlin (West) ausschließlich aus Einkünften aus nichtselbständiger Arbeit im Sinne des §23 Nr. 4 Buchstabe a, so wird die nach den Absätzen 1 und 2 berechnete Ermäßigung nur insoweit gewährt, als sie die Zulagen nach §28 Abs. 1 Satz 1 bis 3 übersteigt. Bestehen die Einkünfte aus Berlin (West) nur zum Teil aus Einkünften aus nichtselbständiger Arbeit im Sinne des §23 Nr. 4 Buchstabe a, so ist die Ermäßigung im Verhältnis der letztgenannten Einkünfte in den Fällen des Absatzes 1 und des Absatzes 2 Satz 2 zum Gesamtbetrag der Einkünfte und in den Fällen des Absatzes 2 Satz 1 zur Summe der Einkünfte aus Berlin (West) aufzuteilen. Die Ermäßigung, die hiernach auf die Einkünfte aus

nichtselbständiger Arbeit im Sinne des § 23 Nr. 4 Buchstabe a entfällt, wird nur insoweit gewährt, als sie die Zulagen nach § 28 Abs. 1 Satz 1 bis 3 übersteigt.

(4) Durch Rechtsverordnung kann bestimmt werden, daß Einkünfte, bei denen die Einkommensteuer oder Körperschaftsteuer durch den Steuerabzug als abgegolten gilt, im Fall des Absatzes 2 unberücksichtigt bleiben, Freibeträge, Verlustabzüge, nicht entnommene Gewinne, abzuziehende ausländische Einkommensteuer oder Körperschaftsteuer von den Einkünften abgezogen werden, mit denen sie wirtschaftlich zusammenhängen oder auf die sie sich beziehen, nachzuversteuernde Mehrentnahmen diesen hinzugerechnet werden. Desgleichen kann durch Rechtsverordnung bestimmt werden, daß in den Fällen der §§ 34 und 34b des Einkommensteuergesetzes die außerordentlichen Einkünfte und die darauf entfallende Einkommensteuer von der Aufteilung nach Absatz 2 ausgenommen oder für die Berechnung der Ermäßigung nach den Grundsätzen des Absatzes 2 gesondert berücksichtigt werden.

§ 26 Ermäßigung der Lohnsteuer

(1) Die vom Arbeitslohn einzubehaltende Lohnsteuer, die auf Einkünfte aus Berlin (West) im Sinne des § 23 Nr. 4 Buchstabe b entfällt, ermäßigt sich bei Arbeitnehmern, die

a) ihren ausschließlich Wohnsitz in Berlin (West) zu Beginn des Kalenderjahrs haben oder ihn im Laufe des Kalenderjahrs begründen oder
b) bei mehrfachem Wohnsitz während des ganzen Kalenderjahrs einen Wohnsitz in Berlin (West) haben und sich dort überwiegend aufhalten oder
c) – ohne einen Wohnsitz im Geltungsbereich dieses Gesetzes zu haben – ihren gewöhnlichen Aufenthalt in Berlin (West) haben.
Die Ermäßigung beträgt

1. 30 vom Hundert bei Arbeitslöhnen der Lohnabrechnungszeiträume, die vor dem 1. Oktober 1991 enden,
2. 18 vom Hundert bei Arbeitslöhnen der Lohnabrechnungszeiträume, die vor dem 1. Januar 1993 enden,
3. 12 vom Hundert bei Arbeitslöhnen der Lohnabrechnungszeiträume, die im Kalenderjahr 1993 enden,
4. 6 vom Hundert bei Arbeitslöhnen der Lohnabrechnungszeiträume, die im Kalenderjahr 1994 enden;

§ 28 Abs. 2 Satz 2 erster Halbsatz ist anzuwenden.
Bei Ehegatten, die beide unbeschränkt steuerpflichtig sind und nicht dauernd getrennt leben, genügt es für die Ermäßigung, wenn einer der Ehegatten die Voraussetzungen erfüllt.

(2) Wird für die in Absatz 1 genannten Arbeitnehmer ein Lohnsteuer-Jahresausgleich durchgeführt, so ist die nach den § 42 Abs. 4, § 42a Abs. 2 oder § 42b Abs. 2 des Einkommensteuergesetzes ermittelte Jahreslohnsteuer, soweit sie auf Einkünfte im Sinne des § 23 Nr. 4 Buchstabe b entfällt für die Berechnung des Erstattungsbetrags wie folgt zu ermäßigen:

1. im Kalenderjahr 1990 um 30 vom Hundert,

2. im Kalenderjahr 1991 um 27 vom Hundert,

3. im Kalenderjahr 1992 um 18 vom Hundert,

4. im Kalenderjahr 1993 um 12 vom Hundert,

5. im Kalenderjahr 1994 um   6 vom Hundert.

(3) Beziehen Arbeitnehmer neben Einkünften aus Berlin (West) im Sinne des § 23 Nr. 4 Buchstabe b andere Einkünfte aus nichtselbständiger Arbeit, so gelten für die Berechnung der Ermäßigung die Vorschriften des § 25 Abs. 2 entsprechend.

(4) Liegen bei einer Pauschalierung der Lohnsteuer Arbeitslohnbeträge im Sinne des § 23 Nr. 4 Buchstabe a vor, sind die nach § 40 Abs. 1 des Einkommensteuergesetzes zu ermittelnden Pauschsteuersätze oder die Pauschsteuersätze nach § 40 Abs. 2, § 40a und § 40b des Einkommensteuergesetzes nach Maßgabe des Absatzes 1 Satz 2 zu ermäßigen; dabei ist zu berücksichtigen, daß die Übernahme der pauschalen Lohnsteuer durch den Arbeitgeber für den Arbeitnehmer eine in Geldwert bestehende Einnahme darstellt.

§ 27 Ermittlung der Teilbeträge des verwendbaren Eigenkapitals unbeschränkt steuerpflichtiger Körperschaften

Hat sich die Körperschaftsteuer für Einkünfte aus Berlin (West) nach § 21 Abs. 2 Satz 1 oder Abs. 3 Satz 1 ermäßigt, gelten diese Einkünfte für die Gliederung des verwendbaren Eigenkapitals in Höhe des Ermäßigungsbetrags als nicht mit Körperschaftsteuer belastete Vermögensmehrungen im Sinne des § 30 Abs. 1 Nr. 3 des Körperschaftsteuergesetzes. Um denselben Betrag gilt die Körperschaftsteuer, der die ermäßigt besteuerten Einkünfte unterlegen haben, als erhöht. Im übrigen gelten die Vorschriften des Vierten Teils des Körperschaftsteuergesetzes.

Artikel V. Vergünstigung für Arbeitnehmer in Berlin (West)

§ 28 Vergünstigung durch Zulagen

(1) Arbeitnehmer, denen Arbeitslohn für eine Beschäftigung in Berlin (West) aus einem gegenwärtigen Dienstverhältnis zufließt (§ 23 Nr. 4

Buchstabe a), erhalten unbeschadet der Steuererleichterungen nach den Vorschriften der §§ 21, 22 und 26 eine Vergünstigung durch Gewährung von Zulagen. Das gilt auch, solange bei Unterbrechung oder Einschränkung der Beschäftigung im Rahmen eines solchen Dienstverhältnisses der Arbeitslohn fortgezahlt wird. Wird bei einer Unterbrechung oder Einschränkung der Beschäftigung der Arbeitslohn nicht oder nicht mehr fortgezahlt, so werden Zulagen je Kalendertag weitergewährt, solange

1. der Arbeitnehmer
   a) nachweislich erkrankt ist oder
   b) Erziehungsurlaub auf Grund des Bundeserziehungsgeldgesetzes erhält

   oder

2. Krankengeld aus der gesetzlichen Krankenversicherung,

3. Übergangsgeld aus der gesetzlichen Unfallversicherung,

4. Übergangsgeld nach den §§ 16 bis 16 f des Bundesversorgungsgesetzes,

5. Kurzarbeitergeld oder Schlechtwettergeld,

6. Mutterschaftsgeld nach den Vorschriften des Mutterschutzgesetzes, der Reichsversicherungsordnung oder des Gesetzes über die Krankenversicherung der Landwirte,

7. Übergangsgeld während der Durchführung medizinischer und berufsfördernder Maßnahmen zur Rehabilitation aus den gesetzlichen Rentenversicherungen,

8. Unterhaltsgeld während der Teilnahme an Maßnahmen der beruflichen Bildung oder Übergangsgeld während der Teilnahme an Maßnahmen der beruflichen Rehabilitation nach dem Arbeitsförderungsgesetz,

9. Übergangsgeld während einer Berufsförderungsmaßnahme nach § 26 a des Bundesversorgungsgesetzes,

10. Entschädigung nach dem Bundesseuchengesetz

bezogen wird, höchstens aber für die Dauer von 78 Wochen. Die Zulage wird auch Arbeitnehmern gewährt, die Konkursausfallgeld nach dem Arbeitsförderungsgesetz beziehen; dabei sind die Zeiten zu berücksichtigen, für die der Arbeitnehmer noch Ansprüche auf Arbeitsentgelt hat, die seinen Anspruch auf Konkursausfallgeld begründen. Das gilt nicht, soweit für diese Zeiten bereits Zulagen gewährt worden sind. Die Zulagen gelten weder als steuerpflichtige Einnahmen im Sinne des Einkommensteuergesetzes noch als Einkommen, Verdienst oder Entgelt im Sinne der Sozialversicherung, der Arbeitslosenversicherung und der Arbeitslosenhilfe. Sie gelten arbeitsrechtlich nicht als Bestandteil des Lohns oder Gehalts.

(2) Bemessungsgrundlage für die Zulage ist

1. in den Fällen des Absatzes 1 Satz 1 und 2 der aus einem gegenwärtigen Dienstverhältnis bezogene Arbeitslohn (§ 23 Nr. 4 Buchstabe a) des Lohnabrechnungszeitraums,

2. in den Fällen des Absatzes 1 Satz 3 der auf einen Kalendertag entfallende laufende Arbeitslohn des Lohnabrechnungszeitraums, der der Unterbrechung oder Einschränkung vorhergeht. Hat das Dienstverhältnis erst im laufenden Lohnabrechnungszeitraum begonnen, so ist der laufende Arbeitslohn, der bei der für den Arbeitnehmer maßgebenden regelmäßigen Arbeitszeit für den Lohnabrechnungszeitraum ohne die Unterbrechung oder Einschränkung zu zahlen wäre, auf einen Kalendertag umzurechnen. Sonstige Bezüge, die während der Unterbrechung oder Einschränkung zufließen, erhöhen die Bemessungsgrundlage für den Zuflußtag; laufender Arbeitslohn, der während der Unterbrechung oder Einschränkung zufließt, bleibt außer Betracht,

3. in den Fällen des Absatzes 1 Satz 4 das Arbeitsentgelt aus einer Beschäftigung in Berlin (West) (§ 23 Nr. 4 Buchstabe a), das den Anspruch auf Konkursausfallgeld begründet (§§ 141 b, 141 c des Arbeitsförderungsgesetzes).

Arbeitslohn des Lohnabrechnungszeitraums sind der laufende Arbeitslohn, der für den Lohnabrechnungszeitraum gezahlt wird, und sonstige Bezüge, die in dem Lohnabrechnungszeitraum zufließen; in den Fällen des § 40 a des Einkommensteuergesetzes ist der Betrag maßgebend, nach dem auch die pauschale Lohnsteuer bemessen wird. Bezüge, von denen die Lohnsteuer nach den §§ 40 und 40 b des Einkommensteuergesetzes mit einem Pauschsteuersatz erhoben wird, und steuerfreie Einnahmen mit Ausnahme der steuerfreien Zuschläge für Sonntags-, Feiertags- und Nachtarbeit (§ 3 b des Einkommensteuergesetzes) bleiben außer Betracht.

(3) Die Bemessungsgrundlage für die Zulage nach Absatz 1 Satz 1 und 2 ist bei monatlicher Lohnabrechnung auf einen durch 10, bei wöchentlicher Lohnabrechnung auf einen durch 2,5 und bei täglicher Lohnabrechnung auf einen durch 0,5 ohne Rest teilbaren Betrag aufzurunden; bei anderen Lohnabrechnungszeiträumen ergibt sich die Bemessungsgrundlage aus dem mit der Zahl der Arbeitstage vervielfachten Tagesarbeitslohn, der auf einen durch 0,5 ohne Rest teilbaren Betrag aufzurunden ist. Zur Feststellung der Zahl der Arbeitstage sind von der Zahl der Kalendertage des Lohnabrechnungszeitraums für je 7 Tage 2 Tage abzuziehen. Die Bemessungsgrundlage für die Zulage nach Absatz 1 Satz 3 ist auf einen durch 0,5 ohne Rest teilbaren Betrag und für die Zulage nach Absatz 1 Satz 4 auf einen durch 10 ohne Rest teilbaren Betrag aufzurunden.

(4) Die Zulage beträgt

1. für Lohnabrechnungszeiträume, die vor dem 1. Oktober 1991 enden, 8 vom Hundert,

2. für Lohnabrechnungszeiträume, die vor dem 1. Januar 1992 enden, 6 vom Hundert,

3. für Lohnabrechnungszeiträume, die im Kalenderjahr 1992 enden, 5 vom Hundert,

4. für Lohnabrechnungszeiträume, die im Kalenderjahr 1993 enden, 4 vom Hundert und

5. für Lohnabrechnungszeiträume, die im Kalenderjahr 1994 enden, 2 vom Hundert

der Bemessungsgrundlage zuzüglich eines Zuschlags für jedes Kind des Arbeitnehmers, das nach Absatz 4a auf seiner Lohnsteuerkarte eingetragen ist. Der Kinderzuschlag wird auch für ein Kind des Arbeitnehmers gewährt, das nach Absatz 4a Nr. 2 nicht auf der Lohnsteuerkarte eingetragen werden darf. Der Kinderzuschlag beträgt bei einem Zulagensatz von

	8 vom Hundert	6 vom Hundert	5 vom Hundert	4 vom Hundert	2 von Hundert
monatlich	49,50	39,60	29,70	19,80	9,90
wöchentlich	11,25	9,00	6,75	4,50	2,25
täglich	2,25	1,80	1,35	0,90	0,45
			Deutsche Mark für jedes Kind.		

Bei anderen als monatlichen, wöchentlichen oder täglichen Lohnabrechnungszeiträumen ist der Tagesbetrag mit der Zahl der Arbeitstage des Lohnabrechnungszeitraums zu vervielfältigen.

(4a) Auf der Lohnsteuerkarte eines Arbeitnehmers, der Anspruch auf die Zulage nach Absatz 1 hat, ist die Zahl der Kinder im Sinne des § 32 Abs. 1 bis 5 des Einkommensteuergesetzes einzutragen; liegen bei einem unbeschränkt einkommensteuerpflichtigen Elternpaar die Voraussetzungen des § 26 Abs. 1 Satz 1 des Einkommensteuergesetzes nicht vor, sind nur Kinder einzutragen, die nach § 32 Abs. 7 des Einkommensteuergesetzes zu berücksichtigen sind. Für die Eintragung gilt § 39 des Einkommensteuergesetzes entsprechend mit folgender Maßgabe:

1.[1] Eine Gemeinde außerhalb von Berlin (West) hat die Eintragung von Kindern, die zu Beginn des Kalenderjahrs das 18. Lebensjahr noch nicht vollendet haben, nur auf Antrag des Arbeitnehmers vorzunehmen.

2. Wird ein Kindschaftsverhältnis in Beziehung zu beiden Ehegatten erst nach der im Laufe des Kalenderjahrs vollzogenen Eheschließung begründet, ist die Eintragung des Kindes nur dann zulässig, wenn wegen der Eheschließung bereits die Steuerklassen geändert worden sind.

(5) Der Arbeitgeber hat die Zulagen zu errechnen; dabei ist der Zuschlag

---

[1] Zur Anwendung von § 28 Abs. 4a Nr. 1 vgl. § 31 Abs. 14b.

für ein Kind des Arbeitnehmers (Absatz 4) nur zu berücksichtigen, wenn das Kind auf der Lohnsteuerkarte des Arbeitnehmers für den jeweiligen Lohnabrechnungszeitraum eingetragen ist. Wird der Steuerabzug nach der Steuerklasse IV durchgeführt, ermäßigen sich die in Absatz 4 genannten Beträge des Kinderzuschlags auf die Hälfte. Der Arbeitgeber hat die Zulagen

1. bei monatlichen oder längeren Lohnabrechnungszeiträumen jeweils zusammen mit dem Arbeitslohn,

2. bei kürzeren als monatlichen Lohnabrechnungszeiträumen jeweils für alle in einem Kalendermonat endenden Lohnabrechnungszeiträume zusammen mit dem Arbeitslohn für den lezten in dem Kalendermonat endenden Lohnabrechnungszeitraum

auszuzahlen. In den den Arbeitnehmern erteilten Lohnabrechnungen sind der Arbeitslohn und die Zulagen getrennt auszuweisen. Der Arbeitgeber hat die Summe der Zulagen dem Betrag, den er für seine Arbeitnehmer insgesamt an Lohnsteuer einbehalten hat, zu entnehmen und bei der nächsten Lohnsteueranmeldung in einer Summe abzusetzen. Übersteigt der zu entnehmende Betrag den Betrag, der insgesamt an Lohnsteuer einbehalten ist, so wird der übersteigende Betrag dem Arbeitgeber auf Antrag von dem Finanzamt, an das die Lohnsteuer abzuführen wäre, aus den Einnahmen an Lohnsteuer ersetzt. Die vom Arbeitgeber entnommenen Beträge (Satz 5), die vom Finanzamt ersetzten Beträge (Satz 6) sowie etwa vom Finanzamt selbst ausgezahlte Zulagen mindern die Lohnsteuereinnahmen.

(6) Der Zuschlag für ein Kind des Arbeitnehmers (Absatz 4), das bei der Errechnung der Zulage durch den Arbeitgeber nicht zu berücksichtigen ist (Absatz 5), wird auf Antrag nach Ablauf des Kalenderjahrs durch das Finanzamt errechnet und ausgezahlt; der Antrag ist vorbehaltlich des § 29 Abs. 2 Satz 2 an das Finanzamt zu richten, das für einen Lohnsteuer-Jahresausgleich des Arbeitnehmers zuständig ist. In den Fällen des Absatzes 4 Satz 2 ermäßigen sich die nach Absatz 4 Satz 3 und 4 maßgebenden Beträge des Kinderzuschlags für die Lohnabrechnungszeiträume auf die Hälfte, in denen beide Ehegatten Anspruch auf die Zulage nach Absatz 1 haben. Der Kinderzuschlag ist von dem Zeitpunkt an zu gewähren, in dem die Voraussetzungen für die Berücksichtigung des Kindes vorgelegen haben.

(7) Die Zulage nach Absatz 1 Satz 4 ist von dem zuständigen Arbeitsamt zu errechnen und zusammen mit dem Konkursausfallgeld auszuzahlen; sie ist den Arbeitnehmern gegenüber gesondert auszuweisen. Die ausgezahlten Zulagen werden dem Arbeitsamt auf Antrag von dem Finanzamt, an das der Arbeitgeber die Lohnsteuer abzuführen hätte, aus den Einnahmen an Lohnsteuer ersetzt. Absatz 5 letzter Satz gilt entsprechend.

(8) Hat das Arbeitsamt den Konkursverwalter mit der Errechnung und Auszahlung des Konkursausfallgeldes beauftragt (§ 141i des Arbeitsförderungsgesetzes), so hat der Konkursverwalter auch die Zulage zu errechnen

und auszuzahlen. Die Mittel für die Auszahlung werden vom Arbeitsamt dem Konkursverwalter zur Verfügung gestellt und dem Arbeitsamt auf Antrag von dem Finanzamt, an das der Arbeitgeber die Lohnsteuer abzuführen hätte, ersetzt.

(9) Soweit die in Absatz 1 Satz 3 bezeichneten Leistungen nicht vom Arbeitgeber ausgezahlt werden, hat der Arbeitnehmer die Voraussetzungen für einen Zulagenanspruch nach Absatz 1 Satz 3 gegenüber dem Arbeitgeber nachzuweisen. Der Nachweis ist durch Vorlage von Belegen über den Bezug einer der in Absatz 1 Satz 3 bezeichneten Leistungen zu erbringen. Der Arbeitgeber hat die Art der Leistung und den Zeitraum, für den sie gezahlt worden ist, im Lohnkonto zu vermerken.

(10) Der Anspruch auf die Zulage ist nicht übertragbar.

§ 29 Ergänzende Vorschriften

(1) Auf die Zulage sind die für Steuervergütungen geltenden Vorschriften der Abgabenordnung entsprechend anzuwenden. Dies gilt nicht für § 163 der Abgabenordnung.

(2) Der Arbeitnehmer kann beantragen, daß das Finanzamt, an das der Arbeitgeber die Lohnsteuer abzuführen hat oder in den Fällen des § 28 Abs. 7 und 8 abzuführen hätte, die Zulage durch schriftlichen Bescheid festsetzt. Das gilt auch in den Fällen, in denen neben der Festsetzung der Zulage die Gewährung eines Kinderzuschlags beantragt wird. Der Antrag ist bis zum Ablauf von 2 Monaten nach dem Ende des Zeitraums, für den die Zulage nach § 28 Abs. 5 Satz 3 auszuzahlen ist, in den Fällen des § 28 Abs. 7 und 8 bis zum Ablauf von 2 Monaten nach der Auszahlung des Konkursausfallgeldes, zu stellen. Die Frist kann auf Antrag verlängert werden. Für die Rückforderung der Zulage vom Arbeitnehmer ist das Wohnsitzfinanzamt zuständig.[1]

(3) Ist eine Zulage durch Bescheid rechtskräftig festgesetzt worden, so ist der Arbeitgeber verpflichtet, die Zulage an den Arbeitnehmer nach Maßgabe des rechtskräftigen Bescheids zu zahlen, wenn nicht das Finanzamt die Zulage selbst auszahlt. Das Finanzamt hat dem Arbeitgeber eine Abschrift des rechtskräftigen Bescheids zu übersenden.

(4) Der Arbeitgeber haftet für zu Unrecht gezahlte Zulagen. Das Finanzamt hat auf Anfrage des Arbeitgebers oder in den Fällen des § 28 Abs. 1 Satz 4 auf Anfrage des Arbeitsamts oder des Konkursverwalters Auskunft über die Anwendung der Vorschriften über die Gewährung der Zulagen im einzelnen Fall zu erteilen.

(5) Der Arbeitgeber hat die nach § 28 Abs. 1 Satz 1 bis 3 gezahlten Zulagen bei jeder Lohnabrechnung im Lohnkonto des Arbeitnehmers oder,

---

[1] Zur Anwendung von § 29 Abs. 2 Satz 5 vgl. § 31 Abs. 15.

sofern ein Lohnkonto nicht zu führen ist, in entsprechenden Aufzeichnungen einzutragen und in der Lohnsteuerbescheinigung zu bescheinigen.

(6) Beträge, die beim Finanzamt auf Grund eines mit der Zahlung der Zulagen zusammenhängenden Tatbestandes, insbesondere auf Grund einer Rückforderung von Zulagen vom Arbeitnehmer oder einer Inanspruchnahme des Arbeitgebers im Rahmen seiner Haftung, eingehen, erhöhen die Lohnsteuereinnahmen.

(7) In öffentlich-rechtlichen Streitigkeiten über die auf Grund dieses Artikels ergehenden Verwaltungsakte der Finanzbehörden ist der Finanzrechtsweg gegeben.

§ 29a Anwendung von Straf- und Bußgeldvorschriften der Abgabenordnung

(1) Für die Zulage gelten die Strafvorschriften des § 370 Abs. 1 bis 4, der §§ 371, 375 Abs. 1 und des § 376 sowie die Bußgeldvorschriften der §§ 378, 379 Abs. 1, 4 und des § 384 der Abgabenordnung entsprechend.

(2) Für Strafverfahren wegen einer Straftat nach Absatz 1 sowie der Begünstigung einer Person, die eine solche Tat begangen hat, gelten die §§ 385 bis 408, für das Bußgeldverfahren wegen einer Ordnungswidrigkeit nach Absatz 1 die §§ 409 bis 412 der Abgabenordnung entsprechend.

Artikel VI. Ermächtigungsvorschriften

§ 30

(1) Die Bundesregierung wird ermächtigt, mit Zustimmung des Bundesrates

1. zur Durchführung dieses Abschnitts Rechtsverordnungen zu erlassen, soweit dies zur Wahrung der Gleichmäßigkeit bei der Besteuerung und bei der Gewährung der Zulagen, zur Beseitigung von Unbilligkeiten in Härtefällen oder zur Verwaltungsvereinfachung erforderlich ist, und zwar
   a) über die Abgrenzung des begünstigten Personenkreises,
   b) über die Ermittlung und Abgrenzung der Einkünfte aus Berlin (West) einschließlich der darauf entfallenden Betriebsausgaben und Werbungskosten;

2. Vorschriften durch Rechtsverordnung zu erlassen
   a) über das Verfahren bei der Gewährung von Zulagen,
   b) über die Ersetzung von Zulagen an Arbeitgeber, wenn die Summe der Zulagen den Betrag übersteigt, der insgesamt an Lohnsteuer einbehalten ist; dabei kann auch eine Verrechnung mit anderen Abgaben oder Beiträgen des Arbeitgebers zugelassen werden. Die verrechne-

ten Beträge sind vom Finanzamt wie Minderungen der Lohnsteuereinnahmen zu behandeln;

3. die in § 25 Abs. 4 vorgesehenen Rechtsverordnungen zu erlassen.

(2) Der Bundesminister der Finanzen wird ermächtigt, zur Berechnung der nach den §§ 21, 22 und 26 zu ermäßigenden Einkommensteuer und Lohnsteuer aus der Einkommensteuertabelle und der Jahreslohnsteuertabelle abgeleitete Tabellen aufzustellen und bekanntzumachen. Bei der Aufstellung der abgeleiteten Tabellen sind die gleichen Abrundungen vorzunehmen wie bei der Aufstellung der Ausgangstabellen. Für die Aufstellung und Bekanntmachung von Lohnsteuertabellen für monatliche, wöchentliche und tägliche Lohnzahlungen sind die für die allgemeinen Lohnsteuertabellen maßgebenden Vorschriften anzuwenden.

(3) Der Bundesminister der Finanzen wird ermächtigt, zur Berechnung der Zulagen nach § 28 bei monatlicher, wöchentlicher und täglicher Lohnabrechnung Tabellen aufzustellen und bekanntzumachen.

Abschnitt III. Schlußvorschriften

§ 31 Anwendungsbereich

(1) Die vorstehende Fassung dieses Gesetzes ist, soweit in den folgenden Absätzen nichts anderes bestimmt ist, erstmals für den Veranlagungszeitraum 1990 anzuwenden. Beim Steuerabzug vom Arbeitslohn gilt Satz 1 mit der Maßgabe, daß die vorstehende Fassung dieses Gesetzes erstmals auf den laufenden Arbeitslohn, der für einen nach dem 31. Dezember 1989 endenden Lohnzahlungszeitraum gezahlt wird, und auf sonstige Bezüge, die nach dem 31. Dezember 1989 zufließen, anzuwenden ist. Für die Gewährung von Zulagen nach § 28 gilt Satz 1 mit der Maßgabe, daß die vorstehende Fassung dieses Gesetzes erstmals auf Lohnabrechnungszeiträume anzuwenden ist, die nach dem 31. Dezember 1989 enden. Überschreitet der Lohnabrechnungszeitraum fünf Wochen, so tritt an seine Stelle der Lohnzahlungszeitraum.

(2) Die §§ 1 und 1a sind auf Umsätze und Innenumsätze anzuwenden, die nach dem 31. Dezember 1991 und vor dem 1. Januar 1994 ausgeführt werden. Auf Umsätze und Innenumsätze, die vor dem 1. Januar 1992 ausgeführt werden, sind die §§ 1 und 1a des Gesetzes in der Fassung der Bekanntmachung vom 2. Februar 1990 (BGBl. I S. 173) anzuwenden. Die §§ 3 bis 7 und 9 bis 12 sind auf Umsätze und Innenumsätze anzuwenden, die nach dem 30. Juni 1991 und vor dem 1. Januar 1994 ausgeführt werden.

(2a) Auf Antrag ist § 1 des Gesetzes in der Fassung der Bekanntmachung vom 2. Februar 1990 (BGBl. I S. 173) auf Umsätze, die nach dem 31. Dezember 1991 und vor dem 1. Januar 1994 ausgeführt werden, weiter anzuwenden, wenn

1. das Umsatzgeschäft auf einem Vertrag beruht, der vor dem 3. Oktober 1990 abgeschlossen worden ist, und

2. der Fortbestand des Unternehmens durch den Abbau der Umsatzsteuerkürzung nachweislich ernsthaft gefährdet ist.

(3) § 13a des Gesetzes in der Fassung der Bekanntmachung vom 2. Februar 1990 (BGBl. I S. 173) ist letztmals für das Wirtschaftsjahr anzuwenden, das vor dem 1. Juli 1991 endet. Bei der Anwendung des § 6a Abs. 4 Satz 1 des Einkommensteuergesetzes am Schluß des ersten nach dem 30. Juni 1991 endenden Wirtschaftsjahrs ist für die Berechnung des Teilwerts der Pensionsverpflichtung am Schluß des letzten vor dem 1. Juli 1991 endenden Wirtschaftsjahrs ein Rechnungszinsfuß von 6 v. H. zugrunde zu legen. Soweit eine am Schluß des letzten vor dem 1. Juli 1991 endenden Wirtschaftsjahrs vorhandene Pensionsrückstellung den mit einem Rechnungszinsfuß von 6 v. H. zu berechnenden Teilwert der Pensionsverpflichtung an diesem Stichtag übersteigt, kann in Höhe von zwei Dritteln des übersteigenden Betrags am Schluß des ersten nach dem 30. Juni 1991 endenden Wirtschaftsjahrs eine den steuerlichen Gewinn mindernde Rücklage gebildet werden. Die sich nach Satz 3 bei einem Betrieb insgesamt ergebende Rücklage ist in den folgenden zwei Wirtschaftsjahren jeweils mindestens zur Hälfte gewinnerhöhend aufzulösen. Eine nach § 31 Abs. 3 in der Fassung des 2. Haushaltsstrukturgesetzes vom 22. Dezember 1981 (BGBl. I S. 1523) gebildete Rücklage ist mindestens nach Maßgabe dieser Vorschrift aufzulösen. Soweit am Schluß des letzten vor dem 1. Juli 1991 endenden Wirtschaftsjahrs eine nach § 31 Abs. 3 in der Fassung des Steuerreformgesetzes 1990 vom 25. Juli 1988 (BGBl. I S. 1093) gebildete Rücklage noch vorhanden ist, ist diese Rücklage in den folgenden drei Wirtschaftsjahren jeweils mindestens zu einem Drittel gewinnerhöhend aufzulösen.

(4) § 14 ist auf Wirtschaftsgüter anzuwenden, die der Steuerpflichtige nach dem 31. Dezember 1989 angeschafft oder hergestellt hat, und auf nachträgliche Herstellungsarbeiten, die er nach diesem Zeitpunkt beendet hat, wenn der Steuerpflichtige vor dem 1. Juli 1991 die Wirtschaftsgüter bestellt oder mit ihrer Herstellung oder mit den nachträglichen Herstellungsarbeiten begonnen hat. Als Beginn der Herstellung gilt bei Baumaßnahmen, für die eine Baugenehmigung erforderlich ist, der Zeitpunkt, in dem der Bauantrag gestellt wird.

(5) § 14 Abs. 6, § 14a Abs. 7, § 14b Abs. 4 und § 15 Abs. 6 des Gesetzes in der Fassung der Bekanntmachung vom 22. Dezember 1978 (BGBl. 1979 I S. 1) sind letztmals für das Wirtschaftsjahr anzuwenden, das dem Wirtschaftsjahr vorangeht, für das § 15a des Einkommensteuergesetzes erstmals anzuwenden ist.

(6) § 14a ist vorbehaltlich der Absätze 7 und 9 auf Gebäude, Eigentumswohnungen, Ausbauten und Erweiterungen anzuwenden, die vom Steuerpflichtigen hergestellt worden sind und für die der Bauantrag nach dem

28. Februar 1989 und vor dem 1. Juli 1991 gestellt worden ist, und auf Gebäude und Eigentumswohnungen, die vom Steuerpflichtigen nach dem 28. Februar 1989 auf Grund eines nach dem 28. Februar 1989 und vor dem 1. Juli 1991 rechtswirksam abgeschlossenen obligatorischen Vertrags angeschafft worden sind.

(7) § 14a Abs. 2 und 5 und § 14b sind, soweit Anschaffungskosten begünstigt werden, auch anzuwenden, wenn die ausgebauten oder neu hergestellten Gebäudeteile vor dem 1. Januar 1990 fertiggestellt oder die Modernisierungsmaßnahmen vor diesem Zeitpunkt abgeschlossen worden sind.

(8) Anschaffungs- oder Herstellungskosten im Sinne des § 14b bei einer zu eigenen Wohnzwecken genutzten Wohnung im eigenen Haus kann der Steuerpflichtige im Jahr der Beendigung der Modernisierungsmaßnahmen und in den beiden folgenden Jahren bis zu insgesamt 50 vom Hundert wie Sonderausgaben abziehen, wenn die Modernisierungsmaßnahmen nach dem 31. Dezember 1986 und vor dem 1. Januar 1992 beendet worden sind, die Anschaffungs- oder Herstellungskosten nicht in die Bemessungsgrundlage des § 15b einbezogen worden sind und für die Wohnung kein Nutzungswert nach § 21 Abs. 2 Satz 1 des Einkommensteuergesetzes angesetzt wird. Von dem Jahr an, in dem die Abzugsbeträge nach Satz 1 nicht mehr abgezogen werden können, spätestens vom dritten auf das Jahr der Beendigung der Modernisierungsmaßnahmen folgenden Jahr an, können die restlichen Anschaffungs- oder Herstellungskosten in fünf gleichen Jahresbeträgen wie Sonderausgaben abgezogen werden.

(9) § 14a Abs. 6 sowie die §§ 14c, 14d und 15a sind erstmals für den Veranlagungszeitraum 1989 anzuwenden.

(9a) § 14b ist auf Modernisierungsmaßnahmen anzuwenden, mit denen der Steuerpflichtige vor dem 1. Juli 1991 begonnen hat und, soweit Anschaffungskosten begünstigt werden, wenn der Steuerpflichtige den obligatorischen Erwerbsvertrag vor diesem Zeitpunkt rechtswirksam abgeschlossen hat. Als Beginn der Herstellungsarbeiten gilt bei Maßnahmen, für die eine Baugenehmigung erforderlich ist, der Zeitpunkt, in dem der Bauantrag gestellt wird.

(10) § 15a ist erstmals für das Wirtschaftsjahr anzuwenden, für das § 15a des Einkommensteuergesetzes erstmals anzuwenden ist.

(10a) § 15b ist bei Objekten anzuwenden, mit deren Herstellung der Steuerpflichtige vor dem 1. Juli 1991 begonnen hat oder die er aufgrund eines vor diesem Zeitpunkt rechtswirksam abgeschlossenen obligatorischen Vertrags angeschafft hat. Als Beginn der Herstellung gilt bei Baumaßnahmen, für die eine Baugenehmigung erforderlich ist, der Zeitpunkt, in dem der Bauantrag gestellt wird.

(11) § 16 Abs. 2 Satz 3 und § 17 Abs. 3 Satz 4 sind erstmals bei Darlehen anzuwenden, die nach dem 22. März 1988 abgetreten werden.

(12) § 16 Abs. 3 Satz 3 und 4 ist erstmals bei Darlehen anzuwenden, die nach dem 31. Dezember 1989 an Unternehmen weitergegeben werden.

(13) § 17 Abs. 3 ist, soweit die Finanzierung von Anschaffungskosten begünstigt wird, auch anzuwenden, wenn die Darlehen vor dem 1. Januar 1990 gewährt worden sind.

(13a) § 18 ist letztmals für den Veranlagungszeitraum 1990 anzuwenden.

(14) § 19 ist vorbehaltlich des Satzes 2 auf nach dem 31. Dezember 1989 abgeschlossene Investitionen anzuwenden, wenn der Anspruchsberechtigte die Investitionen vor dem 1. Juli 1991 begonnen hat. § 19 in der Fassung der Bekanntmachung vom 10. Dezember 1986 (BGBl. I S. 2415) ist weiter anzuwenden auf

1. nach dem 31. Dezember 1989 und vor dem 1. Januar 1991 abgeschlossene Investitionen,

2. vor dem 1. Januar 1991 geleistete Anzahlungen auf Anschaffungskosten und entstandene Teilherstellungskosten,

wenn der Anspruchsberechtigte die Investitionen vor dem 1. April 1989 begonnen hat. Investitionen sind in dem Zeitpunkt abgeschlossen, in dem die Wirtschaftsgüter angeschafft oder hergestellt oder die nachträglichen Herstellungsarbeiten beendet worden sind. Investitionen sind in dem Zeitpunkt begonnen, in dem die Wirtschaftsgüter bestellt worden sind oder mit ihrer Herstellung oder mit den nachträglichen Herstellungsarbeiten begonnen worden ist. Als Beginn der Herstellung gilt bei Baumaßnahmen, für die eine Baugenehmigung erforderlich ist, der Zeitpunkt, in dem der Bauantrag gestellt wird.

(14a) § 22 ist letztmals für den Veranlagungszeitraum 1990 anzuwenden.

(14b) § 28 Abs. 4a Nr. 1 ist erstmals bei der Eintragung der Kinderzahl auf der Lohnsteuerkarte für das Kalenderjahr 1992 anzuwenden.

(15) Abweichend von § 29 Abs. 2 Satz 3 ist der Antrag bis zum Ablauf des Kalenderjahrs 1991 zu stellen, wenn die Festsetzung der Zulage für die Zeit vor dem 1. Juli 1991 beantragt wird, weil eine Beschäftigung im Sinne des § 23 Nr. 4 Buchstabe a Satz 6 vorgelegen hat. § 29 Abs. 2 Satz 5 ist auch auf Veranlagungszeiträume vor 1990 anzuwenden.

§ 32 Ermächtigung

Der Bundesminister der Finanzen wird ermächtigt, den Wortlaut dieses Gesetzes in der jeweils geltenden Fassung mit neuem Datum, unter neuer Überschrift und in neuer Paragraphenfolge bekanntzumachen und dabei Unstimmigkeiten des Wortlauts zu beseitigen.

Abschnitt IV. Berlin-Klausel

§ 33 *(gegenstandslos)*

4. Bewertungsgesetz (BewG)★ ★★

In der Fassung der Bekanntmachung vom 1. Februar 1991

(BGBl. I S. 230)

Zuletzt geändert durch Steueränderungsgesetz 1992 vom 25. Februar 1992 (BGBl. I S. 297)

BGBl. III 610–7

Inhaltsübersicht

★ Zur Anwendung vgl. § 124.
Zur erstmaligen Anwendung der Einheitswerte des Grundbesitzes sowie zur Hauptfeststellung 1972 der Einheitswerte der Mineralgewinnungsrechte siehe Bewertungsänderungsgesetz 1971 vom 27. 7. 1971(BGBl. I S. 1157), abgedruckt unter Nr. 204 in der Loseblattsammlung „**Steuergesetze I**" *(Verlag C. H. Beck, München);* zur Hauptfeststellung 1977 der Einheitswerte der Mineralgewinnungsrechte siehe Einführungsgesetz zur Abgabenordnung vom 14. 12. 1976 (BGBl. I S. 3341), abgedruckt unter Nr. 800a in der Loseblattsammlung „**Steuergesetze I**" *(Verlag C. H. Beck, München).*
★★ Das Gesetz tritt im Gebiet der ehem. DDR am 1. 1. 1991 in Kraft (vgl. Anl. I Kap. IV Sachgebiet B Abschn. II Nr. 14 des Einigungsvertrags, – abgedruckt vor **1 –**). **Zur Bewertung von Vermögen im Gebiet der ehem. DDR siehe §§ 125 ff.**

C. Grundvermögen

D. Betriebsvermögen

Zweiter Abschnitt: Sonstiges Vermögen, Gesamtvermögen und Inlandsvermögen

A. Sonstiges Vermögen

B. Gesamtvermögen

C. Inlandsvermögen

Dritter Teil: Übergangs- und Schlußbestimmungen

Vierter Teil: Vorschriften für die Bewertung von Vermögen in dem in Artikel 3 des Einigungsvertrages genannten Gebiet

Anlagen

Erster Teil. Allgemeine Bewertungsvorschriften

§ 1 Geltungsbereich

(1) Die allgemeinen Bewertungsvorschriften (§§ 2 bis 16) gelten für alle öffentlich-rechtlichen Abgaben, die durch Bundesrecht geregelt sind, soweit sie durch Bundesfinanzbehörden oder durch Landesfinanzbehörden verwaltet werden.

(2) Die allgemeinen Bewertungsvorschriften gelten nicht, soweit im Zweiten Teil dieses Gesetzes oder in anderen Steuergesetzen besondere Bewertungsvorschriften enthalten sind.

§ 2 Wirtschaftliche Einheit

(1) Jede wirtschaftliche Einheit ist für sich zu bewerten. Ihr Wert ist im ganzen festzustellen. Was als wirtschaftliche Einheit zu gelten hat, ist nach den Anschauungen des Verkehrs zu entscheiden. Die örtliche Gewohnheit, die tatsächliche Übung, die Zweckbestimmung und die wirtschaftliche Zusammengehörigkeit der einzelnen Wirtschaftsgüter sind zu berücksichtigen.

(2) Mehrere Wirtschaftsgüter kommen als wirtschaftliche Einheit nur insoweit in Betracht, als sie demselben Eigentümer gehören.

(3) Die Vorschriften der Absätze 1 und 2 gelten nicht, soweit eine Bewertung der einzelnen Wirtschaftsgüter vorgeschrieben ist.

§ 3 Wertermittlung bei mehreren Beteiligten

Steht ein Wirtschaftsgut mehreren Personen zu, so ist sein Wert im ganzen zu ermitteln. Der Wert ist auf die Beteiligten nach dem Verhältnis

ihrer Anteile zu verteilen, soweit nicht nach dem maßgebenden Steuerge-
setz die Gemeinschaft selbständig steuerpflichtig ist.

§ 3a Realgemeinden

Wirtschaftsgüter, die einer Hauberg-, Wald-, Forst- oder Laubgenossenschaft oder einer ähnlichen Realgemeinde mit eigener Rechtspersönlichkeit
gehören, sind so zu behandeln, als ob sie den an der Realgemeinde beteiligten Personen zur gesamten Hand gehörten.

§ 4 Aufschiebend bedingter Erwerb

Wirtschaftsgüter, deren Erwerb vom Eintritt einer aufschiebenden Bedingung abhängt, werden erst berücksichtigt, wenn die Bedingung eingetreten ist.

§ 5 Auflösend bedingter Erwerb

(1) Wirtschaftsgüter, die unter einer auflösenden Bedingung erworben
sind, werden wie unbedingt erworbene behandelt. Die Vorschriften über
die Berechnung des Kapitalwerts der Nutzungen von unbestimmter Dauer
(§ 13 Abs. 2 und 3, § 14, § 15 Abs. 3) bleiben unberührt.

(2) Tritt die Bedingung ein, so ist die Festsetzung der nicht laufend
veranlagten Steuern auf Antrag nach dem tatsächlichen Wert des Erwerbs
zu berichtigen. Der Antrag ist bis zum Ablauf des Jahres zu stellen, das auf
den Eintritt der Bedingung folgt.

§ 6 Aufschiebend bedingte Lasten

(1) Lasten, deren Entstehung vom Eintritt einer aufschiebenden Bedingung abhängt, werden nicht berücksichtigt.

(2) Für den Fall des Eintritts der Bedingung gilt § 5 Abs. 2 entsprechend.

§ 7 Auflösend bedingte Lasten

(1) Lasten, deren Fortdauer auflösend bedingt ist, werden, soweit nicht
ihr Kapitalwert nach § 13 Abs. 2 und 3, § 14, § 15 Abs. 3 zu berechnen ist,
wie unbedingte abgezogen.

(2) Tritt die Bedingung ein, so ist die Festsetzung der nicht laufend
veranlagten Steuern entsprechend zu berichtigen.

§ 8 Befristung auf einen unbestimmten Zeitpunkt

Die §§ 4 bis 7 gelten auch, wenn der Erwerb des Wirtschaftsguts oder
die Entstehung oder der Wegfall der Last von einem Ereignis abhängt, bei
dem nur der Zeitpunkt ungewiß ist.

§ 9 Bewertungsgrundsatz, gemeiner Wert

(1) Bei Bewertungen ist, soweit nichts anderes vorgeschrieben ist, der
gemeine Wert zugrunde zu legen.

(2) Der gemeine Wert wird durch den Preis bestimmt, der im gewöhnlichen Geschäftsverkehr nach der Beschaffenheit des Wirtschaftsgutes bei einer Veräußerung zu erzielen wäre. Dabei sind alle Umstände, die den Preis beeinflussen, zu berücksichtigen. Ungewöhnliche oder persönliche Verhältnisse sind nicht zu berücksichtigen.

(3) Als persönliche Verhältnisse sind auch Verfügungsbeschränkungen anzusehen, die der Person des Steuerpflichtigen oder eines Rechtsvorgängers begründet sind. Das gilt insbesondere für Verfügungsbeschränkungen, die auf letztwilligen Anordnungen beruhen.

§ 10 Begriff des Teilwerts

Wirtschaftsgüter, die einem Unternehmen dienen, sind *in der Regel* [**ab 1. 1. 1993:** soweit nichts anderes vorgeschrieben ist,] mit dem Teilwert anzusetzen. Teilwert ist der Betrag, den ein Erwerber des ganzen Unternehmens im Rahmen des Gesamtkaufpreises für das einzelne Wirtschaftsgut ansetzen würde. Dabei ist davon auszugehen, daß der Erwerber das Unternehmen fortführt.

§ 11 Wertpapiere und Anteile

(1) Wertpapiere und Schuldbuchforderungen, die am Stichtag an einer deutschen Börse zum amtlichen Handel zugelassen sind, werden mit dem niedrigsten am Stichtag für sie im amtlichen Handel notierten Kurs angesetzt. Liegt am Stichtag eine Notierung nicht vor, so ist der letzte innerhalb von 30 Tagen vor dem Stichtag im amtlichen Handel notierte Kurs maßgebend. Entsprechend sind die Wertpapiere zu bewerten, die zum geregelten Markt zugelassen oder in den geregelten Freiverkehr einbezogen sind.

(2) Anteile an Kapitalgesellschaften (Aktiengesellschaften, Kommanditgesellschaften auf Aktien, Gesellschaften mit beschränkter Haftung, *Kolonialgesellschaften*[1], bergrechtlichen Gewerkschaften), die nicht unter Absatz 1 fallen, sind mit dem gemeinen Wert anzusetzen. Läßt sich der gemeine Wert nicht aus Verkäufen ableiten, die weniger als ein Jahr zurückliegen, so ist er unter Berücksichtigung des Vermögens und der Ertragsaussichten der Kapitalgesellschaft zu schätzen. *Bei der Ermittlung des Vermögens sind Wirtschaftsgüter des Vorratsvermögens, die nach § 6 Abs. 1 Nr. 2a des Einkommensteuergesetzes bewertet worden sind, mit den Werten anzusetzen, die sich nach den Grundsätzen über die steuerliche Gewinnermittlung ergeben.*[2] [**Ab 1. 1. 1993:** Bei unbeschränkt steuerpflichtigen Kapitalgesellschaften wird das Vermögen mit dem Einheitswert des Gewerbebetriebs angesetzt, der für den auf den Stichtag (§ 112) folgenden Feststellungszeitpunkt maßgebend ist. Der Einheitswert ist um den Geschäfts- oder Firmenwert und die Werte von

---

[1] Aufgehoben mit Wirkung ab 1. 1. 1993.
[2] Zur Anwendung von § 11 Abs. 2 Satz 3 (kursiv) vgl. § 124 Satz 7 (alte Fassung).

firmenwertähnlichen Wirtschaftsgütern zu kürzen, soweit sie im Einheitswert enthalten sind][1]

(3) Ist der gemeine Wert einer Anzahl von Anteilen an einer Kapitalgesellschaft, die einer Person gehören, infolge besonderer Umstände (z. B. weil die Höhe der Beteiligung die Beherrschung der Kapitalgesellschaft ermöglicht) höher als der Wert, der sich auf Grund der Kurswerte (Absatz 1) oder der gemeinen Werte (Absatz 2) für die einzelnen Anteile insgesamt ergibt, so ist der gemeine Wert der Beteiligung maßgebend.

(4) Wertpapiere, die Rechte der Einleger (Anteilinhaber) gegen eine Kapitalanlagegesellschaft oder einen sonstigen Fonds verbriefen (Anteilscheine), sind mit dem Rücknahmepreis anzusetzen.

§ 12 Kapitalforderungen und Schulden

(1) Kapitalforderungen, die nicht im § 11 bezeichnet sind, und Schulden sind mit dem Nennwert anzusetzen, wenn nicht besondere Umstände einen höheren oder geringeren Wert begründen.

(2) Forderungen, die uneinbringlich sind, bleiben außer Ansatz.

(3) Der Wert unverzinslicher Forderungen oder Schulden, deren Laufzeit mehr als ein Jahr beträgt und die zu einem bestimmten Zeitpunkt fällig sind, ist der Betrag, der vom Nennwert nach Abzug von Zwischenzinsen unter Berücksichtigung von Zinseszinsen verbleibt. Dabei ist von einem Zinssatz von 5,5 vom Hundert auszugehen.

(4) Noch nicht fällige Ansprüche aus Lebens-, Kapital- oder Rentenversicherungen werden mit zwei Dritteln der in Deutscher Mark oder in einer ausländischen Währung eingezahlten Prämien oder Kapitalbeiträge bewertet. Weist der Steuerpflichtige den Rückkaufswert nach, so ist dieser maßgebend. Rückkaufswert ist der Betrag, den das Versicherungsunternehmen dem Versicherungsnehmer im Falle der vorzeitigen Aufhebung des Vertragsverhältnisses zu erstatten hat. Die Berechnung des Werts, insbesondere die Berücksichtigung von ausgeschütteten und gutgeschriebenen Gewinnanteilen kann durch Rechtsverordnung geregelt werden.

§ 13 Kapitalwert von wiederkehrenden Nutzungen und Leistungen

(1) Der Gesamtwert von Nutzungen oder Leistungen, die auf bestimmte Zeit beschränkt sind, ist die Summe der einzelnen Jahreswerte abzüglich der Zwischenzinsen unter Berücksichtigung von Zinseszinsen. Dabei ist von einem Zinssatz von 5,5 vom Hundert auszugehen. Der Gesamtwert darf das Achtzehnfache des Jahreswerts nicht übersteigen. Ist die Dauer des Rechts außerdem durch das Leben einer oder mehrerer Personen bedingt,

---

[1] Zur Anwendung von § 11 Abs. 2 Satz 3 und 4 [in Klammern] vgl. § 124 Abs. 2 (neue Fassung).

so darf der nach § 14 zu berechnende Kapitalwert nicht überschritten werden.

(2) Immerwährende Nutzungen oder Leistungen sind mit dem Achtzehnfachen des Jahreswerts, Nutzungen oder Leistungen von unbestimmter Dauer vorbehaltlich des § 14 mit dem Neunfachen des Jahreswerts zu bewerten.

(3) Ist der gemeine Wert der gesamten Nutzungen oder Leistungen nachweislich geringer oder höher, so ist der nachgewiesene gemeine Wert zugrunde zu legen.

§14 Lebenslängliche Nutzungen und Leistungen

(1) Lebenslängliche Nutzungen und Leistungen sind mit dem aus Anlage 9 zu entnehmenden Vielfachen des Jahreswertes anzusetzen.

(2) Hat eine nach Absatz 1 bewertete Nutzung oder Leistung bei einem Alter

1. bis zu 30 Jahren	nicht mehr als 10 Jahre,
2. von mehr als 30 Jahren bis zu 50 Jahren	nicht mehr als 9 Jahre,
3. von mehr als 50 Jahren bis zu 60 Jahren	nicht mehr als 8 Jahre,
4. von mehr als 60 Jahren bis zu 65 Jahren	nicht mehr als 7 Jahre,
5. von mehr als 65 Jahren bis zu 70 Jahren	nicht mehr als 6 Jahre,
6. von mehr als 70 Jahren bis zu 75 Jahren	nicht mehr als 5 Jahre,
7. von mehr als 75 Jahren bis zu 80 Jahren	nicht mehr als 4 Jahre,
8. von mehr als 80 Jahren bis zu 85 Jahren	nicht mehr als 3 Jahre,
9. von mehr als 85 Jahren bis zu 90 Jahren	nicht mehr als 2 Jahre,
10. von mehr als 90 Jahren	nicht mehr als 1 Jahr

bestanden und beruht der Wegfall auf dem Tod des Berechtigten oder Verpflichteten, so ist die Festsetzung der nicht laufend veranlagten Steuern auf Antrag nach der wirklichen Dauer der Nutzung oder Leistung zu berichtigen. § 5 Abs. 2 Satz 2 gilt entsprechend. Ist eine Last weggefallen, so bedarf die Berichtigung keines Antrags.

(3) Hängt die Dauer der Nutzung oder Leistung von der Lebenszeit mehrerer Personen ab und erlischt das Recht mit dem Tod des zuletzt Sterbenden, so ist das Lebensalter und das Geschlecht derjenigen Person maßgebend, für die sich der höchste Vervielfältiger ergibt; erlischt das Recht mit dem Tod des zuerst Sterbenden, so ist das Lebensalter und Geschlecht derjenigen Person maßgebend, für die sich der niedrigste Vervielfältiger ergibt.

(4) Ist der gemeine Wert der gesamten Nutzungen oder Leistungen nachweislich geringer oder höher als der Wert, der sich nach Absatz 1 ergibt, so ist der nachgewiesene gemeine Wert zugrunde zu legen. Der Ansatz eines

geringeren oder höheren Werts kann jedoch nicht darauf gestützt werden, daß mit einer kürzeren oder längeren Lebensdauer, mit einem anderen Zinssatz oder mit einer anderen Zahlungsweise zu rechnen ist, als sie der Tabelle der Anlage 9 zugrunde liegt.

§ 15 Jahreswert von Nutzungen und Leistungen

(1) Der einjährige Betrag der Nutzung einer Geldsumme ist, wenn kein anderer Wert feststeht, zu 5,5 vom Hundert anzunehmen.

(2) Nutzungen oder Leistungen, die nicht in Geld bestehen (Wohnung, Kost, Waren und sonstige Sachbezüge), sind mit den üblichen Mittelpreisen des Verbrauchsorts anzusetzen.

(3) Bei Nutzungen oder Leistungen, die in ihrem Betrag ungewiß sind oder schwanken, ist als Jahreswert der Betrag zugrunde zu legen, der in Zukunft im Durchschnitt der Jahre voraussichtlich erzielt werden wird.

§ 16 Begrenzung des Jahreswerts von Nutzungen

Bei der Ermittlung des Kapitalwerts der Nutzungen eines Wirtschaftsguts kann der Jahreswert dieser Nutzungen nicht mehr als den achtzehnten Teil des Werts betragen, der sich nach den Vorschriften des Bewertungsgesetzes für das genutzte Wirtschaftsgut ergibt.

Zweiter Teil. Besondere Bewertungsvorschriften

§ 17 Geltungsbereich

(1) Die besonderen Bewertungsvorschriften (§§ 18 bis 121) gelten für die Vermögensteuer.

(2) Der Erste Abschnitt der besonderen Bewertungsvorschriften (§§ 19 bis 109) und § 122 gelten nach näherer Regelung durch die in Betracht kommenden Gesetze auch für die Grundsteuer, die Gewerbesteuer, die Grunderwerbsteuer und die Erbschaftsteuer.

(3) Soweit sich nicht aus den §§ 19 bis 121 etwas anderes ergibt, finden neben diesen auch die Vorschriften des Ersten Teils dieses Gesetzes (§§ 1 bis 16) Anwendung. § 16 findet auf die Grunderwerbsteuer keine Anwendung.

§ 18 Vermögensarten

Das Vermögen, das nach den Vorschriften des Zweiten Teils dieses Gesetzes zu bewerten ist, umfaßt die folgenden Vermögensarten:

1. Land- und forstwirtschaftliches Vermögen (§§ 33 bis 67, § 31),

2. Grundvermögen (§§ 68 bis 94, § 31),

3. Betriebsvermögen (§§ 95 bis 109, § 31),

4. Sonstiges Vermögen (§§ 110 bis 113).

Erster Abschnitt: Einheitsbewertung

A. Allgemeines

§ 19 Feststellung von Einheitswerten

(1) Einheitswerte werden festgestellt (§ 180 Abs. 1 Nr. 1 der Abgabenordnung)

1. für inländischen Grundbesitz, und zwar
   für Betriebe der Land- und Forstwirtschaft (§§ 33, 48a und 51a),
   für Grundstücke (§§ 68, 70),
   für Betriebsgrundstücke (§ 99),

2. für inländische *gewerbliche Betriebe* [**ab 1. 1. 1993:** Gewerbebetriebe] (§ 95),

3. für inländische Mineralgewinnungsrechte (§ 100).

(2) Erstreckt sich eine der in Absatz 1 genannten wirtschaftlichen Einheiten auch auf das Ausland und gehört auch der ausländische Teil zum Gesamtvermögen, so ist ein zweiter Einheitswert festzustellen, der auch diesen Teil umfaßt. Unterliegt eine wirtschaftliche Einheit den einzelnen einheitswertabhängigen Steuern in verschiedenem Ausmaß, so ist für den jeweils steuerpflichtigen Teil je ein Einheitswert gesondert festzustellen.

(3) In dem Feststellungsbescheid (§ 179 der Abgabenordnung) sind auch Feststellungen zu treffen

1. über die Art der wirtschaftlichen Einheit,
   a) bei Grundstücken auch über die Grundstücksart (§§ 72, 74 und 75),
   b) bei Betriebsgrundstücken und Mineralgewinnungsrechten, die zu einem *gewerblichen Betrieb* [**ab 1. 1. 1993:** Gewerbebetrieb] gehören (wirtschaftliche Untereinheiten), auch über den *gewerblichen Betrieb* [**ab 1. 1. 1993:** Gewerbebetrieb];

2. über die Zurechnung der wirtschaftlichen Einheit und bei mehreren Beteiligten über die Höhe ihrer Anteile.

(4) Feststellungen nach den Absätzen 1 bis 3 erfolgen nur, wenn und soweit sie für die Besteuerung von Bedeutung sind.

§ 20 Ermittlung des Einheitswerts

Die Einheitswerte werden nach den Vorschriften dieses Abschnitts ermittelt. Bei der Ermittlung der Einheitswerte ist § 163 der Abgabenordnung nicht anzuwenden; [**ab 1. 1. 1993:** dies gilt nicht für Übergangsregelungen, die die oberste Finanzbehörde eines Landes im Einvernehmen mit den obersten Finanzbehörden der übrigen Länder trifft.]

§ 21 Hauptfeststellung

(1) Die Einheitswerte werden allgemein festgestellt (Hauptfeststellung):

1. in Zeitabständen von je sechs Jahren
   für den Grundbesitz (§ 19 Abs. 1 Nr. 1) und für die Mineralgewinnungsrechte (§ 100);

2. in Zeitabständen von je drei Jahren
   für die wirtschaftlichen Einheiten des Betriebsvermögens.

Durch Rechtsverordnung kann der Zeitabstand zwischen einer Hauptfeststellung und der darauf folgenden Hauptfeststellung (Hauptfeststellungszeitraum) bei einer wesentlichen Änderung der für die Bewertung maßgebenden Verhältnisse für den Grundbesitz und für die Mineralgewinnungsrechte um höchstens drei Jahre, für die wirtschaftlichen Einheiten des Betriebsvermögens um ein Jahr verkürzt werden. Die Bestimmung kann sich auf einzelne Vermögensarten oder beim Grundbesitz auf Gruppen von Fällen, in denen sich die für die Bewertung maßgebenden Verhältnisse in derselben Weise geändert haben, beschränken.

(2) Der Hauptfeststellung werden die Verhältnisse zu Beginn des Kalenderjahrs (Hauptfeststellungszeitpunkt) zugrunde gelegt. Die Vorschriften in § 35 Abs. 2, §§ 54, 59, 106 und 112 über die Zugrundelegung eines anderen Zeitpunkts bleiben unberührt.

(3) Ist die Feststellungsfrist (§ 181 der Abgabenordnung) bereits abgelaufen, so kann die Hauptfeststellung unter Zugrundelegung der Verhältnisse des Hauptfeststellungszeitpunkts mit Wirkung für einen späteren Feststellungszeitpunkt vorgenommen werden, für den diese Frist noch nicht abgelaufen ist. § 181 Abs. 5 der Abgabenordnung bleibt unberührt.

§ 22 Fortschreibungen

(1) Der Einheitswert wird neu festgestellt (Wertfortschreibung)

1. beim Grundbesitz, wenn der nach § 30 abgerundete Wert, der sich für den Beginn eines Kalenderjahrs ergibt, vom Einheitswert des letzten Feststellungszeitpunkts nach oben um mehr als den zehnten Teil, mindestens aber um 5000 Deutsche Mark, oder um mehr als 100 000 Deutsche Mark, nach unten um mehr als den zehnten Teil, mindestens aber um 500 Deutsche Mark, oder um mehr als 5000 Deutsche Mark abweicht,

2. bei einem *gewerblichen Betrieb* [**ab 1. 1. 1993:** Gewerbebetrieb] oder einem Mineralgewinnungsrecht, wenn der nach § 30 abgerundete Wert, der sich für den Beginn eines Kalenderjahrs ergibt, entweder um mehr als ein Fünftel, mindestens aber um 5000 Deutsche Mark, oder um mehr als 100 000 Deutsche Mark von dem Einheitswert des letzten Feststellungszeitpunkts abweicht.

(2) Über die Art oder Zurechnung des Gegenstandes (§ 19 Abs. 3 Nr. 1 und 2) wird eine neue Feststellung getroffen (Artfortschreibung oder Zu-

rechnungsfortschreibung), wenn sie von der zuletzt getroffenen Feststellung abweicht und es für die Besteuerung von Bedeutung ist.

(3) Eine Fortschreibung nach Absatz 1 oder Absatz 2 findet auch zur Beseitigung eines Fehlers der letzten Feststellung statt. § 176 der Abgabenordnung ist hierbei entsprechend anzuwenden. Dies gilt jedoch nur für die Feststellungszeitpunkte, die vor der Verkündung der maßgeblichen Entscheidung eines obersten Gerichts des Bundes liegen.

(4) Eine Fortschreibung ist vorzunehmen, wenn dem Finanzamt bekannt wird, daß die Voraussetzungen für sie vorliegen. Der Fortschreibung werden vorbehaltlich des § 27 die Verhältnisse im Fortschreibungszeitpunkt zugrunde gelegt. Fortschreibungszeitpunkt ist

1. bei einer Änderung der tatsächlichen Verhältnisse der Beginn des Kalenderjahrs, das auf die Änderung folgt. § 21 Abs. 3 ist entsprechend anzuwenden;

2. in den Fällen des Absatzes 3 der Beginn des Kalenderjahrs, in dem der Fehler dem Finanzamt bekannt wird, bei einer Erhöhung des Einheitswerts jedoch frühestens der Beginn des Kalenderjahrs, in dem der Feststellungsbescheid erteilt wird.

Die Vorschriften in § 35 Abs. 2, §§ 54, 59, 106 und 112 über die Zugrundelegung eines anderen Zeitpunkts bleiben unberührt.

§ 23 Nachfeststellung

(1) Für wirtschaftliche Einheiten (Untereinheiten), für die ein Einheitswert festzustellen ist, wird der Einheitswert nachträglich festgestellt (Nachfeststellung), wenn nach dem Hauptfeststellungszeitpunkt (§ 21 Abs. 2)

1. die wirtschaftliche Einheit (Untereinheit) neu entsteht;

2. eine bereits bestehende wirtschaftliche Einheit (Untereinheit) erstmals zu einer Steuer herangezogen werden soll;

3. für eine bereits bestehende wirtschaftliche Einheit (Untereinheit) erstmals für die Zwecke der Vermögensbesteuerung ein besonderer Einheitswert festzustellen ist (§ 91 Abs. 2).

(2) Der Nachfeststellung werden vorbehaltlich des § 27 die Verhältnisse im Nachfeststellungszeitpunkt zugrunde gelegt. Nachfeststellungszeitpunkt ist in den Fällen des Absatzes 1 Nr. 1 der Beginn des Kalenderjahrs, das auf die Entstehung der wirtschaftlichen Einheit (Untereinheit) folgt, und in den Fällen des Absatzes 1 Nr. 2 und 3 der Beginn des Kalenderjahrs, in dem der Einheitswert erstmals der Besteuerung zugrunde gelegt wird. § 21 Abs. 3 ist entsprechend anzuwenden. Die Vorschriften in § 35 Abs. 2, §§ 54, 59, 106 und 112 über die Zugrundelegung eines anderen Zeitpunkts bleiben unberührt.

§ 24 Aufhebung des Einheitswerts

(1) Der Einheitswert wird aufgehoben, wenn dem Finanzamt bekannt wird, daß

1. die wirtschaftliche Einheit (Untereinheit) wegfällt;

2. der Einheitswert der wirtschaftlichen Einheit (Untereinheit) infolge von Befreiungsgründen der Besteuerung nicht mehr zugrunde gelegt wird;

3. ein nach § 91 Abs. 2 ermittelter besonderer Einheitswert bei der Vermögensbesteuerung nicht mehr zugrunde gelegt wird.

(2) Aufhebungszeitpunkt ist in den Fällen des Absatzes 1 Nr. 1 der Beginn des Kalenderjahrs, das auf den Wegfall der wirtschaftlichen Einheit (Untereinheit) folgt, und in den Fällen des Absatzes 1 Nr. 2 und 3 der Beginn des Kalenderjahrs, in dem der Einheitswert erstmals der Besteuerung nicht mehr zugrunde gelegt wird. § 21 Abs. 3 ist entsprechend anzuwenden.

§ 24a Änderung von Feststellungsbescheiden

Bescheide über Fortschreibungen oder Nachfeststellungen von Einheitswerten des Grundbesitzes können schon vor dem maßgebenden Feststellungszeitpunkt erteilt werden. Sie sind zu ändern oder aufzuheben, wenn sich bis zu diesem Zeitpunkt Änderungen ergeben, die zu einer abweichenden Feststellung führen.

§ 25 *(weggefallen)*

§ 26 Umfang der wirtschaftlichen Einheit bei Vermögenszusammenrechnung

Die Zurechnung mehrerer Wirtschaftsgüter zu einer wirtschaftlichen Einheit (§ 2) wird [**ab 1. 1. 1993:** beim Grundbesitz, bei den Mineralgewinnungsrechten und beim sonstigen Vermögen] nicht dadurch ausgeschlossen, daß die Wirtschaftsgüter

1. zum Teil dem einen, zum Teil dem anderen Ehegatten gehören, wenn das Vermögen der Ehegatten zusammenzurechnen ist (§ 119 Abs. 1);

2. zum Teil zum Gesamtgut einer fortgesetzten Gütergemeinschaft, zum Teil dem überlebenden Ehegatten gehören, wenn das Gesamtgut dem Vermögen des überlebenden Ehegatten zuzurechnen ist (§ 120).

§ 27 Wertverhältnisse bei Fortschreibungen und Nachfeststellungen

Bei Fortschreibungen und bei Nachfeststellungen der Einheitswerte für Grundbesitz und für Mineralgewinnungsrechte sind die Wertverhältnisse im Hauptfeststellungszeitpunkt zugrunde zu legen.

§ 28 Erklärungspflicht

(1) Erklärungen zur Feststellung des Einheitswerts sind auf jeden Hauptfeststellungszeitpunkt abzugeben. Für Erklärungen zur Feststellung des Einheitswerts des Betriebsvermögens gilt dies, wenn

1. das Gewerbekapital im Sinne des § 12 des Gewerbesteuergesetzes den Freibetrag nach § 13 Abs. 1 des Gewerbesteuergesetzes übersteigt oder

2. der Betriebsinhaber eine Vermögensteuererklärung abzugeben hat.

(2) Die Erklärungen sind innerhalb der Frist abzugeben, die der Bundesminister der Finanzen im Einvernehmen mit den obersten Finanzbehörden der Länder bestimmt. Die Frist ist im Bundesanzeiger bekanntzumachen. Fordert die Finanzbehörde zur Abgabe einer Erklärung auf einen Hauptfeststellungszeitpunkt oder auf einen anderen Feststellungszeitpunkt besonders auf (§ 149 Abs. 1 Satz 2 der Abgabenordnung), hat sie eine besondere Frist zu bestimmen, die mindestens einen Monat betragen soll.

(3) Erklärungspflichtig ist derjenige, dem Grundbesitz, Betriebsvermögen oder ein Mineralgewinnungsrecht zuzurechnen ist. Er hat die Steuererklärung eigenhändig zu unterschreiben.

§ 29 Auskünfte, Erhebungen und Mitteilungen

(1) Die Eigentümer von Grundbesitz und die Inhaber von Mineralgewinnungsrechten haben der Finanzbehörde auf Anforderung alle Angaben zu machen, die sie für die Sammlung der Kauf-, Miet- und Pachtpreise braucht. Bei dieser Erklärung ist zu versichern, daß die Angaben nach bestem Wissen und Gewissen gemacht sind.

(2) Die Finanzbehörden können zur Vorbereitung einer Hauptfeststellung und zur Durchführung von Feststellungen der Einheitswerte des Grundbesitzes oder von Mineralgewinnungsrechten örtliche Erhebungen über die Bewertungsgrundlagen anstellen. Das Grundrecht der Unverletzlichkeit der Wohnung (Artikel 13 des Grundgesetzes) wird insoweit eingeschränkt.

(3) Die nach Bundes- oder Landesrecht zuständigen Behörden haben den Finanzbehörden die ihnen im Rahmen ihrer Aufgabenerfüllung bekanntgewordenen rechtlichen und tatsächlichen Umstände mitzuteilen, die für die Feststellung von Einheitswerten des Grundbesitzes und der Mineralgewinnungsrechte oder für die Grundsteuer von Bedeutung sein können. Den Behörden stehen die Stellen gleich, die für die Sicherung der Zweckbestimmung solcher Wohnungen zuständig sind, die mit Mitteln im Sinne der §§ 6, 87a und 88 des Zweiten Wohnungsbaugesetzes in der Fassung der Bekanntmachung vom 14. August 1990 (BGBl. I S. 1730), geändert durch Anlage I Kapitel XIV Abschnitt II Nr. 5 des Einigungsvertrages vom 31. August 1990 in Verbindung mit Artikel 1 des Gesetzes vom 23. September 1990 (BGBl. 1990 II S. 885, 1126), oder der §§ 4 oder 38 des Wohnungsbaugesetzes für das Saarland in der Fassung der Bekanntmachung

vom 10. September 1985 (Amtsblatt des Saarlandes S. 1185), zuletzt geändert durch Artikel 41 des Gesetzes vom 28. Juni 1990 (BGBl. I S. 1221), gefördert worden sind. Die mitteilungspflichtige Behörde hat die Betroffenen vom Inhalt der Mitteilung zu unterrichten.

§ 30 Abrundung

Die Einheitswerte werden nach unten abgerundet:

1. beim Grundbesitz auf volle hundert Deutsche Mark,
2. bei *gewerblichen Betrieben* [**ab 1. 1. 1993:** Gewerbebetrieben] und Mineralgewinnungsrechten auf volle tausend Deutsche Mark.

§ 31 Bewertung von ausländischem Sachvermögen

(1) Für die Bewertung des ausländischen land- und forstwirtschaftlichen Vermögens, Grundvermögens und Betriebsvermögens gelten die Vorschriften des Ersten Teils dieses Gesetzes, insbesondere § 9 (gemeiner Wert). Nach diesen Vorschriften sind auch die ausländischen Teile einer wirtschaftlichen Einheit zu bewerten, die sich sowohl auf das Inland als auch auf das Ausland erstreckt.

(2) Bei der Bewertung von ausländischem Grundbesitz sind Bestandteile und Zubehör zu berücksichtigen. Zahlungsmittel, Geldforderungen, Wertpapiere und Geldschulden sind nicht einzubeziehen.

§ 32 Bewertung von inländischem Sachvermögen

Für die Bewertung des inländischen land- und forstwirtschaftlichen Vermögens, Grundvermögens und Betriebsvermögens gelten die Vorschriften der §§ 33 bis 109. Nach diesen Vorschriften sind auch die inländischen Teile einer wirtschaftlichen Einheit zu bewerten, die sich sowohl auf das Inland als auch auf das Ausland erstreckt.

B. Land- und forstwirtschaftliches Vermögen

I. Allgemeines

§ 33 Begriff des land- und forstwirtschaftlichen Vermögens

(1) Zum land- und forstwirtschaftlichen Vermögen gehören alle Wirtschaftsgüter, die einem Betrieb der Land- und Forstwirtschaft dauernd zu dienen bestimmt sind. Betrieb der Land- und Forstwirtschaft ist die wirtschaftliche Einheit des land- und forstwirtschaftlichen Vermögens.

(2) Zu den Wirtschaftsgütern, die einem Betrieb der Land- und Forstwirtschaft dauernd zu dienen bestimmt sind, gehören insbesondere der Grund und Boden, die Wohn- und Wirtschaftsgebäude, die stehenden Be-

triebsmittel und ein normaler Bestand an umlaufenden Betriebsmitteln; als normaler Bestand gilt ein solcher, der zur gesicherten Fortführung des Betriebes erforderlich ist.

(3) Zum land- und forstwirtschaftlichen Vermögen gehören nicht

1. Zahlungsmittel, Geldforderungen, Geschäftsguthaben und Wertpapiere,

2. Geldschulden,

3. über den normalen Bestand hinausgehende Bestände (Überbestände) an umlaufenden Betriebsmitteln,

4. Tierbestände oder Zweige des Tierbestands und die hiermit zusammen-hängenden Wirtschaftsgüter (z. B. Gebäude und abgrenzbare Gebäude-teile mit den dazugehörenden Flächen, Betriebsmittel), wenn die Tiere weder nach § 51 oder § 51a zur landwirtschaftlichen Nutzung noch nach § 62 zur sonstigen land- und forstwirtschaftlichen Nutzung gehören. Die Zugehörigkeit der landwirtschaftlich genutzten Flächen zum land- und forstwirtschaftlichen Vermögen wird hierdurch nicht berührt.

§ 34 Betrieb der Land- und Forstwirtschaft

(1) Ein Betrieb der Land- und Forstwirtschaft umfaßt

1. den Wirtschaftsteil,

2. den Wohnteil.

(2) Der Wirtschaftsteil eines Betriebs der Land- und Forstwirtschaft um-faßt

1. die land- und forstwirtschaftlichen Nutzungen:
   a) die landwirtschaftliche Nutzung,
   b) die forstwirtschaftliche Nutzung,
   c) die weinbauliche Nutzung,
   d) die gärtnerische Nutzung,
   e) die sonstige land- und forstwirtschaftliche Nutzung;

2. die folgenden nicht zu einer Nutzung nach Nummer 1 gehörenden Wirtschaftsgüter:
   a) Abbauland (§ 43),
   b) Geringstland (§ 44),
   c) Unland (§ 45);

3. die Nebenbetriebe (§ 42).

(3) Der Wohnteil eines Betriebs der Land- und Forstwirtschaft umfaßt die Gebäude und Gebäudeteile, soweit sie dem Inhaber des Betriebs, den zu seinem Haushalt gehörenden Familienangehörigen und den Altenteilern zu Wohnzwecken dienen.

(4) In den Betrieb sind auch dem Eigentümer des Grund und Bodens nicht gehörende Gebäude, die auf dem Grund und Boden des Betriebs

stehen, und dem Eigentümer des Grund und Bodens nicht gehörende Betriebsmittel, die der Bewirtschaftung des Betriebs dienen, einzubeziehen.

(5) Ein Anteil des Eigentümers eines Betriebs der Land- und Forstwirtschaft an einem Wirtschaftsgut ist in den Betrieb einzubeziehen, wenn es mit dem Betrieb zusammen genutzt wird.

(6) In einen Betrieb der Land- und Forstwirtschaft, der von einer Gesellschaft oder Gemeinschaft des bürgerlichen Rechts betrieben wird, sind auch die Wirtschaftsgüter einzubeziehen, die einem oder mehreren Beteiligten gehören und dem Betrieb zu dienen bestimmt sind.

(6a) Einen Betrieb der Land- und Forstwirtschaft bildet auch die gemeinschaftliche Tierhaltung (§ 51a) einschließlich der hiermit zusammenhängenden Wirtschaftsgüter.

(7) Einen Betrieb der Land- und Forstwirtschaft bilden auch Stückländereien. Stückländereien sind einzelne land- und forstwirtschaftlich genutzte Flächen, bei denen die Wirtschaftsgebäude oder die Betriebsmittel oder beide Arten von Wirtschaftsgütern nicht dem Eigentümer des Grund und Bodens gehören.

§ 35 Bewertungsstichtag

(1) Für die Größe des Betriebs sowie für den Umfang und den Zustand der Gebäude und der stehenden Betriebsmittel sind die Verhältnisse im Feststellungszeitpunkt maßgebend.

(2) Für die umlaufenden Betriebsmittel ist der Stand am Ende des Wirtschaftsjahres maßgebend, das dem Feststellungszeitpunkt vorangegangen ist.

§ 36 Bewertungsgrundsätze

(1) Bei der Bewertung ist unbeschadet der Regelung, die in § 47 für den Wohnungswert getroffen ist, der Ertragswert zugrunde zu legen.

(2) Bei der Ermittlung des Ertragswerts ist von der Ertragsfähigkeit auszugehen. Ertragsfähigkeit ist der bei ordnungsmäßiger und schuldenfreier Bewirtschaftung mit entlohnten fremden Arbeitskräften gemeinhin und nachhaltig erzielbare Reinertrag. Ertragswert ist das Achtzehnfache dieses Reinertrags.

(3) Bei der Beurteilung der Ertragsfähigkeit sind die Ertragsbedingungen zu berücksichtigen, soweit sie nicht unwesentlich sind.

§ 37 Ermittlung des Ertragswerts

(1) Der Ertragswert der Nutzungen wird durch ein vergleichendes Verfahren (§§ 38 bis 41) ermittelt. Das vergleichende Verfahren kann auch auf Nutzungsteile angewendet werden.

(2) Kann ein vergleichendes Verfahren nicht durchgeführt werden, so ist der Ertragswert nach der Ertragsfähigkeit der Nutzung unmittelbar zu ermitteln (Einzelertragswertverfahren).

§ 38 Vergleichszahl, Ertragsbedingungen

(1) Die Unterschiede der Ertragsfähigkeit der gleichen Nutzung in den verschiedenen Betrieben werden durch Vergleich der Ertragsbedingungen beurteilt und vorbehaltlich der §§ 55 und 62 durch Zahlen ausgedrückt, die dem Verhältnis der Reinerträge entsprechen (Vergleichszahlen).

(2) Bei dem Vergleich der Ertragsbedingungen sind zugrunde zu legen

1. die tatsächlichen Verhältnisse für:
   a) die natürlichen Ertragsbedingungen, insbesondere Bodenbeschaffenheit, Geländegestaltung, klimatische Verhältnisse,
   b) die folgenden wirtschaftlichen Ertragsbedingungen:
      aa) innere Verkehrslage (Lage für die Bewirtschaftung der Betriebsfläche),
      bb) äußere Verkehrslage (insbesondere Lage für die Anfuhr der Betriebsmittel und die Abfuhr der Erzeugnisse),
      cc) Betriebsgröße;
2. die in der Gegend als regelmäßig anzusehenden Verhältnisse für die in Nummer 1 Buchstabe b nicht bezeichneten wirtschaftlichen Ertragsbedingungen, insbesondere Preise und Löhne, Betriebsorganisation, Betriebsmittel.

(3) Bei Stückländereien sind die wirtschaftlichen Ertragsbedingungen nach Absatz 2 Nr. 1 Buchstabe b mit den regelmäßigen Verhältnissen der Gegend anzusetzen.

§ 39 Bewertungsstützpunkte

(1) Zur Sicherung der Gleichmäßigkeit der Bewertung werden in einzelnen Betrieben mit gegendüblichen Ertragsbedingungen die Vergleichszahlen von Nutzungen und Nutzungsteilen vorweg ermittelt (Hauptbewertungsstützpunkte). Die Vergleichszahlen der Hauptbewertungsstützpunkte werden vom Bewertungsbeirat (§§ 63 bis 66) vorgeschlagen und durch Rechtsverordnung festgesetzt. Die Vergleichszahlen der Nutzungen und Nutzungsteile in den übrigen Betrieben werden durch Vergleich mit den Vergleichszahlen der Hauptbewertungsstützpunkte ermittelt. § 55 bleibt unberührt.

(2) Die Hauptbewertungsstützpunkte können durch Landes-Bewertungsstützpunkte und Orts-Bewertungsstützpunkte als Bewertungsbeispiele ergänzt werden. Die Vergleichszahlen der Landes-Bewertungsstützpunkte werden vom Gutachterausschuß (§ 67), die Vergleichszahlen der Orts-Bewertungsstützpunkte von den Landesfinanzbehörden ermittelt.

Die Vergleichszahlen der Landes-Bewertungsstützpunkte und Orts-Bewertungsstützpunkte können bekanntgegeben werden.

(3) Zugepachtete Flächen, die zusammen mit einem Bewertungsstützpunkt bewirtschaftet werden, können bei der Ermittlung der Vergleichszahlen mit berücksichtigt werden. Bei der Feststellung des Einheitswerts eines Betriebs, der als Bewertungsstützpunkt dient, sind zugepachtete Flächen nicht zu berücksichtigen (§ 2 Abs. 2).

§ 40 Ermittlung des Vergleichswerts

(1) Zum Hauptfeststellungszeitpunkt wird für die landwirtschaftliche, die weinbauliche und die gärtnerische Nutzung oder für deren Teile der 100 Vergleichszahlen entsprechende Ertragswert vorbehaltlich Absatz 2 durch besonderes Gesetz festgestellt. Aus diesem Ertragswert wird der Ertragswert für die einzelne Nutzung oder den Nutzungteil in den Betrieben mit Hilfe der Vergleichszahlen abgeleitet (Vergleichswert). Der auf einen Hektar bezogene Vergleichswert ist der Hektarwert.

(2) Für die Hauptfeststellung auf den Beginn des Kalenderjahres 1964 betragen die 100 Vergleichszahlen entsprechenden Ertragswerte bei der landwirtschaftlichen Nutzung

ohne Hopfen und Spargel	37,26 DM
Hopfen	254,00 DM
Spargel	76,50 DM
der weinbaulichen Nutzung	200,00 DM

den gärtnerischen Nutzungsteilen

Gemüse-, Blumen- und Zierpflanzenbau	108,00 DM
Obstbau	72,00 DM
Baumschulen	221,40 DM.

(3) Die Hoffläche und die Gebäudefläche des Betriebs sind in die einzelne Nutzung einzubeziehen, soweit sie ihr dienen. Hausgärten bis zur Größe von 10 Ar sind zur Hof- und Gebäudefläche zu rechnen. Wirtschaftswege, Hecken, Gräben, Grenzraine und dergleichen sind in die Nutzung einzubeziehen, zu der sie gehören; dies gilt auch für Wasserflächen, soweit sie nicht Unland sind oder zur sonstigen land- und forstwirtschaftlichen Nutzung (§ 62) gehören.

(4) Das Finanzamt hat bei Vorliegen eines rechtlichen Interesses dem Steuerpflichtigen Bewertungsgrundlagen und Bewertungsergebnisse der Nutzung oder des Nutzungsteils von Bewertungsstützpunkten, die bei der Ermittlung der Vergleichswerte seines Betriebs herangezogen worden sind, anzugeben.

(5) Zur Berücksichtigung der rückläufigen Reinerträge sind die nach den Absätzen 1 und 2 ermittelten Vergleichswerte für Hopfen um 80 vom Hundert, für Spargel um 50 vom Hundert und für Obstbau um 60 vom

Hundert zu vermindern; es ist jedoch jeweils mindestens ein Hektarwert von 1200 Deutsche Mark anzusetzen.

§ 41 Abschläge und Zuschläge

(1) Ein Abschlag oder ein Zuschlag am Vergleichswert ist zu machen,

1. soweit die tatsächlichen Verhältnisse bei einer Nutzung oder einem Nutzungsteil von den bei der Bewertung unterstellten regelmäßigen Verhältnissen der Gegend (§ 38 Abs. 2 Nr. 2) um mehr als 20 vom Hundert abweichen und

2. wenn die Abweichung eine Änderung des Vergleichswerts der Nutzung oder des Nutzungsteils um mehr als den fünften Teil, mindestens aber um 1000 Deutsche Mark, oder um mehr als 10 000 Deutsche Mark bewirkt.

(2) Der Abschlag oder der Zuschlag ist nach der durch die Abweichung bedingten Minderung oder Steigerung der Ertragsfähigkeit zu bemessen.

(2a) Der Zuschlag wegen Abweichung des tatsächlichen Tierbestands von den unterstellten regelmäßigen Verhältnissen der Gegend ist bei Fortschreibungen (§ 22) oder Nachfeststellungen (§ 23) für Feststellungszeitpunkte ab dem 1. Januar 1989 um 50 vom Hundert zu vermindern. Ist der Zuschlag in einem am 1. Januar 1988 maßgebenden Einheitswert enthalten, steht die Verminderung einer Änderung der tatsächlichen Verhältnisse gleich, die im Kalenderjahr 1988 eingetreten ist. § 27 ist insoweit nicht anzuwenden.

(3) Bei Stückländereien sind weder Abschläge für fehlende Betriebsmittel beim Eigentümer des Grund und Bodens noch Zuschläge für Überbestand an diesen Wirtschaftsgütern bei deren Eigentümern zu machen.

§ 42 Nebenbetriebe

(1) Nebenbetriebe sind Betriebe, die dem Hauptbetrieb zu dienen bestimmt sind und nicht einen selbständigen gewerblichen Betrieb darstellen.

(2) Die Nebenbetriebe sind gesondert mit dem Einzelertragswert zu bewerten.

§ 43 Abbauland

(1) Zum Abbauland gehören die Betriebsflächen, die durch Abbau der Bodensubstanz überwiegend für den Betrieb nutzbar gemacht werden (Sand-, Kies-, Lehmgruben, Steinbrüche, Torfstiche und dergleichen).

(2) Das Abbauland ist gesondert mit dem Einzelertragswert zu bewerten.

§ 44 Geringstland

(1) Zum Geringstland gehören die Betriebsflächen geringster Ertragsfähigkeit, für die nach dem Bodenschätzungsgesetz in der im Bundesgesetzblatt Teil III, Gliederungsnummer 610-8, veröffentlichten bereinigten Fas-

sung, zuletzt geändert durch Artikel 95 Nr. 4 des Gesetzes vom 14. Dezember 1976 (BGBl. I S. 3341), keine Wertzahlen festzustellen sind.

(2) Geringstland ist mit einem Hektarwert von 50 Deutschen Mark zu bewerten.

§ 45 Unland

(1) Zum Unland gehören die Betriebsflächen, die auch bei geordneter Wirtschaftsweise keinen Ertrag abwerfen können.

(2) Unland wird nicht bewertet.

§ 46 Wirtschaftswert

Aus den Vergleichswerten (§ 40 Abs. 1) und den Abschlägen und Zuschlägen (§ 41), aus den Einzelertragswerten sowie aus den Werten der nach den §§ 42 bis 44 gesondert zu bewertenden Wirtschaftsgüter wird der Wert für den Wirtschaftsteil (Wirtschaftswert) gebildet. Für seine Ermittlung gelten außer den Bestimmungen in den §§ 35 bis 45 auch die besonderen Vorschriften in den §§ 50 bis 62.

§ 47 Wohnungswert

Der Wert für den Wohnteil (Wohnungswert) wird nach den Vorschriften ermittelt, die beim Grundvermögen für die Bewertung der Mietwohngrundstücke im Ertragswertverfahren (§§ 71, 78 bis 82 und 91) gelten. Bei der Schätzung der üblichen Miete (§ 79 Abs. 2) sind die Besonderheiten, die sich aus der Lage der Gebäude oder Gebäudeteile im Betrieb ergeben, zu berücksichtigen. Der ermittelte Betrag ist um 15 vom Hundert zu vermindern.

§ 48 Zusammensetzung des Einheitswerts

Der Wirtschaftswert und der Wohnungswert bilden zusammen den Einheitswert des Betriebs.

§ 48a Einheitswert bestimmter intensiv genutzter Flächen

Werden Betriebsflächen durch einen anderen Nutzungsberechtigten als den Eigentümer bewirtschaftet, so ist

1. bei der Sonderkultur Spargel (§ 52),
2. bei den gärtnerischen Nutzungsteilen Gemüse-, Blumen- und Zierpflanzenbau sowie Baumschulen (§ 61),
3. bei der Saatzucht (§ 62 Abs. 1 Nr. 6)

der Unterschiedsbetrag zwischen dem für landwirtschaftliche Nutzung maßgebenden Vergleichswert und dem höheren Vergleichswert, der durch die unter den Nummern 1 bis 3 bezeichneten Nutzungen bedingt ist, bei der Feststellung des Einheitswerts des Eigentümers nicht zu berücksichtigen und für den Nutzungsberechtigten als selbständiger Einheitswert festzustellen. Ist ein Einheitswert für land- und forstwirtschaftliches Vermögen des Nutzungsberechtigten festzustellen, so ist der Unterschiedsbetrag in diesen Einheitswert einzubeziehen.

§ 49 Verteilung des Einheitswerts

(1) In den Fällen des § 34 Abs. 4 ist der Einheitswert nur für die Zwecke anderer Steuern als der Grundsteuer nach § 19 Abs. 3 Nr. 2 zu verteilen. Bei der Verteilung wird für einen anderen Beteiligten als den Eigentümer des Grund und Bodens ein Anteil nicht festgestellt, wenn er weniger als 1000 Deutsche Mark beträgt. Die Verteilung unterbleibt, wenn die Anteile der anderen Beteiligten zusammen weniger als 1000 Deutsche Mark betragen. In den Fällen des § 34 Abs. 6 gelten die Sätze 1 bis 3 entsprechend.

(2) Soweit der Einheitswert des Eigentümers des Grund und Bodens unter Berücksichtigung von § 48a festgestellt ist, findet in den Fällen des § 34 Abs. 4 eine Verteilung nicht statt.

II. Besondere Vorschriften

a) Landwirtschaftliche Nutzung

§ 50 Ertragsbedingungen

(1) Bei der Beurteilung der natürlichen Ertragsbedingungen (§ 38 Abs. 2 Nr. 1 Buchstabe a) ist von den Ergebnissen der Bodenschätzung nach dem Bodenschätzungsgesetz auszugehen. Dies gilt auch für das Bodenartenverhältnis.

(2) Ist durch die natürlichen Verhältnisse ein anderes als das in der betreffenden Gegend regelmäßige Kulturartenverhältnis bedingt, so ist abweichend von § 38 Abs. 2 Nr. 2 das tatsächliche Kulturartenverhältnis maßgebend.

§ 51 Tierbestände

(1) Tierbestände gehören in vollem Umfang zur landwirtschaftlichen Nutzung, wenn im Wirtschaftsjahr

für die ersten 20 Hektar	nicht mehr als 10	Vieheinheiten,
für die nächsten 10 Hektar	nicht mehr als 7	Vieheinheiten,
für die nächsten 10 Hektar	nicht mehr als 3	Vieheinheiten
und für die weitere Fläche	nicht mehr als 1,5	Vieheinheiten

je Hektar der vom Inhaber des Betriebs regelmäßig landwirtschaftlich genutzten Flächen erzeugt oder gehalten werden. Die Tierbestände sind nach dem Futterbedarf in Vieheinheiten umzurechnen.

(2) Übersteigt die Anzahl der Vieheinheiten nachhaltig die in Absatz 1 bezeichnete Grenze, so gehören nur die Zweige des Tierbestands zur landwirtschaftlichen Nutzung, deren Vieheinheiten zusammen diese Grenze

nicht überschreiten. Zunächst sind mehr flächenabhängige Zweige des
Tierbestands und danach weniger flächenabhängige Zweige des Tierbestands zur landwirtschaftlichen Nutzung zu rechnen. Innerhalb jeder dieser
Gruppen sind zuerst Zweige des Tierbestands mit der geringeren Anzahl
von Vieheinheiten und dann Zweige mit der größeren Anzahl von Vieheinheiten zur landwirtschaftlichen Nutzung zu rechnen. Der Tierbestand
des einzelnen Zweiges wird nicht aufgeteilt.

(3) Als Zweig des Tierbestands gilt bei jeder Tierart für sich

1. das Zugvieh,

2. das Zuchtvieh,

3. das Mastvieh,

4. das übrige Nutzvieh.

Das Zuchtvieh einer Tierart gilt nur dann als besonderer Zweig des Tierbestands, wenn die erzeugten Jungtiere überwiegend zum Verkauf bestimmt
sind. Ist das nicht der Fall, so ist das Zuchtvieh dem Zweig des Tierbestands zuzurechnen, dem es überwiegend dient.

(4) Der Umrechnungsschlüssel für Tierbestände in Vieheinheiten sowie
die Gruppen der mehr oder weniger flächenabhängigen Zweige des Tierbestands sind aus den Anlagen 1 und 2 zu entnehmen. Für die Zeit von
einem nach dem 1. Januar 1964 liegenden Hauptfeststellungszeitpunkt an
können der Umrechnungsschlüssel für Tierbestände in Vieheinheiten sowie die Gruppen der mehr oder weniger flächenabhängigen Zweige des
Tierbestands durch Rechtsverordnung Änderungen der wirtschaftlichen
Gegebenheiten, auf denen sie beruhen, angepaßt werden.

(5) Die Absätze 1 bis 4 gelten nicht für Pelztiere. Pelztiere gehören nur
dann zur landwirtschaftlichen Nutzung, wenn die erforderlichen Futter-
mittel überwiegend von den vom Inhaber des Betriebs landwirtschaftlich
genutzten Flächen gewonnen sind.

§ 51a Gemeinschaftliche Tierhaltung

(1) Zur landwirtschaftlichen Nutzung gehört auch die Tierzucht und
Tierhaltung von Erwerbs- und Wirtschaftsgenossenschaften (§ 97 Abs. 1
Nr. 2), von Gesellschaften, bei denen die Gesellschafter als Unternehmer
(Mitunternehmer) anzusehen sind (§ 97 Abs. 1 Nr. 5), oder von Vereinen
(§ 97 Abs. 2), wenn

1. alle Gesellschafter oder Mitglieder
   a) Inhaber eines Betriebs der Land- und Forstwirtschaft mit selbstbe-
      wirtschafteten regelmäßig landwirtschaftlich genutzten Flächen sind,
   b) nach dem Gesamtbild der Verhältnisse hauptberuflich Land- und
      Forstwirte sind,
   c) landwirtschaftliche Unternehmer im Sinne des § 1 Abs. 3 des Geset-

zes über eine Altershilfe für Landwirte sind und dies durch eine Bescheinigung der zuständigen Alterskasse nachgewiesen wird und

d) die sich nach § 51 Abs. 1 für sie ergebende Möglichkeit zur landwirtschaftlichen Tiererzeugung oder Tierhaltung in Vieheinheiten ganz oder teilweise auf die Genossenschaft, die Gesellschaft oder den Verein übertragen haben;

2. die Anzahl der von der Genossenschaft, der Gesellschaft oder dem Verein im Wirtschaftsjahr erzeugten oder gehaltenen Vieheinheiten keine der nachfolgenden Grenzen nachhaltig überschreitet:

a) die Summe der sich nach Nummer 1 Buchstabe d ergebenden Vieheinheiten und

b) die Summe der Vieheinheiten, die sich nach § 51 Abs. 1 auf der Grundlage der Summe der von den Gesellschaftern oder Mitgliedern regelmäßig landwirtschaftlich genutzten Flächen ergibt;

3. die Betriebe der Gesellschafter oder Mitglieder nicht mehr als 40 km von der Produktionsstätte der Genossenschaft, der Gesellschaft oder des Vereins entfernt liegen.

Die Voraussetzungen der Nummer 1 Buchstabe d und der Nummer 2 sind durch besondere, laufend zu führende Verzeichnisse nachzuweisen.

(2) Der Anwendung des Absatzes 1 steht es nicht entgegen, wenn die dort bezeichneten Genossenschaften, Gesellschaften oder Vereine die Tiererzeugung oder Tierhaltung ohne regelmäßig landwirtschaftlich genutzte Flächen betreiben.

(3) Von den in Absatz 1 bezeichneten Genossenschaften, Gesellschaften oder Vereinen regelmäßig landwirtschaftlich genutzte Flächen sind bei der Ermittlung der nach Absatz 1 Nr. 2 maßgebenden Grenzen wie Flächen von Gesellschaftern oder Mitgliedern zu behandeln, die ihre Möglichkeit zur landwirtschaftlichen Tiererzeugung oder Tierhaltung im Sinne des Absatzes 1 Nr. 1 Buchstabe d auf die Genossenschaft, die Gesellschaft oder den Verein übertragen haben.

(4) Bei dem einzelnen Gesellschafter oder Mitglied der in Absatz 1 bezeichneten Genossenschaften, Gesellschaften oder Vereine ist § 51 Abs. 1 mit der Maßgabe anzuwenden, daß die in seinem Betrieb erzeugten oder gehaltenen Vieheinheiten mit den Vieheinheiten zusammenzurechnen sind, die im Rahmen der nach Absatz 1 Nr. 1 Buchstabe d übertragenen Möglichkeiten erzeugt oder gehalten werden.

(5) Die Vorschriften des § 51 Abs. 2 bis 4 sind entsprechend anzuwenden.

§ 52 Sonderkulturen

Hopfen, Spargel und andere Sonderkulturen sind als landwirtschaftliche Nutzungsteile (§ 37 Abs. 1) zu bewerten.

b) Forstwirtschaftliche Nutzung

§ 53 Umlaufende Betriebsmittel

Eingeschlagenes Holz gehört zum normalen Bestand an umlaufenden Betriebsmitteln, soweit es den jährlichen Nutzungssatz nicht übersteigt; bei Betrieben, die nicht jährlich einschlagen (aussetzende Betriebe), tritt an die Stelle des jährlichen Nutzungssatzes ein den Betriebsverhältnissen entsprechender mehrjähriger Nutzungssatz.

§ 54 Bewertungsstichtag

Abweichend von § 35 Abs. 1 sind für den Umfang und den Zustand des Bestandes an nicht eingeschlagenem Holz die Verhältnisse am Ende des Wirtschaftsjahres zugrunde zu legen, das dem Feststellungszeitpunkt vorangegangen ist.

§ 55 Ermittlung des Vergleichswerts

(1) Das vergleichende Verfahren ist auf Hochwald als Nutzungsteil (§ 37 Abs. 1) anzuwenden.

(2) Die Ertragsfähigkeit des Hochwaldes wird vorweg für Nachhaltsbetriebe mit regelmäßigem Alters- oder Vorratsklassenverhältnis ermittelt und durch Normalwerte ausgedrückt.

(3) Normalwert ist der für eine Holzart unter Berücksichtigung des Holzertrags auf einen Hektar bezogene Ertragswert eines Nachhaltsbetriebs mit regelmäßigem Alters- oder Vorratsklassenverhältnis. Die Normalwerte werden für Bewertungsgebiete vom Bewertungsbeirat vorgeschlagen und durch Rechtsverordnung festgesetzt. Der Normalwert beträgt für die Hauptfeststellung auf den Beginn des Kalenderjahres 1964 höchstens 3200 Deutsche Mark (Fichte, Ertragsklasse I A, Bestockungsgrad 1,0).

(4) Die Anteile der einzelnen Alters- oder Vorratsklassen an den Normalwerten werden durch Hundertsätze ausgedrückt. Für jede Alters- oder Vorratsklasse ergibt sich der Hundertsatz aus dem Verhältnis ihres Abtriebswerts zum Abtriebswert des Nachhaltsbetriebs mit regelmäßigem Alters- oder Vorratsklassenverhältnis. Die Hundertsätze werden einheitlich für alle Bewertungsgebiete durch Rechtsverordnung festgesetzt. Sie betragen für die Hauptfeststellung auf den Beginn des Kalenderjahres 1964 höchstens 260 vom Hundert der Normalwerte.

(5) Ausgehend von den nach Absatz 3 festgesetzten Normalwerten wird für die forstwirtschaftliche Nutzung des einzelnen Betriebs der Ertragswert (Vergleichswert) abgeleitet. Dabei werden die Hundertsätze auf die Alters- oder Vorratsklassen angewendet.

(6) Der Wert der einzelnen Alters- oder Vorratsklasse beträgt mindestens 50 Deutsche Mark je Hektar.

(7) Mittelwald und Niederwald sind mit 50 Deutsche Mark je Hektar anzusetzen.

(8) Zur Förderung der Gleichmäßigkeit der Bewertung wird, ausgehend von den Normalwerten des Bewertungsgebiets nach Absatz 3, durch den Bewertungsbeirat (§§ 63 bis 66) für den forstwirtschaftlichen Nutzungsteil Hochwald in einzelnen Betrieben mit gegendüblichen Ertragsbedingungen (Hauptbewertungsstützpunkte) der Vergleichswert vorgeschlagen und durch Rechtsverordnung festgesetzt.

(9) Zur Berücksichtigung der rückläufigen Reinerträge sind die nach Absatz 5 ermittelten Ertragswerte (Vergleichswerte) um 40 vom Hundert zu vermindern; die Absätze 6 und 7 bleiben unberührt.

c) Weinbauliche Nutzung

§ 56 Umlaufende Betriebsmittel

Bei ausbauenden Betrieben zählen die Vorräte an Weinen aus der letzten und der vorletzten Ernte vor dem Bewertungsstichtag zum normalen Bestand an umlaufenden Betriebsmitteln. Für die Weinvorräte aus der vorletzten Ernte vor dem Bewertungsstichtag gilt dies jedoch nur, soweit sie nicht auf Flaschen gefüllt sind. Abschläge für Unterbestand an Vorräten dieser Art sind nicht zu machen.

§ 57 Bewertungsstützpunkte

Als Bewertungsstützpunkte dienen Weinbaulagen oder Teile von Weinbaulagen.

§ 58 Innere Verkehrslage

Bei der Berücksichtigung der inneren Verkehrslage sind abweichend von § 38 Abs. 2 Nr. 1 nicht die tatsächlichen Verhältnisse, sondern die in der Weinbaulage regelmäßigen Verhältnisse zugrunde zu legen; § 41 ist entsprechend anzuwenden.

d) Gärtnerische Nutzung

§ 59 Bewertungsstichtag

(1) Die durch Anbau von Baumschulgewächsen genutzte Betriebsfläche wird abweichend von § 35 Abs. 1 nach den Verhältnissen an dem 15. September bestimmt, der dem Feststellungszeitpunkt vorangegangen ist.

(2) Die durch Anbau von Gemüse, Blumen und Zierpflanzen genutzte Betriebsfläche wird abweichend von § 35 Abs. 1 nach den Verhältnissen an dem 30. Juni bestimmt, der dem Feststellungszeitpunkt vorangegangen ist.

119

§ 60 Ertragsbedingungen

(1) Bei der Beurteilung der natürlichen Ertragsbedingungen (§ 38 Abs. 2 Nr. 1 Buchstabe a) ist von den Ergebnissen der Bodenschätzung nach dem Bodenschätzungsgesetz auszugehen.

(2) Hinsichtlich der ertragsteigernden Anlagen, insbesondere der überdachten Anbauflächen, sind – abweichend von § 38 Abs. 2 Nr. 2 – die tatsächlichen Verhältnisse des Betriebs zugrunde zu legen.

§ 61 Anwendung des vergleichenden Verfahrens

Das vergleichende Verfahren ist auf Gemüse-, Blumen- und Zierpflanzenbau, auf Obstbau und auf Baumschulen als Nutzungsteile (§ 37 Abs. 1 Satz 2) anzuwenden.

e) Sonstige land- und forstwirtschaftliche Nutzung

§ 62 Arten und Bewertung der sonstigen land- und forstwirtschaftlichen Nutzung

(1) Zur sonstigen land- und forstwirtschaftlichen Nutzung gehören insbesondere

1. die Binnenfischerei,

2. die Teichwirtschaft,

3. die Fischzucht für Binnenfischerei und Teichwirtschaft,

4. die Imkerei,

5. die Wanderschäferei,

6. die Saatzucht.

(2) Für die Arten der sonstigen land- und forstwirtschaftlichen Nutzung werden im vergleichenden Verfahren abweichend von § 38 Abs. 1 keine Vergleichszahlen, sondern unmittelbare Vergleichswerte ermittelt.

III. Bewertungsbeirat, Gutachterausschuß

§ 63 Bewertungsbeirat

(1) Beim Bundesministerium der Finanzen wird ein Bewertungsbeirat gebildet.

(2) Der Bewertungsbeirat gliedert sich in eine landwirtschaftliche Abteilung, eine forstwirtschaftliche Abteilung, eine Weinbauabteilung und eine Gartenbauabteilung. Die Gartenbauabteilung besteht aus Unterabteilungen für Blumen- und Gemüsebau, für Obstbau und für Baumschulen.

(3) Der Bewertungsbeirat übernimmt auch die Befugnisse des Reichsschätzungsbeirats nach dem Bodenschätzungsgesetz.

§ 64 Mitglieder

(1) Dem Bewertungsbeirat gehören an

1. in jeder Abteilung und Unterabteilung:

   a) der Bundesminister der Finanzen oder ein von ihm beauftragter Beamter des Bundesministeriums der Finanzen als Vorsitzender,

   b) ein vom Bundesminister für Ernährung, Landwirtschaft und Forsten beauftragter Beamter des Bundesministeriums für Ernährung, Landwirtschaft und Forsten;

2. in der landwirtschaftlichen Abteilung sieben Mitglieder;

3. in der forstwirtschaftlichen Abteilung und in der Weinbauabteilung je sieben Mitglieder;

4. in der Gartenbauabteilung drei Mitglieder mit allgemeiner Sachkunde, zu denen für jede Unterabteilung zwei weitere Mitglieder mit besonderer Fachkenntnis hinzutreten.

(2) Nach Bedarf können weitere Mitglieder berufen werden.

(3) Die Mitglieder nach Absatz 1 Nr. 2 bis 4 und nach Absatz 2 werden auf Vorschlag des Bundesrates durch den Bundesminister der Finanzen im Einvernehmen mit dem Bundesminister für Ernährung, Landwirtschaft und Forsten berufen. Die Berufung kann mit Zustimmung des Bundesrates zurückgenommen werden. Scheidet eines der nach Absatz 1 Nr. 2 bis 4 berufenen Mitglieder aus, so ist ein neues Mitglied zu berufen. Die Mitglieder müssen sachkundig sein.

(4) Die nach Absatz 3 berufenen Mitglieder haben bei den Verhandlungen des Bewertungsbeirats ohne Rücksicht auf Sonderinteressen nach bestem Wissen und Gewissen zu verfahren. Sie dürfen den Inhalt der Verhandlungen des Bewertungsbeirats sowie die Verhältnisse der Steuerpflichtigen, die ihnen im Zusammenhang mit ihrer Tätigkeit auf Grund dieses Gesetzes bekanntgeworden sind, nicht unbefugt offenbaren und Geheimnisse, insbesondere Betriebs- oder Geschäftsgeheimnisse, nicht unbefugt verwerten. Sie werden bei Beginn ihrer Tätigkeit von dem Vorsitzenden des Bewertungsbeirats durch Handschlag verpflichtet, diese Obliegenheiten gewissenhaft zu erfüllen. Über diese Verpflichtung ist eine Niederschrift aufzunehmen, die von dem Verpflichteten mit unterzeichnet wird. Auf Zuwiderhandlungen sind die Vorschriften über das Steuergeheimnis und die Strafbarkeit seiner Verletzung entsprechend anzuwenden.

§ 65 Aufgaben

Der Bewertungsbeirat hat die Aufgabe, Vorschläge zu machen

1. für die durch besonderes Gesetz festzusetzenden Ertragswerte (§ 40 Abs. 1),

2. für die durch Rechtsverordnung festzusetzenden Vergleichszahlen (§ 39

Abs. 1) und Vergleichswerte (§ 55 Abs. 8) der Hauptbewertungsstützpunkte,

3. für die durch Rechtsverordnung festzusetzenden Normalwerte und Ertragswerte der forstwirtschaftlichen Nutzung für Bewertungsgebiete (§ 55 Abs. 3).

§ 66 Geschäftsführung

(1) Der Vorsitzende führt die Geschäfte des Bewertungsbeirats und leitet die Verhandlungen. Der Bundesminister der Finanzen kann eine Geschäftsordnung für den Bewertungsbeirat erlassen.

(2) Die einzelnen Abteilungen und Unterabteilungen des Bewertungsbeirats sind beschlußfähig, wenn mindestens zwei Drittel der Mitglieder anwesend sind. Bei Abstimmung entscheidet die Stimmenmehrheit, bei Stimmengleichheit die Stimme des Vorsitzenden.

(3) Der Bewertungsbeirat hat seinen Sitz am Sitz des Bundesministeriums der Finanzen. Er hat bei Durchführung seiner Aufgaben die Ermittlungsbefugnisse, die den Finanzämtern nach der Abgabenordnung zustehen.

(4) Die Verhandlungen des Bewertungsbeirats sind nicht öffentlich. Der Bewertungsbeirat kann nach seinem Ermessen Sachverständige hören; § 64 Abs. 4 gilt entsprechend.

§ 67 Gutachterausschuß

(1) Zur Förderung der Gleichmäßigkeit der Bewertung des land- und forstwirtschaftlichen Vermögens in den Ländern, insbesondere durch Bewertung von Landes-Bewertungsstützpunkten, wird bei jeder Oberfinanzdirektion ein Gutachterausschuß gebildet. Bei jedem Gutachterausschuß ist eine landwirtschaftliche Abteilung zu bilden. Weitere Abteilungen können nach Bedarf entsprechend der Gliederung des Bewertungsbeirats (§ 63) gebildet werden.

(2) Die landwirtschaftliche Abteilung des Gutachterausschusses übernimmt auch die Befugnisse des Landesschätzungsbeirats nach dem Bodenschätzungsgesetz.

(3) Dem Gutachterausschuß oder jeder seiner Abteilungen gehören an

1. der Oberfinanzpräsident oder ein von ihm beauftragter Angehöriger seiner Behörde als Vorsitzender,

2. ein von der für die Land- und Forstwirtschaft zuständigen obersten Landesbehörde beauftragter Beamter,

3. fünf sachkundige Mitglieder, die durch die für die Finanzverwaltung zuständige oberste Landesbehörde im Einvernehmen mit der für die Land- und Forstwirtschaft zuständigen obersten Landesbehörde berufen

werden. Die Berufung kann zurückgenommen werden. § 64 Abs. 2 und 4 gilt entsprechend. Die Landesregierungen werden ermächtigt, durch Rechtsverordnung die zuständigen Behörden abweichend von Satz 1 zu bestimmen. Sie können diese Ermächtigung auf oberste Landesbehörden übertragen.

(4) Der Vorsitzende führt die Geschäfte des Gutachterausschusses und leitet die Verhandlungen. Die Verhandlungen sind nicht öffentlich. Für die Beschlußfähigkeit und die Abstimmung gilt § 66 Abs. 2 entsprechend.

C. Grundvermögen

I. Allgemeines

§ 68 Begriff des Grundvermögens

(1) Zum Grundvermögen gehören

1. der Grund und Boden, die Gebäude, die sonstigen Bestandteile und das Zubehör,
2. das Erbbaurecht,
3. das Wohnungseigentum, Teileigentum, Wohnungserbbaurecht und Teilerbbaurecht nach dem Wohnungseigentumsgesetz,

soweit es sich nicht um land- und forstwirtschaftliches Vermögen (§ 33) oder um Betriebsgrundstücke (§ 99) handelt.

(2) In das Grundvermögen sind nicht einzubeziehen

1. die Mineralgewinnungsrechte (§ 100),
2. die Maschinen und sonstigen Vorrichtungen aller Art, die zu einer Betriebsanlage gehören (Betriebsvorrichtungen), auch wenn sie wesentliche Bestandteile sind.

Einzubeziehen sind jedoch die Verstärkungen von Decken und die nicht ausschließlich zu einer Betriebsanlage gehörenden Stützen und sonstigen Bauteile wie Mauervorlagen und Verstrebungen.

§ 69 Abgrenzung des Grundvermögens vom land- und forstwirtschaftlichen Vermögen

(1) Land- und forstwirtschaftlich genutzte Flächen sind dem Grundvermögen zuzurechnen, wenn nach ihrer Lage, den im Feststellungszeitpunkt bestehenden Verwertungsmöglichkeiten oder den sonstigen Umständen anzunehmen ist, daß sie in absehbarer Zeit anderen als land- und forstwirtschaftlichen Zwecken, insbesondere als Bauland, Industrieland oder Land für Verkehrszwecke, dienen werden.

(2) Bildet ein Betrieb der Land- und Forstwirtschaft die Existenzgrundlage des Betriebsinhabers, so sind dem Betriebsinhaber gehörende Flächen, die von einer Stelle aus ordnungsgemäß nachhaltig bewirtschaftet werden,

dem Grundvermögen nur dann zuzurechnen, wenn mit großer Wahrscheinlichkeit anzunehmen ist, daß sie spätestens nach zwei Jahren anderen als land- und forstwirtschaftlichen Zwecken dienen werden.

(3) Flächen sind stets dem Grundvermögen zuzurechnen, wenn sie in einem Bebauungsplan als Bauland festgesetzt sind, ihre sofortige Bebauung möglich ist und die Bebauung innerhalb des Plangebiets in benachbarten Bereichen begonnen hat oder schon durchgeführt ist. Satz 1 gilt nicht für die Hofstelle und für andere Flächen in unmittelbarem räumlichen Zusammenhang mit der Hofstelle bis zu einer Größe von insgesamt einem Hektar.

(4) Absatz 2 findet in den Fällen des § 55 Abs. 5 Satz 1 des Einkommensteuergesetzes keine Anwendung.

§ 70 Grundstück

(1) Jede wirtschaftliche Einheit des Grundvermögens bildet ein Grundstück im Sinne dieses Gesetzes.

(2) Ein Anteil des Eigentümers eines Grundstücks an anderem Grundvermögen (z. B. an gemeinschaftlichen Hofflächen oder Garagen) ist in das Grundstück einzubeziehen, wenn alle Anteile an dem gemeinschaftlichen Grundvermögen Eigentümern von Grundstücken gehören, die ihren Anteil jeweils zusammen mit ihrem Grundstück nutzen. Das gilt nicht, wenn das gemeinschaftliche Grundvermögen nach den Anschauungen des Verkehrs als selbständige wirtschaftliche Einheit anzusehen ist (§ 2 Abs. 1 Satz 3 und 4).

(3) Als Grundstück im Sinne dieses Gesetzes gilt auch ein Gebäude, das auf fremdem Grund und Boden errichtet oder in sonstigen Fällen einem anderen als dem Eigentümer des Grund und Bodens zuzurechnen ist, selbst wenn es wesentlicher Bestandteil des Grund und Bodens geworden ist.

§ 71 Gebäude und Gebäudeteile für den Bevölkerungsschutz

Gebäude, Teile von Gebäuden und Anlagen, die zum Schutz der Bevölkerung sowie lebens- und verteidigungswichtiger Sachgüter vor der Wirkung von Angriffswaffen geschaffen worden sind, bleiben bei der Ermittlung des Einheitswerts außer Betracht, wenn sie im Frieden nicht oder nur gelegentlich oder geringfügig für andere Zwecke benutzt werden.

II. Unbebaute Grundstücke

§ 72 Begriff

(1) Unbebaute Grundstücke sind Grundstücke, auf denen sich keine benutzbaren Gebäude befinden. Die Benutzbarkeit beginnt im Zeitpunkt der Bezugsfertigkeit. Gebäude sind als bezugsfertig anzusehen, wenn den zu-

künftigen Bewohnern oder sonstigen Benutzern zugemutet werden kann,
sie zu benutzen; die Abnahme durch die Bauaufsichtsbehörde ist nicht
entscheidend.

(2) Befinden sich auf einem Grundstück Gebäude, deren Zweckbestimmung und Wert gegenüber der Zweckbestimmung und dem Wert des
Grund und Bodens von untergeordneter Bedeutung sind, so gilt das
Grundstück als unbebaut.

(3) Als unbebautes Grundstück gilt auch ein Grundstück, auf dem infolge der Zerstörung oder des Verfalls der Gebäude auf die Dauer benutzbarer
Raum nicht mehr vorhanden ist.

§ 73 Baureife Grundstücke

(1) Innerhalb der unbebauten Grundstücke bilden die baureifen Grundstücke eine besondere Grundstücksart.

(2) Baureife Grundstücke sind unbebaute Grundstücke, wenn sie in einem Bebauungsplan als Bauland festgesetzt sind, ihre sofortige Bebauung
möglich ist und die Bebauung innerhalb des Plangebiets in benachbarten
Bereichen begonnen hat oder schon durchgeführt ist. Zu den baureifen
Grundstücken gehören nicht Grundstücke, die für den Gemeinbedarf vorgesehen sind.

III. Bebaute Grundstücke

a) Begriff und Bewertung

§ 74 Begriff

Bebaute Grundstücke sind Grundstücke, auf denen sich benutzbare Gebäude befinden, mit Ausnahme der in § 72 Abs. 2 und 3 bezeichneten
Grundstücke. Wird ein Gebäude in Bauabschnitten errichtet, so ist der
fertiggestellte und bezugsfertige Teil als benutzbares Gebäude anzusehen.

§ 75 Grundstücksarten

(1) Bei der Bewertung bebauter Grundstücke sind die folgenden Grundstücksarten zu unterscheiden:

1. Mietwohngrundstücke,
2. Geschäftsgrundstücke,
3. gemischtgenutzte Grundstücke,
4. Einfamilienhäuser,
5. Zweifamilienhäuser,
6. sonstige bebaute Grundstücke.

(2) Mietwohngrundstücke sind Grundstücke, die zu mehr als achtzig
vom Hundert, berechnet nach der Jahresrohmiete (§ 79), Wohnzwecken

4 BewG § 76

dienen mit Ausnahme der Einfamilienhäuser und Zweifamilienhäuser (Absätze 5 und 6).

(3) Geschäftsgrundstücke sind Grundstücke, die zu mehr als achtzig vom Hundert, berechnet nach der Jahresrohmiete (§ 79), eigenen oder fremden gewerblichen oder öffentlichen Zwecken dienen.

(4) Gemischtgenutzte Grundstücke sind Grundstücke, die teils Wohnzwecken, teils eigenen oder fremden gewerblichen oder öffentlichen Zwecken dienen und nicht Mietwohngrundstücke, Geschäftsgrundstücke, Einfamilienhäuser oder Zweifamilienhäuser sind.

(5) Einfamilienhäuser sind Wohngrundstücke, die nur eine Wohnung enthalten. Wohnungen des Hauspersonals (Pförtner, Heizer, Gärtner, Kraftwagenführer, Wächter usw.) sind nicht mitzurechnen. Eine zweite Wohnung steht, abgesehen von Satz 2, dem Begriff „Einfamilienhaus" entgegen, auch wenn sie von untergeordneter Bedeutung ist. Ein Grundstück gilt auch dann als Einfamilienhaus, wenn es zu gewerblichen oder öffentlichen Zwecken mitbenutzt wird und dadurch die Eigenart als Einfamilienhaus nicht wesentlich beeinträchtigt wird.

(6) Zweifamilienhäuser sind Wohngrundstücke, die nur zwei Wohnungen enthalten. Die Sätze 2 bis 4 von Absatz 5 sind entsprechend anzuwenden.

(7) Sonstige bebaute Grundstücke sind solche Grundstücke, die nicht unter die Absätze 2 bis 6 fallen.

§ 76 Bewertung

(1) Der Wert des Grundstücks ist vorbehaltlich des Absatzes 3 im Wege des Ertragswertverfahrens (§§ 78 bis 82) zu ermitteln für

1. Mietwohngrundstücke,

2. Geschäftsgrundstücke,

3. gemischtgenutzte Grundstücke,

4. Einfamilienhäuser,

5. Zweifamilienhäuser.

(2) Für die sonstigen bebauten Grundstücke ist der Wert im Wege des Sachwertverfahrens (§§ 83 bis 90) zu ermitteln.

(3) Das Sachwertverfahren ist abweichend von Absatz 1 anzuwenden

1. bei Einfamilienhäusern und Zweifamilienhäusern, die sich durch besondere Gestaltung oder Ausstattung wesentlich von den nach Absatz 1 zu bewertenden Einfamilienhäusern und Zweifamilienhäusern unterscheiden;

2. bei solchen Gruppen von Geschäftsgrundstücken und in solchen Einzelfällen bebauter Grundstücke der in § 75 Abs. 1 Nr. 1 bis 3 bezeichneten

Grundstücksarten, für die weder eine Jahresrohmiete ermittelt noch die übliche Miete nach § 79 Abs. 2 geschätzt werden kann;

3. bei Grundstücken mit Behelfsbauten und bei Grundstücken mit Gebäuden in einer Bauart oder Bauausführung, für die ein Vervielfältiger (§ 80) in den Anlagen 3 bis 8 nicht bestimmt ist.

§ 77[1] Mindestwert

Der für ein bebautes Grundstück anzusetzende Wert darf nicht geringer sein als der Wert, mit dem der Grund und Boden allein als unbebautes Grundstück zu bewerten wäre. Müssen Gebäude oder Gebäudeteile wegen ihres baulichen Zustands abgebrochen werden, so sind die Abbruchkosten zu berücksichtigen.

b) Verfahren

1. Ertragswertverfahren

§ 78 Grundstückswert

Der Grundstückswert umfaßt den Bodenwert, den Gebäudewert und den Wert der Außenanlagen. Er ergibt sich durch Anwendung eines Vervielfältigers (§ 80) auf die Jahresrohmiete (§ 79) unter Berücksichtigung der §§ 81 und 82.

§ 79 Jahresrohmiete

(1) Jahresrohmiete ist das Gesamtentgelt, das die Mieter (Pächter) für die Benutzung des Grundstücks auf Grund vertraglicher Vereinbarungen nach dem Stand im Feststellungszeitpunkt für ein Jahr zu entrichten haben. Umlagen und alle sonstigen Leistungen des Mieters sind einzubeziehen. Zur Jahresrohmiete gehören auch Betriebskosten (z. B. Gebühren der Gemeinde), die durch die Gemeinde von den Mietern unmittelbar erhoben werden. Nicht einzubeziehen sind Untermietzuschläge, Kosten des Betriebs der zentralen Heizungs-, Warmwasserversorgungs- und Brennstoffversorgungsanlage sowie des Fahrstuhls, ferner alle Vergütungen für außergewöhnliche Nebenleistungen des Vermieters, die nicht die Raumnutzung betreffen (z. B. Bereitstellung von Wasserkraft, Dampfkraft, Preßluft, Kraftstrom und dergleichen), sowie Nebenleistungen des Vermieters, die nur einzelnen Mietern zugute kommen.

(2) Statt des Betrags nach Absatz 1 gilt die übliche Miete als Jahresrohmiete für solche Grundstücke oder Grundstücksteile,

---

[1] **Amtl. Anm.:** Nach Artikel 7 des Steueränderungsgesetzes 1969 vom 18. August 1969 (BGBl. I S. 1211) ist § 77 im Hauptfeststellungszeitraum 1964 in folgender Fassung anzuwenden:
„Der für ein bebautes Grundstück anzusetzende Wert darf nicht geringer sein als 50 vom Hundert des Werts, mit dem der Grund und Boden allein als unbebautes Grundstück zu bewerten wäre."

1. die eigengenutzt, ungenutzt, zu vorübergehendem Gebrauch oder unentgeltlich überlassen sind,

2. die der Eigentümer dem Mieter zu einer um mehr als 20 vom Hundert
von der üblichen Miete abweichenden tatsächlichen Miete überlassen
hat.

Die übliche Miete ist in Anlehnung an die Jahresrohmiete zu schätzen, die
für Räume gleicher oder ähnlicher Art, Lage und Ausstattung regelmäßig
gezahlt wird.

(3) Bei Grundstücken, die

1. *(weggefallen),*

2. *(weggefallen),*

3. nach dem Zweiten Wohnungsbaugesetz in der Fassung der Bekanntmachung vom 14. August 1990 (BGBl. I S. 1730), geändert durch Anlage I
Kapitel XIV Abschnitt II Nr. 5 des Einigungsvertrages vom 31. August
1990 in Verbindung mit Artikel 1 des Gesetzes vom 23. September 1990
(BGBl. 1990 II S. 885, 1126),

4. im Saarland nach

   a) *(weggefallen),*

   b) *(weggefallen),*

   c) dem Wohnungsbaugesetz für das Saarland in der Fassung der Bekanntmachung vom 10. September 1985 (Amtsblatt des Saarlandes
   S. 1185), zuletzt geändert durch Artikel 41 des Gesetzes vom 28. Juni
   1990 (BGBl. I S. 1221),

grundsteuerbegünstigt sind, ist die auf das Grundstück oder den steuerbegünstigten Grundstücksteil entfallende Jahresrohmiete um zwölf vom
Hundert zu erhöhen.

(4) Werden bei Arbeiterwohnstätten Beihilfen nach § 35 des Grundsteu-
ergesetzes gewährt, so ist die Jahresrohmiete des Grundstücks oder des
Grundstücksteils, für den die Beihilfe gewährt wird, um vierzehn vom
Hundert zu erhöhen.

(5) Bei Fortschreibungen und Nachfeststellungen gelten für die Höhe der
Miete die Wertverhältnisse im Hauptfeststellungszeitpunkt.

§ 80 Vervielfältiger

(1) Die Zahl, mit der die Jahresrohmiete zu vervielfachen ist (Vervielfältiger), ist aus den Anlagen 3 bis 8 zu entnehmen. Der Vervielfältiger bestimmt sich nach der Grundstücksart, der Bauart und Bauausführung, dem
Baujahr des Gebäudes sowie nach der Einwohnerzahl der Belegenheitsgemeinde im Hauptfeststellungszeitpunkt. Erstreckt sich ein Grundstück
über mehrere Gemeinden, so ist Belegenheitsgemeinde die Gemeinde, in
der der wertvollste Teil des Grundstücks belegen ist. Bei Umgemeindun-

gen nach dem Hauptfeststellungszeitpunkt sind weiterhin die Einwohnerzahlen zugrunde zu legen, die für die betroffenen Gemeinden oder Gemeindeteile im Hauptfeststellungszeitpunkt maßgebend waren.

(2) Die Landesregierungen werden ermächtigt, durch Rechtsverordnung zu bestimmen, daß Gemeinden oder Gemeindeteile in eine andere Gemeindegrößenklasse eingegliedert werden, als es ihrer Einwohnerzahl entspricht, wenn die Vervielfältiger wegen der besonderen wirtschaftlichen Verhältnisse in diesen Gemeinden oder Gemeindeteilen abweichend festgesetzt werden müssen (z. B. in Kurorten und Randgemeinden).

(3) Ist die Lebensdauer eines Gebäudes gegenüber der nach seiner Bauart und Bauausführung in Betracht kommenden Lebensdauer infolge baulicher Maßnahmen wesentlich verlängert oder infolge nicht behebbarer Baumängel und Bauschäden wesentlich verkürzt, so ist der Vervielfältiger nicht nach dem tatsächlichen Baujahr des Gebäudes, sondern nach dem um die entsprechende Zeit späteren oder früheren Baujahr zu ermitteln.

(4) Befinden sich auf einem Grundstück Gebäude oder Gebäudeteile, die eine verschiedene Bauart oder Bauausführung aufweisen oder die in verschiedenen Jahren bezugsfertig geworden sind, so sind für die einzelnen Gebäude oder Gebäudeteile die nach der Bauart und Bauausführung sowie nach dem Baujahr maßgebenden Vervielfältiger anzuwenden. Können die Werte der einzelnen Gebäude oder Gebäudeteile nur schwer ermittelt werden, so kann für das ganze Grundstück ein Vervielfältiger nach einem durchschnittlichen Baujahr angewendet werden.

§ 81 Außergewöhnliche Grundsteuerbelastung

Weicht im Hauptfeststellungszeitpunkt die Grundsteuerbelastung in einer Gemeinde erheblich von der in den Vervielfältigern berücksichtigten Grundsteuerbelastung ab, so sind die Grundstückswerte in diesen Gemeinden mit Ausnahme der in § 79 Abs. 3 und 4 bezeichneten Grundstücke oder Grundstücksteile bis zu 10 vom Hundert zu ermäßigen oder zu erhöhen. Die Hundertsätze werden durch Rechtsverordnung bestimmt.

§ 82 Ermäßigung und Erhöhung

(1) Liegen wertmindernde Umstände vor, die weder in der Höhe der Jahresrohmiete noch in der Höhe des Vervielfältigers berücksichtigt sind, so ist der sich nach den §§ 78 bis 81 ergebende Grundstückswert zu ermäßigen. Als solche Umstände kommen z. B. in Betracht

1. ungewöhnlich starke Beeinträchtigungen durch Lärm, Rauch oder Gerüche,

2. behebbare Baumängel und Bauschäden und

3. die Notwendigkeit baldigen Abbruchs.

(2) Liegen werterhöhende Umstände vor, die in der Höhe der Jahresrohmiete nicht berücksichtigt sind, so ist der sich nach den §§ 78 bis 81 ergebende Grundstückswert zu erhöhen. Als solche Umstände kommen nur in Betracht

1. die Größe der nicht bebauten Fläche, wenn sich auf dem Grundstück keine Hochhäuser befinden; ein Zuschlag unterbleibt, wenn die gesamte Fläche bei Einfamilienhäusern oder Zweifamilienhäusern nicht mehr als 1500 qm, bei den übrigen Grundstücksarten nicht mehr als das Fünffache der bebauten Fläche beträgt,

2. die nachhaltige Ausnutzung des Grundstücks für Reklamezwecke gegen Entgelt.

(3) Die Ermäßigung nach Absatz 1 Nr. 1 und 2 oder die Erhöhung nach Absatz 2 darf insgesamt dreißig vom Hundert des Grundstückswerts (§§ 78 bis 81) nicht übersteigen. Treffen die Voraussetzungen für die Ermäßigung nach Absatz 1 Nr. 1 und 2 und für die Erhöhung nach Absatz 2 zusammen, so ist der Höchstsatz nur auf das Ergebnis des Ausgleichs anzuwenden.

2. Sachwertverfahren

§ 83 Grundstückswert

Bei der Ermittlung des Grundstückswertes ist vom Bodenwert (§ 84), vom Gebäudewert (§§ 85 bis 88) und vom Wert der Außenanlagen (§ 89) auszugehen (Ausgangswert). Der Ausgangswert ist an den gemeinen Wert anzugleichen (§ 90).

§ 84 Bodenwert

Der Grund und Boden ist mit dem Wert anzusetzen, der sich ergeben würde, wenn das Grundstück unbebaut wäre.

§ 85 Gebäudewert

Bei der Ermittlung des Gebäudewertes ist zunächst ein Wert auf der Grundlage von durchschnittlichen Herstellungskosten nach den Baupreisverhältnissen des Jahres 1958 zu errechnen. Dieser Wert ist nach den Baupreisverhältnissen im Hauptfeststellungszeitpunkt umzurechnen (Gebäudenormalherstellungswert). Der Gebäudenormalherstellungswert ist wegen des Alters des Gebäudes im Hauptfeststellungszeitpunkt (§ 86) und wegen etwa vorhandener baulicher Mängel und Schäden (§ 87) zu mindern (Gebäudesachwert). Der Gebäudesachwert kann in besonderen Fällen ermäßigt oder erhöht werden (§ 88).

§ 86 Wertminderung wegen Alters

(1) Die Wertminderung wegen Alters bestimmt sich nach dem Alter des Gebäudes im Hauptfeststellungszeitpunkt und der gewöhnlichen Lebens-

dauer von Gebäuden gleicher Art und Nutzung. Sie ist in einem Hundert-satz des Gebäudenormalherstellungswertes auszudrücken. Dabei ist von einer gleichbleibenden jährlichen Wertminderung auszugehen.

(2) Als Alter des Gebäudes gilt die Zeit zwischen dem Beginn des Jahres, in dem das Gebäude bezugsfertig geworden ist, und dem Hauptfeststel-lungszeitpunkt.

(3) Als Wertminderung darf insgesamt kein höherer Betrag abgesetzt werden, als sich bei einem Alter von 70 vom Hundert der Lebensdauer ergibt. Dieser Betrag kann nur überschritten werden, wenn eine außerge-wöhnliche Wertminderung vorliegt.

(4) Ist die restliche Lebensdauer eines Gebäudes infolge baulicher Maß-nahmen verlängert, so ist der nach dem tatsächlichen Alter errechnete Hundertsatz entsprechend zu mindern.

§ 87 Wertminderung wegen baulicher Mängel und Schäden

Für bauliche Mängel und Schäden, die weder bei der Ermittlung des Gebäudenormalherstellungswertes noch bei der Wertminderung wegen Alters berücksichtigt worden sind, ist ein Abschlag zu machen. Die Höhe des Abschlags richtet sich nach Bedeutung und Ausmaß der Mängel und Schäden.

§ 88 Ermäßigung und Erhöhung

(1) Der Gebäudesachwert kann ermäßigt oder erhöht werden, wenn Umstände tatsächlicher Art vorliegen, die bei seiner Ermittlung nicht be-rücksichtigt worden sind.

(2) Eine Ermäßigung kann insbesondere in Betracht kommen, wenn Gebäude wegen der Lage des Grundstücks, wegen unorganischen Aufbaus oder wirtschaftlicher Überalterung in ihrem Wert gemindert sind.

(3) Ein besonderer Zuschlag ist zu machen, wenn ein Grundstück nach-haltig gegen Entgelt für Reklamezwecke genutzt wird.

§ 89 Wert der Außenanlagen

Der Wert der Außenanlagen (z. B. Umzäunungen, Wege- oder Platzbe-festigungen) ist aus durchschnittlichen Herstellungskosten nach den Bau-preisverhältnissen des Jahres 1958 zu errechnen und nach den Baupreisver-hältnissen im Hauptfeststellungszeitpunkt umzurechnen. Dieser Wert ist wegen des Alters der Außenanlagen im Hauptfeststellungszeitpunkt und wegen etwaiger baulicher Mängel und Schäden zu mindern; die Vorschrif-ten der §§ 86 bis 88 gelten sinngemäß.

§ 90 Angleichung an den gemeinen Wert

(1) Der Ausgangswert (§ 83) ist durch Anwendung einer Wertzahl an den gemeinen Wert anzugleichen.

(2) Die Wertzahlen werden durch Rechtsverordnung unter Berücksichtigung der wertbeeinflussenden Umstände, insbesondere der Zweckbestimmung und Verwendbarkeit der Grundstücke innerhalb bestimmter Wirtschaftszweige und der Gemeindegrößen, im Rahmen von 85 bis 50 vom Hundert des Ausgangswertes festgesetzt. Dabei können für einzelne Grundstücksarten oder Grundstücksgruppen oder Untergruppen in bestimmten Gebieten, Gemeinden oder Gemeindeteilen besondere Wertzahlen festgesetzt werden, wenn es die örtlichen Verhältnisse auf dem Grundstücksmarkt erfordern.

IV. Sondervorschriften

§ 91 Grundstücke im Zustand der Bebauung

(1) Bei Grundstücken, die sich am Feststellungszeitpunkt im Zustand der Bebauung befinden, bleiben die nicht bezugsfertigen Gebäude oder Gebäudeteile (z. B. Anbauten oder Zubauten) bei der Ermittlung des Wertes außer Betracht.

(2) Ist ein Grundstück im Zustand der Bebauung bei der Ermittlung des Gesamtwertes eines gewerblichen Betriebes, bei der Bewertung des Gesamtvermögens oder bei der Bewertung des Inlandsvermögens anzusetzen, so ist für diese Zwecke ein besonderer Einheitswert festzustellen. Dabei ist zu dem Wert nach Absatz 1 für die nicht bezugsfertigen Gebäude oder Gebäudeteile ein Betrag hinzuzurechnen, der nach dem Grad ihrer Fertigstellung dem Gebäudewertanteil entspricht, mit dem sie im späteren Einheitswert enthalten sein werden. Der besondere Einheitswert darf den Einheitswert für das Grundstück nach Fertigstellung der Gebäude nicht übersteigen.

§ 92 Erbbaurecht

(1) Ist ein Grundstück mit einem Erbbaurecht belastet, so ist sowohl für die wirtschaftliche Einheit des Erbbaurechts als auch für die wirtschaftliche Einheit des belasteten Grundstücks jeweils ein Einheitswert festzustellen. Bei der Ermittlung der Einheitswerte ist von einem Gesamtwert auszugehen, der für den Grund und Boden einschließlich der Gebäude und Außenanlagen festzustellen wäre, wenn die Belastung nicht bestünde. Wird der Gesamtwert nach den Vorschriften über die Bewertung der bebauten Grundstücke ermittelt, so gilt jede wirtschaftliche Einheit als bebautes Grundstück der Grundstücksart, von der bei der Ermittlung des Gesamtwerts ausgegangen wird.

(2) Beträgt die Dauer des Erbbaurechts in dem für die Bewertung maßgebenden Zeitpunkt noch 50 Jahre oder mehr, so entfällt der Gesamtwert (Absatz 1) allein auf die wirtschaftliche Einheit des Erbbaurechts.

(3) Beträgt die Dauer des Erbbaurechts in dem für die Bewertung maßgebenden Zeitpunkt weniger als 50 Jahre, so ist der Gesamtwert (Absatz 1)

entsprechend der restlichen Dauer des Erbbaurechts zu verteilen. Dabei entfallen auf

1. die wirtschaftliche Einheit des Erbbaurechts:

der Gebäudewert und ein Anteil am Bodenwert;
dieser beträgt bei einer Dauer des Erbbaurechts

unter 50 bis zu 40 Jahren	95 vom Hundert,
unter 40 bis zu 35 Jahren	90 vom Hundert,
unter 35 bis zu 30 Jahren	85 vom Hundert,
unter 30 bis zu 25 Jahren	80 vom Hundert,
unter 25 bis zu 20 Jahren	70 vom Hundert,
unter 20 bis zu 15 Jahren	60 vom Hundert,
unter 15 bis zu 10 Jahren	45 vom Hundert,
unter 10 bis zu 5 Jahren	25 vom Hundert,
unter 5 Jahren	0 vom Hundert;

2. die wirtschaftliche Einheit des belasteten Grundstücks:

der Anteil am Bodenwert, der nach Abzug des in Nummer 1 genannten Anteils verbleibt.

Abweichend von den Nummern 1 und 2 ist in die wirtschaftliche Einheit des belasteten Grundstücks ein Anteil am Gebäudewert einzubeziehen, wenn besondere Vereinbarungen es rechtfertigen. Das gilt insbesondere, wenn bei Erlöschen des Erbbaurechts durch Zeitablauf der Eigentümer des belasteten Grundstücks keine dem Gebäudewert entsprechende Entschädigung zu leisten hat. Geht das Eigentum an dem Gebäude bei Erlöschen des Erbbaurechts durch Zeitablauf entschädigungslos auf den Eigentümer des belasteten Grundstücks über, so ist der Gebäudewert entsprechend der in den Nummern 1 und 2 vorgesehenen Verteilung des Bodenwertes zu verteilen. Beträgt die Entschädigung für das Gebäude beim Übergang nur einen Teil des Gebäudewertes, so ist der dem Eigentümer des belasteten Grundstücks entschädigungslos zufallende Anteil entsprechend zu verteilen. Eine in der Höhe des Erbbauzinses zum Ausdruck kommende Entschädigung für den Gebäudewert bleibt außer Betracht. Der Wert der Außenanlagen wird wie der Gebäudewert behandelt.

(4) Hat sich der Erbbauberechtigte durch Vertrag mit dem Eigentümer des belasteten Grundstücks zum Abbruch des Gebäudes bei Beendigung des Erbbaurechts verpflichtet, so ist dieser Umstand durch einen entsprechenden Abschlag zu berücksichtigen; der Abschlag unterbleibt, wenn vorauszusehen ist, daß das Gebäude trotz der Verpflichtung nicht abgebrochen werden wird.

(5) Das Recht auf den Erbbauzins ist nicht als Bestandteil des Grundstücks zu berücksichtigen, sondern bei der Ermittlung des sonstigen Vermögens oder des Betriebsvermögens des Eigentümers des belasteten Grundstücks anzusetzen. Dementsprechend ist die Verpflichtung zur Zah-

lung des Erbbauzinses nicht bei der Bewertung des Erbbaurechts zu berücksichtigen, sondern bei der Ermittlung des Gesamtvermögens (Inlandsvermögens) oder des Betriebsvermögens des Erbbauberechtigten abzuziehen.

(6) Bei Wohnungserbbaurechten oder Teilerbbaurechten ist der Gesamtwert (Absatz 1) in gleicher Weise zu ermitteln, wie wenn es sich um Wohnungseigentum oder um Teileigentum handeln würde. Die Verteilung des Gesamtwertes erfolgt entsprechend Absatz 3.

(7) Wertfortschreibungen für die wirtschaftlichen Einheiten des Erbbaurechts und des belasteten Grundstücks sind abweichend von § 22 Abs. 1 Nr. 1 nur vorzunehmen, wenn der Gesamtwert, der sich für den Beginn eines Kalenderjahres ergibt, vom Gesamtwert des letzten Feststellungszeitpunkts um das in § 22 Abs. 1 Nr. 1 bezeichnete Ausmaß abweicht. § 30 Nr. 1 ist entsprechend anzuwenden. Bei einer Änderung der Verteilung des Gesamtwerts nach Absatz 3 sind die Einheitswerte für die wirtschaftlichen Einheiten des Erbbaurechts und des belasteten Grundstücks ohne Beachtung von Wertfortschreibungsgrenzen fortzuschreiben.

§ 93 Wohnungseigentum und Teileigentum

(1) Jedes Wohnungseigentum und Teileigentum bildet eine wirtschaftliche Einheit. Für die Bestimmung der Grundstücksart (§ 75) ist die Nutzung des auf das Wohnungseigentum und Teileigentum entfallenden Gebäudeteils maßgebend. Die Vorschriften der §§ 76 bis 91 finden Anwendung, soweit sich nicht aus den Absätzen 2 und 3 etwas anderes ergibt.

(2) Das zu mehr als achtzig vom Hundert Wohnzwecken dienende Wohnungseigentum ist im Wege des Ertragswertverfahrens nach den Vorschriften zu bewerten, die für Mietwohngrundstücke maßgebend sind. Wohnungseigentum, das zu nicht mehr als achtzig vom Hundert, aber zu nicht weniger als zwanzig vom Hundert Wohnzwecken dient, ist im Wege des Ertragswertverfahrens nach den Vorschriften zu bewerten, die für gemischtgenutzte Grundstücke maßgebend sind.

(3) Entsprechen die im Grundbuch eingetragenen Miteigentumsanteile an dem gemeinschaftlichen Eigentum nicht dem Verhältnis der Jahresrohmiete zueinander, so kann dies bei der Feststellung des Wertes entsprechend berücksichtigt werden. Sind einzelne Räume, die im gemeinschaftlichen Eigentum stehen, vermietet, so ist ihr Wert nach den im Grundbuch eingetragenen Anteilen zu verteilen und bei den einzelnen wirtschaftlichen Einheiten zu erfassen.

§ 94 Gebäude auf fremdem Grund und Boden

(1) Bei Gebäuden auf fremden Grund und Boden ist der Bodenwert dem Eigentümer des Grund und Bodens und der Gebäudewert dem wirtschaftlichen Eigentümer des Gebäudes zuzurechnen. Außenanlagen (z. B. Um-

zäunungen, Wegebefestigungen), auf die sich das wirtschaftliche Eigentum am Gebäude erstreckt, sind unbeschadet der Vorschriften in § 68 Abs. 2 in die wirtschaftliche Einheit des Gebäudes einzubeziehen. Für die Grundstücksart des Gebäudes ist § 75 maßgebend; der Grund und Boden, auf dem das Gebäude errichtet ist, gilt als bebautes Grundstück derselben Grundstücksart.

(2) Für den Grund und Boden ist der Wert nach den für unbebaute Grundstücke geltenden Grundsätzen zu ermitteln; beeinträchtigt die Nutzungsbehinderung, welche sich aus dem Vorhandensein des Gebäudes ergibt, den Wert, so ist dies zu berücksichtigen.

(3) Die Bewertung der Gebäude erfolgt nach § 76. Wird das Gebäude nach dem Ertragswertverfahren bewertet, so ist von dem sich nach den §§ 78 bis 80 ergebenden Wert der auf den Grund und Boden entfallende Anteil abzuziehen. Ist vereinbart, daß das Gebäude nach Ablauf der Miet- oder Pachtzeit abzubrechen ist, so ist dieser Umstand durch einen entsprechenden Abschlag zu berücksichtigen; der Abschlag unterbleibt, wenn vorauszusehen ist, daß das Gebäude trotz der Verpflichtung nicht abgebrochen werden wird.

D. Betriebsvermögen

[Alte Fassung bis 31. 12. 1992]

§ 95 Begriff des Betriebsvermögens

(1) Zum Betriebsvermögen gehören alle Teile einer wirtschaftlichen Einheit, die dem Betrieb eines Gewerbes als Hauptzweck dient, soweit die Wirtschaftsgüter dem Betriebsinhaber gehören (gewerblicher Betrieb).

(2) Als Gewerbe im Sinn des Gesetzes gilt auch die gewerbliche Bodenbewirtschaftung, z. B. der Bergbau und die Gewinnung von Torf, Steinen und Erden.

(3) Als Gewerbe gilt unbeschadet des § 97 nicht die Land- und Forstwirtschaft, wenn sie den Hauptzweck des Unternehmens bildet.

[Neue Fassung ab 1. 1. 1993]

§ 95 Begriff des Betriebsvermögens

(1) Das Betriebsvermögen umfaßt alle Teile eines Gewerbebetriebs im Sinne des § 15 Abs. 1 und 2 des Einkommensteuergesetzes, die bei der steuerlichen Gewinnermittlung zum Betriebsvermögen gehören; § 92 Abs. 5 sowie §§ 99 und 100 bleiben unberührt. Ausgleichsposten im Falle der Organschaft sind nicht anzusetzen.

(2) Als Gewerbebetrieb gilt unbeschadet des § 97 nicht die Land- und Forstwirtschaft, wenn sie den Hauptzweck des Unternehmens bildet.

(3) § 20 Satz 2 erster Halbsatz gilt nicht bei der Ermittlung von Einheitswerten des Betriebsvermögens.

§ 96 Freie Berufe

[Fassung bis 31. 12. 1992]   *[Fassung ab 1. 1. 1993]*

(1) Dem Betrieb eines Gewerbes im Sinne dieses Gesetzes steht die Ausübung eines freien Berufes im Sinne des § 18 Abs. 1 Nr. 1 des Einkommensteuergesetzes gleich. Das gilt nicht für eine selbständig ausgeübte künstlerische oder wissenschaftliche Tätigkeit, die sich auf schöpferische oder forschende Tätigkeit, Lehr-, Vortrags- und Prüfungstätigkeit oder auf schriftstellerische Tätigkeit beschränkt. § 97 bleibt unberührt.

Dem Gewerbebetrieb steht die Ausübung eines freien Berufs im Sinne des § 18 Abs. 1 Nr. 1 des Einkommensteuergesetzes gleich; dies gilt auch für die Tätigkeit als Einnehmer einer staatlichen Lotterie, soweit die Tätigkeit nicht schon im Rahmen eines Gewerbebetriebs ausgeübt wird.

(2) Dem Betrieb eines Gewerbes steht die Tätigkeit als Einnehmer einer staatlichen Lotterie gleich, soweit die Tätigkeit nicht schon im Rahmen eines Gewerbebetriebes ausgeübt wird.

§ 97 Betriebsvermögen von Körperschaften, Personenvereinigungen und Vermögensmassen

(1) Einen *gewerblichen Betrieb* [**ab 1. 1. 1993:** Gewerbebetrieb] bilden insbesondere alle Wirtschaftsgüter, die den folgenden Körperschaften, Personenvereinigungen und Vermögensmassen gehören, wenn diese ihre Geschäftsleitung oder ihren Sitz im Inland haben:

1. Kapitalgesellschaften (Aktiengesellschaften, Kommanditgesellschaften auf Aktien, Gesellschaften mit beschränkter Haftung, *Kolonialgesellschaften,*[1] bergrechtliche Gewerkschaften);

2. Erwerbs- und Wirtschaftsgenossenschaften;

3. Versicherungsvereinen auf Gegenseitigkeit;

4. Kreditanstalten des öffentlichen Rechts;

[Alte Fassung bis 31. 12. 1992]

5. a) offenen Handelsgesellschaften, Kommanditgesellschaften und ähnlichen Gesellschaften, bei denen die Gesellschafter als Unternehmer (Mitunternehmer) anzusehen sind,

   b)[2] Personengesellschaften, die keine Tätigkeit im Sinne des § 15 Abs. 1

---

[1] Aufgehoben mit Wirkung ab 1. 1. 1993.
[2] Zur Anwendung von § 97 Abs. 1 Nr. 5 Buchst. b vgl. § 124 Satz 2 (alte Fassung) und § 124 Abs. 3 (neue Fassung).

Nr. 1 des Einkommensteuergesetzes ausüben und bei denen ausschließlich eine oder mehrere Kapitalgesellschaften persönlich haftende Gesellschafter sind und nur diese oder Personen, die nicht Gesellschafter sind, zur Geschäftsführung befugt sind (gewerblich geprägte Personengesellschaft). Ist eine gewerblich geprägte Personengesellschaft als persönlich haftender Gesellschafter an einer anderen Personengesellschaft beteiligt, so steht für die Beurteilung, ob die Tätigkeit dieser Personengesellschaft als Gewerbebetrieb gilt, die gewerblich geprägte Personengesellschaft einer Kapitalgesellschaft gleich.

Zu dem gewerblichen Betrieb einer Gesellschaft im Sinne der Buchstaben a und b gehören auch die Wirtschaftsgüter, die im Eigentum eines, mehrerer oder aller beteiligten Gesellschafter stehen und dem Betrieb der Gesellschaft oder der Mitunternehmerstellung der Gesellschafter in der Gesellschaft dienen; diese Zurechnung geht Zurechnungen nach den Buchstaben a und b, den Nummern 1 bis 4 und § 95 vor.[1] Das gilt auch für Forderungen und Schulden zwischen der Gesellschaft und einem Gesellschafter, soweit es sich nicht um Forderungen und Schulden aus dem regelmäßigen Geschäftsverkehr zwischen der Gesellschaft und einem Gesellschafter oder aus der kurzfristigen Überlassung von Geldbeträgen an die Gesellschaft oder einen Gesellschafter handelt.[1]

§ 34 Abs. 6 a und § 51 a bleiben unberührt.

[Neue Fassung ab 1. 1. 1993]

5. Gesellschaften im Sinne des § 15 Abs. 3 des Einkommensteuergesetzes.

(2) Einen *gewerblichen Betrieb* **[ab 1. 1. 1993:** Gewerbebetrieb] bilden auch die Wirtschaftsgüter, die den sonstigen juristischen Personen des privaten Rechts, den nichtrechtsfähigen Vereinen, Anstalten, Stiftungen und anderen Zweckvermögen gehören, soweit sie einem wirtschaftlichen Geschäftsbetrieb (ausgenommen Land- und Forstwirtschaft) dienen.

(3) Bei allen Körperschaften, Personenvereinigungen und Vermögensmassen, die weder ihre Geschäftsleitung noch ihren Sitz im Inland haben, bilden nur die Wirtschaftsgüter einen *gewerblichen Betrieb* **[ab 1. 1. 1993:** Gewerbebetrieb], die zum inländischen Betriebsvermögen gehören (§ 121 Abs. 2 Nr. 3).

§ 98 Arbeitsgemeinschaften

Die Vorschrift des § 97 Abs. 1 Nr. 5 gilt nicht für Arbeitsgemeinschaften, deren alleiniger Zweck sich auf die Erfüllung eines einzigen Werkvertrags oder Werklieferungsvertrags beschränkt, es sei denn, daß bei Abschluß des Vertrags anzunehmen ist, daß er nicht innerhalb von drei Jahren

---

[1] Zur Anwendung von § 97 Abs. 1 Nr. 5 Satz 2 und 3 vgl. § 124 Satz 3 (alte Fassung).

erfüllt wird. Die Wirtschaftsgüter, die den Arbeitsgemeinschaften gehören, werden anteilig den Betrieben der Beteiligten zugerechnet.

[Alte Fassung bis 31. 12. 1992]

§ 98a Bewertungsgrundsätze

Der Einheitswert des Betriebsvermögens wird in der Weise ermittelt, daß die Summe der Werte, die für die zu dem gewerblichen Betrieb gehörenden Wirtschaftsgüter (Rohbetriebsvermögen) ermittelt sind, um die Summe der Schulden des Betriebs (§ 103) und der sonstigen nach diesem Gesetz zulässigen Abzüge gekürzt wird. Dabei ist auch der bei der steuerlichen Gewinnermittlung nach § 5 Abs. 4 Satz 2 des Einkommensteuergesetzes angesetzte Aufwand für Zölle und Steuern zu berücksichtigen.

[Neue Fassung ab 1. 1. 1993]

§ 98a Bewertungsgrundsätze

Der Einheitswert des Betriebsvermögens wird in der Weise ermittelt, daß die Summe der Werte, die für die zu dem Gewerbebetrieb gehörenden Wirtschaftsgüter und sonstigen aktiven Ansätze (Rohbetriebsvermögen) ermittelt sind, um die Summe der Betriebsschulden (§ 103) und der sonstigen nach diesem Gesetz zulässigen Abzüge gekürzt wird. Die §§ 4 bis 8 sind nicht anzuwenden.

§ 99 Betriebsgrundstücke

(1) Betriebsgrundstück im Sinne dieses Gesetzes ist der zu einem gewerblichen Betrieb gehörige Grundbesitz, soweit er, losgelöst von seiner Zugehörigkeit zu dem *gewerblichen Betrieb* [ab 1. 1. 1993: Gewerbebetrieb],

1. zum Grundvermögen gehören würde oder

2. einen Betrieb der Land- und Forstwirtschaft bilden würde.

(2) Dient das Grundstück, das, losgelöst von dem *gewerblichen Betrieb* [ab 1. 1. 1993: Gewerbebetrieb], zum Grundvermögen gehören würde, zu mehr als der Hälfte seines Werts dem *gewerblichen Betrieb* [ab 1. 1. 1993: Gewerbebetrieb], so gilt das ganze Grundstück als Teil des *gewerblichen Betriebs* [ab 1. 1. 1993: Gewerbebetriebs] und als Betriebsgrundstück. Dient das Grundstück nur zur Hälfte seines Werts oder zu einem geringeren Teil dem *gewerblichen Betrieb* [ab 1. 1. 1993: Gewerbebetrieb], so gehört das ganze Grundstück zum Grundvermögen. Ein Grundstück, an dem neben dem Betriebsinhaber noch andere Personen beteiligt sind, gilt auch hinsichtlich des Anteils des Betriebsinhabers nicht als Betriebsgrundstück. Abweichend von den Sätzen 1 bis 3 gehört der Grundbesitz der in § 97 Abs. 1 bezeichneten inländischen Körperschaften, Personenvereinigungen und Vermögensmassen stets zu den Betriebsgrundstücken.

(3) Betriebsgrundstücke im Sinne des Absatzes 1 Nr. 1 sind wie Grundvermögen, Betriebsgrundstücke im Sinne des Absatzes 1 Nr. 2 wie land- und forstwirtschaftliches Vermögen zu bewerten.

§ 100 Mineralgewinnungsrechte

(1) Bei Bodenschätzen, die nur auf Grund staatlicher Verleihung oder auf Grund eines übertragenen ausschließlichen Rechts des Staates aufgesucht und gewonnen werden können, ist das verliehene oder das auf Grund der staatlichen Erlaubnis zur Ausübung überlassene Mineralgewinnungsrecht als selbständiges Wirtschaftsgut mit dem gemeinen Wert zu bewerten.

(2) Bei Bodenschätzen, die ohne besondere staatliche Verleihung bereits auf Grund des Eigentums am Grundstück aufgesucht und gewonnen werden können, ist die aus dem Eigentum fließende Berechtigung zur Gewinnung der Bodenschätze wie ein Mineralgewinnungsrecht mit dem gemeinen Wert zu bewerten, sobald mit der Aufschließung der Lagerstätte begonnen oder die Berechtigung in sonstiger Weise als selbständiges Wirtschaftsgut zum Zwecke einer nachhaltigen gewerblichen Nutzung in den Verkehr gebracht worden ist.

§ 101 Nicht zum Betriebsvermögen gehörige Wirtschaftsgüter

Zum Betriebsvermögen gehören nicht:

1. die Wirtschaftsgüter, die nach den Vorschriften des Vermögensteuergesetzes oder anderer Gesetze von der Vermögensteuer befreit sind;
2. die Erfindungen, Urheberrechte sowie Originale urheberrechtlich geschützter Werke, die nach § 110 Abs. 1 Nr. 5 nicht zum sonstigen Vermögen gehören. Diensterfindungen gehören nur in dem Umfang zum Betriebsvermögen des Arbeitgebers, in dem sie von diesem in Lizenz vergeben oder in sonstiger Weise einem Dritten gegen Entgelt zur Ausnutzung überlassen werden;
3. Ansprüche der in § 111 Nr. 5 bezeichneten Art;
4. *der Geschäfts- oder Firmenwert, soweit er nicht entgeltlich erworben worden ist;*[1]
5.[1] Kunstgegenstände und Handschriften, die nach § 110 Abs. 1 Nr. 12 Satz 3 nicht zum sonstigen Vermögen gehören und nicht zur Veräußerung bestimmt sind.

§ 102 Vergünstigung für Schachtelgesellschaften

(1) Ist eine inländische Kapitalgesellschaft, eine inländische Kreditanstalt des öffentlichen Rechts, ein inländischer Gewerbebetrieb im Sinne des Gewerbesteuergesetzes von juristischen Personen des öffentlichen Rechts, eine inländische Erwerbs- und Wirtschaftsgenossenschaft, eine unter Staatsaufsicht stehende Sparkasse oder ein inländischer Versicherungsverein auf Gegenseitigkeit an dem Grund- oder Stammkapital einer anderen inländi-

---

[1] § 101 Nr. 4 aufgehoben, bish. Nr. 5 wird Nr. 4 mit Wirkung ab 1. 1. 1993.

schen Kapitalgesellschaft, einer anderen inländischen Kreditanstalt des öffentlichen Rechts oder an den Geschäftsguthaben einer anderen inländischen Erwerbs- und Wirtschaftsgenossenschaft mindestens zu einem Zehntel unmittelbar beteiligt, so gehört die Beteiligung insoweit nicht zum gewerblichen Betrieb, als sie ununterbrochen seit mindestens 12 Monaten vor dem maßgebenden Abschlußzeitpunkt (§ 106) besteht. Ist ein Grund- oder Stammkapital nicht vorhanden, so ist die Beteiligung an dem Vermögen, bei Erwerbs- und Wirtschaftsgenossenschaften die Beteiligung an der Summe der Geschäftsguthaben, maßgebend.

(2) Ist eine inländische Kapitalgesellschaft, eine inländische Kreditanstalt des öffentlichen Rechts, ein inländischer Gewerbebetrieb im Sinne des Gewerbesteuergesetzes von juristischen Personen des öffentlichen Rechts, eine inländische Erwerbs- und Wirtschaftsgenossenschaft, eine unter Staatsaufsicht stehende Sparkasse oder ein inländischer Versicherungsverein auf Gegenseitigkeit an dem Nennkapital einer Kapitalgesellschaft mit Geschäftsleitung und Sitz außerhalb des Geltungsbereichs dieses Gesetzes (Tochtergesellschaft), die in dem Wirtschaftsjahr, das mit dem maßgebenden Abschlußzeitpunkt (§ 106) der Muttergesellschaft endet oder ihm vorangeht, ihre Bruttoerträge ausschließlich oder fast ausschließlich aus unter § 8 Abs. 1 Nr. 1 bis 6 des Außensteuergesetzes vom 8. September 1972 (BGBl. I S. 1713), *zuletzt geändert durch Anlage I Kapitel IV Sachgebiet B Abschnitt II Nr. 23 des Einigungsvertrages vom 31. August 1990 in Verbindung mit Artikel 1 des Gesetzes vom 23. September 1990 (BGBl. 1990 II S. 885, 978)* [**ab 1. 1. 1993:** zuletzt geändert durch Artikel 17 des Gesetzes vom 25. Februar 1992 (BGBl. I S. 297)], fallenden Tätigkeiten oder aus unter § 8 Abs. 2 des Außensteuergesetzes fallenden Beteiligungen bezieht, mindestens zu einem Zehntel unmittelbar beteiligt, so gehört die Beteiligung auf Antrag insoweit nicht zum *gewerblichen Betrieb* [**ab 1. 1. 1993:** Gewerbebetrieb], als sie ununterbrochen seit mindestens 12 Monaten vor dem maßgebenden Abschlußzeitpunkt (§ 106) besteht. Das gleiche gilt auf Antrag der Muttergesellschaft für den Teil des Wertes ihrer Beteiligung an der Tochtergesellschaft, der dem Verhältnis des Wertes der Beteiligung an einer Enkelgesellschaft im Sinne des § 26 Abs. 5 des Körperschaftsteuergesetzes zum gesamten Wert des Betriebsvermögens der Tochtergesellschaft entspricht, wenn die Enkelgesellschaft in dem Wirtschaftsjahr, das mit dem maßgebenden Abschlußzeitpunkt (§ 106) der Muttergesellschaft endet oder ihm vorangeht, ihre Bruttoerträge ausschließlich oder fast ausschließlich aus unter § 8 Abs. 1 Nr. 1 bis 6 des Außensteuergesetzes fallenden Tätigkeiten oder aus unter § 8 Abs. 2 Nr. 1 des Außensteuergesetzes fallenden Beteiligungen bezieht; die Vorschriften des Bewertungsgesetzes sind für die Bewertung der Wirtschaftsgüter der Tochtergesellschaft entsprechend anzuwenden. Die vorstehenden Vorschriften sind nur anzuwenden, wenn der Steuerpflichtige nachweist, daß alle Voraussetzungen erfüllt sind.

(3) Gehören Beteiligungen an einer ausländischen Gesellschaft nach einem Abkommen zur Vermeidung der Doppelbesteuerung unter der Voraussetzung einer Mindestbeteiligung nicht zum *gewerblichen Betrieb* [**ab 1. 1. 1993:** Gewerbebetrieb], so gilt dies ungeachtet der im Abkommen vereinbarten Mindestbeteiligung, wenn die Beteiligung mindestens ein Zehntel beträgt.

[Alte Fassung bis 31. 12. 1992]

§ 103 Betriebsschulden

(1) Schulden werden nur insoweit abgezogen, als sie mit der Gesamtheit oder einzelnen Teilen des gewerblichen Betriebs in wirtschaftlichem Zusammenhang stehen.

(2) Von dem Rohvermögen sind bei Versicherungsunternehmen versicherungstechnische Rücklagen abzuziehen, soweit sie für die Leistungen aus den laufenden Versicherungsverträgen erforderlich sind.

[Neue Fassung ab 1. 1. 1993]

§ 103 Betriebsschulden

(1) Schulden werden abgezogen, soweit sie mit der Gesamtheit oder einzelnen Teilen des Gewerbebetriebs in wirtschaftlichem Zusammenhang stehen.

(2) Weist ein Gesellschafter in der Steuerbilanz Gewinnansprüche gegen eine von ihm beherrschte Gesellschaft aus, ist bei dieser ein Schuldposten in entsprechender Höhe abzuziehen.

(3) Rücklagen sind nur insoweit abzugsfähig, als ihr Abzug bei der Einheitsbewertung des Betriebsvermögens durch Gesetz ausdrücklich zugelassen ist.

§ 103a[1,2] **Rückstellungen für Preisnachlässe, für Wechselhaftung und für Jubiläumszuwendungen**

Rückstellungen für Preisnachlässe und für Wechselhaftung sind abzugsfähig. *Rückstellungen für die Verpflichtung zu einer Zuwendung anläßlich eines Dienstjubiläums sind nur abzugsfähig, soweit die versprochene Zuwendung dem Berechtigten für jeden Fall der vorzeitigen Beendigung des Dienstverhältnisses zusteht und die Zusage rechtsverbindlich in schriftlicher Form erteilt ist.* [**Ab 1. 1. 1994:** Rückstellungen für die Verpflichtung zu einer Zuwendung anläßlich eines Dienstjubiläums sind nur abzugsfähig, wenn das Dienstverhältnis mindestens 10 Jahre bestanden hat, das Dienstjubiläum das Bestehen eines Dienstverhältnisses von mindestens 15 Jahren voraussetzt und die Zusage schriftlich erteilt ist; § 52 Abs. 6 Satz 1 des Einkommensteuergesetzes ist entsprechend anzuwenden.]

---

[1] Zur Anwendung von § 103a vgl. § 124 Satz 3 und 6 (alte Fassung).
[2] § 103a aufgehoben durch Steueränderungsgesetz 1992 mit Wirkung ab 1. 1. 1993.

[Alte Fassung bis 31. 12. 1992]

§ 104 Pensionsverpflichtungen

(1) Eine Pensionsverpflichtung darf nur abgezogen werden, wenn

1. der Pensionsberechtigte einen Rechtsanspruch auf einmalige oder laufende Pensionsleistungen hat,

2. die Pensionszusage keinen Vorbehalt enthält, daß die Pensionsanwartschaft oder die Pensionsleistung gemindert oder entzogen werden kann, oder ein solcher Vorbehalt sich nur auf Tatbestände erstreckt, bei deren Vorliegen nach allgemeinen Rechtsgrundsätzen unter Beachtung billigen Ermessens eine Minderung oder ein Entzug der Pensionsanwartschaften oder der Pensionsleistung zulässig ist, und

3. die Pensionszusage schriftlich erteilt ist.

(2) Eine Pensionsverpflichtung darf erstmals abgezogen werden

1. vor Eintritt des Versorgungsfalls an dem Bewertungsstichtag, der dem Wirtschaftsjahr folgt, in dem die Pensionszusage erteilt worden ist, frühestens jedoch nach Ablauf des Wirtschaftsjahrs, bis zu dessen Mitte der Pensionsberechtigte das 30. Lebensjahr vollendet hat,

2. nach Eintritt des Versorgungsfalls an dem Bewertungsstichtag, der dem Wirtschaftsjahr folgt, in dem der Versorgungsfall eingetreten ist.

[Neue Fassung ab 1. 1. 1993]

§ 104 Pensionsverpflichtungen

(1) Bei Steuerpflichtigen, die ihren Gewinn nicht nach § 4 Abs. 1 oder § 5 des Einkommensteuergesetzes ermitteln, kann eine Pensionsverpflichtung nach Maßgabe der folgenden Absätze abgezogen werden.

(2) Eine Pensionsverpflichtung darf nur abgezogen werden, wenn

1. der Pensionsberechtigte einen Rechtsanspruch auf einmalige oder laufende Pensionsleistungen hat,

2. die Pensionszusage keinen Vorbehalt enthält, daß die Pensionsanwartschaft oder die Pensionsleistung gemindert oder entzogen werden kann, oder ein solcher Vorbehalt sich nur auf Tatbestände erstreckt, bei deren Vorliegen nach allgemeinen Rechtsgrundsätzen unter Beachtung billigen Ermessens eine Minderung oder ein Entzug der Pensionsanwartschaften oder der Pensionsleistung zulässig ist, und

3. die Pensionszusage schriftlich erteilt ist.

(3) Eine Pensionsverpflichtung darf erstmals abgezogen werden

1. vor Eintritt des Versorgungsfalls an dem Bewertungsstichtag, der dem Wirtschaftsjahr folgt, in dem die Pensionszusage erteilt worden ist, frühestens jedoch nach Ablauf des Wirtschaftsjahrs, bis zu dessen Mitte der Pensionsberechtigte das 30. Lebensjahr vollendet hat,

[Alte Fassung bis 31. 12. 1992]

(3) Pensionsverpflichtungen von Steuerpflichtigen, die ihren Gewinn nach § 4 Abs. 1 oder § 5 des Einkommensteuergesetzes ermitteln, sind höchstens mit dem Teilwert nach § 6a Abs. 3 des Einkommensteuergesetzes unter Zugrundelegung eines Rechnungszinsfußes von 6 vom Hundert anzusetzen. Das gleiche gilt für andere Pensionsverpflichtungen, bei denen der Teilwert der Pensionsverpflichtung als Bemessungsgrundlage für die Beitragszahlung an den Träger der Insolvenzsicherung zu ermitteln ist (§ 10 Abs. 3 Nr. 1 des Gesetzes zur Verbesserung der betrieblichen Altersversorgung vom 19. Dezember 1974, BGBl. I S. 3610), zuletzt geändert durch Artikel 8 des Gesetzes vom 13. April 1984 (BGBl. I S. 601). § 13a der Berlinförderungsgesetzes in der Fassung der Bekanntmachung vom 10. Dezember 1986 (BGBl. I S. 2415), der durch Artikel 7 Nr. 4 des Steuerreformgesetzes 1990 vom 25. Juli 1988 (BGBl. I S. 1093) geändert worden ist, ist entsprechend anzuwenden.[1]

(4) Pensionsverpflichtungen, die nicht unter Absatz 3 fallen, sind anzusetzen,

1. wenn der Versorgungsfall noch nicht eingetreten ist (Pensionsanwartschaften), höchstens mit dem Betrag, der nach den folgenden Absätzen zu ermitteln ist,

[Neue Fassung ab 1. 1. 1993]

2. nach Eintritt des Versorgungsfalls an dem Bewertungsstichtag, der dem Wirtschaftsjahr folgt, in dem der Versorgungsfall eingetreten ist.

(4) Pensionsverpflichtungen, bei denen der Teilwert der Pensionsverpflichtung als Bemessungsgrundlage für die Beitragszahlung an den Träger der Insolvenzsicherung zu ermitteln ist (§ 10 Abs. 3 Nr. 1 des Gesetzes zur Verbesserung der betrieblichen Altersversorgung vom 19. Dezember 1974, BGBl. I S. 3610, zuletzt geändert durch Artikel 33 des Gesetzes vom 18. Dezember 1989, BGBl. I S. 2261) sind höchstens mit dem Teilwert nach § 6a Abs. 3 des Einkommensteuergesetzes anzusetzten.

(5) Pensionsverpflichtungen, die nicht unter Absatz 4 fallen, sind anzusetzen,

1. wenn der Versorgungsfall noch nicht eingetreten ist (Pensionsanwartschaften), höchstens mit dem Betrag, der nach den folgenden Absätzen zu ermitteln ist,

2. wenn der Versorgungsfall eingetreten ist, mit dem aus Anlage 13 zu entnehmenden Vielfachen der Jahresrente.

(6) Die Anwartschaft auf eine lebenslängliche Altersrente ist mit dem aus Anlage 10, Spalten 2a und 3a, zu entnehmenden Vielfachen des Teiles dieser Jahresrente anzu-

---

[1] Zur Anwendung von § 104 Abs. 3 Satz 3 vgl. § 124 Satz 5 (alte Fassung).

[Alte Fassung bis 31. 12. 1992]

2. wenn der Versorgungsfall eingetreten ist, mit dem aus Anlage 13 zu entnehmenden Vielfachen der Jahresrente.

(5) Die Anwartschaft auf eine lebenslängliche Altersrente ist mit dem aus Anlage 10, Spalten 2a und 3a, zu entnehmenden Vielfachen des Teiles dieser Jahresrente anzusetzen, der dem Verhältnis der bereits zurückliegenden Dienstzeit zur Gesamtdienstzeit entspricht. Dabei ist von der Jahresrente auszugehen, die von dem Pensionsberechtigten bis zur Vollendung seines 63. Lebensjahres nach Maßgabe der Pensionszusage erworben werden kann. § 6a Abs. 3 Nr. 1 Satz 4 des Einkommensteuergesetzes gilt entsprechend. Als zurückliegende Dienstzeit gilt der Zeitraum vom Beginn des Dienstverhältnisses bis zum Bewertungsstichtag, als Gesamtdienstzeit der Zeitraum vom Beginn des Dienstverhältnisses bis zur Vollendung des 63. Lebensjahres. Als Beginn des Dienstverhältnisses kann frühestens das Kalenderjahr zugrunde gelegt werden, zu dessen Mitte der Pensionsberechtigte das 30. Lebensjahr vollendet hat. Die maßgebende Dienstzeit ist jeweils auf volle Jahre auf- oder abzurunden.

(6) Ist für den Beginn der Pensionszahlung die Vollendung eines anderen als des 63. Lebensjahres vorgesehen, so ist für jedes Jahr der Abweichung nach unten ein Zuschlag von 7 vom Hundert und für jedes Jahr der Abweichung nach oben ein Abschlag von 5 vom Hun-

[Neue Fassung ab 1. 1. 1993]

setzen, der dem Verhältnis der bereits zurückliegenden Dienstzeit zur Gesamtdienstzeit entspricht. Dabei ist von der Jahresrente auszugehen, die von dem Pensionsberechtigten bis zur Vollendung seines 63. Lebensjahres nach Maßgabe der Pensionszusage erworben werden kann. § 6a Abs. 3 Nr. 1 Satz 4 des Einkommensteuergesetzes gilt entsprechend. Als zurückliegende Dienstzeit gilt der Zeitraum vom Beginn des Dienstverhältnisses bis zum Bewertungsstichtag, als Gesamtdienstzeit der Zeitraum vom Beginn des Dienstverhältnisses bis zur Vollendung des 63. Lebensjahres. Als Beginn des Dienstverhältnisses kann frühestens das Kalenderjahr zugrunde gelegt werden, zu dessen Mitte der Pensionsberechtigte das 30. Lebensjahr vollendet hat. Die maßgebende Dienstzeit ist jeweils auf volle Jahre auf- oder abzurunden.

(7) Ist für den Beginn der Pensionszahlung die Vollendung eines anderen als des 63. Lebensjahres vorgesehen, so ist für jedes Jahr der Abweichung nach unten ein Zuschlag von 7 vom Hundert und für jedes Jahr der Abweichung nach oben ein Abschlag von 5 vom Hundert bis zum vollendeten 65. Lebensjahr und von 3 vom Hundert für jedes weitere Lebensjahr vorzunehmen.

(8) Die Anwartschaft auf Altersrente ist bei einem Pensionsberechtigten, der vor Eintritt des Versorgungsfalls ausgeschieden ist, mit dem aus Anlage 11, Spalten 2a und

dert bis zum vollendeten 65. Lebensjahr und von 3 vom Hundert für jedes weitere Lebensjahr vorzunehmen.

(7) Die Anwartschaft auf Altersrente ist bei einem Pensionsberechtigten, der vor Eintritt des Versorgungsfalls ausgeschieden ist, mit dem aus Anlage 11, Spalten 2a und 3a, zu entnehmenden Vielfachen der Jahresrente anzusetzen. Absatz 5 Satz 2 und Absatz 6 gelten entsprechend.

(8) Die Anwartschaft auf lebenslängliche Invalidenrente ist wie die Anwartschaft auf Altersrente zu behandeln. Neben einer Anwartschaft auf Altersrente kann eine Anwartschaft auf Invalidenrente nicht berücksichtigt werden.

(9) Die Anwartschaft auf lebenslängliche Hinterbliebenenrente ist

1. bei noch tätigen Pensionsberechtigten mit dem aus Anlage 10, Spalte 2b oder 3b, zu entnehmenden Vielfachen des Teiles der Jahresrente anzusetzen, der dem Verhältnis der bereits zurückliegenden Dienstzeit zur Gesamtdienstzeit entspricht,

2. bei vor Eintritt des Versorgungsfalls aus dem Dienstverhältnis ausgeschiedenen Pensionsberechtigten mit dem aus Anlage 11, Spalte 2b oder 3b, zu entnehmenden Vielfachen der Jahresrente anzusetzen.

Die Absätze 5 und 6 gelten entsprechend.

(10) Eine neben den laufenden Leistungen bestehende Anwart-

3a, zu entnehmenden Vielfachen der Jahresrente anzusetzen. Absatz 6 Satz 2 und Absatz 7 gelten entsprechend.

(9) Die Anwartschaft auf lebenslängliche Invalidenrente ist wie die Anwartschaft auf Altersrente zu behandeln. Neben eine Anwartschaft auf Altersrente kann eine Anwartschaft auf Invalidenrente nicht berücksichtigt werden.

(10) Die Anwartschaft auf lebenslängliche Hinterbliebenenrente ist

1. bei noch tätigen Pensionsberechtigten mit dem aus Anlage 10, Spalte 2b oder 3b, zu entnehmenden Vielfachen des Teiles der Jahresrente anzusetzen, der dem Verhältnis der bereits zurückliegenden Dienstzeit zur Gesamtdienstzeit entspricht,

2. bei vor Eintritt des Versorgungsfalls aus dem Dienstverhältnis ausgeschiedenen Pensionsberechtigten mit dem aus Anlage 11, Spalte 2b oder 3b, zu entnehmenden Vielfachen der Jahresrente anzusetzen.

Die Absätze 6 und 7 gelten entsprechend.

(11) Eine neben den laufenden Leistungen bestehende Anwartschaft des Pensionsberechtigten auf eine lebenslängliche Hinterbliebenenrente ist mit dem aus Anlage 12 zu entnehmenden Vielfachen der den Hinterbliebenen des Pensionsberechtigten zustehenden Jahresrente anzusetzen.

schaft des Pensionsberechtigten auf eine lebenslängliche Hinterbliebenenrente ist mit dem aus Anlage 12 zu entnehmenden Vielfachen der den Hinterbliebenen des Pensionsberechtigten zustehenden Jahresrente anzusetzen.

(11) Ist als Pensionsleistung eine einmalige Kapitalleistung zugesagt worden, so sind bei der Ermittlung des abzugsfähigen Betrags 10 vom Hundert der Kapitalleistung als Jahresrente anzusetzen. Die Absätze 5 bis 10 gelten entsprechend.

(12)[1] Soweit Pensionsverpflichtungen in den Anwendungsbereich des § 13a des Berlinförderungsgesetzes fallen, sind die Vervielfältiger

1. der Anlagen 10 und 11 um 15 vom Hundert,

2. der Anlagen 12 und 13 um 7,5 vom Hundert

zu erhöhen.

(13) Die Absätze 3 bis 12 gelten entsprechend, wenn der Pensionsberechtigte zu dem Pensionsverpflichteten in einem anderen Rechtsverhältnis als einem Dienstverhältnis steht.

(14) Verpflichtungen aus laufenden Pensionen, die aufgrund einer rechtsähnlichen tatsächlichen Verpflichtung geleistet werden und bei denen nicht sämtliche Voraussetzungen der Absätze 1 und 2 vorliegen, sind abzugsfähig, soweit die Leistungen bereits vor dem 1. Januar 1981 begonnen haben.

(12) Ist als Pensionsleistung eine einmalige Kapitalleistung zugesagt worden, so sind bei der Ermittlung des abzugsfähigen Betrags 10 vom Hundert der Kapitalleistung als Jahresrente anzusetzen. Die Absätze 6 bis 11 gelten entsprechend.

(13) Die Absätze 4 bis 12 gelten entsprechend, wenn der Pensionsberechtigte zu dem Pensionsverpflichteten in einem anderen Rechtsverhältnis als einem Dienstverhältnis steht.

(14) Verpflichtungen aus laufenden Pensionen, die aufgrund einer rechtsähnlichen tatsächlichen Verpflichtung geleistet werden und bei denen nicht sämtliche Voraussetzungen der Absätze 2 und 3 vorliegen, sind abzugsfähig, soweit die Leistungen bereits vor dem 1. Januar 1981 begonnen haben.

---

[1] Zur Anwendung von § 104 Abs. 12 vgl. § 124 Satz 5 und 8 (alte Fassung).

§ 105[1] *Steuerschulden*

(1) Schulden aus laufend veranlagten Steuern sind nur abzuziehen, wenn die Steuern entweder

1. *spätestens im Feststellungszeitpunkt (§ 21 Abs. 2, § 22 Abs. 4, § 23 Abs. 2) fällig geworden sind*

   oder

2. *für einen Zeitraum erhoben werden, der spätestens im Feststellungszeitpunkt geendet hat. Endet der Erhebungszeitraum erst nach dem Feststellungszeitpunkt, so sind die Steuerschulden insoweit abzuziehen, als sie auf die Zeit vor dem Feststellungszeitpunkt entfallen.*

(2) Für Betriebe mit abweichendem Wirtschaftsjahr ist statt des Feststellungszeitpunkts der Abschlußzeitpunkt (§ 106 Abs. 3) maßgebend.

§ 106 **Bewertungsstichtag**

(1) Für den Bestand und die Bewertung sind die Verhältnisse im Feststellungszeitpunkt (§ 21 Abs. 2, § 22 Abs. 4, § 23 Abs. 2) maßgebend. Für die Bewertung von Wertpapieren, Anteilen und Genußscheinen an Kapitalgesellschaften gilt der Stichtag, der sich nach § 112 ergibt.

(2) Für Betriebe, die regelmäßig jährliche Abschlüsse auf den Schluß des Kalenderjahrs machen, ist dieser Abschlußtag zugrunde zu legen.

(3) Für Betriebe, die regelmäßig jährliche Abschlüsse auf einen anderen Tag machen, kann auf Antrag zugelassen werden, daß der Schluß des Wirtschaftsjahrs zugrunde gelegt wird, das dem Feststellungszeitpunkt vorangeht. An den Antrag bleibt der Betrieb auch für künftige Feststellungen der Einheitswerte insofern gebunden, als stets der Schluß des letzten regelmäßigen Wirtschaftsjahrs zugrunde zu legen ist.

(4) Der auf den Abschlußzeitpunkt (Absätze 2 und 3) ermittelte Einheitswert gilt als Einheitswert vom Feststellungszeitpunkt.

(5) Die Absätze 2 und 3 sind nicht anzuwenden:

1. auf Betriebsgrundstücke (§ 99) und Mineralgewinnungsrechte (§ 100). Für ihren Bestand und ihre Bewertung bleiben die Verhältnisse im Feststellungszeitpunkt maßgebend. § 35 Abs. 2 bleibt unberührt;

2. auf die Bewertung von Wertpapieren, Anteilen und Genußscheinen an Kapitalgesellschaften. Für die Bewertung bleiben die Verhältnisse des Stichtags maßgebend, der sich nach § 112 ergibt. Für den Bestand ist der Abschlußzeitpunkt (Absätze 2 und 3) maßgebend;

3. auf die Beteiligung an Personengesellschaften. Für die Zurechnung und die Bewertung verbleibt es in diesen Fällen bei den Feststellungen, die

---

[1] § 105 aufgehoben mit Wirkung ab 1. 1. 1993.

bei der gesonderten Feststellung des Einheitswerts der Personengesellschaft getroffen werden.

§ 107 Ausgleich von Vermögensänderungen nach dem Abschlußzeitpunkt

Zum Ausgleich von Verschiebungen, die in der Zeit zwischen dem Abschlußzeitpunkt (§ 106 Abs. 3) und dem Feststellungszeitpunkt (§ 21 Abs. 2, § 22 Abs. 4, § 23 Abs. 2) eingetreten sind, gelten die folgenden Vorschriften:

1. Für Betriebsgrundstücke und für Mineralgewinnungsrechte:
   a) Ist ein Betriebsgrundstück oder ein Mineralgewinnungsrecht aus dem *gewerblichen Betrieb* [**ab 1. 1. 1993:** Gewerbebetrieb] ausgeschieden und der Gegenwert dem *Betrieb* [**ab 1. 1. 1993:** Gewerbebetrieb] zugeführt worden, so wird der Gegenwert dem Betriebsvermögen zugerechnet.
   b) Ist Grundbesitz als Betriebsgrundstück oder ein Mineralgewinnungsrecht dem *gewerblichen Betrieb* [**ab 1. 1. 1993:** Gewerbebetrieb] zugeführt und der Gegenwert dem *gewerblichen Betrieb* [**ab 1. 1. 1993:** Gewerbebetrieb] entnommen worden, so wird der Gegenwert vom Betriebsvermögen abgezogen. Entsprechend werden Aufwendungen abgezogen, die aus Mitteln des *gewerblichen Betriebs* [**ab 1. 1. 1993:** Gewerbebetriebs] auf Betriebsgrundstücke oder Mineralgewinnungsrechte gemacht worden sind.

2. Für andere Wirtschaftsgüter als Betriebsgrundstücke oder Mineralgewinnungsrechte:
   a) Ist ein derartiges Wirtschaftsgut aus einem *gewerblichen Betrieb* [**ab 1. 1. 1993:** Gewerbebetrieb] ausgeschieden und dem übrigen Vermögen des Betriebsinhabers zugeführt worden, so wird das Wirtschaftsgut so behandelt, als wenn es im Feststellungszeitpunkt noch zum *gewerblichen Betrieb* [**ab 1. 1. 1993:** Gewerbebetrieb] gehörte.
   b) Ist ein derartiges Wirtschaftsgut aus dem übrigen Vermögen des Betriebsinhabers ausgeschieden und dem *gewerblichen Betrieb* [**ab 1. 1. 1993:** Gewerbebetrieb] zugeführt worden, so wird das Wirtschaftsgut so behandelt, als wenn es im Feststellungszeitpunkt noch zum übrigen Vermögen gehörte.
   c) Die Vorschriften zu a und b gelten jedoch nicht, wenn mit dem ausgeschiedenen Wirtschaftsgut Grundbesitz oder Mineralgewinnungsrechte erworben worden sind oder Aufwendungen auf Grundbesitz oder Mineralgewinnungsrechte gemacht worden sind. In diesen Fällen ist das Wirtschaftsgut von dem Vermögen, aus dem es ausgeschieden worden ist, abzuziehen.
   d) Ist eine Beteiligung an einer Personengesellschaft aus dem *gewerblichen Betrieb* [**ab 1. 1. 1993:** Gewerbebetrieb] ausgeschieden, so wird

der für sie erhaltene Gegenwert dem Betriebsvermögen zugerechnet. Ist eine Beteiligung an einer Personengesellschaft mit Mitteln des *Betriebs* [**ab 1. 1. 1993:** Gewerbebetriebs] erworben worden, ist der dafür gegebene Gegenwert vom Betriebsvermögen abzuziehen.

e) Bestehen Anteile an Kapitalgesellschaften und Wertpapiere im Feststellungszeitpunkt nicht mehr, wird der für sie erhaltene Gegenwert dem Betriebsvermögen zugerechnet.

§ 108 *(weggefallen)*

[Alte Fassung bis 31. 12. 1992]

§ 109 Bewertung

(1) Die zu einem gewerblichen Betrieb gehörenden Wirtschaftsgüter sind vorbehaltlich der Absätze 2 bis 4 in der Regel mit dem Teilwert (§ 10) anzusetzen.

(2) Wirtschaftsgüter, für die ein Einheitswert festzustellen ist, sind mit dem Einheitswert anzusetzen. § 115 ist bei Betriebsgrundstücken und sonstigen Wirtschaftsgütern, soweit diese nicht zur Veräußerung bestimmt sind, entsprechend anzuwenden.

(3) Wertpapiere und Anteile an Kapitalgesellschaften sind mit dem nach den §§ 11, 112 und 113 ermittelten Wert anzusetzen.

(4)[1] Kapitalforderungen, der für Zölle und Steuern angesetzte Aufwand (§ 98a Satz 2), der Geschäfts- oder Firmenwert, Rückstellungen für Preisnachlässe, für Wechselhaftung und für Jubiläumszuwendungen sowie Wirtschaftsgüter des Vorratsvermögens, die nach § 6 Abs. 1 Nr. 2a des Einkommensteuergesetzes bewertet worden sind,

[Neue Fassung ab 1. 1. 1993]

§ 109 Bewertung

(1) Die zu einem Gewerbebetrieb gehörenden Wirtschaftsgüter sind bei Steuerpflichtigen, die ihren Gewinn nach § 4 Abs. 1 oder § 5 des Einkommensteuergesetzes ermitteln, vorbehaltlich der Absätze 3 und 4 mit den Steuerbilanzwerten anzusetzen.

(2) Bei Steuerpflichtigen, die nicht unter Absatz 1 fallen, werden die Wirtschaftsgüter des abnutzbaren Anlagevermögens vorbehaltlich des Absatzes 3 mit den ertragsteuerlichen Werten angesetzt.

(3) Wirtschaftsgüter, für die ein Einheitswert festzustellen ist, sind mit dem Einheitswert anzusetzen. § 115 ist bei Betriebsgrundstücken und sonstigen Wirtschaftsgütern, soweit diese nicht zur Veräußerung bestimmt sind, entsprechend anzuwenden.

(4) Wertpapiere und Anteile an Kapitalgesellschaften sind mit dem nach den §§ 11, 112 und 113 ermittelten Wert anzusetzen. Das Recht auf den Erbbauzins und die Ver-

---

[1] Zur Anwendung von § 109 Abs. 4 ab 1. 1. 1991 bzw. 1. 1. 1994 vgl. § 124 Satz 5 bzw. Satz 8 (alte Fassung); Abs. 4 aufgehoben durch Steueränderungsgesetz 1992 mit Wirkung ab 1. 1. 1993.

sind mit den Werten anzusetzen, die sich nach den Grundsätzen über die steuerliche Gewinnermittlung ergeben.

pflichtung zur Zahlung des Erbbauzinses sind mit dem sich nach §§ 13 bis 15 ergebenden Wert anzusetzen.

§ 109a[1] Berichtigung oder Änderung von ertragsteuerlichen Werten

Werden die ertragsteuerlichen Werte dem Grunde oder der Höhe nach berichtigt oder geändert, ist der Bescheid über die Feststellung des Einheitswerts aufzuheben oder zu ändern, soweit sich die Berichtigung oder Änderung auf den Einheitswert auswirkt.

Zweiter Abschnitt. Sonstiges Vermögen, Gesamtvermögen und Inlandsvermögen

A. Sonstiges Vermögen

§ 110 Begriff und Umfang des sonstigen Vermögens

(1) Als sonstiges Vermögen (§ 18 Nr. 4) kommen, soweit die einzelnen Wirtschaftsgüter nicht zum land- und forstwirtschaftlichen Vermögen, zum Grundvermögen oder zum Betriebsvermögen gehören, alle Wirtschaftsgüter in Betracht, insbesondere:

1. verzinsliche und unverzinsliche Kapitalforderungen jeder Art, soweit sie nicht unter Nummer 2 fallen;

2. Spareinlagen, Bankguthaben, Postgiroguthaben und sonstige laufende Guthaben, inländische und ausländische Zahlungsmittel. Lauten die Beträge auf Deutsche Mark, so gehören sie bei natürlichen Personen nur insoweit zum sonstigen Vermögen, als sie insgesamt 1000 Deutsche Mark übersteigen;

3.[2] Aktien oder Anteilscheine, Kuxe, Geschäftsanteile, andere Gesellschaftseinlagen und Geschäftsguthaben bei Genossenschaften. Anteile an Gesellschaften im Sinne des § 97 Abs. 1 Nr. 5 sind nicht sonstiges Vermögen, sondern Betriebsvermögen des Gesellschafters;

4. der Kapitalwert von Nießbrauchsrechten und von Rechten auf Renten und andere wiederkehrende Nutzungen und Leistungen;

---

[1] § 109a eingefügt durch Steueränderungsgesetz 1992 mit Wirkung ab 1. 1. 1993.
[2] Zur Anwendung von § 110 Abs. 1 Nr. 3 Satz 2 vgl. § 124 Satz 2 (alte Fassung) und § 124 Abs. 3 (neue Fassung).

5. Erfindungen und Urheberrechte. Beim unbeschränkt steuerpflichtigen Erfinder und Urheber gehören jedoch nicht zum sonstigen Vermögen
   a) eigene Erfindungen,
   b) Ansprüche auf Vergütungen für eigene Diensterfindungen und
   c) eigene Urheberrechte sowie Originale urheberrechtlich geschützter Werke.

   Die genannten Wirtschaftsgüter gehören auch dann nicht zum sonstigen Vermögen, wenn sie im Falle des Todes des Erfinders oder Urhebers auf seinen unbeschränkt steuerpflichtigen Ehegatten oder seine unbeschränkt steuerpflichtigen Kinder übergegangen sind;

6. noch nicht fällige Ansprüche aus Lebens- und Kapitalversicherungen oder Rentenversicherungen, aus denen der Berechtigte noch nicht in den Rentenbezug eingetreten ist. Nicht zum sonstigen Vermögen gehören jedoch:
   a) Rentenversicherungen, die mit Rücksicht auf ein Arbeits- oder Dienstverhältnis abgeschlossen worden sind,
   b) Rentenversicherungen, bei denen die Ansprüche erst fällig werden, wenn der Berechtigte das 60. Lebensjahr vollendet hat oder *behindert im Sinne des Schwerbehindertengesetzes mit einem Grad der Behinderung von mehr als 90 ist* [**ab 1. 1. 1993:** berufsunfähig ist] und
   c) alle übrigen Lebens-, Kapital- und Rentenversicherungen, soweit ihr Wert (§ 12 Abs. 4) insgesamt 10000 Deutsche Mark nicht übersteigt.

   Versicherungen bei solchen Versicherungsunternehmen, die weder ihre Geschäftsleitung noch ihren Sitz im Inland haben, gehören nur dann nicht zum sonstigen Vermögen, wenn den Versicherungsunternehmen die Erlaubnis zum Geschäftsbetrieb im Inland erteilt ist;

7. der Überbestand an umlaufenden Betriebsmitteln eines Betriebs der Land- und Forstwirtschaft (§ 33 Abs. 3 Nr. 3);

8. Wirtschaftsgüter, die einem Betrieb der Land- und Forstwirtschaft oder einem *gewerblichen Betrieb* [**ab 1. 1. 1993:** Gewerbebetrieb] üblicherweise zu dienen bestimmt sind, tatsächlich an dem für die Veranlagung zur Vermögensteuer maßgebenden Zeitpunkt aber einem derartigen Betrieb des Eigentümers nicht dienen. Die Wirtschaftsgüter gehören nicht zum sonstigen Vermögen, wenn ihr Wert insgesamt 10000 Deutsche Mark nicht übersteigt;

9. Wirtschaftsgüter in möblierten Wohnungen, die Nichtgewerbetreibenden gehören und ständig zusammen mit den Wohnräumen vermietet werden, soweit sie nicht als Bestandteil oder Zubehör bei der Grundstücksbewertung berücksichtigt werden und wenn ihr Wert insgesamt 10000 Deutsche Mark übersteigt;

10. Edelmetalle, Edelsteine, Perlen, Münzen und Medaillen jeglicher Art, wenn ihr Wert insgesamt 1000 Deutsche Mark übersteigt;

11. Schmuckgegenstände, Gegenstände aus edlem Metall, mit Ausnahme der in Nummer 10 genannten Münzen und Medaillen, sowie Luxusgegenstände, auch wenn sie zur Ausstattung der Wohnung des Steuerpflichtigen gehören, wenn ihr Wert insgesamt 10000 Deutsche Mark übersteigt;

12. Kunstgegenstände und Sammlungen, wenn ihr Wert insgesamt 20000 Deutsche Mark übersteigt, mit Ausnahme von Sammlungen der in Nummer 10 genannten Gegenstände. Nicht zum sonstigen Vermögen gehören Kunstgegenstände ohne Rücksicht auf den Wert, wenn sie von Künstlern geschaffen sind, die im Zeitpunkt der Anschaffung noch leben. Nicht zum sonstigen Vermögen gehören auch Kunstgegenstände und Handschriften, deren Eigentümer gegenüber der von der Landesregierung bestimmten Stelle jeweils für mindestens fünf Jahre unwiderruflich seine Bereitschaft erklärt hat, sie für öffentliche Ausstellungen unentgeltlich zur Verfügung zu stellen, deren Träger eine inländische juristische Person des öffentlichen Rechts oder eine regelmäßig öffentlich geförderte juristische Person des privaten Rechts ist, an den in diesen Zeitraum fallenden Stichtagen. § 115 bleibt unberührt.

(2) Bei der Ermittlung des Werts des sonstigen Vermögens bleibt der Wert der Wirtschaftsgüter, der sich nach Absatz 1 Nr. 1 bis 3 ergibt, bis zum Betrag von insgesamt 10000 Deutsche Mark außer Betracht.

(3) Werden mehrere Steuerpflichtige zusammen veranlagt (§ 14 des Vermögensteuergesetzes), so werden die Freibeträge und Freigrenzen nach den Absätzen 1 und 2 mit der Zahl vervielfacht, die der Anzahl der zusammen veranlagten Steuerpflichtigen entspricht.

§ 111 Nicht zum sonstigen Vermögen gehörige Wirtschaftsgüter

Zum sonstigen Vermögen gehören nicht:

1. Ansprüche an Witwen-, Waisen- und Pensionskassen sowie Ansprüche auf Renten und ähnliche Bezüge, die auf ein früheres Arbeits- oder Dienstverhältnis zurückzuführen sind;

2. Ansprüche aus der Sozialversicherung, der Arbeitslosenversicherung und einer sonstigen Kranken- oder Unfallversicherung;

3. fällige Ansprüche auf Renten aus Rentenversicherungen, wenn der Berechtigte das 60. Lebensjahr vollendet hat oder voraussichtlich für mindestens drei Jahre *behindert im Sinne des Schwerbehindertengesetzes mit einem Grad der Behinderung von mehr als 90* [**ab 1. 1. 1993:** berufsunfähig] ist. Soll nach dem Versicherungsvertrag für den Fall des Todes des

Berechtigten die Rente an dritte Personen gezahlt werden, so gehören die Ansprüche nur dann nicht zum sonstigen Vermögen, wenn keine weiteren Personen anspruchsberechtigt sind als der Ehegatte des Berechtigten und seine Kinder, solange die Kinder noch nicht das 18. oder, falls sie sich in der Berufsausbildung befinden, noch nicht das 27. Lebensjahr vollendet haben. In diesem Falle gehören nach dem Tode des Berechtigten die Ansprüche auch bei dem Ehegatten und den Kindern nicht zum sonstigen Vermögen. Wird eine durch Tod des Berechtigten fällige Kapitalversicherungssumme als Einmalbeitrag zu einer sofort beginnenden Rentenversicherung für den Ehegatten und die in Satz 2 bezeichneten Kinder verwendet, so gehören auch die Ansprüche aus dieser Rentenversicherung bei dem Ehegatten und den Kindern nicht zum sonstigen Vermögen;

4. Ansprüche auf gesetzliche Versorgungsbezüge ohne Rücksicht darauf, ob diese laufend oder in Form von Kapitalabfindungen gewährt werden;

5. Ansprüche nach folgenden Gesetzen in der jeweils geltenden Fassung:

a) Lastenausgleichsgesetz in der Fassung der Bekanntmachung vom 1. Oktober 1969 (BGBl. I S. 1909), zuletzt geändert durch Anlage I Kapitel II Sachgebiet D Abschnitt II Nr. 4 des Einigungsvertrages vom 31. August 1990 in Verbindung mit Artikel 1 des Gesetzes vom 23. September 1990 (BGBl. 1990 II S. 885, 919),

Währungsausgleichsgesetz in der Fassung der Bekanntmachung vom 1. Dezember 1965 (BGBl. I S. 2059), zuletzt geändert durch Artikel 16 des Gesetzes vom 18. März 1975 (BGBl. I S. 705),

Altsparergesetz in der im Bundesgesetzblatt Teil III, Gliederungsnummer 621-4, veröffentlichten bereinigten Fassung, zuletzt geändert durch Anlage I Kapitel IV Sachgebiet A Abschnitt II Nr. 1 des Einigungsvertrages vom 31. August 1990 in Verbindung mit Artikel 1 des Gesetzes vom 23. September 1990 (BGBl. 1990 II S. 885, 965),

Flüchtlingshilfegesetz in der Fassung der Bekanntmachung vom 15. Mai 1971 (BGBl. I S. 681), zuletzt geändert durch Artikel 2 des Gesetzes vom 26. Juni 1990 (BGBl. I S. 1142),

Reparationsschädengesetz vom 12. Februar 1969 (BGBl. I S. 105), zuletzt geändert durch Anlage I Kapitel IV Sachgebiet A Abschnitt II Nr. 3 des Einigungsvertrages vom 31. August 1990 in Verbindung mit Artikel 1 des Gesetzes vom 23. September 1990 (BGBl. 1990 II S. 885, 965),

b) Allgemeines Kriegsfolgengesetz in der im Bundesgesetzblatt Teil III, Gliederungsnummer 653-1, veröffentlichten bereinigten Fassung, zuletzt geändert durch Anlage I Kapitel IV Sachgebiet A Ab-

schnitt II Nr. 2 des Einigungsvertrages vom 31. August 1990 in Verbindung mit Artikel 1 des Gesetzes vom 23. September 1990 (BGBl.
1990 II S. 885, 965),

Gesetz zur Regelung der Verbindlichkeiten nationalsozialistischer
Einrichtungen und der Rechtsverhältnisse an deren Vermögen vom
17. März 1965 (BGBl. I S. 79), zuletzt geändert durch Artikel 67 des
Gesetzes vom 25. Juni 1969 (BGBl. I S. 645),

c) Kriegsgefangenenentschädigungsgesetz in der Fassung der Bekanntmachung vom 4. Februar 1987 (BGBl. I S. 506), zuletzt geändert
durch Anlage I Kapitel II Sachgebiet D Abschnitt II Nr. 5 des Einigungsvertrages vom 31. August 1990 in Verbindung mit Artikel 1
des Gesetzes vom 23. September 1990 (BGBl. 1990 II S. 885, 919),
Häftlingshilfegesetz in der Fassung der Bekanntmachung vom 4. Februar 1987 (BGBl. I S. 512), zuletzt geändert durch Anlage I Kapitel
II Sachgebiet D Abschnitt II Nr. 2 des Einigungsvertrages vom
31. August 1990 in Verbindung mit Artikel 1 des Gesetzes vom
23. September 1990 (BGBl. 1990 II S. 885, 919),

d)[1] § 7 des Rehabilitierungsgesetzes vom 6. September 1990 (GBl. I
Nr. 60 S. 1459), das nach Artikel 3 Nr. 6 der Vereinbarung vom
18. September 1990 zwischen der Bundesrepublik Deutschland und
der Deutschen Demokratischen Republik zur Durchführung und
Auslegung des Einigungsvertrages vom 31. August 1990 in Verbindung mit Artikel 1 des Gesetzes vom 23. September 1990 (BGBl.
1990 II S. 885, 1240) mit Maßgaben fortgilt;

6. Ansprüche auf Leistungen, die auf Grund gesetzlicher Vorschriften zur
Wiedergutmachung nationalsozialistischen Unrechts für Schäden an
Leben, Körper, Gesundheit und Freiheitsentzug zustehen, ohne Rück-
sicht darauf, ob die Leistungen laufend oder in Form einer einmaligen
Zahlung gewährt werden;

7. Ansprüche auf Renten,
a) die auf gesetzlicher Unterhaltspflicht beruhen, wenn Unterhaltsverpflichteter und Unterhaltsberechtigter nach § 14 des Vermögensteuergesetzes zusammen veranlagt werden, in anderen Fällen, soweit der Kapitalwert 20 000 Deutsche Mark übersteigt. Der Kapitalwert ist vorbehaltlich des § 14 nach § 13 Abs. 1 zu ermitteln; dabei
ist von der nach den Verhältnissen am Stichtag voraussichtlichen
Dauer der Unterhaltsleistungen auszugehen;
b) die dem Steuerpflichtigen als Entschädigung für den durch Körper-
verletzung oder Krankheit herbeigeführten gänzlichen oder teilweisen Verlust der Erwerbsfähigkeit zustehen. Das gleiche gilt für An-

---

[1] Zur Anwendung von § 111 Nr. 5 Buchstabe d vgl. § 124 Abs. 4 (neue Fassung).

sprüche auf Renten, die den Angehörigen einer in dieser Weise geschädigten Person auf Grund der Schädigung zustehen;

8. Ansprüche auf eine Kapitalabfindung, die dem Berechtigten an Stelle einer in Nummer 7 bezeichneten Rente zusteht;

9. Ansprüche auf Renten und andere wiederkehrende Nutzungen oder Leistungen, soweit der Jahreswert der Nutzungen oder Leistungen insgesamt 4800 Deutsche Mark nicht übersteigt, wenn der Berechtigte über 60 Jahre alt oder voraussichtlich für mindestens drei Jahre behindert im Sinne des Schwerbehindertengesetzes mit einem Grad der Behinderung von mehr als 90 ist;

10. Hausrat und andere bewegliche körperliche Gegenstände, soweit sie nicht im § 110 besonders als zum sonstigen Vermögen gehörig bezeichnet sind.

§ 112 Stichtag für die Bewertung von Wertpapieren und Anteilen

Stichtag für die Bewertung von Wertpapieren und Anteilen an Kapitalgesellschaften ist jeweils der 31. Dezember des Jahres, das dem für die Hauptveranlagung, Neuveranlagung und Nachveranlagung zur Vermögensteuer maßgebenden Zeitpunkt vorangeht.

§ 113 Veröffentlichung der am Stichtag maßgebenden Kurse und Rücknahmepreise

Der Bundesminister der Finanzen stellt die nach § 11 Abs. 1 maßgebenden Kurse und die nach § 11 Abs. 4 maßgebenden Rücknahmepreise vom Stichtag (§ 112) in einer Liste zusammen und veröffentlicht diese im Bundessteuerblatt.

§ 113a Verfahren zur Feststellung der Anteilswerte

Der Wert der in § 11 Abs. 2 bezeichneten Anteile an inländischen Kapitalgesellschaften wird gesondert festgestellt. Die Zuständigkeit, die Einleitung des Verfahrens, die Beteiligung der Gesellschaft und der Gesellschafter am Verfahren sowie die Zulässigkeit von Rechtsbehelfen werden durch Rechtsverordnung geregelt.

B. Gesamtvermögen

§ 114 Ermittlung des Gesamtvermögens

(1) Bei unbeschränkt Steuerpflichtigen im Sinne des Vermögensteuergesetzes wird der Wert des gesamten Vermögens (Gesamtvermögen) ermittelt.

(2) Zum Gesamtvermögen gehören nicht die Wirtschaftsgüter, die nach den Vorschriften des Vermögensteuergesetzes oder anderer Gesetze von der Vermögensteuer befreit sind.

(3) Bei der Bewertung des Gesamtvermögens sind die Wirtschaftsgüter, für die ein Einheitswert festzustellen ist, mit den festgestellten Einheitswerten anzusetzen.

§ 115 Gegenstände, deren Erhaltung im öffentlichen Interesse liegt

(1) Grundbesitz oder Teile von Grundbesitz und solche bewegliche Gegenstände, die zum sonstigen Vermögen gehören, sind mit 40 vom Hundert des Werts anzusetzen, wenn ihre Erhaltung wegen ihrer Bedeutung für Kunst, Geschichte oder Wissenschaft im öffentlichen Interesse liegt.

(2) Grundbesitz oder Teile von Grundbesitz, Kunstgegenstände, Kunstsammlungen, wissenschaftliche Sammlungen, Bibliotheken und Archive werden nicht angesetzt, wenn folgende Voraussetzungen erfüllt sind:

1. die Erhaltung der Gegenstände muß wegen ihrer Bedeutung für Kunst, Geschichte oder Wissenschaft im öffentlichen Interesse liegen;

2. die Gegenstände müssen in einem den Verhältnissen entsprechenden Umfang den Zwecken der Forschung oder der Volksbildung nutzbar gemacht werden;

3. der Steuerpflichtige muß bereit sein, die Gegenstände den geltenden Bestimmungen der Denkmalspflege zu unterstellen;

4. die Gegenstände müssen sich, wenn sie älter als 30 Jahre sind, seit mindestens 20 Jahren im Besitz der Familie befinden oder in das Verzeichnis national wertvollen Kulturgutes oder national wertvoller Archive nach dem Gesetz zum Schutz deutschen Kulturgutes gegen Abwanderung in der im Bundesgesetzblatt Teil III, Gliederungsnummer 224–2, veröffentlichten bereinigten Fassung, zuletzt geändert durch Anlage I Kapitel II Sachgebiet B Abschnitt II Nr. 4 des Einigungsvertrages vom 31. August 1990 in Verbindung mit Artikel 1 des Gesetzes vom 23. September 1990 (BGBl. 1990 II S. 885, 914), eingetragen sein.

(3) Grundbesitz oder Teile von Grundbesitz werden nicht angesetzt, wenn sie für Zwecke der Volkswohlfahrt der Allgemeinheit zur Benutzung zugänglich gemacht sind und ihre Erhaltung im öffentlichen Interesse liegt.

(4) Die Absätze 1 bis 3 gelten nur dann, wenn die jährlichen Kosten in der Regel die erzielten Einnahmen übersteigen.

§ 116 Krankenhäuser

Bei der Ermittlung des Gesamtvermögens *oder des Inlandsvermögens* [gestrichen **ab 1. 1. 1993**] bleibt der Einheitswert oder der Teil des Einheitswerts außer Ansatz, der für das Betriebsvermögen eines vom Eigentümer betriebenen Krankenhauses festgestellt worden ist, wenn das Krankenhaus in dem Kalenderjahr, das dem Veranlagungszeitpunkt vorangeht, die Voraussetzungen des § 67 Abs. 1 oder 2 der Abgabenordnung erfüllt hat.

§ 117 Verkehrsunternehmen

Bei der Ermittlung des Gesamtvermögens wird außer Ansatz gelassen
1. Betriebsvermögen von Verkehrsbetrieben, Hafenbetrieben und Flugplatzbetrieben des Bundes, eines Landes, einer Gemeinde, eines Gemeindeverbandes oder eines Zweckverbandes. Das gleiche gilt für Unternehmen dieser Art, deren Anteile ausschließlich diesen Körperschaften gehören und deren Erträge ihnen ausschließlich zufließen;
2. Betriebsvermögen der nicht unter Nr. 1 fallenden Verkehrsbetriebe, Hafenbetriebe und Flugplatzbetriebe, soweit dieses dazu bestimmt ist, unter der Auflage der Betriebspflicht, der Beförderungspflicht (Kontrahierungspflicht) und des Tarifzwangs dem öffentlichen Verkehr unmittelbar zu dienen. Dient das begünstigte Betriebsvermögen gleichzeitig auch anderen Zwecken, so ist es dem Umfang der jeweiligen Nutzung entsprechend aufzuteilen.

§ 117 a Ansatz des *inländischen* Betriebsvermögens [ab 1. 1. 1993: inländischer Gewerbebetriebe]

(1) Ist das Betriebsvermögen, für das ein Einheitswert für Zwecke der Vermögensteuer festgestellt ist, insgesamt positiv, bleibt es bei der Ermittlung des Gesamtvermögens bis zu einem Betrag von *125 000* [ab 1. 1. 1993: 500 000] Deutsche Mark außer Ansatz. Der übersteigende Teil ist mit 75 vom Hundert anzusetzen.

(2) Betriebsvermögen, das auf Handelsschiffe entfällt, bei denen in dem vor dem Veranlagungszeitpunkt endenden Wirtschaftsjahr die Voraussetzungen des § 34 c Abs. 4 Sätze 2 und 3 des Einkommensteuergesetzes vorlagen, ist abweichend von Absatz 1 Satz 2 mit der Hälfte anzusetzen, wenn sein Wert insgesamt positiv ist. Der Freibetrag nach Absatz 1 Satz 1 ist zu berücksichtigen, soweit er nicht bei anderem inländischen Betriebsvermögen berücksichtigt worden ist. Zur Ermittlung des nach den Sätzen 1 und 2 begünstigten Vermögens sind vom Wert der Handelsschiffe die damit in wirtschaftlichem Zusammenhang stehenden Schulden und Lasten abzuziehen.

(3) Werden mehrere Steuerpflichtige zusammen veranlagt (§ 14 des Vermögensteuergesetzes), gelten die Absätze 1 und 2 für jeden Beteiligten, soweit ihm Betriebsvermögen zugerechnet wird.

§ 118 Schulden und sonstige Abzüge

(1) Zur Ermittlung des Werts des Gesamtvermögens sind von dem Rohvermögen abzuziehen

1. Schulden und Lasten, soweit sie nicht mit einem *gewerblichen Betrieb* [**ab 1. 1. 1993:** Gewerbebetrieb] in wirtschaftlichem Zusammenhang stehen. *Bei der Bewertung von Schulden aus laufend veranlagten Steuern ist § 105 entsprechend anzuwenden* [**ab 1. 1. 1993:** Schulden aus laufend veranlagten Steuern sind nur abzuziehen, wenn die Steuern für einen Zeitraum erhoben werden, der spätestens im Veranlagungszeitpunkt geendet hat]. Lasten aus laufenden Pensionszahlungen, die mit einem Betrieb der Land- und Forstwirtschaft in wirtschaftlichem Zusammenhang stehen, können nur abgezogen werden, wenn sie nicht bereits im Einheitswert des Betriebs der Land- und Forstwirtschaft berücksichtigt worden sind;

2. Pensionsverpflichtungen gegenüber Personen, bei denen der Versorgungsfall noch nicht eingetreten ist, soweit sie nicht mit einem *gewerblichen Betrieb* [**ab 1. 1. 1993:** Gewerbebetrieb] in wirtschaftlichem Zusammenhang stehen. Steht eine Pensionsverpflichtung mit einem Betrieb der Land- und Forstwirtschaft in wirtschaftlichem Zusammenhang, kommt ein Abzug nur in Betracht, wenn sie nicht bereits im Einheitswert berücksichtigt worden ist. Bei der Bewertung der Pensionsverpflichtungen ist § 104 entsprechend anzuwenden;

3. bei Inhabern von Betrieben der Land- und Forstwirtschaft zur Abgeltung des Überschusses der laufenden Betriebseinnahmen über die laufenden Betriebsausgaben, der nach dem Ende des vorangegangenen Wirtschaftsjahrs (§ 35 Abs. 2) entstanden ist, ein Achtzehntel des Wirtschaftswerts des Betriebs der Land- und Forstwirtschaft; bei buchführenden Inhabern von Betrieben der Land- und Forstwirtschaft kann statt dessen auf Antrag der nachgewiesene Überschuß der laufenden Betriebseinnahmen über die laufenden Betriebsausgaben abgezogen werden, soweit er am Veranlagungszeitpunkt noch vorhanden ist oder zur Tilgung von Schulden verwendet worden ist, die am Ende des vorangegangenen Wirtschaftsjahrs bestanden haben und mit dem Wirtschaftsteil des Betriebs in wirtschaftlichem Zusammenhang stehen.

(2) Nicht abzugsfähig sind Schulden und Lasten, soweit sie in wirtschaftlichem Zusammenhang mit Wirtschaftsgütern stehen, die nicht zum Vermögen im Sinne dieses Gesetzes gehören. Schulden und Lasten, die mit den nach § 115 steuerfreien Wirtschaftsgütern in wirtschaftlichem Zusammenhang stehen, sind dagegen in vollem Umfang abzuziehen.

(3) Schulden und Lasten, die auf gesetzlicher Unterhaltspflicht beruhen, sind mit ihrem Kapitalwert, höchstens mit 20000 Deutsche Mark für die einzelne Unterhaltsverpflichtung abzugsfähig, wenn Unterhaltsverpflichteter und Unterhaltsberechtigter nicht nach § 14 des Vermögensteuergesetzes zusammen veranlagt werden. Dies gilt bei Ehegatten, die nach § 14 des Vermögensteuergesetzes zusammen veranlagt werden mit der Maßgabe, daß bei gemeinsamer Unterhaltsverpflichtung als Kapitalwert jeweils höchstens 40000 Deutsche Mark abzugsfähig sind. Der Kapitalwert ist

vorbehaltlich des § 14 nach § 13 Abs. 1 zu ermitteln; dabei ist von der nach den Verhältnissen am Stichtag voraussichtlichen Dauer der Unterhaltsleistungen auszugehen.

§ 119 Zusammenrechnung

(1) Das Vermögen von Ehegatten wird für die Ermittlung des Gesamtvermögens zusammengerechnet, wenn sie nach § 14 Abs. 1 Nr. 1 des Vermögensteuergesetzes zusammen zur Vermögensteuer zu veranlagen sind.

(2) Das Vermögen von Eltern wird mit dem Vermögen derjenigen Kinder zusammengerechnet, mit denen sie nach § 14 Abs. 1 Nr. 2 oder Abs. 2 des Vermögensteuergesetzes zusammen zur Vermögensteuer zu veranlagen sind.

§ 120 Zurechnung bei fortgesetzter Gütergemeinschaft

Bei fortgesetzter Gütergemeinschaft wird das ganze Gesamtgut dem Vermögen des überlebenden Ehegatten zugerechnet, wenn dieser nach § 1 des Vermögensteuergesetzes unbeschränkt steuerpflichtig ist.

C. Inlandsvermögen

§ 121

(1) Bei beschränkt Steuerpflichtigen im Sinne des Vermögensteuergesetzes wird nur der Wert des Inlandsvermögens ermittelt.

(2) Zum Inlandsvermögen eines beschränkt Steuerpflichtigen gehören:

1. das inländische land- und forstwirtschaftliche Vermögen;

2. das inländische Grundvermögen;

3. das inländische Betriebsvermögen. Als solches gilt das Vermögen, das einem im Inland betriebenen Gewerbe dient, wenn hierfür im Inland eine Betriebsstätte unterhalten wird oder ein ständiger Vertreter bestellt ist;

4. Anteile an einer Kapitalgesellschaft, wenn die Gesellschaft Sitz oder Geschäftsleitung im Inland hat und der Gesellschafter entweder allein oder zusammen mit anderen ihm nahestehenden Personen im Sinne des § 1 Abs. 2 des Außensteuergesetzes vom 8. September 1972 (BGBl. I S. 1713), *zuletzt geändert durch Anlage I Kapitel IV Abschnitt III Nr. 23 des Einigungsvertrages vom 31. August 1990 in Verbindung mit Artikel 1 des Gesetzes vom 23. September 1990 (BGBl. 1990 II S. 885, 978),* [**ab 1. 1. 1993,** zuletzt geändert durch Artikel 17 des Gesetzes vom 25. Februar 1992 (BGBl. I S. 297),] am Grund- oder Stammkapital der Gesellschaft mindestens zu einem Zehntel unmittelbar oder mittelbar beteiligt ist;

5. nicht unter Nummer 3 fallende Erfindungen, Gebrauchsmuster und Topographien, die in ein inländisches Buch oder Register eingetragen sind;

6. Wirtschaftsgüter, die nicht unter die Nummern 1, 2 und 5 fallen und einem inländischen *gewerblichen Betrieb* [**ab 1. 1. 1993:** Gewerbebetrieb] überlassen, insbesondere an diesen vermietet oder verpachtet sind;

7. Hypotheken, Grundschulden, Rentenschulden und andere Forderungen oder Rechte, wenn sie durch inländischen Grundbesitz, durch inländische grundstücksgleiche Rechte oder durch Schiffe, die in ein inländisches Schiffsregister eingetragen sind, unmittelbar oder mittelbar gesichert sind. Ausgenommen sind Anleihen und Forderungen, über die Teilschuldverschreibungen ausgegeben sind;

8. Forderungen aus der Beteiligung an einem Handelsgewerbe als stiller Gesellschafter und aus partiarischen Darlehen, wenn der Schuldner Wohnsitz oder gewöhnlichen Aufenthalt, Sitz oder Geschäftsleitung im Inland hat;

9. Nutzungsrechte an einem der in den Nummern 1 bis 8 genannten Vermögensgegenstände.

(3) Die Vorschriften in § 114 Abs. 2 und 3, *§§ 115 bis 117 und § 117a Abs. 1 und 2* [**ab 1. 1. 1993:** §§ 115 bis 117a] sind entsprechend anzuwenden. Dies gilt auch von den Vorschriften in § 118, jedoch mit der Einschränkung, daß nur die Schulden und Lasten abzuziehen sind, die in wirtschaftlichem Zusammenhang mit dem Inlandsvermögen stehen.

Dritter Teil. Übergangs- und Schlußbestimmungen

§ 121a Sondervorschrift für die Anwendung der Einheitswerte 1964

Während der Geltungsdauer der auf den Wertverhältnissen am 1. Januar 1964 beruhenden Einheitswerte des Grundbesitzes sind Grundstücke (§ 70) und Betriebsgrundstücke im Sinne des § 99 Abs. 1 Nr. 1 für die Feststellung der Einheitswerte des Betriebsvermögens, für die Vermögensteuer, die Erbschaftsteuer, die Gewerbesteuer, die Ermittlung des Nutzungswerts der selbstgenutzten Wohnung nach § 21a des Einkommensteuergesetzes und die Grunderwerbsteuer mit 140 vom Hundert des Einheitswerts anzusetzen. Das gilt entsprechend für die nach § 12 Abs. 3 und 4 des Erbschaftsteuer- und Schenkungsteuergesetzes maßgebenden Werte und für Stichtagswerte bei der Grunderwerbsteuer.

§ 122 Besondere Vorschriften für Berlin (West)

(1) § 50 Abs. 1, § 60 Abs. 1 und § 67 gelten nicht für den Grundbesitz in Berlin (West). Bei der Beurteilung der natürlichen Ertragsbedingungen

und des Bodenartenverhältnisses ist in sinngemäßer Anwendung der
Grundsätze des Bodenschätzungsgesetzes und der dazu ergangenen Durchführungsbestimmungen in der im Bundesgesetzblatt Teil III, Gliederungsnummer 610-8-1, veröffentlichten bereinigten Fassung zu verfahren.

(2) Der Senat von Berlin (West) wird ermächtigt, durch Rechtsverordnung zu bestimmen, daß Milchviehhaltung, Rindermast, Schweinemast
und Legehennenhaltung, die in Berlin (West) betrieben werden, abweichend von § 33 Abs. 3 Nr. 4 zum land- und forstwirtschaftlichen Vermögen gehören, wenn diese Tierhaltungen der Versorgung der Bevölkerung
in Berlin (West) dienen. Dabei ist eine Begrenzung des Umfangs der Tierhaltungen mit dem Ziel vorzunehmen, daß umweltschädigende Massen-
tierhaltungen nicht entstehen. Die Vorschriften des Bundes-Immissions-
schutzgesetzes in der Fassung der Bekanntmachung vom 14. Mai 1990
(BGBl. I S. 880), zuletzt geändert durch Artikel 4 des Gesetzes vom
10. Dezember 1990 (BGBl. I S. 2634), und der dazu erlassenen Durchfüh-
rungsverordnungen sind zu berücksichtigen. Die in Satz 1 enthaltene Ermächtigung gilt bis zum 31. Dezember 1992.

(3) Durch Rechtsverordnung können im Hinblick auf die besonderen
Verhältnisse am Grundstücksmarkt für den Grundbesitz in Berlin (West)

1. die Vervielfältiger und die Wertzahlen abweichend von den §§ 80 und 90
   festgesetzt und

2. Zu- und Abschläge bei der Ermittlung der Grundstückswerte in Berlin
   (West) oder in örtlich begrenzten Teilen von Berlin (West), erforderli-
   chenfalls nur für einzelne Grundstücksarten oder anderweitig bestimmte
   Gruppen von Grundstücken und Betriebsgrundstücken,

vorgeschrieben werden.

(4) Im Hinblick auf die besonderen Verhältnisse der Land- und Forstwirtschaft in Berlin (West) sind die Wirtschaftswerte der Betriebe der
Land- und Forstwirtschaft (§ 46) um 20 vom Hundert zu ermäßigen.

§ 123 Ermächtigungen

(1) Die Bundesregierung wird ermächtigt, mit Zustimmung des Bundesrates die in § 12 Abs. 4, § 21 Abs. 1, § 39 Abs. 1, § 51 Abs. 4, § 55
Abs. 3, 4 und 8, den §§ 81, 90 Abs. 2, § 113a und § 122 Abs. 3 vorgesehenen Rechtsverordnungen zu erlassen.

(2) Der Bundesminister der Finanzen wird ermächtigt, den Wortlaut
dieses Gesetzes und der zu diesem Gesetz erlassenen Durchführungsver-
ordnungen in der jeweils geltenden Fassung mit neuem Datum, neuer
Überschrift und neuer Paragraphenfolge bekanntzumachen und dabei Unstimmigkeiten des Wortlauts zu beseitigen.

[Alte Fassung bis 31. 12. 1992]

§ 124 Anwendung des Gesetzes

Diese Fassung des Gesetzes ist erstmals zum 1. Januar 1991 anzuwenden. § 97 Abs. 1 Nr. 5 Buchstabe b und § 110 Abs. 1 Nr. 3 Satz 2 sind auch für Feststellungszeitpunkte vor dem 1. Januar 1986 anzuwenden, soweit die Feststellungsbescheide noch nicht bestandskräftig sind oder unter dem Vorbehalt der Nachprüfung stehen. § 97 Abs. 1 Nr. 5 Satz 2 und 3 und § 103a in der Fassung des Artikels 10 Nr. 3 des Steuerreformgesetzes vom 25. Juli 1988 (BGBl. I S. 1093) sind erstmals zum 1. Januar 1989 anzuwenden. § 135 ist mit Wirkung vom 1. Juli 1990 an anzuwenden. § 104 Abs. 3 Satz 3 und Abs. 12 sind letztmals für Bewertungsstichtage vor dem 1. Juli 1991 zum Feststellungszeitpunkt 1. Januar 1992 anzuwenden. § 103a Satz 2 und § 109 Abs. 4, soweit dieser die Bewertung von Rückstellungen für Jubiläumszuwendungen regelt, sind erstmals zum 1. Januar 1994 anzuwenden. § 11 Abs. 2 Satz 3 ist erstmals für die Bewertung von Anteilen an Kapitalgesellschaften auf den 31. Dezember 1990 anzuwenden. § 104 Abs. 12 und § 109 Abs. 4, soweit dieser die Bewertung von Wirtschaftsgütern des Vorratsvermögens regelt, sind erstmals zum 1. Januar 1991 anzuwenden.

[Neue Fassung ab 1. 1. 1993]

§ 124 Anwendung des Gesetzes

(1) Diese Fassung des Gesetzes ist erstmals zum 1. Januar 1993 anzuwenden.

(2) § 11 Abs. 2 ist erstmals für die Bewertung von Anteilen an Kapitalgesellschaften auf den 31. Dezember 1992 anzuwenden.

(3) § 97 Abs. 1 Nr. 5 Buchstabe b und § 110 Abs. 1 Nr. 3 Satz 2 dieses Gesetzes in der Fassung der Bekanntmachung vom 1. Februar 1991 (BGBl. I S. 230), geändert durch Artikel 8 des Gesetzes vom 24. Juni 1991 (BGBl. I S. 1322), sind auch für Feststellungszeitpunkte vor dem 1. Januar 1986 anzuwenden, soweit die Feststellungsbescheide noch nicht bestandskräftig sind oder unter dem Vorbehalt der Nachprüfung stehen.

(4) § 111 Nr. 5 Buchstabe d und § 136 in der Fassung dieses Gesetzes sind erstmals zum 1. Januar 1991 anzuwenden.

(5) § 135 ist mit Wirkung vom 1. Juli 1990 an anzuwenden.

Vierter Teil. Vorschriften für die Bewertung von Vermögen in dem in Artikel 3 des Einigungsvertrages[1] genannten Gebiet

§ 125 Land- und fortwirtschaftliches Vermögen

(1) Einheitswerte, die für Betriebe der Land- und Forstwirtschaft nach den Wertverhältnissen vom 1. Januar 1935 festgestellt worden sind, werden ab dem 1. Januar 1991 nicht mehr angewendet.

(2) Anstelle der Einheitswerte für Betriebe der Land- und Forstwirtschaft werden abweichend von § 19 Abs. 1 Nr. 1 Ersatzwirtschaftswerte für das in Absatz 3 bezeichnete Vermögen ermittelt und ab 1. Januar 1991 der Besteuerung zugrunde gelegt. Der Bildung des Ersatzwirtschaftswerts ist abweichend von § 2 und § 34 Abs. 1, 3 bis 6 und 7 eine Nutzungseinheit zugrunde zu legen, in die alle von derselben Person (Nutzer) regelmäßig selbstgenutzten Wirtschaftsgüter des land- und forstwirtschaftlichen Vermögens im Sinne des § 33 Abs. 2 einbezogen werden, auch wenn der Nutzer nicht Eigentümer ist. § 26 ist sinngemäß anzuwenden.

(3) Zum land- und forstwirtschaftlichen Vermögen gehören abweichend von § 33 Abs. 2 nicht die Wohngebäude einschließlich des dazugehörigen Grund und Bodens. Wohngrundstücke sind dem Grundvermögen zuzurechnen und nach den dafür geltenden Vorschriften zu bewerten.

(4) Der Ersatzwirtschaftswert wird unter sinngemäßer Anwendung der §§ 35, 36, 38, 40, 42 bis 45, 50 bis 54, 56, 59, 60 Abs. 2 und § 62 in einem vereinfachten Verfahren ermittelt. Bei dem Vergleich der Ertragsbedingungen sind abweichend von § 38 Abs. 2 Nr. 1 ausschließlich die in der Gegend als regelmäßig anzusehenden Verhältnisse zugrunde zu legen. § 51a Abs. 1 Nr. 1 Buchstabe c ist nicht anzuwenden.

(5) Für die Ermittlung des Ersatzwirtschaftswerts sind die Wertverhältnisse maßgebend, die bei der Hauptfeststellung der Einheitswerte des land- und forstwirtschaftlichen Vermögens in der Bundesrepublik Deutschland auf den 1. Januar 1964 zugrunde gelegt worden sind.

(6) Aus den Vergleichszahlen der Nutzungen und Nutzungsteile, ausgenommen die forstwirtschaftliche Nutzung und die sonstige land- und forstwirtschaftliche Nutzung, werden unter Anwendung der Ertragswerte des § 40 die Ersatzvergleichswerte als Bestandteile des Ersatzwirtschaftswerts ermittelt. Für die Nutzungen und Nutzungsteile gelten die folgenden Vergleichszahlen:

---

[1] Auszugsweise abgedruckt vor **1.**

1. Landwirtschaftliche Nutzung
   a) Landwirtschaftliche Nutzung ohne Hopfen und Spargel
      Die landwirtschaftliche Vergleichszahl in 100 je Hektar errechnet
      sich auf der Grundlage der Ergebnisse der Bodenschätzung unter
      Berücksichtigung weiterer natürlicher und wirtschaftlicher Ertrags-
      bedingungen.
   b) Hopfen
      Hopfenbau-Vergleichszahl je Ar   40
   c) Spargel
      Spargelbau-Vergleichszahl je Ar   70
2. Weinbauliche Nutzung
   Weinbau-Vergleichszahlen je Ar:
   a) Traubenerzeugung (Nichtausbau)   22
   b) Faßweinausbau   25
   c) Flaschenweinausbau   30
3. Gärtnerische Nutzung
   Gartenbau-Vergleichszahlen je Ar:
   a) Nutzungsteil Gemüse-, Blumen- und Zierpflanzen-
      bau:
      aa) Gemüsebau   50
      bb) Blumen- und Zierpflanzenbau   100
   b) Nutzungsteil Obstbau   50
   c) Nutzungsteil Baumschulen   60
   d) Für Nutzungsflächen unter Glas und Kunststoffplat-
      ten, ausgenommen Niederglas, erhöhen sich die
      vorstehenden Vergleichszahlen bei
      aa) Gemüsebau
          nicht heizbar . . . .   um das 6fache,
          heizbar . . . .   um das 8fache,
      bb) Blumen- und Zierpflanzenbau, Baumschulen
          nicht heizbar . . . .   um das 4fache,
          heizbar . . . .   um das 8fache.

(7) Für die folgenden Nutzungen werden unmittelbar Ersatzvergleichswerte angesetzt:
1. Forstwirtschaftliche Nutzung
   Der Ersatzvergleichswert beträgt 125 Deutsche Mark je Hektar.
2. Sonstige land- und forstwirtschaftliche Nutzung
   Der Ersatzvergleichswert beträgt bei
   a) Binnenfischerei . . . .   2 Deutsche Mark je kg des nach-
                                             haltigen Jahresfangs,
   b) Teichwirtschaft
      aa) Forellenteichwirtschaft . . .   20000 Deutsche Mark je Hektar,
      bb) übrige Teichwirtschaft . . .   1000 Deutsche Mark je Hektar,

c) Fischzucht für Binnenfischerei und Teichwirtschaft	
aa) für Forellenteichwirtschaft	30000 Deutsche Mark je Hektar,
bb) für übrige Binnenfischerei und Teichwirtschaft	1500 Deutsche Mark je Hektar,
d) Imkerei	10 Deutsche Mark je Bienenkasten,
e) Wanderschäferei	20 Deutsche Mark je Mutterschaf,
f) Saatzucht	15 vom Hundert der nachhaltigen Jahreseinnahmen,
g) Weihnachtsbaumkultur	3000 Deutsche Mark je Hektar,
h) Pilzanbau	25 Deutsche Mark je Quadratmeter,
i) Besamungsstationen	20 vom Hundert der nachhaltigen Jahreseinnahmen.

§ 126 Geltung des Ersatzwirtschaftswerts

(1) Der sich nach § 125 ergebende Ersatzwirtschaftswert gilt für die Grundsteuer; er wird im Steuermeßbetragsverfahren ermittelt. Für eine Neuveranlagung des Grundsteuermeßbetrags wegen Änderung des Ersatzwirtschaftswerts gilt § 22 Abs. 1 Nr. 1 sinngemäß.

(2) Für andere Steuern ist bei demjenigen, dem Wirtschaftsgüter des land- und forstwirtschaftlichen Vermögens zuzurechnen sind, der Ersatzwirtschaftswert oder ein entsprechender Anteil an diesem Wert anzusetzen. Die Eigentumsverhältnisse und der Anteil am Ersatzwirtschaftswert sind im Festsetzungsverfahren der jeweiligen Steuer zu ermitteln.

§ 127 Erklärung zum Ersatzwirtschaftswert

(1) Der Nutzer des land- und forstwirtschaftlichen Vermögens (§ 125 Abs. 2 Satz 2) hat dem Finanzamt, in dessen Bezirk das genutzte Vermögen oder sein wertvollster Teil liegt, eine Erklärung zum Ersatzwirtschaftswert abzugeben. Der Nutzer hat die Steuererklärung eigenhändig zu unterschreiben.

(2) Die Erklärung ist erstmals für das Kalenderjahr 1991 nach den Verhältnissen zum 1. Januar 1991 abzugeben. § 28 Abs. 2 gilt entsprechend.

§ 128 Auskünfte, Erhebungen, Mitteilungen, Abrundung

§ 29 und § 30 Nr. 1 gelten bei der Ermittlung des Ersatzwirtschaftswerts sinngemäß.

§ 129 Grundvermögen

(1) Für Grundstücke gelten die Einheitswerte, die nach den Wertverhältnissen am 1. Januar 1935 festgestellt sind oder noch festgestellt werden (Einheitswerte 1935).

(2) Vorbehaltlich der §§ 130 und 131 werden für die Ermittlung der Einheitswerte 1935 statt der §§ 27, 68 bis 94

1. §§ 10, 11 Abs. 1 und 2 und Abs. 3 Satz 2, §§ 50 bis 53 des Bewertungsgesetzes der Deutschen Demokratischen Republik in der Fassung vom 18. September 1970 (Sonderdruck Nr. 674 des Gesetzblattes),
2. § 3 a Abs. 1, §§ 32 bis 46 der Durchführungsverordnung zum Reichsbewertungsgesetz vom 2. Februar 1935 (RGBl. I S. 81), zuletzt geändert durch die Verordnung zur Änderung der Durchführungsverordnung zum Vermögensteuergesetz, der Durchführungsverordnung zum Reichsbewertungsgesetz und der Aufbringungsumlage-Verordnung vom 8. Dezember 1944 (RGBl. I S. 338), und
3. die Rechtsverordnungen der Präsidenten der Landesfinanzämter über die Bewertung bebauter Grundstücke vom 17. Dezember 1934 (Reichsministerialblatt S. 785 ff.), soweit Teile des in Artikel 3 des Einigungsvertrages genannten Gebietes in ihrem Geltungsbereich liegen,

weiter angewandt.

§ 130 Nachkriegsbauten

(1) Nachkriegsbauten sind Grundstücke mit Gebäuden, die nach dem 20. Juni 1948 bezugsfertig geworden sind.

(2) Soweit Nachkriegsbauten mit einem Vielfachen der Jahresrohmiete zu bewerten sind, ist für Wohnraum die ab Bezugsfertigkeit preisrechtlich zulässige Miete als Jahresrohmiete vom 1. Januar 1935 anzusetzen. Sind Nachkriegsbauten nach dem 30. Juni 1990 bezugsfertig geworden, ist die Miete anzusetzen, die bei unverändertem Fortbestand der Mietpreisgesetzgebung ab Bezugsfertigkeit preisrechtlich zulässig gewesen wäre. Enthält die preisrechtlich zulässige Miete Bestandteile, die nicht zur Jahresrohmiete im Sinne des § 34 der weiter anzuwendenden Durchführungsverordnung zum Reichsbewertungsgesetz gehören, sind sie auszuscheiden.

(3) Für Nachkriegsbauten der Mietwohngrundstücke, der gemischtgenutzten Grundstücke und der mit einem Vielfachen der Jahresrohmiete zu bewertenden Geschäftsgrundstücke gilt einheitlich der Vervielfältiger neun.

§ 131 Wohnungseigentum und Teileigentum, Wohnungserbbaurecht und Teilerbbaurecht

(1) Jedes Wohnungseigentum und Teileigentum bildet eine wirtschaftliche Einheit. Für die Bestimmung der Grundstückshauptgruppe ist die Nutzung des auf das Wohnungseigentum und Teileigentum entfallenden

Gebäudeteils maßgebend. Die Vorschriften zur Ermittlung der Einheitswerte 1935 bei bebauten Grundstücken finden Anwendung, soweit sich nicht aus den Absätzen 2 und 3 etwas anderes ergibt.

(2) Das zu mehr als 80 vom Hundert Wohnzwecken dienende Wohnungseigentum ist mit dem Vielfachen der Jahresrohmiete nach den Vorschriften zu bewerten, die für Mietwohngrundstücke maßgebend sind. Wohnungseigentum, das zu nicht mehr als 80 vom Hundert, aber zu nicht weniger als 20 vom Hundert Wohnzwecken dient, ist mit dem Vielfachen der Jahresrohmiete nach den Vorschriften zu bewerten, die für gemischtgenutzte Grundstücke maßgebend sind.

(3) Entsprechen die im Grundbuch eingetragenen Miteigentumsanteile an dem gemeinschaftlichen Eigentum nicht dem Verhältnis der Jahresrohmiete zueinander, so kann dies bei der Feststellung des Wertes entsprechend berücksichtigt werden. Sind einzelne Räume, die im gemeinschaftlichen Eigentum stehen, vermietet, so ist ihr Wert nach den im Grundbuch eingetragenen Anteilen zu verteilen und bei den einzelnen wirtschaftlichen Einheiten zu erfassen.

(4) Bei Wohnungserbbaurechten oder Teilerbbaurechten gilt § 46 der weiter anzuwendenden Durchführungsverordnung zum Reichsbewertungsgesetz sinngemäß. Der Gesamtwert ist in gleicher Weise zu ermitteln, wie wenn es sich um Wohnungseigentum oder um Teileigentum handelte. Er ist auf den Wohnungserbbauberechtigten und den Bodeneigentümer entsprechend zu verteilen.

§132 Fortschreibung und Nachfeststellung der Einheitswerte 1935

(1) Fortschreibungen und Nachfeststellungen der Einheitswerte 1935 werden erstmals auf den 1. Januar 1991 vorgenommen, soweit sich aus den Absätzen 2 bis 4 nichts Abweichendes ergibt.

(2) Für Mietwohngrundstücke und Einfamilienhäuser im Sinne des § 32 der weiter anzuwendenden Durchführungsverordnung zum Reichsbewertungsgesetz unterbleibt eine Feststellung des Einheitswerts auf den 1. Januar 1991, wenn eine ab diesem Zeitpunkt wirksame Feststellung des Einheitswerts für die wirtschaftliche Einheit nicht vorliegt und der Einheitswert nur für die Festsetzung der Grundsteuer erforderlich wäre. Der Einheitswert für Mietwohngrundstücke und Einfamilienhäuser wird nachträglich auf einen späteren Feststellungszeitpunkt festgestellt, zu dem der Einheitswert erstmals für die Festsetzung anderer Steuern als der Grundsteuer erforderlich ist.

(3) Wird für Grundstücke im Sinne des Absatzes 2 ein Einheitswert festgestellt, gilt er für die Grundsteuer von dem Kalenderjahr an, das der Bekanntgabe des Feststellungsbescheids folgt.

(4) Änderungen der tatsächlichen Verhältnisse, die sich nur auf den Wert des Grundstücks auswirken, werden erst durch Fortschreibung auf den 1. Januar 1994 berücksichtigt, es sei denn, daß eine Feststellung des Einheitswerts zu einem früheren Zeitpunkt für die Festsetzung anderer Steuern als der Grundsteuer erforderlich ist.

§ 133 Sondervorschrift für die Anwendung der Einheitswerte 1935

(1) Die Einheitswerte 1935 der Grundstücke und Betriebsgrundstücke im Sinne des § 99 Abs. 1 Nr. 1 sind für die Feststellung der Einheitswerte des Betriebsvermögens, für die Vermögensteuer, die Erbschaftsteuer, die Gewerbesteuer und die Grunderwerbsteuer wie folgt anzusetzen:

1. Mietwohngrundstücke mit 100 vom Hundert des Einheitswerts 1935,
2. Geschäftsgrundstücke mit 400 vom Hundert des Einheitswerts 1935,
3. gemischtgenutzte Grundstücke, Einfamilienhäuser und sonstige bebaute Grundstücke mit 250 vom Hundert des Einheitswerts 1935,
4. unbebaute Grundstücke mit 600 vom Hundert des Einheitswerts 1935.

Bei Grundstücken im Zustand der Bebauung bestimmt sich die Grundstückshauptgruppe für den besonderen Einheitswert im Sinne des § 33a Abs. 3 der weiter anzuwendenden Durchführungsverordnung zum Reichsbewertungsgesetz nach dem tatsächlichen Zustand, der nach Fertigstellung des Gebäudes besteht.

(2) Absatz 1 gilt entsprechend für die nach § 12 Abs. 3 und 4 des Erbschaftsteuer- und Schenkungsteuergesetzes maßgebenden Werte und für Stichtagswerte bei der Grunderwerbsteuer.

(3) Artikel 10 § 3 des Vermögensteuerreformgesetzes vom 17. April 1974 (BGBl. I S. 949)[1] und Artikel 10 § 3 des Gesetzes zur Reform des Erbschaftsteuer- und Schenkungsteuerrechts vom 17. April 1974 (BGBl. I S. 933) finden keine Anwendung.

§ 134 *(aufgehoben)*

§ 135[2] Verzicht auf die Einheitsbewertung zum 1. Juli 1990

Bei ehemaligen volkseigenen Kombinaten, Betrieben und Einrichtungen, die auf Grund des Treuhandgesetzes vom 17. Juni 1990 (GBl. I Nr. 33 S. 300) in Aktiengesellschaften oder Gesellschaften mit beschränkter Haftung umgewandelt worden sind, sind Einheitswerte für die wirtschaftlichen Einheiten des Betriebsvermögens auf den 1. Juli 1990 nicht festzustellen. § 2 Abs. 4 der Verordnung über die Zahlung von Steuern der in Kapitalgesellschaften umgewandelten ehemaligen volkseigenen Kombinate,

---

[1] Abgedruckt als Fußn. zu § 25 VStG.
[2] Zur zeitlichen Anwendung vgl. § 124 Satz 4 (alte Fassung) und § 124 Abs. 5 (neue Fassung).

Betriebe und Einrichtungen im 2. Halbjahr 1990 vom 27. Juni 1990 (GBl. I Nr. 41 S. 618) ist nicht anzuwenden.

§ 136¹ Sondervorschrift für die Feststellungszeitpunkte 1. Januar 1991 bis 1. Januar 1994

Für die Feststellungszeitpunkte 1. Januar 1991 bis 1. Januar 1994 gilt folgendes:

1. Eine gesonderte Feststellung nach § 180 Abs. 1 Nr. 3 der Abgabenordnung erfolgt nicht, wenn für diese ein Finanzamt in dem in Artikel 3 des Einigungsvertrages genannten Gebiet zuständig wäre.

2. Erstreckt sich die wirtschaftliche Einheit eines gewerblichen Betriebs auf das in Artikel 3 des Einigungsvertrages genannte Gebiet und das übrige Bundesgebiet, so ist ein Einheitswert nur für das Betriebsvermögen festzustellen, das sich außerhalb des in Artikel 3 des Einigungsvertrages genannten Gebietes befindet. Zuständig für die Feststellung ist das Finanzamt im übrigen Bundesgebiet, in dessen Bezirk eine Betriebsstätte – bei mehreren Betriebsstätten die wirtschaftlich bedeutendste – unterhalten wird; liegt eine Betriebsstätte nicht vor, so ist das Finanzamt zuständig, in dessen Bezirk sich das Betriebsvermögen, und, wenn dies für mehrere Finanzämter zutrifft, das Finanzamt, in dessen Bezirk sich der wertvollste Teil des Betriebsvermögens befindet.

3. Zum Betriebsvermögen gehören nicht

   a) die Wirtschaftsgüter eines gewerblichen Betriebs, soweit hierfür in dem in Artikel 3 des Einigungsvertrages genannten Gebiet eine Betriebsstätte unterhalten wird oder ein ständiger Vertreter bestellt ist. Erstreckt sich die wirtschaftliche Einheit eines gewerblichen Betriebs auf das in Artikel 3 des Einigungsvertrages genannte Gebiet und das übrige Bundesgebiet, ist das inländische Betriebsvermögen für Feststellungszeitpunkte 1. Januar 1992 bis 1. Januar 1994 nach Maßgabe des § 29 Abs. 1 Nr. 1 und Abs. 3 des Gewerbesteuergesetzes unter Ansatz der im Kalenderjahr vor dem Feststellungszeitpunkt gezahlten Arbeitslöhne aufzuteilen;

   b) die Wirtschaftsgüter, die nach Nummer 4 nicht zum Gesamtvermögen gehören.

4. Zum Gesamtvermögen gehören nicht

   a) Grundbesitz und Mineralgewinnungsrechte in dem in Artikel 3 des Einigungsvertrages genannten Gebiet;

   b) der Überbestand an umlaufenden Betriebsmitteln eines Betriebs der Land- und Forstwirtschaft in dem in Artikel 3 des Einigungsvertrages genannten Gebiet;

---

¹ Zur zeitlichen Anwendung von § 136 vgl. § 124 Abs. 4 (neue Fassung).

c) Anteile an Kapitalgesellschaften, die nach § 24c Nr. 1 Buchstabe b des Vermögensteuergesetzes von der Vermögensteuer befreit sind;

d) Ansprüche im Sinne des Gesetzes zur Regelung offener Vermögensfragen vom 29. September 1990 in der jeweils geltenden Fassung.

§ 137[1] Bilanzposten nach dem D-Markbilanzgesetz

Nicht zum Betriebsvermögen gehören folgende Bilanzposten nach dem D-Markbilanzgesetz:

1. das Sonderverlustkonto,

2. das Kapitalentwertungskonto und

3. das Beteiligungsentwertungskonto.

---

[1] § 137 eingefügt mit Wirkung ab 1. 1. 1993.

Umrechnungsschlüssel für Tierbestände in Vieheinheiten (VE) nach dem Futterbedarf*

Tierart	1 Tier- ... VE
Pferde	
Pferde unter 3 Jahren	0,70
Pferde 3 Jahre alt und älter	1,10
Rindvieh	
Kälber und Jungvieh unter 1 Jahr	0,30
Jungvieh 1 bis 2 Jahre alt	0,70
Zuchtbullen	1,20
Zugochsen	1,20
Kühe, Färsen, Masttiere	1,00
Schafe	
Schafe unter 1 Jahr	0,05
Schafe 1 Jahr alt und älter	0,10
Ziegen	0,08
Schweine	
Ferkel	0,02
Läufer	0,06
Zuchtschweine	0,33
Mastschweine	0,16
Geflügel	
Legehennen	0,02
(einschließlich einer normalen Aufzucht zur Ergänzung des Bestandes)	
Zuchtenten	0,04
Zuchtputen	0,04
Zuchtgänse	0,04
Jungmasthühner	0,0017
Junghennen	0,0017
Mastenten	0,0033
Mastputen, Mastgänse	0,0067

* Zur aktualisierten Fassung vgl. Abschn. 124a EStR (abgedruckt im dtv- Band 5542 „EStRecht").

Anlage 2

Gruppen der Zweige des Tierbestands nach der Flächenabhängigkeit

1. Mehr flächenabhängige Zweige des Tierbestands

   Pferdehaltung,
   Pferdezucht,
   Schafzucht,
   Schafhaltung,
   Rindviehzucht,
   Milchviehhaltung,
   Rindviehmast.

2. Weniger flächenabhängige Zweige des Tierbestands

   Schweinezucht,
   Schweinemast,
   Hühnerzucht,
   Entenzucht,
   Gänsezucht,
   Putenzucht,
   Legehennenhaltung,
   Junghühnermast,
   Entenmast,
   Gänsemast,
   Putenmast.

Vervielfältiger

A. bei Massivbauten mit Mauerwerk aus Ziegelsteinen, Natursteinen, Kalksandsteinen, Schwemm-steinen oder ähnlichen Steinen sowie bei Stahl- und Stahlbetonskelettbauten außer bei solchen Bauten, die unter B. fallen

	Gemeindegrößenklassen							
	bis 2000	über 2000 bis 5000	über 5000 bis 10000	über 10000 bis 50000	über 50000 bis 100000	über 100000 bis 200000	über 200000 bis 500000	über 500000 Einwohner
Altbauten								
vor 1895	7,2	6,9	5,8	5,8	5,7	5,5	5,4	5,3
1895 bis 1899	7,4	7,1	6,0	5,9	5,8	5,7	5,5	5,4
1900 bis 1904	7,8	7,5	6,2	6,2	6,0	5,9	5,7	5,6
1905 bis 1915	8,3	7,9	6,6	6,5	6,3	6,2	6,0	5,8
1916 bis 31. 3. 1924	8,7	8,4	6,9	6,7	6,5	6,4	6,2	6,1
Neubauten								
1. 4. 1924 bis 31. 12. 1934	9,8	9,5	8,3	8,2	8,0	7,8	7,7	7,5
1. 1. 1935 bis 20. 6. 1948	10,2	9,8	8,6	8,4	8,2	8,0	7,9	7,7
Nachkriegsbauten								
nach dem 20. 6. 1948	9,8	9,7	9,5	9,2	9,0	9,0	9,0	9,1

B. bei Holzfachwerkbauten mit Ziegelsteinausmauerung, Gebäuden aus großformatigen Bimsbeton-platten oder ähnlichen Platten sowie bei anderen eingeschossigen massiven Gebäuden in leichter Bauausführung

Altbauten								
vor 1908	6,6	6,3	5,3	5,4	5,3	5,2	5,1	5,0
1908 bis 1915	6,9	6,6	5,6	5,6	5,5	5,4	5,3	5,1
1916 bis 31. 3. 1924	7,7	7,4	6,1	6,1	6,0	5,8	5,7	5,5
Neubauten								
1. 4. 1924 bis 31. 12. 1934	9,0	8,7	7,7	7,6	7,5	7,3	7,2	7,0
1. 1. 1935 bis 20. 6. 1948	9,6	9,3	8,2	8,0	7,8	7,7	7,5	7,4
Nachkriegsbauten								
nach dem 20. 6. 1948	9,5	9,4	9,2	8,9	8,7	8,7	8,7	8,8

C. bei Holzfachwerkbauten mit Lehmausfachung und besonders haltbaren Holzbauten mit massiven Fundamenten

Altbauten								
vor dem 1. 4. 1924	5,7	5,5	4,7	4,9	4,8	4,7	4,6	4,5
Neubauten								
1. 4. 1924 bis 31. 12. 1934	7,3	7,0	6,4	6,4	6,3	6,2	6,1	6,0
1. 1. 1935 bis 20. 6. 1948	8,5	8,2	7,3	7,2	7,1	7,0	6,8	6,7
Nachkriegsbauten								
nach dem 20. 6. 1948	8,9	8,7	8,6	8,3	8,1	8,1	8,1	8,3

Anlage 4

Gemischtgenutzte Grundstücke
mit einem gewerblichen Anteil an
der Jahresrohmiete bis zu 50 v. H.

Vervielfältiger

A. bei Massivbauten mit Mauerwerk aus Ziegelsteinen, Natursteinen, Kalksandsteinen, Schwemm
steinen oder ähnlichen Steinen sowie bei Stahl- und Stahlbetonskelettbauten außer bei solchen Bauten
die unter B. fallen

	Gemeindegrößenklassen							
	bis 2000	über 2000 bis 5000	über 5000 bis 10000	über 10000 bis 50000	über 50000 bis 100000	über 100000 bis 200000	über 200000 bis 500000	über 500000 Einwohner
Altbauten								
vor 1895	7,6	7,3	6,4	6,4	6,1	6,0	5,9	6,1
1895 bis 1899	7,8	7,6	6,6	6,5	6,3	6,2	6,0	6,3
1900 bis 1904	8,2	7,9	6,9	6,8	6,5	6,4	6,3	6,4
1905 bis 1915	8,7	8,4	7,2	7,1	6,8	6,7	6,5	6,7
1916 bis 31. 3. 1924	9,1	8,8	7,6	7,4	7,1	6,9	6,8	6,9
Neubauten								
1. 4. 1924 bis 31. 12. 1934	10,2	9,6	8,4	8,1	8,0	7,8	7,7	7,8
1. 1. 1935 bis 20. 6. 1948	10,5	9,8	8,6	8,3	8,2	8,0	7,9	7,9
Nachkriegsbauten								
nach dem 20. 6. 1948	9,9	9,6	9,2	9,1	9,0	9,0	9,0	9,0

B. bei Holzfachwerkbauten mit Ziegelsteinausmauerung, Gebäuden aus großformatigen Bimsbeton
platten oder ähnlichen Platten sowie bei anderen eingeschossigen massiven Gebäuden in leichte
Bauausführung

Altbauten								
vor 1908	7,0	6,7	5,9	6,0	5,7	5,6	5,5	5,8
1908 bis 1915	7,3	7,0	6,2	6,2	5,9	5,8	5,7	6,0
1916 bis 31. 3. 1924	8,1	7,8	6,8	6,7	6,4	6,3	6,2	6,4
Neubauten								
1. 4. 1924 bis 31. 12. 1934	9,3	8,8	7,7	7,6	7,5	7,3	7,2	7,3
1. 1. 1935 bis 20. 6. 1948	9,9	9,3	8,2	8,0	7,8	7,7	7,5	7,6
Nachkriegsbauten								
nach dem 20. 6. 1948	9,6	9,3	9,0	8,9	8,7	8,7	8,7	8,8

C. bei Holzfachwerkbauten mit Lehmausfachung und besonders haltbaren Holzbauten mit massiven
Fundamenten

Altbauten								
vor dem 1. 4. 1924	6,1	5,9	5,2	5,4	5,2	5,1	5,0	5,4
Neubauten								
1. 4. 1924 bis 31. 12. 1934	7,7	7,2	6,4	6,5	6,4	6,3	6,1	6,4
1. 1. 1935 bis 20. 6. 1948	8,8	8,3	7,3	7,3	7,1	7,0	6,9	7,1
Nachkriegsbauten								
nach dem 20. 6. 1948	9,0	8,7	8,4	8,4	8,2	8,2	8,2	8,4

Gemischtgenutzte Grundstücke
mit einem gewerblichen Anteil an
der Jahresrohmiete von mehr als 50 v. H.

Vervielfältiger

A. bei Massivbauten mit Mauerwerk aus Ziegelsteinen, Natursteinen, Kalksandsteinen, Schwemm-
steinen oder ähnlichen Steinen sowie bei Stahl- und Stahlbetonskelettbauten außer bei solchen Bauten,
die unter B. fallen

	Gemeindegrößenklassen							
	bis 2000	über 2000 bis 5000	über 5000 bis 10000	über 10000 bis 50000	über 50000 bis 100000	über 100000 bis 200000	über 200000 bis 500000	über 500000 Einwohner
Altbauten								
vor 1895	7,6	7,2	6,4	6,6	6,4	6,4	6,4	6,4
1895 bis 1899	7,8	7,4	6,6	6,8	6,5	6,5	6,5	6,5
1900 bis 1904	8,2	7,8	6,8	7,0	6,7	6,7	6,7	6,7
1905 bis 1915	8,6	8,2	7,1	7,2	7,0	7,0	7,0	7,0
1916 bis 31. 3. 1924	9,0	8,6	7,4	7,5	7,2	7,2	7,2	7,2
Neubauten								
1. 4. 1924 bis 31. 12. 1934 . .	9,7	9,1	8,0	8,1	7,9	7,9	7,9	7,9
1. 1. 1935 bis 20. 6. 1948	10,0	9,4	8,2	8,3	8,1	8,1	8,1	8,1
Nachkriegsbauten								
nach dem 20. 6. 1948	9,6	9,3	8,9	8,9	8,7	8,8	8,8	8,8

B. bei Holzfachwerkbauten mit Ziegelsteinausmauerung, Gebäuden aus großformatigen Bimsbeton-
platten oder ähnlichen Platten sowie bei anderen eingeschossigen massiven Gebäuden in leichter
Bauausführung

Altbauten								
vor 1908	7,0	6,7	6,0	6,3	6,1	6,1	6,1	6,1
1908 bis 1915	7,3	7,0	6,2	6,5	6,2	6,2	6,2	6,2
1916 bis 31. 3. 1924	8,1	7,7	6,7	6,9	6,7	6,7	6,7	6,7
Neubauten								
1. 4. 1924 bis 31. 12. 1934 . .	9,0	8,4	7,5	7,6	7,5	7,5	7,5	7,5
1. 1. 1935 bis 20. 6. 1948	9,5	8,9	7,8	7,9	7,8	7,8	7,8	7,8
Nachkriegsbauten								
nach dem 20. 6. 1948	9,3	9,0	8,6	8,7	8,5	8,6	8,6	8,6

C. bei Holzfachwerkbauten mit Lehmausfachung und besonders haltbaren Holzbauten mit massiven
Fundamenten

Altbauten								
vor dem 1. 4. 1924	6,2	5,9	5,5	5,8	5,6	5,6	5,6	5,6
Neubauten								
1. 4. 1924 bis 31. 12. 1934 . .	7,4	7,0	6,4	6,7	6,5	6,5	6,5	6,5
1. 1. 1935 bis 20. 6. 1948	8,5	8,0	7,2	7,3	7,2	7,2	7,2	7,2
Nachkriegsbauten								
nach dem 20. 6. 1948	8,8	8,5	8,1	8,2	8,1	8,2	8,2	8,2

Anlage 6
Geschäftsgrundstücke

Vervielfältiger

A. bei Massivbauten mit Mauerwerk aus Ziegelsteinen, Natursteinen, Kalksandsteinen, Schwemm
steinen oder ähnlichen Steinen sowie bei Stahl- und Stahlbetonskelettbauten außer bei solchen Bauter
die unter B. fallen

	Gemeindegrößenklassen							
	bis 2000	über 2000 bis 5000	über 5000 bis 10000	über 10000 bis 50000	über 50000 bis 100000	über 100000 bis 200000	über 200000 bis 500000	über 500000 Einwohner
Altbauten								
vor 1895	7,8	7,5	6,7	6,9	6,8	6,8	6,8	6,8
1895 bis 1899	8,0	7,7	6,9	7,0	7,0	7,0	7,0	7,0
1900 bis 1904	8,3	7,9	7,1	7,2	7,1	7,1	7,1	7,1
1905 bis 1915	8,7	8,3	7,4	7,5	7,4	7,4	7,4	7,4
1916 bis 31. 3. 1924	9,0	8,6	7,7	7,8	7,6	7,6	7,6	7,6
Neubauten								
1. 4. 1924 bis 31. 12. 1934 . .	9,4	9,0	8,0	8,0	8,0	8,0	8,0	8,0
1. 1. 1935 bis 20. 6. 1948	9,6	9,2	8,1	8,2	8,1	8,1	8,1	8,1
Nachkriegsbauten								
nach dem 20. 6. 1948	9,4	9,2	9,0	9,0	8,9	8,9	8,9	8,9

B. bei Holzfachwerkbauten mit Ziegelsteinausmauerung, Gebäuden aus großformatigen Bimsbeton
platten oder ähnlichen Platten sowie bei anderen eingeschossigen massiven Gebäuden in leichte
Bauausführung

	bis 2000	über 2000 bis 5000	über 5000 bis 10000	über 10000 bis 50000	über 50000 bis 100000	über 100000 bis 200000	über 200000 bis 500000	über 500000 Einwohner
Altbauten								
vor 1908	7,3	7,0	6,3	6,5	6,5	6,5	6,5	6,5
1908 bis 1915	7,6	7,2	6,5	6,7	6,7	6,7	6,7	6,7
1916 bis 31. 3. 1924	8,2	7,8	7,0	7,2	7,1	7,1	7,1	7,1
Neubauten								
1. 4. 1924 bis 31. 12. 1934 . .	8,8	8,4	7,5	7,6	7,6	7,6	7,6	7,6
1. 1. 1935 bis 20. 6. 1948	9,2	8,8	7,8	7,9	7,8	7,8	7,8	7,8
Nachkriegsbauten								
nach dem 20. 6. 1948	9,1	9,0	8,7	8,8	8,7	8,7	8,7	8,7

C. bei Holzfachwerkbauten mit Lehmausfachung und besonders haltbaren Holzbauten mit massive
Fundamenten

	bis 2000	über 2000 bis 5000	über 5000 bis 10000	über 10000 bis 50000	über 50000 bis 100000	über 100000 bis 200000	über 200000 bis 500000	über 500000 Einwohner
Altbauten								
vor 1. 4. 1924	6,6	6,3	5,7	6,0	6,1	6,1	6,1	6,1
Neubauten								
1. 4. 1924 bis 31. 12. 1934 . .	7,5	7,2	6,5	6,7	6,8	6,8	6,8	6,8
1. 1. 1935 bis 20. 6. 1948	8,4	8,0	7,2	7,3	7,3	7,3	7,3	7,3
Nachkriegsbauten								
nach dem 20. 6. 1948	8,7	8,6	8,3	8,4	8,3	8,3	8,4	8,4

Vervielfältiger

A. bei Massivbauten mit Mauerwerk aus Ziegelsteinen, Natursteinen, Kalksandsteinen, Schwemm-
steinen oder ähnlichen Steinen sowie bei Stahl- und Stahlbetonskelettbauten außer bei solchen Bauten,
die unter B. fallen

	Gemeindegrößenklassen							
	bis 2000	über 2000 bis 5000	über 5000 bis 10000	über 10000 bis 50000	über 50000 bis 100000	über 100000 bis 200000	über 200000 bis 500000	über 500000 Einwohner
Altbauten								
vor 1895	9,5	9,0	7,7	7,4	7,8	7,8	7,8	7,8
1895 bis 1899	9,8	9,3	7,9	7,6	8,0	8,0	8,0	8,0
1900 bis 1904	10,3	9,8	8,3	7,9	8,2	8,2	8,2	8,2
1905 bis 1915	11,0	10,4	8,7	8,4	8,6	8,6	8,6	8,6
1916 bis 31. 3. 1924	11,6	11,0	9,1	8,8	8,9	8,9	8,9	8,9
Neubauten								
1. 4. 1924 bis 31. 12. 1934	13,1	12,4	10,6	10,2	10,2	10,2	10,2	10,2
1. 1. 1935 bis 20. 6. 1948	13,5	12,9	10,9	10,5	10,4	10,4	10,4	10,4
Nachkriegsbauten								
nach dem 20. 6. 1948	13,0	12,4	12,0	11,8	11,8	11,8	11,8	11,9

B. bei Holzfachwerkbauten mit Ziegelsteinausmauerung, Gebäuden aus großformatigen Bimsbeton-
platten oder ähnlichen Platten sowie bei anderen eingeschossigen massiven Gebäuden in leichter
Bauausführung

Altbauten								
vor 1908	8,7	8,3	7,1	6,8	7,3	7,3	7,3	7,3
1908 bis 1915	9,1	8,7	7,4	7,1	7,6	7,6	7,6	7,6
1916 bis 31. 3. 1924	10,2	9,6	8,1	7,8	8,1	8,1	8,1	8,1
Neubauten								
1. 4. 1924 bis 31. 12. 1934	11,9	11,3	9,7	9,4	9,4	9,4	9,4	9,4
1. 1. 1935 bis 20. 6. 1948	12,7	12,1	10,3	9,9	9,9	9,9	9,9	9,9
Nachkriegsbauten								
nach dem 20. 6. 1948	12,5	11,9	11,5	11,4	11,4	11,4	11,4	11,5

C. bei Holzfachwerkbauten mit Lehmausfachung und besonders haltbaren Holzbauten mit massiven
Fundamenten

Altbauten								
vor dem 1. 4. 1924	7,7	7,3	6,3	6,1	6,7	6,7	6,7	6,7
Neubauten								
1. 4. 1924 bis 31. 12. 1934	9,6	9,1	8,0	7,7	8,0	8,0	8,0	8,0
1. 1. 1935 bis 20. 6. 1948	11,1	10,6	9,2	8,9	9,0	9,0	9,0	9,0
Nachkriegsbauten								
nach dem 20. 6. 1948	11,5	10,9	10,6	10,6	10,6	10,6	10,6	10,8

Anlage 8
Zweifamilienhäuser

Vervielfältiger

A. bei Massivbauten mit Mauerwerk aus Ziegelsteinen, Natursteinen, Kalksandsteinen, Schwemm-
steinen oder ähnlichen Steinen sowie bei Stahl- und Stahlbetonskelettbauten außer bei solchen Bauten,
die unter B. fallen

	Gemeindegrößenklassen							
	bis 2000	über 2000 bis 5000	über 5000 bis 10000	über 10000 bis 50000	über 50000 bis 100000	über 100000 bis 200000	über 200000 bis 500000	über 500000 Einwohner
Altbauten								
vor 1895	8,6	8,1	6,9	6,7	7,0	6,8	6,8	6,8
1895 bis 1899	8,8	8,4	7,1	6,9	7,1	7,0	7,0	7,0
1900 bis 1904	9,3	8,8	7,4	7,1	7,4	7,2	7,2	7,2
1905 bis 1915	9,8	9,3	7,8	7,5	7,7	7,5	7,5	7,5
1916 bis 31. 3. 1924	10,3	9,7	8,2	7,8	8,0	7,8	7,8	7,8
Neubauten								
1. 4. 1924 bis 31. 12. 1934 . .	11,6	11,0	9,5	9,1	9,0	9,0	9,0	9,0
1. 1. 1935 bis 20. 6. 1948	11,9	11,3	9,7	9,3	9,2	9,2	9,2	9,2
Nachkriegsbauten								
nach dem 20. 6. 1948	11,4	11,0	10,6	10,5	10,5	10,5	10,5	10,5

B. bei Holzfachwerkbauten mit Ziegelsteinausmauerung, Gebäuden aus großformatigen Bimsbeton-
platten oder ähnlichen Platten sowie bei anderen eingeschossigen massiven Gebäuden in leichter
Bauausführung

Altbauten								
vor 1908	7,9	7,5	6,4	6,2	6,6	6,5	6,5	6,5
1908 bis 1915	8,3	7,8	6,7	6,4	6,8	6,7	6,7	6,7
1916 bis 31. 3. 1924	9,1	8,6	7,3	7,0	7,3	7,1	7,1	7,1
Neubauten								
1. 4. 1924 bis 31. 12. 1934	10,6	10,1	8,7	8,4	8,5	8,5	8,5	8,5
1. 1. 1935 bis 20. 6. 1948	11,2	10,7	9,2	8,9	8,8	8,8	8,8	8,8
Nachkriegsbauten								
nach dem 20. 6. 1948	11,0	10,6	10,2	10,1	10,1	10,1	10,1	10,2

C. bei Holzfachwerkbauten mit Lehmausfachung und besonders haltbaren Holzbauten mit massiver
Fundamenten

Altbauten								
vor dem 1. 4. 1924	7,0	6,7	5,8	5,6	6,1	6,0	6,0	6,0
Neubauten								
1. 4. 1924 bis 31. 12. 1934	8,7	8,3	7,3	7,0	7,3	7,3	7,3	7,3
1. 1. 1935 bis 20. 6. 1948	10,0	9,5	8,3	8,0	8,1	8,1	8,1	8,1
Nachkriegsbauten								
nach dem 20. 6. 1948	10,2	9,8	9,5	9,5	9,5	9,5	9,5	9,7

Kapitalwert einer lebenslänglichen Nutzung oder Leistung im Jahreswert von einer Deutschen Mark

Der Kapitalwert ist nach der ,,Allgemeinen Sterbetafel für die Bundesrepublik Deutschland 1960/62" unter Berücksichtigung von Zwischenzinsen und Zinseszinsen mit 5,5 vom Hundert errechnet worden. Der Kapitalwert der Tabelle ist der Mittelwert zwischen dem Kapitalwert für jährlich vorschüssige und jährlich nachschüssige Zahlungsweise.

Vollendetes Lebensalter in Jahren	Männer	Frauen	Vollendetes Lebensalter in Jahren	Männer	Frauen
0	17,269	17,611	35	15,362	16,043
1	17,839	18,068	36	15,213	15,920
2	17,835	18,071	37	15,056	15,793
3	17,814	18,058	38	14,894	15,660
4	17,785	18,038	39	14,724	15,521
5	17,751	18,015	40	14,548	15,377
6	17,715	17,989	41	14,365	15,227
7	17,675	17,959	42	14,174	15,071
8	17,631	17,927	43	13,975	14,908
9	17,583	17,892	44	13,769	14,739
10	17,532	17,854	45	13,555	14,563
11	17,476	17,814	46	13,334	14,381
12	17,418	17,771	47	13,106	14,193
13	17,357	17,726	48	12,872	13,997
14	17,293	17,679	49	12,632	13,794
15	17,227	17,630	50	12,384	13,583
16	17,160	17,580	51	12,132	13,364
17	17,093	17,528	52	11,873	13,138
18	17,027	17,473	53	11,611	12,903
19	16,961	17,417	54	11,344	12,659
20	16,896	17,359	55	11,075	12,407
21	16,830	17,297	56	10,803	12,147
22	16,760	17,232	57	10,530	11,879
23	16,687	17,163	58	10,255	11,602
24	16,608	17,090	59	9,980	11,318
25	16,524	17,015	60	9,705	11,026
26	16,434	16,935	61	9,430	10,727
27	16,338	16,853	62	9,156	10,421
28	16,236	16,767	63	8,881	10,108
29	16,130	16,677	64	8,607	9,790
30	16,017	16,583	65	8,332	9,467
31	15,898	16,484	66	8,057	9,140
32	15,774	16,381	67	7,780	8,809
33	15,643	16,273	68	7,502	8,475
34	15,506	16,160	69	7,223	8,140

Vollendetes Lebensalter in Jahren	Männer	Frauen	Vollendetes Lebensalter in Jahren	Männer	Frauen
70	6,942	7,802	85	3,221	3,523
71	6,660	7,465	86	3,035	3,325
72	6,379	7,130	87	2,857	3,139
73	6,100	6,799	88	2,689	2,963
74	5,824	6,473	89	2,534	2,802
75	5,553	6,153	90	2,394	2,658
76	5,288	5,842	91	2,272	2,528
77	5,028	5,540	92	2,162	2,411
78	4,773	5,248	93	2,065	2,308
79	4,525	4,966	94	1,978	2,217
80	4,284	4,695	95	1,901	2,136
81	4,052	4,436	96	1,835	2,067
82	3,830	4,189	97	1,780	2,006
83	3,617	3,954	98	1,722	1,955
84	3,415	3,733	99	1,682	1,908
			100 und darüber	1,634	1,874

Vervielfältiger für die Anwartschaft eines Arbeitnehmers auf Altersrente und Witwen- oder Witwerrente[1]

Lebensalter in Jahren, dem der nach Spalte 2a oder 3a Berechtigte am nächsten ist	Anwartschaft von			
	Männern		Frauen	
	auf Alters-rente	auf Witwen-rente	auf Alters-rente	auf Witwer-rente
(1)	(2a)	(2b)	(3a)	(3b)
bis 31	3,5	1,3	4,1	0,3
32	3,6	1,4	4,2	0,3
33	3,7	1,4	4,4	0,3
34	3,8	1,4	4,5	0,3
35	3,9	1,5	4,6	0,3
36	4,0	1,5	4,8	0,3
37	4,2	1,6	4,9	0,3
38	4,3	1,6	5,0	0,4
39	4,4	1,7	5,2	0,4
40	4,6	1,7	5,4	0,4
41	4,7	1,7	5,5	0,4
42	4,8	1,8	5,7	0,4
43	5,0	1,8	5,9	0,4
44	5,2	1,9	6,1	0,4
45	5,3	1,9	6,3	0,4
46	5,5	1,9	6,5	0,4
47	5,7	2,0	6,7	0,4
48	5,9	2,0	6,9	0,4
49	6,1	2,1	7,1	0,4
50	6,3	2,1	7,3	0,4
51	6,5	2,1	7,6	0,4
52	6,7	2,2	7,8	0,4
53	6,9	2,2	8,1	0,4
54	7,1	2,3	8,4	0,4
55	7,4	2,3	8,6	0,4
56	7,6	2,3	8,9	0,4
57	7,9	2,4	9,2	0,4
58	8,1	2,4	9,5	0,4
59	8,4	2,4	9,8	0,4
60	8,7	2,5	10,0	0,4
61	9,0	2,6	10,3	0,5
62	9,4	2,6	10,7	0,5
63 und darüber	9,8	2,7	11,1	0,5

[1] In dieser Fassung gilt Anlage 10 ab 1. 1. 1984.

Anlage 11 (zu § 104)

Vervielfältiger für die Anwartschaft eines vor Eintritt des Versorgungsfalls aus dem Dienstverhältnis ausgeschiedenen Arbeitnehmers auf Altersrente und Witwen- oder Witwerrente[1]

Lebensalter in Jahren, dem der nach Spalte 2a oder 3a Berechtigte am nächsten ist	Anwartschaft von			
	Männern		Frauen	
	auf Altersrente	auf Witwenrente	auf Altersrente	auf Witwerrente
(1)	(2a)	(2b)	(3a)	(3b)
bis 31	1,7	0,7	2,0	0,2
32	1,8	0,8	2,1	0,2
33	1,9	0,8	2,2	0,2
34	2,0	0,8	2,3	0,2
35	2,1	0,9	2,4	0,2
36	2,2	0,9	2,6	0,3
37	2,3	1,0	2,7	0,3
38	2,4	1,0	2,8	0,3
39	2,6	1,1	3,0	0,3
40	2,7	1,1	3,2	0,3
41	2,8	1,2	3,3	0,3
42	3,0	1,2	3,5	0,3
43	3,2	1,3	3,7	0,3
44	3,3	1,3	3,9	0,3
45	3,5	1,4	4,1	0,3
46	3,7	1,4	4,3	0,3
47	3,9	1,5	4,6	0,3
48	4,1	1,5	4,8	0,3
49	4,3	1,6	5,1	0,3
50	4,6	1,6	5,3	0,3
51	4,8	1,7	5,6	0,4
52	5,0	1,8	5,9	0,4
53	5,3	1,8	6,2	0,4
54	5,6	1,9	6,6	0,4
55	6,0	2,0	7,0	0,4
56	6,4	2,1	7,5	0,4
57	6,8	2,1	7,9	0,4
58	7,2	2,2	8,4	0,4
59	7,6	2,3	8,9	0,4
60	8,1	2,4	9,4	0,4
61	8,6	2,5	9,8	0,4
62	9,1	2,6	10,4	0,4
63 und darüber	9,8	2,7	11,1	0,5

[1] In dieser Fassung gilt Anlage 11 ab 1. 1. 1984.

Vervielfältiger für die neben den laufenden Leistungen bestehende Anwartschaft des Pensionsberechtigten auf eine lebenslängliche Hinterbliebenenrente[1]

Lebensalter in Jahren, dem der Empfänger der laufenden Leistungen am nächsten ist	Männer	Frauen	Lebensalter in Jahren, dem der Empfänger der laufenden Leistungen am nächsten ist	Männer	Frauen
(1)	(2)	(3)	(1)	(2)	(3)
bis 20	1,8	0,2	61	2,7	0,5
21	1,9	0,2	62	2,7	0,5
22	2,0	0,2	63	2,7	0,5
23	2,1	0,2	64	2,7	0,4
24	2,3	0,2	65	2,7	0,4
25	2,4	0,2	66	2,7	0,4
26	2,5	0,2	67	2,8	0,4
27	2,6	0,2	68	2,8	0,4
28	2,7	0,2	69	2,7	0,4
29	2,8	0,2	70	2,7	0,4
30	2,9	0,2	71	2,7	0,4
31	2,9	0,2	72	2,7	0,4
32	3,0	0,3	73	2,6	0,3
33	3,1	0,3	74	2,6	0,3
34	3,1	0,3	75	2,5	0,3
35	3,2	0,3	76	2,4	0,3
36	3,3	0,3	77	2,3	0,3
37	3,3	0,3	78	2,3	0,2
38	3,3	0,3	79	2,2	0,2
39	3,4	0,3	80	2,1	0,2
40	3,4	0,3	81	2,0	0,2
41	3,4	0,3	82	1,9	0,1
42	3,4	0,4	83	1,8	0,1
43	3,4	0,4	84	1,7	0,1
44	3,4	0,4	85	1,6	0,1
45	3,4	0,4	86	1,5	0,1
46	3,4	0,4	87	1,4	0,1
47	3,4	0,4	88	1,3	0,1
48	3,3	0,4	89	1,2	0,1
49	3,3	0,4	90	1,1	0
50	3,2	0,4	91	0,9	0
51	3,2	0,4	92	0,8	0
52	3,1	0,4	93	0,7	0
53	3,1	0,4	94	0,6	0
54	3,0	0,4	95	0,5	0
55	3,0	0,4	96	0,4	0
56	2,9	0,4	97	0,3	0
57	2,9	0,4	98	0,2	0
58	2,8	0,5	99	0,1	0
59	2,8	0,5	100 und darüber	0	0
60	2,7	0,5			

[1] In dieser Fassung gilt Anlage 12 ab 1. 1. 1984.

Anlage 13 (zu § 104)

Vervielfältiger für die lebenslänglich laufenden Leistungen aus Pensionsverpflichtungen[1]

Lebensalter in Jahren, dem der Empfänger der laufenden Leistungen am nächsten ist	Männer	Frauen	Lebensalter in Jahren, dem der Empfänger der laufenden Leistungen am nächsten ist	Männer	Frauen
(1)	(2)	(3)	(1)	(2)	(3)
bis 20	12,4	16,5	66	9,0	10,3
21	12,3	16,4	67	8,8	10,0
22	12,2	16,4	68	8,5	9,7
23	12,2	16,4	69	8,2	9,4
24	12,1	16,3	70	7,9	9,0
25	12,0	16,3	71	7,7	8,7
26	12,0	16,2	72	7,4	8,4
27	11,9	16,2	73	7,1	8,1
28	11,9	16,1	74	6,9	7,8
29	11,8	16,1	75	6,6	7,4
30	11,7	16,0	76	6,3	7,1
31	11,7	15,9	77	6,1	6,8
32	11,6	15,9	78	5,8	6,5
33	11,6	15,8	79	5,6	6,2
34	11,5	15,7	80	5,3	5,9
35	11,4	15,7	81	5,1	5,6
36	11,4	15,6	82	4,9	5,3
37	11,3	15,5	83	4,6	5,1
38	11,3	15,4	84	4,4	4,8
39	11,2	15,3	85	4,2	4,6
40	11,2	15,2	86	4,0	4,3
41	11,2	15,1	87	3,8	4,1
42	11,1	15,0	88	3,7	3,9
43	11,1	14,9	89	3,5	3,6
44	11,1	14,7	90	3,3	3,4
45	11,1	14,6	91	3,2	3,2
46	11,1	14,5	92	3,0	3,1
47	11,0	14,4	93	2,9	2,9
48	11,0	14,2	94	2,7	2,7
49	11,0	14,1	95	2,6	2,5
50	11,0	13,9	96	2,4	2,4
51	11,0	13,7	97	2,3	2,3
52	10,9	13,6	98	2,2	2,1
53	10,9	13,4	99	2,1	2,0
54	10,9	13,2	100	2,0	1,9
55	10,8	13,0	101	1,9	1,8
56	10,8	12,8	102	1,8	1,6
57	10,7	12,6	103	1,7	1,5
58	10,6	12,4	104	1,6	1,5
59	10,5	12,1	105	1,5	1,4
60	10,4	11,9	106	1,4	1,3
61	10,2	11,7	107	1,3	1,2
62	10,0	11,4	108	1,2	1,1
63	9,8	11,1	109	1,0	0,9
64	9,6	10,9	110		
65	9,3	10,6	und darüber	0,5	0,5

[1] Anlage 13 gilt mit Wirkung vom 1. 1. 1984.

Hilfstafel für die Berechnung des Gegenwartswerts einer unverzinslichen, befristeten Forderung oder Schuld im Kapitalwert von 100 DM

Der Gegenwartswert ist der Nennbetrag nach Abzug von Zwischenzinsen unter Berücksichtigung von Zinseszinsen (§ 12 Abs. 3 BewG).

Bei der Aufstellung der Hilfstafel sind die Zwischenzinsen und die Zinseszinsen mit 5½ vom Hundert angesetzt worden.

Anzahl der Jahre	Gegenwartswert DM	Anzahl der Jahre	Gegenwartswert DM
1	94,787	26	24,856
2	89,845	27	23,560
3	85,161	28	22,332
4	80,722	29	21,168
5	76,513	30	20,064
6	72,525	31	19,018
7	68,744	32	18,027
8	65,160	33	17,087
9	61,763	34	16,196
10	58,543	35	15,352
11	55,491	36	14,552
12	52,598	37	13,793
13	49,856	38	13,074
14	47,257	39	12,392
15	44,793	40	11,746
16	42,458	41	11,134
17	40,245	42	10,554
18	38,147	43	10,003
19	36,158	44	9,482
20	34,273	45	8,988
21	32,486	46	8,519
22	30,793	47	8,075
23	29,187	48	7,654
24	27,666	49	7,255
25	26,223	50	6,877

Hilfstafel 2 zu § 13 Abs. 1 BewG

Hilfstafel über den gegenwärtigen Kapitalwert einer Rente, Nutzung oder Leistung im Jahreswert von 1 DM auf eine bestimmte Anzahl von Jahren

Der Kapitalwert ist die Summe der einzelnen Jahreswerte abzüglich der Zwischenzinsen unter Berücksichtigung von Zinseszinsen (§ 13 Abs. 1 Satz 1 BewG). Bei der Aufstellung der Hilfstafel sind die Zwischenzinsen und Zinseszinsen mit 5½ vom Hundert angesetzt worden.

Anzahl der Jahre	Kapitalwert DM	Anzahl der Jahre	Kapitalwert DM
1	1,000	28	14,898
2	1,948	29	15,121
3	2,846	30	15,333
4	3,698	31	15,534
5	4,505	32	15,724
6	5,270	33	15,904
7	5,996	34	16,075
8	6,683	35	16,237
9	7,335	36	16,391
10	7,952	37	16,536
11	8,538	38	16,674
12	9,093	39	16,805
13	9,619	40	16,929
14	10,117	41	17,046
15	10,590	42	17,157
16	11,038	43	17,263
17	11,462	44	17,363
18	11,865	45	17,458
19	12,246	46	17,548
20	12,608	47	17,633
21	12,950	48	17,714
22	13,275	49	17,790
23	13,583	50	17,863
24	13,875	51	17,932
25	14,152	52	17,997
26	14,414	53	18,000
27	14,662	und mehr	

5.1 Erbschaftsteuer- und Schenkungsteuergesetz (ErbStG)*

In der Fassung der Bekanntmachung vom 19. Februar 1991

(BGBl. I S. 468)

Zuletzt geändert durch Steueränderungsgesetz 1992 vom 25. Februar 1992

(BGBl. I S. 297)

Nichtamtliche Inhaltsübersicht

I. Steuerpflicht

II. Wertermittlung

III. Berechnung der Steuer

IV. Steuerfestsetzung und Erhebung

* **Zur Anwendung des Gesetzes siehe § 37; zur Anwendung im Gebiet der ehem. DDR mit Wirkung ab 1. 1. 1991 siehe auch § 37a.**

I. Steuerpflicht

§ 1 Steuerpflichtige Vorgänge

(1) Der Erbschaftsteuer (Schenkungsteuer) unterliegen

1. der Erwerb von Todes wegen,

2. die Schenkungen unter Lebenden,

3. die Zweckzuwendungen,

4. das Vermögen einer Stiftung, sofern sie wesentlich im Interesse einer Familie oder bestimmter Familien errichtet ist, und eines Vereins, dessen Zweck wesentlich im Interesse einer Familie oder bestimmter Familien auf die Bindung von Vermögen gerichtet ist, in Zeitabständen von je 30 Jahren seit dem in § 9 Abs. 1 Nr. 4 bestimmten Zeitpunkt.

(2) Soweit nichts anderes bestimmt ist, gelten die Vorschriften dieses Gesetzes über die Erwerbe von Todes wegen auch für Schenkungen und Zweckzuwendungen, die Vorschriften über Schenkungen auch für Zweckzuwendungen unter Lebenden.

§ 2 Persönliche Steuerpflicht

(1) Die Steuerpflicht tritt ein

1. in den Fällen des § 1 Abs. 1 Nr. 1 bis 3, wenn der Erblasser zur Zeit seines Todes, der Schenker zur Zeit der Ausführung der Schenkung oder der Erwerber zur Zeit der Entstehung der Steuer (§ 9) ein Inländer ist, für den gesamten Vermögensanfall. Als Inländer gelten

   a) natürliche Personen, die im Inland einen Wohnsitz oder ihren gewöhnlichen Aufenthalt haben;

   b) deutsche Staatsangehörige, die sich nicht länger als fünf Jahre dauernd im Ausland aufgehalten haben, ohne im Inland einen Wohnsitz zu haben;

   c) unabhängig von der Fünfjahresfrist nach Buchstabe b deutsche Staatsangehörige, die

      aa) im Inland weder einen Wohnsitz noch ihren gewöhnlichen Aufenthalt haben und

      bb) zu einer inländischen juristischen Person des öffentlichen Rechts in einem Dienstverhältnis stehen und dafür Arbeitslohn aus einer inländischen öffentlichen Kasse beziehen, sowie zu ihrem Haushalt gehörende Angehörige, die die deutsche Staatsangehörigkeit besitzen. Dies gilt nur für Personen, deren Nachlaß oder Erwerb in dem Staat, in dem sie ihren Wohnsitz oder ihren gewöhnlichen Aufenthalt haben, lediglich in einem der Steuerpflicht nach Nummer 3 ähnlichen Umfang zu einer Nachlaß- oder Erbanfallsteuer herangezogen wird;

d) Körperschaften, Personenvereinigungen und Vermögensmassen, die ihre Geschäftsleitung oder ihren Sitz im Inland haben;

2. in den Fällen des § 1 Abs. 1 Nr. 4, wenn die Stiftung oder der Verein die Geschäftsleitung oder den Sitz im Inland hat;

3.[1] in allen anderen Fällen für den Vermögensanfall, der in Inlandsvermögen im Sinne des § 121 Abs. 2 des Bewertungsgesetzes besteht. Bei Inlandsvermögen im Sinne des § 121 Abs. 2 Nr. 4 des Bewertungsgesetzes ist es ausreichend, wenn der Erblasser zur Zeit seines Todes oder der Schenker zur Zeit der Ausführung der Schenkung entsprechend der Vorschrift am Grund- oder Stammkapital der inländischen Kapitalgesellschaft beteiligt ist. Wird nur ein Teil einer solchen Beteiligung durch Schenkung zugewendet, so gelten die weiteren Erwerbe aus der Beteiligung, soweit die Voraussetzungen des § 14 erfüllt sind, auch dann als Erwerb von Inlandsvermögen, wenn im Zeitpunkt ihres Erwerbs die Beteiligung des Erblassers oder Schenkers weniger als ein Zehntel des Grund- oder Stammkapitals der Gesellschaft beträgt.

(2) Zum Inland im Sinne dieses Gesetzes gehört auch der der Bundesrepublik Deutschland zustehende Anteil am Festlandsockel, soweit dort Naturschätze des Meeresgrundes und des Meeresuntergrundes erforscht oder ausgebeutet werden.

§3 Erwerb von Todes wegen

(1) Als Erwerb von Todes wegen gilt

1. der Erwerb durch Erbanfall (§ 1922 des Bürgerlichen Gesetzbuchs), auf Grund Erbersatzanspruchs (§§ 1934a ff. des Bürgerlichen Gesetzbuchs), durch Vermächtnis (§§ 2147 ff. des Bürgerlichen Gesetzbuchs) oder auf Grund eines geltend gemachten Pflichtteilsanspruchs (§§ 2303 ff. des Bürgerlichen Gesetzbuchs);

2. der Erwerb durch Schenkung auf den Todesfall (§ 2301 des Bürgerlichen Gesetzbuchs). Als Schenkung auf den Todesfall gilt auch der auf einem Gesellschaftsvertrag beruhende Übergang des Anteils oder des Teils eines Anteils eines Gesellschafters bei dessen Tod auf die anderen Gesellschafter oder die Gesellschaft, soweit der Wert, der sich für seinen Anteil zur Zeit seines Todes nach § 12 ergibt, Abfindungsansprüche Dritter übersteigt;

---

[1] Zur Anwendung von § 2 Abs. 1 Nr. 3 vgl. § 37 Abs. 2.

3. die sonstigen Erwerbe, auf die die für Vermächtnisse geltenden Vorschriften des bürgerlichen Rechts Anwendung finden;

4. jeder Vermögensvorteil, der auf Grund eines vom Erblasser geschlossenen Vertrages bei dessen Tode von einem Dritten unmittelbar erworben wird.

(2) Als vom Erblasser zugewendet gilt auch

1. der Übergang von Vermögen auf eine vom Erblasser angeordnete Stiftung;

2. was jemand infolge Vollziehung einer vom Erblasser angeordneten Auflage oder infolge Erfüllung einer vom Erblasser gesetzten Bedingung erwirbt, es sei denn, daß eine einheitliche Zweckzuwendung vorliegt;

3. was jemand dadurch erlangt, daß bei Genehmigung einer Zuwendung des Erblassers Leistungen an andere Personen angeordnet oder zur Erlangung der Genehmigung freiwillig übernommen werden;

4. was als Abfindung für einen Verzicht auf den entstandenen Pflichtteilsanspruch oder für die Ausschlagung einer Erbschaft, eines Erbersatzanspruchs oder eines Vermächtnisses gewährt wird;

5. was als Abfindung für ein aufschiebend bedingtes, betagtes oder befristetes Vermächtnis, für das die Ausschlagungsfrist abgelaufen ist, vor dem Zeitpunkt des Eintritts der Bedingung oder des Ereignisses gewährt wird;

6. was als Entgelt für die Übertragung der Anwartschaft eines Nacherben gewährt wird;

7.[1] was ein Vertragserbe aufgrund beeinträchtigender Schenkungen des Erblassers (§ 2287 des Bürgerlichen Gesetzbuchs) von dem Beschenkten nach den Vorschriften über die ungerechtfertigte Bereicherung erlangt.

§ 4 Fortgesetzte Gütergemeinschaft

(1) Wird die eheliche Gütergemeinschaft beim Tode eines Ehegatten fortgesetzt (§§ 1483 ff. des Bürgerlichen Gesetzbuchs, Artikel 200 des Einführungsgesetzes zum Bürgerlichen Gesetzbuch), so wird dessen Anteil am Gesamtgut so behandelt, wie wenn er ausschließlich den anteilsberechtigten Abkömmlingen angefallen wäre.

(2) Beim Tode eines anteilsberechtigten Abkömmlings gehört dessen Anteil am Gesamtgut zu seinem Nachlaß. Als Erwerber des Anteils gelten diejenigen, denen der Anteil nach § 1490 Satz 2 und 3 des Bürgerlichen Gesetzbuchs zufällt.

---

[1] Zur Anwendung von § 3 Abs. 2 Nr. 7 vgl. § 35 Abs. 7.

§ 5 Zugewinngemeinschaft

(1) Wird der Güterstand der Zugewinngemeinschaft (§ 1363 des Bürgerlichen Gesetzbuchs) durch den Tod eines Ehegatten beendet und der Zugewinn nicht nach § 1371 Abs. 2 des Bürgerlichen Gesetzbuchs ausgeglichen, so gilt beim überlebenden Ehegatten der Betrag, den er im Falle des § 1371 Abs. 2 des Bürgerlichen Gesetzbuchs als Ausgleichsforderung geltend machen könnte, nicht als Erwerb im Sinne des § 3. Soweit der Nachlaß des Erblassers bei der Ermittlung des als Ausgleichsforderung steuerfreien Betrages mit einem höheren Wert als dem nach den steuerlichen Bewertungsgrundsätzen maßgebenden Wert angesetzt worden ist, gilt höchstens der dem Steuerwert des Nachlasses entsprechende Betrag nicht als Erwerb im Sinne des § 3.

(2) Wird der Güterstand der Zugewinngemeinschaft in anderer Weise als durch den Tod eines Ehegatten beendet oder wird der Zugewinn nach § 1371 Abs. 2 des Bürgerlichen Gesetzbuchs ausgeglichen, so gehört die Ausgleichsforderung (§ 1378 des Bürgerlichen Gesetzbuchs) nicht zum Erwerb im Sinne der §§ 3 und 7.

§ 6 Vor- und Nacherbschaft

(1) Der Vorerbe gilt als Erbe.

(2) Bei Eintritt der Nacherbfolge haben diejenigen, auf die das Vermögen übergeht, den Erwerb als vom Vorerben stammend zu versteuern. Auf Antrag ist der Versteuerung das Verhältnis des Nacherben zum Erblasser zugrunde zu legen. Geht in diesem Fall auch eigenes Vermögen des Vorerben auf den Nacherben über, so sind beide Vermögensanfälle hinsichtlich der Steuerklasse getrennt zu behandeln. Für das eigene Vermögen des Vorerben kann ein Freibetrag jedoch nur gewährt werden, soweit der Freibetrag für das der Nacherbfolge unterliegende Vermögen nicht verbraucht ist. Die Steuer ist für jeden Erwerb jeweils nach dem Steuersatz zu erheben, der für den gesamten Erwerb gelten würde.

(3) Tritt die Nacherbfolge nicht durch den Tod des Vorerben ein, so gilt die Vorerbfolge als auflösend bedingter, die Nacherbfolge als aufschiebend bedingter Anfall. In diesem Fall ist dem Nacherben die vom Vorerben entrichtete Steuer abzüglich desjenigen Steuerbetrags anzurechnen, welcher der tatsächlichen Bereicherung des Vorerben entspricht.

(4) Nachvermächtnisse und beim Tode des Beschwerten fällige Vermächtnisse stehen den Nacherbschaften gleich.

§ 7 Schenkungen unter Lebenden

(1) Als Schenkungen unter Lebenden gelten

1. jede freigebige Zuwendung unter Lebenden, soweit der Bedachte durch sie auf Kosten des Zuwendenden bereichert wird;

2. was infolge Vollziehung einer von dem Schenker angeordneten Auflage oder infolge Erfüllung einer einem Rechtsgeschäft unter Lebenden beigefügten Bedingung ohne entsprechende Gegenleistung erlangt wird, es sei denn, daß eine einheitliche Zweckzuwendung vorliegt;

3. was jemand dadurch erlangt, daß bei Genehmigung einer Schenkung Leistungen an andere Personen angeordnet oder zur Erlangung der Genehmigung freiwillig übernommen werden;

4. die Bereicherung, die ein Ehegatte bei Vereinbarung der Gütergemeinschaft (§ 1415 des Bürgerlichen Gesetzbuchs) erfährt;

5. was als Abfindung für einen Erbverzicht (§§ 2346 und 2352 des Bürgerlichen Gesetzbuchs) gewährt wird;

6. was durch vorzeitigen Erbausgleich (§ 1934 d des Bürgerlichen Gesetzbuchs) erworben wird;

7. was ein Vorerbe dem Nacherben mit Rücksicht auf die angeordnete Nacherbschaft vor ihrem Eintritt herausgibt;

8. der Übergang von Vermögen auf Grund eines Stiftungsgeschäfts unter Lebenden;

9. was bei Aufhebung einer Stiftung oder bei Auflösung eines Vereins, dessen Zweck auf die Bindung von Vermögen gerichtet ist, erworben wird;

10. was als Abfindung für aufschiebend bedingt, betagt oder befristet erworbene Ansprüche, soweit es sich nicht um einen Fall des § 3 Abs. 2 Nr. 5 handelt, vor dem Zeitpunkt des Eintritts der Bedingung oder des Ereignisses gewährt wird.

(2) Im Falle des Absatzes 1 Nr. 7 ist der Versteuerung auf Antrag das Verhältnis des Nacherben zum Erblasser zugrunde zu legen. § 6 Abs. 2 Satz 3 bis 5 gilt entsprechend.

(3) Gegenleistungen, die nicht in Geld veranschlagt werden können, werden bei der Feststellung, ob eine Bereicherung vorliegt, nicht berücksichtigt.

(4) Die Steuerpflicht einer Schenkung wird nicht dadurch ausgeschlossen, daß sie zur Belohnung oder unter einer Auflage gemacht oder in die Form eines lästigen Vertrags gekleidet wird.

(5) Ist Gegenstand der Schenkung eine Beteiligung an einer Personengesellschaft, in deren Gesellschaftsvertrag bestimmt ist, daß der neue Gesellschafter bei Auflösung der Gesellschaft oder im Fall eines vorherigen Ausscheidens nur den Buchwert seines Kapitalanteils erhält, so werden diese Bestimmungen bei der Feststellung der Bereicherung nicht berücksichtigt. Soweit die Bereicherung den Buchwert des Kapitalanteils übersteigt, gilt sie als auflösend bedingt erworben.

(6) Wird eine Beteiligung an einer Personengesellschaft mit einer Gewinnbeteiligung ausgestattet, die insbesondere der Kapitaleinlage, der Arbeits- oder der sonstigen Leistung des Gesellschafters für die Gesellschaft nicht entspricht oder die einem fremden Dritten üblicherweise nicht eingeräumt würde, so gilt das Übermaß an Gewinnbeteiligung als selbständige Schenkung, die mit dem Kapitalwert anzusetzen ist.

(7) Als Schenkung gilt auch der auf einem Gesellschaftsvertrag beruhende Übergang des Anteils oder des Teils eines Anteils eines Gesellschafters bei dessen Ausscheiden auf die anderen Gesellschafter oder die Gesellschaft, soweit der Wert, der sich für seinen Anteil zur Zeit seines Ausscheidens nach § 12 ergibt, den Abfindungsanspruch übersteigt.

§ 8 Zweckzuwendungen

Zweckzuwendungen sind Zuwendungen von Todes wegen oder freigebige Zuwendungen unter Lebenden, die mit der Auflage verbunden sind, zugunsten eines bestimmten Zwecks verwendet zu werden, oder die von der Verwendung zugunsten eines bestimmten Zwecks abhängig sind, soweit hierdurch die Bereicherung des Erwerbers gemindert wird.

§ 9 Entstehung der Steuer

(1) Die Steuer entsteht

1.[1] bei Erwerben von Todes wegen mit dem Tode des Erblassers, jedoch

   a) für den Erwerb des unter einer aufschiebenden Bedingung, unter einer Betagung oder Befristung Bedachten sowie für zu einem Erwerb gehörende aufschiebend bedingte, betagte oder befristete Ansprüche mit dem Zeitpunkt des Eintritts der Bedingung oder des Ereignisses,

   b) für den Erwerb eines geltend gemachten Pflichtteilsanspruchs oder Erbersatzanspruchs mit dem Zeitpunkt der Geltendmachung,

   c) im Falle des § 3 Abs. 2 Nr. 1 mit dem Zeitpunkt der Genehmigung der Stiftung,

   d) in den Fällen des § 3 Abs. 2 Nr. 2 mit dem Zeitpunkt der Vollziehung der Auflage oder der Erfüllung der Bedingung,

   e) in den Fällen des § 3 Abs. 2 Nr. 3 mit dem Zeitpunkt der Genehmigung,

   f) in den Fällen des § 3 Abs. 2 Nr. 4 mit dem Zeitpunkt des Verzichts oder der Ausschlagung,

   g) im Falle des § 3 Abs. 2 Nr. 5 mit dem Zeitpunkt der Vereinbarung über die Abfindung,

   h) für den Erwerb des Nacherben mit dem Zeitpunkt des Eintritts der Nacherbfolge,

---

[1] Zur Anwendung im Gebiet der ehem. DDR siehe § 37a Abs. 2 Satz 1.

    i) im Falle des § 3 Abs. 2 Nr. 6 mit dem Zeitpunkt der Übertragung der Anwartschaft,

    j)[1] im Fall des § 3 Abs. 2 Nr. 7 mit dem Zeitpunkt der Geltendmachung des Anspruchs;

2. bei Schenkungen unter Lebenden mit dem Zeitpunkt der Ausführung der Zuwendung;

3. bei Zweckzuwendungen mit dem Zeitpunkt des Eintritts der Verpflichtung des Beschwerten;

4. in den Fällen des § 1 Abs. 1 Nr. 4 in Zeitabständen von je 30 Jahren seit dem Zeitpunkt des ersten Übergangs von Vermögen auf die Stiftung oder auf den Verein. Fällt bei Stiftungen oder Vereinen der Zeitpunkt des ersten Übergangs von Vermögen auf den 1. Januar 1954 oder auf einen früheren Zeitpunkt, so entsteht die Steuer erstmals am 1. Januar 1984. Bei Stiftungen und Vereinen, bei denen die Steuer erstmals am 1. Januar 1984 entsteht, richtet sich der Zeitraum von 30 Jahren nach diesem Zeitpunkt.

(2)[2] In den Fällen der Aussetzung der Versteuerung nach § 25 Abs. 1 Buchstabe a gilt die Steuer für den Erwerb des belasteten Vermögens als mit dem Zeitpunkt des Erlöschens der Belastung entstanden.

II. Wertermittlung

§ 10 Steuerpflichtiger Erwerb

(1) Als steuerpflichtiger Erwerb gilt die Bereicherung des Erwerbers, soweit sie nicht steuerfrei ist (§§ 5, 13, 16, 17 und 18). In den Fällen des § 3 gilt als Bereicherung der Betrag, der sich ergibt, wenn von dem nach § 12 zu ermittelnden Wert des gesamten Vermögensanfalls, soweit er der Besteuerung nach diesem Gesetz unterliegt, die nach den Absätzen 3 bis 9 abzugsfähigen Nachlaßverbindlichkeiten mit ihrem nach § 12 zu ermittelnden Wert abgezogen werden. Bei der Zweckzuwendung tritt an die Stelle des Vermögensanfalls die Verpflichtung des Beschwerten. Der steuerpflichtige Erwerb wird auf volle 100 Deutsche Mark nach unten abgerundet. In den Fällen des § 1 Abs. 1 Nr. 4 tritt an die Stelle des Vermögensanfalls das Vermögen der Stiftung oder des Vereins.

(2) Hat der Erblasser die Entrichtung der von dem Erwerber geschuldeten Steuer einem anderen auferlegt oder hat der Schenker die Entrichtung der vom Beschenkten geschuldeten Steuer selbst übernommen oder einem

---

[1] Zur Anwendung von § 9 Abs. 1 Nr. 1 Buchstabe j vgl. § 37 Abs. 7.
[2] Zur Anwendung im Gebiet der ehem. DDR siehe § 37a Abs. 2 Satz 2.

anderen auferlegt, so gilt als Erwerb der Betrag, der sich bei einer Zusammenrechnung des Erwerbs nach Absatz 1 mit der aus ihm errechneten Steuer ergibt.

(3) Die infolge des Anfalls durch Vereinigung von Recht und Verbindlichkeit oder von Recht und Belastung erloschenen Rechtsverhältnisse gelten als nicht erloschen.

(4) Die Anwartschaft eines Nacherben gehört nicht zu seinem Nachlaß.

(5) Von dem Erwerb sind, soweit sich nicht aus den Absätzen 6 bis 9 etwas anderes ergibt, als Nachlaßverbindlichkeiten abzugsfähig

1. die vom Erblasser herrührenden Schulden, soweit sie nicht mit einem zum Erwerb gehörenden gewerblichen Betrieb (Anteil an einem Betrieb) in wirtschaftlichem Zusammenhang stehen und bereits nach § 12 Abs. 5 und 6 berücksichtigt worden sind;

2. Verbindlichkeiten aus Vermächtnissen, Auflagen und geltend gemachten Pflichtteilen und Erbersatzansprüchen;

3. die Kosten der Bestattung des Erblassers, die Kosten für ein angemessenes Grabdenkmal, die Kosten für die übliche Grabpflege mit ihrem Kapitalwert für eine unbestimmte Dauer sowie die Kosten, die dem Erwerber unmittelbar im Zusammenhang mit der Abwicklung, Regelung oder Verteilung des Nachlasses oder mit der Erlangung des Erwerbs entstehen. Für diese Kosten wird insgesamt ein Betrag von 10 000 Deutsche Mark ohne Nachweis abgezogen. Kosten für die Verwaltung des Nachlasses sind nicht abzugsfähig.

(6) Nicht abzugsfähig sind Schulden und Lasten, soweit sie in wirtschaftlichem Zusammenhang mit Vermögensgegenständen stehen, die nicht der Besteuerung nach diesem Gesetz unterliegen. Beschränkt sich die Besteuerung auf einzelne Vermögensgegenstände (§ 2 Abs. 1 Nr. 3, § 19 Abs. 2), so sind nur die damit in wirtschaftlichem Zusammenhang stehenden Schulden und Lasten abzugsfähig. Schulden und Lasten, die mit teilweise befreiten Vermögensgegenständen in wirtschaftlichem Zusammenhang stehen, sind nur mit dem Betrag abzugsfähig, der dem steuerpflichtigen Teil entspricht.

(7) In den Fällen des § 1 Abs. 1 Nr. 4 sind Leistungen an die nach der Stiftungsurkunde oder nach der Vereinssatzung Berechtigten nicht abzugsfähig.

(8) Die von dem Erwerber zu entrichtende eigene Erbschaftsteuer ist nicht abzugsfähig.

(9) Auflagen, die den Beschwerten selbst zugute kommen, sind nicht abzugsfähig.

§ 11 Bewertungsstichtag

Für die Wertermittlung ist, soweit in diesem Gesetz nichts anderes bestimmt ist, der Zeitpunkt der Entstehung der Steuer maßgebend.

§ 12[1] Bewertung

(1) Die Bewertung richtet sich, soweit nicht in den Absätzen 2 [ab 1. 1. 1993: 1a] bis 6 etwas anderes bestimmt ist, nach den Vorschriften des Ersten Teils des Bewertungsgesetzes (Allgemeine Bewertungsvorschriften).

(1a)[2] Ist der gemeine Wert von Anteilen an einer Kapitalgesellschaft zu schätzen (§ 11 Abs. 2 Satz 2 des Bewertungsgesetzes), wird das Vermögen abweichend von § 11 Abs. 2 Satz 3 des Bewertungsgesetzes mit dem Einheitswert des Gewerbebetriebs angesetzt, der für den Feststellungszeitpunkt maßgebend ist, der der Entstehung der Steuer vorangegangen ist oder mit ihr zusammenfällt. Kann für den Gewerbebetrieb ein Einheitswert nicht festgestellt werden, ist der Wert im Zeitpunkt der Entstehung der Steuer maßgebend; Absatz 5 gilt entsprechend.

(2) Grundbesitz (§ 19 des Bewertungsgesetzes) und Mineralgewinnungsrechte (§ 100 des Bewertungsgesetzes) sind mit dem Einheitswert anzusetzen, der nach dem Zweiten Teil des Bewertungsgesetzes (Besondere Bewertungsvorschriften) auf den Zeitpunkt festgestellt ist, der der Entstehung der Steuer vorangegangen ist oder mit ihr zusammenfällt.

(3) Gehört zum Erwerb nur ein Teil einer der in Absatz 2 bezeichneten wirtschaftlichen Einheiten, so ist der darauf entfallende Teilbetrag des Einheitswerts maßgebend. Der Teilbetrag ist nach den Grundsätzen des Zweiten Teils des Bewertungsgesetzes und der dazu ergangenen Vorschriften zu ermitteln und erforderlichenfalls gesondert festzustellen (§§ 179 bis 183 der Abgabenordnung).

(4) Wenn für eine wirtschaftliche Einheit der in Absatz 2 bezeichneten Art oder einen Teil davon ein Einheitswert nicht festgestellt ist oder bis zur Entstehung der Steuer die Voraussetzungen für eine Wertfortschreibung erfüllt sind, ist der Wert im Zeitpunkt der Entstehung der Steuer maßgebend. Dieser ist für Zwecke der Erbschaftsteuer nach den Grundsätzen des Zweiten Teils des Bewertungsgesetzes und der dazu ergangenen Vorschriften zu ermitteln und gesondert festzustellen (§§ 179 bis 183 der Abgabenordnung). Das gilt auch für Grundstücke im Zustand der Bebauung; § 91 Abs. 2 des Bewertungsgesetzes gilt entsprechend.

(5)[2] Für den Bestand und die Bewertung von Betriebsvermögen mit Ausnahme der Bewertung der Betriebsgrundstücke und der Mineralgewinnungsrechte (Absatz 2) sind die Verhältnisse zur Zeit der Entstehung

---

[1] Zur Anwendung im Gebiet der ehem. DDR siehe § 37a Abs. 3.
[2] Zur Anwendung von § 12 Abs. 1a, Abs. 5 Sätze 2 und 3 vgl. § 37 Abs. 9.

der Steuer maßgebend. Die Vorschriften der §§ 95 bis 100, *103 bis 105, 108 und 109 Abs. 1 und 4* [**ab 1. 1. 1993:** 103 und 104 sowie 109 Abs. 1, 2 und 4 Satz 2 und § 137] des Bewertungsgesetzes sind entsprechend anzuwenden. Zum Betriebsvermögen gehörende Wertpapiere, Anteile und Genußscheine von Kapitalgesellschaften sind [**ab 1. 1. 1993:** vorbehaltlich des Absatzes 1 a] mit dem nach § 11 oder § 12 des Bewertungsgesetzes ermittelten Wert anzusetzen.

(6) Ausländischer Grundbesitz und ausländisches Betriebsvermögen werden nach § 31 des Bewertungsgesetzes bewertet.

§ 13 Steuerbefreiungen

(1) Steuerfrei bleiben

1. a) Hausrat einschließlich Wäsche und Kleidungsstücke sowie Kunstgegenstände und Sammlungen beim Erwerb durch Personen der Steuerklasse I oder II,
   soweit der Wert insgesamt 40 000 Deutsche Mark nicht übersteigt,
   der übrigen Steuerklassen,
   soweit der Wert insgesamt 10 000 Deutsche Mark nicht übersteigt,
   b) andere bewegliche körperliche Gegenstände, die nicht nach Nummer 2 befreit sind, beim Erwerb durch Personen
   der Steuerklasse I oder II,
   soweit der Wert insgesamt 5000 Deutsche Mark nicht übersteigt,
   der übrigen Steuerklassen,
   soweit der Wert insgesamt 2000 Deutsche Mark nicht übersteigt.
   Die Befreiung gilt nicht für Gegenstände, die zum land- und forstwirtschaftlichen Vermögen, zum Grundvermögen oder zum Betriebsvermögen gehören, für Zahlungsmittel, Wertpapiere, Münzen, Edelmetalle, Edelsteine und Perlen;

2. Grundbesitz oder Teile von Grundbesitz, Kunstgegenstände, Kunstsammlungen, wissenschaftliche Sammlungen, Bibliotheken und Archive
   a) mit sechzig vom Hundert ihres Wertes, wenn die Erhaltung dieser Gegenstände wegen ihrer Bedeutung für Kunst, Geschichte oder Wissenschaft im öffentlichen Interesse liegt, die jährlichen Kosten in der Regel die erzielten Einnahmen übersteigen und die Gegenstände in einem den Verhältnissen entsprechenden Umfang den Zwecken der Forschung oder der Volksbildung nutzbar gemacht sind oder werden,
   b) in vollem Umfang, wenn die Voraussetzungen des Buchstaben a erfüllt sind und ferner
   aa) der Steuerpflichtige bereit ist, die Gegenstände den geltenden Bestimmungen der Denkmalspflege zu unterstellen
   bb) die Gegenstände sich seit mindestens zwanzig Jahren im Besitz der Familie befinden oder in dem Verzeichnis national wertvol-

197

len Kulturgutes oder national wertvoller Archive nach dem Gesetz zum Schutz deutschen Kulturgutes gegen Abwanderung in
der im Bundesgesetzblatt Teil III, Gliederungsnummer 224-2,
veröffentlichten bereinigten Fassung, zuletzt geändert durch
Anlage I Kapitel II Sachgebiet B Abschnitt II Nr. 4 des Einigungsvertrages vom 31. August 1990 in Verbindung mit Artikel 1 des Gesetzes vom 23. September 1990 (BGBl. 1990 II
S. 885, 914), eingetragen sind.

Die Steuerbefreiung fällt mit Wirkung für die Vergangenheit weg,
wenn die Gegenstände innerhalb von zehn Jahren nach dem Erwerb
veräußert werden oder die Voraussetzungen für die Steuerbefreiung
innerhalb dieses Zeitraumes entfallen;

3. Grundbesitz oder Teile von Grundbesitz, der für Zwecke der Volkswohlfahrt der Allgemeinheit ohne gesetzliche Verpflichtung zur Benutzung zugänglich gemacht ist und dessen Erhaltung im öffentlichen
Interesse liegt, wenn die jährlichen Kosten in der Regel die erzielten
Einnahmen übersteigen. Die Steuerbefreiung fällt mit Wirkung für die
Vergangenheit weg, wenn der Grundbesitz oder Teile des Grundbesitzes innerhalb von zehn Jahren nach dem Erwerb veräußert werden oder
die Voraussetzungen für die Steuerbefreiung innerhalb dieses Zeitraumes entfallen;

4. ein Erwerb nach § 1969 des Bürgerlichen Gesetzbuchs;

5. die Befreiung von einer Schuld gegenüber dem Erblasser, sofern die
Schuld durch Gewährung von Mitteln zum Zweck des angemessenen
Unterhalts oder zur Ausbildung des Bedachten begründet worden ist
oder der Erblasser die Befreiung mit Rücksicht auf die Notlage des
Schuldners angeordnet hat und diese auch durch die Zuwendung nicht
beseitigt wird. Die Steuerbefreiung entfällt, soweit die Steuer aus der
Hälfte einer neben der erlassenen Schuld dem Bedachten anfallenden
Zuwendung gedeckt werden kann;

6. ein Erwerb der Eltern, Adoptiveltern, Stiefeltern oder Großeltern des
Erblassers anfällt, sofern der Erwerb zusammen mit dem übrigen Vermögen des Erwerbers 40000 Deutsche Mark nicht übersteigt und der
Erwerber infolge körperlicher oder geistiger Gebrechen und unter Berücksichtigung seiner bisherigen Lebensstellung als erwerbsunfähig anzusehen ist oder durch die Führung eines gemeinsamen Hausstands mit
erwerbsunfähigen oder in der Ausbildung befindlichen Abkömmlingen
an der Ausübung einer Erwerbstätigkeit gehindert ist. Übersteigt der
Wert des Erwerbs zusammen mit dem übrigen Vermögen des Erwerbers den Betrag von 40000 Deutsche Mark, so wird die Steuer nur
insoweit erhoben, als sie aus der Hälfte des die Wertgrenze übersteigenden Betrags gedeckt werden kann;

7. Ansprüche nach folgenden Gesetzen in der jeweils geltenden Fassung:

a) Lastenausgleichsgesetz in der Fassung der Bekanntmachung vom
1. Oktober 1969 (BGBl. I S. 1909), zuletzt geändert durch Anlage I
Kapitel II Sachgebiet D Abschnitt II Nr. 4 des Einigungsvertrages
vom 31. August 1990 in Verbindung mit Artikel 1 des Gesetzes vom
23. September 1990 (BGBl. 1990 II S. 885, 919),
Währungsausgleichsgesetz in der Fassung der Bekanntmachung
vom 1. Dezember 1965 (BGBl. I S. 2059), zuletzt geändert durch
Artikel 16 des Gesetzes vom 18. März 1975 (BGBl. I S. 705),
Altsparergesetz in der im Bundesgesetzblatt Teil III, Gliederungsnummer 621-4, veröffentlichten bereinigten Fassung, zuletzt geändert durch Anlage I Kapitel IV Sachgebiet A Abschnitt II Nr. 1 des
Einigungsvertrages vom 31. August 1990 in Verbindung mit Artikel
1 des Gesetzes vom 23. September 1990 (BGBl. 1990 II S. 885, 965),
Flüchtlingshilfegesetz in der Fassung der Bekanntmachung vom
15. Mai 1971 (BGBl. I S. 681), zuletzt geändert durch Artikel 2 des
Gesetzes vom 26. Juni 1990 (BGBl. I S. 1142),
Reparationsschädengesetz vom 12. Februar 1969 (BGBl. I S. 105),
zuletzt geändert durch Anlage I Kapitel IV Sachgebiet A Abschnitt II
Nr. 3 des Einigungsvertrages vom 31. August 1990 in Verbindung
mit Artikel 1 des Gesetzes vom 23. September 1990 (BGBl. 1990 II
S. 885, 965),

b) Allgemeines Kriegsfolgengesetz in der im Bundesgesetzblatt Teil
III, Gliederungsnummer 653-1, veröffentlichten bereinigten Fassung, zuletzt geändert durch Anlage I Kapitel IV Sachgebiet A Abschnitt II Nr. 2 des Einigungsvertrages vom 31. August 1990 in Verbindung mit Artikel 1 des Gesetzes vom 23. September 1990 (BGBl.
1990 II S. 885, 965),
Gesetz zur Regelung der Verbindlichkeiten nationalsozialistischer
Einrichtungen und der Rechtsverhältnisse an deren Vermögen vom
17. März 1965 (BGBl. I S. 79), zuletzt geändert durch Artikel 67 des
Gesetzes vom 25. Juni 1969 (BGBl. I S. 645),

c) Kriegsgefangenentschädigungsgesetz in der Fassung der Bekanntmachung vom 4. Februar 1987 (BGBl. I S. 506), zuletzt geändert
durch Anlage I Kapitel II Sachgebiet D Abschnitt II Nr. 5 des Einigungsvertrages vom 31. August 1990 in Verbindung mit Artikel 1
des Gesetzes vom 23. September 1990 (BGBl. 1990 II S. 885, 919),
Häftlingshilfegesetz in der Fassung der Bekanntmachung vom 4. Februar 1987 (BGBl. I S. 512), zuletzt geändert durch Anlage I Kapitel
II Sachgebiet D Abschnitt II Nr. 2 des Einigungsvertrages vom
31. August 1990 in Verbindung mit Artikel 1 des Gesetzes vom
23. September 1990 (BGBl. 1990 II S. 885, 919),

d)[1] § 7 des Rehabilitierungsgesetzes vom 6. September 1990 (GBl. I
Nr. 60 S. 1459), das nach Artikel 3 Nr. 6 der Vereinbarung vom

---

[1] Zur Anwendung von § 13 Abs. 1 Nr. 7d vgl. § 37 Abs. 6.

18. September 1990 zwischen der Bundesrepublik Deutschland und der Deutschen Demokratischen Republik zur Durchführung und Auslegung des Einigungsvertrages vom 31. August 1990 in Verbindung mit Artikel 1 des Gesetzes vom 23. September 1990 (BGBl. 1990 II S. 885, 1240) mit Maßgaben fortgilt, in der jeweils geltenden Fassung;

8. Ansprüche auf Entschädigungsleistungen nach dem Bundesgesetz zur Entschädigung für Opfer der nationalsozialistischen Verfolgung in der Fassung vom 29. Juni 1956 (BGBl. I S. 559) in der jeweils geltenden Fassung;

9. ein steuerpflichtiger Erwerb bis zu 2000 Deutsche Mark, der Personen anfällt, die dem Erblasser unentgeltlich oder gegen unzureichendes Entgelt Pflege oder Unterhalt gewährt haben, soweit das Zugewendete als angemessenes Entgelt anzusehen ist;

10. Vermögensgegenstände, die Eltern oder Voreltern ihren Abkömmlingen durch Schenkung oder Übergabevertrag zugewandt hatten und die an diese Personen von Todes wegen zurückfallen;

11. der Verzicht auf die Geltendmachung des Pflichtteilsanspruchs oder des Erbersatzanspruchs;

12. Zuwendungen unter Lebenden zum Zweck des angemessenen Unterhalts oder zur Ausbildung des Bedachten;

13. Zuwendungen an Pensions- und Unterstützungskassen, die nach § 3 des Vermögensteuergesetzes steuerfrei sind. Die Befreiung fällt mit Wirkung für die Vergangenheit weg, wenn die Voraussetzungen des § 3 des Vermögensteuergesetzes innerhalb von zehn Jahren nach der Zuwendung entfallen;

14. die üblichen Gelegenheitsgeschenke;

15. Anfälle an den Bund, ein Land oder eine inländische Gemeinde (Gemeindeverband) sowie solche Anfälle, die ausschließlich Zwecken des Bundes, eines Landes oder einer inländischen Gemeinde (Gemeindeverband) dienen;

16. Zuwendungen
    a) an inländische Religionsgesellschaften des öffentlichen Rechts oder an inländische jüdische Kultusgemeinden,
    b) an inländische Körperschaften, Personenvereinigungen und Vermögensmassen, die nach der Satzung, dem Stiftungsgeschäft oder der sonstigen Verfassung und nach ihrer tatsächlichen Geschäftsführung ausschließlich und unmittelbar kirchlichen, gemeinnützigen oder mildtätigen Zwecken dienen. Die Befreiung fällt mit Wirkung für die Vergangenheit weg, wenn die Voraussetzungen für die Anerkennung der Körperschaft, Personenvereinigung oder Vermögensmasse als kirchliche, gemeinnützige oder mildtätige Institution in-

nerhalb von zehn Jahren nach der Zuwendung entfallen und das Vermögen nicht begünstigten Zwecken zugeführt wird,

c) an ausländische Religionsgesellschaften, Körperschaften, Personenvereinigungen und Vermögensmassen der in den Buchstaben a und b bezeichneten Art, sofern der ausländische Staat Gegenseitigkeit gewährt. Der Bundesminister der Finanzen stellt fest, ob diese Voraussetzung vorliegt;

17. Zuwendungen, die ausschließlich kirchlichen, gemeinnützigen oder mildtätigen Zwecken gewidmet sind, sofern die Verwendung zu dem bestimmten Zweck gesichert ist;

18. Zuwendungen an politische Parteien im Sinne des § 2 des Parteiengesetzes.

(2) Angemessen im Sinne des Absatzes 1 Nr. 5 und 12 ist eine Zuwendung, die den Vermögensverhältnissen und der Lebensstellung des Bedachten entspricht. Eine dieses Maß übersteigende Zuwendung ist in vollem Umfang steuerpflichtig.

(3)[1] Jede Befreiungsvorschrift ist für sich anzuwenden. In den Fällen des Absatzes 1 Nr. 2 und 3 kann der Erwerber der Finanzbehörde bis zur Unanfechtbarkeit der Steuerfestsetzung erklären, daß er auf die Steuerbefreiung verzichtet.

III. Berechnung der Steuer

§ 14[2] Berücksichtigung früherer Erwerbe

(1) Mehrere innerhalb von zehn Jahren von derselben Person anfallende Vermögensvorteile werden in der Weise zusammengerechnet, daß dem letzten Erwerb die früheren Erwerbe nach ihrem früheren Wert zugerechnet werden und von der Steuer für den Gesamtbetrag die Steuer abgezogen wird, welche für die früheren Erwerbe zur Zeit des letzten zu erheben gewesen wäre. Erwerbe, für die sich nach den steuerlichen Bewertungsgrundsätzen kein positiver Wert ergeben hat, bleiben unberücksichtigt.

(2) Die durch jeden weiteren Erwerb veranlaßte Steuer darf nicht mehr betragen als 70 vom Hundert dieses Erwerbs.

§ 15 Steuerklassen

(1) Nach dem persönlichen Verhältnis des Erwerbers zum Erblasser oder Schenker werden die folgenden vier Steuerklassen unterschieden:

Steuerklasse I

1. Der Ehegatte,

2. die Kinder und Stiefkinder,

3. die Kinder verstorbener Kinder und Stiefkinder.

---

[1] Zur Anwendung von § 13 Abs. 3 Satz 2 siehe § 37 Abs. 3.
[2] Zur Anwendung im Gebiet der ehem. DDR siehe § 37a Abs. 4.

Steuerklasse II

1. Die Abkömmlinge der in Steuerklasse I Nr. 2 genannten Kinder, soweit sie nicht zur Steuerklasse I Nr. 3 gehören,
2. die Eltern und Voreltern bei Erwerben von Todes wegen.

Steuerklasse III

1. Die Eltern und Voreltern, soweit sie nicht zur Steuerklasse II gehören,
2. die Geschwister,
3. die Abkömmlinge ersten Grades von Geschwistern,
4. die Stiefeltern,
5. die Schwiegerkinder,
6. die Schwiegereltern,
7. der geschiedene Ehegatte.

Steuerklasse IV

Alle übrigen Erwerber und die Zweckzuwendungen.

(1 a) Die Steuerklassen I, II und III Nr. 1 bis 3 gelten auch dann, wenn die Verwandtschaft durch Annahme als Kind bürgerlich-rechtlich erloschen ist.

(2) In den Fällen des § 3 Abs. 2 Nr. 1 und des § 7 Abs. 1 Nr. 8 ist der Besteuerung das Verwandtschaftsverhältnis des nach der Stiftungsurkunde entferntest Berechtigten zu dem Erblasser oder Schenker zugrunde zu legen, sofern die Stiftung wesentlich im Interesse einer Familie oder bestimmter Familien im Inland errichtet ist. In den Fällen des § 7 Abs. 1 Nr. 9 gilt als Schenker der Stifter oder derjenige, der das Vermögen auf den Verein übertragen hat; der Besteuerung ist mindestens der Vomhundertsatz der Steuerklasse II zugrunde zu legen. In den Fällen des § 1 Abs. 1 Nr. 4 wird der doppelte Freibetrag nach § 16 Abs. 1 Nr. 2 gewährt; die Steuer ist nach dem Vomhundertsatz der Steuerklasse I zu berechnen, der für die Hälfte des steuerpflichtigen Vermögens gelten würde.

(3) Im Falle des § 2269 des Bürgerlichen Gesetzbuchs und soweit der überlebende Ehegatte an die Verfügung gebunden ist, sind die mit dem verstorbenen Ehegatten näher verwandten Erben und Vermächtnisnehmer als seine Erben anzusehen, soweit sein Vermögen beim Tode des überlebenden Ehegatten noch vorhanden ist. § 6 Abs. 2 Satz 3 bis 5 gilt entsprechend.

§ 16 Freibeträge

(1) Steuerfrei bleibt in den Fällen des § 2 Abs. 1 Nr. 1 der Erwerb

1. des Ehegatten in Höhe von
   250 000 Deutsche Mark;

2. der übrigen Personen der Steuerklasse I in Höhe von
   90 000 Deutsche Mark;

3. der Personen der Steuerklasse II in Höhe von
   50 000 Deutsche Mark;

4. der Personen der Steuerklasse III in Höhe von
   10 000 Deutsche Mark;

5. der Personen der Steuerklasse IV in Höhe von
   3000 Deutsche Mark.

(2) An die Stelle des Freibetrags nach Absatz 1 tritt in den Fällen des § 2 Abs. 1 Nr. 3 ein Freibetrag von 2000 Deutsche Mark.

§ 17 Besonderer Versorgungsfreibetrag

(1) Neben dem Freibetrag nach § 16 Abs. 1 Nr. 1 wird dem überlebenden Ehegatten ein besonderer Versorgungsfreibetrag von 250 000 Deutsche Mark gewährt. Der Freibetrag wird bei Ehegatten, denen aus Anlaß des Todes des Erblassers nicht der Erbschaftsteuer unterliegende Versorgungsbezüge zustehen, um den nach § 14 des Bewertungsgesetzes zu ermittelnden Kapitalwert dieser Versorgungsbezüge gekürzt.

(2) Neben dem Freibetrag nach § 16 Abs. 1 Nr. 2 wird Kindern im Sinne der Steuerklasse I Nr. 2 (§ 15 Abs. 1) für Erwerbe von Todes wegen ein besonderer Versorgungsfreibetrag in folgender Höhe gewährt:

1. bei einem Alter bis zu 5 Jahren in Höhe von
   50 000 Deutsche Mark;

2. bei einem Alter von mehr als 5 bis zu 10 Jahren in Höhe von
   40 000 Deutsche Mark;

3. bei einem Alter von mehr als 10 bis zu 15 Jahren in Höhe von
   30 000 Deutsche Mark;

4. bei einem Alter von mehr als 15 bis zu 20 Jahren in Höhe von
   20 000 Deutsche Mark;

5. bei einem Alter von mehr als 20 Jahren bis zur Vollendung des 27. Lebensjahres in Höhe von
   10 000 Deutsche Mark.

Übersteigt der steuerpflichtige Erwerb (§ 10) unter Berücksichtigung früherer Erwerbe (§ 14) 150 000 Deutsche Mark, so vermindert sich der Freibetrag nach den Nummern 1 bis 5 um den 150 000 Deutsche Mark übersteigenden Betrag. Stehen dem Kind aus Anlaß des Todes des Erblassers nicht der Erbschaftsteuer unterliegende Versorgungsbezüge zu, so wird der Freibetrag um den nach § 13 Abs. 1 des Bewertungsgesetzes zu ermittelnden Kapitalwert dieser Versorgungsbezüge gekürzt. Bei der Berechnung des Kapitalwerts ist von der nach den Verhältnissen am Stichtag (§ 11) voraussichtlichen Dauer der Bezüge auszugehen.

§ 18 Mitgliederbeiträge

Beiträge an Personenvereinigungen, die nicht lediglich die Förderung ihrer Mitglieder zum Zweck haben, sind steuerfrei, soweit die von einem Mitglied im Kalenderjahr der Vereinigung geleisteten Beiträge 500 Deutsche Mark nicht übersteigen. § 13 Abs. 1 Nr. 16 und 18 bleibt unberührt.

§ 19 Steuersätze

(1) Die Erbschaftsteuer wird nach folgenden Vomhundertsätzen erhoben:

Wert des steuerpflichtigen Erwerbs (§ 10) bis einschließlich Deutsche Mark	Vomhundertsatz in der Steuerklasse			
	I	II	III	IV
50 000	3	6	11	20
75 000	3,5	7	12,5	22
100 000	4	8	14	24
125 000	4,5	9	15,5	26
150 000	5	10	17	28
200 000	5,5	11	18,5	30
250 000	6	12	20	32
300 000	6,5	13	21,5	34
400 000	7	14	23	36
500 000	7,5	15	24,5	38
600 000	8	16	26	40
700 000	8,5	17	27,5	42
800 000	9	18	29	44
900 000	9,5	19	30,5	46
1 000 000	10	20	32	48
2 000 000	11	22	34	50
3 000 000	12	24	36	52
4 000 000	13	26	38	54
6 000 000	14	28	40	56
8 000 000	16	30	43	58
10 000 000	18	33	46	60
25 000 000	21	36	50	62
50 000 000	25	40	55	64
100 000 000	30	45	60	67
über 100 000 000	35	50	65	70

(2) Ist im Falle des § 2 Abs. 1 Nr. 1 ein Teil des Vermögens der inländischen Besteuerung auf Grund eines Abkommens zur Vermeidung der Doppelbesteuerung entzogen, so ist die Steuer nach dem Steuersatz zu erheben, der für den ganzen Erwerb gelten würde.

(3) Der Unterschied zwischen der Steuer, die sich bei Anwendung des Absatzes 1 ergibt, und der Steuer, die sich berechnen würde, wenn der Erwerb die letztvorhergehende Wertgrenze nicht überstiegen hätte, wird nur insoweit erhoben, als er

a) bei einem Steuersatz bis zu 30 vom Hundert aus der Hälfte,
b) bei einem Steuersatz über 30 bis zu 50 vom Hundert aus drei Vierteln,
c) bei einem Steuersatz über 50 vom Hundert aus neun Zehnteln
des die Wertgrenze übersteigenden Betrages gedeckt werden kann.

IV. Steuerfestsetzung und Erhebung

§ 20 Steuerschuldner

(1) Steuerschuldner ist der Erwerber, bei einer Schenkung auch der Schenker, bei einer Zweckzuwendung der mit der Ausführung der Zuwendung Beschwerte und in den Fällen des § 1 Abs. 1 Nr. 4 die Stiftung oder der Verein.

(2) Im Falle des § 4 sind die Abkömmlinge im Verhältnis der auf sie entfallenden Anteile, der überlebende Ehegatte für den gesamten Steuerbetrag Steuerschuldner.

(3) Der Nachlaß haftet bis zur Auseinandersetzung (§ 2042 des Bürgerlichen Gesetzbuchs) für die Steuer der am Erbfall Beteiligten.

(4) Der Vorerbe hat die durch die Vorerbschaft veranlaßte Steuer aus den Mitteln der Vorerbschaft zu entrichten.

(5) Hat der Steuerschuldner den Erwerb oder Teile desselben vor Entrichtung der Erbschaftsteuer einem anderen unentgeltlich zugewendet, so haftet der andere in Höhe des Wertes der Zuwendung persönlich für die Steuer.

(6) Versicherungsunternehmen, die vor Entrichtung oder Sicherstellung der Steuer die von ihnen zu zahlende Versicherungssumme oder Leibrente in ein Gebiet außerhalb des Geltungsbereichs dieses Gesetzes zahlen oder außerhalb des Geltungsbereichs dieses Gesetzes wohnhaften Berechtigten zur Verfügung stellen, haften in Höhe des ausgezahlten Betrages für die Steuer. Das gleiche gilt für Personen, in deren Gewahrsam sich Vermögen des Erblassers befindet, soweit sie das Vermögen vorsätzlich oder fahrlässig vor Entrichtung oder Sicherstellung der Steuer in ein Gebiet außerhalb des Geltungsbereichs dieses Gesetzes bringen oder außerhalb des Geltungsbereichs dieses Gesetzes wohnhaften Berechtigten zur Verfügung stellen.

(7) Die Haftung nach Absatz 6 ist nicht geltend zu machen, wenn der in einem Steuerfall in ein Gebiet außerhalb des Geltungsbereichs dieses Gesetzes gezahlte oder außerhalb des Geltungsbereichs dieses Gesetzes wohnhaften Berechtigten zur Verfügung gestellte Betrag 1000 Deutsche Mark nicht übersteigt.

§ 21 Anrechnung ausländischer Erbschaftsteuer

(1) Bei Erwerbern, die in einem ausländischen Staat mit ihrem Auslandsvermögen zu einer der deutschen Erbschaftsteuer entsprechenden Steuer – ausländische Steuer – herangezogen werden, ist in den Fällen des § 2 Abs. 1 Nr. 1, sofern nicht die Vorschriften eines Abkommens zur Vermeidung der Doppelbesteuerung anzuwenden sind, auf Antrag die festgesetzte, auf den Erwerber entfallende, gezahlte und keinem Ermäßigungsanspruch unterliegende ausländische Steuer insoweit auf die deutsche Erbschaftsteuer anzurechnen, als das Auslandsvermögen auch der deutschen Erbschaftsteuer unterliegt. Besteht der Erwerb nur zum Teil aus Auslandsvermögen, so ist der darauf entfallende Teilbetrag der deutschen Erbschaftsteuer in der Weise zu ermitteln, daß die für das steuerpflichtige Gesamtvermögen einschließlich des steuerpflichtigen Auslandsvermögens sich ergebende Erbschaftsteuer im Verhältnis des steuerpflichtigen Auslandsvermögens zum steuerpflichtigen Gesamtvermögen aufgeteilt wird. Ist das Auslandsvermögen in verschiedenen ausländischen Staaten belegen, so ist dieser Teil für jeden einzelnen ausländischen Staat gesondert zu berechnen. Die ausländische Steuer ist nur anrechenbar, wenn die deutsche Erbschaftsteuer für das Auslandsvermögen innerhalb von fünf Jahren seit dem Zeitpunkt der Entstehung der ausländischen Erbschaftsteuer entstanden ist.

(2) Als Auslandsvermögen im Sinne des Absatzes 1 gelten,

1. wenn der Erblasser zur Zeit seines Todes Inländer war: alle Vermögensgegenstände der in § 121 des Bewertungsgesetzes genannten Art, die auf einen ausländischen Staat entfallen, sowie alle Nutzungsrechte an diesen Vermögensgegenständen,

2. wenn der Erblasser zur Zeit seines Todes kein Inländer war: alle Vermögensgegenstände mit Ausnahme des Inlandsvermögens im Sinne des § 121 des Bewertungsgesetzes sowie alle Nutzungsrechte an diesen Vermögensgegenständen.

(3) Der Erwerber hat den Nachweis über die Höhe des Auslandsvermögens und über die Festsetzung und Zahlung der ausländischen Steuer durch Vorlage entsprechender Urkunden zu führen. Sind diese Urkunden in einer fremden Sprache abgefaßt, so kann eine beglaubigte Übersetzung in die deutsche Sprache verlangt werden.

(4) Ist nach einem Abkommen zur Vermeidung der Doppelbesteuerung die in einem ausländischen Staat erhobene Steuer auf die Erbschaftsteuer anzurechnen, so sind die Absätze 1 bis 3 entsprechend anzuwenden.

§ 22 Kleinbetragsgrenze

Von der Festsetzung der Erbschaftsteuer ist abzusehen, wenn die Steuer, die für den einzelnen Steuerfall festzusetzen ist, den Betrag von 50 Deutsche Mark nicht übersteigt.

§ 23 Besteuerung von Renten, Nutzungen und Leistungen

(1) Steuern, die von dem Kapitalwert von Renten oder anderen wiederkehrenden Nutzungen oder Leistungen zu entrichten sind, können nach Wahl des Erwerbers statt vom Kapitalwert jährlich im voraus von dem Jahreswert entrichtet werden. Die Steuer wird in diesem Falle nach dem Steuersatz erhoben, der sich nach § 19 für den gesamten Erwerb einschließlich des Kapitalwerts der Renten oder anderen wiederkehrenden Nutzungen oder Leistungen ergibt.

(2) Der Erwerber hat das Recht, die Jahressteuer zum jeweils nächsten Fälligkeitstermin mit ihrem Kapitalwert abzulösen. Für die Ermittlung des Kapitalwerts im Ablösungszeitpunkt sind die Vorschriften der §§ 13 und 14 des Bewertungsgesetzes anzuwenden. Der Antrag auf Ablösung der Jahressteuer ist spätestens bis zum Beginn des Monats zu stellen, der dem Monat vorausgeht, in dem die nächste Jahressteuer fällig wird.

§ 24 Verrentung der Steuerschuld in den Fällen des § 1 Abs. 1 Nr. 4

In den Fällen des § 1 Abs. 1 Nr. 4 kann der Steuerpflichtige verlangen, daß die Steuer in 30 gleichen jährlichen Teilbeträgen (Jahresbeträgen) zu entrichten ist. Die Summe der Jahresbeträge umfaßt die Tilgung und die Verzinsung der Steuer; dabei ist von einem Zinssatz von 5,5 vom Hundert auszugehen.

§ 25[1] Besteuerung bei Nutzungs- und Rentenlast

(1) Der Erwerb von Vermögen, dessen Nutzungen dem Schenker oder dem Ehegatten des Erblassers (Schenkers) zustehen oder das mit einer Rentenverpflichtung oder mit der Verpflichtung zu sonstigen wiederkehrenden Leistungen zugunsten dieser Personen belastet ist, wird ohne Berücksichtigung dieser Belastungen besteuert. Die Steuer, die auf den Kapitalwert dieser Belastungen entfällt, ist jedoch bis zu deren Erlöschen zinslos zu stunden. Die gestundete Steuer kann auf Antrag des Erwerbers jederzeit mit ihrem Barwert nach § 12 Abs. 3 des Bewertungsgesetzes abgelöst werden.

(2) Veräußert der Erwerber das belastete Vermögen vor dem Erlöschen der Belastung ganz oder teilweise, so endet insoweit die Stundung mit dem Zeitpunkt der Veräußerung.

§ 26 Ermäßigung der Steuer bei Aufhebung einer Familienstiftung oder Auflösung eines Vereins

In den Fällen des § 7 Abs. 1 Nr. 9 ist auf die nach § 15 Abs. 2 Satz 2 zu ermittelnde Steuer die nach § 15 Abs. 2 Satz 3 festgesetzte Steuer anteilsmäßig anzurechnen

---

[1] Zur Anwendung von § 25 vgl. § 37 Abs. 1.

a) mit 50 vom Hundert, wenn seit der Entstehung der anrechenbaren Steuer nicht mehr als zwei Jahre,
b) mit 25 vom Hundert, wenn seit der Entstehung der anrechenbaren Steuer mehr als zwei Jahre, aber nicht mehr als vier Jahre vergangen sind.

§ 27[1] Mehrfacher Erwerb desselben Vermögens

(1) Fällt Personen der Steuerklasse I oder II von Todes wegen Vermögen an, das in den letzten zehn Jahren vor dem Erwerb bereits von Personen dieser Steuerklassen erworben worden ist und für das nach diesem Gesetz eine Steuer zu erheben war, so ermäßigt sich der auf dieses Vermögen entfallende Steuerbetrag vorbehaltlich des Absatzes 3 wie folgt:

um vom Hundert	wenn zwischen den beiden Zeitpunkten der Entstehung der Steuer liegen
50	nicht mehr als 1 Jahr
45	mehr als 1 Jahr, aber nicht mehr als 2 Jahre
40	mehr als 2 Jahre, aber nicht mehr als 3 Jahre
35	mehr als 3 Jahre, aber nicht mehr als 4 Jahre
30	mehr als 4 Jahre, aber nicht mehr als 5 Jahre
25	mehr als 5 Jahre, aber nicht mehr als 6 Jahre
20	mehr als 6 Jahre, aber nicht mehr als 8 Jahre
10	mehr als 8 Jahre, aber nicht mehr als 10 Jahre

(2) Zur Ermittlung des Steuerbetrags, der auf das begünstigte Vermögen entfällt, ist die Steuer für den Gesamterwerb in dem Verhältnis aufzuteilen, in dem der Wert des begünstigten Vermögens zu dem Wert des steuerpflichtigen Gesamterwerbs ohne Abzug des dem Erwerber zustehenden Freibetrags steht. Dabei ist der Wert des begünstigten Vermögens um den früher gewährten Freibetrag oder, wenn dem Erwerber ein höherer Freibetrag zusteht, um diesen höheren Freibetrag zu kürzen. Ist im letzteren Fall der Gesamterwerb höher als der Wert des begünstigten Vermögens, so ist das begünstigte Vermögen um den Teil des höheren Freibetrags zu kürzen, der dem Verhältnis des begünstigten Vermögens zum Gesamterwerb entspricht.

(3) Die Ermäßigung nach Absatz 1 darf den Betrag nicht überschreiten, der sich bei Anwendung der in Absatz 1 genannten Hundertsätze auf die Steuer ergibt, die der Vorerwerber für den Erwerb desselben Vermögens entrichtet hat.

---

[1] Zur Anwendung im Gebiet der ehem. DDR siehe § 37a Abs. 5.

§ 28¹ Stundung

(1)² Gehört zum Erwerb Betriebsvermögen oder land- und forstwirtschaftliches Vermögen, ist dem Erwerber die darauf entfallende Erbschaftsteuer auf Antrag bis zu sieben Jahren zu stunden, soweit dies zur Erhaltung des Betriebs notwendig ist. Die §§ 234, 238 der Abgabenordnung sind anzuwenden; bei Erwerben von Todes wegen erfolgt diese Stundung zinslos. § 222 der Abgabenordnung bleibt unberührt.

(2) Absatz 1 findet in den Fällen des § 1 Abs. 1 Nr. 4 entsprechende Anwendung.

§ 29 Erlöschen der Steuer in besonderen Fällen

(1) Die Steuer erlischt mit Wirkung für die Vergangenheit,

1. soweit ein Geschenk wegen eines Rückforderungsrechts herausgegeben werden mußte;

2. soweit die Herausgabe gemäß § 528 Abs. 1 Satz 2 des Bürgerlichen Gesetzbuchs abgewendet worden ist;

3. soweit in den Fällen des § 5 Abs. 2 unentgeltliche Zuwendungen auf die Ausgleichsforderung angerechnet worden sind (§ 1380 Abs. 1 des Bürgerlichen Gesetzbuchs);

4.³ soweit Vermögensgegenstände, die von Todes wegen (§ 3) oder durch Schenkung unter Lebenden (§ 7) erworben worden sind, innerhalb von 24 Monaten nach dem Zeitpunkt der Entstehung der Steuer (§ 9) dem Bund, einem Land, einer inländischen Gemeinde (Gemeindeverband) oder einer inländischen Stiftung zugewendet werden, die nach der Satzung, dem Stiftungsgeschäft oder der sonstigen Verfassung und nach ihrer tatsächlichen Geschäftsführung ausschließlich und unmittelbar als gemeinnützig anzuerkennenden wissenschaftlichen oder kulturellen Zwecken dient. Dies gilt nicht, wenn die Stiftung Leistungen im Sinne des § 58 Nr. 5 der Abgabenordnung an den Erwerber oder seine nächsten Angehörigen zu erbringen hat oder soweit für die Zuwendung die Vergünstigung nach § 10b des Einkommensteuergesetzes, § 9 Nr. 3 des Körperschaftsteuergesetzes oder § 9 Nr. 5 des Gewerbesteuergesetzes in der Fassung der Bekanntmachung vom 21. März 1991 (BGBl. I S. 814), zuletzt geändert durch Artikel 10 des Gesetzes vom 25. Februar 1992 (BGBl. I S. 297) in Anspruch genommen wird. Für das Jahr der Zuwendung ist bei der Einkommensteuer oder Körperschaftsteuer und bei der Gewerbesteuer unwiderruflich zu erklären, in welcher Höhe die Zuwendung als Spende zu berücksichtigen ist.

---

¹ Zur Anwendung im Gebiet der ehem. DDR siehe § 37a Abs. 6.
² Zur Anwendung von § 28 Abs. 1 vgl. § 37 Abs. 8.
³ Zur Anwendung von § 29 Abs. 1 Nr. 4 siehe § 37 Abs. 5.

(2) Der Erwerber ist für den Zeitraum, für den ihm die Nutzungen des zugewendeten Vermögens zugestanden haben, wie ein Nießbraucher zu behandeln.

§ 30 Anzeige des Erwerbs

(1) Jeder der Erbschaftsteuer unterliegende Erwerb (§ 1) ist vom Erwerber, bei einer Zweckzuwendung vom Beschwerten binnen einer Frist von drei Monaten nach erlangter Kenntnis von dem Anfall oder von dem Eintritt der Verpflichtung dem für die Verwaltung der Erbschaftsteuer zuständigen Finanzamt anzuzeigen.

(2) Erfolgt der steuerpflichtige Erwerb durch ein Rechtsgeschäft unter Lebenden, so ist zur Anzeige auch derjenige verpflichtet, aus dessen Vermögen der Erwerb stammt.

(3) Einer Anzeige bedarf es nicht, wenn der Erwerb auf einer von einem deutschen Gericht, einem deutschen Notar oder einem deutschen Konsul eröffneten Verfügung von Todes wegen beruht und sich aus der Verfügung das Verhältnis des Erwerbers zum Erblasser unzweifelhaft ergibt. Das gleiche gilt, wenn eine Schenkung unter Lebenden oder eine Zweckzuwendung gerichtlich oder notariell beurkundet ist.

(4) Die Anzeige soll folgende Angaben enthalten:

1. Vorname und Familienname, Beruf, Wohnung des Erblassers oder Schenkers und des Erwerbers,
2. Todestag und Sterbeort des Erblassers oder Zeitpunkt der Ausführung der Schenkung,
3. Gegenstand und Wert des Erwerbs,
4. Rechtsgrund des Erwerbs wie gesetzliche Erbfolge, Vermächtnis, Ausstattung,
5. persönliches Verhältnis des Erwerbers zum Erblasser oder zum Schenker wie Verwandtschaft, Schwägerschaft, Dienstverhältnis,
6. frühere Zuwendungen des Erblassers oder Schenkers an den Erwerber nach Art, Wert und Zeitpunkt der einzelnen Zuwendung.

§ 31 Steuererklärung

(1) Das Finanzamt kann von jedem an einem Erbfall, an einer Schenkung oder an einer Zweckzuwendung Beteiligten ohne Rücksicht darauf, ob er selbst steuerpflichtig ist, die Abgabe einer Erklärung innerhalb einer von ihm zu bestimmenden Frist verlangen. Die Frist muß mindestens einen Monat betragen.

(2) Die Erklärung hat ein Verzeichnis der zum Nachlaß gehörenden Gegenstände und die sonstigen für die Feststellung des Gegenstandes und des Wertes des Erwerbs erforderlichen Angaben zu enthalten.

(3) In den Fällen der fortgesetzten Gütergemeinschaft kann das Finanzamt die Steuererklärung allein von dem überlebenden Ehegatten verlangen.

(4) Sind mehrere Erben vorhanden, so sind sie berechtigt, die Steuererklärung gemeinsam abzugeben. In diesem Fall ist die Steuererklärung von allen Beteiligten zu unterschreiben. Sind an dem Erbfall außer den Erben noch weitere Personen beteiligt, so können diese im Einverständnis mit den Erben in die gemeinsame Steuererklärung einbezogen werden.

(5) Ist ein Testamentsvollstrecker oder Nachlaßverwalter vorhanden, so ist die Steuererklärung von diesem abzugeben. Das Finanzamt kann verlangen, daß die Steuererklärung auch von einem oder mehreren Erben mitunterschrieben wird.

(6) Ist ein Nachlaßpfleger bestellt, so ist dieser zur Abgabe der Steuererklärung verpflichtet.

(7) Das Finanzamt kann verlangen, daß eine Steuererklärung auf einem Vordruck nach amtlich bestimmtem Muster abzugeben ist, in der der Steuerschuldner die Steuer selbst zu berechnen hat. Der Steuerschuldner hat die selbstberechnete Steuer innerhalb eines Monats nach Abgabe der Steuererklärung zu entrichten.

§ 32 Bekanntgabe des Steuerbescheides an Vertreter

(1) In den Fällen des § 31 Abs. 5 ist der Steuerbescheid abweichend von § 122 Abs. 1 Satz 1 der Abgabenordnung dem Testamentsvollstrecker oder Nachlaßverwalter bekanntzugeben. Diese Personen haben für die Bezahlung der Erbschaftsteuer zu sorgen. Auf Verlangen des Finanzamts ist aus dem Nachlaß Sicherheit zu leisten.

(2) In den Fällen des § 31 Abs. 6 ist der Steuerbescheid dem Nachlaßpfleger bekanntzugeben. Absatz 1 Satz 2 und 3 ist entsprechend anzuwenden.

§ 33 Anzeigepflicht der Vermögensverwahrer, Vermögensverwalter und Versicherungsunternehmen

(1) Wer sich geschäftsmäßig mit der Verwahrung oder Verwaltung fremden Vermögens befaßt, hat diejenigen in seinem Gewahrsam befindlichen Vermögensgegenstände und diejenigen gegen ihn gerichteten Forderungen, die beim Tod eines Erblassers zu dessen Vermögen gehörten oder über die dem Erblasser zur Zeit seines Todes die Verfügungsmacht zustand, dem für die Verwaltung der Erbschaftsteuer zuständigen Finanzamt anzuzeigen. Die Anzeige ist zu erstatten:

1. in der Regel:
   innerhalb eines Monats, seitdem der Todesfall dem Verwahrer oder Verwalter bekanntgeworden ist;

2. wenn der Erblasser zur Zeit seines Todes Angehöriger eines ausländischen Staats war und nach einer Vereinbarung mit diesem Staat der Nachlaß einem konsularischen Vertreter auszuhändigen ist:
spätestens bei der Aushändigung des Nachlasses.

(2) Wer auf den Namen lautende Aktien oder Schuldverschreibungen ausgegeben hat, hat dem Finanzamt von dem Antrag, solche Wertpapiere eines Verstorbenen auf den Namen anderer umzuschreiben, vor der Umschreibung Anzeige zu erstatten.

(3) Versicherungsunternehmen haben, bevor sie Versicherungssummen oder Leibrenten einem anderen als dem Versicherungsnehmer auszahlen oder zur Verfügung stellen, hiervon dem Finanzamt Anzeige zu erstatten.

(4) Zuwiderhandlungen gegen diese Pflichten werden als Steuerordnungswidrigkeit mit Geldbuße geahndet.

§ 34 Anzeigepflicht der Gerichte, Behörden, Beamten und Notare

(1) Die Gerichte, Behörden, Beamten und Notare haben dem für die Verwaltung der Erbschaftsteuer zuständigen Finanzamt Anzeige zu erstatten über diejenigen Beurkundungen, Zeugnisse und Anordnungen, die für die Festsetzung einer Erbschaftsteuer von Bedeutung sein können.

(2) Insbesondere haben anzuzeigen:

1. die Standesämter:
die Sterbefälle;

2. die Gerichte und die Notare:
die Erteilung von Erbscheinen, Testamentsvollstreckerzeugnissen und Zeugnissen über die Fortsetzung der Gütergemeinschaft, die Beschlüsse über Todeserklärungen sowie die Anordnung von Nachlaßpflegschaften und Nachlaßverwaltungen;

3. die Gerichte, die Notare und die deutschen Konsuln:
die eröffneten Verfügungen von Todes wegen, die abgewickelten Erbauseinandersetzungen, die beurkundeten Vereinbarungen der Gütergemeinschaft und die beurkundeten Schenkungen und Zweckzuwendungen.

§ 35 Örtliche Zuständigkeit

(1) Örtlich zuständig für die Steuerfestsetzung ist in den Fällen, in denen der Erblasser zur Zeit seines Todes oder der Schenker zur Zeit der Ausführung der Zuwendung ein Inländer war, das Finanzamt, das sich bei sinngemäßer Anwendung des § 19 Abs. 1 und des § 20 der Abgabenordnung ergibt. Im Fall der Steuerpflicht nach § 2 Abs. 1 Nr. 1 Buchstabe b richtet sich die Zuständigkeit nach dem letzten inländischen Wohnsitz oder gewöhnlichen Aufenthalt des Erblassers oder Schenkers.

(2) Die örtliche Zuständigkeit bestimmt sich nach den Verhältnissen des Erwerbers, bei Zweckzuwendungen nach den Verhältnissen des Beschwerten, zur Zeit des Erwerbs, wenn

1. bei einer Schenkung unter Lebenden der Erwerber, bei einer Zweckzuwendung unter Lebenden der Beschwerte, eine Körperschaft, Personenvereinigung oder Vermögensmasse ist, oder

2. der Erblasser zur Zeit seines Todes oder der Schenker zur Zeit der Ausführung der Zuwendung kein Inländer war. Sind an einem Erbfall mehrere inländische Erwerber mit Wohnsitz oder gewöhnlichem Aufenthalt in verschiedenen Finanzamtsbezirken beteiligt, so ist das Finanzamt örtlich zuständig, das zuerst mit der Sache befaßt wird.

(3) Bei Schenkungen und Zweckzuwendungen unter Lebenden von einer Erbengemeinschaft ist das Finanzamt zuständig, das für die Bearbeitung des Erbfalls zuständig ist oder sein würde.

(4) In den Fällen des § 2 Abs. 1 Nr. 3 ist das Finanzamt örtlich zuständig, das sich bei sinngemäßer Anwendung des § 19 Abs. 2 der Abgabenordnung ergibt.

V. Ermächtigungs- und Schlußvorschriften

§ 36 Ermächtigungen

(1) Die Bundesregierung wird ermächtigt, mit Zustimmung des Bundesrates

1. zur Durchführung dieses Gesetzes Rechtsverordnungen zu erlassen, soweit dies zur Wahrung der Gleichmäßigkeit bei der Besteuerung, zur Beseitigung von Unbilligkeiten in Härtefällen oder zur Vereinfachung des Besteuerungsverfahrens erforderlich ist, und zwar über

  a) die Abgrenzung der Steuerpflicht,

  b) die Feststellung und die Bewertung des Erwerbs von Todes wegen, der Schenkungen unter Lebenden und der Zweckzuwendungen, auch soweit es sich um den Inhalt von Schließfächern handelt,

  c) die Steuerfestsetzung, die Anwendung der Tarifvorschriften und die Steuerentrichtung,

  d) die Anzeige- und Erklärungspflicht der Steuerpflichtigen,

  e) die Anzeige-, Mitteilungs- und Übersendungspflichten der Gerichte, Behörden, Beamten und Notare, der Versicherungsunternehmen, der Vereine und Berufsverbände, die mit einem Versicherungsunternehmen die Zahlung einer Versicherungssumme für den Fall des Todes ihrer Mitglieder vereinbart haben, der geschäftsmäßigen Verwahrer und Verwalter fremden Vermögens, auch soweit es sich um in ihrem Gewahrsam befindliche Vermögensgegenstände des Erblassers handelt, sowie derjenigen, die auf den Namen lautende Aktien oder Schuldverschreibungen ausgegeben haben;

2. Vorschriften durch Rechtsverordnung zu erlassen über die sich aus der Aufhebung oder Änderung von Vorschriften dieses Gesetzes ergebenden Rechtsfolgen, soweit dies zur Wahrung der Gleichmäßigkeit der Besteuerung oder zur Beseitigung von Unbilligkeiten in Härtefällen erforderlich ist.

(2) Der Bundesminister der Finanzen wird ermächtigt, den Wortlaut dieses Gesetzes und der zu diesem Gesetz erlassenen Durchführungsverordnung in der jeweils geltenden Fassung mit neuem Datum, unter neuer Überschrift und in neuer Paragraphenfolge bekanntzumachen und dabei Unstimmigkeiten des Wortlauts zu beseitigen.

§ 37 Anwendung des Gesetzes

(1) Dieses Gesetz findet mit Ausnahme des § 25 auf Erwerbe Anwendung, für welche die Steuer nach dem 31. Dezember 1979 entstanden ist oder entsteht. § 25 findet auf Erwerbe Anwendung, für welche die Steuer nach dem 30. August 1980 entstanden ist oder entsteht. In Erbfällen, die vor diesem Zeitpunkt eingetreten sind, und für Schenkungen, die vor diesem Zeitpunkt ausgeführt worden sind, ist weiterhin § 25 in der bisher geltenden Fassung anzuwenden, auch wenn die Steuer infolge Aussetzung der Versteuerung nach § 25 Abs. 1 Buchstabe a erst nach dem 30. August 1980 entstanden ist oder entsteht.

(2) § 2 Abs. 1 Nr. 3 findet auf Erwerbe Anwendung, für welche die Steuer nach dem 31. Dezember 1983 entstanden ist oder entsteht.

(3) § 13 Abs. 3 Satz 2 findet erstmals auf Erwerbe Anwendung, für welche die Steuer nach dem 31. Dezember 1985 entstanden ist oder entsteht.

(4) § 2 Abs. 3 in der Fassung des Gesetzes zur Reform des Erbschaftsteuer- und Schenkungsteuerrechts vom 17. April 1974 (BGBl. I S. 933) findet letztmals auf Erwerbe Anwendung, für welche die Steuer vor dem 1. Juli 1990 entstanden ist oder entsteht.

(5) § 29 Abs. 1 Nr. 4 findet auf Erwerbe Anwendung, für die die Steuer nach dem 22. Dezember 1990 entstanden ist oder entsteht. Auf Erwerbe, für die die Steuer vor diesem Zeitpunkt entstanden ist, findet die Vorschrift Anwendung, wenn die Zuwendung an eine Stiftung noch innerhalb von 24 Monaten nach dem Zeitpunkt der Entstehung der Steuer erfolgt.

(6) § 13 Abs. 1 Nr. 7 Buchstabe d findet auf Erwerbe Anwendung, für die die Steuer nach dem 31. Dezember 1990 entstanden ist oder entsteht.

(7) § 3 Abs. 2 Nr. 7 findet erstmals auf Erwerbe Anwendung, für die die Steuer nach § 9 Abs. 1 Nr. 1 Buchstabe j nach dem 29. Februar 1992 entstanden ist oder entsteht.

(8) § 28 Abs. 1 in der Fassung des Artikels 16 Nr. 5 des Gesetzes vom 25. Februar 1992 (BGBl. I S. 297) findet erstmals auf Erwerbe Anwendung, für die die Steuer nach dem 29. Februar 1992 entstanden ist oder entsteht. Wird bei Erwerben von Todes wegen, für die die Steuer bis zu diesem Zeitpunkt entstanden ist, die Steuer nach § 28 Abs. 1 in der bisher geltenden Fassung gestundet, erfolgt diese Stundung ebenfalls zinslos, soweit Stundungszinsen für den Zeitraum nach diesem Zeitpunkt zu erheben wären; bestandskräftige Zinsfestsetzungen sind zu ändern oder aufzuheben.

(9) § 12 Abs. 1, 1a und 5 Sätze 2 und 3 in der Fassung des Artikel 16 Nr. 3 des Gesetzes vom 25. Februar 1992 (BGBl. I S. 297) findet erstmals auf Erwerbe Anwendung, für die die Steuer nach dem 31. Dezember 1992 entstanden ist oder entsteht.

§ 37a Sondervorschriften aus Anlaß der Herstellung der Einheit Deutschlands

(1) Dieses Gesetz ist in dem in Artikel 3 des Einigungsvertrages[1] genannten Gebiet erstmals auf Erwerbe anzuwenden, für die die Steuer nach dem 31. Dezember 1990 entstanden ist oder entsteht.

(2) Für den Zeitpunkt der Entstehung der Steuerschuld ist § 9 Abs. 1 Nr. 1 auch dann maßgebend, wenn der Erblasser in dem in Artikel 3 des Einigungsvertrages[1] genannten Gebiet vor dem 1. Januar 1991 verstorben ist, es sei denn, daß die Steuer nach dem Erbschaftsteuergesetz der Deutschen Demokratischen Republik vor dem 1. Januar 1991 entstanden ist. § 9 Abs. 2 gilt entsprechend, wenn die Versteuerung nach § 34 des Erbschaftsteuergesetzes (ErbStG) der Deutschen Demokratischen Republik in der Fassung vom 18. September 1970 (Sonderdruck Nr. 678 des Gesetzblattes) ausgesetzt wurde.

(3) Grundbesitz in dem in Artikel 3 des Einigungsvertrages[1] genannten Gebiet ist bei der Bewertung nach § 12 mit dem Wert anzusetzen, der nach dem Vierten Teil des Bewertungsgesetzes (Vorschriften für die Bewertung von Vermögen in dem in Artikel 3 des Einigungsvertrages genannten Gebiet) auf den Zeitpunkt festgestellt oder zu ermitteln ist, der der Entstehung der Steuer vorangegangen ist oder mit ihr zusammenfällt.

(4) Als frühere Erwerbe im Sinne des § 14 gelten auch solche, die vor dem 1. Januar 1991 dem Erbschaftsteuerrecht der Deutschen Demokratischen Republik unterlegen haben.

(5) Als frühere Erwerbe desselben Vermögens im Sinne des § 27 gelten auch solche, für die eine Steuer nach dem Erbschaftsteuerrecht der Deut-

---

[1] Auszugsweise abgedruckt vor 1.

schen Demokratischen Republik erhoben wurde, wenn der Erwerb durch Personen im Sinne des § 15 Abs. 1 Steuerklasse I oder II erfolgte.

(6) § 28 ist auch anzuwenden, wenn eine Steuer nach dem Erbschaftsteuerrecht der Deutschen Demokratischen Republik erhoben wird.

(7) Ist in dem in Artikel 3 des Einigungsvertrages[1] genannten Gebiet eine Steuerfestsetzung nach § 33 des Erbschaftsteuergesetzes der Deutschen Demokratischen Republik in der Weise erfolgt, daß die Steuer jährlich im voraus von dem Jahreswert von Renten, Nutzungen oder Leistungen zu entrichten ist, kann nach Wahl des Erwerbers die Jahressteuer zum jeweils nächsten Fälligkeitstermin mit ihrem Kapitalwert abgelöst werden. § 23 Abs. 2 ist entsprechend anzuwenden.

(8) Wurde in Erbfällen, die vor dem 1. Januar 1991 eingetreten sind, oder für Schenkungen, die vor diesem Zeitpunkt ausgeführt worden sind, die Versteuerung nach § 34 des Erbschaftsteuergesetzes der Deutschen Demokratischen Republik ausgesetzt, ist diese Vorschrift weiterhin anzuwenden, auch wenn die Steuer infolge der Aussetzung der Versteuerung erst nach dem 31. Dezember 1990 entsteht.

§ 38 *(aufgehoben)*

§ 39 Inkrafttreten[2]

---

[1] Auszugsweise abgedruckt vor **1**.
[2] Vgl. auch Art. 10 § 3 Erbschaftsteuerreformgesetz vom 17. 4. 1974 (BGBl. I S. 933):
§ 3 Außerkrafttreten. Artikel 1 [= ErbStG] §§ 12, 16, 17 und 19 gelten für die Kalenderjahre, in denen Grundstücke (§ 70 des Bewertungsgesetzes) und Betriebsgrundstücke im Sinne des § 99 Abs. 1 Nr. 1 des Bewertungsgesetzes für die Erbschaftsteuer und Schenkungsteuer mit 140 vom Hundert der auf den Wertverhältnissen am 1. Januar 1964 beruhenden Einheitswerte anzusetzen sind.

5.2 Erbschaftsteuer-Durchführungsverordnung* (ErbStDV)

In der Fassung vom 19. Januar 1962
(BGBl. I S. 22; BStBl. I S. 466)
Zuletzt geändert durch Einigungsvertrag vom 31. August 1990
(BGBl. II S. 889, 986)
BGBl. III 611–8–1

Abschnitt I. Durchführung des Gesetzes

§§ 1, 2 *(aufgehoben)*

Abschnitt II. Anmeldepflicht, Erklärungspflicht

§§ 3, 4 *(aufgehoben)*

Abschnitt III. Anzeigepflichten

§ 5 Anzeigepflicht der Vermögensverwahrer und der Vermögensverwalter

(1) Wer zur Anzeige über die Verwahrung oder die Verwaltung von Vermögen eines Erblassers verpflichtet ist, hat die Anzeige nach *§ 187a Abs. 1 der Reichsabgabenordnung*[1] dem im Bezirk der zuständigen Oberfinanzdirektion nächstgelegenen für die Verwaltung der Erbschaftsteuer zuständigen Finanzamt in der nach Muster 1 vorgesehenen Form zu erstatten.

(2) Die Anzeigepflicht besteht auch dann, wenn an dem in Verwahrung oder Verwaltung befindlichen Wirtschaftsgut außer dem Erblasser auch noch andere Personen beteiligt sind.

(3) Befinden sich am Todestag des Erblassers bei dem Anzeigepflichtigen Wirtschaftsgüter in Gewahrsam, die vom Erblasser verschlossen oder unter Mitverschluß gehalten wurden (z. B. in Schließfächern), so genügt die Mitteilung, daß ein derartiger Gewahrsam bestand.

(4) Die Anzeige darf nur unterbleiben,

1. wenn es sich um Wirtschaftsgüter handelt, über die der Erblasser nur als Vertreter, Liquidator, Verwalter, Testamentsvollstrecker oder Pfleger die Verfügungsmacht hatte, oder

---

* Zur Anwendung vgl. § 15.
Die Verordnung tritt im Gebiet der ehem. DDR am 1. 1. 1991 in Kraft.
[1] § 187a RAO aufgehoben durch Art. 3 ErbStRG vom 17. 4. 1974 (BGBl. I S. 933); vgl. jetzt § 33 Abs. 1 ErbStG.

2. wenn der Wert der anzuzeigenden Wirtschaftsgüter *1000*[1] Deutsche Mark nicht übersteigt.

§ 6 Anzeigepflicht derjenigen, die auf den Namen lautende Aktien oder Schuldverschreibungen ausgegeben haben

Wer auf den Namen lautende Aktien oder Schuldverschreibungen ausgegeben hat, hat unverzüglich nach dem Eingang eines Antrags auf Umschreibung der Aktien oder Schuldverschreibungen eines Verstorbenen dem für die Verwaltung der Erbschaftsteuer zuständigen Finanzamt unter Hinweis auf *§ 187a Abs. 2 der Reichsabgabenordnung*[2] anzuzeigen:

1. den Nennbetrag der Aktien oder Schuldverschreibungen,

2. die letzte Anschrift des Erblassers, auf dessen Namen die Wertpapiere lauteten,

3. den Todestag des Erblassers und – wenn dem Anzeigepflichtigen bekannt – das Standesamt, bei dem der Sterbefall beurkundet worden ist,

4. die Anschrift der Person, auf deren Namen die Wertpapiere umgeschrieben werden sollen.

§ 7 Anzeigepflicht der Versicherungsunternehmen

(1) Zu den Versicherungsunternehmen, die Anzeigen nach *§ 187a Abs. 3 der Reichsabgabenordnung*[3] zu erstatten haben, gehören auch die Sterbekassen von Berufsverbänden, Vereinen und anderen Anstalten, soweit sie die Lebens-(Sterbegeld-) oder Leibrenten-Versicherung betreiben. Die Anzeigepflicht besteht auch für Vereine und Berufsverbände, die mit einem Versicherungsunternehmen die Zahlung einer Versicherungssumme (eines Sterbegeldes) für den Fall des Todes ihrer Mitglieder vereinbart haben, wenn der Versicherungsbetrag an die Hinterbliebenen der Mitglieder weitergeleitet wird. Ortskrankenkassen gelten nicht als Versicherungsunternehmen im Sinn der genannten Vorschrift.

(2) Anzuzeigen sind alle Versicherungssummen oder Leibrenten, die einem anderen als dem Versicherungsnehmer auszuzahlen oder zur Verfügung zu stellen sind, mit Ausnahme solcher Versicherungssummen, die auf Grund eines von einem Arbeitgeber für seine Arbeitnehmer abgeschlossenen Versicherungsvertrages bereits zu Lebzeiten des Versicherten (Arbeitnehmers) fällig und an diesen ausgezahlt werden. Zu den Versicherungssummen rechnen insbesondere auch Versicherungsbeträge aus Sterbegeld-, Aussteuer- und ähnlichen Versicherungen.

(3) Die Anzeige nach *§ 187a Abs. 3 der Reichsabgabenordnung*[3] ist dem für die Verwaltung der Erbschaftsteuer zuständigen Finanzamt in der nach

---

[1] Jetzt 2000 DM (EE vom 20. 12. 1974/10. 3. 1976 (BGBl. 1975 I S. 42/1976 I S. 145).
[2] Jetzt § 33 Abs. 2 ErbStG.
[3] Jetzt § 33 Abs. 3 ErbStG.

Muster 2 vorgesehenen Form zu erstatten. Ist die Feststellung des zuständigen Finanzamts für das Versicherungsunternehmen mit Schwierigkeiten verbunden, so kann dieses die Anzeige dem für seinen Sitz zuständigen Erbschaftsteuer- Finanzamt übersenden.

(4) Die Anzeige darf bei Kapitalversicherungen unterbleiben, wenn der auszuzahlende Betrag *1000*[1] Deutsche Mark nicht übersteigt.

§ 8 Verzeichnis der Standesämter

(1) Die Regierungen der Länder teilen den für ihr Gebiet zuständigen Oberfinanzdirektionen Änderungen des Bestandes oder der Zuständigkeit der Standesämter mit. Von diesen Änderungen geben die Oberfinanzdirektionen den in Betracht kommenden Finanzämtern Kenntnis.

(2) Die Finanzämter geben jedem Standesamt ihres Bezirkes eine Ordnungsnummer; diese ist dem Standesamt mitzuteilen.

§ 9 Anzeigepflicht der Standesämter

(1) Die Standesämter haben für jeden Kalendermonat eine Totenliste nach Muster 3 aufzustellen. In die Totenliste sind einzutragen

1. die Sterbefälle nach der Reihenfolge der Eintragungen in das Sterbebuch,

2. die dem Standesamt sonst bekanntgewordenen Sterbefälle von Personen, die im Ausland verstorben sind und bei ihrem Tode einen Wohnsitz oder ihren gewöhnlichen Aufenthalt oder Vermögen im Bezirk des Standesamtes gehabt haben.

(2) Das Standesamt hat die Totenliste binnen 10 Tagen nach dem Ablauf des Zeitraums, für den sie aufgestellt ist (Absatz 1 Satz 1 und Absatz 3 Nr. 1), nach der in dem Muster vorgeschriebenen Anleitung abzuschließen und dem für die Verwaltung der Erbschaftsteuer zuständigen Finanzamt einzusenden. Dabei ist die Ordnungsnummer anzugeben, die das Finanzamt dem Standesamt zugeteilt hat. Sind in dem vorgeschriebenen Zeitraum Sterbefälle nicht beurkundet worden oder bekanntgeworden, so hat das Standesamt innerhalb von 10 Tagen nach Ablauf des Zeitraums diesem Finanzamt eine Fehlanzeige nach Muster 4 zu übersenden. In der Fehlanzeige ist auch die Nummer der letzten Eintragung in das Sterbebuch anzugeben.

(3) Die Oberfinanzdirektion kann anordnen,

1. daß die Totenliste von einzelnen Standesämtern für einen längeren oder einen kürzeren Zeitraum als einen Monat aufgestellt wird,

2. daß die Totenliste oder die Fehlanzeige nicht dem für die Verwaltung der Erbschaftsteuer zuständigen Finanzamt, sondern dem Finanzamt eingereicht wird, in dessen Bezirk sich der Sitz des Standesamtes befin-

---

[1] Jetzt 2000 DM (EE vom 20. 12. 1974/10. 3. 1976 (BGBl. 1975 I S. 42/1976 I S. 145).

det. Dieses Finanzamt hat die Anzeigen an das für die Verwaltung der Erbschaftsteuer zuständige Finanzamt weiterzuleiten,

3. daß die Standesämter statt der Totenlisten die Durchschriften der Eintragungen in das Sterbebuch oder die Durchschriften der Sterbeurkunden an das für die Verwaltung der Erbschaftsteuer zuständige Finanzamt weiterleiten. Dabei ist sicherzustellen, daß diese Urkunden um die Fragen ergänzt werden, die in der Totenliste zusätzlich aufgeführt sind.

§ 10 Anzeigepflicht der Auslandsstellen

Die diplomatischen Vertreter und Konsuln des Bundes haben dem Bundesminister der Finanzen anzuzeigen

1. die von ihnen beurkundeten Sterbefälle von Deutschen,

2. die ihnen sonst bekanntgewordenen Sterbefälle von Deutschen ihres Amtsbezirkes,

3. die ihnen bekannt gewordenen Zuwendungen ausländischer Erblasser oder Schenker an Personen, die im Geltungsbereich dieser Verordnung einen Wohnsitz oder ihren gewöhnlichen Aufenthalt haben.

§ 11 Anzeigepflicht der Gerichte bei Todeserklärungen

(1) Die Gerichte haben dem für die Verwaltung der Erbschaftsteuer zuständigen Finanzamt eine beglaubigte Abschrift der Beschlüsse über die Todeserklärung Verschollener oder über die Feststellung des Todes und der Todeszeit zu übersenden. Wird ein solcher Beschluß angefochten oder seine Aufhebung beantragt, so hat das Gericht dies dem Finanzamt anzuzeigen.

(2) Die Übersendung der in Absatz 1 genannten Abschriften kann bei Erbfällen von Kriegsgefangenen und ihnen gleichgestellten Personen sowie bei Erbfällen von Opfern der nationalsozialistischen Verfolgung unterbleiben, wenn der Zeitpunkt des Todes vor dem 1. Januar 1946 liegt.

§ 12[1] Anzeigepflicht der Gerichte, Notare und sonstigen Urkundspersonen in Erbfällen

(1) Die Gerichte haben dem für die Verwaltung der Erbschaftsteuer zuständigen Finanzamt eine beglaubigte Abschrift der eröffneten Verfügungen von Todes wegen, der Erbscheine, Testamentsvollstreckerzeugnisse und Zeugnisse über die Fortsetzung von Gütergemeinschaften und der Beschlüsse über die Einleitung einer Nachlaßpflegschaft und Nachlaßverwaltung mit einem Vordruck nach Muster 5 zu übersenden und die Abwicklung von Erbauseinandersetzungen anzuzeigen. War der Erblasser bei seinem Tode verheiratet, so ist – soweit bekannt – auch der Güterstand mitzuteilen, in dem die Ehegatten gelebt haben.

---

[1] Vgl. Art. 9 ErbStRG, abgedruckt als Fußnote zu § 18.

(2) Ferner haben die Gerichte die Höhe und die Zusammensetzung des Nachlasses mitzuteilen, soweit sie ihnen bekanntgeworden sind.

(3) Jede Mitteilung oder Übersendung soll

1. die Anschrift, den Todestag, den Geburtstag und den Sterbeort des Erblassers,

2. das Standesamt, bei dem der Sterbefall beurkundet worden ist, und die Sterbebuchnummer und

3. die Anschrift der Beteiligten, soweit bekannt,
enthalten.

(4) Die Übersendung der in Absatz 1 erwähnten Abschriften und die Erstattung der dort vorgesehenen Anzeigen dürfen unterbleiben,

1. wenn die Annahme berechtigt ist, daß außer Hausrat (einschließlich Wäsche und Kleidungsstücken) im Wert von nicht mehr als 5000 Deutsche Mark nur noch anderer Nachlaß im reinen Wert von nicht mehr als 1000 Deutsche Mark vorhanden ist,

2. bei Erbfällen von Kriegsgefangenen und ihnen gleichgestellten Personen sowie bei Erbfällen von Opfern der nationalsozialistischen Verfolgung, wenn der Zeitpunkt des Todes vor dem 1. Januar 1946 liegt,

3. wenn der Erbschein lediglich zur Geltendmachung von Ansprüchen auf Grund des Lastenausgleichsgesetzes beantragt und dem Ausgleichsamt unmittelbar übersandt worden ist,

4. wenn seit dem Zeitpunkt des Todes des Erblassers mehr als zehn Jahre vergangen sind. Das gilt nicht für die Anzeigen über die Abwicklung von Erbauseinandersetzungen.

(5) Die vorstehenden Vorschriften gelten entsprechend für Notare (Bezirksnotare) und sonstige Urkundspersonen, soweit ihnen Geschäfte des Nachlaßgerichtes übertragen sind.

§ 13[1] Anzeigepflicht der Gerichte, Notare und sonstigen Urkundspersonen bei Schenkungen und Zweckzuwendungen unter Lebenden

(1) Die Gerichte haben bei der Beurkundung von Schenkungen (§ 3 des Gesetzes) und Zweckzuwendungen unter Lebenden (§ 4 Nr. 2 des Gesetzes) die Beteiligten auf die mögliche Steuerpflicht hinzuweisen und über das persönliche Verhältnis (Verwandtschaftsverhältnis) des Erwerbers zum Schenker und über den Wert der Zuwendung zu befragen, wenn die Urkunde Angaben darüber nicht enthält. Bei einer Zuwendung von Grundbesitz ist der zuletzt festgestellte Einheitswert zu erfragen.

(2) Die Gerichte haben dem für die Verwaltung der Erbschaftsteuer zuständigen Finanzamt eine beglaubigte Abschrift der Urkunde über eine

---

[1] Vgl. Art. 9 ErbStRG, abgedruckt als Fußnote zu § 18.

Schenkung oder Zweckzuwendung unter Lebenden alsbald nach der Beurkundung zu übersenden und dabei die besonderen Feststellungen (Abs. 1) mitzuteilen. Anzugeben ist auch der der Kostenberechnung zugrunde gelegte Wert, wenn dieser aus der Urkunde nicht zu ersehen ist. Auf der Urschrift der Urkunde ist zu vermerken, wann und an welches Finanzamt die Abschrift übersandt worden ist.

(3) Die Verpflichtungen nach den Absätzen 1 und 2 erstrecken sich auch auf Urkunden über Rechtsgeschäfte, die zum Teil oder der Form nach entgeltlich sind, aber nach den Umständen, die bei der Beurkundung oder sonst bekanntgeworden sind, eine Schenkung oder Zweckzuwendung unter Lebenden enthalten.

(4) Unterbleiben darf die Übersendung einer beglaubigten Abschrift von Schenkungs- und Übergabeverträgen in Fällen, in denen Gegenstand der Schenkung nur Hausrat (einschließlich Wäsche und Kleidungsstücke) im Wert von nicht mehr als 5000 Deutsche Mark und anderes Vermögen im Wert von nicht mehr als 1000 Deutsche Mark bildet.

(5) Die vorstehenden Vorschriften gelten entsprechend für Notare (Bezirksnotare) und sonstige Urkundspersonen.

§ 14 Anzeigepflicht der Genehmigungsbehörden

Die Behörden, die Stiftungen oder Zuwendungen von Todes wegen und unter Lebenden an juristische Personen und dergleichen genehmigen, haben der für den Sitz der Behörde zuständigen Oberfinanzdirektion über solche innerhalb eines Kalendervierteljahrs erteilten Genehmigungen unmittelbar nach Ablauf des Vierteljahrs eine Nachweisung zu übersenden. Die Verpflichtung erstreckt sich auch auf Rechtsgeschäfte der in § 13 Abs. 3 bezeichneten Art. In der Nachweisung sind bei jedem Genehmigungsfall anzugeben

1. der Tag der Genehmigung,

2. die Anschriften des Erblassers (Schenkers) und des Erwerbers (bei einer Zweckzuwendung die Anschrift des mit der Durchführung der Zweckzuwendung Beschwerten),

3. die Höhe des Erwerbs (der Zweckzuwendung),

4. bei Erwerben von Todes wegen der Todestag und der Sterbeort des Erblassers,

5. bei Genehmigung einer Stiftung der Name, der Sitz (der Ort der Geschäftsleitung), der Zweck der Stiftung und der Wert des ihr gewidmeten Vermögens,

6. wenn bei der Genehmigung dem Erwerber Leistungen an andere Personen oder zu bestimmten Zwecken auferlegt oder wenn von dem Erwerber solche Leistungen zur Erlangung der Genehmigung freiwillig übernommen werden: Art und Wert der Leistungen, die begünstigten Perso-

nen oder Zwecke und das persönliche Verhältnis (Verwandtschaftsverhältnis) der begünstigten Personen zum Erblasser (Schenker).

Abschnitt IV. Steuerfestsetzung und Bekanntgabe des Steuerbescheids

Abschnitt V. Schlußbestimmungen

§ 15 Anwendung der Verordnung

Die vorstehende Fassung der Verordnung findet auf Erwerbe Anwendung, für die die Steuer nach dem 31. Dezember 1990 entstanden ist oder entsteht.

§§ 16, 17 *(aufgehoben)*

§ 18[1] Inkrafttreten

(1) Diese Verordnung tritt am Tage nach ihrer Verkündung[2] in Kraft. § 1 gilt jedoch auch schon für Erwerbe, für die die Steuerschuld in der Zeit zwischen dem 1. Januar 1949 und dem Inkrafttreten dieser Verordnung entstanden ist.

(2) Diese Verordnung gilt gemäß § 14 des Gesetzes über die Stellung des Landes Berlin im Finanzsystem des Bundes (Drittes Überleitungsgesetz) vom 4. Januar 1952 (Bundesgesetzbl. I S. 1) auch im Land Berlin.

---

[1] Vgl. auch Art. 9 ErbStRG vom 17. 4. 1974 (BGBl. I S. 933):
Art. 9 Erleichterungen für die Anzeigepflichten der Gerichte, Notare und sonstigen Urkundspersonen. Für die Zeit vom Inkrafttreten dieses Gesetzes bis zum Erlaß einer neuen Erbschaftsteuer-Durchführungsverordnung kann die Übersendung der in § 12 Abs. 1 der Erbschaftsteuer-Durchführungsverordnung in der Fassung der Bekanntmachung vom 19. Januar 1962 (Bundesgesetzbl. I S. 22) erwähnten Abschriften und die Erstattung der dort vorgesehenen Anzeigen sowie die Übersendung einer beglaubigten Abschrift von Schenkungs- und Übergabeverträgen nach § 13 dieser Verordnung abweichend von § 12 Abs. 4 Nr. 1 und § 13 Abs. 4 dieser Verordnung unterbleiben, wenn die Annahme berechtigt ist, daß außer Hausrat einschließlich Wäsche und Kleidungsstücken sowie Kunstgegenständen und Sammlungen im Wert von nicht mehr als 10000 Deutsche Mark nur noch anderes Vermögen im reinen Wert von nicht mehr als 3000 Deutsche Mark vorhanden oder Gegenstand der Schenkung ist.
[2] Die Verordnung ist verkündet am 27. 1. 1962.

Muster 1 (§ 5 ErbStDV)

(Firma)   ...., den ...... 196..

Erbschaftsteuer

An das Finanzamt – Erbschaftsteuerstelle –

in ....

Anzeige

über die Verwahrung oder Verwaltung fremden Vermögens (§ 187a Abs. 1 der Reichsabgabenordnung und § 5 der Erbschaftsteuer-DurchfVO)

1. **Erblasser**

     Name und Vorname ....

     Wohnort und Wohnung ....

     Todestag .... Sterbeort ....

2. **Guthaben und andere Forderungen (auch Gemeinschaftskonten)**

Konto-Nr.	Nennbetrag am Todestag		Hat der Kontoinhaber mit dem Kreditinstitut vereinbart, daß die Guthaben oder eines derselben mit seinem Tode auf eine bestimmte Person übergehen? Wenn ja, Name und genaue Anschrift dieser Person	Bemerkungen
	DM	Pf.		
1	2		3	4

3. **Wertpapiere, Anteile, Genußscheine und dergleichen, auch solche im Gemeinschaftsdepot**

Nennbetrag	Zinssatz v. H.	Bezeichnung der Wertpapiere usw.	Kurs am Todestag	Kurswert		Bemerkungen
				DM	Pf	
1	2	3	4	5		6
*						

4. Der Verstorbene hatte ein – kein – **Schließfach.**

5. Bemerkungen (z. B. über Schulden des Erblassers beim Kreditinstitut):

....

....

(Unterschrift)

---

* Soweit der freie Raum nicht ausreicht, ist die Rückseite zu benutzen.

Der Ausfüllung der Spalten 1 bis 6 bedarf es nicht, wenn ein Depotauszug beigefügt wird.

Erbschaftsteuer   **Muster 2** (§ 7 ErbStDV)

(Firma)   ...., den ...... 196..

An das Finanzamt – Erbschaftsteuerstelle –

in ....

Anzeige

über die Auszahlung oder Zurverfügungstellung von Versicherungssummen oder Leibrenten an einen anderen als den Versicherungsnehmer (§ 187a Abs. 3 der Reichsabgabenordnung und § 7 der Erbschaftsteuer-DurchfVO).

---

1. Des **Versicherten**	und des **Versicherungsnehmers** (wenn er ein anderer ist als der Versicherte)
a) Name u. Vorname	....
b) Beruf	....
c) Wohnort u. Wohnung	....
d) Todestag	
e) Sterbeort	
f) Standesamt u. Sterbebuch-Nr.	

2. Versicherungsschein-Nr. ......

3. a) Bei Kapitalversicherung: Auszuzahlender Versicherungsbetrag (einschließlich Dividenden u. dgl. **abzüglich** noch geschuldeter Prämien, vor der Fälligkeit der Versicherungssumme gewährter Darlehen, Vorschüsse u. dgl.) .... DM

    b) Bei Rentenversicherung: Jahresbetrag und Dauer der Rente ....

4. Zahlungsempfänger ist ....

    a) als Inhaber des Versicherungsscheins

    b) als Bevollmächtigter, gesetzlicher Vertreter des ....

★   ....

    c) als Begünstigter

    d) aus einem anderen Grund (Abtretung, Verpfändung, gesetzliches Erbrecht, Testament u. dgl.) und welchem? ....

5. Nach der Auszahlungsbestimmung des Versicherungsnehmers, die als Bestandteil des Versicherungsvertrages anzusehen ist, ist – sind – bezugsberechtigt: ....

6. Bemerkungen: ....

....

(Unterschrift)

★ Nicht Zutreffendes ist zu streichen.

Muster 3 (§ 9 Abs. 1 ErbStDV)

Ordnungsnummer des Standesamts ....

Erbschaftsteuer

Totenliste

des Standesamtsbezirks ....

für den Zeitraum vom .... bis .... einschließlich.

Sitz des Standesamts .... (Post ....).

Anleitung für die Aufstellung und Einsendung der Totenliste

1. Die Totenliste ist für den Zeitraum eines Monats aufzustellen, sofern nicht die Oberfinanzdirektion die Aufstellung für einen kürzeren oder einen längeren Zeitraum angeordnet hat. Sie ist **beim Beginn des Zeitraums** anzulegen. Die einzelnen Sterbefälle sind darin **sofort nach ihrer Beurkundung** einzutragen.

2. In die Totenliste sind aufzunehmen
   a) alle beurkundeten Sterbefälle nach der Reihenfolge der Eintragungen im Sterbebuch,
   b) die dem Standesamt glaubhaft bekanntgewordenen Sterbefälle im Ausland, und zwar von Deutschen und Ausländern, wenn sie beim Tode einen Wohnsitz oder ihren gewöhnlichen Aufenthalt oder Vermögen im Bezirk des Standesamtes hatten.

3. Ausfüllung der Spalten:
   a) Spalte 1 muß **alle Nummern des Sterbebuches** in ununterbrochener Reihenfolge nachweisen. Die Auslassung einzelner Nummern (z. B. bei einer Totgeburt) ist in Spalte 7 zu erläutern. Auch der Sterbefall eines Unbekannten ist in der Totenliste anzugeben.
   b) In den Spalten 5 und 6 ist der Antwort stets der Buchstabe der Frage voranzusetzen, auf die sich die Antwort bezieht.
   c) Fragen, über die das Sterbebuch keine Auskunft gibt, sind zu beantworten, soweit sie der Standesbeamte aus eigenem Wissen oder nach Befragen des Anmeldenden beantworten kann.
   d) Bezugnahmen auf vorhergehende Angaben durch „desgl." oder durch Strichzeichen („) usw. sind zu vermeiden.
   e) Spalte 8 ist nicht auszufüllen.

4. Einlagebogen sind in den Titelbogen einzuheften.

5. Abschluß der Liste:
   a) Die Totenliste ist hinter der letzten Eintragung mit Orts- und Zeitangabe und der Unterschrift des Standesbeamten abzuschließen.

b) Sind Sterbefälle der unter Nummer 2 Buchstabe b bezeichneten Art nicht bekanntgeworden, so ist folgende Bescheinigung zu unterschreiben:

Im Ausland eingetretene Sterbefälle von Deutschen und Ausländern, die beim Tode einen Wohnsitz oder ihren gewöhnlichen Aufenthalt oder Vermögen im Bezirk des Standesamtes hatten, sind mir nicht bekanntgeworden.

....
Standesbeamter

c) Binnen **zehn Tagen** nach Ablauf des Zeitraums, für den die Liste aufzustellen ist, ist sie dem Finanzamt einzureichen. Sind in dem Zeitraum Sterbefälle **nicht** anzugeben, so ist dem Finanzamt binnen 10 Tagen nach Ablauf des Zeitraums eine Fehlanzeige nach besonderem Muster zu erstatten.

An das Finanzamt

in ....

(Seite 2)

Nummer des Sterbebuchs	a) Familienname, bei Frauen auch Mädchenname b) Vornamen c) Beruf (bei Ehefrauen und Witwen Beruf des Mannes, bei Witwen ggf. auch ihr Beruf, bei minderjährigen Kindern Beruf des Vaters – der Mutter) d) Wohnort (Straße und Hausnummer). Wenn in der Gemeinde nicht heimisch: Wohnsitz, politischer Bezirk, Land	a) Sterbetag b) Geburtstag c) Geburtsort	Familienstand; bei Verheirateten auch Name und Geburtstag des Ehegatten
	des Verstorbenen		
1	2	3	4

(Seite 3)

Lebten von dem Verstorbenen am Todestag a) Kinder? Wieviele? b) Abkömmlinge von verstorbenen Kindern? Wieviele? c) Eltern oder Geschwister? (Nur ausfüllen, wenn a) und b) verneint wird) d) Sonstige Verwandte oder Verschwägerte? (Nur ausfüllen, wenn a) bis c) verneint wird) e) Wer kann Auskunft geben? Zu a) bis e) Name, Beruf und Wohnung angeben 5	Worin besteht der Nachlaß und welchen Wert hat er? (Kurze Angabe) a) Land- u. forstw. Vermögen (bitte auch Größe der bewirtschafteten Fläche angeben) b) Grundvermögen (bei bebauten Grundstücken bitte Anzahl der Wohnungen angeben) c) Betriebsvermögen (bitte die Art des Betriebes angeben, z. B. Einzelhandelsgeschäft, Großhandel, Handwerksbetrieb, Fabrik) d) Sonstiges Vermögen 6	Bemerkungen 7	Nummer und Jahrgang der Steuerliste 8

Muster 4 (§ 9 Abs. 2 ErbStDV)

Ordnungsnummer des Standesamts ....

Erbschaftsteuer

Fehlanzeige

Im Standesamtsbezirk ....

sind für die Zeit vom .... bis .... einschließlich

Sterbefälle nicht anzugeben.

Der letzte Sterbefall ist beurkundet im Sterbebuch unter Nr. ...

Im Ausland eingetretene Sterbefälle von Deutschen und von Ausländern, die beim Tode einen Wohnsitz oder ihren gewöhnlichen Aufenthalt oder Vermögen im Bezirk des Standesamtes hatten, sind mir nicht bekanntgeworden.

.... , den .... 196..

....

Standesbeamter

An das Finanzamt – Erbschaftsteuerstelle –

in ....

Muster 5 (§ 12 ErbStDV)

Amtsgericht ....

Notariat ...., den .... 196. .

Erbschaftsteuer

Die anliegende .. beglaubigte .. Abschrift .. wird – werden mit folgenden Bemerkungen übersandt:

Erblasser: ....

Beruf:................................... Familienstand:.........................

Todestag: .... Geburtstag: ....

Wohnung:...

Sterbeort:.. Standesamt:.................

Sterbebuch-Nr.: ....

Testament – Erbvertrag vom ....

Tag der Eröffnung: ....

Bei Verheirateten – soweit bekannt – Güterstand: ....

Die Gebühr für die   Errichtung – Aufbewahrung – Eröffnung
ist berechnet nach ⎱
einem Wert von ⎰   ...... DM .... DM .... DM

Veränderungen in der Person der Erben, Vermächtnisnehmer, Testamentsvollstrecker usw. (durch Tod, Eintritt eines Ersatzerben, Erbaus-
schlagung, Amtsniederlegung des Testamentsvollstreckers u. dgl.) und
Änderungen in den Verhältnissen dieser Personen (Namens-, Berufs-,
Wohnungsänderungen u. dgl.)

....

....

ergibt die beiliegende Abschrift der Eröffnungsverhandlung.

Über die Höhe und die Zusammensetzung des Nachlasses ist dem Gericht
– Notariat – folgendes bekanntgeworden: ....

....

An das Finanzamt – Erbschaftsteuerstelle –

in ....

6. Feuerschutzsteuergesetz (FeuerschStG)*

Vom 21. Dezember 1979

(BGBl. I S. 2353; BStBl. 80 I S. 57)

Zuletzt geändert durch Steueränderungsgesetz 1992 vom 25. Februar 1992 (BGBl. I S. 297)

BGBl. III 611 – 18

§ 1 Gegenstand der Steuer

(1) Der Feuerschutzsteuer unterliegt die Entgegennahme des Versicherungsentgelts aus den folgenden Versicherungen, wenn die versicherten Gegenstände sich bei der Entgegennahme des Versicherungsentgelts im Geltungsbereich dieses Gesetzes befinden:

1. Feuerversicherungen einschließlich Feuer- Betriebsunterbrechungsversicherungen,

2. Versicherungen von Gebäuden und von Hausrat, wenn das Versicherungsentgelt teilweise auf Gefahren entfällt, die Gegenstand einer Feuerversicherung sein können. Dies gilt unabhängig davon, ob das Versicherungsentgelt dem Versicherungsnehmer in einem Gesamtbetrag oder in Teilbeträgen in Rechnung gestellt wird.

(2) Eine Versicherung im Sinne des Absatzes 1 wird auch begründet, wenn zwischen mehreren Personen oder Personenvereinigungen vereinbart wird, solche Schäden gemeinsam zu tragen, die den Gegenstand einer Versicherung im Sinne des Absatzes 1 bilden können.

(3) Für die Steuerpflicht gelten die Vorschriften des § 1 Abs. 2 und 3 des Versicherungsteuergesetzes entsprechend.

§ 2 Versicherungsentgelt

(1) Versicherungsentgelt im Sinne dieses Gesetzes ist jede Leistung, die für die Begründung und zur Durchführung des Versicherungsverhältnisses an den Versicherer zu bewirken ist. Darunter fallen insbesondere Prämien, Beiträge, Vorbeiträge, Vorschüsse, Nachschüsse, Umlagen, außerdem Eintrittsgelder, Gebühren für die Ausfertigung des Versicherungsscheins und sonstige Nebenkosten. Zum Versicherungsentgelt gehört nicht, was zur Abgeltung einer Sonderleistung des Versicherers oder aus einem sonstigen in der Person des einzelnen Versicherungsnehmers liegenden Grund gezahlt wird, wie Kosten für die Ausstellung einer Ersatzurkunde oder Mahnkosten.

---

* **Das Gesetz tritt im Gebiet der ehem. DDR am 1. 1. 1991 in Kraft** (vgl. Anl. I Kap. IV Sachgebiet B Abschn. II Nr. 14 des Einigungsvertrags, – abgedruckt vor **1** –).

(2) Wird auf die Prämie ein Gewinnanteil verrechnet und nur der Unterschied zwischen Prämie und Gewinnanteil an den Versicherer gezahlt, so ist dieser Unterschiedsbetrag Versicherungsentgelt. Das gleiche gilt, wenn eine Verrechnung zwischen Prämie und Gewinnanteil nicht möglich ist und die Gutschriftanzeige über den Gewinnanteil dem Versicherungsnehmer mit der Prämienrechnung vorgelegt wird.

§ 3 Bemessungsgrundlage

(1) Bemessungsgrundlage ist

1. bei Feuerversicherungen (§ 1 Abs. 1 Nr. 1) das Versicherungsentgelt,

2. bei Gebäudeversicherungen, bei denen das Versicherungsentgelt teilweise auf Gefahren entfällt, die Gegenstand einer Feuerversicherung sein können (§ 1 Abs. 1 Nr. 2), ein Anteil von 25 vom Hundert des Gesamtbetrages des Versicherungsentgelts als Feueranteil und

3. bei Hausratversicherungen, bei denen das Versicherungsentgelt teilweise auf Gefahren entfällt, die Gegenstand einer Feuerversicherung sein können (§ 1 Abs. 1 Nr. 2), ein Anteil von 20 vom Hundert des Gesamtbetrages des Versicherungsentgelts als Feueranteil.

(2) Die Steuer ist vom Gesamtbetrag der Versicherungsentgelte (Absatz 1 Nr. 1) und der Feueranteile (Absatz 1 Nr. 2 und 3) zu berechnen, die im Anmeldungszeitraum (§ 8 Abs. 2) vereinnahmt worden sind (Isteinnahmen). Wird das Versicherungsentgelt ganz oder zum Teil zurückgezahlt, weil das Versicherungsverhältnis vorzeitig beendet oder das Versicherungsentgelt herabgesetzt worden ist, so mindert sich die Bemessungsgrundlage in den Fällen

1. des § 1 Abs. 1 Nr. 1 um die zurückgezahlten Versicherungsentgelte und

2. des § 1 Abs. 1 Nr. 2 um die auf die Feueranteile (Absatz 1 Nr. 2 und 3) entfallenden zurückgezahlten Entgelte.

(3) Das Finanzamt kann auf Antrag gestatten, daß die Steuer nicht nach den Isteinnahmen, sondern nach den im Anmeldungszeitraum angeforderten Versicherungsentgelten (Absatz 1 Nr. 1) und Feueranteilen (Absatz 1 Nr. 2 und 3) (Solleinnahmen) berechnet wird. Im Falle der Berechnung nach Solleinnahmen ist die auf nicht eingegangene Versicherungsentgelte und Feueranteile bereits entrichtete Steuer bei der Anmeldung in dem Anmeldungszeitraum (§ 8 Abs. 2) abzusetzen, in dem der Versicherer die Versicherung ganz oder teilweise in Abgang gestellt hat.

(4) Das der Steuerberechnung zugrunde zu legende Entgelt darf nicht um die für Rückversicherungen gezahlten Versicherungsentgelte gekürzt werden.

(5) In ausländischer Währung ausgedrückte Beträge sind nach den für die Umsatzsteuer geltenden Vorschriften umzurechnen.

§ 4 Steuersatz

(1) Der Steuersatz beträgt

1. bei öffentlich-rechtlichen Versicherern, wenn das Versicherungsverhältnis auf Grund einer gesetzlichen Pflicht oder eines Versicherungsmonopols entsteht   12 vom Hundert,

2. in den übrigen Fällen   5 vom Hundert.

(2) Hat der Versicherer die Versicherungsteuer in das Versicherungsentgelt eingerechnet, so beträgt der Steuersatz statt 12 vom Hundert 10,909 vom Hundert und statt 5 vom Hundert 4,545 vom Hundert.

§ 5 Steuerschuldner

(1) Steuerschuldner ist der Versicherer.

(2) Hat der Versicherer in keinem Mitgliedstaat der Europäischen Gemeinschaften seine Geschäftsleitung, seinen Sitz, seinen Wohnsitz oder eine Betriebsstätte, ist aber im Geltungsbereich dieses Gesetzes ein Bevollmächtigter zur Entgegennahme des Versicherungsentgelts bestellt, so ist dieser Steuerschuldner; ist kein Bevollmächtigter bestellt, so ist der Versicherungsnehmer Steuerschuldner.

§ 6 Rückversicherung

Nimmt der Versicherer Rückversicherung, so ist er berechtigt, das Versicherungsentgelt, das er an den Rückversicherer zu entrichten hat, um den der Steuer entsprechenden Hundertsatz zu kürzen. Dies gilt auch für den Rückversicherer, der seinerseits Rückversicherung nimmt.

§ 7 Entstehung der Steuer

Die Steuer entsteht mit Ablauf des Monats, in dem das Versicherungsentgelt entgegengenommen (§ 3 Abs. 2), angefordert (§ 3 Abs. 3) oder gezahlt (§ 5 Abs. 3 in Verbindung mit § 8 Abs. 4 Satz 3) worden ist.

§ 8 Anmeldung, Fälligkeit

(1) Der Versicherer (§ 5 Abs. 1) oder der Bevollmächtigte (§ 5 Abs. 2) hat spätestens am fünfzehnten Tag nach Ablauf eines jeden Anmeldungszeitraums (Absatz 2)

1. eine Steuererklärung nach amtlich vorgeschriebenem Vordruck abzugeben, in der er die im Anmeldungszeitraum entstandene Steuer selbst zu berechnen hat (Steueranmeldung), und

2. die im Anmeldungszeitraum entstandene Steuer zu entrichten.

(2) Anmeldungszeitraum ist grundsätzlich der Kalendermonat. Hat die Steuer für das vorangegangene Kalenderjahr insgesamt nicht mehr als 2400 Deutsche Mark betragen, so ist Anmeldungszeitraum das Kalendervierteljahr.

(3) Gibt der Versicherer oder der Bevollmächtigte bis zum Ablauf der Anmeldungsfrist die Steueranmeldung nicht ab, setzt das Finanzamt die Steuer fest. Als Zeitpunkt ihrer Fälligkeit gilt der fünfzehnte Tag nach Ablauf des Anmeldungszeitraums.

(4) Ist der Versicherungsnehmer Steuerschuldner (§ 5 Abs. 2), so hat er den Abschluß der Versicherung dem Finanzamt unverzüglich anzuzeigen. Die gleiche Pflicht hat auch der Vermittler, der den Abschluß einer solchen Versicherung vermittelt hat, wenn er seine Geschäftsleitung, seinen Sitz oder seinen Wohnsitz im Geltungsbereich dieses Gesetzes hat. Der Versicherungsnehmer hat spätestens am fünfzehnten Tag nach Ablauf des Monats, in dem das Versicherungsentgelt gezahlt worden ist, eine Steueranmeldung abzugeben und die selbstberechnete Steuer zu entrichten.

§ 9 Aufzeichnungspflichten und Außenprüfung

(1) Der Versicherer (§ 5 Abs. 1) oder der Bevollmächtigte (§ 5 Abs. 2) ist verpflichtet, zur Feststellung der Steuer und der Grundlagen ihrer Berechnung Aufzeichnungen zu führen. Diese müssen alle Angaben enthalten, die für die Besteuerung von Bedeutung sind, insbesondere

1. den Namen und die Anschrift des Versicherungsnehmers,

2. die Nummer des Versicherungsscheins,

3. die Versicherungssumme,

4. das Versicherungsentgelt,

5. den Steuerbetrag.

Ist das im Geltungsbereich dieses Gesetzes belegene Risiko von einem nicht in dessen Geltungsbereich niedergelassenen Versicherer gedeckt, so hat dieser dem Bundesamt für Finanzen auf Anforderung ein vollständiges Verzeichnis der sich auf diese Risiken beziehenden Versicherungsverhältnisse mit den in Satz 2 genannten Angaben zu übermitteln. Diese Verpflichtung besteht auch dann, wenn der Versicherer die Voraussetzungen für die Steuerpflicht oder für die Steuerentrichtung nicht für gegeben hält.

(2) Bei Personen und Personenvereinigungen, die Versicherungen vermitteln oder ermächtigt sind, für einen Versicherer Zahlungen entgegenzunehmen, ist zur Ermittlung oder Aufklärung von Vorgängen, die nach diesem Gesetz der Steuer unterliegen, eine Außenprüfung (§§ 193 bis 203 der Abgabenordnung) auch insoweit zulässig, als sie der Feststellung der steuerlichen Verhältnisse anderer Personen dient, die als Versicherungsnehmer nach § 5 Abs. 2 zur Entrichtung der Steuer verpflichtet sind.

(3) Eine Außenprüfung ist auch bei Personen und Personenvereinigungen zulässig, die eine Versicherung im Sinne des § 1 Abs. 2 vereinbart haben.

(4) Steuerbeträge, die auf Grund einer Außenprüfung nachzuentrichten oder zu erstatten sind, sind zusammen mit der Steuer für den laufenden Anmeldungszeitraum festzusetzen.

§ 10 Zuständigkeit

(1) Örtlich zuständig ist das Finanzamt, in dessen Bezirk der Versicherer seine Geschäftsleitung, seinen Sitz, seinen Wohnsitz oder eine Betriebstätte – bei mehreren Betriebstätten die wirtschaftlich bedeutendste – hat. Hat der Versicherer weder Geschäftsleitung, Sitz, Wohnsitz oder Betriebsstätte im Geltungsbereich dieses Gesetzes, so bestimmt das Bundesamt für Finanzen das zuständige Finanzamt gemäß § 5 Abs. 1 Nr. 7 des Finanzverwaltungsgesetzes.

(2) Im Falle des § 5 Abs. 2 ist das Finanzamt zuständig, in dessen Bezirk der Bevollmächtigte seine Geschäftsleitung, seinen Sitz oder seinen Wohnsitz hat.

(3) Ist der Versicherungsnehmer Steuerschuldner (§ 5 Abs. 2), so ist das Finanzamt zuständig, in dessen Bezirk der Versicherungsnehmer seinen Wohnsitz oder seinen gewöhnlichen Aufenthalt, seine Geschäftsleitung oder seinen Sitz hat. Dieses Finanzamt ist auch für die Entgegennahme der Anzeigen eines Vermittlers (§ 8 Abs. 4 Satz 2) zuständig.

(4) In den Fällen, in denen die Zuständigkeit sich nicht aus den Absätzen 1 bis 3 ergibt, ist das Finanzamt zuständig, in dessen Bezirk die versicherten Gegenstände (§ 1 Abs. 1 Satz 1) belegen sind. Trifft dies für mehrere Finanzämter zu, so ist örtlich zuständig das Finanzamt, in dessen Bezirk sich der wertvollste Teil des versicherten Gegenstands oder der versicherten Gegenstände befindet.

(5) Für das in Artikel 3 des Einigungsvertrages[1] genannte Gebiet bleibt das Finanzamt für Körperschaften in dem Teil des Landes Berlin, in dem das Grundgesetz bisher nicht galt, bis zum 31. Dezember 1993 örtlich zuständig.

§ 11 Zerlegung des Aufkommens

(1) Bei Versicherern, deren Wirkungskreis auf ein Land beschränkt ist, steht die Steuer dem Land zu, in dessen Gebiet der Wirkungskreis des Versicherers fällt. Bei den anderen Versicherern wird die Steuer nach den Absätzen 2 und 3 zerlegt.

(2) Bei öffentlich-rechtlichen Versicherern, deren Wirkungskreis sich über das Gebiet mehrerer Länder erstreckt, wird die Steuer nach der Belegenheit der versicherten Gegenstände auf die beteiligten Länder zerlegt. Die Zerlegung ist von der obersten Finanzbehörde des Landes, in dem der

---

[1] Auszugsweise abgedruckt vor **1**.

Versicherer seinen Sitz hat, im Einvernehmen mit den obersten Finanzbehörden der beteiligten Länder durchzuführen. Dabei sind unter Berücksichtigung der jeweiligen Vorjahresergebnisse Abschlagszahlungen festzulegen, die am 15. März, 15. Juni, 15. September und 15. Dezember jedes Jahres zu leisten sind.

(3) Für die Zwecke der Zerlegung der von den übrigen Versicherern entrichteten Feuerschutzsteuer ist vom Gesamtaufkommen der Feuerschutzsteuer der in diesem Absatz bezeichneten Länder auszugehen. Es ist um die Beträge zu mindern, die sich bei öffentlich-rechtlichen Versicherern im Sinne des § 4 Abs. 1 Nr. 1 durch den höheren Steuersatz ergeben (bereinigtes Gesamtaufkommen). Das bereinigte Gesamtaufkommen ist im Kalenderjahr 1992 um 16 Millionen Deutsche Mark und im Kalenderjahr 1993 um 26 Millionen Deutsche Mark zu mindern; diese Minderungsbeträge sind durch die Finanzbehörde der Freien und Hansestadt Hamburg an das in § 10 Abs. 5 genannte Finanzamt zu leisten und bei der Zerlegung nach Absatz 4 als Aufkommen zu berücksichtigen. Auf die einzelnen Länder entfallen nachstehende Anteile am insgesamt bereinigten Gesamtaufkommen:

Baden-Württemberg	15,33 v. H.
Bayern	18,60 v. H.
früheres Berlin (West)	3,26 v. H.
Bremen	1,19 v. H.
Hamburg	3,25 v. H.
Hessen	9,06 v. H.
Niedersachsen	12,32 v. H.
Nordrhein-Westfalen	25,08 v. H.
Rheinland-Pfalz	5,95 v. H.
Saarland	1,66 v. H.
Schleswig-Holstein	4,30 v. H.

Die nach Satz 4 ermittelten Beträge sind um das den einzelnen Ländern zustehende Aufkommen nach den Absätzen 1 und 2 zu kürzen; Satz 2 gilt entsprechend. Die Zerlegung wird von der Finanzbehörde der Freien und Hansestadt Hamburg durchgeführt. Absatz 2 letzter Satz ist entsprechend anzuwenden.

(4) Die an das in § 10 Abs. 5 genannte Finanzamt abzuführende Feuerschutzsteuer steht bis zum 31. Dezember 1993 den in Artikel 1 Abs. 1 des Einigungsvertrages[1] genannten Ländern und dem Land Berlin für den Teil, in dem das Grundgesetz bisher nicht galt, zu. Aus dem Aufkommen entfallen auf:

---

[1] Auszugsweise abgedruckt vor **1**.

früheres Berlin (Ost)	6,6 v. H.
Mecklenburg-Vorpommern	8,7 v. H.
Brandenburg	19,7 v. H.
Sachsen	31,2 v. H.
Sachsen-Anhalt	18,8 v. H.
Thüringen	15,0 v. H.

Die Zerlegung wird vom Finanzamt für Körperschaften in dem Teil des Landes Berlin, in dem das Grundgesetz bisher nicht galt, durchgeführt.

§ 12 Mitteilungspflicht

(1) Die mit der Aufsicht über die Versicherungsunternehmen betrauten Behörden teilen dem Finanzamt die zu ihrer Kenntnis gelangenden Versicherer mit.

(2) Das Registergericht teilt Eintragungen von Vereinen oder Genossenschaften, die sich mit dem Abschluß von Versicherungen befassen, dem Finanzamt mit; das gilt auch dann, wenn die Vereine oder Genossenschaften ihre Leistungen als Unterstützungen ohne Rechtsanspruch bezeichnen.

§ 12a *(aufgehoben)*

§ 13 Berlin-Klausel

(gegenstandslos)

§ 14 Inkrafttreten

(1) Dieses Gesetz tritt am 1. Januar 1980 in Kraft.

(2) Zum gleichen Zeitpunkt treten die folgenden landesrechtlichen Vorschriften außer Kraft:

1. in Baden-Württemberg
   a) das Feuerschutzsteuergesetz vom 1. Februar 1939 (RGBl. I S. 113),
   b) die Durchführungsbestimmungen zum Feuerschutzsteuergesetz vom 1. Februar 1939 (RGBl. I S. 116), geändert
      1. durch die Verordnung des Finanzministeriums über die Änderung der Durchführungsbestimmungen zum Feuerschutzsteuergesetz vom 27. September 1950 (Regierungsblatt für das Land Württemberg-Hohenzollern S. 299) und
      2. durch die Verordnung Nr. 1086 der Landesregierung über die Änderung der Durchführungsbestimmungen zum Feuerschutzsteuergesetz vom 25. April 1950 (Regierungsblatt der Regierung Württemberg-Baden S. 52);

2. in Bayern
   a) das Feuerschutzsteuergesetz in der in der bereinigten Sammlung des bayerischen Landesrechts, Ergänzungsband S. 128 Nr. 53, veröffentlichten bereinigten Fassung,
   b) die Durchführungsbestimmungen zum Feuerschutzsteuergesetz in der in der bereinigten Sammlung des bayerischen Landesrechts, Ergänzungsband S. 129 Nr. 54, veröffentlichten bereinigten Fassung;

3. in Berlin
   a) das Feuerschutzsteuergesetz in der im Gesetz- und Verordnungsblatt für Berlin, Sonderband III, Gliederungsnummer 6110-4, veröffentlichten bereinigten Fassung,
   b) die Durchführungsbestimmungen zum Feuerschutzsteuergesetz in der im Gesetz- und Verordnungsblatt für Berlin, Sonderband III, Gliederungsnummer 6110-4-1, veröffentlichten bereinigten Fassung;

4. in Bremen
   a) das Feuerschutzsteuergesetz in der in der Sammlung des bremischen Rechts (früheres Reichsrecht), Gliederungsnummer 61-e-1, veröffentlichten bereinigten Fassung,
   b) die Durchführungsbestimmungen zum Feuerschutzsteuergesetz in der in der Sammlung des bremischen Rechts (früheres Reichsrecht), Gliederungsnummer 61-e-2, veröffentlichten bereinigten Fassung;

5. in Hamburg
   a) das Feuerschutzsteuergesetz in der in der Sammlung des bereinigten hamburgischen Landesrechts II, Gliederungsnummer 61-p, veröffentlichten bereinigten Fassung,
   b) die Durchführungsbestimmungen zum Feuerschutzsteuergesetz in der in der Sammlung des bereinigten hamburgischen Landesrechts II, Gliederungsnummer 61-p, veröffentlichten bereinigten Fassung;

6. in Hessen
   a) das Feuerschutzsteuergesetz vom 1. Februar 1939 (RGBl. I S. 113), geändert durch das Gesetz zur Bereinigung des Landesrechts aus Reichsverkündungsblättern vom 31. Oktober 1972 (Gesetz- und Verordnungsblatt für das Land Hessen, Teil I S. 349),
   b) die Durchführungsbestimmungen zum Feuerschutzsteuergesetz vom 1. Februar 1939 (RGBl. I S. 116), zuletzt geändert durch das Gesetz zur Bereinigung des Landesrechts aus Reichsverkündungsblättern vom 31. Oktober 1972 (Gesetz- und Verordnungsblatt für das Land Hessen, Teil I S. 349);

7. in Niedersachsen
   a) das Feuerschutzsteuergesetz in der im Niedersächsischen Gesetz- und Verordnungsblatt – Sonderband II S. 489, Gliederungsnummer 61111, veröffentlichten bereinigten Fassung,

b) die Durchführungsbestimmungen zum Feuerschutzsteuergesetz in
  der im Niedersächsischen Gesetz- und Verordnungsblatt – Sonderband II S. 489, Gliederungsnummer 61111, veröffentlichten bereinigten Fassung;

8. in Nordrhein-Westfalen
  a) das Feuerschutzsteuergesetz in der in der Sammlung des als Landes-
    recht fortgeltenden ehemaligen Reichsrechts – RGS. NW. S. 85 –
    veröffentlichten bereinigten Fassung,
  b) die Durchführungsbestimmungen zum Feuerschutzsteuergesetz in
    der in der Sammlung des als Landesrecht fortgeltenden ehemaligen
    Reichsrechts – RGS. NW. S. 85 – veröffentlichten bereinigten Fas-
    sung;

9. in Rheinland-Pfalz
  a) das Feuerschutzsteuergesetz in der Fassung der Bekanntmachung
    vom 18. August 1972 (Gesetz- und Verordnungsblatt für das Land
    Rheinland-Pfalz, Sondernummer Reichsrecht, S. 142),
  b) die Durchführungsbestimmungen zum Feuerschutzsteuergesetz in
    der Fassung der Bekanntmachung vom 18. August 1972 (Gesetz-
    und Verordnungsblatt für das Land Rheinland-Pfalz, Sondernum-
    mer Reichsrecht, S. 143);

10. im Saarland
  a) das Feuerschutzsteuergesetz vom 1. Februar 1939 (RGBl. I S. 113),
    zuletzt geändert durch das Gesetz Nr. 1059 vom 28. März 1977
    (Amtsblatt des Saarlandes, S. 378),
  b) die Durchführungsbestimmungen zum Feuerschutzsteuergesetz
    vom 1. Februar 1939 (RGBl. I S. 116), geändert durch das Gesetz
    Nr. 681 vom 3. Juli 1959 (Amtsblatt des Saarlandes, S. 1089);

11. in Schleswig-Holstein
  a) das Feuerschutzsteuergesetz in der in der Sammlung des schleswig-
    holsteinischen Landesrechts (GS Schl.-H. II), Gliederungsnummer
    611-2, veröffentlichten bereinigten Fassung,
  b) die Durchführungsbestimmungen zum Feuerschutzsteuergesetz in
    der in der Sammlung des schleswig-holsteinischen Landesrechts (GS
    Schl.-H. II), Gliederungsnummer 611-2-1, veröffentlichten berei-
    nigten Fassung.

7. Grunderwerbsteuergesetz (GrEStG 1983)*

Vom 17. Dezember 1982

(BGBl. I S. 1777; BStBl. I S. 955)
Zuletzt geändert durch Steueränderungsgesetz 1992 vom 25. Februar 1992 (BGBl. I S. 297)

BGBl. III 610–6–10

Inhaltsübersicht

---

* **Das Gesetz tritt im Gebiet der ehem. DDR am 1. 1. 1991 in Kraft** (vgl. Anl. I Kap. IV Sachgebiet B Abschn. II Nr. 14 des Einigungsvertrags, – abgedruckt vor **1** –).

243

Erster Abschnitt. Gegenstand der Steuer

§ 1 Erwerbsvorgänge

(1) Der Grunderwerbsteuer unterliegen die folgenden Rechtsvorgänge, soweit sie sich auf inländische Grundstücke beziehen:

1. ein Kaufvertrag oder ein anderes Rechtsgeschäft, das den Anspruch auf Übereignung begründet;

2. die Auflassung, wenn kein Rechtsgeschäft vorausgegangen ist, das den Anspruch auf Übereignung begründet;

3. der Übergang des Eigentums, wenn kein den Anspruch auf Übereignung begründendes Rechtsgeschäft vorausgegangen ist und es auch keiner Auflassung bedarf. Ausgenommen sind
   a) der Übergang des Eigentums durch die Abfindung in Land und die unentgeltliche Zuteilung von Land für gemeinschaftliche Anlagen im Flurbereinigungsverfahren sowie durch die entsprechenden Rechtsvorgänge im beschleunigten Zusammenlegungsverfahren und im Landtauschverfahren nach dem Flurbereinigungsgesetz in seiner jeweils geltenden Fassung,
   b) der Übergang des Eigentums im Umlegungsverfahren nach dem Bundesbaugesetz in seiner jeweils geltenden Fassung, wenn der neue Eigentümer in diesem Verfahren als Eigentümer eines im Umlegungsgebiet gelegenen Grundstücks Beteiligter ist,
   c) der Übergang des Eigentums im Zwangsversteigerungsverfahren;

4. das Meistgebot im Zwangsversteigerungsverfahren;

5. ein Rechtsgeschäft, das den Anspruch auf Abtretung eines Übereignungsanspruchs oder der Rechte aus einem Meistgebot begründet;

6. ein Rechtsgeschäft, das den Anspruch auf Abtretung der Rechte aus einem Kaufangebot begründet. Dem Kaufangebot steht ein Angebot zum Abschluß eines anderen Vertrags gleich, kraft dessen die Übereignung verlangt werden kann;

7. die Abtretung eines der in den Nummern 5 und 6 bezeichneten Rechte, wenn kein Rechtsgeschäft vorausgegangen ist, das den Anspruch auf Abtretung der Rechte begründet.

(2) Der Grunderwerbsteuer unterliegen auch Rechtsvorgänge, die es ohne Begründung eines Anspruchs auf Übereignung einem anderen rechtlich oder wirtschaftlich ermöglichen, ein inländisches Grundstück auf eigene Rechnung zu verwerten.

(3) Gehört zum Vermögen einer Gesellschaft ein inländisches Grundstück, so unterliegen der Steuer außerdem:

1. ein Rechtsgeschäft, das den Anspruch auf Übertragung eines oder mehrerer Anteile der Gesellschaft begründet, wenn durch die Übertragung alle Anteile der Gesellschaft in der Hand des Erwerbers oder in der Hand von herrschenden und abhängigen Unternehmen oder abhängigen Personen oder in der Hand von abhängigen Unternehmen oder abhängigen Personen allein vereinigt werden würden;

2. die Vereinigung aller Anteile der Gesellschaft, wenn kein schuldrechtliches Geschäft im Sinne der Nummer 1 vorausgegangen ist;

3. ein Rechtsgeschäft, das den Anspruch auf Übertragung aller Anteile der Gesellschaft begründet;

4. der Übergang aller Anteile der Gesellschaft auf einen anderen, wenn kein schuldrechtliches Geschäft im Sinne der Nummer 3 vorausgegangen ist.

(4) Im Sinne des Absatzes 3 gelten

1. als Gesellschaften auch die bergrechtlichen Gewerkschaften und

2. als abhängig
   a) natürliche Personen, soweit sie einzeln oder zusammengeschlossen einem Unternehmen so eingegliedert sind, daß sie den Weisungen des Unternehmers in bezug auf die Anteile zu folgen verpflichtet sind;
   b) juristische Personen, die nach dem Gesamtbild der tatsächlichen Verhältnisse finanziell, wirtschaftlich und organisatorisch in ein Unternehmen eingegliedert sind.

(5) Bei einem Tauschvertrag, der für beide Vertragsteile den Anspruch auf Übereignung eines Grundstücks begründet, unterliegt der Steuer sowohl die Vereinbarung über die Leistung des einen als auch die Vereinbarung über die Leistung des anderen Vertragsteils.

(6) Ein in den Absätzen 1, 2 oder 3 bezeichneter Rechtsvorgang unterliegt der Steuer auch dann, wenn ihm ein in einem anderen dieser Absätze

bezeichneter Rechtsvorgang vorausgegangen ist. Die Steuer wird jedoch nur insoweit erhoben, als die Bemessungsgrundlage für den späteren Rechtsvorgang den Betrag übersteigt, von dem beim vorausgegangenen Rechtsvorgang die Steuer berechnet worden ist.

(7) Erwirbt ein Erbbauberechtigter das mit dem Erbbaurecht belastete Grundstück, so wird die Steuer nur insoweit erhoben, als die Bemessungsgrundlage für den Erwerb des Grundstücks den Betrag übersteigt, von dem für die Begründung oder den Erwerb des Erbbaurechts, soweit er auf das unbebaute Grundstück entfällt, die Steuer berechnet worden ist.

§ 2 Grundstücke

(1) Unter Grundstücken im Sinne dieses Gesetzes sind Grundstücke im Sinne des bürgerlichen Rechts zu verstehen. Jedoch werden nicht zu den Grundstücken gerechnet:

1. Maschinen und sonstige Vorrichtungen aller Art, die zu einer Betriebsanlage gehören,
2. Mineralgewinnungsrechte und sonstige Gewerbeberechtigungen.

(2) Den Grundstücken stehen gleich

1. Erbbaurechte,
2. Gebäude auf fremdem Boden,
3. dinglich gesicherte Sondernutzungsrechte im Sinne des § 15 des Wohnungseigentumsgesetzes und des § 1010 des Bürgerlichen Gesetzbuches.

(3) Bezieht sich ein Rechtsvorgang auf mehrere Grundstücke, die zu einer wirtschaftlichen Einheit gehören, so werden diese Grundstücke als ein Grundstück behandelt. Bezieht sich ein Rechtsvorgang auf einen oder mehrere Teile eines Grundstücks, so werden diese Teile als ein Grundstück behandelt.

Zweiter Abschnitt. Steuervergünstigungen

§ 3 Allgemeine Ausnahmen von der Besteuerung

Von der Besteuerung sind ausgenommen:

1. der Erwerb eines Grundstücks, wenn der für die Berechnung der Steuer maßgebende Wert (§ 8) 5000 Deutsche Mark nicht übersteigt;
2. der Grundstückserwerb von Todes wegen und Grundstücksschenkungen unter Lebenden im Sinne des Erbschaftsteuer- und Schenkungsteuergesetzes, Schenkungen unter einer Auflage sind nur insoweit von der Besteuerung ausgenommen, als der Wert des Grundstücks (§ 10) den Wert der Auflage übersteigt;
3. der Erwerb eines zum Nachlaß gehörigen Grundstücks durch Miterben zur Teilung des Nachlasses. Den Miterben steht der überlebende Ehe-

gatte gleich, wenn er mit den Erben des verstorbenen Ehegatten güter-
gemeinschaftliches Vermögen zu teilen hat oder wenn ihm in Anrechnung auf eine Ausgleichsforderung am Zugewinn des verstorbenen
Ehegatten ein zum Nachlaß gehöriges Grundstück übertragen wird.
Den Miterben stehen außerdem ihre Ehegatten gleich;

4. der Grundstückserwerb durch den Ehegatten des Veräußerers;

5. der Grundstückserwerb durch den früheren Ehegatten des Veräußerers
im Rahmen der Vermögensauseinandersetzung nach der Scheidung;

6. der Erwerb eines Grundstücks durch den Ehegatten des Veräußerers;

5. der Grundstückserwerb durch den früheren Ehegatten des Veräußerers
im Rahmen der Vermögensauseinandersetzung nach der Scheidung;

6. der Erwerb eines Grundstücks durch Personen, die mit dem Veräußerer
in gerader Linie verwandt sind. Den Abkömmlingen stehen die Stiefkinder gleich. Den Verwandten in gerader Linie sowie den Stiefkindern
stehen deren Ehegatten gleich;

7. der Erwerb eines zum Gesamtgut gehörigen Grundstücks durch Teil-
nehmer an einer fortgesetzten Gütergemeinschaft zur Teilung des Ge-
samtguts. Den Teilnehmern an der fortgesetzten Gütergemeinschaft stehen ihre Ehegatten gleich;

8. der Rückerwerb eines Grundstücks durch den Treugeber bei Auflösung
des Treuhandverhältnisses. Voraussetzung ist, daß für den Rechtsvor-
gang, durch den der Treuhänder den Anspruch auf Übereignung des
Grundstücks oder das Eigentum an dem Grundstück erlangt hatte, die
Steuer entrichtet worden ist. Die Anwendung der Vorschrift des § 16
Abs. 2 bleibt unberührt.

§ 4 Besondere Ausnahmen von der Besteuerung

Von der Besteuerung sind ausgenommen:

1. der Erwerb eines Grundstücks durch eine Körperschaft des öffentlichen
Rechts, wenn das Grundstück aus Anlaß des Übergangs von Aufgaben
oder aus Anlaß von Grenzänderungen von der einen auf die andere
Körperschaft übergeht;

2. der Erwerb eines Grundstücks durch einen ausländischen Staat, wenn
das Grundstück für die Zwecke von Botschaften, Gesandtschaften oder
Konsulaten dieses Staates bestimmt ist und Gegenseitigkeit gewährt
wird;

3. der Erwerb eines Grundstücks durch einen ausländischen Staat oder eine
ausländische kulturelle Einrichtung, wenn das Grundstück für kulturelle
Zwecke bestimmt ist und Gegenseitigkeit gewährt wird;

4. der Erwerb eines Grundstücks durch eine Kapitalgesellschaft, wenn das
Grundstück vor dem 1. Januar 1993 nach den Vorschriften des Gesetzes

über die Spaltung der von der Treuhandanstalt verwalteten Unternehmen vom 5. April 1991 (BGBl. I S. 854) auf die Kapitalgesellschaft übergeht;

5. der Erwerb eines Grundstücks, das nach Artikel 22 Abs. 4 des Einigungsvertrages in das Eigentum einer Kommune übergegangen ist, wenn der Erwerb vor dem 1. Januar 1993 durch eine Wohnungsgesellschaft erfolgt, deren Anteile ausschließlich den übertragenden Kommunen gehören;

6. der Erwerb eines Grundstücks durch den Bund, ein Land, eine Gemeinde oder einen Gemeindeverband, wenn das Grundstück vor dem 1. Januar 1994 im Rahmen der Zuordnung des Verwaltungs- oder Finanzvermögens nach den Vorschriften der Artikel 21 und 22 des Einigungsvertrages übertragen wird.

§ 5 Übergang auf eine Gesamthand

(1) Geht ein Grundstück von mehreren Miteigentümern auf eine Gesamthand (Gemeinschaft zur gesamten Hand) über, so wird die Steuer nicht erhoben, soweit der Anteil des einzelnen am Vermögen der Gesamthand Beteiligten seinem Bruchteil am Grundstück entspricht.

(2) Geht ein Grundstück von einem Alleineigentümer auf eine Gesamthand über, so wird die Steuer in Höhe des Anteils nicht erhoben, zu dem der Veräußerer am Vermögen der Gesamthand beteiligt ist.

§ 6 Übergang von einer Gesamthand

(1) Geht ein Grundstück von einer Gesamthand in das Miteigentum mehrerer an der Gesamthand beteiligter Personen über, so wird die Steuer nicht erhoben, soweit der Bruchteil, den der einzelne Erwerber erhält, dem Anteil entspricht, zu dem er am Vermögen der Gesamthand beteiligt ist. Wird ein Grundstück bei der Auflösung der Gesamthand übertragen, so ist die Auseinandersetzungsquote maßgebend, wenn die Beteiligten für den Fall der Auflösung der Gesamthand eine vom Beteiligungsverhältnis abweichende Auseinandersetzungsquote vereinbart haben.

(2) Geht ein Grundstück von einer Gesamthand in das Alleineigentum einer an der Gesamthand beteiligten Person über, so wird die Steuer in Höhe des Anteils nicht erhoben, zu dem der Erwerber am Vermögen der Gesamthand beteiligt ist. Geht ein Grundstück bei der Auflösung der Gesamthand in das Alleineigentum eines Gesamthänders über, so gilt Absatz 1 Satz 2 entsprechend.

(3) Die Vorschriften des Absatzes 1 gelten entsprechend beim Übergang eines Grundstücks von einer Gesamthand auf eine andere Gesamthand.

(4) Die Vorschriften der Absätze 1 bis 3 gelten insoweit nicht, als ein Gesamthänder – im Fall der Erbfolge sein Rechtsvorgänger – innerhalb von fünf Jahren vor dem Erwerbsvorgang seinen Anteil an der Gesamthand

durch Rechtsgeschäft unter Lebenden erworben hat. Die Vorschriften der Absätze 1 bis 3 gelten außerdem insoweit nicht, als die vom Beteiligungsverhältnis abweichende Auseinandersetzungsquote innerhalb der letzten fünf Jahre vor der Auflösung der Gesamthand vereinbart worden ist.

§ 7 Umwandlung von gemeinschaftlichem Eigentum in Flächeneigentum

(1) Wird ein Grundstück, das mehreren Miteigentümern gehört, von den Miteigentümern flächenweise geteilt, so wird die Steuer nicht erhoben, soweit der Wert des Teilgrundstücks, das der einzelne Erwerber erhält, dem Bruchteil entspricht, zu dem er am gesamten zu verteilenden Grundstück beteiligt ist.

(2) Wird ein Grundstück, das einer Gesamthand gehört, von den an der Gesamthand beteiligten Personen flächenweise geteilt, so wird die Steuer nicht erhoben, soweit der Wert des Teilgrundstücks, das der einzelne Erwerber erhält, dem Anteil entspricht, zu dem er am Vermögen der Gesamthand beteiligt ist. Wird ein Grundstück bei der Auflösung der Gesamthand flächenweise geteilt, so ist die Auseinandersetzungsquote maßgebend, wenn die Beteiligten für den Fall der Auflösung der Gesamthand eine vom Beteiligungsverhältnis abweichende Auseinandersetzungsquote vereinbart haben.

(3) Die Vorschriften des Absatzes 2 gelten insoweit nicht, als ein Gesamthänder – im Fall der Erbfolge sein Rechtsvorgänger – seinen Anteil an der Gesamthand innerhalb von fünf Jahren vor der Umwandlung durch Rechtsgeschäft unter Lebenden erworben hat. Die Vorschrift des Absatzes 2 Satz 2 gilt außerdem insoweit nicht, als die vom Beteiligungsverhältnis abweichende Auseinandersetzungsquote innerhalb der letzten fünf Jahre vor der Auflösung der Gesamthand vereinbart worden ist.

Dritter Abschnitt. Bemessungsgrundlage

§ 8 Grundsatz

(1) Die Steuer bemißt sich nach dem Wert der Gegenleistung.

(2) Die Steuer wird nach dem Wert des Grundstücks bemessen:

1. wenn eine Gegenleistung nicht vorhanden oder nicht zu ermitteln ist;
2. in den Fällen des § 1 Abs. 3.

§ 9 Gegenleistung

(1) Als Gegenleistung gelten

1. bei einem Kauf:
   der Kaufpreis einschließlich der vom Käufer übernommenen sonstigen Leistungen und der dem Verkäufer vorbehaltenen Nutzungen;

2. bei einem Tausch:
   die Tauschleistung des anderen Vertragsteils einschließlich einer vereinbarten zusätzlichen Leistung;

3. bei einer Leistung an Erfüllungs Statt:
   der Wert, zu dem die Leistung an Erfüllungs Statt angenommen wird;

4. beim Meistgebot im Zwangsversteigerungsverfahren:
   das Meistgebot einschließlich der Rechte, die nach den Versteigerungsbedingungen bestehen bleiben;

5. bei der Abtretung der Rechte aus dem Meistgebot:
   die Übernahme der Verpflichtung aus dem Meistgebot. Zusätzliche Leistungen, zu denen sich der Erwerber gegenüber dem Meistbietenden verpflichtet, sind dem Meistgebot hinzuzurechnen. Leistungen, die der Meistbietende dem Erwerber gegenüber übernimmt, sind abzusetzen;

6. bei der Abtretung des Übereignungsanspruchs:
   die Übernahme der Verpflichtung aus dem Rechtsgeschäft, das den Übereignungsanspruch begründet hat, einschließlich der besonderen Leistungen, zu denen sich der Übernehmer dem Abtretenden gegenüber verpflichtet. Leistungen, die der Abtretende dem Übernehmer gegenüber übernimmt, sind abzusetzen;

7. bei der Enteignung:
   die Entschädigung. Wird ein Grundstück enteignet, das zusammen mit anderen Grundstücken eine wirtschaftliche Einheit bildet, so gehört die besondere Entschädigung für eine Wertminderung der nicht enteigneten Grundstücke nicht zur Gegenleistung; dies gilt auch dann, wenn ein Grundstück zur Vermeidung der Enteignung freiwillig veräußert wird.

(2) Zur Gegenleistung gehören auch

1. Leistungen, die der Erwerber des Grundstücks dem Veräußerer neben der beim Erwerbsvorgang vereinbarten Gegenleistung zusätzlich gewährt;

2. die Belastungen, die auf dem Grundstück ruhen, soweit sie auf den Erwerber kraft Gesetzes übergehen. Zur Gegenleistung gehören jedoch nicht die auf dem Grundstück ruhenden dauernden Lasten. Der Erbbauzins gilt nicht als dauernde Last;

3. Leistungen, die der Erwerber des Grundstücks anderen Personen als dem Veräußerer als Gegenleistung dafür gewährt, daß sie auf den Erwerb des Grundstücks verzichten;

4. Leistungen, die ein anderer als der Erwerber des Grundstücks dem Veräußerer als Gegenleistung dafür gewährt, daß der Veräußerer dem Erwerber das Grundstück überläßt.

(3) Die Grunderwerbsteuer, die für den zu besteuernden Erwerbsvorgang zu entrichten ist, wird der Gegenleistung weder hinzugerechnet noch von ihr abgezogen.

§ 10 Wert des Grundstücks

(1) Als Wert des Grundstücks ist der Einheitswert anzusetzen, wenn das Grundstück, das Gegenstand des Erwerbsvorgangs ist, eine wirtschaftliche Einheit (Untereinheit) im Sinne des Bewertungsgesetzes bildet. Maßgebend ist der Einheitswert, der nach den Vorschriften des Bewertungsgesetzes auf den dem Erwerbsvorgang unmittelbar vorausgegangenen Feststellungszeitpunkt festgestellt ist.

(2) Bildet das Grundstück, das Gegenstand des Erwerbsvorgangs ist, einen Teil einer wirtschaftlichen Einheit (Untereinheit), für die ein Einheitswert festgestellt ist, so ist als Wert der auf das Grundstück entfallende Teilbetrag des Einheitswerts anzusetzen. Der Teilbetrag ist nach den gleichen Grundsätzen des Bewertungsgesetzes zu ermitteln, nach denen der Einheitswert der wirtschaftlichen Einheit (Untereinheit) festgestellt worden ist.

(3) Weicht in den Fällen der Absätze 1 und 2 der Wert der wirtschaftlichen Einheit (Untereinheit) im Zeitpunkt des Erwerbsvorgangs (Stichtag) vom Einheitswert des letzten Feststellungszeitpunkts ab und erreicht die Wertabweichung die jeweils maßgebenden Wertgrenzen für die Fortschreibung von Einheitswerten nach dem Bewertungsgesetz, so ist der Wert am Stichtag als Wert des Grundstücks anzusetzen, in den Fällen des Absatzes 2 aber nur dann, wenn sich die Wertabweichung auch auf den Teil der wirtschaftlichen Einheit erstreckt, der Gegenstand des Erwerbsvorgangs ist. Der Stichtagwert ist unter sinngemäßer Anwendung der Grundsätze des Zweiten Teils des Bewertungsgesetzes zu ermitteln.

(4) Ist für den letzten dem Erwerbsvorgang vorausgegangenen Hauptfeststellungszeitpunkt oder einen späteren Zeitpunkt weder für das Grundstück, das Gegenstand des Erwerbsvorgangs ist, noch für die wirtschaftliche Einheit, zu der das Grundstück gehört, ein Einheitswert festzustellen, so ist der Wert zur Zeit des Erwerbsvorgangs (Stichtagwert) als Wert des Grundstücks anzusetzen. Der Wert ist nach den Wertverhältnissen vom Stichtag unter sinngemäßer Anwendung der Grundsätze des Zweiten Teils des Bewertungsgesetzes zu ermitteln.

(5) Befindet sich das Grundstück, das Gegenstand des Erwerbsvorgangs ist, im Zeitpunkt des Erwerbsvorgangs im Zustand der Bebauung, so gilt bei der Anwendung der Absätze 1 bis 4 die Vorschrift des § 91 Abs. 2 des Bewertungsgesetzes entsprechend.

(6) Für Betriebe der Land- und Forstwirtschaft in dem in Artikel 3 des Einigungsvertrages[1] genannten Gebiet tritt an die Stelle des Einheitswerts jeweils der Ersatzwirtschaftswert (§ 125 des Bewertungsgesetzes).

---

[1] Auszugsweise abgedruckt vor **1**.

Vierter Abschnitt. Steuerberechnung

§ 11 Steuersatz, Abrundung

(1) Die Steuer beträgt 2 vom Hundert.

(2) Die Steuer ist auf volle Deutsche Mark nach unten abzurunden.

§ 12 Pauschbesteuerung

Das Finanzamt kann im Einvernehmen mit dem Steuerpflichtigen von der genauen Ermittlung des Steuerbetrags absehen und die Steuer in einem Pauschbetrag festsetzen, wenn dadurch die Besteuerung vereinfacht und das steuerliche Ergebnis nicht wesentlich geändert wird.

Fünfter Abschnitt. Steuerschuld

§ 13 Steuerschuldner

Steuerschuldner sind

1. regelmäßig:
   die an einem Erwerbsvorgang als Vertragsteile beteiligten Personen;
2. beim Erwerb kraft Gesetzes:
   der bisherige Eigentümer und der Erwerber;
3. beim Erwerb im Enteignungsverfahren:
   der Erwerber;
4. beim Meistgebot im Zwangsversteigerungsverfahren:
   der Meistbietende;
5. bei der Vereinigung aller Anteile einer Gesellschaft in der Hand
   a) des Erwerbers:
      der Erwerber;
   b) mehrerer Unternehmen oder Personen:
      diese Beteiligten.

§ 14 Entstehung der Steuer in besonderen Fällen

Die Steuer entsteht,

1. wenn die Wirksamkeit eines Erwerbsvorgangs von dem Eintritt einer Bedingung abhängig ist, mit dem Eintritt der Bedingung;
2. wenn ein Erwerbsvorgang einer Genehmigung bedarf, mit der Genehmigung.

§ 15 Fälligkeit der Steuer

Die Steuer wird einen Monat nach der Bekanntgabe des Steuerbescheids fällig. Das Finanzamt darf eine längere Zahlungsfrist setzen.

Sechster Abschnitt. Nichtfestsetzung der Steuer, Aufhebung oder Änderung der Steuerfestsetzung

§ 16

(1) Wird ein Erwerbsvorgang rückgängig gemacht, bevor das Eigentum am Grundstück auf den Erwerber übergegangen ist, so wird auf Antrag die Steuer nicht festgesetzt oder die Steuerfestsetzung aufgehoben,

1. wenn die Rückgängigmachung durch Vereinbarung, durch Ausübung eines vorbehaltenen Rücktrittsrechts oder eines Wiederkaufsrechts innerhalb von zwei Jahren seit der Entstehung der Steuer stattfindet;

2. wenn die Vertragsbedingungen nicht erfüllt werden und der Erwerbsvorgang deshalb auf Grund eines Rechtsanspruchs rückgängig gemacht wird.

(2) Erwirbt der Veräußerer das Eigentum an dem veräußerten Grundstück zurück, so wird auf Antrag sowohl für den Rückerwerb als auch für den vorausgegangenen Erwerbsvorgang die Steuer nicht festgesetzt oder die Steuerfestsetzung aufgehoben,

1. wenn der Rückerwerb innerhalb von zwei Jahren seit der Entstehung der Steuer für den vorausgegangenen Erwerbsvorgang stattfindet. Ist für den Rückerwerb eine Eintragung in das Grundbuch erforderlich, so muß innerhalb der Frist die Auflassung erklärt und die Eintragung im Grundbuch beantragt werden;

2. wenn das dem Erwerbsvorgang zugrundeliegende Rechtsgeschäft nichtig oder infolge einer Anfechtung als von Anfang an nichtig anzusehen ist;

3. wenn die Vertragsbedingungen des Rechtsgeschäfts, das den Anspruch auf Übereignung begründet hat, nicht erfüllt werden und das Rechtsgeschäft deshalb auf Grund eines Rechtsanspruchs rückgängig gemacht wird.

(3) Wird die Gegenleistung für das Grundstück herabgesetzt, so wird auf Antrag die Steuer entsprechend niedriger festgesetzt oder die Steuerfestsetzung geändert,

1. wenn die Herabsetzung innerhalb von zwei Jahren seit der Entstehung der Steuer stattfindet;

2. wenn die Herabsetzung (Minderung) auf Grund der §§ 459 und 460 des Bürgerlichen Gesetzbuches vollzogen wird.

(4) Tritt ein Ereignis ein, das nach den Absätzen 1 bis 3 die Aufhebung oder Änderung einer Steuerfestsetzung begründet, so endet die Festsetzungsfrist (§§ 169 bis 171 der Abgabenordnung) insoweit nicht vor Ablauf eines Jahres nach dem Eintritt des Ereignisses.

(5) Die Vorschriften der Absätze 1 bis 4 gelten nicht, wenn einer der in § 1 Abs. 2 und 3 bezeichneten Erwerbsvorgänge rückgängig gemacht wird, der nicht ordnungsmäßig angezeigt (§§ 18, 19) war.

Siebenter Abschnitt. Örtliche Zuständigkeit, Feststellung von Besteuerungsgrundlagen, Anzeigepflichten und Erteilung der Unbedenklichkeitsbescheinigung

§ 17 Örtliche Zuständigkeit, Feststellung von Besteuerungsgrundlagen

(1) Für die Besteuerung ist vorbehaltlich des Satzes 2 das Finanzamt örtlich zuständig, in dessen Bezirk das Grundstück oder der wertvollste Teil des Grundstücks liegt. Liegt das Grundstück in den Bezirken von Finanzämtern verschiedener Länder, so ist jedes dieser Finanzämter für die Besteuerung des Erwerbs insoweit zuständig, als der Grundstücksteil in seinem Bezirk liegt.

(2) In den Fällen des Absatzes 1 Satz 2 sowie in Fällen, in denen sich ein Rechtsvorgang auf mehrere Grundstücke bezieht, die in den Bezirken verschiedener Finanzämter liegen, stellt das Finanzamt, in dessen Bezirk der wertvollste Grundstücksteil oder das wertvollste Grundstück oder der wertvollste Bestand an Grundstücksteilen oder Grundstücken liegt, die Besteuerungsgrundlagen gesondert fest.

(3) Die Besteuerungsgrundlagen werden

1. bei Grundstückserwerben durch Verschmelzung oder durch Umwandlung durch das Finanzamt, in dessen Bezirk sich die Geschäftsleitung des Erwerbers befindet, und

2. in den Fällen des § 1 Abs. 3 durch das Finanzamt, in dessen Bezirk sich die Geschäftsleitung der Gesellschaft befindet,

gesondert festgestellt, wenn ein außerhalb des Bezirks dieser Finanzämter liegendes Grundstück oder ein auf das Gebiet eines anderen Landes sich erstreckender Teil eines im Bezirk dieser Finanzämter liegenden Grundstücks betroffen wird. Befindet sich die Geschäftsleitung nicht im Geltungsbereich des Gesetzes und werden in verschiedenen Finanzamtsbezirken liegende Grundstücke oder in verschiedenen Ländern liegende Grundstücksteile betroffen, so stellt das nach Absatz 2 zuständige Finanzamt die Besteuerungsgrundlagen gesondert fest.

(4) Von der gesonderten Feststellung kann abgesehen werden, wenn

1. der Erwerb steuerfrei ist oder

2. die anteilige Besteuerungsgrundlage für den Erwerb des in einem anderen Land liegenden Grundstücksteils 5000 Deutsche Mark nicht übersteigt.

Wird von der gesonderten Feststellung abgesehen, so ist in den Fällen der Nummer 2 die anteilige Besteuerungsgrundlage denen der anderen für die Besteuerung zuständigen Finanzämter nach dem Verhältnis ihrer Anteile hinzuzurechnen.

§ 18 Anzeigepflicht der Gerichte, Behörden und Notare

(1) Gerichte, Behörden und Notare haben dem zuständigen Finanzamt Anzeige nach amtlich vorgeschriebenem Vordruck zu erstatten über

1. Rechtsvorgänge, die sie beurkundet oder über die sie eine Urkunde entworfen und darauf eine Unterschrift beglaubigt haben, wenn die Rechtsvorgänge ein Grundstück im Geltungsbereich dieses Gesetzes betreffen;

2. Anträge auf Berichtigung des Grundbuchs, die sie beurkundet oder über die sie eine Urkunde entworfen und darauf eine Unterschrift beglaubigt haben, wenn der Antrag darauf gestützt wird, daß der Grundstückseigentümer gewechselt hat;

3. Zuschlagsbeschlüsse im Zwangsversteigerungsverfahren, Enteignungsbeschlüsse und andere Entscheidungen, durch die ein Wechsel im Grundstückseigentum bewirkt wird;

4. nachträgliche Änderungen oder Berichtigungen eines der unter Nummer 1 bis 3 aufgeführten Vorgänge.

Der Anzeige ist eine Abschrift der Urkunde über den Rechtsvorgang, den Antrag, den Beschluß oder die Entscheidung beizufügen.

(2) Die Anzeigepflicht bezieht sich auch auf Vorgänge, die ein Erbbaurecht oder ein Gebäude auf fremdem Boden betreffen. Sie gilt außerdem für Vorgänge, die die Übertragung von Anteilen an einer Kapitalgesellschaft, einer bergrechtlichen Gewerkschaft, einer Personenhandelsgesellschaft oder einer Gesellschaft des bürgerlichen Rechts betreffen, wenn zum Vermögen der Gesellschaft ein im Geltungsbereich dieses Gesetzes liegendes Grundstück gehört.

(3) Die Anzeigen sind innerhalb von zwei Wochen nach der Beurkundung oder der Unterschriftsbeglaubigung oder der Bekanntgabe der Entscheidung zu erstatten, und zwar auch dann, wenn die Wirksamkeit des Rechtsvorgangs vom Eintritt einer Bedingung, vom Ablauf einer Frist oder von einer Genehmigung abhängig ist. Sie sind auch dann zu erstatten, wenn der Rechtsvorgang von der Besteuerung ausgenommen ist.

(4) Die Absendung der Anzeige ist auf der Urschrift der Urkunde, in den Fällen, in denen eine Urkunde entworfen und darauf eine Unterschrift beglaubigt worden ist, auf der zurückbehaltenen beglaubigten Abschrift zu vermerken.

(5) Die Anzeigen sind an das für die Besteuerung, in den Fällen des § 17 Abs. 2 und 3 an das für die gesonderte Feststellung zuständige Finanzamt zu richten.

(6) *(aufgehoben)*

§ 19 Anzeigepflicht der Beteiligten

(1) Der Veräußerer, der Erwerber und die sonstigen Personen, die an einem unter dieses Gesetz fallenden Erwerbsvorgang beteiligt sind, müssen, soweit sie nach § 13 Steuerschuldner sind, Anzeige erstatten über

1. Rechtsvorgänge, die es ohne Begründung eines Anspruchs auf Übereignung einem anderen rechtlich oder wirtschaftlich ermöglichen, ein Grundstück auf eigene Rechnung zu verwerten;
2. formungültige Verträge über die Übereignung eines Grundstücks, die die Beteiligten unter sich gelten lassen und wirtschaftlich erfüllen;
3. den Erwerb von Gebäuden auf fremdem Boden;
4. schuldrechtliche Geschäfte, die auf die Vereinigung aller Anteile einer Gesellschaft gerichtet sind, wenn zum Vermögen der Gesellschaft ein Grundstück gehört (§ 1 Abs. 3 Nr. 1);
5. die Vereinigung aller Anteile einer Gesellschaft, zu deren Vermögen ein Grundstück gehört (§ 1 Abs. 3 Nr. 2);
6. Rechtsgeschäfte, die den Anspruch auf Übertragung aller Anteile einer Gesellschaft begründen, wenn zum Vermögen der Gesellschaft ein Grundstück gehört (§ 1 Abs. 3 Nr. 3);
7. die Übertragung aller Anteile einer Gesellschaft auf einen anderen, wenn zum Vermögen der Gesellschaft ein Grundstück gehört (§ 1 Abs. 3 Nr. 4).

Sie haben auch alle übrigen Erwerbsvorgänge anzuzeigen, über die ein Gericht, eine Behörde oder ein Notar eine Anzeige nach § 18 nicht zu erstatten hat.

(2) Die in Absatz 1 bezeichneten Personen haben außerdem in allen Fällen Anzeige zu erstatten über

1. jede Erhöhung der Gegenleistung des Erwerbers durch Gewährung von zusätzlichen Leistungen neben der beim Erwerbsvorgang vereinbarten Gegenleistung;
2. Leistungen, die der Erwerber des Grundstücks anderen Personen als dem Veräußerer als Gegenleistung dafür gewährt, daß sie auf den Erwerb des Grundstücks verzichten;

3. Leistungen, die ein anderer als der Erwerber des Grundstücks dem Veräußerer als Gegenleistung dafür gewährt, daß der Veräußerer dem Erwerber das Grundstück überläßt.

(3) Die Anzeigepflichtigen haben innerhalb von zwei Wochen, nachdem sie von dem anzeigepflichtigen Vorgang Kenntnis erhalten haben, den Vorgang anzuzeigen, und zwar auch dann, wenn der Vorgang von der Besteuerung ausgenommen ist.

(4) Die Anzeigen sind an das für die Besteuerung, in den Fällen des § 17 Abs. 2 und 3 an das für die gesonderte Feststellung zuständige Finanzamt zu richten. Ist über den anzeigepflichtigen Vorgang eine privatschriftliche Urkunde aufgenommen worden, so ist der Anzeige eine Abschrift der Urkunde beizufügen.

(5) Die Anzeigen sind Steuererklärungen im Sinne der Abgabenordnung. Sie können jedoch formlos abgegeben werden.

§ 20 Inhalt der Anzeigen

(1) Die Anzeigen müssen enthalten:

1. Vorname, Zuname und Anschrift des Veräußerers und des Erwerbers, gegebenenfalls auch, ob und um welche begünstigte Person im Sinne des § 3 Nr. 3 bis 7 es sich bei dem Erwerber handelt;

2. die Bezeichnung des Grundstücks nach Grundbuch, Kataster, Straße und Hausnummer;

3. die Größe des Grundstücks und bei bebauten Grundstücken die Art der Bebauung;

4. die Bezeichnung des anzeigepflichtigen Vorgangs und den Tag der Beurkundung, bei einem Vorgang, der einer Genehmigung bedarf, auch die Bezeichnung desjenigen, dessen Genehmigung erforderlich ist;

5. den Kaufpreis oder die sonstige Gegenleistung (§ 9);

6. den Namen der Urkundsperson.

(2) Die Anzeigen, die sich auf Anteile an einer Gesellschaft beziehen, müssen außerdem enthalten:

1. die Firma und den Ort der Geschäftsleitung der Gesellschaft,

2. die Bezeichnung des oder der Gesellschaftsanteile.

§ 21 Urkundenaushändigung

Die Gerichte, Behörden und Notare dürfen Urkunden, die einen anzeigepflichtigen Vorgang betreffen, den Beteiligten erst aushändigen und Ausfertigungen oder beglaubigte Abschriften den Beteiligten erst erteilen, wenn sie die Anzeigen an das Finanzamt abgesandt haben.

§ 22 Unbedenklichkeitsbescheinigung

(1) Der Erwerber eines Grundstücks darf in das Grundbuch erst dann eingetragen werden, wenn eine Bescheinigung des für die Besteuerung zuständigen Finanzamts vorgelegt wird (§ 17 Abs. 1 Satz 1) oder Bescheinigungen der für die Besteuerung zuständigen Finanzämter (§ 17 Abs. 1 Satz 2) vorgelegt werden, daß der Eintragung steuerliche Bedenken nicht entgegenstehen.

(2) Das Finanzamt hat die Bescheinigung zu erteilen, wenn die Grunderwerbsteuer entrichtet, sichergestellt oder gestundet worden ist oder wenn Steuerfreiheit gegeben ist. Es darf die Bescheinigung auch in anderen Fällen erteilen, wenn nach seinem Ermessen die Steuerforderung nicht gefährdet ist.

Achter Abschnitt. Übergangs- und Schlußvorschriften

§ 23 Anwendungsbereich

(1) Dieses Gesetz ist auf Erwerbsvorgänge anzuwenden, die nach dem 31. Dezember 1982 verwirklicht werden. Es ist auf Antrag auch auf Erwerbsvorgänge anzuwenden, die vor dem 1. Januar 1983, jedoch nach dem Tag der Verkündung des Gesetzes, 22. Dezember 1982, verwirklicht werden.

(2)[1] Auf vor dem 1. Januar 1983 verwirklichte Erwerbsvorgänge sind vorbehaltlich des Absatzes 1 Satz 2 die bis zum Inkrafttreten dieses Gesetzes geltenden Vorschriften anzuwenden. Dies gilt insbesondere, wenn für einen vor dem 1. Januar 1983 verwirklichten Erwerbsvorgang Steuerbefreiung in Anspruch genommen und nach dem 31. Dezember 1982 ein Nacherhebungstatbestand verwirklicht wurde.

§ 24 Aufhebung bundesrechtlicher Vorschriften

(1) Vorbehaltlich des § 23 Abs. 2 werden mit dem Inkrafttreten dieses Gesetzes aufgehoben:

1. das Gesetz zur Befreiung bestimmter Erwerbe von der Grunderwerbsteuer in der Fassung des Artikels 5 des Gesetzes vom 23. Dezember 1974 (BGBl. I S. 3676);

2. § 108 Abs. 3 zweiter Halbsatz des Flurbereinigungsgesetzes in der Fassung der Bekanntmachung vom 16. März 1976 (BGBl. I S. 546);

3. Artikel 7 des Gesetzes zur Förderung von Wohnungseigentum und Wohnbesitz im sozialen Wohnungsbau vom 23. März 1976 (BGBl. I S. 737);

4. § 21 Abs. 3 des Gesetzes über die Errichtung einer Stiftung „Hilfswerk für behinderte Kinder" vom 17. Dezember 1971 (BGBl. I S. 2018), der

---

[1] Vgl. hierzu § 115 des II. WoBauG (Nr. **15**).

durch Artikel 1 des Gesetzes vom 22. Juli 1976 (BGBl. I S. 1876) angefügt wurde;

5. § 77 des Städtebauförderungsgesetzes in der Fassung der Bekanntmachung vom 18. August 1976 (BGBl. I S. 2318);

6. § 27 des Gesetzes über steuerliche Maßnahmen bei Änderung der Unternehmensform in der Fassung des Artikels 1 des Gesetzes vom 6. September 1976 (BGBl. I S. 2641);

7. Artikel 97 § 3 Abs. 2 und §§ 4 bis 7 des Einführungsgesetzes zur Abgabenordnung vom 14. Dezember 1976 (BGBl. I S. 3341);

8. das Gesetz zur Grunderwerbsteuerbefreiung beim Erwerb von Einfamilienhäusern, Zweifamilienhäusern und Eigentumswohnungen in der
   Fassung des Artikels 3 des Gesetzes vom 11. Juli 1977 (BGBl. I S. 1213).

(2) § 17 Abs. 2 und 3 und § 121a des Bewertungsgesetzes in der Fassung
der Bekanntmachung vom 26. September 1974 (BGBl. I S. 2369), § 3
Abs. 3 der Verordnung über die Gewährung von Erleichterungen, Vor-
rechten und Befreiungen an die Ständige Vertretung der Deutschen Demokratischen Republik vom 24. April 1974 (BGBl. I S. 1022) sowie die auf
völkerrechtlichen Verträgen beruhenden Grunderwerbsteuervergünsti-
gungen bleiben unberührt.

§ 25 Aufhebung landesrechtlicher Vorschriften

(1) Im Land Baden-Württemberg treten vorbehaltlich des § 23 Abs. 2
mit Inkrafttreten dieses Gesetzes außer Kraft:

1. das Grunderwerbsteuergesetz vom 2. August 1966 in der Fassung der
   Bekanntmachung vom 17. April 1978 (Gesetzblatt für Baden-Württemberg – GBl. – S. 245);

2. das Gesetz über die Erhebung eines Zuschlags zur Grunderwerbsteuer
   vom 27. Oktober 1952 (GBl. S. 45), zuletzt geändert durch § 41 des
   Gesetzes vom 2. August 1966 (GBl. S. 165);

3. das Gesetz über Grunderwerbsteuerbefreiung bei Änderung der Unternehmensform und zur Änderung des Grunderwerbsteuergesetzes vom
   12. Mai 1970 (GBl. S. 155);

4. das Gesetz über Grunderwerbsteuerbefreiung bei Maßnahmen zur Verbesserung der Wirtschaftsstruktur vom 10. Juli 1973 (GBl. S. 204), zuletzt geändert durch Gesetz vom 4. Oktober 1977 (GBl. S. 401);

5. § 44 des Baden-Württembergischen Ausführungsgesetzes zum Bürgerlichen Gesetzbuch vom 26. November 1974 (GBl. S. 498).

(2) Im Freistaat Bayern treten vorbehaltlich des § 23 Abs. 2 mit Inkrafttreten dieses Gesetzes außer Kraft:

1. das Grunderwerbsteuergesetz in der Fassung der Bekanntmachung
   vom 28. Juni 1977 (Bayerisches Gesetz- und Verordnungsblatt – GVBl.

– S. 406, 600), geändert durch Artikel 3 des Gesetzes vom 11. Juli 1977 (BGBl. I S. 1213);

2. die Durchführungsverordnung zum Grunderwerbsteuergesetz vom 30. März 1940 in der in der Bereinigten Sammlung des Bayerischen Landesrechts, Ergänzungsband S. 136, Nr. 56, veröffentlichten Fassung vom 1. August 1968;

3. das Gesetz über die Erhebung eines Zuschlags zur Grunderwerbsteuer in der in der Bereinigten Sammlung des Bayerischen Landesrechts, Band III S. 437, veröffentlichten Fassung vom 28. Oktober 1952, geändert durch Artikel 4 des Gesetzes vom 15. Dezember 1971 (GVBl. S. 450);

4. die Verordnung über Erlaß von Grunderwerbsteuer auf dem Gebiete der Wasserwirtschaft vom 22. August 1922 in der in der Bereinigten Sammlung des Bayerischen Landesrechts, Ergänzungsband S. 139, Nr. 57, veröffentlichten Fassung vom 1. August 1968;

5. das Gesetz über die Grunderwerbsteuerbefreiung für den sozialen Wohnungsbau in der Fassung der Bekanntmachung vom 28. Juni 1977 (GVBl. S. 413), geändert durch Artikel 3 des Gesetzes vom 11. Juli 1977 (BGBl. I S. 1213);

6. die Durchführungsbestimmungen zum Gesetz über die Grunderwerbsteuerbefreiung für den sozialen Wohnungsbau vom 21. Dezember 1959 (GVBl. S. 325, 1960 S. 10), zuletzt geändert durch Verordnung vom 6. Oktober 1970 (GVBl. S. 512);

7. das Gesetz über die Grunderwerbsteuerfreiheit für die Eingliederung der Vertriebenen und Flüchtlinge in die Landwirtschaft und für die Aufstockung landwirtschaftlicher Betriebe in der Fassung der Bekanntmachung vom 28. Juni 1977 (GVBl. S. 416);

8. das Umwandlungs-Grunderwerbsteuergesetz vom 14. Juli 1958 (GVBl. S. 161);

9. das Gesetz über die grunderwerbsteuerliche Behandlung von Erwerbsvorgängen aus dem Bereich des Bundesbaugesetzes in der Fassung der Bekanntmachung vom 28. Juni 1977 (GVBl. S. 417);

10. das Gesetz über Grunderwerbsteuerbefreiung bei Änderung der Unternehmensform und bei Betriebsinvestitionen in volkswirtschaftlich förderungsbedürftigen Gebieten in der Fassung der Bekanntmachung vom 28. Juni 1977 (GVBl. S. 418), zuletzt geändert durch Gesetz vom 23. Dezember 1981 (GVBl. S. 539);

11. das Gesetz über die befristete Befreiung bestimmter Zweiterwerbe von der Grunderwerbsteuer und zur Änderung anderer grunderwerbsteuerlicher Vorschriften vom 23. Dezember 1975 (GVBl. S. 423);

12. § 40 der Ersten Wasserverbandverordnung vom 3. September 1937 in

der in der Bereinigten Sammlung des Bayerischen Landesrechts, Ergänzungsband S. 95, Nr. 40, veröffentlichten Fassung vom 1. August 1968;

13. Artikel 2 des Gesetzes zur Ausführung des Reichsvermögen-Gesetzes vom 16. Mai 1961 (BGBl. I S. 597) vom 11. Juli 1962 (GVBl. S. 103);

14. Artikel 54 Abs. 1 des Bayerischen Naturschutzgesetzes in der Fassung der Bekanntmachung vom 10. Oktober 1982 (GVBl. S. 874);

15. § 2 der Verordnung über Zuständigkeiten auf dem Gebiet der Wirtschaftsförderung und der Außenwirtschaft vom 18. Mai 1982 (GVBl. S. 246).

(3) Im Land Berlin treten vorbehaltlich des § 23 Abs. 2 mit Inkrafttreten dieses Gesetzes außer Kraft:

1. das Grunderwerbsteuergesetz vom 18. Juli 1969 (Gesetz- und Verordnungsblatt für Berlin – GVBl. – S. 1034), zuletzt geändert durch Artikel I des Gesetzes vom 28. November 1978 (GVBl. S. 2208);

2. die Verordnung über Erlaß von Grunderwerbsteuer auf dem Gebiete der Wasserwirtschaft vom 22. August 1922 in der im Gesetz- und Verordnungsblatt für Berlin, Sonderband III, Gliederungsnummer 6111-9, veröffentlichten Fassung;

3. das Gesetz über den Fortfall von Unbedenklichkeitsbescheinigungen bei Erwerb eines Grundstücks, Erbbaurechts oder Erbpachtrechts im Erbgang vom 12. April 1954 (GVBl. S. 210);

4. § 40 der Ersten Wasserverbandverordnung vom 3. September 1937 in der im Gesetz- und Verordnungsblatt für Berlin, Sonderband III, Gliederungsnummer 753-4-1, veröffentlichten Fassung.

(4) In der Freien Hansestadt Bremen treten vorbehaltlich des § 23 Abs. 2 mit Inkrafttreten dieses Gesetzes außer Kraft:

1. das Grunderwerbsteuergesetz vom 29. März 1940 in der in der Sammlung des Bremischen Rechts (früheres Reichsrecht), Gliederungsnummer 61-a-02, veröffentlichten bereinigten Fassung, geändert durch Artikel 3 des Gesetzes vom 11. Juli 1977 (BGBl. I S. 1213);

2. die Durchführungsverordnung zum Grunderwerbsteuergesetz vom 30. März 1940 in der in der Sammlung des Bremischen Rechts (früheres Reichsrecht), Gliederungsnummer 61-a-03, veröffentlichten bereinigten Fassung;

3. die Verordnung über Erlaß von Grunderwerbsteuer auf dem Gebiete der Wasserwirtschaft vom 22. August 1922 in der in der Sammlung des Bremischen Rechts (früheres Reichsrecht), Gliederungsnummer 61-a-01, veröffentlichten bereinigten Fassung;

4. das Gesetz über den Zuschlag zur Grunderwerbsteuer vom 2. Juli 1954 in der in der Sammlung des Bremischen Rechts, Gliederungsnummer 61-a-1, veröffentlichten Fassung;

5. das Gesetz über die Befreiung des sozialen Wohnungsbaus von der Grunderwerbsteuer in der in der Sammlung des Bremischen Rechts, Gliederungsnummer 61-a-2, veröffentlichten Fassung der Bekanntmachung vom 19. Dezember 1961, geändert durch Artikel 3 des Gesetzes vom 11. Juli 1977 (BGBl. I S. 1213);

6. das Gesetz über die grunderwerbsteuerliche Behandlung von Erwerbsvorgängen aus dem Bereich des Bundesbaugesetzes in der in der Sammlung des Bremischen Rechts, Gliederungsnummer 61-a-3, veröffentlichten Fassung vom 20. November 1962;

7. das Gesetz über Grunderwerbsteuerbefreiung bei Änderung der Unternehmensform vom 16. Dezember 1969 (Gesetzblatt der Freien Hansestadt Bremen S. 159);

8. § 40 der Ersten Wasserverbandverordnung vom 3. September 1937 in der in der Sammlung des Bremischen Rechts (früheres Reichsrecht), Gliederungsnummer 2181-a-2, veröffentlichten bereinigten Fassung;

9. § 5 Abs. 2 der Verordnung zur Einheitsbewertung, zur Vermögensbesteuerung, zur Erbschaftsteuer und zur Grunderwerbsteuer vom 4. April 1943 in der in der Sammlung des Bremischen Rechts (früheres Reichsrecht), Gliederungsnummer 61-a-04, veröffentlichten bereinigten Fassung;

10. § 2a des Bremischen Abgabengesetzes vom 15. Mai 1962 in der in der Sammlung des Bremischen Rechts, Gliederungsnummer 60-a-1, veröffentlichten Fassung.

(5) In der Freien und Hansestadt Hamburg treten vorbehaltlich des § 23 Abs. 2 mit Inkrafttreten dieses Gesetzes außer Kraft:

1. das Grunderwerbsteuergesetz in der Fassung vom 26. April 1966 (Hamburgisches Gesetz- und Verordnungsblatt – GVBl. – S. 129), zuletzt geändert durch Artikel 3 des Gesetzes vom 11. Juli 1977 (BGBl. I S. 1213);

2. die Durchführungsverordnung zum Grunderwerbsteuergesetz vom 30. März 1940 in der in der Sammlung des bereinigten hamburgischen Landesrechts II, Gliederungsnummer 61-I-1, veröffentlichten Fassung;

3. die Verordnung über Erlaß von Grunderwerbsteuer auf dem Gebiete der Wasserwirtschaft vom 22. August 1922 in der Sammlung des bereinigten hamburgischen Landesrechts II, Gliederungsnummer 61-h, veröffentlichten Fassung;

4. das Gesetz über Grunderwerbsteuerbefreiung bei Änderung der Unternehmensform vom 1. Dezember 1969 (GVBl. S. 231);

5. § 40 der Ersten Wasserverbandverordnung vom 3. September 1937 in der in der Sammlung des bereinigten hamburgischen Landesrechts II, Gliederungsnummer 753-a-1, veröffentlichten Fassung;

6. § 8 des Gesetzes über die Bereinigung von Grundstücksgrenzen vom 17. September 1954 in der in der Sammlung des bereinigten hamburgischen Landesrechts I, Gliederungsnummer 3212-h, veröffentlichten Fassung;

7. § 116a des Hamburgischen Wassergesetzes vom 20. Juni 1960 (GVBl. S. 335), der durch § 1 Nr. 16 des Gesetzes vom 29. April 1964 (GVBl. S. 79) eingefügt wurde;

8. § 11 des Gesetzes zur Ordnung deichrechtlicher Verhältnisse vom 29. April 1964 (GVBl. S. 79);

9. § 66 Abs. 4 des Hamburgischen Wegegesetzes in der Fassung vom 22. Januar 1974 (GVBl. S. 41);

10. § 21 des Hafenentwicklungsgesetzes vom 25. Januar 1982 (GVBl. S. 19).

(6) Im Land Hessen treten vorbehaltlich des § 23 Abs. 2 mit Inkrafttreten dieses Gesetzes außer Kraft:

1. das Grunderwerbsteuergesetz vom 29. März 1940 in der Fassung vom 31. Mai 1965 (Gesetz- und Verordnungsblatt für das Land Hessen – GVBl. – I S. 110, 1969 S. 188), zuletzt geändert durch Artikel 3 des Gesetzes vom 11. Juli 1977 (BGBl. I S. 1213);

2. die Durchführungsverordnung zum Grunderwerbsteuergesetz vom 30. März 1940 in der Fassung des Gesetzes vom 31. Oktober 1972 (GVBl. I S. 349), geändert durch Artikel 2 des Gesetzes vom 21. Dezember 1976 (GVBl. I S. 532);

3. die Verordnung über Erlaß von Grunderwerbsteuer auf dem Gebiet der Wasserwirtschaft vom 22. August 1922 in der im Gesetz- und Verordnungsblatt für das Land Hessen Teil II, Gliederungsnummer 42-26, veröffentlichten Fassung;

4. das Gesetz über Grunderwerbsteuerbefreiung bei der Umwandlung von Kapitalgesellschaften und bergrechtlichen Gewerkschaften vom 15. Mai 1958 (GVBl. S. 59);

5. das Gesetz über Grunderwerbsteuerbefreiung bei Änderung der Unternehmensform vom 4. Februar 1970 (GVBl. I S. 93);

6. § 40 der Ersten Wasserverbandverordnung vom 3. September 1937 in der im Gesetz- und Verordnungsblatt für das Land Hessen Teil II, Gliederungsnummer 85-18, veröffentlichten Fassung.

(7) Im Land Niedersachsen treten vorbehaltlich des § 23 Abs. 2 mit Inkrafttreten dieses Gesetzes außer Kraft:

1. das Grunderwerbsteuergesetz vom 29. März 1940 in der im Niedersächsischen Gesetz- und Verordnungsblatt, Sonderband II S. 499, veröffentlichten Fassung, zuletzt geändert durch Gesetz vom 31. Mai 1978 (Niedersächsisches Gesetz- und Verordnungsblatt – Niders. GVBl. – S. 464);

2. die Durchführungsverordnung zum Grunderwerbsteuergesetz vom 30. März 1940 in der im Niedersächsischen Gesetz- und Verordnungsblatt, Sonderband II S. 504, veröffentlichten Fassung;

3. das Gesetz über den Zuschlag zur Grunderwerbsteuer vom 20. April 1955 in der im Niedersächsischen Gesetz- und Verordnungsblatt, Sonderband I S. 536, veröffentlichten Fassung;

4. die Verordnung über Erlaß von Grunderwerbsteuer auf dem Gebiete der Wasserwirtschaft vom 22. August 1922 in der im Niedersächsischen Gesetz- und Verordnungsblatt, Sonderband II S. 499, veröffentlichten Fassung;

5. das Gesetz über die Befreiung des sozialen Wohnungsbaues von der Grunderwerbsteuer in der Fassung der Bekanntmachung vom 17. Februar 1966 (Niders. GVBl. S. 64), geändert durch Artikel 3 des Gesetzes vom 11. Juli 1977 (BGBl. I S. 1213);

6. das Umwandlungs-Grunderwerbsteuergesetz vom 25. März 1958 in der im Niedersächsischen Gesetz- und Verordnungsblatt, Sonderband I S. 537, veröffentlichten Fassung;

7. das Gesetz über Befreiungen von der Grunderwerbsteuer beim Erwerb von Grundstücken zur Verbesserung der Struktur land- und forstwirtschaftlicher Betriebe vom 25. März 1959 (Niders. GVBl. S. 57);

8. das Gesetz über Befreiungen von der Grunderwerbsteuer bei Erwerbsvorgängen aus dem Bereich des Bundesbaugesetzes vom 29. Oktober 1962 (Niders. GVBl. S. 217);

9. die Verordnung zur Durchführung des Gesetzes über Befreiungen von der Grunderwerbsteuer bei Erwerbsvorgängen aus dem Bereich des Bundesbaugesetzes vom 5. April 1963 (Niders. GVBl. S. 227);

10. das Gesetz zur Änderung des Grunderwerbsteuergesetzes vom 12. Juni 1964 (Niders. GVBl. S. 94);

11. das Gesetz über Grunderwerbsteuerbefreiung bei Änderung der Unternehmensform vom 19. März 1970 (Niders. GVBl. S. 66);

12. das Gesetz über Grunderwerbsteuerbefreiung bei Maßnahmen zur Verbesserung der Wirtschaftsstruktur und zur Änderung des Grunderwerbsteuergesetzes vom 22. April 1971 (Niders. GVBl. S. 149), zuletzt geändert durch Gesetz vom 15. Dezember 1979 (Niders. GVBl. S. 325);

13. § 40 der Ersten Wasserverbandverordnung vom 3. September 1937 in

der im Niedersächsischen Gesetz- und Verordnungsblatt, Sonderband II S. 712, veröffentlichten Fassung;

14. § 5 Abs. 2 der Verordnung zur Einheitsbewertung, zur Vermögenssteuerung, zur Erbschaftsteuer und zur Grunderwerbsteuer vom 4. April 1943 in der im Niedersächsischen Gesetz- und Verordnungsblatt, Sonderband II S. 488, veröffentlichten Fassung;

15. § 7 Abs. 2 und 3 des Niedersächsischen Ausführungsgesetzes zum Flurbereinigungsgesetz vom 20. Dezember 1954 in der im Niedersächsischen Gesetz- und Verordnungsblatt, Sonderband I S. 642, veröffentlichten Fassung;

16. § 33 des Niedersächsischen Denkmalschutzgesetzes vom 30. Mai 1978 (Nieders. GVBl. S. 517).

(8) Im Land Nordrhein-Westfalen treten vorbehaltlich des § 23 Abs. 2 mit Inkrafttreten dieses Gesetzes außer Kraft:

1. das Grunderwerbsteuergesetz in der Fassung der Bekanntmachung vom 12. Juli 1970 (Gesetz- und Verordnungsblatt für das Land Nordrhein-Westfalen – GV.NW. – S. 612), zuletzt geändert durch Artikel 3 des Gesetzes vom 11. Juli 1977 (BGBl. I S. 1213);

2. das Gesetz über Grunderwerbsteuerbefreiung für den Wohnungsbau in der Fassung der Bekanntmachung vom 20. Juli 1970 (GV.NW. S. 620), zuletzt geändert durch Artikel 3 des Gesetzes vom 11. Juli 1977 (BGBl. I S. 1213);

3. das Umwandlungs-Grunderwerbsteuergesetz vom 13. Mai 1958 (GV.NW. S. 195);

4. das Gesetz über die Befreiung von der Grunderwerbsteuer bei Grunderwerb nach dem Bundesbaugesetz vom 25. Juni 1962 (GV.NW. S. 347);

5. das Gesetz über Grunderwerbsteuerbefreiung zur Förderung der Rationalisierung im Steinkohlenbergbau vom 5. Mai 1964 (GV.NW. S. 169), geändert durch Gesetz vom 26. April 1966 (GV.NW. S. 269);

6. das Gesetz über Befreiung des Grunderwerbs zu gemeinnützigen, mildtätigen und kirchlichen Zwecken von der Grunderwerbsteuer vom 14. Juli 1964 (GV.NW. S. 258), geändert durch Artikel 5 des Gesetzes vom 8. April 1975 (GV.NW. S. 298);

7. das Gesetz über Grunderwerbsteuerbefreiung für Maßnahmen zur Verbesserung der Agrarstruktur und auf dem Gebiet der landwirtschaftlichen Siedlung vom 29. März 1966 (GV.NW. S. 140), geändert durch Artikel 4 des Gesetzes vom 21. Mai 1970 (GV.NW. S. 395);

8. die Verordnung zur Durchführung des Gesetzes über Grunderwerbsteuerbefreiung für Maßnahmen zur Verbesserung der Agrarstruktur und auf dem Gebiet der landwirtschaftlichen Siedlung vom 13. Februar

1967 (GV.NW. S. 28), geändert durch Verordnung vom 11. Dezember 1969 (GV.NW. 1970 S. 16);

9. das Gesetz über Grunderwerbsteuerbefreiung bei Maßnahmen zur Verbesserung der Wirtschaftsstruktur vom 24. November 1969 (GV.NW. S. 878), zuletzt geändert durch Gesetz vom 13. Juli 1982 (GV.NW. S. 347);

10. die Verordnung zur Übertragung der Zuständigkeit für das Bescheinigungsverfahren nach § 2 Abs. 2 GrEStStrukturG vom 16. Februar 1970 (GV.NW. S. 164);

11. das Gesetz über Grunderwerbsteuerbefreiung bei Änderung der Unternehmensform vom 5. Mai 1970 (GV.NW. S. 314);

12. das Gesetz über Grunderwerbsteuerbefreiung für Vertriebene, Sowjetzonenflüchtlinge, Verfolgte und politische Häftlinge in der Fassung des Artikels 2 des Gesetzes vom 21. Mai 1970 (GV.NW. S. 395), geändert durch Artikel 3 des Gesetzes vom 8. April 1975 (GV.NW. S. 298);

13. die Verordnung über die Übertragung von Zuständigkeiten auf dem Gebiet der Grunderwerbsteuer auf das Finanzamt Düsseldorf-Altstadt vom 31. Oktober 1970 (GV.NW. S. 736);

14. die Zweite Verordnung zur Durchführung des Gesetzes über Grunderwerbsteuerbefreiung für Maßnahmen zur Verbesserung der Agrarstruktur und auf dem Gebiet der landwirtschaftlichen Siedlung vom 16. Juli 1976 (GV.NW. S. 292);

15. § 40 der Ersten Wasserverbandverordnung vom 3. September 1937 in der in der Sammlung des als Landesrecht fortgeltenden ehemaligen Reichsrechts, S. 130, veröffentlichten Fassung;

16. § 64 Abs. 3 des Gesetzes über die Gründung des Großen Erftverbandes vom 3. Juni 1958 (GV.NW. S. 253);

17. § 15 Abs. 3 und 4 des Gesetzes über die Studentenwerke im Lande Nordrhein-Westfalen vom 27. Februar 1974 (GV.NW. S. 71), der zuletzt durch Artikel I des Gesetzes vom 25. April 1978 (GV.NW. S. 180) geändert wurde.

(9) Im Land Rheinland-Pfalz treten vorbehaltlich des § 23 Abs. 2 mit Inkrafttreten dieses Gesetzes außer Kraft:

1. das Grunderwerbsteuergesetz vom 1. Juni 1970 (Gesetz- und Verordnungsblatt für das Land Rheinland-Pfalz – GVBl. – S. 166), geändert durch Artikel 3 des Gesetzes vom 11. Juli 1977 (BGBl. I S. 1213);

2. das Landesgesetz über Grunderwerbsteuerbefreiung bei Änderung der Unternehmensform vom 22. April 1970 (GVBl. S. 144);

3. § 6 Abs. 3 des Ausführungsgesetzes zum Flurbereinigungsgesetz vom 18. Mai 1978 (GVBl. S. 271).

(10) Im Saarland treten vorbehaltlich des § 23 Abs. 2 mit Inkrafttreten dieses Gesetzes außer Kraft:

1. das Gesetz Nr. 201 „Grunderwerbsteuergesetz" in der Fassung der Bekanntmachung vom 3. März 1970 (Amtsblatt des Saarlandes – Amtsbl. – S. 158), zuletzt geändert durch Artikel 3 des Gesetzes vom 11. Juli 1977 (BGBl. I S. 1213);

2. das Gesetz Nr. 720 über die Grunderwerbsteuerbefreiung beim Wohnungsbau in der Fassung der Bekanntmachung vom 3. März 1970 (Amtsbl. S. 155), zuletzt geändert durch Artikel 3 des Gesetzes vom 11. Juli 1977 (BGBl. I S. 1213);

3. die Durchführungsverordnung zum Gesetz Nr. 720 über die Grunderwerbsteuerbefreiung beim Wohnungsbau vom 31. Januar 1961 (Amtsbl. S. 104);

4. das Gesetz Nr. 727 über die Grunderwerbsteuerbefreiung beim Erwerb von Grundstücken zur Aufstockung land- und forstwirtschaftlicher Betriebe vom 29. September 1960 (Amtsbl. S. 812) in der Fassung des Gesetzes vom 26. Februar 1975 (Amtsbl. S. 449);

5. das Gesetz Nr. 792 über Grunderwerbsteuerbefreiung bei Grundstückserwerben nach dem Bundesbaugesetz und zur Änderung und Ergänzung des Gesetzes über die Grunderwerbsteuerbefreiung beim Wohnungsbau vom 22. April 1964 (Amtsbl. S. 397);

6. das Gesetz Nr. 902 über Grunderwerbsteuerbefreiung bei Änderung der Unternehmensform und zur Änderung grunderwerbsteuerlicher Vorschriften vom 25. Februar 1970 (Amtsbl. S. 154);

7. das Gesetz Nr. 880 über Grunderwerbsteuerbefreiung bei Maßnahmen zur Verbesserung der Wirtschaftsstruktur in der Fassung der Bekanntmachung vom 30. März 1976 (Amtsbl. S. 345);

8. § 40 der Ersten Wasserverbandverordnung vom 3. September 1937 in der in der Sammlung des bereinigten saarländischen Landesrechts, Gliederungsnummer 753-4-1, veröffentlichten Fassung;

9. Artikel II und Artikel III des Gesetzes Nr. 836 zur Änderung des Grunderwerbsteuergesetzes vom 9. November 1966 (Amtsbl. S. 837);

10. Artikel 4 des Gesetzes Nr. 1041 zur Änderung des Gesetzes Nr. 880 über Grunderwerbsteuerbefreiung bei Maßnahmen zur Verbesserung der Wirtschaftsstruktur sowie des Gesetzes Nr. 202 (Grunderwerbsteuergesetz) vom 18. Februar 1976 (Amtsbl. S. 216).

(11) Im Land Schleswig-Holstein treten vorbehaltlich des § 23 Abs. 2 mit Inkrafttreten dieses Gesetzes außer Kraft:

1. das Grunderwerbsteuergesetz in der Fassung der Bekanntmachung vom 3. Februar 1967 (Gesetz- und Verordnungsblatt für Schleswig-Holstein –

GVOBl. Schl.-H. – S. 20), zuletzt geändert durch Artikel 5 des Gesetzes vom 20. Dezember 1977 (GVOBl. Schl.-H. S. 502);

2. die Verordnung über Erlaß von Grunderwerbsteuer auf dem Gebiete der Wasserwirtschaft vom 22. August 1922 in der in der Sammlung des schleswig-holsteinischen Landesrechts II, Gliederungsnummer B 611-0-2, veröffentlichten Fassung;

3. das Gesetz über die Befreiung von der Grunderwerbsteuer bei Maßnahmen des sozialen Wohnungsbaues, bei Maßnahmen aus dem Bereich des Bundesbaugesetzes und bei Maßnahmen zur Verbesserung der Wirtschaftsstruktur in der Fassung der Bekanntmachung vom 16. September 1974 (GVOBl. Schl.-H. S. 353), zuletzt geändert durch Artikel 8 des Gesetzes vom 20. Dezember 1977 (GVOBl. Schl.-H. S. 502);

4. das Gesetz über Befreiungen von der Grunderwerbsteuer beim Erwerb von Grundstücken zur Verbesserung der Struktur land- und forstwirtschaftlicher Betriebe in der Fassung der Bekanntmachung vom 6. April 1970 (GVOBl. Schl.-H. S. 88);

5. das Gesetz über Befreiungen von der Grunderwerbsteuer bei Änderung der Unternehmensform vom 25. März 1970 in der in der Sammlung des schleswig-holsteinischen Landesrechts II, Gliederungsnummer 611-6, veröffentlichten Fassung;

6. die Landesverordnung zur Bestimmung der zuständigen Behörde nach dem Grunderwerbsteuergesetz und dem Gesetz über Befreiungen von der Grunderwerbsteuer beim Erwerb von Grundstücken zur Verbesserung der Struktur land- und forstwirtschaftlicher Betriebe vom 11. Juni 1970 in der in der Sammlung des schleswig-holsteinischen Landesrechts II, Gliederungsnummer 611-6-1, veröffentlichten Fassung;

7. § 40 der Ersten Wasserverbandverordnung vom 3. September 1937 in der in der Sammlung des schleswig-holsteinischen Landesrechts II, Gliederungsnummer 753-1-1, veröffentlichten Fassung;

8. § 31 Abs. 1 bis 3 des Gesetzes zur Ergänzung bundesrechtlicher Bestimmungen über die Angelegenheiten der Vertriebenen, Flüchtlinge und Kriegsgeschädigten vom 28. April 1954 (GVOBl. Schl.-H. S. 77);

9. § 52 Abs. 3 des Landschaftspflegegesetzes in der Fassung des Artikels 1 des Gesetzes vom 19. November 1982 (GVOBl. Schl.-H. S. 256).

(12) Vorbehaltlich des § 23 Abs. 2 treten mit dem Inkrafttreten dieses Gesetzes auch alle weiteren Vorschriften der Länder auf dem Gebiet des Grunderwerbsteuerrechts außer Kraft, soweit diese nicht bereits in den Absätzen 1 bis 11 aufgeführt sind. Rechtsvorschriften der Länder, die sich auch auf anderes als die Grunderwerbsteuer beziehen, sind mit dem Inkrafttreten dieses Gesetzes hinsichtlich der Grunderwerbsteuer nicht mehr anzuwenden.

§ 26 Änderung einzelner landesrechtlicher Vorschriften

(1) In Artikel 18 des Gesetzes zur Ausführung des Flurbereinigungsgesetzes in der Fassung der Bekanntmachung vom 25. März 1977 (Bayerisches Gesetz- und Verordnungsblatt S. 104) wird Satz 2 gestrichen.

(2) In § 13 Abs. 4 Satz 1 des Gesetzes über das Studentenwerk Hamburg vom 10. November 1975 (Hamburgisches Gesetz- und Verordnungsblatt S. 189) wird die Textstelle „Grunderwerbsteuer," gestrichen.

(3) In § 12 Abs. 1 des Hessischen Ausführungsgesetzes zum Flurbereinigungsgesetz vom 1. April 1977 (Gesetz- und Verordnungsblatt für das Land Hessen Teil I S. 151) wird Satz 2 gestrichen.

(4) In § 1 Abs. 1 des Gesetzes über Kosten- und Abgabenfreiheit im Flurbereinigungsverfahren vom 15. März 1955 (Gesetz- und Verordnungsblatt für das Land Nordrhein-Westfalen S. 49) wird Satz 2 gestrichen. In § 3 der Verordnung über die Zuständigkeiten nach dem Städtebauförderungsgesetz vom 24. Januar 1980 (GV.NW. S. 88) wird die Textstelle „§ 77 Abs. 2 sowie" gestrichen.

(5) In § 8 des Gesetzes Nr. 73 über die während des Krieges ausgeführten oder begonnenen sogenannten Neuordnungsbauten vom 7. Februar 1949 (Amtsblatt des Saarlandes S. 194) wird Satz 2 gestrichen. In § 14 Abs. 1 Satz 2 des Gesetzes Nr. 693 „Saarländisches Ausführungsgesetz zum Flurbereinigungsgesetz" vom 17. Juli 1959 (Amtsbl. S. 1255) wird die Textstelle „für die Grunderwerbsteuer bei dem Übergang von Grundstücken auf den Träger des Unternehmens gemäß §§ 87 bis 90 des Flurbereinigungsgesetzes und" gestrichen.

§ 27 Geltung im Land Berlin

(gegenstandslos)

§ 28 Inkrafttreten

Dieses Gesetz tritt am 1. Januar 1983 in Kraft.

8. Grundsteuergesetz (GrStG)★

Vom 7. August 1973

(BGBl. I S. 965)

Zuletzt geändert durch Einigungsvertrag vom 31. August 1990 (BGBl. II S. 889, 986)

BGBl. III 611–7

Inhaltsübersicht

Abschnitt I. Steuerpflicht

★ **Das Gesetz tritt im Gebiet der ehem. DDR am 1. 1. 1991 in Kraft** (vgl. Anl. I Kap. IV Sachgebiet B Abschn. II Nr. 14 des Einigungsvertrags, – abgedruckt vor **1 –**). **Zur Anwendung des Gesetzes im Gebiet der ehem. DDR siehe §§ 40 ff.**

Abschnitt I. Steuerpflicht

§ 1 Heberecht

(1) Die Gemeinde bestimmt, ob von dem in ihrem Gebiet liegenden Grundbesitz Grundsteuer zu erheben ist.

(2) Bestehen in einem Land keine Gemeinden, so stehen das Recht des Absatzes 1 und die in diesem Gesetz bestimmten weiteren Rechte dem Land zu.

(3) Für den in gemeindefreien Gebieten liegenden Grundbesitz bestimmt die Landesregierung durch Rechtsverordnung, wer die nach diesem Gesetz den Gemeinden zustehenden Befugnisse ausübt.

§ 2 Steuergegenstand

Steuergegenstand ist der Grundbesitz im Sinne des Bewertungsgesetzes:

1. die Betriebe der Land- und Forstwirtschaft (§§ 33, 48a und 51a des Bewertungsgesetzes). Diesen stehen die in § 99 Abs. 1 Nr. 2 des Bewertungsgesetzes bezeichneten Betriebsgrundstücke gleich;

2. die Grundstücke (§§ 68, 70 des Bewertungsgesetzes). Diesen stehen die in § 99 Abs. 1 Nr. 1 des Bewertungsgesetzes bezeichneten Betriebsgrundstücke gleich.

§ 3 Steuerbefreiung für Grundbesitz bestimmter Rechtsträger

(1) Von der Grundsteuer sind befreit

1. Grundbesitz, der von einer inländischen juristischen Person des öffentlichen Rechts für einen öffentlichen Dienst oder Gebrauch benutzt wird. Ausgenommen ist der Grundbesitz, der von Berufsvertretungen und

Berufsverbänden sowie von Kassenärztlichen Vereinigungen und Kassenärztlichen Bundesvereinigungen benutzt wird;

2. Grundbesitz, der von der Deutschen Bundesbahn oder der Deutschen Reichsbahn für Verwaltungszwecke benutzt wird;

3. Grundbesitz, der von
   a) einer inländischen juristischen Person des öffentlichen Rechts,
   b) einer inländischen Körperschaft, Personenvereinigung oder Vermögensmasse, die nach der Satzung, dem Stiftungsgeschäft oder der sonstigen Verfassung und nach ihrer tatsächlichen Geschäftsführung ausschließlich und unmittelbar gemeinnützigen oder mildtätigen Zwecken dient,

   für gemeinnützige oder mildtätige Zwecke benutzt wird;

4. Grundbesitz, der von einer Religionsgesellschaft, die Körperschaft des öffentlichen Rechts ist, einem ihrer Orden, einer ihrer religiösen Genossenschaften oder einem ihrer Verbände für Zwecke der religiösen Unterweisung, der Wissenschaft, des Unterrichts, der Erziehung oder für Zwecke der eigenen Verwaltung benutzt wird. Den Religionsgesellschaften stehen die jüdischen Kultusgemeinden gleich, die nicht Körperschaften des öffentlichen Rechts sind;

5. Dienstgrundstücke und Dienstwohnungen der Geistlichen und Kirchendiener der Religionsgesellschaften, die Körperschaften des öffentlichen Rechts sind, und der jüdischen Kultusgemeinden. Die §§ 5 und 6 sind insoweit nicht anzuwenden.

Der Grundbesitz muß ausschließlich demjenigen, der ihn für die begünstigten Zwecke benutzt, oder einem anderen nach den Nummern 1 bis 5 begünstigten Rechtsträger zuzurechnen sein.

(2) Öffentlicher Dienst oder Gebrauch im Sinne dieses Gesetzes ist die hoheitliche Tätigkeit oder der bestimmungsgemäße Gebrauch durch die Allgemeinheit. Ein Entgelt für den Gebrauch durch die Allgemeinheit darf nicht in der Absicht, Gewinn zu erzielen, gefordert werden.

(3) Öffentlicher Dienst oder Gebrauch im Sinne dieses Gesetzes ist nicht anzunehmen bei Betrieben gewerblicher Art von Körperschaften des öffentlichen Rechts im Sinne des Körperschaftsteuergesetzes.

§4 Sonstige Steuerbefreiungen

Soweit sich nicht bereits eine Befreiung nach § 3 ergibt, sind von der Grundsteuer befreit

1. Grundbesitz, der dem Gottesdienst einer Religionsgesellschaft, die Körperschaft des öffentlichen Rechts ist, oder einer jüdischen Kultusgemeinde gewidmet ist;

2. Bestattungsplätze;

3. a) die dem öffentlichen Verkehr dienenden Straßen, Wege, Plätze, Wasserstraßen, Häfen und Schienenwege sowie die Grundflächen mit den

diesem Verkehr unmittelbar dienenden Bauwerken und Einrichtungen, zum Beispiel Brücken, Schleuseneinrichtungen, Signalstationen, Stellwerke, Blockstellen;

b) auf Verkehrsflughäfen und Verkehrslandeplätzen alle Flächen, die unmittelbar zur Gewährleistung eines ordnungsgemäßen Flugbetriebes notwendig sind und von Hochbauten und sonstigen Luftfahrthindernissen freigehalten werden müssen, die Grundflächen der Bauwerke und Einrichtungen, die unmittelbar diesem Betrieb dienen, sowie die Grundflächen ortsfester Flugsicherungsanlagen einschließlich der Flächen, die für einen einwandfreien Betrieb dieser Anlagen erforderlich sind;

c) die fließenden Gewässer und die ihren Abfluß regelnden Sammelbekken, soweit sie nicht unter Buchstabe a fallen;

4. die Grundflächen mit den im Interesse der Ordnung und Verbesserung der Wasser- und Bodenverhältnisse unterhaltenen Einrichtungen der öffentlich-rechtlichen Wasser- und Bodenverbände und die im öffentlichen Interesse staatlich unter Schau gestellten Privatdeiche;

5. Grundbesitz, der für Zwecke der Wissenschaft, des Unterrichts oder der Erziehung benutzt wird, wenn durch die Landesregierung oder die von ihr beauftragte Stelle anerkannt ist, daß der Benutzungszweck im Rahmen der öffentlichen Aufgaben liegt. Der Grundbesitz muß ausschließlich demjenigen, der ihn benutzt, oder einer juristischen Person des öffentlichen Rechts zuzurechnen sein;

6. Grundbesitz, der für die Zwecke eines Krankenhauses benutzt wird, wenn das Krankenhaus in dem Kalenderjahr, das dem Veranlagungszeitpunkt (§ 13 Abs. 1) vorangeht, die Voraussetzungen des § 67 Abs. 1 oder 2 der Abgabenordnung erfüllt hat. Der Grundbesitz muß ausschließlich demjenigen, der ihn benutzt, oder einer juristischen Person des öffentlichen Rechts zuzurechnen sein.

§ 5 Zu Wohnzwecken benutzter Grundbesitz

(1) Dient Grundbesitz, der für steuerbegünstigte Zwecke (§§ 3 und 4) benutzt wird, zugleich Wohnzwecken, gilt die Befreiung nur für

1. Gemeinschaftsunterkünfte der Bundeswehr, der ausländischen Streitkräfte, der internationalen militärischen Hauptquartiere, des Bundesgrenzschutzes, der Polizei und des sonstigen Schutzdienstes des Bundes und der Gebietskörperschaften sowie ihrer Zusammenschlüsse;

2. Wohnräume in Schülerheimen, Ausbildungs- und Erziehungsheimen sowie Prediger- und Priesterseminaren, wenn die Unterbringung in ihnen für die Zwecke des Unterrichts, der Ausbildung oder der Erziehung erforderlich ist. Wird das Heim oder Seminar nicht von einem der nach § 3 Abs. 1 Nr. 1, 3 oder 4 begünstigten Rechtsträger unterhalten, so bedarf es einer Anerkennung der Landesregierung oder der von ihr be-

auftragten Stelle, daß die Unterhaltung des Heims oder Seminars im Rahmen der öffentlichen Aufgaben liegt;

3. Wohnräume, wenn der steuerbegünstigte Zweck im Sinne des § 3 Abs. 1 Nr. 1, 3 oder 4 nur durch ihre Überlassung erreicht werden kann;

4. Räume, in denen sich Personen für die Erfüllung der steuerbegünstigten Zwecke ständig bereithalten müssen (Bereitschaftsräume), wenn sie nicht zugleich die Wohnung des Inhabers darstellen.

(2) Wohnungen sind stets steuerpflichtig, auch wenn die Voraussetzungen des Absatzes 1 vorliegen.

§ 6 Land- und forstwirtschaftlich genutzter Grundbesitz

Wird Grundbesitz, der für steuerbegünstigte Zwecke (§§ 3 und 4) benutzt wird, zugleich land- und forstwirtschaftlich genutzt, so gilt die Befreiung nur für

1. Grundbesitz, der Lehr- oder Versuchszwecken dient;

2. Grundbesitz, der von der Bundeswehr, den ausländischen Streitkräften, den internationalen militärischen Hauptquartieren oder den in § 5 Abs. 1 Nr. 1 bezeichneten Schutzdiensten als Übungsplatz oder Flugplatz benutzt wird;

3. Grundbesitz, der unter § 4 Nr. 1 bis 4 fällt.

§ 7 Unmittelbare Benutzung für einen steuerbegünstigten Zweck

Die Befreiung nach den §§ 3 und 4 tritt nur ein, wenn der Steuergegenstand für den steuerbegünstigten Zweck unmittelbar benutzt wird. Unmittelbare Benutzung liegt vor, sobald der Steuergegenstand für den steuerbegünstigten Zweck hergerichtet wird.

§ 8 Teilweise Benutzung für einen steuerbegünstigten Zweck

(1) Wird ein räumlich abgegrenzter Teil des Steuergegenstandes für steuerbegünstigte Zwecke (§§ 3 und 4) benutzt, so ist nur dieser Teil des Steuergegenstandes steuerfrei.

(2) Dient der Steuergegenstand oder ein Teil des Steuergegenstandes (Absatz 1) sowohl steuerbegünstigten Zwecken (§§ 3 und 4) als auch anderen Zwecken, ohne daß eine räumliche Abgrenzung für die verschiedenen Zwecke möglich ist, so ist der Steuergegenstand oder der Teil des Steuergegenstandes nur befreit, wenn die steuerbegünstigten Zwecke überwiegen.

§ 9 Stichtag für die Festsetzung der Grundsteuer; Entstehung der Steuer

(1) Die Grundsteuer wird nach den Verhältnissen zu Beginn des Kalenderjahres festgesetzt.

(2) Die Steuer entsteht mit dem Beginn des Kalenderjahres, für das die Steuer festzusetzen ist.

§ 10 Steuerschuldner

(1) Schuldner der Grundsteuer ist derjenige, dem der Steuergegenstand bei der Feststellung des Einheitswerts zugerechnet ist.

(2) Derjenige, dem ein Erbbaurecht, ein Wohnungserbbaurecht oder ein Teilerbbaurecht zugerechnet ist, ist auch Schuldner der Grundsteuer für die wirtschaftliche Einheit des belasteten Grundstücks.

(3) Ist der Steuergegenstand mehreren Personen zugerechnet, so sind sie Gesamtschuldner.

§ 11 Persönliche Haftung

(1) Neben dem Steuerschuldner haften der Nießbraucher des Steuergegenstandes und derjenige, dem ein dem Nießbrauch ähnliches Recht zusteht.

(2) Wird ein Steuergegenstand ganz oder zu einem Teil einer anderen Person übereignet, so haftet der Erwerber neben dem früheren Eigentümer für die auf den Steuergegenstand oder Teil des Steuergegenstandes entfallende Grundsteuer, die für die Zeit seit dem Beginn des letzten vor der Übereignung liegenden Kalenderjahres zu entrichten ist. Das gilt nicht für Erwerbe aus einer Konkursmasse, für Erwerbe aus dem Vermögen eines Vergleichsschuldners, das auf Grund eines Vergleichsvorschlags nach § 7 Abs. 4 der Vergleichsordnung verwertet wird, und für Erwerbe im Vollstreckungsverfahren.

§ 12 Dingliche Haftung

Die Grundsteuer ruht auf dem Steuergegenstand als öffentliche Last.

Abschnitt II. Bemessung der Grundsteuer

§ 13 Steuermeßzahl und Steuermeßbetrag

(1) Bei der Berechnung der Grundsteuer ist von einem Steuermeßbetrag auszugehen. Dieser ist durch Anwendung eines Tausendsatzes (Steuermeßzahl) auf den Einheitswert oder seinen steuerpflichtigen Teil zu ermitteln, der nach dem Bewertungsgesetz im Veranlagungszeitpunkt (§ 16 Abs. 1, § 17 Abs. 3, § 18 Abs. 3) für den Steuergegenstand maßgebend ist.

(2) Bei Grundbesitz, der von der Deutschen Bundesbahn oder der Deutschen Reichsbahn für Betriebszwecke benutzt wird, ermäßigt sich der Steuermeßbetrag auf die Hälfte; die §§ 5 bis 8 gelten entsprechend.

(3) In den Fällen des § 10 Abs. 2 ist der Berechnung des Steuermeßbetrags die Summe der beiden Einheitswerte zugrunde zu legen, die nach § 92 des Bewertungsgesetzes festgestellt werden.

§ 14   Steuermeßzahl für Betriebe der Land- und Forstwirtschaft

Für Betriebe der Land- und Forstwirtschaft beträgt die Steuermeßzahl 6 vom Tausend.

§ 15   Steuermeßzahl für Grundstücke

(1) Die Steuermeßzahl beträgt 3,5 vom Tausend.

(2) Abweichend von Absatz 1 beträgt die Steuermeßzahl

1. für Einfamilienhäuser im Sinne des § 75 Abs. 5 des Bewertungsgesetzes mit Ausnahme des Wohnungseigentums und des Wohnungserbbaurechts einschließlich des damit belasteten Grundstücks 2,6 vom Tausend für die ersten 75 000 Deutsche Mark des Einheitswerts oder seines steuerpflichtigen Teils und 3,5 vom Tausend für den Rest des Einheitswerts oder seines steuerpflichtigen Teils;

2. für Zweifamilienhäuser im Sinne des § 75 Abs. 6 des Bewertungsgesetzes 3,1 vom Tausend.

§ 16   Hauptveranlagung

(1) Die Steuermeßbeträge werden auf den Hauptfeststellungszeitpunkt (§ 21 Abs. 2 des Bewertungsgesetzes) allgemein festgesetzt (Hauptveranlagung). Dieser Zeitpunkt ist der Hauptveranlagungszeitpunkt.

(2) Der bei der Hauptveranlagung festgesetzte Steuermeßbetrag gilt vorbehaltlich der §§ 17 und 20 von dem Kalenderjahr an, das zwei Jahre nach dem Hauptveranlagungszeitpunkt beginnt. Dieser Steuermeßbetrag bleibt unbeschadet der §§ 17 und 20 bis zu dem Zeitpunkt maßgebend, von dem an die Steuermeßbeträge der nächsten Hauptveranlagung wirksam werden. Der sich nach den Sätzen 1 und 2 ergebende Zeitraum ist der Hauptveranlagungszeitraum.

(3) Ist die Festsetzungsfrist (§ 169 der Abgabenordnung) bereits abgelaufen, so kann die Hauptveranlagung unter Zugrundelegung der Verhältnisse vom Hauptveranlagungszeitpunkt mit Wirkung für einen späteren Veranlagungszeitpunkt vorgenommen werden, für den diese Frist noch nicht abgelaufen ist.

§ 17   Neuveranlagung

(1) Wird eine Wertfortschreibung (§ 22 Abs. 1 des Bewertungsgesetzes) oder eine Artfortschreibung oder Zurechnungsfortschreibung (§ 22 Abs. 2 des Bewertungsgesetzes) durchgeführt, so wird der Steuermeßbetrag auf den Fortschreibungszeitpunkt neu festgesetzt (Neuveranlagung).

(2) Der Steuermeßbetrag wird auch dann neu festgesetzt, wenn dem Finanzamt bekannt wird, daß

1. Gründe, die im Feststellungsverfahren über den Einheitswert nicht zu berücksichtigen sind, zu einem anderen als dem für den letzten Veranlagungszeitpunkt festgesetzten Steuermeßbetrag führen oder

2. die letzte Veranlagung fehlerhaft ist; § 176 der Abgabenordnung ist hierbei entsprechend anzuwenden; das gilt jedoch nur für Veranlagungszeitpunkte, die vor der Verkündung der maßgeblichen Entscheidung eines obersten Gerichts des Bundes liegen.

(3) Der Neuveranlagung werden die Verhältnisse im Neuveranlagungszeitpunkt zugrunde gelegt. Neuveranlagungszeitpunkt ist

1. in den Fällen des Absatzes 1 der Beginn des Kalenderjahres, auf den die Fortschreibung durchgeführt wird;

2. in den Fällen des Absatzes 2 Nr. 1 der Beginn des Kalenderjahres, auf den sich erstmals ein abweichender Steuermeßbetrag ergibt. § 16 Abs. 3 ist entsprechend anzuwenden;

3. in den Fällen des Absatzes 2 Nr. 2 der Beginn des Kalenderjahres, in dem der Fehler dem Finanzamt bekannt wird, bei einer Erhöhung des Steuermeßbetrags jedoch frühestens der Beginn des Kalenderjahres, in dem der Steuermeßbescheid erteilt wird.

(4) Treten die Voraussetzungen für eine Neuveranlagung während des Zeitraums zwischen dem Hauptveranlagungszeitpunkt und dem Zeitpunkt des Wirksamwerdens der Steuermeßbeträge (§ 16 Abs. 2) ein, so wird die Neuveranlagung auf den Zeitpunkt des Wirksamwerdens der Steuermeßbeträge vorgenommen.

§ 18 Nachveranlagung

(1) Wird eine Nachfeststellung (§ 23 Abs. 1 des Bewertungsgesetzes) durchgeführt, so wird der Steuermeßbetrag auf den Nachfeststellungszeitpunkt nachträglich festgesetzt (Nachveranlagung).

(2) Der Steuermeßbetrag wird auch dann nachträglich festgesetzt, wenn der Grund für die Befreiung des Steuergegenstandes von der Grundsteuer wegfällt, der für die Berechnung der Grundsteuer maßgebende Einheitswert (§ 13 Abs. 1) aber bereits festgestellt ist.

(3) Der Nachveranlagung werden die Verhältnisse im Nachveranlagungszeitpunkt zugrunde gelegt. Nachveranlagungszeitpunkt ist

1. in den Fällen des Absatzes 1 der Beginn des Kalenderjahres, auf den der Einheitswert nachträglich festgestellt wird;

2. in den Fällen des Absatzes 2 der Beginn des Kalenderjahres, der auf den Wegfall des Befreiungsgrundes folgt. § 16 Abs. 3 ist entsprechend anzuwenden.

(4) Treten die Voraussetzungen für eine Nachveranlagung während des Zeitraums zwischen dem Hauptveranlagungszeitpunkt und dem Zeitpunkt des Wirksamwerdens der Steuermeßbeträge (§ 16 Abs. 2) ein, so wird die Nachveranlagung auf den Zeitpunkt des Wirksamwerdens der Steuermeßbeträge vorgenommen.

§ 19 Anzeigepflicht

Jede Änderung in der Nutzung oder in den Eigentumsverhältnissen eines ganz oder teilweise von der Grundsteuer befreiten Steuergegenstandes hat derjenige anzuzeigen, der nach § 10 als Steuerschuldner in Betracht kommt. Die Anzeige ist innerhalb von drei Monaten nach Eintritt der Änderung bei dem Finanzamt zu erstatten, das für die Festsetzung des Steuermeßbetrags zuständig ist.

§ 20 Aufhebung des Steuermeßbetrags

(1) Der Steuermeßbetrag wird aufgehoben,

1. wenn der Einheitswert aufgehoben wird oder
2. wenn dem Finanzamt bekannt wird, daß
   a) für den ganzen Steuergegenstand ein Befreiungsgrund eingetreten ist oder
   b) der Steuermeßbetrag fehlerhaft festgesetzt worden ist.

(2) Der Steuermeßbetrag wird aufgehoben

1. in den Fällen des Absatzes 1 Nr. 1 mit Wirkung vom Aufhebungszeitpunkt (§ 24 Abs. 2 des Bewertungsgesetzes) an;
2. in den Fällen des Absatzes 1 Nr. 2 Buchstabe a mit Wirkung vom Beginn des Kalenderjahres an, der auf den Eintritt des Befreiungsgrundes folgt. § 16 Abs. 3 ist entsprechend anzuwenden;
3. in den Fällen des Absatzes 1 Nr. 2 Buchstabe b mit Wirkung vom Beginn des Kalenderjahres an, in dem der Fehler dem Finanzamt bekannt wird.

(3) Treten die Voraussetzungen für eine Aufhebung während des Zeitraums zwischen dem Hauptveranlagungszeitpunkt und dem Zeitpunkt des Wirksamwerdens der Steuermeßbeträge (§ 16 Abs. 2) ein, so wird die Aufhebung auf den Zeitpunkt des Wirksamwerdens der Steuermeßbeträge vorgenommen.

§ 21 Änderung von Steuermeßbescheiden

Bescheide über die Neuveranlagung oder die Nachveranlagung von Steuermeßbeträgen können schon vor dem maßgebenden Veranlagungszeitpunkt erteilt werden. Sie sind zu ändern oder aufzuheben, wenn sich bis zu diesem Zeitpunkt Änderungen ergeben, die zu einer abweichenden Festsetzung führen.

§ 22 Zerlegung des Steuermeßbetrags

(1) Erstreckt sich der Steuergegenstand über mehrere Gemeinden, so ist der Steuermeßbetrag vorbehaltlich des § 24 in die auf die einzelnen Gemeinden entfallenden Anteile zu zerlegen (Zerlegungsanteile). Für den Zerlegungsmaßstab gilt folgendes:

1. Bei Betrieben der Land- und Forstwirtschaft ist der auf den Wohnungswert entfallende Teil des Steuermeßbetrags der Gemeinde zuzuweisen, in der sich der Wohnteil oder dessen wertvollster Teil befindet. Der auf den Wirtschaftswert entfallende Teil des Steuermeßbetrags ist in dem Verhältnis zu zerlegen, in dem die auf die einzelnen Gemeinden entfallenden Flächengrößen zueinander stehen.

2. Bei Grundstücken ist der Steuermeßbetrag in dem Verhältnis zu zerlegen, in dem die auf die einzelnen Gemeinden entfallenden Flächengrößen zueinander stehen. Führt die Zerlegung nach Flächengrößen zu einem offenbar unbilligen Ergebnis, so hat das Finanzamt auf Antrag einer Gemeinde die Zerlegung nach dem Maßstab vorzunehmen, der nach bisherigem Recht zugrunde gelegt wurde. Dies gilt nur so lange, als keine wesentliche Änderung der tatsächlichen Verhältnisse eintritt; im Falle einer wesentlichen Änderung ist nach einem Maßstab zu zerlegen, der den tatsächlichen Verhältnissen besser Rechnung trägt.

Einigen sich die Gemeinden mit dem Steuerschuldner über die Zerlegungsanteile, so sind diese maßgebend.

(2) Entfällt auf eine Gemeinde ein Zerlegungsanteil von weniger als fünfzig Deutsche Mark, so ist dieser Anteil der Gemeinde zuzuweisen, der nach Absatz 1 der größte Zerlegungsanteil zusteht.

§ 23 Zerlegungsstichtag

(1) Der Zerlegung des Steuermeßbetrags werden die Verhältnisse in dem Feststellungszeitpunkt zugrunde gelegt, auf den der für die Festsetzung des Steuermeßbetrags maßgebende Einheitswert festgestellt worden ist.

(2) Ändern sich die Grundlagen für die Zerlegung, ohne daß der Einheitswert fortgeschrieben oder nachträglich festgestellt wird, so sind die Zerlegungsanteile nach dem Stand vom 1. Januar des folgenden Jahres neu zu ermitteln, wenn wenigstens bei einer Gemeinde der neue Anteil um mehr als ein Zehntel, mindestens aber um zwanzig Deutsche Mark von ihrem bisherigen Anteil abweicht.

§ 24 Ersatz der Zerlegung durch Steuerausgleich

Die Landesregierung kann durch Rechtsverordnung bestimmen, daß bei Betrieben der Land- und Forstwirtschaft, die sich über mehrere Gemeinden erstrecken, aus Vereinfachungsgründen an Stelle der Zerlegung ein Steuerausgleich stattfindet. Beim Steuerausgleich wird der gesamte Steuermeß-betrag der Gemeinde zugeteilt, in der der wertvollste Teil des Steuergegen-standes liegt (Sitzgemeinde); an dem Steueraufkommen der Sitzgemeinde werden die übrigen Gemeinden beteiligt. Die Beteiligung soll annähernd zu dem Ergebnis führen, das bei einer Zerlegung einträte.

Abschnitt III. Festsetzung und Entrichtung der Grundsteuer

§ 25 Festsetzung des Hebesatzes

(1) Die Gemeinde bestimmt, mit welchem Hundertsatz des Steuermeß-betrags oder des Zerlegungsanteils die Grundsteuer zu erheben ist (Hebe-satz).

(2) Der Hebesatz ist für ein oder mehrere Kalenderjahre, höchstens je-doch für den Hauptveranlagungszeitraum der Steuermeßbeträge festzuset-zen.

(3) Der Beschluß über die Festsetzung oder Änderung des Hebesatzes ist bis zum 30. Juni eines Kalenderjahres mit Wirkung vom Beginn dieses Kalenderjahres zu fassen. Nach diesem Zeitpunkt kann der Beschluß über die Festsetzung des Hebesatzes gefaßt werden, wenn der Hebesatz die Hö-he der letzten Festsetzung nicht überschreitet.

(4) Der Hebesatz muß jeweils einheitlich sein

1. für die in einer Gemeinde liegenden Betriebe der Land- und Forstwirt-schaft;

2. für die in einer Gemeinde liegenden Grundstücke.

Wird das Gebiet von Gemeinden geändert, so kann die Landesregierung oder die von ihr bestimmte Stelle für die von der Änderung betroffenen Gebietsteile auf eine bestimmte Zeit verschiedene Hebesätze zulassen.

§ 26 Koppelungsvorschriften und Höchsthebesätze

In welchem Verhältnis die Hebesätze für die Grundsteuer der Betriebe der Land- und Forstwirtschaft, für die Grundsteuer der Grundstücke, für die Gewerbesteuer nach dem Gewerbeertrag und dem Gewerbekapital *und für die Lohnsummensteuer*[1] zueinander stehen müssen, welche Höchstsätze nicht überschritten werden dürfen und inwieweit mit Genehmigung der Gemeindeaufsichtsbehörde Ausnahmen zugelassen werden können, bleibt einer landesrechtlichen Regelung vorbehalten.

§ 27 Festsetzung der Grundsteuer

(1) Die Grundsteuer wird für das Kalenderjahr festgesetzt. Ist der Hebe-satz für mehr als ein Kalenderjahr festgesetzt, kann auch die jährlich zu

---

[1] Lohnsummensteuer aufgehoben durch Gesetz vom 30. 11. 1978 (BGBl. I S. 1849).

erhebende Grundsteuer für die einzelnen Kalenderjahre dieses Zeitraums festgesetzt werden.

(2) Wird der Hebesatz geändert (§ 25 Abs. 3), so ist die Festsetzung nach Absatz 1 zu ändern.

(3) Für diejenigen Steuerschuldner, die für das Kalenderjahr die gleiche Grundsteuer wie im Vorjahr zu entrichten haben, kann die Grundsteuer durch öffentliche Bekanntmachung festgesetzt werden. Für die Steuerschuldner treten mit dem Tage der öffentlichen Bekanntmachung die gleichen Rechtswirkungen ein, wie wenn ihnen an diesem Tage ein schriftlicher Steuerbescheid zugegangen wäre.

§ 28 Fälligkeit

(1) Die Grundsteuer wird zu je einem Viertel ihres Jahresbetrags am 15. Februar, 15. Mai, 15. August und 15. November fällig.

(2) Die Gemeinden können bestimmen, daß Kleinbeträge wie folgt fällig werden:

1. am 15. August mit ihrem Jahresbetrag, wenn dieser dreißig Deutsche Mark nicht übersteigt;

2. am 15. Februar und 15. August zu je einer Hälfte ihres Jahresbetrags, wenn dieser sechzig Deutsche Mark nicht übersteigt.

(3) Auf Antrag des Steuerschuldners kann die Grundsteuer abweichend vom Absatz 1 oder Absatz 2 Nr. 2 am 1. Juli in einem Jahresbetrag entrichtet werden. Der Antrag muß spätestens bis zum 30. September des vorangehenden Kalenderjahres gestellt werden. Die beantragte Zahlungsweise bleibt so lange maßgebend, bis ihre Änderung beantragt wird; die Änderung muß spätestens bis zum 30. September des vorangehenden Jahres beantragt werden.

§ 29[1] Vorauszahlungen

Der Steuerschuldner hat bis zur Bekanntgabe eines neuen Steuerbescheids zu den bisherigen Fälligkeitstagen Vorauszahlungen unter Zugrundelegung der zuletzt festgesetzten Jahressteuer zu entrichten.

§ 30 Abrechnung über die Vorauszahlungen

(1) Ist die Summe der Vorauszahlungen, die bis zur Bekanntgabe des neuen Steuerbescheids zu entrichten waren (§ 29), kleiner als die Steuer, die sich nach dem bekanntgegebenen Steuerbescheid für die vorausgegangenen Fälligkeitstage ergibt (§ 28), so ist der Unterschiedsbetrag innerhalb eines Monats nach Bekanntgabe des Steuerbescheids zu entrichten. Die Verpflichtung, rückständige Vorauszahlungen schon früher zu entrichten, bleibt unberührt.

---

[1] Hinsichtlich Vorauszahlungen zur Grundsteuer im Gebiet der ehem. DDR siehe Einigungsvertrag Anl. I, Kap. IV, Sachgebiet B, Abschn. II Nr. 15, – abgedruckt vor **1** –.

(2) Ist die Summe der Vorauszahlungen, die bis zur Bekanntgabe des neuen Steuerbescheids entrichtet worden sind, größer als die Steuer, die sich nach dem bekanntgegebenen Steuerbescheid für die vorangegangenen Fälligkeitstage ergibt, so wird der Unterschiedsbetrag nach Bekanntgabe des Steuerbescheids durch Aufrechnung oder Zurückzahlung ausgeglichen.

(3) Die Absätze 1 und 2 gelten entsprechend, wenn der Steuerbescheid aufgehoben oder geändert wird.

§ 31 Nachentrichtung der Steuer

Hatte der Steuerschuldner bis zur Bekanntgabe der Jahressteuer keine Vorauszahlungen nach § 29 zu entrichten, so hat er die Steuer, die sich nach dem bekanntgegebenen Steuerbescheid für die vorangegangenen Fälligkeitstage ergibt (§ 28), innerhalb eines Monats nach Bekanntgabe des Steuerbescheids zu entrichten.

Abschnitt IV. Erlaß der Grundsteuer

§ 32 Erlaß für Kulturgut und Grünanlagen

(1) Die Grundsteuer ist zu erlassen

1. für Grundbesitz oder Teile von Grundbesitz, dessen Erhaltung wegen seiner Bedeutung für Kunst, Geschichte, Wissenschaft oder Naturschutz im öffentlichen Interesse liegt, wenn die erzielten Einnahmen und die sonstigen Vorteile (Rohertrag) in der Regel unter den jährlichen Kosten liegen. Bei Park- und Gartenanlagen von geschichtlichem Wert ist der Erlaß von der weiteren Voraussetzung abhängig, daß sie in dem billigerweise zu fordernden Umfang der Öffentlichkeit zugänglich gemacht sind;

2. für öffentliche Grünanlagen, Spiel- und Sportplätze, wenn die jährlichen Kosten in der Regel den Rohertrag übersteigen.

(2) Ist der Rohertrag für Grundbesitz, in dessen Gebäuden Gegenstände von wissenschaftlicher, künstlerischer oder geschichtlicher Bedeutung, insbesondere Sammlungen oder Bibliotheken, dem Zweck der Forschung oder Volksbildung nutzbar gemacht sind, durch die Benutzung zu den genannten Zwecken nachhaltig gemindert, so ist von der Grundsteuer der Hundertsatz zu erlassen, um den der Rohertrag gemindert ist. Das gilt nur, wenn die wissenschaftliche, künstlerische oder geschichtliche Bedeutung der untergebrachten Gegenstände durch die Landesregierung oder die von ihr beauftragte Stelle anerkannt ist.

§ 33 Erlaß wegen wesentlicher Ertragsminderung

(1) Ist bei Betrieben der Land- und Forstwirtschaft und bei bebauten Grundstücken der normale Rohertrag des Steuergegenstandes um mehr als

8 GrStG § 33 Grundsteuergesetz

20 vom Hundert gemindert und hat der Steuerschuldner die Minderung
des Rohertrags nicht zu vertreten, so wird die Grundsteuer in Höhe des
Prozentsatzes erlassen, der vier Fünfteln des Prozentsatzes der Minderung
entspricht. Bei Betrieben der Land- und Forstwirtschaft und bei eigengewerblich genutzten bebauten Grundstücken wird der Erlaß nur gewährt,
wenn die Einziehung der Grundsteuer nach den wirtschaftlichen Verhältnissen des Betriebs unbillig wäre. Normaler Rohertrag ist

1. bei Betrieben der Land- und Forstwirtschaft der Rohertrag, der nach den
   Verhältnissen zu Beginn des Erlaßzeitraums bei ordnungsmäßiger Bewirtschaftung gemeinhin und nachhaltig erzielbar wäre;

2. bei bebauten Grundstücken, deren Wert nach dem Bewertungsgesetz im
   Ertragswertverfahren zu ermitteln ist, die Jahresrohmiete, die bei einer
   Hauptfeststellung auf den Beginn des Erlaßzeitraums maßgebend wäre.
   § 79 Abs. 3 und 4 des Bewertungsgesetzes findet keine Anwendung;

3. bei bebauten Grundstücken, deren Wert nach dem Bewertungsgesetz im
   Sachwertverfahren zu ermitteln ist, die nach den Verhältnissen zu Beginn des Erlaßzeitraums geschätzte übliche Jahresrohmiete.

In den Fällen des § 77 des Bewertungsgesetzes gilt als normaler Rohertrag
die in entsprechender Anwendung des Satzes 3 Nr. 2 oder 3 zu ermittelnde
Jahresrohmiete.

(2) Bei eigengewerblich genutzten bebauten Grundstücken gilt als Minderung des normalen Rohertrags die Minderung der Ausnutzung des
Grundstücks.

(3) Umfaßt der Wirtschaftsteil eines Betriebs der Land- und Forstwirtschaft nur die forstwirtschaftliche Nutzung, so ist die Ertragsminderung
danach zu bestimmen, in welchem Ausmaß eingetretene Schäden den Ertragswert der forstwirtschaftlichen Nutzung bei einer Wertfortschreibung
mindern würden.

(4) Wird nur ein Teil des Grundstücks eigengewerblich genutzt, so ist
die Ertragsminderung für diesen Teil nach Absatz 2, für den übrigen Teil
nach Absatz 1 zu bestimmen. Umfaßt der Wirtschaftsteil eines Betriebs der
Land- und Forstwirtschaft nur zu einem Teil die forstwirtschaftliche Nutzung, so ist die Ertragsminderung für diesen Teil nach Absatz 3, für den
übrigen Teil nach Absatz 1 zu bestimmen. In den Fällen der Sätze 1 und 2
ist für den ganzen Steuergegenstand ein einheitlicher Hundertsatz der Ertragsminderung nach dem Anteil der einzelnen Teile am Einheitswert des
Grundstücks oder am Wert des Wirtschaftsteils des Betriebs der Land- und
Forstwirtschaft zu ermitteln.

(5) Eine Ertragsminderung ist kein Erlaßgrund, wenn sie für den Erlaßzeitraum durch Fortschreibung des Einheitswerts berücksichtigt werden
kann oder bei rechtzeitiger Stellung des Antrags auf Fortschreibung hätte
berücksichtigt werden können.

§ 34 Verfahren

(1) Der Erlaß wird jeweils nach Ablauf eines Kalenderjahres für die Grundsteuer ausgesprochen, die für das Kalenderjahr festgesetzt worden ist (Erlaßzeitraum). Maßgebend für die Entscheidung über den Erlaß sind die Verhältnisse des Erlaßzeitraums.

(2) Der Erlaß wird nur auf Antrag gewährt. Der Antrag ist bis zu dem auf den Erlaßzeitraum folgenden 31. März zu stellen.

(3) In den Fällen des § 32 bedarf es keiner jährlichen Wiederholung des Antrags. Der Steuerschuldner ist verpflichtet, eine Änderung der maßgeblichen Verhältnisse der Gemeinde binnen drei Monaten nach Eintritt der Änderung anzuzeigen.

Abschnitt V. Übergangs- und Schlußvorschriften

§ 35 Auslaufende Beihilfen zur Förderung von Arbeiterwohnstätten

§ 29 des Grundsteuergesetzes in der Fassung der Bekanntmachung vom 10. August 1951 (Bundesgesetzbl. I S. 519), zuletzt geändert durch das Gesetz zur Änderung des Grundsteuergesetzes vom 24. August 1965 (Bundesgesetzbl. I S. 905), ist in den Fällen, in denen der Beihilfezeitraum am 1. Januar 1974 noch nicht abgelaufen ist, weiter anzuwenden.

§ 36 Steuervergünstigung für abgefundene Kriegsbeschädigte

(1) Der Veranlagung der Steuermeßbeträge für Grundbesitz solcher Kriegsbeschädigten, die zum Erwerb oder zur wirtschaftlichen Stärkung ihres Grundbesitzes eine Kapitalabfindung auf Grund des Gesetzes über die Versorgung der Opfer des Krieges (Bundesversorgungsgesetz) in der Fassung der Bekanntmachung vom 20. Januar 1967 (Bundesgesetzbl. I S. 141, 180), zuletzt geändert durch das Vierte Anpassungsgesetz-KOV vom 24. Juli 1972 (Bundesgesetzbl. I S. 1284), erhalten haben, ist der um die Kapitalabfindung verminderte Einheitswert zugrunde zu legen. Die Vergünstigung wird nur so lange gewährt, als die Versorgungsgebührnisse wegen der Kapitalabfindung in der gesetzlichen Höhe gekürzt werden.

(2) Die Steuervergünstigung nach Absatz 1 ist auch für ein Grundstück eines gemeinnützigen Wohnungs- oder Siedlungsunternehmens zu gewähren, wenn die folgenden Voraussetzungen sämtlich erfüllt sind:

1. Der Kriegsbeschädigte muß für die Zuweisung des Grundstücks die Kapitalabfindung an das Wohnungs- oder Siedlungsunternehmen bezahlt haben.
2. Er muß entweder mit dem Unternehmen einen Mietvertrag mit Kaufanwartschaft in der Weise abgeschlossen haben, daß er zur Miete wohnt,

bis das Eigentum an dem Grundstück von ihm erworben ist, oder seine Rechte als Mieter müssen durch den Mietvertrag derart geregelt sein, daß das Mietverhältnis dem Eigentumserwerb fast gleichkommt.

3. Es muß sichergestellt sein, daß die Steuervergünstigung in vollem Umfang dem Kriegsbeschädigten zugute kommt.

(3) Lagen die Voraussetzungen des Absatzes 1 oder des Absatzes 2 bei einem verstorbenen Kriegsbeschädigten zur Zeit seines Todes vor und hat seine Witwe das Grundstück ganz oder teilweise geerbt, so ist auch der Witwe die Steuervergünstigung zu gewähren, wenn sie in dem Grundstück wohnt. Verheiratet sich die Witwe wieder, so fällt die Steuervergünstigung weg.

§ 37 Sondervorschriften für die Hauptveranlagung 1974

(1) Auf den 1. Januar 1974 findet eine Hauptveranlagung der Grundsteuermeßbeträge statt (Hauptveranlagung 1974). Der Steuermeßbescheid kann bereits vor dem 1. Januar 1974 erteilt werden; § 21 gilt sinngemäß.

(2) Die Hauptveranlagung 1974 gilt mit Wirkung von dem am 1. Januar 1974 beginnenden Kalenderjahr an. Der Beginn dieses Kalenderjahres ist der Hauptveranlagungszeitpunkt.

(3) Bei der Hauptveranlagung 1974 gilt Artikel 1 des Bewertungsänderungsgesetzes 1971 vom 27. Juli 1971 (Bundesgesetzbl. I S. 1157).[1]

(4) Die bei der Hauptfeststellung der Einheitswerte des Grundbesitzes auf den 1. Januar 1964 festgestellten Einheitswerte sind, soweit die Steuerpflicht in diesem Gesetz abweichend vom bisherigen Recht geregelt ist, zu ändern.

§ 38 Anwendung des Gesetzes

Diese Fassung des Gesetzes gilt erstmals für die Grundsteuer des Kalenderjahres 1991.

§ 39 Berlin-Klausel

(gegenstandslos)

Abschnitt VI. Grundsteuer für Steuergegenstände in dem in Artikel 3 des Einigungsvertrages[2] genannten Gebiet ab dem Kalenderjahr 1991

§ 40 Land- und forstwirtschaftliches Vermögen

Anstelle der Betriebe der Land- und Forstwirtschaft im Sinne des § 2 tritt das zu einer Nutzungseinheit zusammengefaßte Vermögen im Sinne des

---

[1] Abgedruckt unter Nr. 204 in der Loseblattsammlung **„Steuergesetze I"** *(C.H. Beck, München)*.
[2] Auszugsweise abgedruckt vor **1**.

§ 125 Abs. 3 des Bewertungsgesetzes. Schuldner der Grundsteuer ist abweichend von § 10 der Nutzer des land- und forstwirtschaftlichen Vermögens (§ 125 Abs. 2 des Bewertungsgesetzes). Mehrere Nutzer des Vermögens sind Gesamtschuldner.

§ 41 Bemessung der Grundsteuer für Grundstücke nach dem Einheitswert

Ist ein im Veranlagungszeitpunkt für die Grundsteuer maßgebender Einheitswert 1935 festgestellt oder festzustellen (§ 132 des Bewertungsgesetzes), gelten bei der Festsetzung des Steuermeßbetrags abweichend von § 15 die Steuermeßzahlen der weiter anwendbaren §§ 29 bis 33 der Grundsteuerdurchführungsverordnung vom 1. Juli 1937 (RGBl. I S. 733). Die ermäßigten Steuermeßzahlen für Einfamilienhäuser gelten nicht für das Wohnungseigentum und das Wohnungserbbaurecht einschließlich des damit belasteten Grundstücks.

§ 42 Bemessung der Grundsteuer für Mietwohngrundstücke und Einfamilienhäuser nach der Ersatzbemessungsgrundlage

(1) Bei Mietwohngrundstücken und Einfamilienhäusern, für die ein im Veranlagungszeitpunkt für die Grundsteuer maßgebender Einheitswert 1935 nicht festgestellt oder festzustellen ist (§ 132 des Bewertungsgesetzes), bemißt sich der Jahresbetrag der Grundsteuer nach der Wohnfläche und bei anderweitiger Nutzung nach der Nutzfläche (Ersatzbemessungsgrundlage).

(2) Bei einem Hebesatz von 300 vom Hundert für Grundstücke beträgt der Jahresbetrag der Grundsteuer für das Grundstück

a) für Wohnungen, die mit Bad, Innen-WC und Sammelheizung ausgestattet sind,
2 Deutsche Mark je m^2 Wohnfläche,
b) für andere Wohnungen
1,50 Deutsche Mark je m^2 Wohnfläche,
c) je Abstellplatz für Personenkraftwagen in einer Garage
10 Deutsche Mark.

Für Räume, die anderen als Wohnzwecken dienen, ist der Jahresbetrag je m^2 Nutzfläche anzusetzen, der für die auf dem Grundstück befindlichen Wohnungen maßgebend ist.

(3) Wird der Hebesatz abweichend von Absatz 2 festgesetzt, erhöhen oder vermindern sich die Jahresbeträge des Absatzes 2 in dem Verhältnis, in dem der festgesetzte Hebesatz für Grundstücke zu dem Hebesatz von 300 vom Hundert steht. Der sich danach ergebende Jahresbetrag je m^2 Wohn- oder Nutzfläche wird auf volle Deutsche Pfennige nach unten abgerundet.

(4) Steuerschuldner ist derjenige, dem das Gebäude bei einer Feststellung des Einheitswerts gemäß § 10 zuzurechnen wäre. Das gilt auch dann, wenn der Grund und Boden einem anderen gehört.

§ 43 Steuerfreiheit für neugeschaffene Wohnungen

(1) Für Grundstücke mit neugeschaffenen Wohnungen, die nach dem 31. Dezember 1980 und vor dem 1. Januar 1992 bezugsfertig geworden sind oder bezugsfertig werden, gilt folgendes:

1. Grundstücke mit Wohnungen, die vor dem 1. Januar 1990 bezugsfertig geworden sind, bleiben für den noch nicht abgelaufenen Teil eines zehnjährigen Befreiungszeitraums steuerfrei, der mit dem 1. Januar des Kalenderjahres beginnt, das auf das Jahr der Bezugsfertigkeit des Gebäudes folgt;

2. Grundstücke mit Wohnungen, die im Kalenderjahr 1990 bezugsfertig geworden sind, sind bis zum 31. Dezember 2000 steuerfrei;

3. Grundstücke mit Wohnungen, die im Kalenderjahr 1991 bezugsfertig werden, sind bis zum 31. Dezember 2001 steuerfrei.

Dies gilt auch, wenn vor dem 1. Januar 1991 keine Steuerfreiheit gewährt wurde.

(2) Befinden sich auf einem Grundstück nur zum Teil steuerfreie Wohnungen im Sinne des Absatzes 1, gilt folgendes:

1. Wird die Grundsteuer nach dem Einheitswert bemessen (§ 41), bemißt sich der Steuermeßbetrag für den sich aus Absatz 1 ergebenden Befreiungszeitraum nur nach dem Teil des jeweils maßgebenden Einheitswerts, der auf die steuerpflichtigen Wohnungen und Räume einschließlich zugehörigen Grund und Bodens entfällt. Der steuerpflichtige Teil des Einheitswerts wird im Steuermeßbetragsverfahren ermittelt.

2. Ist die Ersatzbemessungsgrundlage Wohn- oder Nutzfläche maßgebend (§ 42), bleibt während der Dauer des sich aus Absatz 1 ergebenden Befreiungszeitraums die Wohnfläche der befreiten Wohnungen bei Anwendung des § 42 außer Ansatz.

(3) Einer Wohnung stehen An-, Aus- oder Umbauten gleich, die der Vergrößerung oder Verbesserung von Wohnungen dienen. Voraussetzung ist, daß die Baumaßnahmen zu einer Wertfortschreibung geführt haben oder führen.

§ 44 Steueranmeldung

(1) Soweit die Grundsteuer nach der Wohn- oder Nutzfläche zu bemessen ist, hat der Steuerschuldner eine Steuererklärung nach amtlich vorgeschriebenem Vordruck abzugeben, in der er die Grundsteuer nach § 42 selbst berechnet (Steueranmeldung).

(2) Der Steuerschuldner hat der Berechnung der Grundsteuer den Hebesatz zugrunde zu legen, den die Gemeinde bis zum Beginn des Kalenderjahres bekanntgemacht hat, für das die Grundsteuer erhoben wird. Andernfalls hat er die Grundsteuer nach dem Hebesatz des Vorjahres zu berechnen; für das Kalenderjahr 1991 gilt insoweit ein Hebesatz von 300 vom Hundert.

(3) Die Steueranmeldung ist für jedes Kalenderjahr nach den Verhältnissen zu seinem Beginn bis zu dem Fälligkeitstag abzugeben, zu dem Grundsteuer für das Kalenderjahr nach § 28 erstmals fällig ist. Für die Entrichtung der Grundsteuer gilt § 28 entsprechend.

§ 45 Fälligkeit von Kleinbeträgen

Hat der Rat der Stadt oder Gemeinde vor dem 1. Januar 1991 für kleinere Beträge eine Zahlungsweise zugelassen, die von § 28 Abs. 2 und 3 abweicht, bleibt die Regelung bestehen, bis sie aufgehoben wird.

§ 46 Zuständigkeit der Gemeinden

Die Festsetzung und Erhebung der Grundsteuer obliegt bis zu einer anderen landesrechtlichen Regelung den Gemeinden.

9.1 Investitionszulagengesetz 1986 (InvZulG 1986)[1]

In der Fassung der Bekanntmachung vom 28. Januar 1986

(BGBl. I S. 231; BStBl. 87 I, 56)
Geändert durch Steuerreformgesetz 1990 vom 25. 7. 1988 (BGBl. I S. 1093)

BGBl. III 707-6

§ 1 Investitionszulage für Investitionen im Zonenrandgebiet und in anderen förderungsbedürftigen Gebieten

(1) Steuerpflichtigen im Sinne des Einkommensteuergesetzes und des Körperschaftsteuergesetzes, die eine gewerbliche Betriebsstätte errichten oder erweitern und die durch eine Bescheinigung nach § 2 nachweisen,

1. daß die Errichtung oder Erweiterung in einem förderungsbedürftigen Gebiet durchgeführt wird und

2. daß die Errichtung oder Erweiterung volkswirtschaftlich besonders förderungswürdig ist und den Zielen und Grundsätzen der Raumordnung und Landesplanung entspricht,

wird auf Antrag für die im Zusammenhang mit der Errichtung oder Erweiterung der Betriebsstätte vorgenommenen Investitionen eine Investitionszulage gewährt. Mehrere Betriebsstätten eines Gewerbebetriebs des Steuerpflichtigen in derselben Gemeinde gelten als eine einheitliche Betriebsstätte. Wird eine Betriebsstätte von einer Gesellschaft im Sinne des § 15 Abs. 1 Nr. 2 des Einkommensteuergesetzes errichtet oder erweitert, gelten die Sätze 1 und 2 mit der Maßgabe, daß der Gesellschaft eine Investitionszulage gewährt wird. Eine Investitionszulage wird nicht gewährt, soweit Investitionen vor dem Zeitpunkt abgeschlossen worden sind, in dem der Antrag auf Erteilung einer Bescheinigung nach § 2 gestellt worden ist.

(2) Eine Investitionszulage wird auf Antrag auch für Investitionen gewährt, die im Zusammenhang mit der Umstellung oder grundlegenden Rationalisierung einer im Zonenrandgebiet belegenen gewerblichen Betriebsstätte vorgenommen werden, wenn durch eine Bescheinigung nach § 2 nachgewiesen wird, daß die Umstellung oder grundlegende Rationalisierung volkswirtschaftlich besonders förderungswürdig ist und den Zielen und Grundsätzen der Raumordnung und Landesplanung entspricht. Für Investitionen, die der Ersatzbeschaffung dienen, wird eine Investititonszulage nicht gewährt. Absatz 1 gilt im übrigen sinngemäß.

(3) Investitionen im Sinne der Absätze 1 und 2 sind

1. die Anschaffung oder Herstellung von neuen abnutzbaren beweglichen Wirtschaftsgütern des Anlagevermögens, die nicht zu den geringwerti-

---

[1] Zum Anwendungsbereich vgl. § 8, zum Außerkrafttreten § 9.

gen Wirtschaftsgütern im Sinne des § 6 Abs. 2 des Einkommensteuergesetzes gehören und mindestens drei Jahre nach ihrer Anschaffung oder Herstellung in der Betriebsstätte des Steuerpflichtigen verbleiben, und

2. die Herstellung von abnutzbaren unbeweglichen Wirtschaftsgütern des Anlagevermögens sowie von Ausbauten und Erweiterungen an abnutzbaren unbeweglichen Wirtschaftsgütern des Anlagevermögens, die Gebäude, Gebäudeteile, Eigentumswohnungen oder im Teileigentum stehende Räume sind, wenn die Wirtschaftsgüter oder die ausgebauten oder neu hergestellten Teile mindestens drei Jahre nach ihrer Herstellung vom Steuerpflichtigen ausschließlich zu eigenbetrieblichen Zwecken verwendet werden.

Voraussetzung für die Gewährung der Investitionszulage ist, daß die Wirtschaftsgüter und die ausgebauten oder neu hergestellten Teile in ein besonderes Verzeichnis aufgenommen worden sind, das den Tag der Anschaffung oder Herstellung und die Anschaffungs- oder Herstellungskosten enthält. Das Verzeichnis braucht nicht geführt zu werden, wenn diese Angaben aus der Buchführung ersichtlich sind. Die Anschaffung oder Herstellung von Seeschiffen und Luftfahrzeugen gehört nicht zu den Investitionen im Sinne der Absätze 1 und 2.

(4) Die Investitionszulage beträgt

1. bei Investitionen im Zonenrandgebiet 10 vom Hundert,

2. bei Investitionen in den übrigen förderungsbedürftigen Gebieten 8,75 vom Hundert

der Summe der Anschaffungs- oder Herstellungskosten der im Wirtschaftsjahr angeschafften oder hergestellten Wirtschaftsgüter und der Herstellungskosten der im Wirtschaftsjahr beendeten Ausbauten und Erweiterungen, die Investitionen im Sinne des Absatzes 3 sind. Die Summe der Anschaffungs- oder Herstellungskosten ist auf den für das bescheinigte Investitionsvorhaben festgesetzten Höchstbetrag im Sinne des § 2 Abs. 4 begrenzt.

(5) Die Investitionszulage kann bereits für im Wirtschaftsjahr aufgewendete Anzahlungen auf Anschaffungskosten und für Teilherstellungskosten gewährt werden. In diesem Fall dürfen die nach den Absätzen 1 bis 3 begünstigten Anschaffungs- oder Herstellungskosten im Wirtschaftsjahr der Anschaffung oder Herstellung bei der Bemessung der Investitionszulage nur berücksichtigt werden, soweit sie die Anzahlungen oder Teilherstellungskosten übersteigen. § 7a Abs. 2 Satz 3 bis 5 des Einkommensteuergesetzes gilt entsprechend.

§ 2 Nachweis der Förderungswürdigkeit

(1) Die Bescheinigung, daß die in § 1 Abs. 1 Nr. 1 und 2 und Abs. 2 Satz 1 letzter Satzteil bezeichneten Voraussetzungen vorliegen, erteilt auf

Antrag der Bundesminister für Wirtschaft im Benehmen mit der von der Landesregierung bestimmten Stelle. Der Bundesminister für Wirtschaft kann seine Befugnisse auf das Bundesamt für Wirtschaft übertragen.

(2) Die Errichtung, Erweiterung, Umstellung oder grundlegende Rationalisierung einer Betriebsstätte im Sinne des § 1 (Investitionsvorhaben) ist volkswirtschaftlich besonders förderungswürdig im Sinne dieses Gesetzes, wenn

1. a) in einem im Rahmenplan nach dem Gesetz über die Gemeinschaftsausgabe „Verbesserung der regionalen Wirtschaftsstruktur" vom 6. Oktober 1969 (BGBl. I S. 1861) – Rahmenplan – ausgewiesenen Schwerpunktort eines förderungsbedürftigen Gebiets eine Betriebsstätte errichtet oder erweitert wird; der Rahmenplan ist insoweit im Bundesanzeiger bekanntzumachen,

   b) in einem förderungsbedürftigen Gebiet eine Betriebsstätte erweitert wird, die der Steuerpflichtige entweder vor dem 1. Januar 1977 errichtet oder erworben hatte oder nach dem 31. Dezember 1976 in einer Gemeinde errichtet oder erworben hat, die zum Zeitpunkt der Errichtung oder des Erwerbs als Schwerpunktort im Rahmenplan ausgewiesen war,

   c) in einem förderungsbedürftigen Gebiet eine Betriebsstätte erweitert wird, die der Steuerpflichtige erworben hat und in der vor dem Erwerb eine förderungswürdige Tätigkeit ausgeübt wurde, wenn die Betriebsstätte von der Stillegung bedroht oder bereits stillgelegt war oder

   d) im Zonenrandgebiet eine Betriebsstätte umgestellt oder grundlegend rationalisiert wird,

2. ein Investitionsvorhaben in einer Betriebsstätte des Fremdenverkehrs durchgeführt wird, die auf Dauer gewerblich genutzt wird, nicht nur geringfügig der Beherbergung dient und sich in einem Fremdenverkehrsgebiet nach § 3 Abs. 2 befindet; unter diesen Voraussetzungen sind Investitionen zur qualitativen Verbesserung des Angebots einer grundlegenden Rationalisierung gleichgestellt; Investitionsvorhaben in sonstigen Betriebsstätten des Fremdenverkehrs sind nicht volkswirtschaftlich besonders förderungswürdig,

3. in der Betriebsstätte überwiegend Güter hergestellt oder Leistungen erbracht werden, die ihrer Art nach regelmäßig überregional abgesetzt werden, und das Investitionsvorhaben somit geeignet ist, unmittelbar und auf die Dauer das Gesamteinkommen in dem jeweiligen Wirtschaftsraum nicht unwesentlich zu erhöhen,

4. bei der Erweiterung einer Betriebsstätte im Sinne von Nummer 1 Buchstabe a bis c oder bei einer im Zusammenhang mit einer Betriebsverlagerung innerhalb der förderungsbedürftigen Gebiete stehenden Errichtung einer Betriebsstätte im Sinne von Nummer 1 Buchstabe a die Zahl der

bei Investitionsbeginn in der zu fördernden Betriebsstätte bestehenden Dauerarbeitsplätze um mindestens 15 vom Hundert erhöht wird oder mindestens 50 zusätzliche Dauerarbeitsplätze geschaffen werden; hierbei zählt ein Ausbildungsplatz wie zwei Dauerarbeitsplätze; bei Fremdenverkehrsbetriebsstätten im Sinne der Nummer 2 wird auch eine Erhöhung der Bettenzahl um mindestens 20 vom Hundert als ausreichend angesehen. Diese Voraussetzungen gelten auch, wenn im Zuge einer Errichtung oder Verlagerung die bisherige Betriebsstätte in derselben Gemeinde aufgegeben wird,

5. in den Fällen des § 1 Abs. 2 die Umstellung oder grundlegende Rationalisierung für den Fortbestand der Betriebsstätte und zur Sicherung der dort bestehenden Dauerarbeitsplätze erforderlich ist,

6. der Subventionswert der für das Investitionsvorhaben aus öffentlichen Mitteln gewährten Zuschüsse, Darlehen oder ähnlichen direkten Finanzhilfen einschließlich der beantragten Investitionszulagen die im Rahmenplan festgelegten Höchstsätze nicht überschreitet; der Rahmenplan ist insoweit im Bundesanzeiger bekanntzumachen,

7. nicht zu besorgen ist, daß
   a) das Investitionsvorhaben die Abhängigkeit des jeweiligen Wirtschaftsraums von Unternehmen bestimmter Wirtschaftszweige erheblich verstärkt oder in ähnlicher Weise die Wirtschaftsstruktur verschlechtert,
   b) die Gewährung der Investitionszulage zu unangemessenen Wettbewerbsvorteilen gegenüber anderen in dem jeweiligen Wirtschaftsraum ansässigen Unternehmen führt.

Soweit das Vorliegen der Voraussetzungen der Nummern 3, 5 und 7 von einer Würdigung der gesamtwirtschaftlichen oder regionalwirtschaftlichen Lage oder Entwicklung abhängt, ist diese Würdigung nach pflichtgemäßem Ermessen vorzunehmen.

(3) Investitionsvorhaben sind nicht volkswirtschaftlich besonders förderungswürdig, wenn sie Anlagen zur Erzeugung oder Verteilung elektrischer Energie betreffen, die nicht überwiegend dem betrieblichen Eigenbedarf dient.

(4) Investitionsvorhaben, welche die Voraussetzungen des Absatzes 2 erfüllen, sind nur bis zu einem Höchstbetrag förderungsfähig. Der Höchstbetrag errechnet sich aus der Zahl der durch das Investitionsvorhaben geschaffenen oder gesicherten Dauerarbeitsplätze, vervielfacht mit dem Zehnfachen der im Rahmenplan festgelegten durchschnittlichen Investitionskosten je gefördertem Arbeitsplatz; der Rahmenplan ist insoweit im Bundesanzeiger bekanntzumachen. Der Höchstbetrag für das Investitionsvorhaben ist in der Bescheinigung festzusetzen.

(5) Die Bescheinigung darf nur für Investititionsvorhaben erteilt werden, die nach Lage, Art und Umfang hinreichend bestimmt sind. Sie kann

versagt werden, wenn das Investitionsvorhaben im Zusammenhang mit einer Betriebsverlagerung aus Berlin (West) steht. Die Bescheinigung kann unter Bedingungen erteilt oder mit Auflagen verbunden werden.

(6) Wird nach Erteilung der Bescheinigung festgestellt, daß das tatsächlich durchgeführte Investitionsvorhaben nach Lage, Art oder Umfang nicht der Bescheinigung entspricht oder daß bei dem tatsächlich durchgeführten Investitionsvorhaben die Voraussetzungen der Absätze 2 bis 4 nicht vorliegen, kann die Bescheinigung zurückgenommen werden.

§ 3 Förderungsbedürftige Gebiete

(1) Förderungsbedürftige Gebiete im Sinne des Gesetzes sind

1. das Zonenrandgebiet im Sinne des § 9 des Zonenrandförderungsgesetzes vom 5. August 1971 (BGBl. I S. 1237),

2. das Steinkohlenbergbaugebiet Saar im Sinne des Abschnitts D der Anlage zum Gesetz zur Anpassung und Gesundung des deutschen Steinkohlenbergbaus und der deutschen Steinkohlenbergbaugebiete vom 15. Mai 1968 (BGBl. I S. 365), geändert durch die Verordnung vom 17. Dezember 1970 (BGBl. I S. 1743), und

3. Gebiete,
   a) deren Wirtschaftskraft erheblich unter dem Bundesdurchschnitt liegt oder erheblich darunter abzusinken droht oder
   b) in denen Wirtschaftszweige vorherrschen, die vom Strukturwandel in einer Weise betroffen oder bedroht sind, daß negative Rückwirkungen auf das Gebiet in erheblichem Umfang eingetreten oder absehbar sind.

(2) Fremdenverkehrsgebiete im Sinne des § 2 Abs. 2 Nr. 2 sind förderungsbedürftige Gebiete im Sinne des Absatzes 1, die nach Lage, Klima, Landschaft, Art der Besiedlung oder ähnlichen Umständen in besonderem Maße für den Fremdenverkehr geeignet sind.

(3) Die förderungsbedürftigen Gebiete im Sinne des Absatzes 1 Nr. 3 und die Fremdenverkehrsgebiete werden in dem jeweils gültigen Rahmenplan nach dem Gesetz über die Gemeinschaftsaufgabe „Verbesserung der regionalen Wirtschaftsstruktur" vom 6. Oktober 1969 (BGBl. I S. 1861) im einzelnen festgelegt. Der Rahmenplan ist insoweit im Bundesanzeiger bekanntzumachen.

§ 4 Investitionszulage für Forschungs- und Entwicklungsinvestitionen

(1) Steuerpflichtigen im Sinne des Einkommensteuergesetzes und des Körperschaftsteuergesetzes wird auf Antrag für abnutzbare Wirtschaftsgüter des Anlagevermögens und Ausbauten und Erweiterungen an abnutzbaren unbeweglichen Wirtschaftsgütern des Anlagevermögens, die Gebäude,

Gebäudeteile, Eigentumswohnungen oder im Teileigentum stehende Räume sind, eine Investitionszulage gewährt, wenn die Wirtschaftsgüter oder die ausgebauten oder neu hergestellten Teile der Forschung oder Entwicklung dienen. Werden von einer Gesellschaft im Sinne des § 15 Abs. 1 Nr. 2 des Einkommensteuergesetzes Wirtschaftsgüter angeschafft oder hergestellt oder Ausbauten oder Erweiterungen vorgenommen, gilt Satz 1 mit der Maßgabe, daß der Gesellschaft eine Investitionszulage gewährt wird. Die Investitionszulage beträgt 20 vom Hundert der Anschaffungs- oder Herstellungskosten der im Wirtschaftsjahr angeschafften oder hergestellten Wirtschaftsgüter und der Herstellungskosten der im Wirtschaftsjahr beendeten Ausbauten und Erweiterungen, soweit die Anschaffungs- oder Herstellungskosten den Betrag von 500000 Deutsche Mark nicht übersteigen, und 7,5 vom Hundert der diesen Betrag übersteigenden Anschaffungs- oder Herstellungskosten. § 1 Abs. 3 Satz 2 und 3 gilt entsprechend.

(2) Bei der Bemessung der Investitionszulage dürfen nur berücksichtigt werden

1. die Anschaffungs- oder Herstellungskosten von neuen abnutzbaren beweglichen Wirtschaftsgütern des Anlagevermögens, die nicht zu den geringwertigen Wirtschaftsgütern im Sinne des § 6 Abs. 2 des Einkommensteuergesetzes gehören und mindestens drei Jahre nach ihrer Anschaffung oder Herstellung im Betrieb des Steuerpflichtigen ausschließlich der Forschung oder Entwicklung im Sinne des § 51 Abs. 1 Nr. 2 Buchstabe u Satz 4 des Einkommensteuergesetzes dienen,

2. die Herstellungskosten von abnutzbaren unbeweglichen Wirtschaftsgütern des Anlagevermögens und von Ausbauten und Erweiterungen an abnutzbaren unbeweglichen Wirtschaftsgütern des Anlagevermögens, die Gebäude, Gebäudeteile, Eigentumswohnungen oder im Teileigentum stehende Räume sind, wenn die Wirtschaftsgüter oder die ausgebauten oder neu hergestellten Teile mindestens drei Jahre nach ihrer Herstellung im Betrieb des Steuerpflichtigen zu mehr als 66⅔ vom Hundert der Forschung oder Entwicklung im Sinne des § 51 Abs. 1 Nr. 2 Buchstabe u Satz 4 des Einkommensteuergesetzes dienen; dienen die Wirtschaftsgüter oder die ausgebauten oder neu hergestellten Teile nicht zu mehr als 66⅔ vom Hundert, aber zu mehr als 33⅓ vom Hundert der Forschung oder Entwicklung, so werden die Herstellungskosten zur Hälfte bei der Bemessung der Investitionszulage berücksichtigt,

3. die Anschaffungskosten von neuen abnutzbaren immateriellen Wirtschaftsgütern des Anlagevermögens, soweit sie nicht in laufenden Vergütungen bestehen, die vom zukünftigen Umsatz oder Gewinn oder einer ähnlichen ungewissen Größe abhängen, bis zur Höhe von 500000 Deutsche Mark im Wirtschaftsjahr, wenn die oberste Landesbehörde oder die von ihr bestimmte Stelle bescheinigt hat, daß die Wirtschaftsgüter bestimmt und geeignet sind, im Betrieb des Steuerpflichti-

gen ausschließlich der Forschung oder Entwicklung im Sinne des § 51 Abs. 1 Nr. 2 Buchstabe u Satz 4 Doppelbuchstabe bb und cc des Einkommensteuergesetzes zu dienen, und die Wirtschaftsgüter mindestens drei Jahre nach ihrer Anschaffung im Betrieb des Steuerpflichtigen verbleiben und keinen anderen Zwecken dienen; weitere Voraussetzung ist, daß der Veräußerer der Wirtschaftsgüter keine dem Erwerber nahestehende Person ist; § 1 Abs. 2 des Außensteuergesetzes gilt sinngemäß.

(3) Die Investitionszulage kann bereits für im Wirtschaftsjahr aufgewendete Anzahlungen auf Anschaffungskosten und für Teilherstellungskosten gewährt werden. In diesem Fall dürfen die nach den Absätzen 1 und 2 begünstigten Anschaffungs- oder Herstellungskosten im Wirtschaftsjahr der Anschaffung oder Herstellung bei der Bemessung der Investitionszulage nur berücksichtigt werden, soweit sie die Anzahlungen oder Teilherstellungskosten übersteigen. § 7a Abs. 2 Satz 3 bis 5 des Einkommensteuergesetzes gilt entsprechend.

§ 4a Investitionszulage für bestimmte Investitionen im Bereich der Energieerzeugung und -verteilung

(1) Steuerpflichtigen im Sinne des Einkommensteuergesetzes und des Körperschaftsteuergesetzes wird auf Antrag für abnutzbare bewegliche und unbewegliche Wirtschaftsgüter des Anlagevermögens sowie für Ausbauten und Erweiterungen an abnutzbaren unbeweglichen Wirtschaftsgütern des Anlagevermögens, die Gebäude, Gebäudeteile, Eigentumswohnungen oder im Teileigentum stehende Räume sind, und an Fernwärmenetzen eine Investitionszulage gewährt, wenn die Wirtschaftsgüter, Ausbauten oder Erweiterungen im Bereich der Energieerzeugung oder -verteilung angeschafft oder hergestellt werden. Voraussetzung ist, daß

1. die Anschaffung oder Herstellung im Zusammenhang steht mit der Errichtung oder Erweiterung von Heizkraftwerken, Laufwasserkraftwerken, Müllkraftwerken, Müllheizwerken, Wärmepumpenanlagen und Anlagen zur Verteilung der Wärme aus den bezeichneten Energieerzeugungsanlagen sowie von Heizwerken, die in einem Fernwärmenetz in Ergänzung zu Heizkraftwerken, Müllkraftwerken, Müllheizwerken und Wärmepumpenanlagen zur Deckung des Spitzenbedarfs der Heizleistung bestimmt sind,

2. der Steuerpflichtige nach dem 30. November 1974 die Wirtschaftsgüter, Ausbauten und Erweiterungen bestellt oder mit ihrer Herstellung begonnen hat und

3. der Bundesminister für Wirtschaft die besondere Eignung der Wirtschaftsgüter, Ausbauten und Erweiterungen zur Einsparung von Energie bestätigt hat; der Bundesminister für Wirtschaft kann seine Befugnisse auf das Bundesamt für Wirtschaft übertragen.

Als Beginn der Herstellung gilt bei unbeweglichen Wirtschaftsgütern, die Gebäude, Gebäudeteile, Eigentumswohnungen oder im Teileigentum stehende Räume sind, sowie bei Ausbauten und Erweiterungen an diesen Wirtschaftsgütern der Zeitpunkt, in dem der Antrag auf Baugenehmigung gestellt wird. Ist der Antrag auf Baugenehmigung vor dem 1. Dezember 1974 gestellt worden, gilt als Beginn der Herstellung der Beginn der Bauarbeiten. Werden von einer Gesellschaft im Sinne des § 15 Abs. 1 Nr. 2 des Einkommensteuergesetzes Wirtschaftsgüter angeschafft oder hergestellt oder Ausbauten oder Erweiterungen vorgenommen, gelten die Sätze 1 bis 4 mit der Maßgabe, daß der Gesellschaft eine Investitionszulage gewährt wird. Die Investitionszulage beträgt 7,5 vom Hundert der Anschaffungs- oder Herstellungskosten der im Wirtschaftsjahr angeschafften oder hergestellten Wirtschaftsgüter und der Herstellungskosten der im Wirtschaftsjahr beendeten Ausbauten und Erweiterungen.

(2) Bei der Bemessung der Investitionszulage dürfen nur berücksichtigt werden

1. die Anschaffungs- oder Herstellungskosten von neuen abnutzbaren beweglichen Wirtschaftsgütern des Anlagevermögens, die nicht zu den geringwertigen Wirtschaftsgütern im Sinne des § 6 Abs. 2 des Einkommensteuergesetzes gehören, und

2. die Herstellungskosten von unbeweglichen Wirtschaftsgütern des Anlagevermögens sowie von Ausbauten und Erweiterungen an unbeweglichen Wirtschaftsgütern des Anlagevermögens, die Gebäude, Gebäudeteile, Eigentumswohnungen oder im Teileigentum stehende Räume sind, und an Fernwärmenetzen,

wenn die Wirtschaftsgüter oder die ausgebauten oder neu hergestellten Teile mindestens drei Jahre nach ihre Anschaffung oder Herstellung im Betrieb des Steuerpflichtigen verbleiben.

(3) Die Absätze 1 und 2 mit Ausnahme des Absatzes 1 Satz 2 Nr. 1 gelten sinngemäß für Solar- und Windkraftanlagen, die ausschließlich der Strom- oder Wärmeerzeugung dienen, sowie für Anlagen, die ausschließlich zur Rückgewinnung von Abwärme verwendet werden. Dies gilt auch, wenn die bezeichneten Anlagen keine selbständigen Wirtschaftsgüter sind.

(4) § 1 Abs. 3 Satz 2 und 3 und § 4 Abs. 3 gelten entsprechend.

§ 5 Ergänzende Vorschriften zu den §§ 1 bis 4a

(1) Die Inanspruchnahme einer Investitionszulage nach § 19 des Berlinförderungsgesetzes schließt die Inanspruchnahme einer Investitionszulage nach § 4 dieses Gesetzes für dasselbe Wirtschaftsgut, denselben Ausbau oder dieselbe Erweiterung aus.

(2) Die Investitionszulagen nach den §§ 1, 4 und 4a gehören nicht zu den Einkünften im Sinne des Einkommensteuergesetzes. Sie mindern nicht die steuerlichen Anschaffungs- oder Herstellungskosten.

(3) Die Investitionszulage wird auf Antrag nach Ablauf des Kalenderjahres, in dem das Wirtschaftsjahr der Anschaffung oder Herstellung oder der Anzahlung oder Teilherstellung endet, durch das für die Besteuerung des Antragstellers nach dem Einkommen zuständige Finanzamt aus den Einnahmen an Einkommensteuer oder Körperschaftsteuer gewährt. Gesellschaften im Sinne des § 15 Abs. 1 Nr. 2 des Einkommensteuergesetzes wird die Investitionszulage von dem Finanzamt gewährt, das für die einheitliche und gesonderte Feststellung der Einkünfte zuständig ist. Der Antrag auf Gewährung der Investitionszulage kann nur innerhalb von 9 Monaten nach Ablauf des Kalenderjahrs gestellt werden. In dem Antrag müssen die Wirtschaftsgüter, Ausbauten und Erweiterungen, für die eine Investitionszulage beansprucht wird, so genau bezeichnet werden, daß ihre Feststellung bei einer Nachprüfung möglich ist.

(4) Das Finanzamt setzt die Investitionszulage durch schriftlichen Bescheid fest. Die Investitionszulage ist innerhalb eines Monats nach Bekanntgabe des Bescheids auszuzahlen.

(5) Auf die Investitionszulage sind die für Steuervergütungen geltenden Vorschriften der Abgabenordnung einschließlich der Vorschriften über außergerichtliche Rechtsbehelfe entsprechend anzuwenden. Dies gilt nicht für § 163 der Abgabenordnung sowie für diejenigen Vorschriften, die lediglich Zollvergütungen und Verbrauchsteuervergütungen betreffen. Abweichende Vorschriften dieses Gesetzes bleiben unberührt.

(6) Der Anspruch auf die Investitionszulage nach den §§ 1, 4 und 4a erlischt mit Wirkung für die Vergangenheit, soweit Wirtschaftsgüter oder ausgebaute oder neu hergestellte Teile von Wirtschaftsgütern, deren Anschaffungs- oder Herstellungskosten bei der Bemessung der Investitionszulage berücksichtigt worden sind, nicht mindestens drei Jahre seit ihrer Anschaffung oder Herstellung

1. im Fall des § 1,
   a) soweit es sich um bewegliche Wirtschaftsgüter handelt, in der Betriebsstätte des Steuerpflichtigen verblieben sind,
   b) soweit es sich um unbewegliche Wirtschaftsgüter oder um ausgebaute oder neu hergestellte Teile von unbeweglichen Wirtschaftsgütern handelt, vom Steuerpflichtigen ausschließlich zu eigenbetrieblichen Zwecken verwendet worden sind,
2. im Fall des § 4
   in dem erforderlichen Umfang der Forschung oder Entwicklung im Betrieb des Steuerpflichtigen gedient haben,
3. im Fall des § 4a
   im Betrieb des Steuerpflichtigen verblieben sind.

(7) Ist die Investitionszulage zurückzuzahlen, weil der Bescheid über die Investitionszulage aufgehoben oder geändert worden ist, so ist der Rück-

zahlungsanspruch vom Zeitpunkt der Auszahlung, in den Fällen des Absatzes 6 von dem Zeitpunkt an, in dem die Voraussetzungen für die Aufhebung oder Änderung des Bescheides eingetreten sind, nach § 238 der Abgabenordnung zu verzinsen. Die Festsetzungsfrist beginnt mit dem Ablauf des Kalenderjahres, in dem der Bescheid aufgehoben oder geändert worden ist.

(8) In öffentlich-rechtlichen Streitigkeiten über die auf Grund dieses Gesetzes ergehenden Verwaltungsakte der Finanzbehörden ist der Finanzrechtsweg, gegen die Versagung von Bescheinigungen nach den §§ 2, 4 Abs. 2 Nr. 3 und § 4a Abs. 1 Satz 2 Nr. 3 der Verwaltungsrechtsweg gegeben.

§ 5a Verfolgung von Straftaten nach § 264 des Strafgesetzbuches

Für die Verfolgung einer Straftat nach § 264 des Strafgesetzbuches, die sich auf die Investitionszulage bezieht, sowie der Begünstigung einer Person, die eine solche Straftat begangen hat, gelten die Vorschriften der Abgabenordnung über die Verfolgung von Steuerstraftaten entsprechend.

§ 6 Ermächtigung

Der Bundesminister der Finanzen wird ermächtigt, den Wortlaut dieses Gesetzes in der jeweils geltenden Fassung mit neuem Datum, unter neuer Überschrift und in neuer Paragraphenfolge bekanntzumachen und dabei Unstimmigkeiten des Wortlauts zu beseitigen.

§ 7 Berlin-Klausel

Dieses Gesetz gilt nach Maßgabe des § 12 Abs. 1 und des § 13 Abs. 1 des Dritten Überleitungsgesetzes auch im Land Berlin. Rechtsverordnungen, die auf Grund dieses Gesetzes erlassen werden, gelten im Land Berlin nach § 14 des Dritten Überleitungsgesetzes.

§ 8 Anwendungsbereich

(1) Die vorstehende Fassung dieses Gesetzes ist anzuwenden auf

1. vor dem 1. Januar 1990 abgeschlossene Investitionen,
2. a) nach dem 31. Dezember 1989 und vor dem 1. Januar 1991 abgeschlossene Investitionen,
   b) vor dem 1. Januar 1991 geleistete Anzahlungen auf Anschaffungskosten und entstandene Teilherstellungskosten,

wenn der Steuerpflichtige die Investitionen vor dem 1. April 1989 begonnen hat.

Investitionen sind in dem Zeitpunkt abgeschlossen, in dem die Wirtschaftsgüter angeschafft oder hergestellt oder die Ausbauten oder Erweiterungen beendet worden sind. Investitionen sind in dem Zeitpunkt begonnen, in dem die Wirtschaftsgüter bestellt worden sind oder mit ihrer Herstellung oder mit den Ausbauten oder Erweiterungen begonnen worden ist. Als Beginn der Herstellung gilt bei Baumaßnahmen, für die eine Baugenehmigung erforderlich ist, der Zeitpunkt, in dem der Bauantrag gestellt wird.

(2) § 1 Abs. 1 Satz 2 ist erstmals auf Investitionsvorhaben anzuwenden, mit denen nach dem 30. Juni 1986 begonnen worden ist. § 1 Abs. 1 Satz 4 ist erstmals anzuwenden, wenn der Antrag auf Erteilung der Bescheinigung nach § 2 nach dem 30. Juni 1986 gestellt worden ist.

(3) § 1 Abs. 4 und § 2 Abs. 4 sind erstmals auf Investitionsvorhaben anzuwenden, bei denen der Antrag auf Erteilung einer Bescheinigung nach § 2 nach dem 12. Dezember 1985 gestellt und mit denen nach diesem Zeitpunkt begonnen worden ist.

§ 9 Außerkrafttreten

Dieses Gesetz tritt mit Ablauf des 31. Dezember 1989 außer Kraft. Es ist über diesen Zeitpunkt hinaus nach Maßgabe des § 8 weiter anzuwenden.

9.2 Invesitionszulagengesetz 1991 (InvZulG 1991)★

Vom 24. Juni 1991

(BGBl. I S. 1322)
geändert durch Steueränderungsgesetz 1992 vom 25. Februar 1992 (BGBl. I. S. 297)

§ 1 Anspruchsberechtigter, Fördergebiet

(1) Steuerpflichtige im Sinne des Einkommensteuergesetzes und des Körperschaftsteuergesetzes, die im Fördergebiet begünstigte Investitionen im Sinne der §§ 2 und 3 vornehmen, haben Anspruch auf eine Investitionszulage, soweit sie nicht nach § 5 des Körperschaftsteuergesetzes von der Körperschaftsteuer befreit sind. Bei Gesellschaften im Sinne des § 15 Abs. 1 Satz 1 Nr. 2 und Abs. 3 des Einkommensteuergesetzes tritt an die Stelle des Steuerpflichtigen die Gesellschaft als Anspruchsberechtigte.

(2) Fördergebiet sind die Länder Berlin, Brandenburg, Mecklenburg-Vorpommern, Sachsen, Sachsen-Anhalt und Thüringen.

§ 2 Art der Investitionen

Begünstigte Investitionen sind die Anschaffung und die Herstellung von neuen abnutzbaren beweglichen Wirtschaftsgütern des Anlagevermögens, die mindestens 3 Jahre nach ihrer Anschaffung oder Herstellung

1. zum Anlagevermögen eines Betriebs oder einer Betriebsstätte im Fördergebiet gehören,

2. in einer Betriebsstätte im Fördergebiet verbleiben und

3. in jedem Jahr zu nicht mehr als 10 vom Hundert privat genutzt werden.

Nicht begünstigt sind

1. geringwertige Wirtschaftsgüter im Sinne des § 6 Abs. 2 des Einkommensteuergesetzes,

2. Luftfahrzeuge, die der Anspruchsberechtigte vor dem 5. Juli 1990 oder nach dem 31. Oktober 1990 bestellt oder herzustellen begonnen hat, und

3. Personenkraftwagen.

§ 3 Investitionszeiträume

Die Investitionen sind begünstigt, wenn sie

1. nach dem 31. Dezember 1990 und vor dem 1. Juli 1992 oder

2. nach dem 30. Juni 1992 und vor dem 1. Januar 1995 abgeschlossen werden. Nach dem 31. Dezember 1992 abgeschlossene Investitionen sind nur begünstigt, wenn sie der Anspruchsberechtigte vor dem 1. Januar

---

★ **Zur Anwendung siehe § 11.**

1993 begonnen hat. Investitionen sind in dem Zeitpunkt abgeschlossen, in dem die Wirtschaftsgüter angeschafft oder hergestellt worden sind. Investitionen sind in dem Zeitpunkt begonnen, in dem die Wirtschaftsgüter bestellt oder herzustellen begonnen worden sind.

§ 4 Bemessungsgrundlage

Bemessungsgrundlage für die Investitionszulage ist die Summe der Anschaffungs- und Herstellungskosten der im Wirtschaftsjahr abgeschlossenen begünstigten Investitionen. In die Bemessungsgrundlage können die im Wirtschaftsjahr geleisteten Anzahlungen auf Anschaffungskosten und entstandenen Teilherstellungskosten einbezogen werden. In den Fällen des Satzes 2 dürfen im Wirtschaftsjahr der Anschaffung oder Herstellung der Wirtschaftsgüter die Anschaffungs- oder Herstellungskosten bei der Bemessung der Investitionszulage nur berücksichtigt werden, soweit sie die Anzahlungen oder Teilherstellungskosten übersteigen. § 7a Abs. 2 Satz 3 bis 5 des Einkommensteuergesetzes gilt entsprechend.

§ 5 Höhe der Investitionszulage

Die Investitionszulage beträgt

1. bei Investitionen im Sinne des § 3 Nr. 1   12 vom Hundert,
2. bei Investitionen im Sinne des § 3 Nr. 2   8 vom Hundert
der Bemessungsgrundlage.

§ 6 Antrag auf Investitionszulage

(1) Der Antrag auf Investitionszulage ist bis zum 30. September des Kalenderjahrs zu stellen, das auf das Wirtschaftsjahr folgt, in dem die Investitionen abgeschlossen worden, Anzahlungen geleistet worden oder Teilherstellungskosten entstanden sind.

(2) Der Antrag ist bei dem für die Besteuerung des Anspruchsberechtigten nach dem Einkommen zuständigen Finanzamt zu stellen. Ist eine Gesellschaft im Sinne des § 15 Abs. 1 Satz 1 Nr. 2 oder Abs. 3 des Einkommensteuergesetzes Anspruchsberechtigter, so ist der Antrag bei dem Finanzamt zu stellen, das für die einheitliche und gesonderte Feststellung der Einkünfte zuständig ist.

(3) Der Antrag ist nach amtlichem Vordruck zu stellen und vom Anspruchsberechtigten eigenhändig zu unterschreiben. In dem Antag sind die Investitionen, für die eine Investitionszulage beansprucht wird, innerhalb der Antragsfrist so genau zu bezeichnen, daß ihre Feststellung bei einer Nachprüfung möglich ist.

§ 7 Anwendung der Abgabenordnung, Festsetzung und Auszahlung

(1) Die für Steuervergütungen geltenden Vorschriften der Abgabenordnung sind entsprechend anzuwenden. Dies gilt nicht für § 163 der Abgabenordnung. In öffentlich-rechtlichen Streitigkeiten über die aufgrund dieses Gesetzes ergehenden Verwaltungsakte der Finanzbehörden ist der Finanzrechtsweg gegeben.

(2) Die Investitionszulage ist nach Ablauf des Wirtschaftsjahrs festzusetzen und innerhalb von 3 Monaten nach Bekanntgabe des Bescheids aus den Einnahmen an Einkommensteuer oder Körperschaftsteuer auszuzahlen.

§ 8 Verzinsung des Rückforderungsanspruchs

Ist der Bescheid über die Investitionszulage aufgehoben oder zuungunsten des Anspruchsberechtigten geändert worden, so ist der Rückzahlungsanspruch nach § 238 der Abgabenordnung vom Tag der Auszahlung der Investitionszulage, in den Fällen des § 175 Abs. 1 Satz 1 Nr. 2 der Abgabenordnung vom Tag des Eintritts des rückwirkenden Ereignisses an, zu verzinsen. Die Festsetzungsfrist beginnt mit Ablauf des Kalenderjahres, in dem der Bescheid aufgehoben oder geändert worden ist.

§ 9 Verfolgung von Straftaten

Für die Verfolgung einer Straftat nach § 264 des Strafgesetzbuches, die sich auf die Investitionszulage bezieht, sowie der Begünstigung einer Person, die eine solche Straftat begangen hat, gelten die Vorschriften der Abgabenordnung über die Verfolgung von Steuerstraftaten entsprechend.

§ 10 Ertragsteuerliche Behandlung der Investitionszulage

Die Investitionszulage gehört nicht zu den Einkünften im Sinne des Einkommensteuergesetzes. Sie mindert nicht die steuerlichen Anschaffungs- und Herstellungskosten.

§ 11 Anwendungsbereich

(1) Dieses Gesetz ist vorbehaltlich des Absatzes 2 bei Investitionen anzuwenden, die nach dem 31. Dezember 1990 abgeschlossen werden. Bei Investitionen, die vor dem 1. Januar 1991 abgeschlossen worden sind, ist die Investitionszulagenverordnung vom 4. Juli 1990 (GBl. I Nr. 41 S. 621), zuletzt geändert durch Artikel 9 des Gesetzes vom 13. Dezember 1990 (BGBl. I S. 2775), weiter anzuwenden.

(2) In dem Teil des Landes Berlin, in dem das Grundgesetz schon vor dem 3. Oktober 1990 gegolten hat, ist dieses Gesetz erstmals bei Investitionen anzuwenden, die der Anspruchsberechtigte nach dem 30. Juni 1991 begonnen hat.

9.3 Gesetz zum Abbau von Hemmnissen bei Investitionen in der Deutschen Demokratischen Republik einschließlich Berlin (Ost) (DDR-Investitionsgesetz – DDR-IG)*

Vom 26. Juni 1990

(BGBl. I S. 1143; BStBl. I S. 311)

Geändert durch Einigungsvertrag vom 31. August 1990 (BGBl. II S. 889, 978)

§ 1 Steuerfreie Rücklage bei Überführung bestimmter Wirtschaftsgüter in eine Kapitalgesellschaft oder Erwerbs- oder Wirtschaftsgenossenschaft in der Deutschen Demokratischen Republik einschließlich Berlin (Ost)

(1) Steuerpflichtige, die den Gewinn nach § 4 Abs. 1 oder § 5 des Einkommensteuergesetzes ermitteln und zum Anlagevermögen eines inländischen Betriebs gehörende abnutzbare Wirtschaftsgüter in eine Kapitalgesellschaft mit Sitz und Geschäftsleitung in der Deutschen Demokratischen Republik einschließlich Berlin (Ost) gegen Gewährung neuer Anteile an der Gesellschaft überführen, können im Wirtschaftsjahr der Überführung bis zur Höhe des durch die Überführung entstandenen Gewinns eine den steuerlichen Gewinn mindernde Rücklage bilden. Besteht bereits eine Beteiligung an einer Kapitalgesellschaft mit Sitz und Geschäftsleitung in der Deutschen Demokratischen Republik einschließlich Berlin (Ost) und werden in einem solchen Fall zum Anlagevermögen eines inländischen Betriebs gehörende abnutzbare Wirtschaftsgüter in die Gesellschaft ohne Gewährung neuer Anteile und ohne eine sonstige Gegenleistung, die dem Wert der überführten Wirtschaftsgüter entspricht, überführt, gilt Satz 1 mit der Maßgabe entsprechend, daß im Wirtschaftsjahr der Überführung bis zur Höhe des infolge der unentgeltlichen oder teilunentgeltlichen Überführung entstandenen Gewinns eine Rücklage gebildet werden kann. Die Rücklage ist spätestens vom zehnten auf ihre Bildung folgenden Wirtschaftsjahr an jährlich mit mindestens einem Zehntel gewinnerhöhend aufzulösen.

(2) Die Bildung der Rücklage setzt voraus, daß

1. die Kapitalgesellschaft ausschließlich oder fast ausschließlich die folgenden Tätigkeiten in der Deutschen Demokratischen Republik einschließlich Berlin (Ost) zum Gegenstand hat: die Herstellung oder Lieferung einschließlich Ausfuhr von Waren, außer Waffen anderer Art als Sport- und Jagdwaffen, die Gewinnung von Bodenschätzen oder die Bewirkung anderer gewerblicher Leistungen oder land- und forstwirtschaftlicher oder freiberuflicher Tätigkeiten oder das Halten einer Beteiligung

---

* Zur Anwendung siehe § 7.

307

von mindestens einem Viertel am Nennkapital einer Kapitalgesellschaft mit Sitz und Geschäftsleitung in der Deutschen Demokratischen Republik einschließlich Berlin (Ost), die ausschließlich oder fast ausschließlich die vorgenannten Tätigkeiten in der Deutschen Demokratischen Republik einschließlich Berlin (Ost) zum Gegenstand hat, und

2. die Bildung und Auflösung der Rücklage in der Buchführung des Steuerpflichtigen verfolgt werden können.

Zum Schluß des Wirtschaftsjahrs, in dem die Voraussetzungen der Nummer 1 oder 2 nicht mehr erfüllt sind, ist die Rücklage in voller Höhe gewinnerhöhend aufzulösen.

(3) Wird eine Beteiligung im Sinne des Absatzes 1 Sätze 1 oder 2 ganz oder teilweise veräußert oder in das Privatvermögen überführt, so ist die gebildete Rücklage im Wirtschaftsjahr der Veräußerung oder Überführung in das Privatvermögen insgesamt oder im Verhältnis des veräußerten oder in das Privatvermögen überführten Anteils der Beteiligung zur Gesamtbeteiligung im Sinne des Absatzes 1 Sätze 1 oder 2 vorzeitig gewinnerhöhend aufzulösen. Entsprechendes gilt in den Fällen des Absatzes 1 Satz 2, soweit die überführten Wirtschaftsgüter aus dem Betriebsvermögen der Kapitalgesellschaft in der Deutschen Demokratischen Republik einschließlich Berlin (Ost) ausscheiden.

(4) Die Absätze 1 bis 3 sind bei der Überführung von zum Anlagevermögen eines inländischen Betriebs gehörenden abnutzbaren Wirtschaftsgütern in eine Erwerbs- oder Wirtschaftsgenossenschaft mit Sitz und Geschäftsleitung in der Deutschen Demokratischen Republik einschließlich Berlin (Ost) sinngemäß anzuwenden.

§2 Steuerfreie Rücklage für Verluste einer Tochtergesellschaft in der Deutschen Demokratischen Republik einschließlich Berlin (Ost)

(1) Unbeschränkt Steuerpflichtige, die den Gewinn nach § 4 Abs. 1 oder § 5 des Einkommensteuergesetzes ermitteln, können für Verluste einer Kapitalgesellschaft mit Sitz und Geschäftsleitung in der Deutschen Demokratischen Republik einschließlich Berlin (Ost), an deren Nennkapital der Steuerpflichtige mindestens zu 10 vom Hundert unmittelbar beteiligt ist (Tochtergesellschaft), eine den steuerlichen Gewinn mindernde Rücklage bilden. Die Bildung der Rücklage ist für das Wirtschaftsjahr, in dem der Steuerpflichtige Anteile an der Tochtergesellschaft in einem Ausmaß erwirbt, das erstmals zu einer Beteiligung des Steuerpflichtigen in dem in Satz 1 bezeichneten Umfang führt, oder – wenn der Steuerpflichtige an der Tochtergesellschaft bereits in dem in Satz 1 bezeichneten Umfang beteiligt war – in dem er weitere Anteile an dieser Gesellschaft erwirbt, und in den vier folgenden Wirtschaftsjahren zulässig; die neu erworbenen Anteile müssen mindestens 5 vom Hundert des Nennkapitals der Tochtergesell-

schaft betragen. Die Rücklage darf für das Wirtschaftsjahr des Steuerpflichtigen, in dem der Verlust der Tochtergesellschaft entstanden ist, bis zur Höhe des Teils des Verlustes gebildet werden, der dem Verhältnis der neu erworbenen Anteile zum Nennkapital dieser Gesellschaft entspricht; sie ist zu vermindern um den Betrag, in dessen Höhe der Steuerpflichtige im Wirtschaftsjahr ihrer Bildung auf die neu erworbenen Anteile an der Tochtergesellschaft eine Teilwertabschreibung vornimmt. Die Rücklage darf den Betrag nicht übersteigen, mit dem die neu erworbenen Anteile in der Steuerbilanz angesetzt sind.

(2) Voraussetzung für die Bildung der Rücklage ist, daß

1. der neue Anteilserwerb im Sinne des Absatzes 1 Satz 2 nach dem 31. Dezember 1989 stattgefunden hat,

2. die Tochtergesellschaft ausschließlich oder fast ausschließlich die folgenden Tätigkeiten in der Deutschen Demokratischen Republik einschließlich Berlin (Ost) zum Gegenstand hat: die Herstellung oder Lieferung einschließlich Ausfuhr von Waren, außer Waffen anderer Art als Sport- und Jagdwaffen, die Gewinnung von Bodenschätzen oder die Bewirkung anderer gewerblicher Leistungen oder land- und forstwirtschaftlicher oder freiberuflicher Tätigkeiten oder das Halten einer Beteiligung von mindestens einem Viertel am Nennkapital einer Kapitalgesellschaft mit Sitz und Geschäftsleitung in der Deutschen Demokratischen Republik einschließlich Berlin (Ost), die ausschließlich oder fast ausschließlich die vorgenannten Tätigkeiten in der Deutschen Demokratischen Republik einschließlich Berlin (Ost) zum Gegenstand hat, und

3. die Voraussetzungen der Nummer 2 durch Vorlage sachdienlicher Unterlagen, insbesondere Bilanzen und Ergebnisrechnungen und etwaige Geschäftsberichte der Tochtergesellschaft, nachgewiesen werden; auf Verlangen sind diese Unterlagen mit dem vorgeschriebenen Prüfungsvermerk einer behördlich anerkannten Wirtschaftsprüfungsstelle oder einer vergleichbaren Stelle vorzulegen,

4. der Steuerpflichtige und die Tochtergesellschaft sich verpflichten, Unterlagen der in Nummer 3 bezeichneten Art auch für die dem Verlustjahr folgenden Wirtschaftsjahre vorzulegen, solange eine Rücklage im Sinne des Absatzes 1 ausgewiesen wird; aus den Unterlagen muß sich die Höhe der in diesen Wirtschaftsjahren erzielten Betriebsergebnisse der Tochtergesellschaft zweifelsfrei ergeben,

5. die Tochtergesellschaft erklärt, daß sie mit der Erteilung von Auskünften durch die Steuerbehörden der Deutschen Demokratischen Republik einschließlich Berlin (Ost) an die inländischen Finanzbehörden einverstanden ist, und

6. die Bildung und Auflösung der Rücklage in der Buchführung des Steuerpflichtigen verfolgt werden können.

(3) Die Rücklage ist gewinnerhöhend aufzulösen,

1. wenn die Tochtergesellschaft in einem auf das Verlustjahr folgenden Wirtschaftsjahr einen Gewinn erzielt,

   in Höhe des Teils des Gewinns, der dem Verhältnis der neu erworbenen Anteile im Sinne des Absatzes 1 Satz 2 zum Nennkapital der Tochtergesellschaft entspricht, soweit er die Verlustteile, die bei der Bildung der Rücklage nach Absatz 1 Satz 3 zweiter Halbsatz und Satz 4 unberücksichtigt geblieben sind, oder den Auflösungsbetrag im Sinne der Nummer 2 übersteigt,

2. wenn in einem auf ihre Bildung folgenden Wirtschaftsjahr auf die neu erworbenen Anteile im Sinne des Absatzes 1 Satz 2 an der Tochtergesellschaft eine Teilwertabschreibung vorgenommen wird,

   in Höhe des Betrags der Teilwertabschreibung,

3. wenn vom Steuerpflichtigen Anteile an der Tochtergesellschaft veräußert oder in das Privatvermögen überführt werden,

   in Höhe des Teils der Rücklage, der dem Anteil der veräußerten oder in das Privatvermögen überführten Anteile an den neu erworbenen Anteilen im Sinne des Absatzes 1 Satz 2 entspricht,

4. wenn die Nachweisverpflichtungen im Sinne des Absatzes 2 Nr. 4 und 6 nicht erfüllt werden,

   in voller Höhe,

spätestens jedoch am Schluß des fünften auf ihre Bildung folgenden Wirtschaftsjahrs.

(4) Die Absätze 1 bis 3 sind für Verluste einer Erwerbs- oder Wirtschaftsgenossenschaft mit Sitz und Geschäftsleitung in der Deutschen Demokratischen Republik einschließlich Berlin (Ost) sinngemäß anzuwenden.

§ 3 Gewerbesteuer

Die Vorschriften der §§ 1 und 2 gelten auch für die Ermittlung des Gewerbeertrags nach § 7 des Gewerbesteuergesetzes.

§ 4 Änderung des Einkommensteuergesetzes *[berücksichtigt in „Steuergesetze 1" (dtv Nr. 5549) unter 1.1]*

§ 5 Änderung des Gewerbesteuergesetzes *[berücksichtigt in „Steuergesetze 1" (dtv Nr. 5549) unter 2.1]*

§ 6 Berlin-Klausel *(gegenstandslos)*

§ 7 Inkrafttreten, Anwendungszeitraum

(1) Dieses Gesetz tritt am Tage nach der Verkündung in Kraft.[1] Es ist erstmals anzuwenden für Wirtschaftsjahre, die im Veranlagungszeitraum 1990 enden.

(2) Eine Rücklage nach § 1 kann nur gebildet werden, wenn die Wirtschaftsgüter vor dem 1. Januar 1992 überführt werden.

(3) Eine Rücklage nach § 2 kann nur gebildet werden, wenn der Erwerb neuer Anteile im Sinne des § 2 Abs. 1 Satz 2 vor dem 1. Januar 1992 stattgefunden hat. Die Bildung der Rücklage ist ausgeschlossen, soweit der Verlust der Tochtergesellschaft

1. nach den §§ 14 bis 17 des Körperschaftsteuergesetzes einem Organträger zuzurechnen ist oder

2. bei der Einkommensermittlung der Tochtergesellschaft nach § 10d Abs. 1 des Einkommensteuergesetzes in Verbindung mit § 8 Abs. 1 und 5 des Körperschaftsteuergesetzes abgezogen worden ist.

---

[1] Verkündet am 28. Juni 1990.

9.4 Verordnung über die Beantragung und die Gewährung von Investitionszulagen für Anlageinvestitionen (Investitionszulagenverordnung)*

Vom 4. Juli 1990

(GBl. DDR I Nr. 41 S. 621)

Zuletzt geändert durch Kultur- und Stiftungsförderungsgesetz vom 13. Dezember 1990 (BGBl. I S. 2775)

§ 1 Anspruchsberechtigter

[1]Steuerpflichtige im Sinne des Einkommensteuergesetzes und des Körperschaftsteuergesetzes, die begünstigte Investitionen im Sinne der §§ 2 und 3 vornehmen, haben Anspruch auf eine Investitionszulage. [2]Bei Gesellschaften im Sinne des § 15 des Einkommensteuergesetzes tritt an die Stelle des Steuerpflichtigen die Gesellschaft als Anspruchsberechtigter.

§ 2 Art der Investitionen

[1]Begünstigte Investitionen sind die Anschaffung und die Herstellung von abnutzbaren beweglichen Wirtschaftsgütern,

1. die nicht zu den geringwertigen Wirtschaftsgütern im Sinne des § 6 Abs. 2 des Einkommensteuergesetzes gehören,

2. für die keine Sonderabschreibungen vorgenommen werden,

3. die im Zeitpunkt der Anschaffung oder Herstellung neu sind,

4. die nicht Personenkraftwagen sind,

5. die nicht Luftfahrzeuge sind,

6. die mindestens 3 Jahre nach ihrer Anschaffung oder Herstellung

   a) zum Anlagevermögen eines Betriebes oder einer Betriebsstätte in der Deutschen Demokratischen Republik gehören,

   b) in einer Betriebsstätte in der Deutschen Demokratischen Republik verbleiben und

   c) in jedem Jahr zu nicht mehr als 10 vom Hundert privat genutzt werden.

[2]Satz 1 Nummer 5 gilt nicht, wenn der Anspruchsberechtigte die Investitionen nach dem 4. Juli 1990 und vor dem 1. November 1990 begonnen hat.

---

* Diese Verordnung der DDR gilt gem. Anlage II Kap. IV Abschn. III Nr. 3 zum Einigungsvertrag vom 31. 8. 1990 (BGBl. II S. 889, 1199) als Bundesrecht im gesamten Geltungsbereich des Grundgesetzes.

Die Verordnung tritt mit Wirkung zum 1. 1. 1991 außer Kraft (Art. 25 Abs. 2 Satz 1 StÄndG 1991, BGBl. I S. 1322). Bei Investitionen, die vor dem 1. 1. 1991 abgeschlossen worden sind, ist die VO weiter anzuwenden (§ 11 Abs. 1 des InvZulG 1991) – abgedruckt unter 9.2.

§ 3[1] Investitionszeiträume

[1]Die Investitionen sind begünstigt, wenn sie

1. nach dem 30. Juni 1990 und vor dem 1. Juli 1991 oder

2. nach dem 30. Juni 1991 und vor dem 1. Januar 1995

abgeschlossen werden. [2]Nach dem 30. Juni 1992 abgeschlossene Investitionen sind nur begünstigt, wenn sie der Anspruchsberechtigte vor dem 1. Juli 1992 begonnen hat. [3]Investitionen sind in dem Zeitpunkt abgeschlossen, in dem die Wirtschaftsgüter angeschafft oder hergestellt worden sind. [4]Investitionen sind in dem Zeitraum begonnen, in dem die Wirtschaftsgüter bestellt worden sind oder mit ihrer Herstellung begonnen worden ist.

§ 4 Bemessungsgrundlage

[1]Bemessungsgrundlage für die Investitionszulage ist die Summe der Anschaffungs- und Herstellungskosten der im Wirtschaftsjahr abgeschlossenen begünstigten Investitionen. [2]In die Bemessungsgrundlage können die im Wirtschaftsjahr geleisteten Anzahlungen auf Anschaffungskosten und entstandenen Teilherstellungskosten einbezogen werden. [3]In den Fällen des Satzes 2 dürfen im Wirtschaftsjahr der Anschaffung oder Herstellung der Wirtschaftsgüter die Anschaffungs- oder Herstellungskosten bei der Bemessung der Investitionszulage nur berücksichtigt werden, soweit sie die Anzahlungen oder Teilherstellungskosten übersteigen.

§ 5 Höhe der Investitionszulage

Die Investitionszulage beträgt

1. bei Investitionen im Sinne des § 3 Nr. 1   12 vom Hundert,

2. bei Investitionen im Sinne des § 3 Nr. 2   8 vom Hundert

der Bemessungsgrundlage.

§ 6 Antrag auf Investitionszulage

(1) Der Antrag auf Investitionszulage ist bis zum 30. September des Kalenderjahres zu stellen, das auf das Wirtschaftsjahr folgt, in dem die Investitionen abgeschlossen wurden, Anzahlungen geleistet wurden oder Teilherstellungskosten entstanden sind.

(2) [1]Der Antrag ist bei dem für die Besteuerung des Anspruchsberechtigten nach dem Einkommen zuständigen Finanzamt zu stellen. [2]Ist eine Gesellschaft im Sinne des § 15 des Einkommensteuergesetzes Anspruchsberechtigter, so ist der Antrag bei dem Finanzamt zu stellen, das für die einheitliche und gesonderte Feststellung der Einkünfte zuständig ist.

---

[1] § 3 neu gefaßt durch VO vom 13. 9. 90 (GBl. DDR I Nr. 61 S. 1489) mit Wirkung ab 19. 9. 90.

(3) [1]Der Antrag ist auf einem amtlichen Vordruck, der von dem zuständigen Finanzamt anzufordern ist, zu erstellen und muß vom Anspruchsberechtigten eigenhändig unterschrieben sein. [2]In dem Antrag müssen die Investitionen, für die eine Investitionszulage beansprucht wird, innerhalb der Antragsfrist so genau bezeichnet werden, daß ihre Feststellung bei einer Nachprüfung möglich ist.

§ 7 Besteuerung der Investitionszulage

[1]Die Investitionszulagen gehören nicht zu den Einkünften im Sinne des Einkommensteuergesetzes. [2]Sie mindern nicht die steuerlichen Anschaffungs- und Herstellungskosten.

§ 8 Festsetzung und Auszahlung der Investitionszulage

[1]Auf die Investitionszulage sind die für Steuervergütungen geltenden Vorschriften der Abgabenordnung entsprechend anzuwenden. [2]Dies gilt nicht für § 163 der Abgabenordnung. [3]Die Investitionszulage ist innerhalb von 3 Monaten nach Bekanntgabe des Bescheides auszuzahlen.

§ 9 Verzinsung des Rückforderungsanspruchs

[1]Ist der Bescheid über die Investitionszulage aufgehoben oder zu Ungunsten des Anspruchsberechtigten geändert worden, so ist der Rückzahlungsanspruch nach § 238 der Abgabenordnung vom Tag der Auszahlung der Investitionszulage, in den Fällen des § 175 der Abgabenordnung vom Tag des Eintritts des Ereignisses an, zu verzinsen. [2]Die Festsetzungsfrist beginnt mit Ablauf des Kalenderjahres, in dem der Bescheid aufgehoben oder geändert worden ist.

§ 10 Verfolgung von Straftaten

Für die Verfolgung einer Straftat, die sich auf die Investitionszulage bezieht, sowie der Begünstigung einer Person, die eine solche Straftat begangen hat, gelten die Vorschriften der Abgabenordnung über die Verfolgung von Steuerstraftaten entsprechend.

§ 11 Inkrafttreten

Diese Verordnung tritt mit ihrer Veröffentlichung[1] in Kraft.

---

[1] Veröffentlicht am 17. Juli 1990.

10.1 Kraftfahrzeugsteuergesetz*
(KraftStG 1979)

In der Fassung vom 1. Februar 1979

(BGBl. I S. 132; BStBl. I S. 96)

Zuletzt geändert durch Steueränderungsgesetz 1992 vom 25. Februar 1992 (BGBl. I S. 297).

BGBl. III 611–17

§ 1 Steuergegenstand

(1) Der Kraftfahrzeugsteuer unterliegt

1. das Halten von einheimischen Fahrzeugen zum Verkehr auf öffentlichen Straßen;

2. das Halten von gebietsfremden Fahrzeugen zum Verkehr auf öffentlichen Straßen, solange die Fahrzeuge sich im Geltungsbereich dieses Gesetzes befinden;

3. die widerrechtliche Benutzung von Fahrzeugen;

4. die Zuteilung von roten Kennzeichen, die von einer Zulassungsbehörde im Geltungsbereich dieses Gesetzes zur wiederkehrenden Verwendung für Probe- und Überführungsfahrten ausgegeben werden.

(2) Auf die Kraftfahrzeugsteuer sind diejenigen Vorschriften der Abgabenordnung anzuwenden, die für andere Steuern als Zölle und Verbrauchsteuern gelten.

§ 2 Begriffsbestimmungen, Mitwirkung der Verkehrsbehörden

(1) Unter den Begriff Fahrzeuge im Sinne dieses Gesetzes fallen Kraftfahrzeuge und Kraftfahrzeuganhänger.

(2) Die in diesem Gesetz verwendeten Begriffe des Verkehrsrechts richten sich, wenn nichts anderes bestimmt ist, nach den jeweils geltenden verkehrsrechtlichen Vorschriften. Bei Personenkraftwagen sind für die Beurteilung als schadstoffarm oder bedingt schadstoffarm oder für die Beurteilung anderer Besteuerungsgrundlagen technischer Art die Feststellungen der Zulassungsbehörden verbindlich, soweit dieses Gesetz nichts anderes bestimmt. Die Zulassungsbehörden entscheiden auch darüber, ob die technischen Voraussetzungen für einen Förderungsbetrag nach § 3g Abs. 1

---

* **Das Gesetz tritt im Gebiet der ehem. DDR am 1. 1. 1991 in Kraft** (vgl. Anl. I Kap. IV Sachgebiet B Abschn. II Nr. 14 des Einigungsvertrages, – abgedruckt vor **1** –).

oder 2 erfüllt sind. Die beim Kraftfahrt-Bundesamt gespeicherten Daten über Fahrzeuge, die die Voraussetzungen des § 3f Abs. 3 erfüllen, und über deren Fahrzeughalter dürfen an die zuständige Finanzbehörde übermittelt und von ihr verwendet werden, soweit dies für die rückwirkende Gewährung der Steuerbefreiung erforderlich ist.

(3) Ein Fahrzeug ist vorbehaltlich des Absatzes 4 ein einheimisches Fahrzeug, wenn es unter die im Geltungsbereich dieses Gesetzes maßgebenden Vorschriften über das Zulassungsverfahren fällt.

(4) Ein Fahrzeug ist ein gebietsfremdes Fahrzeug, wenn es im Zulassungsverfahren eines anderen Staates zugelassen ist.

(5) Eine widerrechtliche Benutzung im Sinne dieses Gesetzes liegt vor, wenn ein Fahrzeug auf öffentlichen Straßen im Geltungsbereich dieses Gesetzes ohne die verkehrsrechtlich vorgeschriebene Zulassung benutzt wird. Eine Besteuerung wegen widerrechtlicher Benutzung entfällt, wenn das Halten des Fahrzeugs von der Steuer befreit sein würde oder die Besteuerung bereits nach § 1 Abs. 1 Nr. 1 oder 2 vorgenommen worden ist.

§ 3 Ausnahmen von der Besteuerung

Von der Steuer befreit ist das Halten von

1. Fahrzeugen, die von den Vorschriften über das Zulassungsverfahren ausgenommen sind;

2. Fahrzeugen, solange sie ausschließlich im Dienst der Bundeswehr, des Bundesgrenzschutzes, der Polizei oder des Zollgrenzdienstes verwendet werden. Voraussetzung ist, daß die Fahrzeuge äußerlich als für diese Zwecke bestimmt erkennbar sind;

3. Fahrzeugen, solange sie für den Bund, ein Land, eine Gemeinde, einen Gemeindeverband oder einen Zweckverband zugelassen sind und ausschließlich zum Wegebau verwendet werden. Voraussetzung ist, daß die Fahrzeuge äußerlich als für diese Zwecke bestimmt erkennbar sind;

4. *(aufgehoben)*

5. Fahrzeugen, solange sie ausschließlich im Feuerwehrdienst, im Katastrophenschutz, für Zwecke des zivilen Luftschutzes, bei Unglücksfällen, im Rettungsdienst oder zur Krankenbeförderung verwendet werden. Voraussetzung ist, daß die Fahrzeuge äußerlich als für diese Zwecke bestimmt erkennbar sind. Bei Fahrzeugen, die nicht für den Bund, ein Land, eine Gemeinde, einen Gemeindeverband oder einen Zweckverband zugelassen sind, ist außerdem Voraussetzung, daß sie nach ihrer Bauart und Einrichtung den bezeichneten Verwendungszwecken angepaßt sind;

6. Kraftomnibussen und Personenkraftwagen mit acht oder neun Sitzplätzen einschließlich Führersitz sowie von Kraftfahrzeuganhängern,

die hinter diesen Fahrzeugen mitgeführt werden, wenn das Fahrzeug während des Zeitraums, für den die Steuer zu entrichten wäre, zu mehr als 50 vom Hundert der insgesamt gefahrenen Strecke im Linienverkehr verwendet wird. Die Verwendung des Fahrzeugs ist, ausgenommen bei Oberleitungsomnibussen, buchmäßig nachzuweisen;

7. Zugmaschinen (ausgenommen Sattelzugmaschinen), Sonderfahrzeugen, Kraftfahrzeuganhängern hinter Zugmaschinen oder Sonderfahrzeugen und einachsigen Kraftfahrzeuganhängern (ausgenommen Sattelanhänger, aber einschließlich der zweiachsigen Anhänger mit einem Achsabstand von weniger als einem Meter), solange diese Fahrzeuge ausschließlich

   a) in land- oder forstwirtschaftlichen Betrieben,
   b) zur Durchführung von Lohnarbeiten für land- oder forstwirtschaftliche Betriebe,
   c) zu Beförderungen für land- oder forstwirtschaftliche Betriebe, wenn diese Beförderungen in einem land- oder forstwirtschaftlichen Betrieb beginnen oder enden,
   d) zur Beförderung von Milch, Magermilch, Molke oder Rahm oder
   e) von Land- oder Forstwirten zur Pflege von öffentlichen Grünflächen oder zur Straßenreinigung im Auftrag von Gemeinden oder Gemeindeverbänden

   verwendet werden.
   Als Sonderfahrzeuge gelten Fahrzeuge, die nach ihrer Bauart und ihren besonderen, mit ihnen fest verbundenen Einrichtungen nur für die bezeichneten Verwendungszwecke geeignet und bestimmt sind.
   Die Steuerbefreiung nach Buchstabe a wird nicht dadurch ausgeschlossen, daß ein Land- oder Forstwirt land- oder forstwirtschaftliche Erzeugnisse von einer örtlichen Sammelstelle zu einem Verwertungs- oder Verarbeitungsbetrieb, land- oder forstwirtschaftliche Bedarfsgüter vom Bahnhof zur örtlichen Lagereinrichtung oder Holz vom forstwirtschaftlichen Betrieb aus befördert.
   Die Steuerbefreiung nach Buchstabe d wird nicht dadurch ausgeschlossen, daß auf dem Rückweg von einer Molkerei Milcherzeugnisse befördert werden;

8. a) Zugmaschinen, solange sie ausschließlich für den Betrieb eines Schaustellergewerbes verwendet werden,
   b) Wohnwagen mit einem zulässigen Gesamtgewicht von mehr als 3500 kg und Packwagen mit einem zulässigen Gesamtgewicht von mehr als 2500 kg im Gewerbe nach Schaustellerart, solange sie ausschließlich dem Schaustellergewerbe dienen;

9. Fahrzeugen, solange sie ausschließlich für die Zustellung oder Abholung von Behältern mit einem Rauminhalt von fünf Kubikmetern oder mehr, von auswechselbaren Aufbauten oder von Kraftfahrzeuganhän-

gern verwendet werden, die im Vor- oder Nachlauf mit der Eisenbahn oder mit einem Binnenschiff befördert worden sind oder befördert werden. Voraussetzung ist, daß die Fahrzeuge äußerlich als für diese Zwecke bestimmt erkennbar sind;

10. Fahrzeugen, die zugelassen sind
    a) für eine bei der Bundesrepublik Deutschland beglaubigte diplomatische Vertretung eines außerdeutschen Staates,
    b) für Mitglieder der unter Buchstabe a bezeichneten diplomatischen Vertretungen oder für Personen, die zum Geschäftspersonal dieser Vertretungen gehören und der inländischen Gerichtsbarkeit nicht unterliegen,
    c) für eine in der Bundesrepublik Deutschland zugelassene konsularische Vertretung eines außerdeutschen Staates, wenn der Leiter der Vertretung Angehöriger des Entsendestaates ist und außerhalb seines Amtes in der Bundesrepublik Deutschland keine Erwerbstätigkeit ausübt,
    d) für einen in der Bundesrepublik Deutschland zugelassenen Konsularvertreter (Generalkonsul, Konsul, Vizekonsul, Konsularagenten) oder für Personen, die zum Geschäftspersonal dieser Konsularvertreter gehören, wenn sie Angehörige des Entsendestaates sind und außerhalb ihres Amtes in der Bundesrepublik Deutschland keine Erwerbstätigkeit ausüben.
    Die Steuerbefreiung tritt nur ein, wenn Gegenseitigkeit gewährt wird;

11. *(aufgehoben)*

12. Fahrzeugen, die aus dem Geltungsbereich dieses Gesetzes ausgeführt oder verbracht werden sollen und hierzu ein besonderes Kennzeichen erhalten. Dies gilt nicht, sofern ein Ausfuhrkennzeichen für mehr als drei Monate gültig ist oder ein über diesen Zeitraum hinaus gültiges weiteres Ausfuhrkennzeichen erteilt wird;

13. gebietsfremden Personenkraftfahrzeugen und ihren Anhängern, die zum vorübergehenden Aufenthalt in den Geltungsbereich dieses Gesetzes gelangen, für die Dauer bis zu einem Jahr. Die Steuerbefreiung entfällt, wenn die Fahrzeuge der entgeltlichen Beförderung von Personen oder Gütern dienen oder von Personen benutzt werden, die ihren Wohnsitz oder gewöhnlichen Aufenthalt im Geltungsbereich dieses Gesetzes haben;

14. gebietsfremden Fahrzeugen, die zur Ausbesserung in den Geltungsbereich dieses Gesetzes gelangen und für die nach den Zollvorschriften ein Ausbesserungsverkehr bewilligt wird;

15. gebietsfremden Fahrzeugen, solange sie öffentliche Straßen benutzen, die die einzige oder die gegebene Verbindung zwischen verschiedenen

Orten eines anderen Staates bilden und den Geltungsbereich dieses Gesetzes auf kurze Strecken durchschneiden;

16. Dienstfahrzeugen von Behörden anderer Staaten, die auf Dienstfahrten zum vorübergehenden Aufenthalt in das Grenzgebiet gelangen. Voraussetzung ist, daß Gegenseitigkeit gewährt wird.

§ 3a Vergünstigungen für Schwerbehinderte

(1) Von der Steuer befreit ist das Halten von Kraftfahrzeugen, solange die Fahrzeuge für Schwerbehinderte zugelassen sind, die durch einen Ausweis im Sinne des Schwerbehindertengesetzes oder des Artikels 3 des Gesetzes über die unentgeltliche Beförderung Schwerbehinderter im öffentlichen Personenverkehr vom 9. Juli 1979 (BGBl. I S. 989) mit dem Merkzeichen „H", oder „Bl" oder „aG" nachweisen, daß sie hilflos, blind oder außergewöhnlich gehbehindert sind.

(2) Die Steuer ermäßigt sich um 50 vom Hundert für Kraftfahrzeuge, solange die Fahrzeuge für Schwerbehinderte zugelassen sind, die durch einen Ausweis im Sinne des Schwerbehindertengesetzes oder des Artikels 3 des Gesetzes über die unentgeltliche Beförderung Schwerbehinderter im öffentlichen Personenverkehr mit orangefarbenem Flächenaufdruck nachweisen, daß sie die Voraussetzungen des § 59 Abs. 1 Satz 1 des Schwerbehindertengesetzes erfüllen. Die Steuerermäßigung wird nicht gewährt, solange der Schwerbehinderte das Recht zur unentgeltlichen Beförderung nach § 59 des Schwerbehindertengesetzes in Anspruch nimmt. Die Inanspruchnahme der Steuerermäßigung ist vom Finanzamt auf dem Schwerbehindertenausweis zu vermerken. Der Vermerk ist vom Finanzamt zu löschen, wenn die Steuerermäßigung entfällt.

(3) Die Steuervergünstigung der Absätze 1 und 2 steht dem Behinderten nur für ein Fahrzeug und nur auf Antrag zu. Sie entfällt, wenn das Fahrzeug zur Beförderung von Gütern – ausgenommen Handgepäck –, zur entgeltlichen Beförderung von Personen – ausgenommen die gelegentliche Mitbeförderung – oder durch andere Personen zu Fahrten benutzt wird, die nicht im Zusammenhang mit der Fortbewegung oder der Haushaltsführung des Behinderten stehen.

§ 3b *(aufgehoben)*

§ 3c *(aufgehoben)*

§ 3d Steuerbefreiung für Elektrofahrzeuge

Das Halten von Personenkraftwagen, die Elektrofahrzeuge (§ 9 Abs. 2) sind und nach dem 31. Juli 1991 erstmals zugelassen werden, ist für einen Zeitraum von fünf Jahren steuerbefreit. Die Steuerbefreiung beginnt am Tag der erstmaligen Zulassung des Fahrzeugs zum Verkehr. Eine vorübergehende Stillegung oder ein Halterwechsel haben keine Auswirkung auf die Steuerbefreiung.

§ 3e Personenkraftwagen mit Selbstzündungsmotor

(1) Soweit Personenkraftwagen mit Selbstzündungsmotor die in § 3f genannten Voraussetzungen erfüllen, gilt diese Vorschrift nur, wenn die Fahrzeuge vor dem 1. Januar 1989 erstmalig zum Verkehr zugelassen worden sind und nach Feststellung der Zulassungsbehörde vor diesem Zeitpunkt den Vorschriften der Anlage XXIII zur Straßenverkehrs-Zulassungs-Ordnung entsprochen haben. § 3g ist für Personenkraftwagen mit Selbstzündungsmotor nicht anzuwenden.

(2) Personenkraftwagen mit Selbstzündungsmotor, die in der Zeit vom 1. Januar 1990 bis zum 31. Juli 1992 erstmals zum Verkehr zugelassen worden sind und die den Vorschriften der Anlage XXIII zur Straßenverkehrs-Zulassungs-Ordnung oder bei weniger als 1400 Kubikzentimetern Hubraum den durch die Richtlinie 89/458/EWG (ABl. EG Nr. L 226 S. 1) geänderten Vorschriften des Anhangs I der Richtlinie 70/220/EWG entsprechen und außerdem einen gemäß den Vorschriften der Anlage XXIII zur Straßenverkehrs-Zulassungs-Ordnung ermittelten Partikelgrenzwert von 0,08 g/km einhalten, werden ab 1. September 1990 oder ab dem späteren Tag der ersten Zulassung zeitlich befristet von der Steuer befreit. In den Fällen des Absatzes 2 ist die Steuer für denjenigen Halter neu festzusetzen, für den das Fahrzeug am 1. September 1990 zugelassen ist oder, sofern das Fahrzeug am 1. September 1990 stillgelegt war, für den das Fahrzeug danach als ersten wieder zugelassen wird. Eine Neufestsetzung für frühere Halter des Fahrzeugs unterbleibt; dies gilt auch dann, wenn ein früherer Halter für das Halten des Fahrzeugs Steuern entrichtet hat. Die Steuerbefreiung endet unabhängig von einer vorübergehenden Stillegung für Personenkraftwagen mit Hubraum

bis 1000 ccm nach 1 Jahr 10 Monaten,
über 1000 bis zu 1100 ccm nach 1 Jahr 8 Monaten,
über 1100 bis zu 1200 ccm nach 1 Jahr 7 Monaten,
über 1200 bis zu 1300 ccm nach 1 Jahr 5 Monaten,
über 1300 bis zu 1400 ccm nach 1 Jahr 4 Monaten,
über 1400 bis zu 1500 ccm nach 1 Jahr 3 Monaten,
über 1500 bis zu 1600 ccm nach 1 Jahr 2 Monaten,
über 1600 bis zu 1700 ccm nach 1 Jahr 1 Monat,
über 1700 bis zu 1900 ccm nach 1 Jahr,
über 1900 bis zu 2100 ccm nach 11 Monaten,
über 2100 bis zu 2400 ccm nach 10 Monaten,
über 2400 bis zu 2700 ccm nach 9 Monaten,
über 2700 bis zu 3100 ccm nach 8 Monaten,
über 3100 bis zu 3600 ccm nach 7 Monaten,
über 3600 ccm nach 6 Monaten.

(3) Unabhängig vom Tag der Erstzulassung eines Personenkraftwagens wird die Steuerbefreiung nach Absatz 2 gewährt, wenn die in Absatz 2 genannten technischen Voraussetzungen nach den Feststellungen der Zulassungsbehörde in der Zeit vom 1. Januar 1989 bis zum 31. Juli 1992 nachträglich erfüllt werden.

§3f Steuerbefreiung für schadstoffarme Personenkraftwagen mit Fremdzündungsmotor

(1) Das Halten von Personenkraftwagen mit einem Hubraum bis zu 2000 Kubikzentimetern oder mit Drehkolbenmotoren, die in der Zeit vom 1. Januar 1990 bis zum 31. Juli 1991 erstmals zum Verkehr zugelassen werden, ist für eine begrenzte Zeit von der Steuer befreit, wenn sie nach Feststellung der Zulassungsbehörden ab dem Tag der erstmaligen Zulassung schadstoffarm sind, weil sie den Vorschriften der Anlage XXIII zur Straßenverkehrs-Zulassungs-Ordnung oder des Anhangs III A der Richtlinie 70/220/EWG (ABl. EG Nr. L 76, S. 1), zuletzt geändert durch die Richtlinie 89/491/EWG (ABl. EG Nr. L 238, S. 43), entsprechen. Für Personenkraftwagen mit weniger als 1400 Kubikzentimetern Hubraum gilt dies auch, wenn sie den Vorschriften des Anhangs I der Richtlinie 70/220/EWG des Rates der Europäischen Gemeinschaften vom 20. März 1970 (ABl. EG Nr. L 76 S. 1) in der Fassung der Richtlinie 89/458/EWG des Rates der Europäischen Gemeinschaften vom 18. Juli 1989 (ABl. EG Nr. L 226 S. 1) entsprechen.

(2) Die Steuerbefreiung beginnt mit dem Tag der ersten Zulassung. Sie endet unabhängig von einer vorübergehenden Stillegung

1. für Personenkraftwagen, die durch Hubkolbenmotoren angetrieben werden und mit einem Katalysator – einschließlich einer lambda-geregelten Gemischaufbereitung – ausgestattet sind,

   mit Hubraum
   bis zu 1000 ccm nach fünf Jahren und einem Monat,
   über 1000 bis zu 1100 ccm nach vier Jahren und acht Monaten,
   über 1100 bis zu 1200 ccm nach vier Jahren und drei Monaten,
   über 1200 bis zu 1300 ccm nach drei Jahren und elf Monaten,
   über 1300 bis zu 1400 ccm nach drei Jahren und acht Monaten,
   über 1400 bis zu 1500 ccm nach drei Jahren und fünf Monaten,
   über 1500 bis zu 1600 ccm nach drei Jahren und zwei Monaten,
   über 1600 bis zu 1700 ccm nach drei Jahren,
   über 1700 bis zu 1800 ccm nach zwei Jahren und zehn Monaten,
   über 1800 bis zu 1900 ccm nach zwei Jahren und acht Monaten,
   über 1900 bis zu 2000 ccm nach zwei Jahren und sieben Monaten;

2. für Personenkraftwagen, die durch Drehkolbenmotoren angetrieben werden, nach zwei Jahren und sieben Monaten.

Für andere Personenkraftwagen, die mindestens den in § 3f Abs. 1 Satz 2 genannten Vorschriften der Europäischen Gemeinschaften entsprechen und mit einem Katalysator ohne lambda-geregelte Gemischaufbereitung ausgestattet sind, endet die Steuerbefreiung nach einem Viertel der Zeit, die sich nach Satz 2 ergibt; angefangene Monate werden auf volle Monate aufgerundet.

(3) Für einen Personenkraftwagen mit weniger als 1400 Kubikzentimetern Hubraum, der vor dem 1. Januar 1990 erstmalig zugelassen worden ist, gilt die in Absatz 2 genannte Dauer der Steuerbefreiung rückwirkend vom Tag der Anerkennung als bedingt schadstoffarm Stufe C, wenn das Fahrzeug

1. nach Feststellung der Zulassungsbehörde bereits vor dem 1. Januar 1990 den Vorschriften der Anlage XXIII zur Straßenverkehrs-Zulassungs-Ordnung entsprochen hat und

2. am 1. Januar 1990 noch zum Verkehr zugelassen ist oder danach wieder zugelassen wird.

Für Personenkraftwagen, die durch Selbstzündungsmotoren angetrieben werden und den Vorschriften der Anlage XXIII zur Straßenverkehrs-Zulassungs-Ordnung entsprechen, endet die Steuerbefreiung nach der Hälfte der Zeit, die sich nach Absatz 2 Satz 2 ergibt; angefangene Monate werden auf volle Monate aufgerundet.

(4) In den Fällen des Absatzes 3 ist die Steuer für denjenigen Halter von Amts wegen neu festzusetzen, für den das Fahrzeug am 1. Januar 1990 zugelassen ist oder, sofern das Fahrzeug am 1. Januar 1990 stillgelegt war, für den das Fahrzeug danach als ersten wieder zugelassen wird. Eine Neufestsetzung für frühere Halter des Fahrzeugs unterbleibt; dies gilt auch dann, wenn ein früherer Halter für das Halten des Fahrzeuges Steuern entrichtet hat.

(5) Soweit sich aus den Absätzen 3 und 4 oder aus § 3g Abs. 5 nichts anderes ergibt, bleibt die Dauer einer vor dem 1. Januar 1990 entstandenen Steuerbefreiung auf Grund des § 3b oder § 3c in der bis zum 31. Dezember 1989 geltenden Fassung unberührt. Soweit diese Steuerbefreiung bei einem Halterwechsel noch nicht abgelaufen ist, wird sie dem neuen Halter gewährt.

(6) Für die Berechnung der Dauer der Steuerbefreiung ab 1. Januar 1991 ist für Personenkraftwagen, die in dem in Artikel 3 des Einigungsvertrages[1] genannten Gebiet zugelassen sind, von einem Beginn auszugehen, der sich bei Anwendung der Absätze 1 bis 5 vor dem 1. Januar 1991 ergeben hätte.

---

[1] Auszugsweise abgedruckt vor **1.**

§ 3g Förderungsbetrag

(1) Einen Förderungsbetrag von 550 DM an Stelle einer befristeten Steuerbefreiung erhält der Halter eines Personenkraftwagens vom Finanzamt, wenn folgende Voraussetzungen erfüllt sind:

1. Der Personenkraftwagen muß bis zum 31. Dezember 1990 erstmals zugelassen worden sein;

2. der Personenkraftwagen muß in der Zeit vom 1. Januar 1990 bis zum 31. Juli 1992 nachträglich durch Einbau eines Katalysators, der

   a) mit einer Betriebserlaubnis für Fahrzeugteile nach § 22 der Straßenverkehrs-Zulassungs-Ordnung oder

   b) im Rahmen einer Betriebserlaubnis für das Fahrzeug nach § 20 oder § 21 der Straßenverkehrs-Zulassungs-Ordnung

genehmigt ist, technisch so verbessert worden sein, daß nach Feststellung der Zulassungsbehörde die Vorschriften der Anlage XXV zu § 47 der Straßenverkehrs-Zulassungs-Ordnung mit Ausnahme des Abschnittes 4.1.4 erfüllt sind. Für Fahrzeuge mit weniger als 1400 Kubikzentimetern Hubraum gelten die Werte der Hubraumklasse zwischen 1400 und 2000 Kubikzentimetern; und

3. der Personenkraftwagen muß am 1. Januar 1990 oder zu dem späteren Zeitpunkt der Feststellung der technischen Verbesserung durch die Zulassungsbehörde für den vorgenannten Halter zugelassen sein oder nach vorübergehender Stillegung für ihn wieder zugelassen werden.

(2) Der Förderungsbetrag beträgt 1100 DM, wenn die Voraussetzungen des Absatzes 1 Nr. 1 und 3 gegeben sind und der Personenkraftwagen in der Zeit vom 1. Januar 1990 bis zum 31. Juli 1992 nachträglich durch Einbau eines Katalysators – einschließlich einer lambda-geregelten Gemischaufbereitung –, der

1. mit einer Betriebserlaubnis für Fahrzeugteile nach § 22 der Straßenverkehrs-Zulassungs-Ordnung oder

2. im Rahmen einer Betriebserlaubnis für das Fahrzeug nach § 20 oder § 21 der Straßenverkehrs-Zulassungs-Ordnung

genehmigt ist, technisch so verbessert worden ist, daß nach der Feststellung der Zulassungsbehörde

3. für Personenkraftwagen mit einem Hubraum von mehr als 2000 Kubikzentimetern die Vorschriften

   a) der Anlage XXIII zur Straßenverkehrs-Zulassungs-Ordnung, ausgenommen die Abschnitte 1.7.2, 1.7.3 und 1.8.2,

   b) des Anhangs I Abschnitt 8.3, ausgenommen Abschnitt 8.3.1.2, in Verbindung mit den Vorschriften des Anhangs III A der Richtlinie 70/220/EWG (ABl. EG Nr. L 76, S. 1), in der Fassung der Richtlinie 89/491/EWG (ABl. EG Nr. L 238, S. 43)

   oder

c) der Anlage XXV zur Straßenverkehrs-Zulassungs-Ordnung, ausgenommen Abschnitt 4.1.4,

4. für Personenkraftwagen mit einem Hubraum bis zu 2000 Kubikzentimetern

  a) die in Nummer 3 Buchstabe a oder Buchstabe b genannten Vorschriften oder

  b) die in § 3f Abs. 1 Satz 2 genannten Vorschriften der Europäischen Gemeinschaften für Personenkraftwagen mit weniger als 1400 Kubikzentimetern

  erfüllt sind.

(3) Der Förderungsbetrag erhöht sich auf 1200 DM, wenn, über die in Absatz 2 genannten Voraussetzungen hinausgehend, die Fahrzeuge mit einem Verdunstungsfilter zur Verminderung von Kohlenwasserstoffemissionen entsprechend Abschnitt 1.7.3 der Anlage XXIII zur Straßenverkehrs-Zulassungs-Ordnung ausgerüstet werden.

(4) Die Absätze 1 bis 3 gelten entsprechend für Personenkraftwagen mit einem Hubraum von weniger als 1400 Kubikzentimetern, die in der Zeit vom 27. April 1989 bis zum 31. Dezember 1989, und für vor dem 1. Oktober 1988 erstmalig zugelassene Personenkraftwagen mit einem Hubraum von mehr als 2000 Kubikzentimetern, die in der Zeit vom 1. Oktober 1988 bis zum 31. Dezember 1989 nachträglich technisch so verbessert worden sind, daß dadurch die Voraussetzungen für einen Förderungsbetrag erfüllt werden.

(5) Der Förderungsbetrag wird nur für zugelassene Fahrzeuge gewährt, die nicht nach § 3 von der Steuer befreit sind. Der Förderungsbetrag wird für jedes Fahrzeug nur einmal gewährt. Bei Halterwechsel wird der Förderungsbetrag an denjenigen Halter gezahlt, der bei der Zulassungsbehörde die Feststellung der technischen Verbesserung beantragt hat.

(6) Sind die Voraussetzungen für einen Förderungsbetrag erfüllt, ist das Fahrzeug als schadstoffarm zu behandeln. Mit dem Förderungsbetrag wird eine befristete Steuerbefreiung jedoch abgegolten, soweit sie auf derselben technischen Verbesserung beruht. Hat die technische Verbesserung bereits zu einer befristeten Steuerbefreiung auf Grund des § 3b oder § 3c in der bis zum 31. Dezember 1989 geltenden Fassung oder auf Grund des § 3f geführt, ist die Steuerbefreiung bei Festsetzung des Förderungsbetrags aufzuheben, soweit sie dessen Empfänger oder spätere Halter des Fahrzeugs betrifft. Die Steuerbefreiung für frühere Halter bleibt bestehen.

(7) Für den Förderungsbetrag gelten die Vorschriften über die Kraftfahrzeugsteuer sowie die Vorschriften der Abgabenordnung für Steuervergütungen entsprechend. Die Vorschriften des Siebenten Teils der Abgabenordnung, des Achten Teils, Dritter und Vierter Abschnitt, sowie des § 369 Abs. 1 Nr. 4, § 369 Abs. 2, §§ 370, 371, 375 bis 379, 383 und 384 der

Abgabenordnung gelten entsprechend. In öffentlich-rechtlichen Streitigkeiten über Verwaltungsakte der Finanzbehörden ist der Finanzrechtsweg gegeben. Der Förderungsbetrag ist aus dem Aufkommen an Kraftfahrzeugsteuer zu zahlen.

(8) Für Personenkraftwagen, die in dem in Artikel 3 des Einigungsvertrages[1] genannten Gebiet zugelassen sind, gelten die vorstehenden Vorschriften über Förderungsbeträge, soweit die technische Verbesserung in der Zeit vom 3. Oktober 1990 bis zum 31. Juli 1992 vorgenommen wird. Das Finanzamt kann selbst entscheiden, ob die technischen Voraussetzungen für einen Förderungsbetrag nach den Absätzen 1 und 2 erfüllt sind, solange die zuständige Zulassungsbehörde keine Feststellung getroffen hat.

§ 3h Maßgebende Fassung verkehrsrechtlicher Bestimmungen

Für die Anwendung der §§ 3f und 3g sind die Straßenverkehrs-Zulassungs-Ordnung und die Richtlinien der EWG in der am 1. Januar 1990 geltenden Fassung maßgebend.

§ 4 Erstattung der Steuer im Huckepackverkehr

(1) Die Steuer ist auf Antrag für einen Zeitraum von zwölf Monaten, gerechnet vom Beginn eines Entrichtungszeitraums, zu erstatten, wenn das Fahrzeug während dieses Zeitraums bei mehr als 124 Fahrten beladen oder leer auf einem Teil der jeweils zurückgelegten Strecke im Huckepackverkehr (§ 3 Abs. 2 des Güterkraftverkehrsgesetzes) mit der Eisenbahn befördert worden ist. Wird die in Satz 1 bestimmte Zahl von Fahrten nicht erreicht, so werden erstattet

1. bei mehr als 93 Fahrten 75 vom Hundert der Jahressteuer,
2. bei weniger als 94 aber mehr als 62 Fahrten 50 vom Hundert der Jahressteuer,
3. bei weniger als 63 aber mehr als 31 Fahrten 25 vom Hundert der Jahressteuer.

Ist die mit der Eisenbahn zurückgelegte Strecke länger als 400 Kilometer, so wird eine Fahrt zweifach gerechnet, ist die mit der Eisenbahn zurückgelegte Strecke länger als 800 Kilometer, so wird die Fahrt dreifach gerechnet.

(2) Der Nachweis, daß die Voraussetzungen für die Erstattung der Steuer erfüllt sind, ist für jedes Fahrzeug durch fortlaufende Aufzeichnungen über die Verwendung im Huckepackverkehr zu erbringen, deren Richtigkeit für jede Fahrt von der Deutschen Bundesbahn zu bescheinigen ist.

---

[1] Auszugsweise abgedruckt vor **1.**

§ 5 Dauer der Steuerpflicht

(1) Die Steuerpflicht dauert

1. bei einem einheimischen Fahrzeug, vorbehaltlich der Absätze 2 bis 5, solange das Fahrzeug zum Verkehr zugelassen ist, mindestens jedoch einen Monat;

2. bei einem gebietsfremden Fahrzeug, vorbehaltlich des Absatzes 2, solange sich das Fahrzeug im Geltungsbereich dieses Gesetzes befindet;

3. bei einem widerrechtlich benutzten Fahrzeug,
solange die widerrechtliche Benutzung dauert, mindestens jedoch einen Monat;

4. bei einem roten Kennzeichen,
solange das Kennzeichen benutzt werden darf, mindestens jedoch einen Monat.

(2) Fallen bei einem Fahrzeug die Voraussetzungen für eine Steuerbefreiung weg, so beginnt die Steuerpflicht mit dem Wegfall dieser Voraussetzungen. Die Steuerpflicht endet vorbehaltlich des Satzes 3 mit dem Eintritt der Voraussetzungen für eine Steuerbefreiung. Wird ein Fahrzeug, dessen Halten von der Steuer befreit ist, vorübergehend zu anderen als den begünstigten Zwecken benutzt (zweckfremde Benutzung) so dauert die Steuerpflicht, solange die zweckfremde Benutzung währt, mindestens jedoch einen Monat; entsprechendes gilt, wenn eine Steuerermäßigung nach § 3a Abs. 2 wegen vorübergehender zweckfremder Benutzung des Fahrzeugs entfällt.

(3) Wird ein einheimisches Fahrzeug während der Dauer der Steuerpflicht verändert und ändert sich infolgedessen die Höhe der Steuer, so beginnt die Steuerpflicht bei dem veränderten Fahrzeug mit der Änderung, spätestens mit der Aushändigung des neuen oder geänderten Fahrzeugscheins; gleichzeitig endet die frühere Steuerpflicht. Entsprechendes gilt, wenn sich die Höhe der Steuer auf Grund eines Antrags nach § 3a Abs. 2 oder nach § 10 Abs. 2 (Anhängerzuschlag) ändert.

(4) Wird ein einheimisches Fahrzeug vorübergehend stillgelegt oder endgültig aus dem Verkehr gezogen und wird dabei die Rückgabe oder Einziehung des Fahrzeugscheins und die Entstempelung des Kennzeichens an verschiedenen Tagen vorgenommen, so ist der letzte Tag maßgebend. Das Finanzamt kann für die Beendigung der Steuerpflicht einen früheren Zeitpunkt zugrunde legen, wenn der Steuerschuldner glaubhaft macht, daß das Fahrzeug seit dem früheren Zeitpunkt nicht benutzt worden ist und daß er die Abmeldung des Fahrzeugs nicht schuldhaft verzögert hat.

(5) Wird ein einheimisches Fahrzeug veräußert, so endet die Steuerpflicht für den Veräußerer in dem Zeitpunkt, in dem die verkehrsrechtlich vorgeschriebene Veräußerungsanzeige bei der Zulassungsbehörde eingeht,

spätestens mit der Aushändigung des neuen Fahrzeugscheins an den Erwerber; gleichzeitig beginnt die Steuerpflicht für den Erwerber.

§ 6 Entstehung der Steuer

Die Steuer entsteht mit Beginn der Steuerpflicht, bei fortlaufenden Entrichtungszeiträumen mit Beginn des jeweiligen Entrichtungszeitraums.

§ 7 Steuerschuldner

Steuerschuldner ist

1. bei einem einheimischen Fahrzeug
   die Person, für die das Fahrzeug zum Verkehr zugelassen ist,
2. bei einem gebietsfremden Fahrzeug
   die Person, die das Fahrzeug im Geltungsbereich dieses Gesetzes benutzt,
3. bei einem widerrechtlich benutzten Fahrzeug
   die Person, die das Fahrzeug widerrechtlich benutzt,
4. bei einem roten Kennzeichen
   die Person, der das Kennzeichen zugeteilt ist.

§ 8 Bemessungsgrundlage

Die Steuer bemißt sich

1. bei Krafträdern und Personenkraftwagen nach dem Hubraum, soweit diese Fahrzeuge durch Hubkolbenmotoren angetrieben werden,
2. bei anderen Fahrzeugen nach dem verkehrsrechtlich zulässigen Gesamtgewicht und der Anzahl der Achsen. Bei Sattelanhängern ist das verkehrsrechtlich zulässige Gesamtgewicht um die Sattellast zu vermindern.

§ 9 Steuersatz

(1)[1] Die Jahressteuer beträgt für

1. Krafträder, die durch Hubkolbenmotoren angetrieben werden, für je 25 Kubikzentimeter Hubraum oder einen Teil davon 3,60 DM;
2. Personenkraftwagen mit Hubkolbenmotoren für je 100 Kubikzentimeter Hubraum oder einen Teil davon, wenn sie

---

[1] Für im Gebiet der ehem. DDR zugelassene Personenkraftwagen und Krafträder siehe abweichende Vorschriften in Abs. 6 und 7.

329

	durch Fremd- zündungsmo- toren angetrie- ben werden und	durch Selbst- zündungsmo- toren angetrie- ben werden und
a) schadstoffarm oder bedingt schadstoff- arm Stufe C oder nach § 3f oder § 3g begünstigt sind	13,20 DM	29,60 DM
b) bedingt schadstoffarm Stufe A oder B sind, soweit sie vor dem 1. Oktober 1986 erstmalig zum Verkehr zugelassen und vor dem 1. Januar 1988 als bedingt schadstoffarm anerkannt werden, ab dem Tag der Anerkennung, frühestens ab 1. Juli 1985, im Falle der Stufe B bis zum Ablauf der folgenden 3 Jahre	13,20 DM	29,60 DM
c) nicht die Voraussetzungen für die An- wendung des Steuersatzes nach Buch- stabe a oder b erfüllen,		
aa) bei erstmaliger Zulassung vor dem 1. Januar 1986	18,80 DM	35,20 DM
bb) bei erstmaliger Zulassung nach dem 31. Dezember 1985	21,60 DM	38,00 DM;

3. alle anderen Fahrzeuge für je 200 Kilogramm Gesamtgewicht oder einen Teil davon

	mit nicht mehr als zwei Achsen	mit mehr als zwei Achsen
von dem Gesamtgewicht		
bis zu 2000 kg	22,—	22,—
über 2000 kg bis zu 3000 kg	23,50	23,50
über 3000 kg bis zu 4000 kg	25,—	25,—
über 4000 kg bis zu 5000 kg	26,50	26,50
über 5000 kg bis zu 6000 kg	28,—	28,—
über 6000 kg bis zu 7000 kg	29,50	29,50
über 7000 kg bis zu 8000 kg	32,—	31,—
über 8000 kg bis zu 9000 kg	34,50	33,—
über 9000 kg bis zu 10000 kg	37,50	34,50
über 10000 kg bis zu 11000 kg	40,50	36,50
über 11000 kg bis zu 12000 kg	44,50	39,50
über 12000 kg bis zu 13000 kg	49,—	42,50
über 13000 kg bis zu 14000 kg	54,—	46,—
über 14000 kg bis zu 15000 kg	89,—	66,—
über 15000 kg bis zu 16000 kg	124,—	86,—

von dem Gesamtgewicht	mit nicht mehr als zwei Achsen	mit mehr als zwei Achsen
über 16 000 kg bis zu 17 000 kg	130,—	90,—
über 17 000 kg bis zu 18 000 kg	136,—	94,—
über 18 000 kg bis zu 19 000 kg	142,—	98,—
über 19 000 kg bis zu 20 000 kg	148,—	102,—
über 20 000 kg bis zu 21 000 kg	154,—	106,—
über 21 000 kg bis zu 22 000 kg	160,—	110,—
über 22 000 kg	166,—	114,—

insgesamt jedoch nicht mehr als 11 000 DM.

(2) Die Steuer ermäßigt sich um 50 vom Hundert des Betrags, der sich nach Absatz 1 ergibt, für Fahrzeuge mit Antrieb ausschließlich durch Elektromotoren, die ganz oder überwiegend aus mechanischen oder elektrochemischen Energiespeichern gespeist werden (Elektrofahrzeuge).

(3) Für gebietsfremde Fahrzeuge beträgt die Steuer, wenn sie tageweise entrichtet wird, für jeden ganz oder teilweise im Geltungsbereich dieses Gesetzes zugebrachten Kalendertag

1. bei Zwei- und Dreiradkraftfahrzeugen (ausgenommen Zugmaschinen) sowie bei Personenkraftwagen		1,— DM
2. bei allen anderen Fahrzeugen mit als zwei Achsen und einem zulässigen Gesamtgewicht von	nicht mehr	mehr
a) nicht mehr als 7500 kg	3,— DM	3,— DM
b) mehr als 7500 kg und nicht mehr als 15 000 kg	9,— DM	8,— DM
c) mehr als 15 000 kg und nicht mehr als 20 000 kg	25,— DM	21,— DM
d) mehr als 20 000 kg	43,— DM	33,— DM.

Für diese Fahrzeuge ist der Nachweis des zulässigen Gesamtgewichts, sofern sich dieses nicht aus dem Zulassungsschein ergibt, durch eine amtliche Bescheinigung zu erbringen. Die Bescheinigung muß die Identität und das zulässige Gesamtgewicht eindeutig nachweisen; sie ist in deutscher Sprache abzufassen.

(4) Bei der Zuteilung eines Kennzeichens für Probe- und Überführungsfahrten beträgt die Steuer

1. für Kennzeichen, die nur für Krafträder auf die Dauer eines Kalenderjahres gelten,	90,— DM
2. für andere Kennzeichen, die auf die Dauer eines Kalenderjahres gelten,	375,— DM.

(5) Bei Berechnung der Steuer zählen angefangene Kalendertage als volle Tage. Der Tag, an dem die Steuerpflicht endet, wird nicht mitgerechnet, ausgenommen in den Fällen der tageweisen Entrichtung nach § 11 Abs. 3 und der Entrichtung für einen nach Tagen berechneten Zeitraum nach § 11 Abs. 4 Nr. 1 sowie nach § 11 Abs. 4 Nr. 2, soweit die Mindestbesteuerung vorgeschrieben ist.

(6) Für Personenkraftwagen und Krafträder, die seit dem 31. Dezember 1990 in dem in Artikel 3 des Einigungsvertrages[1] genannten Gebiet ohne Unterbrechung für denselben Halter zugelassen sind, beträgt die Jahressteuer bis zum 31. Dezember 1992

1. für Zwei- und Dreiradfahrzeuge 12 Deutsche Mark je angefangene 100 Kubikzentimeter Hubraum,

2. für Personenkraftwagen mit Fremdzündungsmotor, außer Dreiradfahrzeugen, abweichend von Absatz 1 Nr. 2 Buchstabe c) 18 Deutsche Mark je angefangene 100 Kubikzentimeter Hubraum,

3. für Personenkraftwagen mit Selbstzündungsmotor, außer Dreiradfahrzeugen, abweichend von Absatz 1 Nr. 2 Buchstaben a) bis c) bis 30. Juni 1991 18 Deutsche Mark je angefangene 100 Kubikzentimeter Hubraum, ab 1. Juli 1991 26 Deutsche Mark je angefangene 100 Kubikzentimeter Hubraum.

(7) Für Personenkraftwagen, die nicht „schadstoffarm" oder „bedingt schadstoffarm Stufe C" sind und nach dem 31. Dezember 1990 in dem in Artikel 3 des Einigungsvertrages[1] genannten Gebiet zugelassen werden, ist Absatz 1 mit der Maßgabe anzuwenden, daß an die Stelle des Datums 1. Januar 1986 das Datum 1. Januar 1991 und an die Stelle des Datums 31. Dezember 1985 das Datum 31. Dezember 1990 tritt.

§ 9a *(aufgehoben)*

§ 10 Sonderregelung für Kraftfahrzeuganhänger

(1) Auf Antrag wird die Steuer für das Halten von Kraftfahrzeuganhängern mit Ausnahme von Wohnwagenanhängern nicht erhoben, solange die Anhänger ausschließlich hinter Kraftfahrzeugen, ausgenommen Krafträder und Personenkraftwagen, mitgeführt werden, für die eine um einen Anhängerzuschlag erhöhte Steuer erhoben wird oder die ausschließlich zur Zustellung oder Abholung nach § 3 Nr. 9 verwendet werden. Voraussetzung für die Steuervergünstigung ist außerdem, daß den Anhängern ein amtliches Kennzeichen in grüner Schrift auf weißem Grund zugeteilt worden ist.

(2) Die um einen Anhängerzuschlag erhöhte Steuer wird auf Antrag des Eigentümers des Kraftfahrzeugs oder, im Falle einer Zulassung für einen

---

[1] Auszugsweise abgedruckt vor **1.**

anderen, des Halters erhoben, wenn hinter dem Kraftfahrzeug Anhänger mitgeführt werden sollen, für die nach Absatz 1 Steuer nicht erhoben wird. Dies gilt auch, wenn das Halten des Kraftfahrzeugs von der Steuer befreit ist, es sei denn, daß es ausschließlich zur Zustellung oder Abholung nach § 3 Nr. 9 verwendet wird.

(3) Der Anhängerzuschlag für die Dauer eines Jahres beträgt, wenn das verkehrsrechtlich zulässige Gesamtgewicht des schwersten Kraftfahrzeuganhängers

1. nicht mehr als 10 000 Kilogramm beträgt,
   1402,50 Deutsche Mark,

2. mehr als 10 000 Kilogramm aber nicht mehr als 12 000 Kilogramm beträgt,
   1827,50 Deutsche Mark,

3. mehr als 12 000 Kilogramm aber nicht mehr als 14 000 Kilogramm beträgt,
   2342,50 Deutsche Mark,

4. mehr als 14 000 Kilogramm aber nicht mehr als 16 000 Kilogramm beträgt,
   3407,50 Deutsche Mark,

5. mehr als 16 000 Kilogramm, aber nicht mehr als 18 000 Kilogramm beträgt,
   4737,50 Deutsche Mark,

6. mehr als 18 000 Kilogramm beträgt,
   5957,50 Deutsche Mark.

Bei Sattelanhängern ist das verkehrsrechtlich zulässige Gesamtgewicht um die Sattellast zu vermindern.

(4) Wird ein einheimischer Kraftfahrzeuganhänger, bei dem nach Absatz 1 die Steuer nicht erhoben wird, hinter anderen als den nach Absatz 1 zulässigen Kraftfahrzeugen verwendet, so ist die Steuer zu entrichten, solange die bezeichnete Verwendung dauert, mindestens jedoch für einen Monat.

(5) *(aufgehoben)*

(6) *(aufgehoben)*

§ 11 Entrichtungszeiträume

(1) Die Steuer ist jeweils für die Dauer eines Jahres im voraus zu entrichten.

(2) Die Steuer darf, wenn die Jahressteuer mehr als 1000 Deutsche Mark beträgt, auch für die Dauer eines Halbjahres und, wenn die Jahressteuer mehr als 2000 Deutsche Mark beträgt, auch für die Dauer eines Vierteljahres entrichtet werden. In diesen Fällen beträgt die Steuer

1. wenn sie halbjährlich entrichtet wird,
   die Hälfte der Jahressteuer zuzüglich eines Aufgeldes in Höhe von drei
   vom Hundert,

2. wenn sie vierteljährlich entrichtet wird,
   ein Viertel der Jahressteuer zuzüglich eines Aufgeldes in Höhe von sechs
   vom Hundert.

Ein Wechsel des Entrichtungszeitraums ist nur zulässig, wenn die Änderung vor oder spätestens mit der Fälligkeit der neu zu entrichtenden Steuer angezeigt wird.

(3) Die Steuer darf bei gebietsfremden Fahrzeugen, die zum vorübergehenden Aufenthalt in den Geltungsbereich dieses Gesetzes gelangen, für einen Aufenthalt bis zu dreißig Tagen auch tageweise entrichtet werden, wenn die Gegenseitigkeit gewährleistet ist; diese Voraussetzung entfällt für Fahrzeuge, die in den Staaten der Europäischen Wirtschaftsgemeinschaft zugelassen sind. Die Tage des Aufenthalts im Geltungsbereich dieses Gesetzes brauchen nicht unmittelbar aufeinander zu folgen. Eine Erstattung der tageweise entrichteten Steuer ist ausgeschlossen.

(4) Die Steuer ist für einen nach Tagen berechneten Zeitraum zu entrichten,

1. abweichend von den Absätzen 1 und 2
   a) mit Einwilligung oder auf Antrag eines Steuerschuldners, wenn dieser die Steuer für mehr als ein Fahrzeug schuldet und wenn durch die tageweise Entrichtung für mindestens zwei Fahrzeuge ein einheitlicher Fälligkeitstag erreicht wird,
   b) auf Anordnung des Finanzamts für längstens einen Monat, wenn hierdurch für bestimmte Gruppen von Fahrzeugen ein einheitlicher Fälligkeitstermin erreicht wird und diese Maßnahme der Vereinfachung der Verwaltung dient;

2. wenn die Steuerpflicht für eine bestimmte Zeit besteht.

Die Steuer beträgt in diesen Fällen für jeden Tag des Berechnungszeitraums den auf ihn entfallenden Bruchteil der Jahressteuer. Fällt ein Tag des Berechnungszeitraums in ein Schaltjahr, so beträgt die Steuer für jeden Tag ein Dreihundertsechsundsechzigstel der Jahressteuer. Bruchteile eines Pfennigs bleiben bei der Berechnung der im Marken- oder Abrechnungsverfahren zu entrichtenden Jahressteuer unberücksichtigt.

(5) Die zu entrichtende Steuer ist in den Fällen der Absätze 2 bis 4 auf volle Deutsche Mark nach unten abzurunden.

§ 12[1] Steuerfestsetzung

(1) Die Steuer wird, wenn der Zeitpunkt der Beendigung der Steuerpflicht nicht feststeht, unbefristet, in allen anderen Fällen für einen bestimmten Zeitraum oder tageweise festgesetzt. Kann der Steuerschuldner den Entrichtungszeitraum wählen (§ 11 Abs. 2), so wird die Steuer für den von ihm gewählten Entrichtungszeitraum festgesetzt; sie kann auch für alle in Betracht kommenden Entrichtungszeiträume festgesetzt werden.

(2) Die Steuer ist neu festzusetzen

1. wenn sich infolge einer Änderung der Bemessungsgrundlagen oder des Steuersatzes eine andere Steuer ergibt,

2. wenn die Voraussetzungen für eine Steuerbefreiung, eine Steuerermäßigung oder die Nichterhebung der Steuer für Kraftfahrzeuganhänger (§ 10 Abs. 1) eintreten oder wegfallen oder wenn nachträglich festgestellt wird, daß die Voraussetzungen nicht vorgelegen haben oder nicht vorliegen;

3. wenn die Steuerpflicht endet, ausgenommen in den Fällen des § 11 Abs. 3. Die Steuerfestsetzung erstreckt sich auf die Zeit vom Beginn des Entrichtungszeitraums, in den das Ende der Steuerpflicht fällt, bis zum Ende der Steuerpflicht.

(3) Ist die Steuer nur für eine vorübergehende Zeit neu festzusetzen, so kann die nach Absatz 1 ergangene Steuerfestsetzung durch eine Steuerfestsetzung für einen bestimmten Zeitraum ergänzt werden. Die Ergänzungsfestsetzung ist auf den Unterschiedsbetrag zu beschränken.

(4) Die nach Absatz 1 ergangene Steuerfestsetzung bleibt unberührt, wenn der Steuerschuldner den regelmäßigen Standort eines Fahrzeugs in den Bezirk einer anderen Zulassungsbehörde verlegt. Dies gilt auch, wenn durch die Standortverlegung ein anderes Finanzamt zuständig wird. Ist nach der Standortverlegung die Steuer durch Steuermarken oder im Abrechnungsverfahren zu entrichten, so endet die bisherige Steuerpflicht mit der Standortverlegung.

(5) Die Landesregierungen werden ermächtigt, durch Rechtsverordnung zu bestimmen, daß in den Fällen des § 11 Abs. 1, 2 und 4 Nr. 1 Buchstabe a und Nr. 2 die Steuer durch die Zulassungsbehörde festzusetzen ist, wenn und soweit dadurch die Erhebung der Steuer erheblich erleichtert oder verbessert wird. Insoweit wird die Zulassungsbehörde als Landesfinanzbehörde tätig. Alle weiteren Aufgaben obliegen dem Finanzamt; es darf fehlerhafte Steuerfestsetzungen der Zulassungsbehörde aufheben oder ändern und unterbliebene Steuerfestsetzungen selbst vornehmen.

---

[1] Für im Gebiet der ehem. DDR zugelassene Fahrzeuge siehe abweichende Vorschriften in §§ 12a, b.

§ 12a Entrichtung der Steuer durch Steuermarken

(1) Abweichend von § 12 ist die Kraftfahrzeugsteuer für Fahrzeuge, die in dem in Artikel 3 des Einigungsvertrages[1] genannten Gebiet zugelassen sind, bis zum 31. Dezember 1992 durch Steuermarken zu entrichten. Der Fahrzeughalter hat für ein Fahrzeug, das bereits am 1. Januar 1991 für ihn zugelassen war, bis zum 30. April des jeweils laufenden Kalenderjahrs Steuermarken für das Kalenderjahr im Werte der Jahressteuer zu erwerben und in die amtliche Steuerkarte für sein Fahrzeug einzukleben. Bei Fahrzeugen, die ab dem 1. Januar 1991 zugelassen werden, gilt die Steuermarke für einen mit der Steuerpflicht beginnenden Entrichtungszeitraum von einem Jahr. Bei Zweifeln setzt das Finanzamt die Höhe der durch Steuermarken zu entrichtenden Steuer fest. Endet die Steuerpflicht vor Ablauf des Entrichtungszeitraumes, so wird für jeden vollen Monat, in dem keine Steuerpflicht bestand, auf Antrag ein Zwölftel der entrichteten Jahressteuer erstattet. Das Finanzamt kann auf Antrag einen abweichenden Entrichtungszeitraum bestimmen. Ist der Zeitraum kürzer als ein Jahr, gilt § 11 Abs. 1 und 2 entsprechend. Der Vertrieb der Steuermarken kann durch Verwaltungsvereinbarung auf die Deutsche Bundespost POSTDIENST übertragen werden.

(2) Ist das Halten des Fahrzeuges von der Steuer befreit oder ist die Steuer ermäßigt, so trägt das Finanzamt dies auf der Steuerkarte ein. Soweit für eine Steuerbefreiung oder Steuerermäßigung die Feststellungen anderer Behörden verbindlich sind, diese Feststellungen aber noch nicht getroffen wurden, kann das Finanzamt über die Steuerbefreiung oder Steuerermäßigung unter dem Vorbehalt des Widerrufs selbst entscheiden.

(3) Die amtliche Steuerkarte ist bei der Benutzung des Fahrzeuges auf öffentlichen Straßen mitzuführen und bei Verkehrskontrollen den hierfür zuständigen Stellen auf Verlangen vorzuzeigen. Die Zulassungsbehörde hat bei allen Verwaltungshandlungen, die sich auf ein zulassungspflichtiges Fahrzeug beziehen und die Vorlage der Fahrzeugpapiere erfordern, die Erfüllung der Steuerpflicht zu überprüfen; § 13 Abs. 1 Satz 1 bleibt unberührt.

(4) Nach dem Ende der Steuerpflicht ist die Steuerkarte der Zulassungsbehörde zur Weiterleitung an das Finanzamt zu übergeben. Das Finanzamt kann auch aus anderem Anlaß, insbesondere beim Übergang zum Steuerfestsetzungsverfahren, die Vorlage der Steuerkarte verlangen. Ist die Steuer im Markenverfahren nicht oder nicht zutreffend entrichtet worden, wird sie gemäß § 12 festgesetzt.

---

[1] Für im Gebiet der ehem. DDR zugelassene Fahrzeuge siehe abweichende Vorschriften in §§ 12a, b.

§ 12b Abrechnungsverfahren

(1) Abweichend von § 12 und § 12a kann die Kraftfahrzeugsteuer für Fahrzeuge, die in dem in Artikel 3 des Einigungsvertrages[1] genannten Gebiet zugelassen sind, bis zum 31. Dezember 1993 auf Antrag im Abrechnungsverfahren entrichtet werden, wenn für einen Fahrzeughalter mehr als 50 Fahrzeuge zugelassen sind und Bedenken gegen die zutreffende Entrichtung der Steuer nicht bestehen. Das Finanzamt kann das Abrechnungsverfahren auch in anderen Fällen zulassen, soweit es der Vereinfachung dient. Die Genehmigung des Abrechnungsverfahrens kann jederzeit widerrufen werden.

(2) Im Abrechnungsverfahren hat der Fahrzeughalter dem Finanzamt innerhalb eines Monats nach Beginn des Kalenderjahres oder zu einem vom Finanzamt bestimmten angemessenen Termin eine Steueranmeldung nach amtlichem Muster einzureichen, in der Angaben über die einbezogenen Fahrzeuge, die Besteuerungsgrundlagen und über die selbst berechnete Steuer enthalten sind. Die errechnete Steuer ist bis zum 15. Februar jedes Kalenderjahres oder zu den vom Finanzamt festgesetzten Terminen zu entrichten; § 11 Abs. 2 ist auf die Summe der angemeldeten Steuer entsprechend anzuwenden.

(3) Treten während eines Kalenderjahres Veränderungen im Fahrzeugbestand oder in der Höhe der Steuer ein, ist dies in einer Steueranmeldung zu berücksichtigen, die einen Monat nach Ende jeden Kalenderjahres oder auf Grund besonderer Aufforderung des Finanzamtes abzugeben ist.

(4) Das Finanzamt stellt für jedes in das Abrechnungsverfahren einbezogene Fahrzeug eine amtliche Steuerkarte aus, in der auf dem für die Steuermarke vorgesehenen Feld der Genehmigungsbescheid für das Abrechnungsverfahren anzugeben ist. § 12a Abs. 2 bis 4 gilt entsprechend.

(5) Zur Feststellung der Besteuerungsgrundlagen für die im Abrechnungsverfahren angemeldete Kraftfahrzeugsteuer ist eine Außenprüfung zulässig. Die Prüfer sind berechtigt, alle Fahrzeuge des Fahrzeughalters zu besichtigen und zu diesem Zweck auch Grundstücke oder Betriebsräume Dritter zu betreten.

§ 13 Nachweis der Besteuerung

(1) Die Zulassungsbehörde darf den Fahrzeugschein erst aushändigen, wenn nachgewiesen ist, daß den Vorschriften über die Kraftfahrzeugsteuer genügt ist. Die Landesregierungen werden ermächtigt, durch Rechtsverordnungen zu bestimmen, daß die Aushändigung des Fahrzeugscheins auch davon abhängig gemacht wird, daß

1. im Falle der Steuerpflicht die Kraftfahrzeugsteuer oder ein ihrer voraussichtlichen Höhe entsprechender Betrag für den ersten Entrichtungszeit-

---

[1] Auszugsweise abgedruckt vor **1**.

raum entrichtet ist oder eine Ermächtigung zum Einzug vom Konto des Fahrzeughalters bei einem Geldinstitut erteilt worden ist oder

2. im Falle einer Steuerbefreiung die Voraussetzungen für die Steuerbefreiung nachgewiesen oder glaubhaft gemacht sind.

Die Landesregierung kann die Ermächtigung durch Rechtsverordnung auf die zuständigen obersten Landesbehörden übertragen.

(2) Die Landesregierungen werden ermächtigt, durch Rechtsverordnung zu bestimmen, daß in den Fällen des Absatzes 1 Nr. 1 und des § 12 Abs. 5 die Steuer oder ein entsprechender Betrag bei der Zulassungsbehörde oder einer für die Zulassungsbehörde zuständigen öffentlichen Kasse einzuzahlen ist. Insoweit wird die Zulassungsbehörde oder die für sie zuständige öffentliche Kasse als Landesfinanzbehörde tätig. Die Landesregierung kann die Ermächtigung durch Rechtsverordnung auf die zuständigen obersten Landesbehörden übertragen.

(3) Sofern in den Fällen des § 3 Nr. 12 Steuerpflicht besteht, darf die Zulassungsbehörde den Fahrzeugschein erst aushändigen, wenn die Entrichtung der Steuer nachgewiesen wird.

§ 14 Abmeldung von Amts wegen

(1) Ist die Steuer nicht entrichtet worden, so hat die Zulassungsbehörde auf Antrag des Finanzamts den Fahrzeugschein einzuziehen, etwa ausgestellte Anhängerverzeichnisse zu berichtigen und das amtliche Kennzeichen zu entstempeln (Abmeldung von Amts wegen). Sie trifft die hierzu erforderlichen Anordnungen durch schriftlichen Verwaltungsakt (Abmeldungsbescheid).

(2) Das Finanzamt kann die Abmeldung von Amts wegen auch selbst vornehmen, wenn die Zulassungsbehörde das Verfahren noch nicht eingeleitet hat. Absatz 1 Satz 2 gilt entsprechend. Das Finanzamt teilt die durchgeführte Abmeldung unverzüglich der Zulassungsbehörde mit und händigt dem Fahrzeughalter die vorgeschriebene Bescheinigung über die Abmeldung aus.

(3) Die Durchführung der Abmeldung von Amts wegen richtet sich nach dem Verwaltungsverfahrensgesetz. Für Streitigkeiten über Abmeldungen von Amts wegen ist der Verwaltungsrechtsweg gegeben.

§ 15 Ermächtigungen

(1) Die Bundesregierung wird ermächtigt, mit Zustimmung des Bundesrates Rechtsverordnungen zu erlassen über

1. die nähere Bestimmung der in diesem Gesetz verwendeten Begriffe,

2. die Abgrenzung der Steuerpflicht sowie den Umfang der Ausnahmen

von der Besteuerung und der Steuerermäßigungen, soweit dies zur Wahrung der Gleichmäßigkeit der Besteuerung und zur Beseitigung von Unbilligkeiten in Härtefällen erforderlich ist,

3. die Zuständigkeit der Finanzämter und den Umfang der Besteuerungsgrundlagen,

4. das Besteuerungsverfahren, insbesondere die Berechnung der Steuer und die Änderung von Steuerfestsetzungen, sowie die von den Steuerpflichtigen zu erfüllenden Pflichten und die Beistandspflicht Dritter,

5. Art und Zeit der Steuerentrichtung. Dabei darf abweichend von § 11 Abs. 1 und 2 bestimmt werden, daß die Steuer auch tageweise entrichtet werden darf, soweit hierdurch ein Fahrzeughalter mit mehreren Fahrzeugen für seine sämtlichen Fahrzeuge einen einheitlichen Fälligkeitstag erreichen will,

6. die Erstattung der Steuer,

7. die völlige oder teilweise Befreiung von der Steuer für das Halten von gebietsfremden Fahrzeugen, die vorübergehend im Geltungsbereich dieses Gesetzes benutzt werden. Voraussetzung ist, daß Gegenseitigkeit gewahrt ist und die Befreiung dazu dient, eine Doppelbesteuerung zu vermeiden, den grenzüberschreitenden Verkehr zu erleichtern oder die Wettbewerbsbedingungen für einheimische Fahrzeuge zu verbessern,

8. eine befristete oder unbefristete Erhöhung der nach § 9 Abs. 3 anzuwendenden Steuersätze für bestimmte gebietsfremde Fahrzeuge, um diese Fahrzeuge einer Steuerbelastung zu unterwerfen, die der Belastung einheimischer Fahrzeuge bei vorübergehendem Aufenthalt im Heimatstaat der gebietsfremden Fahrzeuge mit Abgaben entspricht, die für die Benutzung von Fahrzeugen, die Benutzung von öffentlichen Straßen oder das Halten zum Verkehr auf öffentlichen Straßen erhoben werden,

9. eine besondere Kennzeichnung der Kraftfahrzeuge, für die nach § 10 Abs. 2 eine um einen Anhängerzuschlag erhöhte Steuer erhoben wird,

10. die Wiedereinführung der §§ 9a und 10 Abs. 6 in der bis zum 28. Februar 1991 geltenden Fassung des Artikels 2 Nr. 1 und 2 des Gesetzes vom 30. April 1990 (BGBl. I S. 826) ab dem Tag, von dem ab die Gebühr nach § 1 des Straßenbenutzungsgebührengesetzes erhoben wird.

(2) Die Landesregierungen werden ermächtigt, durch Rechtsverordnungen zu bestimmen, daß abweichend von der allgemeinen Zuständigkeitsregelung ein anderes Finanzamt ganz oder teilweise örtlich zuständig ist, wenn dies aus organisatorischen Gründen zweckmäßig erscheint. Die Landesregierung kann die Ermächtigung durch Rechtsverordnung auf die zuständigen obersten Landesbehörden übertragen.

(3) Der Bundesminister der Finanzen wird ermächtigt, den Wortlaut dieses Gesetzes und der zu diesem Gesetz erlassenen Durchführungsverordnung in der jeweils geltenden Fassung mit neuem Datum, unter neuer Überschrift und in neuer Paragraphenfolge bekanntzumachen. Dabei dürfen Unstimmigkeiten des Wortlauts beseitigt und die in der Durchführungsverordnung vorgesehenen Vordruckmuster geändert werden.

§ 16 Aussetzung der Steuer

Der Bundesminister der Finanzen kann im Einvernehmen mit den obersten Finanzbehörden der Länder die Erhebung der Steuer bei gebietsfremden Fahrzeugen bis zu einem Jahr aussetzen, sobald mit dem Staat, in dem die Fahrzeuge zugelassen sind, Verhandlungen über ein Abkommen zum gegenseitigen Verzicht auf die Kraftfahrzeugsteuer aufgenommen worden sind. Die Anordnung ist im Bundesanzeiger bekanntzumachen.

§ 17 Sonderregelung für bestimmte Behinderte

Behinderte, denen die Kraftfahrzeugsteuer im Zeitpunkt des Inkrafttretens des Gesetzes zur Änderung des Kraftfahrzeugsteuergesetzes vom 22. Dezember 1978 (BGBl. I S. 2063) nach § 3 Abs. 1 Nr. 1 des Kraftfahrzeugsteuergesetzes in der Fassung der Bekanntmachung vom 1. Dezember 1972 (BGBl. I S. 2209) erlassen war, gelten im Sinne des § 3a Abs. 1 dieses Gesetzes ohne weiteren Nachweis als außergewöhnlich gehbehindert, solange sie in ihrer Erwerbsfähigkeit nicht nur vorübergehend um mindestens 50 vom Hundert gemindert sind.

§ 18 Übergangsregelung

(1) Ändert sich der Steuersatz innerhalb eines Entrichtungszeitraums, so ist bei der Neufestsetzung für die Teile des Entrichtungszeitraums vor und nach der Änderung jeweils der nach § 11 Abs. 4 berechnete Anteil an der bisherigen und an der neuen Jahressteuer zu berechnen und festzusetzen. Ein auf Grund dieser Festsetzungen nachzufordernder Steuerbetrag wird mit der neu festgesetzten Steuer für den nächsten Entrichtungszeitraum fällig, der nach der Änderung des Steuersatzes beginnt.

(2) Endet die Steuerpflicht vor Beginn des nächsten Entrichtungszeitraums nach der Änderung des Steuersatzes, so ist die Änderung des Steuersatzes bei der Neufestsetzung nach § 12 Abs. 2 Nr. 3 zu berücksichtigen. Eine auf Grund der Neufestsetzung zu entrichtende Steuer wird einen Monat nach Bekanntgabe des Bescheides fällig.

(3) Wird der Steuersatz geändert und ist bei der Steuerfestsetzung noch der vor der Änderung geltende Steuersatz angewendet worden, so kann der geänderte Steuersatz innerhalb eines Jahres durch Neufestsetzung nachträglich berücksichtigt werden.

10.2 Kraftfahrzeugsteuer–Durchführungs-verordnung (KraftStDV 1979)*

Vom 3. Juli 1979

(BGBl. I S. 901; BStBl. I S. 459)

Zuletzt geändert durch Einigungsvertrag vom 31. August 1990 (BGBl. II S. 889, 990)
BGBl. III 611–17–2

Abschnitt 1. Allgemeine Bestimmungen

§ 1 Örtliche Zuständigkeit

(1) Örtlich zuständig ist

1. bei einheimischen Fahrzeugen und bei roten Kennzeichen das Finanzamt, in dessen Bezirk die Zulassungsbehörde ihren Sitz hat, bei der das Fahrzeug geführt wird oder die das rote Kennzeichen zugeteilt hat;

2. bei gebietsfremden Fahrzeugen
   a) zur steuerlichen Abfertigung beim Eingang in den Geltungsbereich des Gesetzes
   das Finanzamt, in dessen Bezirk das Fahrzeug amtlich abgefertigt wird,
   b) im übrigen
   das Finanzamt, das zuerst mit der Sache befaßt wird;

3. bei widerrechtlich benutzten Fahrzeugen
   das Finanzamt, das zuerst mit der Sache befaßt wird.

(2) Landesrechtliche Vorschriften über die örtliche Zuständigkeit auf Grund der Ermächtigung des § 15 Abs. 2 des Gesetzes bleiben unberührt.

§ 2 Mitwirkung der Zollbehörden

Für die Verwaltung der Kraftfahrzeugsteuer bei gebietsfremden Fahrzeugen und bei widerrechtlicher Benutzung nehmen die Finanzämter die Amtshilfe der Zollstellen an der Grenze, der Grenzkontrollstellen und der von den Oberfinanzdirektionen bestimmten Zollstellen im Innern in Anspruch.

Abschnitt 2. Einheimische Fahrzeuge

§ 3 Steuererklärung

(1) Der Eigentümer eines einheimischen Fahrzeugs oder, im Falle der Zulassung für einen anderen, der Halter hat eine Steuererklärung nach

---

* **Die Verordnung tritt im Gebiet der ehem. DDR am 1. 1. 1991 in Kraft.**

amtlich vorgeschriebenem Vordruck bei der Zulassungsbehörde abzugeben,

1. wenn das Fahrzeug zum Verkehr zugelassen werden soll,

2. wenn er ein zum Verkehr zugelassenes Fahrzeug erworben hat,

3. wenn das Fahrzeug während der Dauer der Steuerpflicht verändert wird und sich dadurch die Höhe der Steuer ändert,

4. wenn für Fahrzeuge in dem in Artikel 3 des Einigungsvertrages[1] genannten Gebiet die Steuer durch Steuermarken (§ 12a des Gesetzes) entrichtet wird,

5. wenn die Fahrzeuge im Abrechnungsverfahren nach § 12b des Gesetzes besteuert werden.

(2) Steuererklärung ist auch die Fahrzeuganmeldung, wenn sie den Hinweis enthält, daß sie zugleich als Steuererklärung gilt.

(3) Einer Steuererklärung bedarf es nicht

1. bei Fahrzeugen, deren Halten nach § 3 Nr. 1 und 2 des Gesetzes von der Steuer befreit ist,

2. bei Fahrzeugen, die dem Abrechnungsverfahren (§ 9) unterliegen,

3. bei Fahrzeugen, deren Halten nach § 3 Nr. 12 des Gesetzes von der Steuer befreit ist.

§ 4 Verfahrensvorschriften zu § 10 Abs. 2 des Gesetzes

[1]Der Antrag nach § 10 Abs. 2 des Gesetzes, eine um einen Anhängerzuschlag erhöhte Steuer zu erheben, kann bei der Zulassungsbehörde zugleich mit dem Antrag auf verkehrsrechtliche Zulassung gestellt werden; er ist in diesem Fall in die Steuererklärung aufzunehmen. [2]Im übrigen ist der Antrag beim Finanzamt zu stellen. [3]Er ist Steuererklärung im Sinne der Abgabenordnung. [4]Antrag im Sinne des § 10 Abs. 2 des Gesetzes ist auch der Antrag, den Anhängerzuschlag nicht mehr zu erheben.

§ 5 Mitwirkung der Zulassungsbehörden

(1) Die Zulassungsbehörden und die von ihnen mit der Vorbereitung und Durchführung der Zulassung beauftragten Stellen sind verpflichtet, bei der Durchführung des Kraftfahrzeugsteuergesetzes mitzuwirken.

(2) Der Zulassungsbehörde obliegen insbesondere folgende Aufgaben:

1. Die Zulassungsbehörde prüft die Angaben in der Steuererklärung, bescheinigt, daß die Eintragungen mit den Angaben in den vorgelegten Urkunden übereinstimmen, und übersendet die Steuererklärung dem zuständigen Finanzamt.

---

[1] Auszugsweise abgedruckt vor **1**.

2. Hat die Zulassungsbehörde eine Steuererklärung übersandt, den Fahrzeugschein aber nicht ausgehändigt, so benachrichtigt sie das Finanzamt, damit eine Steuerfestsetzung unterbleibt oder aufgehoben wird.

3. Die Zulassungsbehörde teilt dem zuständigen Finanzamt mit,

   a) wenn ein zum Verkehr zugelassenes Fahrzeug vorübergehend stillgelegt oder endgültig aus dem Verkehr gezogen wird,
   den Tag, an dem der Fahrzeugschein zurückgegeben oder eingezogen und das Kennzeichen entstempelt worden ist. Erfolgen Rückgabe und Entstempelung an verschiedenen Tagen, so ist der letzte Tag mitzuteilen;

   b) wenn ein zum Verkehr zugelassenes Fahrzeug veräußert wird,
   den Tag, an dem die verkehrsrechtlich vorgeschriebene Veräußerungsanzeige eingegangen ist, sowie den Tag, an dem der neue Fahrzeugschein dem Erwerber ausgehändigt worden ist, die Anschrift des Erwerbers und gegebenenfalls das neue amtliche Kennzeichen des Fahrzeugs;

   c) wenn das amtliche Kennzeichen geändert wird,
   das neue und das bisherige Kennzeichen, bei der Standortverlegung außerdem die neue Anschrift des Halters und die übrigen für die Besteuerung notwendigen Angaben;

   d) wenn der Standort ohne Änderung des amtlichen Kennzeichens verlegt wird,
   die neue Anschrift des Halters;

   e) wenn einem Kraftfahrzeuganhänger in den Fällen des § 10 Abs. 1 des Gesetzes erstmals ein amtliches Kennzeichen in grüner Schrift auf weißem Grund zugeteilt wird,
   das Kennzeichen und den Tag der Zuteilung;

   f) wenn in den Fällen des § 10 Abs. 1 des Gesetzes anstelle eines Kennzeichens in grüner Schrift auf weißem Grund ein amtliches Kennzeichen in schwarzer Schrift auf weißem Grund zugeteilt wird,
   das Kennzeichen und den Tag der Zuteilung;

   g) wenn ein zum Verkehr zugelassener Personenkraftwagen nachträglich als schadstoffarm oder bedingt schadstoffarm anerkannt wird,
   den Tag der Anerkennung als schadstoffarm oder bedingt schadstoffarm Stufe A, B oder C;

   h) wenn bei einem zum Verkehr zugelassenen schadstoffarmen oder bedingt schadstoffarmen Personenkraftwagen der Vermerk „schadstoffarm" oder „bedingt schadstoffarm" im Fahrzeugschein gelöscht wird,
   den Tag der Löschung im Fahrzeugschein;

   i) bei Ausstattung eines Fahrzeugs mit einer Abgasreinigungsanlage oder bei deren Änderung oder Ausbau, die Art der Anlage, die Änderung oder den Ausbau, die dadurch erreichte Stufe der Schadstoffminderung und die Stufe des Förderungsbetrags im Falle der Nachrüstung sowie den Tag der nach dem Gesetz maßgeblichen Feststellung durch die Zulassungsbehörde.

4. Bei dem Übergang vom Steuerkartenverfahren zum automatisierten Festsetzungs- und Erhebungsverfahren teilen die Zulassungsbehörden dem zuständigen Finanzamt alle erforderlichen Daten mit, insbesondere die Höhe der bisher durch Steuermarken entrichteten Steuer.

(3) [1]Die Übersendung der Steuererklärung nach Absatz 2 Nr. 1 und sonstiger für das Besteuerungsverfahren benötigter Mitteilungen entfällt, soweit die für die Besteuerung benötigten Daten durch mit Hilfe von automatisierten Datenverarbeitungsanlagen auswertbare Datenträger oder im Wege der Datenfernübertragung an das Finanzamt oder die von der obersten Landesfinanzbehörde bestimmte Datenverarbeitungsstelle übermittelt werden. [2]Voraussetzung ist, daß die Richtigkeit der Datenübermittlung durch die oberste Landesfinanzbehörde sichergestellt ist.

§ 6 Prüfung von Unterlagen

Zur Aufklärung von Zweifeln oder Unstimmigkeiten kann sich das Finanzamt das Fahrzeug vorführen und den Fahrzeugbrief, den Fahrzeugschein sowie den Steuerbescheid vorlegen lassen.

§ 7 Steuervergünstigungen

(1) [1]Steht einem Steuerpflichtigen eine Steuerbefreiung oder Steuerermäßigung zu und will er hiervon oder von der Nichterhebung der Steuer bei einem Kraftfahrzeuganhänger (§ 10 Abs. 1 des Gesetzes) Gebrauch machen, so hat er dies unter Angabe der Gründe geltend zu machen. [2]Fallen die Voraussetzungen für eine Steuervergünstigung weg, so hat der Steuerpflichtige dies dem Finanzamt unverzüglich anzuzeigen. [3]Der Antrag und die Anzeige sind Steuererklärung im Sinne der Abgabenordnung. [4]Falls nach § 3 eine Steuererklärung abzugeben ist, genügt zum Geltendmachen der Vergünstigung oder zur Anzeige über den Wegfall der Voraussetzungen ein entsprechender Hinweis in der Steuererklärung. [5]Die Anträge und Anzeigen sind bei der Zulassungsstelle einzureichen, wenn sie bei der Zulassung des Fahrzeugs gestellt werden oder wenn ein Personenkraftwagen nachträglich als schadstoffarm oder bedingt schadstoffarm Stufe A, B oder C anerkannt wird, andernfalls beim Finanzamt.

(2) Als Zeitraum, für den jeweils Steuerbefreiung nach § 3 Nr. 6 des Gesetzes beansprucht werden kann, kommt jeder Zeitraum in Betracht, der im Falle der Steuerpflicht als Entrichtungszeitraum zulässig wäre.

(3) [1]Die Vergünstigungen nach § 3a des Gesetzes sind, wenn der Fahrzeugschein noch nicht ausgehändigt ist, von der Zulassungsbehörde, in allen anderen Fällen vom Finanzamt auf dem Fahrzeugschein zu vermer-

ken. [2]Der Vermerk ist vom Finanzamt zu löschen, wenn die Voraussetzungen für die Steuerbefreiung nicht nur vorübergehend wegfallen.

(4) Entscheidet das Finanzamt nach § 3g Abs. 8 des Gesetzes oder nach § 12a Abs. 2 des Gesetzes anstelle der Zulassungsbehörde, hat es die Entscheidung in geeigneter Weise in den Fahrzeugpapieren zu vermerken und die Zulassungsbehörde zu unterrichten.

§ 8 *(aufgehoben)*

§ 9 Abrechnungsverfahren

(1) [1]Die Bundeswehr, der Bundesgrenzschutz, die Deutsche Bundespost und die Deutsche Bundesbahn entrichten die Steuer für die von ihren Dienststellen zugelassenen Fahrzeuge im Abrechnungsverfahren. [2]Dies gilt für die Berücksichtigung der nach § 3g des Gesetzes entstandenen Förderungsbeträge entsprechend.

(2) Abrechnungszeitraum ist das Kalenderjahr.

(3) [1]Die Steuer ist für jedes Fahrzeug einzeln zu berechnen. [2]Auf die Summe der Steuerbeträge, die sich für ein Kalenderjahr ergibt, ist bis zum 10. April eine Abschlagszahlung zu leisten. [3]Diese beträgt 93 vom Hundert der Jahressteuer für die am 1. Januar vorhandenen Fahrzeuge. [4]Die für den Abrechnungszeitraum endgültig festgestellte Summe der Steuerbeträge ist dem Finanzamt bis zum 15. März des folgenden Jahres mitzuteilen. [5]Ist diese Summe höher als der Betrag der Abschlagszahlung, so ist der Unterschiedsbetrag bis zu diesem Tag zu entrichten.

(4) [1]Das Finanzamt setzt die Steuer, die sich nach Absatz 3 ergibt, in einem Gesamtbetrag fest. [2]Deckt sich die Steuer mit der vom Steuerschuldner festgestellten Summe, so genügt eine Mitteilung hierüber.

Abschnitt 3. Gebietsfremde Fahrzeuge

§ 10 Grundsatz

Für die steuerliche Behandlung gebietsfremder Fahrzeuge gelten, soweit in den §§ 11 bis 15 nichts anderes bestimmt ist, die §§ 3 bis 8 entsprechend.

§ 11 Steuererklärung

Der Steuerschuldner hat bei der Zollstelle oder Grenzkontrollstelle, der die amtliche Abfertigung obliegt, eine Steuererklärung nach amtlich vorgeschriebenen Vordruck abzugeben.

§ 12 Steuerfestsetzung, Steuerkarte

(1) [1]Die Zollstelle oder Grenzkontrollstelle setzt die Steuer fest und gibt dem Steuerschuldner den Steuerbetrag bekannt. [2]Ein schriftlicher Steuerbescheid braucht nicht erteilt zu werden. [3]Zum Nachweis, daß die Steuer

entrichtet ist, erhält der Steuerschuldner eine mit Quittung versehene Steuerkarte.

(2) [1]Die Steuerkarte gilt für die Zeitdauer, für die die Steuer entrichtet ist. [2]Sie verliert jedoch in den Fällen, in denen die Steuer tageweise entrichtet ist (§ 11 Abs. 3 des Gesetzes) ihre Gültigkeit spätestens nach Ablauf eines Jahres.

§ 13 Weiterversteuerung

(1) [1]Dauert der Aufenthalt eines gebietsfremden Fahrzeugs im Geltungsbereich des Gesetzes über die Zeit hinaus, für die die Steuer entrichtet ist, so hat der Steuerschuldner vor Ablauf der Gültigkeitsdauer der Steuerkarte eine Steuererklärung zur Weiterversteuerung abzugeben und dabei die Steuerkarte vorzulegen. [2]Er kann die Weiterversteuerung bei jeder Zollstelle oder Grenzkontrollstelle vornehmen, die mit der Erhebung der Kraftfahrzeugsteuer befaßt ist.

(2) Für die Steuererklärung, die Steuerfestsetzung und die Erteilung der Steuerkarte gelten die §§ 11 und 12 entsprechend.

§ 14 Steuererstattung

[1]Ansprüche auf Erstattung der Steuer, die sich auf Grund des § 12 Abs. 2 Nr. 3 des Gesetzes ergeben, sind unter Rückgabe der Steuerkarte bei der Stelle geltend zu machen, die die Steuer festgesetzt hat. [2]Als Tag der Beendigung der Steuerpflicht gilt der Tag, an dem der Steuerschuldner die Steuerkarte zurückgibt. [3]§ 5 Abs. 4 Satz 2 des Gesetzes gilt sinngemäß.

§ 15 Überwachung

[1]Der Steuerschuldner hat die Steuerkarte mitzuführen und auf Verlangen den Zollbeamten und Polizeibeamten vorzuzeigen. [2]Er hat die Steuerkarte bei jedem Grenzübertritt vorzulegen.

Abschnitt 4. Widerrechtliche Benutzung

§ 16

(1) [1]Stellen die Zollstellen an der Grenze oder die Grenzkontrollstellen bei der amtlichen Abfertigung oder der Überwachung fest, daß ein Fahrzeug widerrechtlich benutzt wird, so setzen sie die Steuer für die Dauer der widerrechtlichen Benutzung, mindestens jedoch für einen Monat, fest und erheben die Steuer. [2]Dabei sind die §§ 11 bis 15 auch insoweit sinngemäß anzuwenden, als es sich um einheimische Fahrzeuge handelt.

(2) [1]Im übrigen obliegt die Besteuerung der widerrechtlichen Benutzung den Finanzämtern. [2]Dies gilt auch in den Fällen des Absatzes 1, soweit über die Festsetzung und Erhebung der Steuer hinaus Maßnahmen erforderlich werden.

Abschnitt 5. Rote Kennzeichen

§ 17

Die Vorschriften über einheimische Fahrzeuge (Abschnitt 2) sind sinngemäß anzuwenden.

Abschnitt 6

§ 18 Berlin-Klausel

(gegenstandslos)

11.1 Kapitalverkehrsteuergesetz* (KVStG 1972)

In der Fassung vom 17. November 1972

(BGBl. I S. 2129; BStBl. I S. 532)

Zuletzt geändert durch Einigungsvertrag vom 31. August 1990 (BGBl. II S. 889, 988)

BGBl. III 611–13

§ 1 Einleitung

Kapitalverkehrsteuern im Sinne dieses Gesetzes sind

1. die Gesellschaftsteuer,

2. *(aufgehoben)*,

3. die Börsenumsatzsteuer.

Teil I. Gesellschaftsteuer*·**

§ 2 Gegenstand der Steuer

(1) Der Gesellschaftsteuer unterliegen

1. der Erwerb von Gesellschaftsrechten an einer inländischen Kapitalgesellschaft durch den ersten Erwerber;

2. Leistungen, die von den Gesellschaftern einer inländischen Kapitalgesellschaft auf Grund einer im Gesellschaftsverhältnis begründeten Verpflichtung bewirkt werden (Beispiele: weitere Einzahlungen, Nachschüsse, Zubußen). Der Leistung eines Gesellschafters steht es gleich, wenn die Gesellschaft mit eigenen Mitteln die Verpflichtung des Gesellschafters abdeckt;

3. freiwillige Leistungen eines Gesellschafters an eine inländische Kapitalgesellschaft, wenn das Entgelt in der Gewährung erhöhter Gesellschaftsrechte besteht (Beispiel: Zuzahlungen bei Umwandlung von Aktien in Vorzugsaktien);

---

* **Kapitalverkehrsteuergesetz aufgehoben durch Finanzmarktförderungsgesetz vom 22. 2. 1990 (BGBl. I S. 266):**
– **die Börsenumsatzsteuer mit Wirkung ab 1. 1. 1991 und**
– **die Gesellschaftsteuer mit Wirkung ab 1. 1. 1992.**
Zur weiteren Anwendung siehe Anm. vor § 2 und vor § 17. Zur Erhebung von Gesellschaftsteuer im Gebiet der ehem. DDR mit Wirkung ab 1. 1. 1991 siehe § 7a.

** Die Vorschriften über die Gesellschaftsteuer (§§ 2–10) sind nach dem 31. 12. 1991 weiterhin anzuwenden, soweit Gesellschaftsteuer bereits vor dem 1. 1. 1992 entstanden ist und noch Steuerpflichten zu erfüllen sind, die mit bereits entstandener Steuer im Zusammenhang stehen, oder soweit für diese Steuern gehaftet wird. Die Festsetzungsfrist für die Gesellschaftsteuer beginnt spätestens mit Ablauf des Kj. 1992 (Art. 4 Abs. 3 und 4 des ÄndG).

4. die folgenden freiwilligen Leistungen eines Gesellschafters an eine inländische Kapitalgesellschaft:
   a) Zuschüsse,
   b) Verzicht auf Forderungen,
   c) Überlassung von Gegenständen an die Gesellschaft zu einer den Wert nicht erreichenden Gegenleistung,
   d) Übernahme von Gegenständen der Gesellschaft zu einer den Wert übersteigenden Gegenleistung.
   Voraussetzung ist, daß die Leistungen geeignet sind, den Wert der Gesellschaftsrechte zu erhöhen;

5. die Verlegung der Geschäftsleitung oder des satzungsmäßigen Sitzes einer nicht inländischen Kapitalgesellschaft in den Geltungsbereich dieses Gesetzes, wenn die Kapitalgesellschaft durch diese Verlegung zu einer inländischen wird. Dies gilt nicht, wenn die Kapitalgesellschaft vor der Verlegung der Geschäftsleitung oder des satzungsmäßigen Sitzes ihre Geschäftsleitung oder ihren satzungsmäßigen Sitz vor dem 1. Juli 1990 in der Deutschen Demokratischen Republik einschließlich Berlin (Ost) oder in einem Mitgliedstaat der Europäischen Wirtschaftsgemeinschaft hatte und in diesem Mitgliedstaat für die Erhebung der Gesellschaftsteuer als Kapitalgesellschaft angesehen wurde;

6. die Zuführung von Anlage- oder Betriebskapital durch eine nicht inländische Kapitalgesellschaft an ihre inländische Niederlassung, auch wenn sie rechtlich selbständig ist. Dies gilt nicht, wenn
   a) die nicht inländische Kapitalgesellschaft ihre Geschäftsleitung oder ihren satzungsmäßigen Sitz vor dem 1. Juli 1990 in der Deutschen Demokratischen Republik einschließlich Berlin (Ost) gehabt oder in einem Mitgliedstaat der Europäischen Wirtschaftsgemeinschaft hat und in diesem Mitgliedstaat für die Erhebung der Gesellschaftsteuer als Kapitalgesellschaft angesehen wird, oder
   b) die Niederlassung eine inländische Kapitalgesellschaft ist; in diesem Fall gelten die Nummern 1 bis 4.

(2) Besteht zwischen einer Kapitalgesellschaft und einem Gesellschafter ein schriftlicher Ergebnisabführungsvertrag, so gilt

1. die Übernahme eines Verlustes der Kapitalgesellschaft durch den Gesellschafter als Leistung im Sinne des Absatzes 1 Nr. 2;

2. der Verzicht des Gesellschafters auf einen Teil des Jahresüberschusses der Kapitalgesellschaft nicht als freiwillige Leistung im Sinne des Absatzes 1 Nr. 4 Buchstabe b, soweit dieser Teil des Jahresüberschusses in freie Rücklagen eingestellt wird und dies bei vernünftiger kaufmännischer Beurteilung wirtschaftlich begründet ist.

§ 3 *(gestrichen)*

§ 4 Doppelgesellschafter

Die Steuerpflicht wird nicht dadurch ausgeschlossen, daß Leistungen (§ 2) nicht von Gesellschaftern bewirkt werden, sondern von Personenvereinigungen, an denen die Gesellschafter als Mitlgieder oder Gesellschafter beteiligt sind.

§ 5 Kapitalgesellschaften

(1) Kapitalgesellschaften sind
1. Aktiengesellschaften,
2. Kommanditgesellschaften auf Aktien,
3. Gesellschaften mit beschränkter Haftung

sowie die Gesellschaften, die nach dem Recht eines Mitgliedstaates der Europäischen Wirtschaftsgemeinschaft gegründet worden sind und den in den Nummern 1 bis 3 bezeichneten Gesellschaften entsprechen.

(2) Als Kapitalgesellschaften im Sinne dieses Gesetzes gelten auch
1. Gesellschaften, Personenvereinigungen und juristische Personen, deren Anteile in einem der Mitgliedstaaten der Europäischen Wirtschaftsgemeinschaft börsenfähig sind;
2. Gesellschaften, Pesonenvereinigungen und juristische Personen, die Erwerbszwecke verfolgen und deren Mitglieder
   a) ihre Anteile ohne vorherige Zustimmung an Dritte veräußern können und
   b) für Schulden der Gesellschaft, Personenvereinigung oder juristischen Person nur bis zur Höhe ihrer Beteiligung haften;
3. Kommanditgesellschaften, zu deren persönlich haftenden Gesellschaftern eine der in Absatz 1 oder in den Nummern 1 und 2 bezeichneten Gesellschaften gehört. Dies gilt entsprechend für Kommanditgesellschaften, zu deren persönlich haftenden Gesellschaftern eine als Kapitalgesellschaft geltende Kommanditgesellschaft gehört.

(3) Kapitalgesellschaften gelten als inländische, wenn
1. der Ort ihrer Geschäftsleitung sich im Inland befindet oder
2. sie einen satzungsmäßigen Sitz im Inland haben und der Ort ihrer Geschäftsleitung sich nicht in einem Mitgliedstaat der Europäischen Wirtschaftsgemeinschaft befindet.

(4) Als ausländische Kapitalgesellschaften gelten die in den Absätzen 1 und 2 bezeichneten Gesellschaften, soweit sie nicht nach Absatz 3 als inländische Kapitalgesellschaften anzusehen sind.

§ 6 Gesellschaftsrechte

(1) Als Gesellschaftsrechte an Kapitalgesellschaften gelten
1. Aktien, Kuxe und sonstige Anteile, ausgenommen die Anteile der persönlich haftenden Gesellschafter einer Kommanditgesellschaft im Sinne des § 5 Abs. 2 Nr. 3,

2. Genußrechte,

3. Forderungen, die eine Beteiligung am Gewinn oder am Liquidationserlös der Gesellschaft gewähren.

(2) Als Gesellschafter gelten die Personen, denen die in Absatz 1 bezeichneten Gesellschaftsrechte zustehen.

§7 Ausnahmen von der Besteuerung

(1) Von der Besteuerung ausgenommen sind die in § 2 bezeichneten Rechtsvorgänge bei inländischen Kapitalgesellschaften,

1. die nach der Satzung und nach ihrer tatsächlichen Geschäftsführung ausschließlich und unmittelbar gemeinnützigen oder mildtätigen Zwecken dienen,

2. die der Versorgung der Bevölkerung mit Wasser, Gas, Elektrizität oder Wärme, dem öffentlichen Verkehr oder dem Hafenbetrieb dienen (Versorgungsbetriebe), wenn die Anteile an der Gesellschaft zu mindestens 90 vom Hundert dem Bund, einem Land, einer Gemeinde, einem Gemeindeverband oder einem Zweckverband gehören und die Erträge der Gesellschaft zu mindestens 90 vom Hundert diesen Körperschaften zufließen,

3. deren Hauptzweck die Verwaltung des Vermögens für einen nicht rechtsfähigen Berufsverband ist, wenn ihre Erträge im wesentlichen aus dieser Vermögensverwaltung herrühren und ausschließlich dem Berufsverband zufließen und wenn der Zweck des Berufsverbands nicht auf einen wirtschaftlichen Geschäftsbetrieb gerichtet ist.

(2) Fallen die in Absatz 1 bezeichneten Voraussetzungen für die Ausnahme von der Besteuerung nachträglich fort, so werden damit die Rechtsvorgänge steuerpflichtig, die sich innerhalb der letzten fünf Jahre vor dem Fortfall der Voraussetzungen ereignet haben und noch nicht versteuert sind.

(3) Von der Besteuerung ausgenommen sind Rechtsvorgänge im Sinne des § 2 Abs. 1 Nr. 1, wenn und soweit der Erwerb der Gesellschaftsrechte beruht auf

1. der Umwandlung einer Kapitalgesellschaft in eine Kapitalgesellschaft anderer Rechtsform. Dies gilt nicht für die Anteile, die erst durch die Umwandlung zu Gesellschaftsrechten im Sinne dieses Gesetzes werden;

2. einer Erhöhung des Nennkapitals durch Umwandlung von
   a) offenen Rücklagen,
   b) Rechten oder Forderungen im Sinne des § 6 Abs. 1 Nr. 2 und 3, deren Erwerb der Gesellschaftsteuer unterlegen hat,
   c) Darlehen eines Gesellschafters, deren Gewährung der Gesellschaftsteuer unterlegen hat.

Dies gilt bei Kapitalgesellschaften nach § 5 Abs. 2 Nr. 3 entsprechend für Rechtsvorgänge im Sinne des § 2 Abs. 1 Nr. 2.

(4) Von der Besteuerung ausgenommen sind

1. Rechtsvorgänge im Sinne des § 2 Abs. 1 Nr. 1 bis 4, soweit sie zur Deckung einer Überschuldung oder zur Deckung eines Verlustes an dem durch den Gesellschaftsvertrag oder die Satzung festgesetzten Kapital erforderlich sind. Beruhen die Rechtsvorgänge auf einer Erhöhung des Kapitals einer inländischen Kapitalgesellschaft, so ist ferner Voraussetzung, daß diese Erhöhung dem Ausgleich einer nicht mehr als vier Jahre zurückliegenden Herabsetzung des Kapitals dient;

2. Zubußen an inländische bergrechtliche Gewerkschaften, soweit die Zubußen zur Beseitigung von Schäden der folgenden Art erforderlich sind:

   a) Bergwerkschäden (Schäden, die durch Unglücksfälle oder durch Naturereignisse an dem von der Gewerkschaft betriebenen Bergwerk entstanden sind),

   b) Bergschäden (Schäden, die durch den Betrieb des Bergwerks entstanden sind und zu deren Ersatz der Bergwerksbesitzer als solcher verpflichtet ist);

3. Rechtsvorgänge im Sinne des § 2 Abs. 1 Nr. 1, wenn und soweit auf die Kapitalgesellschaft als Gegenleistung das gesamte Vermögen, ein Betrieb oder ein Teilbetrieb einer anderen Kapitalgesellschaft übertragen wird. Voraussetzung ist, daß die andere Kapitalgesellschaft ihre Geschäftsleitung oder ihren satzungsmäßigen Sitz vor dem 1. Juli 1990 in der Deutschen Demokratischen Republik einschließlich Berlin (Ost) gehabt oder in einem Mitgliedstaat der Europäischen Wirtschaftsgemeinschaft hat und in diesem Mitgliedstaat für die Erhebung der Gesellschaftsteuer als Kapitalgesellschaft angesehen wird. Die Steuerbefreiung entfällt, wenn die Kapitalgesellschaft, an der Gesellschaftsrechte erworben werden, für die übernommenen Sacheinlagen bare Zuzahlungen von mehr als zehn vom Hundert des Nennwertes der Gesellschaftsrechte leistet oder sonstige Leistungen gewährt.

(5) Von der Besteuerung ausgenommen sind die in § 2 bezeichneten Rechtsvorgänge bei Kapitalgesellschaften, die nach Satzung und tatsächlicher Geschäftsführung ausschließlich der Vorbereitung oder Durchführung von städtebaulichen Sanierungs- oder Entwicklungsmaßnahmen dienen. Fallen die Voraussetzungen für die Ausnahme von der Besteuerung fort, bevor die städtebaulichen Sanierungs- oder Entwicklungsmaßnahmen abgeschlossen sind, werden damit auch die Rechtsvorgänge steuerpflichtig, die sich innerhalb der letzten fünf Jahre vor dem Fortfall der Voraussetzungen ereignet haben und noch nicht versteuert sind.

§ 7a Sondervorschrift

Wenn inländische Kapitalgesellschaften oder inländische Niederlassungen ausländischer Kapitalgesellschaften ihre Geschäftsleitung oder ihren satzungsmäßigen Sitz in dem in Artikel 3 des Einigungsvertrages[1] genannten Gebiet haben, wird Gesellschaftsteuer ab 1. Januar 1991 nicht erhoben.

§ 8 Steuermaßstab

Die Steuer wird berechnet

1. beim Erwerb von Gesellschaftsrechten (§ 2 Abs. 1 Nr. 1),
   a) wenn eine Gegenleistung zu bewirken ist,
      vom Wert der Gegenleistung.
      Zur Gegenleistung gehören auch die von den Gesellschaftern übernommenen Kosten der Gesellschaftsgründung oder Kapitalerhöhung, dagegen nicht die Gesellschaftsteuer, die für den Erwerb der Gesellschaftsrechte zu entrichten ist;
   b) wenn eine Gegenleistung nicht zu bewirken ist,
      vom Wert der Gesellschaftsrechte;
2. bei Leistungen (§ 2 Abs. 1 Nr. 2 bis 4)
   vom Wert der Leistung;
3. bei der Verlegung der Geschäftsleitung oder des satzungsmäßigen Sitzes einer ausländischen Kapitalgesellschaft (§ 2 Abs. 1 Nr. 5)
   vom Wert der Gesellschaftsrechte;
4. bei der Zuführung von Anlage- oder Betriebskapital an inländische Niederlassungen ausländischer Kapitalgesellschaften (§ 2 Abs. 1 Nr. 6)
   vom Wert des Anlage- oder Betriebskapitals.

Soweit Gesellschaftsrechte einen Nennwert haben, gilt als Wert der Gesellschaftsrechte (Nummer 1 Buchstabe b und Nummer 3) mindestens der Nennwert abzüglich der darauf ausstehenden Einlagen.

§ 9 Steuersatz

Die Steuer beträgt 1 von Hundert.

§ 10 Steuerschuldner

(1) Steuerschuldner ist die Kapitalgesellschaft.

(2) Für die Steuer haften

1. beim Erwerb von Gesellschaftsrechten
   der Erwerber,
2. bei Leistungen,
   wer die Leistung bewirkt.

---

[1] Auszugsweise abgedruckt vor **1**.

Teil II. Wertpapiersteuer

§ 11 *(gestrichen)*

§ 12[1] *Schuldverschreibungen*

(1) Als Schuldverschreibungen gelten Wertpapiere, in denen verzinsliche Forderungsrechte verbrieft sind, wenn die Wertpapiere

1. auf den Inhaber lauten oder

2. durch Indossament übertragen werden können oder

3. in Teilabschnitten ausgefertigt sind oder

4. mit Zinsscheinen (Rentenscheinen) versehen sind.

(2) Den Schuldverschreibungen stehen Rentenverschreibungen und Zwischenscheine über Einzahlungen auf die Wertpapiere und solche Schuldbucheintragungen gleich, bei denen der Gläubiger verlangen kann, daß ihm an Stelle seiner Schuldbuchforderung eine Schuldverschreibung erteilt wird.

(3) Als Schuldverschreibungen gelten auch im Inland ausgestellte Schuldscheine, wenn sie über Teile eines Gesamtdarlehens ausgestellt sind.

§§ 13–16 *(gestrichen)*

Teil III. Börsenumsatzsteuer★

§ 17 *Gegenstand der Steuer*

(1) Der Börsenumsatzsteuer unterliegt der Abschluß von Anschaffungsgeschäften über Wertpapiere, wenn die Geschäfte im Inland oder unter Beteiligung wenigstens eines Inländers im Ausland abgeschlossen werden.

(2) Inländer sind Personen, die im Inland ihren Wohnsitz, ihren gewöhnlichen Aufenthalt, eine gewerbliche Niederlassung oder eine ständige Vertretung haben. Soweit Personen Geschäfte durch ihre ausländische Niederlassung abschließen, gelten sie nicht als Inländer.

(3) Geschäfte, die durch Briefwechsel, Telegramm, Fernsprecher oder Funkspruch zwischen einem Ort des Inlands und einem Ort des Auslands zustande gekommen sind, gelten als im Ausland abgeschlossen.

---

[1] § 12 aufgehoben mit Wirkung ab 1. 1. 1991 durch Gesetz vom 22. 2. 1990 (BGBl. I S. 266).

★ Börsenumsatzsteuer (§§ 17–25) aufgehoben mit Wirkung ab 1. 1. 1991 durch Gesetz vom 22. 2. 1990 (BGBl. I S. 266).
Die Vorschriften sind nach dem 31. 12. 1990 weiterhin anzuwenden, soweit die Steuer bereits vor dem 1. 1. 1991 entstanden ist und noch Steuerpflichten zu erfüllen sind, die mit bereits entstandener Steuer im Zusammenhang stehen, oder soweit für die Steuer gehaftet wird. Die Festsetzungsfrist für diese Börsenumsatzsteuer beginnt spätestens mit Ablauf des Kj. 1991 (Art. 4 Abs. 2 und 4 des ÄndG).

§ 18 Anschaffungsgeschäfte

(1) Anschaffungsgeschäfte sind entgeltliche Verträge, die auf den Erwerb des Eigentums an Wertpapieren gerichtet sind.

(2) Anschaffungsgeschäfte sind auch

1. *Geschäfte, die das Einbringen von Wertpapieren in eine Kapitalgesellschaft oder eine andere Personenvereinigung zum Gegenstand haben;*

2. *Geschäfte, durch die bei der Auseinandersetzung einer Kapitalgesellschaft mit ihren Gesellschaftern, bei der Auflösung einer anderen Personenvereinigung oder beim Ausscheiden eines Gesellschafters aus einer Personenvereinigung den Gesellschaftern Wertpapiere aus dem Vermögen der Gesellschaft überwiesen werden;*

3. *bedingte oder befristete Anschaffungsgeschäfte;*

4. *die Versicherung von Wertpapieren gegen Verlosung, wenn der Versicherungsfall eintritt.*

(3) Als Anschaffungsgeschäfte gelten

1. *bei Tauschgeschäften sowohl die Vereinbarung über die Leistung als auch die Vereinbarung über die Gegenleistung;*

2. *bei Kommissionsgeschäften sowohl das Geschäft, das der Kommissionär zur Ausführung des Kommissionsauftrags mit einem Dritten abschließt (Ausführungsgeschäft) als auch das Abwicklungsgeschäft zwischen dem Kommissionär und seinen Kommittenten;*

3. *bei Geschäften für gemeinschaftliche Rechnung die Abrechnung zwischen den Beteiligten.*

§ 19 Wertpapiere

(1) Als Wertpapiere gelten

1. *Schuldverschreibungen (§ 12),*

2. *Dividendenwerte,*

3. *Anteilscheine an Kapitalanlagegesellschaften und vergleichbare Urkunden ausländischer Unternehmen, deren Geschäftszweck dem der Kapitalanlagegesellschaften entspricht.*

(2) Als Dividendenwerte gelten Aktien, Kuxe und andere Anteile an inländischen und ausländischen Kapitalgesellschaften, Zertifikate über Shares, Aktienanteile, Genußscheine (einschließlich der Zwischenscheine über diese Werte).

(3) Den Dividendenwerten stehen Bezugsrechte auf Dividendenwerte gleich.

§ 20 Geschäftsarten

(1) Händlergeschäfte sind Anschaffungsgeschäfte, bei denen alle Vertragsteilnehmer Händler sind.

(2) Kundengeschäfte sind Anschaffungsgeschäfte, bei denen nur ein Vertragsteil inländischer Händler ist.

(3) Privatgeschäfte sind alle übrigen Anschaffungsgeschäfte.

§ 21 Händler

Händler sind

1. *die Deutsche Bundesbank,*

2. *die Kreditanstalt für Wiederaufbau,*

3. *der Umschuldungsverband Deutscher Gemeinden,*

4. *Kreditinstitute, auf die die Vorschriften des Gesetzes über das Kreditwesen Anwendung finden, sowie vergleichbare ausländische Kreditinstitute,*

5. *Kursmakler im Sinne des § 30 des Börsengesetzes, an der Börse zugelassene Makler sowie vergleichbare ausländische Makler.*

§ 22 Ausnahmen von der Besteuerung

Von der Besteuerung ausgenommen sind

1. *Händlergeschäfte mit Ausnahme der Geschäfte über Anteile an Gesellschaften mit beschränkter Haftung,*

2. *Geschäfte, die die Zuteilung von Wertpapieren an den ersten Erwerber zum Gegenstand haben,*

3. *die Annahme von Schuldverschreibungen des Bundes, eines Landes, einer Gemeinde, eines Gemeindeverbandes oder eines Zweckverbandes, wenn die Schuldverschreibungen zur Entrichtung öffentlicher Abgaben an Zahlungs Statt hingegeben werden,*

4. *Anschaffungsgeschäfte über Schatzanweisungen des Bundes oder eines Landes, wenn die Schatzanweisungen spätestens binnen vier Jahren seit dem Tag des Geschäftsabschlusses fällig werden,*

5. *Tauschgeschäfte über Wertpapiere der gleichen Gattung, wenn der Austausch Zug um Zug ohne andere Gegenleistung geschieht. Dies gilt auch, wenn die ausgetauschten Wertpapiere verschiedene Zinszahlungstage haben und der Unterschiedsbetrag der Zinsen durch Zuzahlung ausgeglichen wird,*

6. *der Rückerwerb der in § 19 Abs. 1 Nr. 3 bezeichneten Wertpapiere durch die Kapitalanlagegesellschaft für Rechnung des Sondervermögens,*

7. *Anschaffungsgeschäfte über Wertpapiere, die mit der Vereinbarung übereignet werden, Wertpapiere gleicher Art und Güte nach Ablauf einer vereinbarten Frist zurückzuübereignen.*

§ 23 Steuermaßstab

Die Steuer wird berechnet

1. *regelmäßig*

von dem vereinbarten Preis. Kosten, die durch den Abschluß des Geschäfts entstehen, und Stückzinsen, soweit sie bei Geschäften über Schuldverschreibungen besonders berechnet werden, sind dem Preis nicht hinzuzurechnen. Bei Stellgeschäften wird das Stellgeld dem Kaufpreis hinzugerechnet;

2. *wenn ein Preis nicht vereinbart ist,*
   von dem mittleren Börsen- oder Marktpreis, der für das Wertpapier am Tag des Geschäftsabschlusses gilt;

3. *wenn es sowohl an einer Preisvereinbarung als auch an einem Börsen- oder Marktpreis fehlt,*
   nach dem Wert des Wertpapiers;

4. *wenn einem Vertragsteil ein Wahlrecht oder die Befugnis, innerhalb gewisser Grenzen den Umfang der Leistung zu bestimmen, zugestanden worden ist,*
   nach dem höchstmöglichen Wert des Gegenstandes.

§ 24 *Steuersatz*

(1) Die Steuer beträgt

1. *bei Anschaffungsgeschäften über Schuldverschreibungen des Bundes[1], eines Landes, einer inländischen Gemeinde, eines Gemeindeverbandes, eines Zweckverbandes, des Umschuldungsverbandes Deutscher Gemeinden, der inländischen öffentlich-rechtlichen Kreditanstalten, der inländischen Hypothekenbanken, der inländischen Schiffspfandbriefbanken, der inländischen Eisenbahngesellschaften, der Wohnungsunternehmen, die als gemeinnützig oder als Organe der staatlichen Wohnungspolitik anerkannt sind, und der Industriekreditbank Aktiengesellschaft*

   1 vom Tausend,

2. *bei Anschaffungsgeschäften über Wertpapiere im Sinne des § 19 Abs. 1 Nr. 3*
   2 vom Tausend,

3. *bei Anschaffungsgeschäften über andere Schuldverschreibungen und über Dividendenwerte*

   2,5 vom Tausend.

(2) Die Steuer ermäßigt sich bei Anschaffungsgeschäften, die im Ausland abgeschlossen werden, auf die Hälfte, wenn nur der eine Vertragsteil Inländer ist.

(3) Die Steuer ist bei Anschaffungsgeschäften über Anteile an Gesellschaften mit beschränkter Haftung und bei Privatgeschäften über andere Wertpapiere auf 10 Pfennig nach oben abzurunden.

§ 25 *Steuerschuldner*

Steuerschuldner sind bei Kundengeschäften die Händler, bei Privatgeschäften die Vertragsteile als Gesamtschuldner.

---

[1] Dem Bund gleichgestellt sind durch VO vom 17. 4. 1961 (BGBl. I S. 454) die Europäische Gemeinschaft für Kohle und Stahl, die Europäische Atomgemeinschaft und die Europäische Investitionsbank.

Teil IV. Gemeinsame Vorschriften

§ 26 Verhältnis der Kapitalverkehrsteuern zueinander

Unterliegt ein Rechtsvorgang der Gesellschaftsteuer und der Börsenumsatzsteuer, so wird die Börsenumsatzsteuer neben der Gesellschaftsteuer erhoben.

§ 27 Fälligkeit

Die Steuer wird zwei Wochen nach Entstehung der Steuerschuld fällig.

§ 28 Pauschalierung

Mit Zustimmung des Steuerpflichtigen kann das Finanzamt von der genauen Ermittlung des Steuerbetrages absehen und die Steuer in einem Pauschbetrag festsetzen.

§ 29 Ermächtigungen

(1) Die Bundesregierung wird ermächtigt, mit Zustimmung des Bundesrates Vorschriften durch Rechtsverordnungen zu erlassen über

1. die nähere Bestimmung der in diesem Gesetz verwendeten Begriffe,

2. die Abgrenzung der Steuerpflicht sowie den Umfang der Ausnahmen von der Besteuerung und der Steuerermäßigungen, soweit dies zur Wahrung der Gleichmäßigkeit der Besteuerung und zur Beseitigung von Unbilligkeiten in Härtefällen erforderlich ist,

3. die Gleichstellung überstaatlicher und zwischenstaatlicher Einrichtungen mit dem Bund, wenn der Bund an der über- oder zwischenstaatlichen Einrichtung beteiligt ist,

4. die Förmlichkeiten, von denen die Steuerbefreiungen und Steuerermäßigungen abhängig zu machen sind,

5. die Zuständigkeit der Finanzämter und den Umfang der Besteuerungsgrundlagen,

6. die Umrechnung ausländischer Währungen,

7. das Besteuerungsverfahren, insbesondere die Berechnung der Steuer, die Erteilung von Unbedenklichkeitsbescheinigungen sowie die von den Steuerpflichtigen zu erfüllenden Pflichten und die Beistandspflicht Dritter,

8. Art und Zeit der Steuerentrichtung,

9. das Abrechnungsverfahren,

10. Gestaltung, Herstellung, Verkauf, Verwendung, Umtausch und Ersatz von Börsenumsatzsteuermarken,

11. Prüfungen zur Durchführung dieses Gesetzes,

12. die Erstattung der Steuer.

(2) Der Bundesminister der Finanzen wird ermächtigt, den Wortlaut dieses Gesetzes und der zu diesem Gesetz erlassenen Durchführungsverordnung in der jeweils geltenden Fassung mit neuem Datum, unter neuer Überschrift und in neuer Paragraphenfolge bekanntzumachen. Dabei dürfen Unstimmigkeiten des Wortlauts beseitigt und die in der Durchführungsverordnung vorgesehenen Vordruckmuster geändert werden.

11.2 Kapitalverkehrsteuer-Durchführungsverordnung (KVStDV 1960)★·★★

In der Fassung vom 20. April 1960

(BGBl. I S. 243; BStBl. I S. 237)

Zuletzt geändert durch Finanzmarktförderungsgesetz vom 22. Februar 1990 (BGBl. I S. 266)

BGBl. III 611–13–1

§ 1 Sachliche Zuständigkeit

Die Verwaltung der Gesellschaftsteuer, der Wertpapiersteuer und der Börsenumsatzsteuer kann abweichend von der allgemeinen Bezirkseinteilung der Finanzämter bestimmten Finanzämtern übertragen werden, die in den folgenden Bestimmungen kurz als Kapitalverkehrsteuerämter bezeichnet werden.

Erster Teil. Gesellschaftsteuer★★★

1. Örtliche Zuständigkeit

§ 2

Bei inländischen Kapitalgesellschaften oder inländischen Niederlassungen ausländischer Kapitalgesellschaften ist das Kapitalverkehrsteueramt örtlich zuständig, in dessen Bezirk die Gesellschaft oder Niederlassung ihre Geschäftsleitung oder, wenn die Geschäftsleitung nicht im Inland ist, ihren Sitz hat.

2. Beistandspflicht der Urkundspersonen

§ 3

(1) Behörden, Beamte und Notare (Urkundspersonen), die eine Urkunde über Rechtsvorgänge der in §§ 2 und 3 des Gesetzes bezeichneten Art aufgenommen oder entworfen und beglaubigt haben, müssen dem zuständigen Kapitalverkehrsteueramt eine für dieses bestimmte beglaubigte Abschrift der Urkunde übersenden. Das gleiche gilt für

---

★ Die Verordnung tritt im Gebiet der ehem. DDR am 1. 1. 1991 in Kraft.
★★ **KVStDV aufgehoben mit Wirkung ab 1. 1. 1992 durch Gesetz vom 22. 2. 1990 (BGBl. I S. 266).**
★★★ Die Vorschriften zur Gesellschaftsteuer sind nach dem 31. 12. 1991 weiterhin anzuwenden, soweit Gesellschaftsteuer bereits vor dem 1. 1. 1992 entstanden ist und noch Steuerpflichten zu erfüllen sind, die mit bereits entstandener Steuer im Zusammenhang stehen, oder soweit für diese Steuern gehaftet wird. Die Festsetzungsfrist für die Gesellschaftsteuer beginnt spätestens mit Ablauf des Kj. 1992 (Art. 4 Abs. 3 und 4 des Gesetzes vom 22. 2. 1990).

Urkunden über die Errichtung einer Kapitalgesellschaft, die Erhöhung ihres Kapitals oder Beschlüsse über die Einforderung von Leistungen im Sinne des § 2 Nr. 2 des Gesetzes. Die Abschrift ist binnen zwei Wochen, von der Aufnahme oder Beglaubigung der Urkunde ab gerechnet, einzureichen. Die Frist gilt als gewahrt, wenn die Abschrift bei einem nicht zuständigen Finanzamt rechtzeitig eingereicht wird. In diesem Fall übersendet das Finanzamt die Abschrift dem zuständigen Kapitalverkehrsteueramt.

(2) Die Verpflichtung der Urkundspersonen (Absatz 1) besteht auch dann, wenn der Rechtsvorgang von der Besteuerung ausgenommen ist (§ 7 des Gesetzes).

(3) Die Urkundsperson hat im Fall der Beurkundung auf der Urschrift der Urkunde zu bescheinigen, daß die beglaubigte Abschrift an das Finanzamt abgesandt ist. Der Tag der Absendung und das Finanzamt, dem die Abschrift übersandt ist, sind in der Bescheinigung anzugeben. Im Fall der Beglaubigung hat die Urkundsperson die Bescheinigung auf die von ihr zurückbehaltene Abschrift zu setzen oder einen Vermerk über die Absendung anzufertigen und bei ihren Akten aufzubewahren.

(4) Das Kapitalverkehrsteueramt bestätigt unverzüglich den Eingang der Abschrift. Die Urkundsperson hat das Bestätigungsschreiben mit der Urschrift oder der beglaubigten Abschrift oder mit dem Absendungsvermerk zu verbinden.

(5) Die Urkundspersonen dürfen den Beteiligten die Urschrift, eine Ausfertigung oder beglaubigte Abschrift der Urkunde erst dann aushändigen, wenn das Kapitalverkehrsteueramt den Eingang der Abschrift bestätigt oder der Aushändigung der Urkunde zugestimmt hat.

3. Anmeldung

§ 4

(1) Die Beteiligten haben Rechtsvorgänge der in §§ 2 und 3 des Gesetzes bezeichneten Art binnen zwei Wochen, vom Tag ab gerechnet, an dem der Rechtsvorgang stattgefunden hat, dem zuständigen Kapitalverkehrsteueramt anzumelden. Ist über den Rechtsvorgang eine privatschriftliche Urkunde aufgenommen worden, so müssen die am Rechtsvorgang Beteiligten außer der Anmeldung die Urschrift oder eine beglaubigte Abschrift der Urkunde binnen zwei Wochen, von der Aufnahme der Urkunde ab gerechnet, dem zuständigen Kapitalverkehrsteueramt vorlegen.

(2) Wer Leistungen der im § 2 Nr. 2 des Gesetzes bezeichneten Art einfordert, muß dies binnen zwei Wochen, von der Einforderung ab gerechnet, dem zuständigen Kapitalverkehrsteueramt anmelden. Die

Verpflichtung zur Anmeldung der bewirkten Leistungen (Absatz 1) bleibt unberührt.

(3) Die in den Absätzen 1 und 2 bezeichneten Fristen gelten als gewahrt, wenn die Anmeldung bei einem nicht zuständigen Finanzamt rechtzeitig eingereicht wird. In diesem Fall übersendet das Finanzamt die Anmeldung dem zuständigen Kapitalverkehrsteueramt.

(4) Anzumelden sind auch Rechtsvorgänge, die von der Besteuerung ausgenommen sind (§ 7 des Gesetzes).

(5) Einer Anmeldung nach Absatz 1 bedarf es nicht, wenn eine Urkundsperson die Abschrift der Urkunde übersenden muß (§ 3 Abs. 1).

§ 5

(1) Die Anmeldung (§ 4) muß enthalten den Namen, die Firma und die Anschrift der Gesellschaft, die Bezeichnung und den Zeitpunkt des Rechtsvorgangs und die sonstigen für die Berechnung der Steuer erforderlichen Angaben, z. B. den Wert der Gesellschaftsrechte, den Betrag der Zahlungen oder den Wert der Leistungen, die Höhe der weiteren Einzahlungen, der Nachschüsse oder Zubußen, die Höhe der der Gesellschaft gewährten Darlehen oder gestundeten Forderungen, den Betrag des Anlage- oder Betriebskapitals.

(2) Der Anmeldungspflichtige hat zu versichern, daß er die Angaben nach bestem Wissen und Gewissen gemacht hat.

4. Festsetzung der Steuer

§ 6

(1) Das Kapitalverkehrsteueramt gibt dem Steuerpflichtigen den festgesetzten Steuerbetrag unter Angabe der Zahlungsfrist bekannt. Die Zahlungsfrist soll zwei Wochen nicht übersteigen.

(2) Die Festsetzungsverfügung gilt als Steuerbescheid im Sinne des § 212 der Reichsabgabenordnung. Sie wird dem Steuerpflichtigen schriftlich mitgeteilt und soll auch die Steuerberechnung und ihre Grundlagen, eine Anweisung, wo und wie die Steuer zu entrichten ist, und eine Belehrung enthalten, welches Rechtsmittel zulässig ist und binnen welcher Frist und bei welcher Behörde es einzulegen ist.

(3) Eine Zahlung, die geleistet worden ist, um eine Eintragung im Handelsregister zu ermöglichen (§ 7 Abs. 1), wird auf die Steuer angerechnet. Deckt sich die Steuerschuld mit dem gezahlten Betrag, so genügt eine Mitteilung hierüber.

5. Eintragung im Handelsregister

§ 7

(1) Eine Kapitalgesellschaft oder ihre Kapitalerhöhung (bei Aktiengesellschaften und Kommanditgesellschaften auf Aktien die Durch-

führung der Erhöhung) darf ins Handelsregister erst dann eingetragen werden, wenn eine Bescheinigung des Kapitalverkehrsteueramts vorgelegt wird, daß der Eintragung steuerliche Bedenken nicht entgegenstehen (Unbedenklichkeitsbescheinigung). Das Kapitalverkehrsteueramt hat die Bescheinigung zu erteilen, wenn ein der voraussichtlichen Höhe der Steuer entsprechender Betrag an das Finanzamt gezahlt oder eine Steuer voraussichtlich nicht zu erheben ist. Es darf sie auch in anderen Fällen erteilen, wenn nach seinem Ermessen die Steuerforderung nicht gefährdet ist.

(2) Die Zahlungen in der voraussichtlichen Höhe der Steuer (Absatz 1) sind wie Einzahlungen auf Gesellschaftsteuer zu behandeln.

(3) Gegen den Bescheid des Kapitalverkehrsteueramts, durch den die Erteilung der Unbedenklichkeitsbescheinigung von einer Zahlung (Absatz 1) abhängig gemacht wird, ist die Beschwerde nach §§ 237 und 303 der Reichsabgabenordnung gegeben.

(4) Ein nach Absatz 1 geleisteter Betrag ist insoweit zu erstatten, als eine Steuerschuld nicht entsteht. Die Voraussetzungen für die Erstattung sind vom Antragsteller nachzuweisen. Die Erstattung findet, wenn die Eintragung im Handelsregister unterbleibt, nur gegen Rückgabe der Unbedenklichkeitsbescheinigung statt. Ist die Unbedenklichkeitsbescheinigung bereits dem Registergericht eingereicht, so bedarf es ihrer Rückgabe nicht; das Kapitalverkehrsteueramt hat dem Registergericht mitzuteilen, daß die Bescheinigung ungültig ist.

(5) Die Absätze 1 bis 4 sind auf die in § 5 Abs. 3 und Abs. 2 Nr. 3 des Gesetzes bezeichneten Gesellschaften nicht anzuwenden.

6. Mitteilungspflicht der Behörden

§ 8 Registerbehörden

(1) Die Handelsregisterbehörden müssen dem Kapitalverkehrsteueramt, in dessen Bezirk sie ihren Sitz haben, folgende Vorgänge alsbald nach ihrer Eintragung mitteilen

1. die Errichtung, Sitzverlegung, Änderung der Firma oder des Zwecks, Auflösung, Liquidation und Löschung von Aktiengesellschaften, Kommanditgesellschaften auf Aktien oder Gesellschaften mit beschränkter Haftung,
2. die Erhöhung des Grund- oder Stammkapitals solcher Gesellschaften,
3. den Eintritt eines persönlich haftenden Gesellschafters in eine Kommanditgesellschaft auf Aktien,
4. die Errichtung einer Kommanditgesellschaft, zu deren persönlich haftenden Gesellschaftern eine Kapitalgesellschaft gehört, die Erhöhung von Kommanditeinlagen bei solchen Gesellschaften und den Eintritt eines neuen Kommanditisten in eine solche Gesellschaft,

5. den Eintritt einer Kapitalgesellschaft als persönlich haftender Gesellschafter in eine Kommanditgesellschaft,

6. die Errichtung, Firmenänderung und Löschung der inländischen Niederlassung einer ausländischen Kapitalgesellschaft (§ 5 Abs. 4 des Gesetzes).

(2) In der Mitteilung muß außer den in Absatz 1 Nrn. 1 bis 6 bezeichneten Vorgängen auch angegeben werden, von welchem Notar oder Gericht der Vertrag oder Beschluß beurkundet ist und ob die in § 7 vorgeschriebene Unbedenklichkeitsbescheinigung des Kapitalverkehrsteueramts (Datum, Geschäftsnummer) vorgelegen hat. Der Mitteilung bedarf es auch dann, wenn das Gericht, in dessen Handelsregister die Gesellschaft eingetragen ist, den Gesellschaftsvertrag oder Beschluß selbst beurkundet hat.

§ 9 Bergbehörden und Grundbuchämter

(1) Die von den Landesregierungen zu bezeichnenden Bergbehörden müssen der Oberfinanzdirektion Mitteilung machen, sobald ihnen die Entstehung einer bergrechtlichen Gewerkschaft bekannt wird. Dies gilt insbesondere dann, wenn Gewerkschaften durch Verleihung des Bergwerkseigentums an mehrere Personen, durch Konsolidation oder durch Feldesteilung entstehen.

(2) Die Grundbuchämter müssen dem Kapitalverkehrsteueramt, in dessen Bezirk sie ihren Sitz haben, die Veräußerung eines Bergwerks an mehrere Personen und die Veräußerung eines Anteils an einem Bergwerk mitteilen, sobald ihnen solche Vorgänge aus Anlaß einer Eintragung im Grundbuch bekannt werden.

7. Ausnahmen von der Besteuerung

§ 10 Wohnungs- und Siedlungsunternehmen

Die Voraussetzungen nach § 7 Abs. 1 Nr. 1 des Gesetzes für die Ausnahme von der Besteuerung sind in jedem Fall als gegeben anzusehen

1. bei Wohnungsunternehmen, solange sie auf Grund des Gesetzes über die Gemeinnützigkeit im Wohnungswesen vom 29. Februar 1940 – WGG – (Reichsgesetzbl. I S. 438) und der das Gesetz ergänzenden Vorschriften als gemeinnützig anerkannt sind,

2. bei Unternehmen, solange sie als Organe der staatlichen Wohnungspolitik (§ 28 WGG) anerkannt sind,

3. bei den von den zuständigen Landesbehörden begründeten oder anerkannten gemeinnützigen Siedlungsunternehmen im Sinne des Reichssiedlungsgesetzes und im Sinne der Bodenreformgesetze der Länder,

4. bei den von den obersten Landesbehörden zur Ausgabe von Heimstätten zugelassenen gemeinnützigen Unternehmen im Sinne des Reichsheimstättengesetzes.

§ 11 Anzeigepflicht

Fallen bei einer Gesellschaft, der Steuerfreiheit nach § 7 Abs. 1 des Gesetzes zuerkannt worden ist, die Voraussetzungen für die Ausnahme von der Besteuerung nachträglich fort, so hat die Gesellschaft dies dem Kapitalverkehrsteueramt binnen zwei Wochen anzuzeigen.

8. Wandelanleihen

§ 12

(1) Soweit Schuldverschreibungen (§ 12 des Gesetzes) auf Grund eines bereits bei ihrer Ausgabe eingeräumten Wahlrechts in Aktien umgewandelt werden, wird die für die Schuldverschreibungen entrichtete Wertpapiersteuer auf die Gesellschaftsteuer angerechnet.

(2) Bei Schuldverschreibungen, die nach dem 31. Dezember 1934 ausgegeben werden, wird die Wertpapiersteuer nur angerechnet, wenn die Schuldverschreibungen innerhalb von fünf Jahren seit ihrer Ausgabe in Aktien umgewandelt werden.

Zweiter Teil. Wertpapiersteuer

1. Örtliche Zuständigkeit

§ 13

Örtlich zuständig ist

1. bei Schuldverschreibungen inländischer Schuldner
    das Kapitalverkehrsteueramt, in dessen Bezirk der Schuldner seine Geschäftsleitung oder, wenn eine Geschäftsleitung nicht vorhanden oder nicht im Inland ist, seinen Sitz hat;
2. bei Schuldverschreibungen ausländischer Schuldner und bei Wertpapieren über Gesellschaftsrechte an ausländischen Kapitalgesellschaften
    das Kapitalverkehrsteueramt, das zuerst mit der Sache befaßt wird.

Über Anträge auf Ablösung der Wertpapiersteuer nach § 28 Abs. 2 des Gesetzes, die von einem inländischen Bevollmächtigten für den ausländischen Schuldner oder die ausländische Kapitalgesellschaft gestellt werden, entscheidet die oberste Finanzbehörde des Landes, in dem der inländische Bevollmächtigte seine Geschäftsleitung oder, wenn eine Geschäftsleitung nicht vorhanden oder nicht im Inland ist, seinen Wohnsitz (Sitz) hat.

2. Besteuerungsverfahren

§ 14 Anmeldung

(1) Erwerbsvorgänge im Sinne des § 11 Abs. 1 des Gesetzes sind dem Kapitalverkehrsteueramt binnen zwei Wochen, von der Vornahme des Geschäfts ab gerechnet, anzumelden. Dies gilt nicht, soweit die Steuer durch Zahlung eines Ablösungsbetrages im voraus entrichtet worden ist (§ 28 Abs. 2 des Gesetzes). Der Anmeldung bedarf es insbesondere, sobald die Wertpapiere erstmalig ausgegeben, veräußert, verpfändet oder zum Gegenstand eines anderen Geschäfts gemacht werden oder sobald Zahlungen auf die Wertpapiere geleistet werden.

(2) Zur Anmeldung ist verpflichtet

1. bei Erwerbsvorgängen im Sinne des § 11 Abs. 1 Nr. 1 des Gesetzes
   der inländische Schuldner,
2. bei Erwerbsvorgängen im Sinne des § 11 Abs. 1 Nrn. 2 und 3 des
   Gesetzes
   der Veräußerer.

Hat der Veräußerer weder seinen Wohnsitz (Sitz) noch seinen gewöhnlichen Aufenthalt im Inland, so ist auch der Erwerber zur Anmeldung verpflichtet.

(3) Die Anmeldung ist in zwei Stücken einzureichen. Sie muß alle Angaben enthalten, die für die Besteuerung oder für die Ausnahme von der Besteuerung von Bedeutung sind. Der Anmeldende hat zu versichern, daß er alle Angaben nach bestem Wissen und Gewissen gemacht hat. Als Vorbild für die Anmeldung dient

1. bei Forderungsrechten gegen inländische Schuldner *Muster 1*,[1]
2. bei Forderungsrechten gegen ausländische Schuldner und bei Gesellschaftsrechten an ausländischen Kapitalgesellschaften *Muster 2*,[1]
3. bei Schuldbuchforderungen *Muster 3*,[1]
4. bei Schuldscheindarlehen *Muster 4*.[1]

Bei Schuldverschreibungen kann das Kapitalverkehrsteueramt verlangen, daß der Anmeldung ein Probedruck oder eine Abschrift beigefügt wird.

(4) Einer Anmeldung bedarf es nicht beim Erwerb von Forderungsrechten gegen die in § 13 Abs. 1 Nrn. 1 und 3 des Gesetzes bezeichneten Schuldner. Das gleiche gilt auch für den Erwerb von Forderungsrechten gegen überstaatliche und zwischenstaatliche Einrichtungen, die dem Bund auf Grund einer Rechtsverordnung nach § 29 Abs. 1 Nr. 3 des Gesetzes gleichstehen.

(5) Fallen bei einem Versorgungsbetrieb, dem Steuerfreiheit nach § 13 Abs. 1 Nr. 2 des Gesetzes zuerkannt worden ist, die Voraussetzungen

---

[1] Die Muster sind hier nicht abgedruckt.

für die Ausnahme von der Besteuerung nachträglich fort, so ist dem Kapitalverkehrsteueramt binnen zwei Wochen eine weitere Anmeldung nach *Muster 1*[1] in zwei Stücken einzureichen. In der Anmeldung ist auf die frühere Anmeldung der Schuldverschreibungen zu verweisen.

(6) Beim Erwerb von Forderungsrechten, über die Schuldscheine ausgestellt sind, können die obersten Finanzbehörden der Länder Sammelanmeldungen für bestimmte Anmeldungszeiträume zulassen.

§ 15 Festsetzung der Steuer

(1) Die Steuer wird auf beiden Stücken der Anmeldung festgesetzt. Durch Rückgabe eines mit Festsetzungsverfügung versehenen Stücks der Anmeldung gibt das Kapitalverkehrsteueramt dem Anmeldenden den festgesetzten Steuerbetrag und die Zahlungsfrist bekannt. Die Zahlungsfrist soll zwei Wochen nicht übersteigen.

(2) Die Festsetzungsverfügung gilt als Steuerbescheid im Sinne des § 212 der Reichsabgabenordnung. Sie soll auch die Steuerberechnung und ihre Grundlagen, eine Anweisung, wo und wie die Steuer zu entrichten ist, und eine Belehrung enthalten, welches Rechtsmittel zulässig ist und binnen welcher Frist und bei welcher Behörde es einzulegen ist.

(3) Absätze 1 und 2 gelten sinngemäß, wenn der Erwerbsvorgang von der Besteuerung ausgenommen ist.

§ 16 Steuerausweis bei ausländischen Wertpapieren

(1) Zum Nachweis der Versteuerung dienen bei ausländischen Wertpapieren Steuerausweise, die dazu bestimmt sind, am Umlauf des Wertpapiers teilzunehmen.

(2) Der Steuerausweis ist vom Anmeldenden nach *Muster 5*[1] für jedes einzelne Wertpapier besonders auszustellen und dem Kapitalverkehrsteueramt einzureichen. An der rechten Seite des Steuerausweises ist ein Rand von etwa fünf Zentimeter für den Aufdruck des Steuerstempels frei zu lassen. Alle zur genauen Bezeichnung des Wertpapiers notwendigen Angaben sind in einer jeden Zweifel ausschließenden Weise einzutragen. Der Nennbetrag ist in Worten zu wiederholen. Lautet das Wertpapier über mehrere Währungen, so sind sämtliche Währungen aufzuführen. Alle Angaben sind in deutlichen Schriftzeichen mit Tinte, mit Kugelschreiber, mit Schreibmaschine oder durch Stempelaufdruck herzustellen. Radierungen, Durchstreichungen oder Überschreibungen sind unzulässig. Jede an dem Inhalt vorgenommene Änderung macht den Steuerausweis ungültig.

(3) Der Steuerausweis darf erst abgestempelt werden, nachdem die Steuer entrichtet oder die Ausnahme von der Besteuerung anerkannt ist.

---

[1] Die Muster sind hier nicht abgedruckt.

(4) Der Ausstellung von Steuerausweisen bedarf es nicht bei Schuldverschreibungen überstaatlicher und zwischenstaatlicher Einrichtungen, die dem Bund auf Grund einer Rechtsverordnung nach § 29 Abs. 1 Nr. 3 des Gesetzes gleichstehen. Das Kapitalverkehrsteueramt kann auch in anderen Fällen zulassen, daß die Ausstellung von Steuerausweisen unterbleibt, wenn für bestimmte Reihen von Wertpapieren der gleichen Gattung die Steuer entrichtet oder die Ausnahme von der Besteuerung anerkannt ist; die Wertpapiere sind im Bundessteuerblatt Teil II bekanntzumachen.

(5) Zur Abstempelung der Steuerausweise dient ein Prägestempel. Der Stempel hat die Form eines fünfeckigen länglichen Schilds in der Größe von 31 × 22 Millimeter. Der Abdruck des Stempels zeigt erhaben geprägt auf rotem Grund in der Mitte des Schilds die Worte „Deutsche Wertpapiersteuer" und in der unteren Spitze das Unterscheidungszeichen des Kapitalverkehrsteueramts.

§ 17 Umtausch ausländischer Wertpapiere

Wird ein versteuertes ausländisches Wertpapier, für das ein Steuerausweis abgestempelt worden ist (§ 16 Abs. 1 bis 3), durch ein Wertpapier der gleichen Gattung ersetzt, so kann der Steuerausweis vom Kapitalverkehrsteueramt ohne Steuerentrichtung umgeschrieben werden. Voraussetzung ist, daß die zu ersetzenden Stücke weder ausgelost noch gekündigt sind.

§ 18 Erstattung von Wertpapiersteuer

Wird die Erstattung von Wertpapiersteuer beantragt, die für den Erwerb von Forderungsrechten gegen einen ausländischen Schuldner oder für den Erwerb von Gesellschaftsrechten an einer ausländischen Kapitalgesellschaft vor Entstehung der Steuerschuld festgesetzt und entrichtet worden ist, so muß der Antragsteller die Steuerausweise dem Antrag beifügen. Gibt das Kapitalverkehrsteueramt dem Erstattungsantrag statt, so macht es die Steuerausweise ungültig. Sind Steuerausweise nicht ausgestellt, so ist die Bekanntmachung im Bundessteuerblatt Teil II (§ 16 Abs. 4 Satz 2) zu widerrufen.

3. Beistandspflicht

§ 19 Benachrichtigung der Finanzbehörden

(1) Wird einem inländischen Schuldner die Genehmigung erteilt, Schuldverschreibungen in den Verkehr zu bringen, so muß die für die Genehmigung zuständige Stelle der Oberfinanzdirektion, in deren Bezirk der Schuldner seine Geschäftsleitung oder, wenn eine Geschäftsleitung nicht vorhanden oder nicht im Inland ist, seinen Sitz hat, von der Genehmigung Kenntnis geben. Dies gilt nicht für Schuldverschrei-

bungen der in § 14 Abs. 4 bezeichneten Schuldner. In der Mitteilung sind Name (Firma) und Sitz des Schuldners sowie Gattung, Stückzahl und Nennbetrag der Schuldverschreibungen anzugeben.

(2) Personen, die gewerbsmäßig Darlehen vermitteln, müssen dem Kapitalverkehrsteueramt auf Verlangen die von ihnen vermittelten Schuldscheindarlehen unter Angabe der Schuldner, der Gläubiger und der Einzelbeträge mitteilen.

Dritter Teil. Börsenumsatzsteuer*

A. Örtliche Zuständigkeit

§ 20

Örtlich zuständig ist

1. bei Entrichtung der Steuer im Abrechnungsverfahren
   das Kapitalverkehrsteueramt, in dessen Bezirk der Abrechner sein Geschäft betreibt. Bei Zweigniederlassungen ist das Kapitalverkehrsteueramt zuständig, in dessen Bezirk die Zweigniederlassung liegt;

2. bei Abtretung von Geschäftsanteilen an inländischen Gesellschaften mit beschränkter Haftung
   das Kapitalverkehrsteueramt, in dessen Bezirk die Gesellschaft ihre Geschäftsleitung oder, wenn die Geschäftsleitung nicht im Inland ist, ihren Sitz hat;

3. in den übrigen Fällen
   das Kapitalverkehrsteueramt, das zuerst mit der Sache befaßt wird.

B. Besteuerungsverfahren

I. Gemeinsame Bestimmungen

§ 21 Arten der Steuerentrichtung

Die Steuer wird entrichtet

1. durch Zahlung des Steuerbetrags an das Kapitalverkehrsteueramt (Finanzkasse),
   a) soweit die Versteuerung im Abrechnungsverfahren vorgeschrieben ist (§ 24),
   b) soweit Anschaffungsgeschäfte öffentlich beurkundet werden (§ 37),
   c) soweit Steuerbeträge vom Kapitalverkehrsteueramt nachgefordert werden;

---

* Die Vorschriften zur Börsenumsatzsteuer sind nach dem 31. 12. 1990 weiterhin anzuwenden, soweit die Steuer bereits vor dem 1. 1. 1991 entstanden ist und noch Steuerpflichten zu erfüllen sind, die mit bereits entstandener Steuer im Zusammenhang stehen, oder soweit für diese Steuer gehaftet wird. Die Festsetzungsfrist für die Börsenumsatzsteuer beginnt spätestens mit Ablauf des Kj. 1991 (Art. 4 Abs. 2 und 4 des Gesetzes vom 22. 2. 1990, BGBl. I S. 266).

2. durch Verwendung von Börsenumsatzsteuermarken zu Schlußnoten in allen übrigen Fällen, soweit nicht das Kapitalverkehrsteueramt im Einzelfall eine andere Art der Steuerentrichtung zuläßt.

§ 22 Steuerberechnung

Die Steuer ist bei Geschäften über Anteile an Gesellschaften mit beschränkter Haftung und bei Privatgeschäften über andere Wertpapiere für jedes Geschäft einzeln zu berechnen und jeweils auf zehn Pfennig nach oben abzurunden. Soweit sie auch bei Kundengeschäften über andere Wertpapiere für jedes Geschäft einzeln berechnet wird, ist eine Abrundung nicht zulässig. Bruchteile eines Pfennigs können bei der Berechnung der Steuer außer Betracht bleiben.

§ 23 Ausländische Währungen

In ausländischer Währung ausgedrückte Beträge werden für die Berechnung der Steuer nach den für die Wechselsteuer geltenden Bestimmungen[1] in die Währung der Bundesrepublik Deutschland umgerechnet.

II. Abrechnungsverfahren

§ 24 Abrechner

(1) Inländische Händler müssen die Steuer im Abrechnungsverfahren entrichten. Sie dürfen die Steuer auch für einzelne Geschäfte nicht durch Verwendung von Börsenumsatzsteuermarken entrichten. Anschaffungsgeschäfte des Abrechners, die öffentlich beurkundet werden (§ 37), fallen nicht unter das Abrechnungsverfahren.

(2) Die Abrechner müssen dem Kapitalverkehrsteueramt jede für die Überwachung der Steuerentrichtung wesentliche Änderung ihres Geschäftsbetriebs mitteilen, insbesondere die Änderung der Firma, die Errichtung und Aufhebung von Zweigniederlassungen und Depositenkassen oder die Verlegung der Geschäftsräume.

(3) Das Kapitalverkehrsteueramt darf Händler vom Abrechnungsverfahren befreien, wenn sie erklären, daß sie Kundengeschäfte über Wertpapiere nicht abschließen, und wenn sie sich verpflichten, eine Erweiterung des Kreises ihrer Geschäfte in dieser Richtung dem Kapitalverkehrsteueramt unverzüglich anzuzeigen. Die Befreiung vom Abrechnungsverfahren ist zu widerrufen, wenn die Händler Kundengeschäfte über Wertpapiere abschließen.

§ 25 Geschäftsbücher

(1) Als Grundlage für das Abrechnungsverfahren dienen die Geschäftsbücher und die sie ergänzenden Unterlagen des Abrechners. Sie müssen alle Angaben enthalten, die für die Besteuerung von Bedeutung sind.

---

[1] Vgl. § 3 WStDV, abgedruckt unter Nr. 16.2.

(2) Die Geschäftsbücher sind mit den dazu gehörenden Belegen dem Kapitalverkehrsteueramt auf Verlangen vorzulegen.

§ 26 Zahlung der Steuer

(1) Abrechnungszeitraum ist das Kalenderjahr.

(2) Der Abrechner hat auf die Jahressteuer Abschlagszahlungen zu entrichten. Die Abschlagszahlungen sind, sobald die zu entrichtende Steuer jeweils mehr als 100 Deutsche Mark beträgt, spätestens am Fünfzehnten des folgenden Monats an die Kasse des Kapitalverkehrsteueramts abzuführen. Als Abschlagszahlung ist der auf volle Deutsche Mark abgerundete Betrag zu leisten, der sich jeweils bis zum Ende des vorangegangenen Monats ergibt. Zum 15. Januar eines jeden Jahres sind Abschlagszahlungen nicht zu entrichten.

(3) Für jeden Abrechnungszeitraum ist die Börsenumsatzsteuer, die sich auf Grund der Geschäftsbücher ergibt, dem Kapitalverkehrsteueramt bis zum 15. Januar eines jeden Jahres für das vorangegangene Kalenderjahr nach *Muster 6*[1] anzumelden. Der Abrechner muß in der Anmeldung die entrichteten Abschlagszahlungen vermerken und die Abschlußzahlung errechnen. Er muß ferner in der Anmeldung versichern,

1. daß in den Geschäftsbüchern alle von ihm abgeschlossenen oder vermittelten Anschaffungsgeschäfte (einschließlich der steuerfreien) eingetragen sind,

2. daß er die Angaben nach bestem Wissen und Gewissen gemacht hat.

(4) Endet die Händlereigenschaft im Laufe eines Kalenderjahres vor dem 1. Dezember, so ist dem Kapitalverkehrsteueramt die Anmeldung nach *Muster 6*[1] bis zum Fünfzehnten des auf die Beendigung der Händlereigenschaft folgenden Monats einzureichen. Eine Abschlagszahlung ist zu diesem Zeitpunkt nicht zu entrichten. Die Bestimmungen des Absatzes 3 gelten sinngemäß.

(5) Die Abschlußzahlung ist gleichzeitig mit der Einreichung der Anmeldung zu leisten.

(6) Ist für einen Abrechnungszeitraum keine Börsenumsatzsteuer abzuführen, so muß der Abrechner dies dem Kapitalverkehrsteueramt anzeigen.

III. Verwendung von Steuermarken zu Schlußnoten

1. Börsenumsatzsteuermarken

§ 27 Beschreibung der Marken

(1) Die Börsenumsatzsteuermarken lauten auf Steuerbeträge von 5, 10, 20, 50 Pfennig, 1, 2, 5, 10, 20, 50, 100, 200 und 500 Deutsche Mark.

---

[1] Die Muster sind hier nicht abgedruckt.

(2) Die Marken sind einschließlich der gezähnten weißen Ränder 24 Millimeter hoch und 61 Millimeter breit. Sie haben, soweit sie über Pfennigbeträge lauten, einen braunen, soweit sie über Markbeträge lauten, einen blaugrauen Untergrund und tragen in der Mitte eine Umrandung mit der Inschrift „Börsenumsatzsteuer". Die Marken zu 200 und 500 Deutsche Mark sind außerdem mit einer grauen Schraffur als Schutzdruck versehen. Eine Lochreihe macht die Marke in zwei gleiche Teile zerlegbar. Jeder Teil enthält auf dem oberen Rand die Wertbezeichnung, darunter den Vordruck „den" für das Datum der Verwendung, und in der äußeren unteren Ecke die Zahl der Pfennig oder Mark, auf die die Marken lauten, unter Hinzufügung der Buchstaben „Pf" oder „DM", außerdem die fortlaufenden Nummern der Marken in schwarzer Farbe.

§ 28 Herstellung und Vertrieb

(1) Die Börsenumsatzsteuermarken werden von der Bundesdruckerei hergestellt und zu einem vom Bundesminister der Finanzen im Einvernehmen mit den für die Finanzverwaltung zuständigen obersten Landesbehörden festgesetzten Herstellungspreis ausschließlich an die Oberfinanzdirektionen abgegeben. Diese beliefern die Finanzämter.

(2) Die Marken werden von den Kapitalverkehrsteuerämtern und den sonstigen Finanzämtern zum Preis der auf ihnen angegebenen Steuerbeträge verkauft. Die Oberfinanzdirektionen dürfen einzelne Finanzämter vom Verkauf der Börsenumsatzsteuermarken ausnehmen.

§ 29 Umtausch von Marken

Unbeschädigte Börsenumsatzsteuermarken dürfen bei den Kapitalverkehrsteuerämtern und den sonstigen mit dem Verkauf von Börsenumsatzsteuermarken befaßten Finanzämtern gegen Börsenumsatzsteuermarken anderer Wertbeträge umgetauscht werden. Ein Ersatz in Geld findet nur in Ausnahmefällen statt.

§ 30 Ersatz beschädigter Marken

(1) Beschädigte Börsenumsatzsteuermarken oder solche Marken, mit denen beschädigte Schlußnoten versehen sind, werden von den Kapitalverkehrsteuerämtern und den sonstigen mit dem Verkauf von Börsenumsatzsteuermarken befaßten Finanzämtern ersetzt, wenn von den Steuermarken oder Schlußnoten noch kein oder doch kein solcher Gebrauch gemacht worden ist, daß durch den Ersatz die Steuerbelange gefährdet werden. Der Ersatz ist ausgeschlossen, wenn auf den Marken Radierungen, Durchstreichungen oder Überschreibungen vorgenommen worden sind oder wenn die Marken von den Schlußnoten abge-

löst oder aus ihnen ausgeschnitten worden sind. Marken, die einen Entwertungsvermerk tragen, werden nicht ersetzt.

(2) Der Ersatz wird in Marken geleistet. Den Wünschen des Antragstellers hinsichtlich der herauszugebenden Markenwerte soll nach Möglichkeit entsprochen werden. Ein Ersatz in Geld findet nur in Ausnahmefällen statt.

2. Schlußnoten

§ 31   Inhalt der Schlußnote

(1) Die Schlußnote besteht aus zwei übereinstimmenden Hälften. Für jeden Vertragsteil ist eine Hälfte bestimmt.

(2) Jede Schlußnotenhälfte muß enthalten den Namen und Wohnort der beiden Vertragsteile sowie des Vermittlers, den Gegenstand und die Bedingungen des Geschäfts, insbesondere den Kurs, den Wert des Gegenstands und die sonstigen für die Steuerberechnung maßgebenden Angaben, bei anderen als Kassageschäften auch die Zeit der Lieferung. Die Unterschrift des Ausstellers ist nicht erforderlich. Die Schlußnote soll am oberen Teil der Vorderseite einen über beide Schlußnotenhälften greifenden Vordruck haben, durch den die für die Aufnahme der Marken bestimmte Stelle bezeichnet wird. Als Vorbild dient *Muster* 7.[1]

(3) Die Schlußnote muß in deutscher Sprache und, wenn es sich nicht um Geschäfte über ausländische Wertpapiere handelt, in deutscher Währung ausgestellt werden. Der Wert des Gegenstands des Geschäfts ist stets in deutscher Währung anzugeben.

(4) In der Schlußnote dürfen Radierungen und Überschreibungen nicht vorgenommen werden. Bei Durchstreichungen darf das ursprünglich Geschriebene nicht unleserlich gemacht werden.

§ 32   Verwendung der Marken

(1) Die Marken müssen so aufgeklebt werden, daß jede Hälfte einer Schlußnote eine Hälfte derselben Marke trägt. Die auf der einen Schlußnotenhälfte befindliche Markenhälfte muß dieselbe Nummer haben wie die auf der anderen Schlußnotenhälfte.

(2) Zur Entwertung ist an der durch den Vordruck bezeichneten Stelle jeder Markenhälfte der Tag der Entwertung, und zwar der Tag und das Jahr mit arabischen Ziffern, der Monat mit Buchstaben, einzutragen. Allgemein übliche und verständliche Abkürzungen der Monatsangabe mit Buchstaben und die Weglassung der beiden ersten Zahlen der Jahresbezeichnung sind zulässig (z. B. 15. Sept. 59). Dem Entwertungsvermerk kann die Firma oder der Name des Ausstellers der Schluß-

---

[1] Die Muster sind hier nicht abgedruckt.

note hinzugefügt werden, wenn der Wertaufdruck der Marke und die richtige Versteuerung erkennbar bleiben. Unter diesen Voraussetzungen kann die Firma oder der Name auch durch Perforierung der Marke angebracht werden.

(3) Der Tag der Entwertung ist in deutlichen Schriftzeichen mit Tinte, mit Kugelschreiber, mit Schreibmaschine oder durch Stempelaufdruck einzutragen. Der Vermerk muß in seinem ganzen Umfang auf jeder Markenhälfte enthalten sein, braucht aber nicht an der durch den Vordruck bezeichneten Stelle zu stehen. Radierungen, Durchstreichungen und Überschreibungen auf der Marke sind unzulässig.

(4) Marken, die nicht richtig entwertet sind, gelten als nicht verwendet. Die Entwertung darf dadurch richtiggestellt werden, daß die Schlußnoten einem Kapitalverkehrsteueramt oder einem sonstigen mit dem Verkauf von Börsenumsatzsteuermarken befaßten Finanzamt vorgelegt und die Marken mit einem Abdruck des Dienststempels des Finanzamts versehen werden. Das Finanzamt hat den Aufdruck des Dienststempels abzulehnen, wenn der Verdacht der Steuerhinterziehung oder Steuergefährdung besteht.

IV. Verfahren

§ 33 Privatgeschäfte

(1) Bei im Inland abgeschlossenen Privatgeschäften muß der Veräußerer spätestens binnen zwei Wochen, vom Tag des Geschäftsabschlusses ab gerechnet, eine Schlußnote ausstellen, zu ihr die erforderlichen Steuermarken gemäß § 32 verwenden und eine mit einer Markenhälfte versehene Schlußnotenhälfte an den anderen Vertragteil absenden. Der Aussteller darf die Schlußnote nicht unversteuert aus der Hand geben, es sei denn, daß es sich um steuerfreie Geschäfte handelt.

(2) Ist dem Erwerber eine versteuerte Schlußnote nicht zugegangen, so muß er binnen drei Wochen, vom Tag des Geschäftsabschlusses ab gerechnet, eine Schlußnote ausstellen, versteuern und die eine Hälfte an den Veräußerer absenden.

(3) Ist dem Erwerber eine zu niedrig versteuerte Schlußnotenhälfte zugegangen, so muß er binnen drei Wochen, vom Tag des Geschäftsabschlusses ab gerechnet, in Höhe des fehlenden Steuerbetrags Börsenumsatzsteuermarken zu seiner Schlußnotenhälfte verwenden. In diesem Fall sind die Marken ungeteilt auf der Schlußnotenhälfte aufzukleben und zu entwerten.

(4) Die nach den Absätzen 2 und 3 entrichtete Steuer wird auf Antrag erstattet, wenn nachgewiesen wird, daß der Veräußerer seine Verpflichtungen im vollen Umfang erfüllt hat.

§ 34 Auslandsgeschäfte

(1) Sind bei im Ausland abgeschlossenen Geschäften beide Vertragsteile Inländer, so gelten die Bestimmungen, die für die im Inland abgeschlossenen Geschäfte vorgesehen sind.

(2) Ist bei im Ausland abgeschlossenen Geschäften nur ein Vertragsteil Inländer, so muß er, wenn er nicht Händler ist, binnen zwei Wochen, vom Tag des Geschäftsabschlusses ab gerechnet, eine Schlußnote ausstellen und Börsenumsatzsteuermarken in Höhe der fälligen Steuer ungeteilt zu seiner Schlußnotenhälfte verwenden.

§ 35 Tag des Geschäftsabschlusses

(1) Wird das Angebot zu einem Anschaffungsgeschäft nicht am selben Tag, sondern später angenommen, so gilt als Tag des Geschäftsabschlusses

1. für den annehmenden Vertragteil
   der Tag, an dem er die Annahmeerklärung abgibt oder absendet,

2. für den anderen (anbietenden) Vertragteil
   der Tag, an dem ihm die Annahmeerklärung zugeht.

(2) Befindet sich bei im Ausland abgeschlossenen Geschäften ein Vertragteil zur Zeit des Geschäftsabschlusses im Ausland, so gilt für ihn als Tag des Geschäftsabschlusses der Tag seiner Rückkehr ins Inland.

(3) Wird die Abrechnung über ein Anschaffungsgeschäft nach den allgemeinen Geschäftsgepflogenheiten der Banken zur Zeit des Geschäftsabschlusses deshalb nicht erteilt, weil die Wertpapiere erst später geliefert werden, so gilt als Tag des Geschäftsabschlusses bei Termingeschäften der Tag, zu dem das Geschäft zu erfüllen ist, bei anderen Geschäften der Tag der Lieferung der Stücke. Wird über das Geschäft oder einen Teil des Geschäfts schon vorher abgerechnet, so gilt der Abrechnungtag als Tag des Geschäftsabschlusses.

(4) Bei der Verlängerung (Prolongation) von Termingeschäften gilt als Tag des Geschäftsabschlusses der Tag, auf den die Erfüllung des Geschäfts hinausgeschoben wird. Wird über das Geschäft vorher abgerechnet, so gilt als Tag des Geschäftsabschlusses der Tag der Abrechnung.

§ 36 Aufbewahrung von Belegen

(1) Die Schlußnoten müssen nach der Zeitfolge numeriert von den Personen (Einzelpersonen, Firmen, Personenvereinigungen, juristischen Personen, Niederlassungen und Anstalten), die gewerbsmäßig der Börsenumsatzsteuer unterliegende Geschäfte abschließen oder vermitteln, sieben Jahre, von den anderen Personen fünf Jahre aufbewahrt werden.

(2) Die Kapitalverkehrsteuerämter dürfen auf Antrag zulassen, daß die Schlußnoten anders als nach der Zeitfolge geordnet aufbewahrt werden, falls der Eingang der Steuer hinreichend gesichert erscheint und die Steuerprüfung nicht unverhältnismäßig erschwert wird.

V. Öffentliche Urkunden über Anschaffungsgeschäfte

§ 37 Festsetzung der Steuer

(1) Bei öffentlich beurkundeten Anschaffungsgeschäften gibt das Kapitalverkehrsteueramt dem Steuerpflichtigen den Steuerbetrag und die Zahlungsfrist schriftlich bekannt. Die Zahlungsfrist soll zwei Wochen nicht übersteigen.

(2) Die Festsetzungsverfügung gilt als Steuerbescheid im Sinne des § 212 der Reichsabgabenordnung. Sie soll auch die Steuerberechnung und ihre Grundlagen, eine Anweisung, wo und wie die Steuer zu entrichten ist, und eine Belehrung enthalten, welches Rechtsmittel zulässig ist und binnen welcher Frist und bei welcher Behörde es einzulegen ist.

(3) Das Kapitalverkehrsteueramt darf von der Festsetzung der Steuer absehen, wenn die Steuer für die in einer Urkunde enthaltenen Anschaffungsgeschäfte zusammen weniger als drei Deutsche Mark beträgt.

(4) Die Bestimmungen der §§ 24 bis 36 werden nicht angewendet. Dies gilt auch für Händlergeschäfte über Anteile an Gesellschaften mit beschränkter Haftung.

C. Beistandspflicht

§ 38

(1) Behörden, Beamte und Notare (Urkundspersonen), die eine auf den Erwerb des Eigentums oder eines Pfandrechts an Wertpapieren gerichtete Erklärung beurkundet haben, müssen binnen zwei Wochen, von der Aufnahme der Urkunde ab gerechnet, dem zuständigen Kapitalverkehrsteueramt eine beglaubigte Abschrift der Urkunde übersenden. Werden der Vertragsantrag und dessen Annahme in getrennten Verhandlungen beurkundet, so sind beglaubigte Abschriften beider Urkunden zu übersenden.

(2) Die Urkundsperson hat auf der Urschrift der Urkunde zu bescheinigen, daß die beglaubigte Abschrift an das Finanzamt abgesandt ist. Der Tag der Absendung und das Finanzamt, dem die Abschrift übersandt ist, sind in der Bescheinigung anzugeben. Das Kapitalverkehrsteueramt bestätigt unverzüglich den Eingang der Abschrift. Die Urkundsperson hat das Bestätigungsschreiben mit der Urschrift der Urkunde zu verbinden.

(3) Die Urkundspersonen dürfen den Beteiligten die Urschrift, eine Ausfertigung oder eine beglaubigte Abschrift der Urkunde erst dann aushändigen, wenn das Kapitalverkehrsteueramt den Eingang der Abschrift bestätigt oder der Aushändigung zugestimmt hat.

(4) Der Börsenvorstand einer staatlich anerkannten Wertpapierbörse muß dem Kapitalverkehrsteueramt die Personen mitteilen, die zum Besuch der Wertpapierbörse mit der Befugnis zugelassen sind, am Börsenhandel teilzunehmen.

Vierter Teil. Gemeinsame Bestimmungen

1. Wertpapiere gleicher Gattung

§ 39   Wertpapiere gleicher Gattung

(1) Wertpapiere gehören zur gleichen Gattung, wenn sie von demselben Aussteller ausgegeben sind und in ihnen eine dem Inhalt nach gleiche Berechtigung verbrieft ist. Stückelung und Zinszahlungstage der Wertpapiere brauchen nicht übereinzustimmen.

(2) Unter den von demselben Aussteller ausgegebenen Wertpapieren gehören insbesondere nicht zu der gleichen Gattung

1. Wertpapiere verschiedener Währung,

2. Aktien, Kuxe, Genußscheine und verzinsliche Wertpapiere,

3. Aktien, für die verschiedene Rechte hinsichtlich der Verteilung des Gewinns oder des Gesellschaftsvermögens (Stammaktien, Vorzugsaktien) oder des Stimmrechts festgesetzt sind oder für die eine verschiedene Art der Einziehung vorgeschrieben ist. Inhaberaktien und Namensaktien gehören nicht zu der gleichen Gattung,

4. Schuldverschreibungen mit verschiedenem Zinssatz, verschiedener Sicherheit oder verschiedenen Rückzahlungsbedingungen (verlosbare, unverlosbare Schuldverschreibungen, Schuldverschreibungen mit verschiedener Kündigungszeit und Rückzahlungszeit, verschiedenem Rückzahlungsbetrag),

5. Genußscheine, die verschiedene Rechte gewähren.

(3) Sind die Wertpapiere zu verschiedenen Zeiten ausgegeben, so gelten sie als zur gleichen Gattung gehörig, wenn die übrigen Voraussetzungen für die Zugehörigkeit zur gleichen Gattung vorliegen, z. B. Stammaktien verschiedener Ausgaben, die einander gleichgestellt sind, Pfandbriefe verschiedener Ausgaben mit demselben Zinssatz, denselben Kündigungs- oder Rückzahlungsbedingungen und Sicherheiten.

2. Örtliche Prüfungen

§ 40 Der Prüfung unterliegende Stellen

Zur Durchführung des Gesetzes werden auf Grund der §§ 162, 175, 183, 188, 193, 201 der Reichsabgabenordnung insbesondere geprüft

1. Kapitalgesellschaften (§ 5 des Gesetzes) und inländische Niederlassungen ausländischer Kapitalgesellschaften,

2. Personen, die gewerbsmäßig Geschäfte über Wertpapiere betreiben, insbesondere Banken und Bankiers, Makler, außerdem Kreditgenossenschaften und Sparkassen,

3. Behörden, Beamte und Notare, die bei der Durchführung des Gesetzes mitwirken.

§ 41 Prüfungsliste

(1) Das Kapitalverkehrsteueramt führt über die der Prüfung unterliegenden Stellen (§ 40) seines Bezirks ein Verzeichnis (Prüfungsliste).

(2) Die Oberfinanzdirektion erläßt die näheren Anweisungen über die Führung der Prüfungsliste und die Ermittlung der der Prüfung unterliegenden Stellen.

(3) Wird eine der Prüfung unterliegende Stelle in den Bezirk eines anderen Kapitalverkehrsteueramts verlegt, so teilt das bisher zuständige Kapitalverkehrsteueramt dem anderen Kapitalverkehrsteueramt die Verlegung mit und übersendet die Akten. Dabei ist anzugeben, wann die letzte Prüfung stattgefunden hat. Das andere Kapitalverkehrsteueramt bestätigt den Eingang der Mitteilung und der Akten.

§ 42 Prüfungszeitraum

(1) Die zu prüfenden Stellen sollen innerhalb von fünf Jahren mindestens einmal geprüft werden. Art, Umfang und Ausnahmen bestimmen die obersten Finanzbehörden der Länder.

(2) Die Prüfung soll bei Stellen, die mindestens alle drei Jahre einer ordentlichen Betriebsprüfung unterworfen werden, im Rahmen dieser Betriebsprüfung durch Prüfer vorgenommen werden, die auf dem Gebiet der Kapitalverkehrsteuern besonders vorgebildet sind. Prüfungen für die Zwecke der Kapitalverkehrsteuern können auch außerhalb einer ordentlichen Betriebsprüfung stattfinden.

(3) Stellen, die einer ordentlichen Betriebsprüfung nicht unterliegen, werden für die Zwecke der Kapitalverkehrsteuern im Weg der Nachschau (§ 193 AO) geprüft.

§ 43 Pflichten der zu prüfenden Stellen

(1) Die zu prüfenden Stellen müssen dem Prüfer einen geeigneten Raum und die erforderlichen Hilfsmittel (Geräte, Beleuchtung, Heizung und dergleichen) stellen und die nötigen Hilfsdienste leisten.

(2) Dem Prüfer ist jede Auskunft zu erteilen, die für die Prüfung erforderlich ist. Dem Prüfer sind alle Urkunden, Aufzeichnungen, Geschäftsbücher, Belege, Geschäftspapiere und sonstigen Schriftstücke, die für die Besteuerung von Bedeutung sein können, auf Verlangen zur Einsicht und Prüfung vorzulegen. Dies gilt auch für Aufsichtsrats- und Verwaltungsratsprotokolle und für Prüfungsberichte von Treuhandgesellschaften, Wirtschaftsprüfern und anderen Prüfungsbeauftragten. Das Verdecken von Namen oder Konten in den vorzulegenden Büchern ist unzulässig. Die Prüfung kann sich auf alle Verhältnisse erstrecken, die für die Besteuerung von Bedeutung sein können.

§ 44 Prüfung bei Kapitalgesellschaften

(1) Kapitalgesellschaften müssen dem Prüfer insbesondere vorlegen: Gesellschaftsverträge, Generalversammlungsprotokolle, Kapitalerhöhungsbeschlüsse, Jahresberichte, Rechnungsabschlüsse (Bilanzen, Gewinn- und Verlustrechnungen), Geschäftsbücher, Schriftstücke über die Übernahme von Aktien und Anteilen der Gesellschaft durch Banken oder andere Personen. Das gleiche gilt für das Aktienbuch und für das Gewerkenbuch.

(2) Die Gesellschaften müssen insbesondere darüber Auskunft erteilen,

ob Nachschüsse, Zubußen oder sonstige Leistungen von Gesellschaftern eingefordert oder geleistet worden sind,

ob eigene Anteile erworben oder veräußert worden sind,

ob Gesellschafter Gegenstände zu einer den Wert nicht erreichenden Gegenleistung der Gesellschaft überlassen oder die Gesellschafter Gegenstände der Gesellschaft zu einer den Wert übersteigenden Gegenleistung übernommen haben,

ob von Gesellschaftern auf Forderungen oder andere Rechte gegen die Gesellschaft verzichtet worden ist oder solche Rechte von Gesellschaftern erworben worden sind,

ob ihnen von ihren Gesellschaftern oder deren Ehegatten Darlehen gegeben worden sind oder von solchen Personenvereinigungen, an denen ihre Gesellschafter als Mitglieder beteiligt sind,

ob ihnen Darlehen von dritten Personen gegeben worden sind, für die ein Gesellschafter Sicherheit geleistet hat, ob Schuldverschreibungen oder Genußscheine ausgegeben worden sind,

inwieweit Personen Forderungen gegen die Gesellschaft erworben haben, die einen Anteil am Gewinn der Gesellschaft gewähren (z. B. stille Gesellschafter),

inwieweit die Gesellschaft selbst an anderen inländischen oder ausländischen Kapitalgesellschaften oder an Kommanditgesellschaften beteiligt ist.

(3) Kapitalgesellschaften, bei denen nach § 7 des Gesetzes Rechtsvorgänge von der Besteuerung ausgenommen sind, werden daraufhin geprüft,

ob die Voraussetzungen für die Ausnahme von der Besteuerung vorgelegen haben,

ob die Voraussetzungen für die Ausnahme von der Besteuerung fortgefallen und Rechtsvorgänge nach § 7 Abs. 2 des Gesetzes steuerpflichtig geworden sind.

§ 45 Prüfung bei Banken usw.

(1) Banken und andere Personen, die gewerbsmäßig Geschäfte über Wertpapiere betreiben, müssen dem Prüfer sämtliche Bücher (auch die persönlichen Depotbücher der Kunden), Schriftstücke und Belege vollständig vorlegen, damit er sich insbesondere davon überzeugen kann,

ob die Buchführung ordnungsmäßig ist und die in Betracht kommenden Geschäfte ausnahmslos in die Bücher, die der Steuerberechnung zugrunde liegen, eingetragen sind,

ob alle steuerpflichtigen Geschäfte versteuert sind,

ob Steuerermäßigungen oder Ausnahmen von der Besteuerung nicht zu Unrecht in Anspruch genommen sind.

(2) Dem Prüfer sind auf Verlangen auch die im Besitz der zu prüfenden Stelle befindlichen eigenen und fremden ausländischen Wertpapiere zur Prüfung der Wertpapiersteuerpflicht vorzulegen. Dies gilt nicht für fremde Wertpapiere, die von der zu prüfenden Stelle verwahrt, aber nicht verwaltet werden. Soweit die Versteuerung zu Unrecht unterblieben ist, veranlaßt der Prüfer die Anmeldung zur Versteuerung und Abstempelung.

(3) Die Prüfung darf nicht auf die Ermittlung der Einkommens- und Vermögensverhältnisse der Bankkunden abgestellt werden. Gelegentliche Wahrnehmungen, die für die Steuerpflicht der zu prüfenden Stelle oder anderer Personen von Bedeutung sein können, sind dem zuständigen Finanzamt mitzuteilen.

§ 46 Prüfung bei Urkundspersonen

(1) Behörden, Beamte und Notare müssen dem Prüfer ihre Akten, Bücher und sonstigen Schriftstücke, die darüber geführten Listen und Register vorlegen.

(2) Bei Gerichten wird insbesondere das Handelsregister mit den dazugehörigen Akten geprüft.

(3) Die Prüfung erstreckt sich auch darauf, ob die Urkundspersonen die ihnen durch die Reichsabgabenordnung und diese Bestimmungen auferlegte Beistandspflicht erfüllt haben.

§ 47 Prüfungsbericht

(1) Der Prüfer erstattet dem Kapitalverkehrsteueramt einen schriftlichen Bericht über die Prüfung. Ist die Prüfung im Rahmen einer Betriebsprüfung vorgenommen worden, so wird der Bericht über die Kapitalverkehrsteuern gesondert erstattet. Im Bericht über die Betriebsprüfung wird auf den besonderen Bericht über die Kapitalverkehrsteuern verwiesen.

(2) In dem Prüfungsbericht werden der Tag der Prüfung und der Zeitraum, auf den sich die Prüfung erstreckt hat, angegeben. Soweit Beanstandungen erhoben werden, sind die Rechtsvorgänge und die Gründe für die Beanstandung zu bezeichnen. Kann die nachzubringende Steuer sofort berechnet werden, so wird auch der Steuerfehlbetrag im Bericht angegeben.

(3) Das Kapitalverkehrsteueramt teilt der geprüften Stelle die Beanstandungen mit und veranlaßt ihre Erledigung. Die Erledigung der einzelnen Beanstandungen wird im Prüfungsbericht vermerkt.

(4) Fehlbeträge an Börsenumsatzsteuer, die bei der Prüfung eines Abrechners festgestellt und vom Abrechner anerkannt werden, können in Gegenwart des Prüfers sofort im Geschäftsbuch verbucht werden. Der Prüfer bescheinigt im Geschäftsbuch, daß der Fehlbetrag ordnungsmäßig verbucht ist. Die auf diese Weise verrechneten Steuerbeträge können im Prüfungsbericht ohne nähere Angabe der Gründe der Beanstandung in einer Summe angeführt werden.

(5) Ergibt die Prüfung einer der in § 45 bezeichneten Stellen, daß für eine größere Anzahl von steuerpflichtigen Geschäften keine oder eine zu niedrige Börsenumsatzsteuer entrichtet ist, so muß die geprüfte Stelle auf Ersuchen des Prüfers dem Kapitalverkehrsteueramt eine Aufstellung dieser Geschäfte einreichen. In der Aufstellung müssen alle in Betracht kommenden Geschäfte und die für sie geschuldeten, die bereits entrichteten und die nachzuzahlenden Steuerbeträge einzeln an-

gegeben werden. Am Schluß der Aufstellung ist zu versichern, daß die Aufstellung alle beanstandeten Geschäfte enthält.

3. Sonderbestimmung für die Deutsche Bundesbank

§ 48

(1) Die Deutsche Bundesbank und ihre Stellen werden nicht durch Prüfer der Finanzverwaltung geprüft.

(2) Die Beachtung der Vorschriften über die Kapitalverkehrsteuern wird nach näherer Anordnung der Deutschen Bundesbank überwacht.

(3) Der mit der Prüfung beauftragte Beamte der Deutschen Bundesbank oder ihrer Dienststelle versieht die in § 26 bezeichnete Anmeldung mit folgender Bescheinigung:

„Auf Grund der Geschäftsbücher geprüft und für richtig befunden
(Name) . . . .
(Dienstbezeichnung) . . . .

Ermächtigung

§ 49

Die Oberfinanzdirektionen dürfen im Rahmen des Gesetzes und dieser Verordnung die Muster den besonderen Bedürfnissen ihres Bezirks anpassen und neue Muster vorschreiben.

12.1 Umsatzsteuergesetz (UStG 1991)*

In der Fassung der Bekanntmachung vom 8. Februar 1991

(BGBl. I S. 350)
Geändert durch Steueränderungsgesetz 1992 vom 25. Februar 1992 (BGBl. I S. 297)
BGBl. III 611–10–14

Inhaltsübersicht

* **Das Gesetz tritt im Gebiet der ehem. DDR am 1. 1. 1991 in Kraft** (vgl. Anl. I Kap. IV Sachgebiet B Abschn. II Nr. 14 des Einigungsvertrags, – abgedruckt vor **1** –).

Anlage

Liste der dem ermäßigten Steuersatz unterliegenden Gegenstände

Erster Abschnitt. Steuergegenstand und Geltungsbereich

§ 1 Steuerbare Umsätze

(1) Der Umsatzsteuer unterliegen die folgenden Umsätze:

1. die Lieferungen und sonstigen Leistungen, die ein Unternehmer im Inland gegen Entgelt im Rahmen seines Unternehmens ausführt. Die
Steuerbarkeit entfällt nicht, wenn

   a) der Umsatz auf Grund gesetzlicher oder behördlicher Anordnung
   ausgeführt wird oder nach gesetzlicher Vorschrift als ausgeführt gilt
   oder

   b) ein Unternehmer Lieferungen oder sonstige Leistungen an seine Arbeitnehmer oder deren Angehörige auf Grund des Dienstverhältnisses ausführt, für die die Empfänger der Lieferung oder sonstigen
   Leistung (Leistungsempfänger) kein besonders berechnetes Entgelt
   aufwenden. Das gilt nicht für Aufmerksamkeiten;

2. der Eigenverbrauch im Inland. Eigenverbrauch liegt vor, wenn ein Unternehmer

   a) Gegenstände aus seinem Unternehmen für Zwecke entnimmt, die
   außerhalb des Unternehmens liegen,

   b) im Rahmen seines Unternehmens sonstige Leistungen der in § 3
   Abs. 9 bezeichneten Art für Zwecke ausführt, die außerhalb des Unternehmens liegen,

   c) im Rahmen seines Unternehmens Aufwendungen tätigt, die unter
   das Abzugsverbot des § 4 Abs. 5 Satz 1 Nr. 1 bis 7 oder Abs. 7 oder
   § 12 Nr. 1 des Einkommensteuergesetzes fallen. Das gilt nicht für
   Geldgeschenke und für Bewirtungsaufwendungen, soweit § 4 Abs. 5
   Satz 1 Nr. 2 des Einkommensteuergesetzes den Abzug von 20 vom
   Hundert der angemessenen und nachgewiesenen Aufwendungen aus-
   schließt;

3. die Lieferungen und sonstigen Leistungen, die Körperschaften und Personenvereinigungen im Sinne des § 1 Abs. 1 Nr. 1 bis 5 des Körperschaftsteuergesetzes, nichtrechtsfähige Personenvereinigungen sowie Gemeinschaften im Inland im Rahmen ihres Unternehmens an ihre Anteilseigner, Gesellschafter, Mitglieder, Teilhaber oder diesen nahestehenden Personen ausführen, für die die Leistungsempfänger kein Entgelt aufwenden;

4. die Einfuhr von Gegenständen in das Zollgebiet (Einfuhrumsatzsteuer).

(2) Inland im Sinne dieses Gesetzes ist das Gebiet der Bundesrepublik Deutschland mit Ausnahme der Zollausschlüsse und der Zollfreigebiete. Ausland im Sinne dieses Gesetzes ist das Gebiet, das danach nicht Inland ist. Wird ein Umsatz im Inland ausgeführt, so kommt es für die Besteuerung nicht darauf an, ob der Unternehmer deutscher Staatsangehöriger ist, seinen Wohnsitz oder Sitz im Inland hat, im Inland eine Betriebsstätte unterhält, die Rechnung erteilt oder die Zahlung empfängt.

(3) Folgende Umsätze, die in den Freihäfen und in den Gewässern und Watten zwischen der Hoheitsgrenze und der Zollgrenze an der Küste, jedoch nicht im erweiterten Küstenmeer im Sinne der Anlage IV zur Seeschiffahrtstraßen-Ordnung, angefügt durch die Verordnung vom 9. Januar 1985 (BGBl. I S. 38), bewirkt werden, sind wie Umsätze im Inland zu behandeln:

1. die Lieferungen von Gegenständen, die zum Gebrauch oder Verbrauch in den bezeichneten Zollfreigebieten oder zur Ausrüstung oder Versorgung eines Beförderungsmittels bestimmt sind, wenn die Lieferungen nicht für das Unternehmen des Abnehmers ausgeführt werden;

2. die sonstigen Leistungen, die nicht für das Unternehmen des Auftraggebers ausgeführt werden;

3. der Eigenverbrauch;

4. die Lieferungen von Gegenständen, die sich im Zeitpunkt der Lieferung
   a) in einem zollamtlich bewilligten Freihafen-Veredelungsverkehr (§ 53 des Zollgesetzes) oder in einer zollamtlich besonders zugelassenen Freihafenlagerung (§ 61 Abs. 2 des Zollgesetzes) oder
   b) einfuhrumsatzsteuerrechtlich im freien Verkehr befinden;

5. die sonstigen Leistungen, die im Rahmen eines Veredelungsverkehrs oder einer Lagerung im Sinne der Nummer 4 Buchstabe a ausgeführt werden.

Lieferungen und sonstige Leistungen in den bezeichneten Zollfreigebieten an juristische Personen des öffentlichen Rechts sind als Umsätze im Sinne der Nummern 1 und 2 anzusehen, soweit der Unternehmer nicht anhand von Aufzeichnungen und Belegen das Gegenteil glaubhaft macht.

§ 2 Unternehmer, Unternehmen

(1) Unternehmer ist, wer eine gewerbliche oder berufliche Tätigkeit selbständig ausübt. Das Unternehmen umfaßt die gesamte gewerbliche oder berufliche Tätigkeit des Unternehmers. Gewerblich oder beruflich ist jede nachhaltige Tätigkeit zur Erzielung von Einnahmen, auch wenn die Absicht, Gewinn zu erzielen, fehlt oder eine Personenvereinigung nur gegenüber ihren Mitgliedern tätig wird.

(2) Die gewerbliche oder berufliche Tätigkeit wird nicht selbständig ausgeübt,

1. soweit natürliche Personen, einzeln oder zusammengeschlossen, einem Unternehmen so eingegliedert sind, daß sie den Weisungen des Unternehmers zu folgen verpflichtet sind,

2.[1] wenn eine juristische Person nach dem Gesamtbild der tatsächlichen Verhältnisse finanziell, wirtschaftlich und organisatorisch in das Unternehmen des Organträgers eingegliedert ist (Organschaft). Die Wirkungen der Organschaft sind auf Innenleistungen zwischen den im Inland gelegenen Unternehmensteilen beschränkt. Diese Unternehmensteile sind als ein Unternehmen zu behandeln. Hat der Organträger seine Geschäftsleitung im Ausland, gilt der wirtschaftlich bedeutendste Unternehmensteil im Inland als der Unternehmer.

(3) Die juristischen Personen des öffentlichen Rechts sind nur im Rahmen ihrer Betriebe gewerblicher Art (§ 1 Abs. 1 Nr. 6, § 4 des Körperschaftsteuergesetzes) und ihrer land- oder forstwirtschaftlichen Betriebe gewerblich oder beruflich tätig. Auch wenn die Voraussetzungen des Satzes 1 nicht gegeben sind, gelten als gewerbliche oder berufliche Tätigkeit im Sinne dieses Gesetzes

1.[2] **[vom 1. 7. 1990–31. 12. 1992]** die Überlassung und Instandhaltung von Endstelleneinrichtungen durch die Deutsche Bundespost TELEKOM;

1.[3] **[vom 1. 1. 1993–31. 12. 1995]** die Tätigkeiten der Deutschen Bundespost TELEKOM, die auch Dritte ausüben dürfen;

1. **[ab 1. 1. 1996]** die Tätigkeit der Deutschen Bundespost TELEKOM;

2. die Tätigkeit der Notare im Landesdienst und der Ratschreiber im Land Baden-Württemberg, soweit Leistungen ausgeführt werden, für die nach der Bundesnotarordnung die Notare zuständig sind;

3. die Abgabe von Brillen und Brillenteilen einschließlich der Reparaturarbeiten durch Selbstabgabestellen der gesetzlichen Träger der Sozialversicherung;

---

[1] Zur Anwendung siehe § 27 Abs. 6.
[2] Fassung gem. § 28 Abs. 1.
[3] Fassung gem. § 28 Abs. 2.

4. die Leistungen der Vermessungs- und Katasterbehörden bei der Wahrnehmung von Aufgaben der Landesvermessung und des Liegenschaftskatasters mit Ausnahme der Amtshilfe;

5. die Tätigkeit der Bundesanstalt für landwirtschaftliche Marktordnung.

§ 3 Lieferung, sonstige Leistung

(1) Lieferungen eines Unternehmers sind Leistungen, durch die er oder in seinem Auftrag ein Dritter den Abnehmer oder in dessen Auftrag einen Dritten befähigt, im eigenen Namen über einen Gegenstand zu verfügen (Verschaffung der Verfügungsmacht).

(2) Schließen mehrere Unternehmer über denselben Gegenstand Umsatzgeschäfte ab und erfüllen sie diese Geschäfte dadurch, daß der erste Unternehmer dem letzten Abnehmer in der Reihe unmittelbar die Verfügungsmacht über den Gegenstand verschafft, so gilt die Lieferung an den letzten Abnehmer gleichzeitig als Lieferung eines jeden Unternehmers in der Reihe (Reihengeschäft).

(3) Beim Kommissionsgeschäft (§ 383 des Handelsgesetzbuchs) liegt zwischen dem Kommittenten und dem Kommissionär eine Lieferung vor. Bei der Verkaufskommission gilt der Kommissionär, bei der Einkaufskommission der Kommittent als Abnehmer.

(4) Hat der Unternehmer die Bearbeitung oder Verarbeitung eines Gegenstandes übernommen und verwendet er hierbei Stoffe, die er selbst beschafft, so ist die Leistung als Lieferung anzusehen (Werklieferung), wenn es sich bei den Stoffen nicht nur um Zutaten oder sonstige Nebensachen handelt. Das gilt auch dann, wenn die Gegenstände mit dem Grund und Boden fest verbunden werden.

(5) Hat ein Abnehmer dem Lieferer die Nebenerzeugnisse oder Abfälle, die bei der Bearbeitung oder Verarbeitung des ihm übergebenen Gegenstandes entstehen, zurückzugeben, so beschränkt sich die Lieferung auf den Gehalt des Gegenstandes an den Bestandteilen, die dem Abnehmer verbleiben. Das gilt auch dann, wenn der Abnehmer an Stelle der bei der Bearbeitung oder Verarbeitung entstehenden Nebenerzeugnisse oder Abfälle Gegenstände gleicher Art zurückgibt, wie sie in seinem Unternehmen regelmäßig anfallen.

(6) Eine Lieferung wird dort ausgeführt, wo sich der Gegenstand zur Zeit der Verschaffung der Verfügungsmacht befindet.

(7) Befördert der Unternehmer den Gegenstand der Lieferung an den Abnehmer oder in dessen Auftrag an einen Dritten, so gilt die Lieferung mit dem Beginn der Beförderung als ausgeführt. Befördern ist jede Fortbewegung eines Gegenstandes. Versendet der Unternehmer den Gegenstand der Lieferung an den Abnehmer oder in dessen Auftrag an einen Dritten, so gilt die Lieferung mit der Übergabe des Gegenstandes an den Beauftragten

als ausgeführt. Versenden liegt vor, wenn jemand die Beförderung eines Gegenstandes durch einen selbständigen Beauftragten ausführen oder besorgen läßt.

(8) Gelangt der Gegenstand der Lieferung bei der Beförderung oder Versendung an den Abnehmer oder in dessen Auftrag an einen Dritten vom Ausland in das Inland oder vom Inland in einen Mitgliedstaat der Europäischen Wirtschaftsgemeinschaft, so ist diese Lieferung als im Einfuhrland ausgeführt zu behandeln, wenn der Lieferer, sein Beauftragter oder in den Fällen des Reihengeschäfts ein vorangegangener Lieferer oder dessen Beauftragter Schuldner der bei der Einfuhr zu entrichtenden Umsatzsteuer ist.

(9) Sonstige Leistungen sind Leistungen, die keine Lieferungen sind. Sie können auch in einem Unterlassen oder im Dulden einer Handlung oder eines Zustandes bestehen.

(10) Überläßt ein Unternehmer einem Auftraggeber, der ihm einen Stoff zur Herstellung eines Gegenstandes übergeben hat, an Stelle des herzustellenden Gegenstandes einen gleichartigen Gegenstand, wie er ihn in seinem Unternehmen aus solchem Stoff herzustellen pflegt, so gilt die Leistung des Unternehmers als Werkleistung, wenn das Entgelt für die Leistung nach Art eines Werklohns unabhängig vom Unterschied zwischen dem Marktpreis des empfangenen Stoffes und dem des überlassenen Gegenstandes berechnet wird.

(11) Besorgt ein Unternehmer für Rechnung eines anderen im eigenen Namen eine sonstige Leistung, so sind die für die besorgte Leistung geltenden Vorschriften auf die Besorgungsleistung entsprechend anzuwenden.

(12) Ein Tausch liegt vor, wenn das Entgelt für eine Lieferung in einer Lieferung besteht. Ein tauschähnlicher Umsatz liegt vor, wenn das Entgelt für eine sonstige Leistung in einer Lieferung oder sonstigen Leistung besteht.

§ 3a Ort der sonstigen Leistung

(1) Eine sonstige Leistung wird an dem Ort ausgeführt, von dem aus der Unternehmer sein Unternehmen betreibt. Wird die sonstige Leistung von einer Betriebstätte ausgeführt, so gilt die Betriebstätte als der Ort der sonstigen Leistung.

(2) Abweichend von Absatz 1 gilt:

1. Eine sonstige Leistung im Zusammenhang mit einem Grundstück wird dort ausgeführt, wo das Grundstück liegt. Als sonstige Leistungen im Zusammenhang mit einem Grundstück sind insbesondere anzusehen:
   a) sonstige Leistungen der in § 4 Nr. 12 bezeichneten Art,
   b) sonstige Leistungen im Zusammenhang mit der Veräußerung oder dem Erwerb von Grundstücken,

c) sonstige Leistungen, die der Erschließung von Grundstücken oder der Vorbereitung oder der Ausführung von Bauleistungen dienen.

2. Eine Beförderungsleistung wird dort ausgeführt, wo die Beförderung bewirkt wird. Erstreckt sich eine Beförderung nicht nur auf das Inland, so fällt nur der Teil der Leistung unter dieses Gesetz, der auf das Inland entfällt. Die Bundesregierung kann mit Zustimmung des Bundesrates durch Rechtsverordnung zur Vereinfachung des Besteuerungsverfahrens bestimmen, daß bei Beförderungen, die sich sowohl auf das Inland als auch auf das Ausland erstrecken (grenzüberschreitende Beförderungen),

   a) kurze Beförderungsstrecken im Inland als ausländische und kurze ausländische Beförderungsstrecken als Beförderungsstrecken im Inland angesehen werden,

   b) Beförderungen über kurze Beförderungsstrecken in den in § 1 Abs. 3 bezeichneten Zollfreigebieten nicht wie Umsätze im Inland behandelt werden.

3. Die folgenden sonstigen Leistungen werden dort ausgeführt, wo der Unternehmer jeweils ausschließlich oder zum wesentlichen Teil tätig wird:

   a) künstlerische, wissenschaftliche, unterrichtende, sportliche, unterhaltende oder ähnliche Leistungen einschließlich der Leistungen der jeweiligen Veranstalter,

   b) Umschlag, Lagerung oder andere sonstige Leistungen, die damit oder mit den unter Nummer 2 bezeichneten Beförderungsleistungen üblicherweise verbunden sind,

   c) Werkleistungen an beweglichen körperlichen Gegenständen und die Begutachtung dieser Gegenstände.

(3) Ist der Empfänger einer der in Absatz 4 bezeichneten sonstigen Leistungen ein Unternehmer, so wird die sonstige Leistung abweichend von Absatz 1 dort ausgeführt, wo der Empfänger sein Unternehmen betreibt. Wird die sonstige Leistung an die Betriebstätte eines Unternehmers ausgeführt, so ist statt dessen der Ort der Betriebstätte maßgebend. Ist der Empfänger einer der in Absatz 4 bezeicheneten sonstigen Leistungen kein Unternehmer und hat er seinen Wohnsitz oder Sitz außerhalb des Gebiets der Europäischen Wirtschaftsgemeinschaft, wird die sonstige Leistung an seinem Wohnsitz oder Sitz ausgeführt. Absatz 2 bleibt unberührt.

(4) Sonstige Leistungen im Sinne des Absatzes 3 sind:

1. die Einräumung, Übertragung und Wahrnehmung von Patenten, Urheberrechten, Warenzeichenrechten und ähnlichen Rechten;

2. die sonstigen Leistungen, die der Werbung oder der Öffentlichkeitsarbeit dienen, einschließlich der Leistungen der Werbungsmittler und der Werbeagenturen;

3. die sonstigen Leistungen aus der Tätigkeit als Rechtsanwalt, Patentanwalt, Steuerberater, Wirtschaftsprüfer, Dolmetscher[1], Übersetzer[1], Sachverständiger, Ingenieur und Aufsichtsratsmitglied sowie die rechtliche, wirtschaftliche und technische Beratung durch andere Unternehmer;

4. die Datenverarbeitung;

5. die Überlassung von Informationen einschließlich gewerblicher Verfahren und Erfahrungen;

6. a) die sonstigen Leistungen der in § 4 Nr. 8 Buchstaben a bis g und Nr. 10 bezeichneten Art,

   b) die sonstigen Leistungen im Geschäft mit Gold, Silber und Platin. Das gilt nicht für Münzen und Medaillen aus diesen Edelmetallen;

7. die Gestellung von Personal;

8. der Verzicht auf Ausübung eines der in Nummer 1 bezeichneten Rechte;

9. der Verzicht, ganz oder teilweise eine gewerbliche oder berufliche Tätigkeit auszuüben;

10. die Vermittlung der in diesem Absatz bezeichneten Leistungen;

11. die Vermietung beweglicher körperlicher Gegenstände, ausgenommen Beförderungsmittel.

(5) Der Bundesminister der Finanzen kann mit Zustimmung des Bundesrates durch Rechtsverordnung, um eine Doppelbesteuerung oder Nichtbesteuerung zu vermeiden oder um Wettbewerbsverzerrungen zu verhindern, den Ort der Leistung abweichend von den Absätzen 1 und 3 danach bestimmen, wo die sonstige Leistung genutzt oder ausgewertet wird. Der Ort der sonstigen Leistung kann

1. statt im Inland als außerhalb des Gebiets der Europäischen Wirtschaftsgemeinschaft gelegen und

2. statt außerhalb des Gebiets der Europäischen Wirtschaftsgemeinschaft als im Inland gelegen

behandelt werden.

Zweiter Abschnitt. Steuerbefreiungen und Steuervergütungen

§ 4 Steuerbefreiungen bei Lieferungen, sonstigen Leistungen und Eigenverbrauch

Von den unter § 1 Abs. 1 Nr. 1 bis 3 fallenden Umsätzen sind steuerfrei:

1. die Ausfuhrlieferungen (§ 6) und die Lohnveredelungen an Gegenständen der Ausfuhr (§ 7). Der Bundesminister der Finanzen kann mit Zustimmung des Bundesrates durch Rechtsverordnung zur Durchführung und nach Maßgabe von Rechtsakten des Rates der Europäischen

---

[1] eingefügt durch Steueränderungsgesetz 1992 mit Wirkung ab 29. 2. 1992.

Gemeinschaften die Steuerbefreiungen ausschließen oder von anderen oder zusätzlichen Voraussetzungen abhängig machen;

2. die Umsätze für die Seeschiffahrt und für die Luftfahrt (§ 8);

3. a) die grenzüberschreitenden Beförderungen von Gegenständen und die Beförderungen im internationalen Eisenbahnfrachtverkehr. Nicht befreit sind die Beförderungen der in § 1 Abs. 3 Nr. 4 Buchstabe a bezeichneten Gegenstände aus einem Freihafen in das Inland;

   b) andere sonstige Leistungen als die in Buchstabe a bezeichneten Beförderungen, wenn sich die Leistungen

      aa) auf Gegenstände der Einfuhr beziehen und die Kosten für diese Leistungen in der Bemessungsgrundlage für die Einfuhr (§ 11) enthalten sind oder

      bb) unmittelbar auf Gegenstände der Ausfuhr oder der Durchfuhr beziehen oder

      cc) unmittelbar auf eingeführte Gegenstände beziehen, für die zollamtlich eine vorübergehende Verwendung im Zollgebiet bewilligt worden ist und der Leistungsempfänger ein ausländischer Auftraggeber (§ 7 Abs. 2) ist. Dies gilt nicht für sonstige Leistungen, die sich auf Beförderungsmittel, Paletten und Container beziehen.

   Die Vorschrift gilt nicht für die in den Nummern 8, 10 und 11 bezeichneten Umsätze und für die Bearbeitung oder Verarbeitung eines Gegenstandes einschließlich der Werkleistung im Sinne des § 3 Abs. 10. Die Voraussetzungen der Steuerbefreiung müssen vom Unternehmer nachgewiesen sein. Der Bundesminister der Finanzen kann mit Zustimmung des Bundesrates durch Rechtsverordnung bestimmen, wie der Unternehmer den Nachweis zu führen hat;

4. die Lieferungen von Gold an Zentralbanken;

5. die Vermittlung

   a) der unter die Nummern 1 bis 4 fallenden Umsätze,

   b) der grenzüberschreitenden Beförderungen von Personen mit Luftfahrzeugen oder Seeschiffen,

   c) der Umsätze, die ausschließlich im Ausland bewirkt werden,

   d) der Lieferungen, die nach § 3 Abs. 8 als im Inland ausgeführt zu behandeln sind.

   Nicht befreit ist die Vermittlung von Umsätzen durch Reisebüros für Reisende. Die Voraussetzungen der Steuerbefreiung müssen vom Unternehmer nachgewiesen sein. Der Bundesminister der Finanzen kann mit Zustimmung des Bundesrates durch Rechtsverordnung bestimmen, wie der Unternehmer den Nachweis zu führen hat;

6. a) die Lieferungen und sonstigen Leistungen der Deutschen Bundesbahn und der Deutschen Reichsbahn auf Gemeinschaftsbahnhöfen, Betriebswechselbahnhöfen, Grenzbetriebsstrecken und Durchgangsstrecken an Eisenbahnverwaltungen mit Sitz im Ausland;

b) die Lieferungen und sonstigen Leistungen an andere Vertragsparteien des Nordatlantikvertrages, wenn die Umsätze für den Gebrauch oder Verbrauch durch die Streitkräfte dieser Vertragsparteien bestimmt sind und die Streitkräfte der gemeinsamen Verteidigungsanstrengung dienen. Dies gilt nicht für die Umsätze, die unter die in § 26 Abs. 5 bezeichneten Steuerbefreiungen fallen. Die Voraussetzungen der in Satz 1 bezeichneten Steuerbefreiung müssen vom Unternehmer nachgewiesen sein. Der Bundesminister der Finanzen kann mit Zustimmung des Bundesrates durch Rechtsverordnung bestimmen, wie der Unternehmer den Nachweis zu führen hat;

c) die Lieferungen von eingeführten Gegenständen an ausländische Abnehmer (§ 6 Abs. 2), soweit für die Gegenstände zollamtlich eine vorübergehende Verwendung im Zollgebiet bewilligt worden ist und diese Bewilligung auch nach der Lieferung gilt. Nicht befreit sind die Lieferungen von Beförderungsmitteln, Paletten und Containern;

7. *[§ 4 Nr. 7 gestrichen mit Wirkung ab 22. Dezember 1990]*

8. a) die Gewährung, die Vermittlung und die Verwaltung von Krediten sowie die Verwaltung von Kreditsicherheiten;

b) die Umsätze und die Vermittlung der Umsätze von gesetzlichen Zahlungsmitteln. Das gilt nicht, wenn die Zahlungsmittel wegen ihres Metallgehaltes oder ihres Sammlerwertes umgesetzt werden;

c) die Umsätze im Geschäft mit Geldforderungen und die Vermittlung dieser Umsätze, ausgenommen die Einziehung von Forderungen;

d) die Umsätze im Einlagengeschäft, im Kontokorrentverkehr, im Zahlungs- und Überweisungsverkehr und das Inkasso von Handelspapieren;

e) die Umsätze im Geschäft mit Wertpapieren und die Vermittlung dieser Umsätze, ausgenommen die Verwahrung und die Verwaltung von Wertpapieren;

f) die Umsätze und die Vermittlung der Umsätze von Anteilen an Gesellschaften und anderen Vereinigungen;

g) die Übernahme von Verbindlichkeiten, von Bürgschaften und anderen Sicherheiten sowie die Vermittlung dieser Umsätze;

h) die Verwaltung von Sondervermögen nach dem Gesetz über Kapitalanlagegesellschaften;

i) die Umsätze der im Inland gültigen amtlichen Wertzeichen zum aufgedruckten Wert;

j)[1] die Beteiligung als stiller Gesellschafter an dem Unternehmen oder an dem Gesellschaftsanteil eines anderen;

9. a) die Umsätze, die unter das Grunderwerbsteuergesetz fallen,

b) die Umsätze, die unter das Rennwett- und Lotteriegesetz fallen, sowie die Umsätze der zugelassenen öffentlichen Spielbanken, die

---

[1] Zur erstmaligen Anwendung von § 4 Nr. 8 Buchstabe j siehe § 27 Abs. 8.

durch den Betrieb der Spielbank bedingt sind. Nicht befreit sind die unter das Rennwett- und Lotteriegesetz fallenden Umsätze, die von der Rennwett- und Lotteriesteuer befreit sind oder von denen diese Steuer allgemein nicht erhoben wird;

10. a) die Leistungen auf Grund eines Versicherungsverhältnisses im Sinne des Versicherungsteuergesetzes. Das gilt auch, wenn die Zahlung des Versicherungsentgelts nicht der Versicherungsteuer unterliegt;

 b) die Leistungen, die darin bestehen, daß anderen Personen Versicherungsschutz verschafft wird;

11. die Umsätze aus der Tätigkeit als Bausparkassenvertreter, Versicherungsvertreter und Versicherungsmakler;

12. a) die Vermietung und die Verpachtung von Grundstücken, von Berechtigungen, für die die Vorschriften des bürgerlichen Rechts über Grundstücke gelten, und von staatlichen Hoheitsrechten, die Nutzungen von Grund und Boden betreffen,

 b) die Überlassung von Grundstücken und Grundstücksteilen zur Nutzung auf Grund eines auf Übertragung des Eigentums gerichteten Vertrages oder Vorvertrages,

 c) die Bestellung, die Übertragung und die Überlassung der Ausübung von dinglichen Nutzungsrechten an Grundstücken.

Nicht befreit sind die Vermietung von Wohn- und Schlafräumen, die ein Unternehmer zur kurzfristigen Beherbergung von Fremden bereithält, die kurzfristige Vermietung von Plätzen für das Abstellen von Fahrzeugen, die Vermietung auf Campingplätzen und die Vermietung und die Verpachtung von Maschinen und sonstigen Vorrichtungen aller Art, die zu einer Betriebsanlage gehören (Betriebsvorrichtungen), auch wenn sie wesentliche Bestandteile eines Grundstücks sind,

13. die Leistungen, die die Gemeinschaften der Wohnungseigentümer im Sinne des Wohnungseigentumsgesetzes in der im Bundesgesetzblatt Teil III, Gliederungsnummer 403-1, veröffentlichten bereinigten Fassung, in der jeweils geltenden Fassung an die Wohnungseigentümer und Teileigentümer erbringen, soweit die Leistungen in der Überlassung des gemeinschaftlichen Eigentums zum Gebrauch, seiner Instandhaltung, Instandsetzung und sonstigen Verwaltung sowie der Lieferung von Wärme und ähnlichen Gegenständen bestehen;

14. die Umsätze aus der Tätigkeit als Arzt, Zahnarzt, Heilpraktiker, Krankengymnast, Hebamme oder aus einer ähnlichen heilberuflichen Tätigkeit im Sinne des § 18 Abs. 1 Nr. 1 des Einkommensteuergesetzes und aus der Tätigkeit als klinischer Chemiker. Steuerfrei sind auch die sonstigen Leistungen von Gemeinschaften, deren Mitglieder Angehörige der in Satz 1 bezeichneten Berufe sind, gegenüber ihren Mitgliedern, soweit diese Leistungen unmittelbar zur Ausführung der nach Satz 1 steuerfreien Umsätze verwendet werden. Die Umsätze eines Arztes

aus dem Betrieb eines Krankenhauses sind mit Ausnahme der ärztlichen Leistungen nur steuerfrei, wenn die in Nummer 16 Buchstabe b bezeichneten Voraussetzungen erfüllt sind. Die Sätze 1 und 2 gelten nicht

a) für die Umsätze aus der Tätigkeit als Tierarzt und für die Umsätze von Gemeinschaften, deren Mitglieder Tierärzte sind,

b) für die Lieferung oder Wiederherstellung von Zahnprothesen (aus Unterpositionen 9021.21 und 9021.29 des Zolltarifs) und kieferorthopädischen Apparaten (aus Unterposition 9021.19 des Zolltarifs), soweit sie der Unternehmer in seinem Unternehmen hergestellt oder wiederhergestellt hat;

15. die Umsätze der gesetzlichen Träger der Sozialversicherung, der örtlichen und überörtlichen Träger der Sozialhilfe sowie der Verwaltungsbehörden und sonstigen Stellen der Kriegsopferversorgung einschließlich der Träger der Kriegsopferfürsorge

a) untereinander,

b) an die Versicherten, die Empfänger von Sozialhilfe oder die Versorgungsberechtigten. Das gilt nicht für die Abgabe von Brillen und Brillenteilen einschließlich der Reparaturarbeiten durch Selbstabgabestellen der gesetzlichen Träger der Sozialversicherung;

16. die mit dem Betrieb der Krankenhäuser, Diagnosekliniken und anderen Einrichtungen ärztlicher Heilbehandlung, Diagnostik oder Befunderhebung sowie der Altenheime, Altenwohnheime, Pflegeheime, Einrichtungen zur vorübergehenden Aufnahme pflegebedürftiger Personen und der Einrichtungen zur ambulanten Pflege kranker und pflegebedürftiger Personen eng verbundenen Umsätze, wenn

a) diese Einrichtungen von juristischen Personen des öffentlichen Rechts betrieben werden oder

b) bei Krankenhäusern im vorangegangenen Kalenderjahr die in § 67 Abs. 1 oder 2 der Abgabenordnung bezeichneten Voraussetzungen erfüllt worden sind oder

c) bei Diagnosekliniken und anderen Einrichtungen ärztlicher Heilbehandlung, Diagnostik oder Befunderhebung die Leistungen unter ärztlicher Aufsicht erbracht werden und im vorangegangenen Kalenderjahr mindestens 40 vom Hundert der Leistungen den in Nummer 15 Buchstabe b genannten Personen zugute gekommen sind oder

d) bei Altenheimen, Altenwohnheimen und Pflegeheimen im vorangegangenen Kalenderjahr mindestens zwei Drittel der Leistungen den in § 68 Abs. 1 des Bundessozialhilfegesetzes oder den in § 53 Nr. 2 der Abgabenordnung genannten Personen zugute gekommen sind oder

e) bei Einrichtungen zur vorübergehenden Aufnahme pflegebedürftiger Personen und bei Einrichtungen zur ambulanten Pflege kranker und pflegebedürftiger Personen im vorangegangenen Kalenderjahr die Pflegekosten in mindestens zwei Drittel der Fälle von den gesetzlichen Trägern der Sozialversicherung oder Sozialhilfe ganz oder zum überwiegenden Teil getragen worden sind;

17. a) die Lieferungen von menschlichen Organen, menschlichem Blut und Frauenmilch,

   b) die Beförderungen von kranken und verletzten Personen mit Fahrzeugen, die hierfür besonders eingerichtet sind;

18. die Leistungen der amtlich anerkannten Verbände der freien Wohlfahrtspflege und der der freien Wohlfahrtspflege dienenden Körperschaften, Personenvereinigungen und Vermögensmassen, die einem Wohlfahrtsverband als Mitglied angeschlossen sind, wenn

   a) diese Unternehmer ausschließlich und unmittelbar gemeinnützigen, mildtätigen oder kirchlichen Zwecken dienen,

   b) die Leistungen unmittelbar dem nach der Satzung, Stiftung oder sonstigen Verfassung begünstigten Personenkreis zugute kommen und

   c) die Entgelte für die in Betracht kommenden Leistungen hinter den durchschnittlich für gleichartige Leistungen von Erwerbsunternehmen verlangten Entgelten zurückbleiben.

Steuerfrei sind auch die Beherbergung, Beköstigung und die üblichen Naturalleistungen, die diese Unternehmer den Personen, die bei den Leistungen nach Satz 1 tätig sind, als Vergütung für die geleisteten Dienste gewähren;

18. a. die Leistungen zwischen den selbständigen Gliederungen einer politischen Partei, soweit diese Leistungen im Rahmen der satzungsgemäßen Aufgaben gegen Kostenerstattung ausgeführt werden;

19. a) die Umsätze der Blinden, die nicht mehr als zwei Arbeitnehmer beschäftigen. Nicht als Arbeitnehmer gelten der Ehegatte, die minderjährigen Abkömmlinge, die Eltern des Blinden und die Lehrlinge. Die Blindheit ist nach den für die Besteuerung des Einkommens maßgebenden Vorschriften nachzuweisen. Die Steuerfreiheit gilt nicht für die Lieferungen von Mineralölen und Branntweinen, wenn der Blinde für diese Erzeugnisse Mineralölsteuer oder Branntweinabgaben zu entrichten hat;

   b) die folgenden Umsätze der nicht unter Buchstabe a fallenden Inhaber von anerkannten Blindenwerkstätten und der anerkannten Zusammenschlüsse von Blindenwerkstätten im Sinne des § 5 Abs. 1 des Blindenwarenvertriebsgesetzes vom 9. April 1965 (BGBl. I S. 311):

      aa) die Lieferungen und der Eigenverbrauch von Blindenwaren und Zusatzwaren im Sinne des Blindenwarenvertriebsgesetzes,

      bb) die sonstigen Leistungen, soweit bei ihrer Ausführung ausschließlich Blinde mitgewirkt haben;

20. a) die Umsätze folgender Einrichtungen des Bundes, der Länder, der Gemeinden oder der Gemeindeverbände: Theater, Orchester, Kammermusikensembles, Chöre, Museen, botanische Gärten, zoologische Gärten, Tierparks, Archive, Büchereien sowie Denkmäler der Bau- und Gartenbaukunst. Das gleiche gilt für die Umsätze gleichartiger Einrichtungen anderer Unternehmer, wenn die zuständige Landesbehörde bescheinigt, daß sie die gleichen kulturellen Aufgaben wie die in Satz 1 bezeichneten Einrichtungen erfüllen. Museen im Sinne dieser Vorschrift sind wissenschaftliche Sammlungen und Kunstsammlungen;
    b) die Veranstaltung von Theatervorführungen und Konzerten durch andere Unternehmer, wenn die Darbietungen von den unter Buchstabe a bezeichneten Theatern, Orchestern, Kammermusikensembles oder Chören erbracht werden;

21. die unmittelbar dem Schul- und Bildungszweck dienenden Leistungen privater Schulen und anderer allgemeinbildender oder berufsbildender Einrichtungen,
    a) wenn sie als Ersatzschulen gemäß Artikel 7 Abs. 4 des Grundgesetzes staatlich genehmigt oder nach Landesrecht erlaubt sind oder
    b) wenn die zuständige Landesbehörde bescheinigt, daß sie auf einen Beruf oder eine vor einer juristischen Person des öffentlichen Rechts abzulegende Prüfung ordnungsgemäß vorbereiten;

22. a) die Vorträge, Kurse und anderen Veranstaltungen wissenschaftlicher oder belehrender Art, die von juristischen Personen des öffentlichen Rechts, von Verwaltungs- und Wirtschaftsakademien, von Volkshochschulen oder von Einrichtungen, die gemeinnützigen Zwecken oder dem Zweck eines Berufsverbandes dienen, durchgeführt werden, wenn die Einnahmen überwiegend zur Deckung der Unkosten verwendet werden,
    b) andere kulturelle und sportliche Veranstaltungen, die von den in Buchstabe a genannten Unternehmern durchgeführt werden, soweit das Entgelt in Teilnehmergebühren besteht;

23. die Gewährung von Beherbergung, Beköstigung und der üblichen Naturalleistungen durch Personen und Einrichtungen, wenn sie überwiegend Jugendliche für Erziehungs-, Ausbildungs- oder Fortbildungszwecke oder für Zwecke der Säuglingspflege bei sich aufnehmen, soweit die Leistungen an die Jugendlichen oder an die bei ihrer Erziehung, Ausbildung, Fortbildung oder Pflege tätigen Personen ausgeführt werden. Jugendliche im Sinne dieser Vorschrift sind alle Personen vor Vollendung des 27. Lebensjahres. Steuerfrei sind auch die Beherbergung, Beköstigung und die üblichen Naturalleistungen, die diese Unternehmer den Personen, die bei den Leistungen nach Satz 1 tätig sind, als Vergütung für die geleisteten Dienste gewähren;

24. die Leistungen des Deutschen Jugendherbergswerkes, Hauptverband für Jugendwandern und Jugendherbergen e. V., einschließlich der diesem Verband angeschlossenen Untergliederungen, Einrichtungen und Jugendherbergen, soweit die Leistungen den Satzungszwecken unmittelbar dienen oder Personen, die bei diesen Leistungen tätig sind, Beherbergung, Beköstigung und die üblichen Naturalleistungen als Vergütung für die geleisteten Dienste gewährt werden. Das gleiche gilt für die Leistungen anderer Vereinigungen, die gleiche Aufgaben unter denselben Voraussetzungen erfüllen;

25.[1] die folgenden Leistungen der Träger der öffentlichen Jugendhilfe und der förderungswürdigen Träger der freien Jugendhilfe:

   a) die Durchführung von Lehrgängen, Freizeiten, Zeltlagern, Fahrten und Treffen sowie von Veranstaltungen, die dem Sport oder der Erholung dienen, soweit diese Leistungen Jugendlichen oder Mitarbeitern in der Jugendhilfe unmittelbar zugute kommen,

   b) in Verbindung mit den unter Buchstabe a bezeichneten Leistungen die Beherbergung, Beköstigung und die üblichen Naturalleistungen, die den Jugendlichen und Mitarbeitern in der Jugendhilfe sowie den bei diesen Leistungen tätigen Personen als Vergütung für die geleisteten Dienste gewährt werden,

   c) die Durchführung von kulturellen und sportlichen Veranstaltungen im Rahmen der Jugendhilfe, wenn die Darbietungen von den Jugendlichen selbst erbracht oder die Einnahmen überwiegend zur Deckung der Kosten verwendet werden.

   Förderungswürdig im Sinne dieser Vorschrift sind Träger der freien Jugendhilfe, die kraft Gesetzes oder von der zuständigen Jugendbehörde anerkannt sind oder die die Voraussetzungen für eine Förderung durch die Träger der öffentlichen Jugendhilfe erfüllen. Jugendliche im Sinne dieser Vorschrift sind alle Personen vor Vollendung des 27. Lebensjahres;

26. die ehrenamtliche Tätigkeit,

   a) wenn sie für juristische Personen des öffentlichen Rechts ausgeübt wird oder

   b) wenn das Entgelt für diese Tätigkeit nur in Auslagenersatz und einer angemessenen Entschädigung für Zeitversäumnis besteht;

27.[2] a) die Gestellung von Mitgliedern geistlicher Genossenschaften und Angehörigen von Mutterhäusern für gemeinnützige, mildtätige, kirchliche oder schulische Zwecke;

   b) die Gestellung von land- und forstwirtschaftlichen Arbeitskräften durch juristische Personen des privaten oder des öffentlichen Rechts für land- und forstwirtschaftliche Betriebe (§ 24 Abs. 2) mit höch-

---

[1] § 4 Nr. 25 mit Wirkung ab 1. Januar 1991 in Kraft.
[2] § 4 Nr. 27 mit Wirkung ab 22. Dezember 1990 in Kraft.

stens drei Vollarbeitskräften zur Überbrückung des Ausfalls des Betriebsinhabers oder dessen voll mitarbeitenden Familienangehörigen wegen Krankheit, Unfalls, Schwangerschaft, eingeschränkter Erwerbsfähigkeit oder Todes sowie die Gestellung von Betriebshelfern und Haushaltshilfen an die gesetzlichen Träger der Sozialversicherung;

28. a) die Lieferungen von Gegenständen und der Eigenverbrauch im Sinne des § 1 Abs. 1 Nr. 2 Satz 2 Buchstabe a, wenn der Unternehmer die gelieferten oder entnommenen Gegenstände ausschließlich für eine nach den Nummern 7 bis 27 oder nach Buchstabe b steuerfreie Tätigkeit verwendet hat oder die Aufwendungen für die Anschaffung oder Herstellung der Gegenstände als Eigenverbrauch im Sinne des § 1 Abs. 1 Nr. 2 Satz 2 Buchstabe c versteuert hat,

   b) die Verwendung von Gegenständen für Zwecke, die außerhalb des Unternehmens liegen (§ 1 Abs. 1 Nr. 2 Satz 2 Buchstabe b), wenn die Gegenstände im Unternehmen ausschließlich für eine nach den Nummern 7 bis 27 steuerfreie Tätigkeit verwendet werden oder wenn der Unternehmer die Aufwendungen für die Anschaffung oder Herstellung der Gegenstände als Eigenverbrauch im Sinne des § 1 Abs. 1 Nr. 2 Satz 2 Buchstabe c versteuert hat.

§ 4a Steuervergütung

(1) Körperschaften, die ausschließlich und unmittelbar gemeinnützige, mildtätige oder kirchliche Zwecke verfolgen (§§ 51 bis 68 der Abgabenordnung), und juristischen Personen des öffentlichen Rechts wird auf Antrag eine Steuervergütung zum Ausgleich der Steuer gewährt, die auf der an sie bewirkten Lieferung eines Gegenstandes oder dessen Einfuhr lastet, wenn die folgenden Voraussetzungen erfüllt sind:

1. Die Lieferung des Gegenstandes oder dessen Einfuhr muß steuerpflichtig gewesen sein.
2. Die auf die Lieferung des Gegenstandes entfallende Steuer muß in einer Rechnung im Sinne des § 14 Abs. 1 gesondert ausgewiesen und mit dem Kaufpreis bezahlt worden sein.
3. Die für die Einfuhr des Gegenstandes geschuldete Steuer muß entrichtet worden sein.
4. Der Gegenstand muß in das Ausland gelangt sein.
5. Der Gegenstand muß im Ausland zu humanitären, karitativen oder erzieherischen Zwecken verwendet werden.
6. Der Erwerb oder die Einfuhr des Gegenstandes und seine Ausfuhr dürfen von einer Körperschaft, die steuerbegünstigte Zwecke verfolgt, nicht im Rahmen eines wirtschaftlichen Geschäftsbetriebs und von einer juristischen Person des öffentlichen Rechts nicht im Rahmen eines Betriebes gewerblicher Art (§ 1 Abs. 1 Nr. 6, § 4 des Körperschaftsteu-

ergesetzes) oder eines land- und forstwirtschaftlichen Betriebes vorgenommen worden sein.

7. Die vorstehenden Voraussetzungen müssen nachgewiesen sein.

Der Antrag ist nach amtlich vorgeschriebenem Vordruck zu stellen, in dem der Antragsteller die zu gewährende Vergütung selbst zu berechnen hat.

(2) Der Bundesminister der Finanzen kann mit Zustimmung des Bundesrates durch Rechtsverordnung näher bestimmen,

1. wie die Voraussetzungen für den Vergütungsanspruch nach Absatz 1 Satz 1 nachzuweisen sind und

2. in welcher Frist die Vergütung zu beantragen ist.

§ 5 Steuerbefreiungen bei der Einfuhr

(1) Steuerfrei ist die Einfuhr

1. der in § 4 Nr. 8 Buchstabe e und Nr. 17 Buchstabe a sowie der in § 8 Abs. 1 Nr. 1 und 2 bezeichneten Gegenstände,

2. der in § 4 Nr. 4 und Nr. 8 Buchstabe b und i sowie der in § 8 Abs. 2 Nr. 1 und 2 bezeichneten Gegenstände unter den in diesen Vorschriften bezeichneten Voraussetzungen.

(2) Der Bundesminister der Finanzen kann durch Rechtsverordnung, die nicht der Zustimmung des Bundesrates bedarf,

1. unter den sinngemäß anzuwendenden Voraussetzungen der §§ 24, 25 Abs. 1 und 3 und des § 40 des Zollgesetzes Steuerfreiheit oder Steuerermäßigung anordnen, soweit dadurch keine unangemessenen Steuervorteile entstehen;

2. für Gegenstände, die weder zum Handel noch zur gewerblichen Verwendung bestimmt und insgesamt nicht mehr wert sind, als in Rechtsakten des Rates oder der Kommission der Europäischen Gemeinschaften über die Verzollung zum Pauschalsatz festgelegt ist, Steuerfreiheit oder Steuerermäßigung anordnen, soweit dadurch schutzwürdige Interessen der Wirtschaft im Inland nicht verletzt werden.

§ 6 Ausfuhrlieferung

(1) Eine Ausfuhrlieferung (§ 4 Nr. 1) liegt vor, wenn bei einer Lieferung

1. der Unternehmer den Gegenstand der Lieferung in das Ausland, ausgenommen die in § 1 Abs. 3 bezeichneten Zollfreigebiete, befördert oder versendet hat oder

2. der Abnehmer den Gegenstand der Lieferung in das Ausland befördert oder versendet hat und ein ausländischer Abnehmer ist oder

3. der Unternehmer den Gegenstand der Lieferung in die in § 1 Abs. 3 bezeichneten Zollfreigebiete befördert oder versendet hat und der Abnehmer

a) ein ausländischer Abnehmer ist oder
b) ein Unternehmer ist, der im Inland oder in den bezeichneten Zollfreigebieten ansässig ist und den Gegenstand für Zwecke seines Unternehmens erworben hat.

Der Gegenstand der Lieferung kann durch Beauftragte vor der Ausfuhr
bearbeitet oder verarbeitet worden sein.

(2) Ausländischer Abnehmer im Sinne des Absatzes 1 Nr. 2 und 3 ist

1. ein Abnehmer, der seinen Wohnort oder Sitz im Ausland, ausgenommen die in § 1 Abs. 3 bezeichneten Zollfreigebiete, hat oder

2. eine Zweigniederlassung eines im Inland oder in den in § 1 Abs. 3
   bezeichneten Zollfreigebieten ansässigen Unternehmers, die ihren Sitz im
   Ausland, ausgenommen die bezeichneten Zollfreigebiete, hat, wenn sie
   das Umsatzgeschäft im eigenen Namen abgeschlossen hat.

Eine Zweigniederlassung im Inland oder in den in § 1 Abs. 3 bezeichneten
Zollfreigebieten ist kein ausländischer Abnehmer.

(3) Ist in den Fällen des Absatzes 1 Nr. 2 und 3 der Gegenstand der
Lieferung zur Ausrüstung oder Versorgung eines Beförderungsmittels bestimmt, so liegt eine Ausfuhrlieferung nur vor, wenn

1. der Abnehmer ein ausländischer Unternehmer ist und

2. das Beförderungsmittel den Zwecken des Unternehmens des Abnehmers dient.

Satz 1 gilt nicht, wenn der ausländische Abnehmer oder sein Beauftragter
den Gegenstand der Lieferung im persönlichen Reisegepäck ausgeführt hat.

(4) Die Voraussetzungen der Absätze 1 und 3 sowie die Bearbeitung oder
Verarbeitung im Sinne des Absatzes 1 Satz 2 müssen vom Unternehmer
nachgewiesen sein. Der Bundesminister der Finanzen kann mit Zustimmung des Bundesrates durch Rechtsverordnung bestimmen, wie der Unternehmer die Nachweise zu führen hat.

§ 7 Lohnveredelung an Gegenständen der Ausfuhr

(1) Eine Lohnveredelung an einem Gegenstand der Ausfuhr (§ 4 Nr. 1)
liegt vor, wenn bei einer Bearbeitung oder Verarbeitung eines Gegenstandes der Auftraggeber den Gegenstand zum Zweck der Bearbeitung oder
Verarbeitung eingeführt oder zu diesem Zweck im Inland erworben hat
und

1. der Unternehmer den bearbeiteten oder verarbeiteten Gegenstand in das
   Ausland, ausgenommen die in § 1 Abs. 3 bezeichneten Zollfreigebiete,
   befördert oder versendet hat oder

2. der Auftraggeber den bearbeiteten oder verarbeiteten Gegenstand in das
   Ausland befördert oder versendet hat und ein ausländischer Auftraggeber ist oder

3. der Unternehmer den bearbeiteten oder verarbeiteten Gegenstand in die in § 1 Abs. 3 bezeichneten Zollfreigebiete befördert oder versendet hat und der Auftraggeber

   a) ein ausländischer Auftraggeber ist oder

   b) ein Unternehmer ist, der im Inland oder in den bezeichneten Zollfreigebieten ansässig ist und den bearbeiteten oder verarbeiteten Gegenstand für Zwecke seines Unternehmens verwendet.

Der bearbeitete oder verarbeitete Gegenstand kann durch weitere Beauftragte vor der Ausfuhr bearbeitet oder verarbeitet worden sein.

(2) Ausländischer Auftraggeber im Sinne des Absatzes 1 Nr. 2 und 3 ist ein Auftraggeber, der die für den ausländischen Abnehmer geforderten Voraussetzungen (§ 6 Abs. 2) erfüllt.

(3) Bei Werkleistungen im Sinne des § 3 Abs. 10 gilt Absatz 1 entsprechend.

(4) Die Voraussetzungen des Absatzes 1 sowie die Bearbeitung oder Verarbeitung im Sinne des Absatzes 1 Satz 2 müssen vom Unternehmer nachgewiesen sein. Der Bundesminister der Finanzen kann mit Zustimmung des Bundesrates durch Rechtsverordnung bestimmen, wie der Unternehmer die Nachweise zu führen hat.

§ 8 Umsätze für die Seeschiffahrt und für die Luftfahrt

(1) Umsätze für die Seeschiffahrt (§ 4 Nr. 2) sind:

1. die Lieferungen, Umbauten, Instandsetzungen, Wartungen, Vercharterungen und Vermietungen von Wasserfahrzeugen für die Seeschiffahrt, die dem Erwerb durch die Seeschiffahrt oder der Rettung Schiffbrüchiger zu dienen bestimmt sind (aus Positionen 89.01 und 89.02, aus Unterposition 89039210, aus Position 89.04 und aus Unterposition 89060091 des Zolltarifs);

2. die Lieferungen, Instandsetzungen, Wartungen und Vermietungen von Gegenständen, die zur Ausrüstung der in Nummer 1 bezeichneten Wasserfahrzeuge bestimmt sind;

3. die Lieferungen von Gegenständen, die zur Versorgung der in Nummer 1 bezeichneten Wasserfahrzeuge bestimmt sind. Nicht befreit sind die Lieferungen von Bordproviant zur Versorgung von Wasserfahrzeugen der Küstenfischerei;

4. die Lieferungen von Gegenständen, die zur Versorgung von Kriegsschiffen (Unterposition 89060010 des Zolltarifs) auf Fahrten bestimmt sind, bei denen ein Hafen oder ein Ankerplatz im Ausland und außerhalb des Küstengebiets im Sinne des Zollrechts angelaufen werden soll;

5. andere als die in den Nummern 1 und 2 bezeichneten sonstigen Leistungen, die für den unmittelbaren Bedarf der in Nummer 1 bezeichne-

ten Wasserfahrzeuge, einschließlich ihrer Ausrüstungsgegenstände und ihrer Ladungen, bestimmt sind.

(2) Umsätze für die Luftfahrt (§ 4 Nr. 2) sind:

1. die Lieferungen, Umbauten, Instandsetzungen, Wartungen, Vercharterungen und Vermietungen von Luftfahrzeugen, die zur Verwendung durch Unternehmer bestimmt sind, die im entgeltlichen Luftverkehr überwiegend grenzüberschreitende Beförderungen oder Beförderungen auf ausschließlich im Ausland gelegenen Strecken durchführen;

2. die Lieferungen, Instandsetzungen, Wartungen und Vermietungen von Gegenständen, die zur Ausrüstung der in Nummer 1 bezeichneten Luftfahrzeuge bestimmt sind;

3. die Lieferungen von Gegenständen, die zur Versorgung der in Nummer 1 bezeichneten Luftfahrzeuge bestimmt sind;

4. andere als die in den Nummern 1 und 2 bezeichneten sonstigen Leistungen, die für den unmittelbaren Bedarf der in Nummer 1 bezeichneten Luftfahrzeuge, einschließlich ihrer Ausrüstungsgegenstände und ihrer Ladungen, bestimmt sind.

(3) Die in den Absätzen 1 und 2 bezeichneten Voraussetzungen müssen vom Unternehmer nachgewiesen sein. Der Bundesminister der Finanzen kann mit Zustimmung des Bundesrates durch Rechtsverordnung bestimmen, wie der Unternehmer den Nachweis zu führen hat.

§ 9 Verzicht auf Steuerbefreiungen

(1) Der Unternehmer kann einen Umsatz, der nach § 4 Nr. 8 Buchstabe a bis g, Nr. 9 Buchstabe a, Nr. 12, 13 oder 19 steuerfrei ist, als steuerpflichtig behandeln, wenn der Umsatz an einen anderen Unternehmer für dessen Unternehmen ausgeführt wird.

(2)[1] Der Verzicht auf Steuerbefreiung nach Absatz 1 ist bei der Bestellung und Übertragung von Erbbaurechten (§ 4 Nr. 9 Buchstabe a), bei der Vermietung oder Verpachtung von Grundstücken (§ 4 Nr. 12 Buchstabe a) und bei den in § 4 Nr. 12 Buchstabe b und c bezeichneten Umsätzen nur zulässig, soweit der Unternehmer nachweist, daß das Grundstück weder Wohnzwecken noch anderen nichtunternehmerischen Zwecken dient oder zu dienen bestimmt ist.

Dritter Abschnitt. Bemessungsgrundlagen

§ 10 Bemessungsgrundlage für Lieferungen, sonstige Leistungen und Eigenverbrauch

(1) Der Umsatz wird bei Lieferungen und sonstigen Leistungen (§ 1 Abs. 1 Nr. 1 Satz 1) nach dem Entgelt bemessen. Entgelt ist alles, was der

[1] Zur Anwendung von § 9 Abs. 2 siehe § 27 Abs. 5.

Leistungsempfänger aufwendet, um die Leistung zu erhalten, jedoch abzüglich der Umsatzsteuer. Zum Entgelt gehört auch, was ein anderer als der Leistungsempfänger dem Unternehmer für die Leistung gewährt. Die Beträge, die der Unternehmer im Namen und für Rechnung eines anderen vereinnahmt und verausgabt (durchlaufende Posten), gehören nicht zum Entgelt.

(2) Werden Rechte übertragen, die mit dem Besitz eines Pfandscheines verbunden sind, so gilt als vereinbartes Entgelt der Preis des Pfandscheines zuzüglich der Pfandsumme. Beim Tausch (§ 3 Abs. 12 Satz 1), bei tauschähnlichen Umsätzen (§ 3 Abs. 12 Satz 2) und bei Hingabe an Zahlungs Statt gilt der Wert jedes Umsatzes als Entgelt für den anderen Umsatz. Die Umsatzsteuer gehört nicht zum Entgelt.

(3) Wird ein Unternehmen oder ein in der Gliederung eines Unternehmens gesondert geführter Betrieb im ganzen übereignet (Geschäftsveräußerung), so ist Bemessungsgrundlage das Entgelt für die auf den Erwerber übertragenen Gegenstände (Besitzposten). Die Befreiungsvorschriften bleiben unberührt. Die übernommenen Schulden können nicht abgezogen werden.

(4) Der Umsatz wird bemessen
1. in den Fällen des Eigenverbrauchs im Sinne des § 1 Abs. 1 Nr. 2 Satz 2 Buchstabe a sowie bei Lieferungen im Sinne des § 1 Abs. 1 Nr. 1 Satz 2 Buchstabe b und Nr. 3 nach dem Einkaufspreis zuzüglich der Nebenkosten für den Gegenstand oder für einen gleichartigen Gegenstand oder mangels eines Einkaufspreises nach den Selbstkosten, jeweils zum Zeitpunkt des Umsatzes;
2. in den Fällen des Eigenverbrauchs im Sinne des § 1 Abs. 1 Nr. 2 Satz 2 Buchstabe b sowie bei entsprechenden sonstigen Leistungen im Sinne des § 1 Abs. 11 Nr. 1 Satz 2 Buchstabe b und Nr. 3 nach den bei der Ausführung dieser Umsätze entstandenen Kosten;
3. in den Fällen des Eigenverbrauchs im Sinne des § 1 Abs. 1 Nr. 2 Satz 2 Buchstabe c nach den Aufwendungen.
Die Umsatzsteuer gehört nicht zur Bemessungsgrundlage.

(5) Absatz 4 gilt entsprechend für
1. Lieferungen und sonstige Leistungen, die Körperschaften und Personenvereinigungen im Sinne des § 1 Abs. 1 Nr. 1 bis 5 des Körperschaftsteuergesetzes, nichtrechtsfähige Personenvereinigungen sowie Gemeinschaften im Rahmen ihres Unternehmens an ihre Anteilseigner, Gesellschafter, Mitglieder, Teilhaber oder diesen nahestehende Personen sowie Einzelunternehmer an ihnen nahestehende Personen ausführen,
2. Lieferungen und sonstige Leistungen, die ein Unternehmer an seine Arbeitnehmer oder deren Angehörige auf Grund des Dienstverhältnisses ausführt,

wenn die Bemessungsgrundlage nach Absatz 4 das Entgelt nach Absatz 1 übersteigt.

(6) Bei Beförderungen von Personen im Gelegenheitsverkehr mit Kraftomnibussen, die nicht im Inland zugelassen sind, tritt an die Stelle des vereinbarten Entgelts ein Durchschnittsbeförderungsentgelt. Das Durchschnittsbeförderungsentgelt ist nach der Zahl der beförderten Personen und der Zahl der Kilometer der Beförderungsstrecke im Inland (Personenkilometer) zu berechnen. Der Bundesminister der Finanzen kann mit Zustimmung des Bundesrates durch Rechtsverordnung das Durchschnittsbeförderungsentgelt je Personenkilometer festsetzen. Das Durchschnittsbeförderungsentgelt muß zu einer Steuer führen, die nicht wesentlich von dem Betrag abweicht, der sich nach diesem Gesetz ohne Anwendung des Durchschnittsbeförderungsentgelts ergeben würde.

§ 11 Bemessungsgrundlage für die Einfuhr

(1) Der Umsatz wird bei der Einfuhr (§ 1 Abs. 1 Nr. 4) nach dem Wert des eingeführten Gegenstandes nach den jeweiligen Vorschriften über den Zollwert bemessen; ausgenommen sind die Vorschriften über den Zollwert von Datenträgern, die zur Verwendung in Datenverarbeitungsanlagen bestimmt sind und Daten oder Programmbefehle enthalten. Unterliegen einfuhrumsatzsteuerpflichtige Gegenstände nicht dem Wertzoll, so wird der Umsatz bei der Einfuhr nach dem Entgelt (§ 10 Abs. 1) dieser Gegenstände bemessen; liegt ein Entgelt nicht vor, so gilt Satz 1.

(2) Ist ein Gegenstand ausgeführt, im Ausland für Rechnung des Ausführers veredelt und von diesem oder für ihn wieder eingeführt worden, so wird abweichend von Absatz 1 der Umsatz bei der Einfuhr nach dem für die Veredelung zu zahlenden Entgelt oder, falls ein solches Entgelt nicht gezahlt wird, nach der durch die Veredelung eingetretenen Wertsteigerung bemessen. Das gilt auch, wenn die Veredelung in einer Ausbesserung besteht und anstelle eines ausgebesserten Gegenstandes ein Gegenstand eingeführt wird, der ihm nach Menge und Beschaffenheit nachweislich entspricht. Ist der eingeführte Gegenstand vor der Einfuhr geliefert worden und hat diese Lieferung nicht der Umsatzsteuer unterlegen, so gilt Absatz 1.

(3) Dem Betrag nach Absatz 1 oder 2 sind hinzuzurechnen, soweit sie darin nicht enthalten sind:

1. die außerhalb des Zollgebiets für den eingeführten Gegenstand geschuldeten Beträge an Eingangsabgaben, Steuern und sonstigen Abgaben;

2. die auf Grund der Einfuhr im Zeitpunkt des Entstehens der Einfuhrumsatzsteuer auf den Gegenstand entfallenden Beträge an Zoll einschließlich der Abschöpfung und an Verbrauchsteuern außer der Einfuhrumsatzsteuer, soweit die Steuern unbedingt entstanden sind;

3. die auf den Gegenstand entfallenden Kosten für die Vermittlung der Lieferung und für die Beförderung bis zum ersten Bestimmungsort im Inland;

4. auf Antrag die auf den Gegenstand entfallenden

   a) Kosten für die Vermittlung der Lieferung und für die Beförderung bis zu einem im Zeitpunkt des Entstehens der Einfuhrumsatzsteuer feststehenden weiteren Bestimmungsort im Inland und

   b) Kosten für andere sonstige Leistungen bis zu dem in Nummer 3 oder Buchstabe a bezeichneten Bestimmungsort.

(4) Zur Bemessungsgrundlage gehören nicht Preisermäßigungen und Vergütungen, die sich auf den eingeführten Gegenstand beziehen und die im Zeitpunkt des Entstehens der Einfuhrumsatzsteuer feststehen.

(5) Für die Umrechnung von Werten in fremder Währung gelten die entsprechenden Vorschriften über den Zollwert der Waren, die in Rechtsakten des Rates oder der Kommission der Europäischen Gemeinschaften festgelegt sind.

Vierter Abschnitt. Steuer und Vorsteuer

§ 12 Steuersätze

(1) Die Steuer beträgt für jeden steuerpflichtigen Umsatz *vierzehn vom Hundert* [ab 1. 1. 1993: fünfzehn vom Hundert] der Bemessungsgrundlage (§§ 10, 11, 25 Abs. 3 und § 25a Abs. 2).

(2) Die Steuer ermäßigt sich auf sieben vom Hundert für die folgenden Umsätze:

1. die Lieferungen, den Eigenverbrauch und die Einfuhr der in der Anlage bezeichneten Gegenstände. Das gilt nicht für die Lieferungen von Speisen und Getränken zum Verzehr an Ort und Stelle. Speisen und Getränke werden zum Verzehr an Ort und Stelle geliefert, wenn sie nach den Umständen der Lieferung dazu bestimmt sind, an einem Ort verzehrt zu werden, der mit dem Ort der Lieferung in einem räumlichen Zusammenhang steht, und besondere Vorrichtungen für den Verzehr an Ort und Stelle bereitgehalten werden;

2. die Vermietung der in der Anlage bezeichneten Gegenstände;

3. die Aufzucht und das Halten von Vieh, die Anzucht von Pflanzen und die Teilnahme an Leistungsprüfungen für Tiere;

4. die Leistungen, die unmittelbar der Vatertierhaltung, der Förderung der Tierzucht, der künstlichen Tierbesamung oder der Leistungs- und Qualitätsprüfung in der Tierzucht und in der Milchwirtschaft dienen;

5. *(weggefallen);*

6. die Leistungen und den Eigenverbrauch aus der Tätigkeit als Zahntechniker sowie die in § 4 Nr. 14 Satz 4 Buchstabe b bezeichneten Leistungen der Zahnärzte;

7. a) die Leistungen der Theater, Orchester, Kammermusikensembles, Chöre und Museen sowie die Veranstaltung von Theatervorführungen und Konzerten durch andere Unternehmer,

   b) die Überlassung von Filmen zur Auswertung und Vorführung sowie die Filmvorführungen,

   c) die Einräumung, Übertragung und Wahrnehmung von Rechten, die sich aus dem Urheberrechtsgesetz ergeben,

   d) die Zirkusvorführungen, die Leistungen aus der Tätigkeit als Schausteller sowie die unmittelbar mit dem Betrieb der zoologischen Gärten verbundenen Umsätze;

8. a) die Leistungen der Körperschaften, die ausschließlich und unmittelbar gemeinnützige, mildtätige oder kirchliche Zwecke verfolgen (§§ 51 bis 68 der Abgabenordnung). Das gilt nicht für Leistungen, die im Rahmen eines wirtschaftlichen Geschäftsbetriebes ausgeführt werden;

   b) die Leistungen der nichtrechtsfähigen Personenvereinigungen und Gemeinschaften der in Buchstabe a Satz 1 bezeichneten Körperschaften, wenn diese Leistungen, falls die Körperschaften sie anteilig selbst ausführten, insgesamt nach Buchstabe a ermäßigt besteuert würden;

9. die unmittelbar mit dem Betrieb der Schwimmbäder verbundenen Umsätze sowie die Verabreichung von Heilbädern. Das gleiche gilt für die Bereitstellung von Kureinrichtungen, soweit als Entgelt eine Kurtaxe zu entrichten ist;

10.[1] a) die Beförderungen von Personen mit Schiffen,

   b) die Beförderungen von Personen im Schienenbahnverkehr mit Ausnahme der Bergbahnen, im Verkehr mit Oberleitungsomnibussen, im genehmigten Linienverkehr mit Kraftfahrzeugen, im Kraftdroschkenverkehr und die Beförderungen im Fährverkehr

   aa) innerhalb einer Gemeinde oder

   bb) wenn die Beförderungsstrecke nicht mehr als fünfzig Kilometer beträgt.

10.[2] *die Beförderungen von Personen mit Schienenbahnverkehr mit Ausnahme der Bergbahnen, im Verkehr mit Oberleitungsomnibussen, im genehmigten Linienverkehr mit Kraftfahrzeugen, im Kraftdroschkenverkehr und im genehmigten Linienverkehr mit Schiffen sowie die Beförderungen im Fährverkehr*

---

[1] Fassung gem. § 28 Abs. 4 vom 1. 1. 1984–31. 12. 1992.
[2] Fassung bis 31. 12. 1983 und ab 1. 1. 1993.

a) innerhalb einer Gemeinde oder

b) wenn die Beförderungsstrecke nicht mehr als fünfzig Kilometer beträgt.

11. *(gestrichen)*

§13 Entstehung der Steuer und Steuerschuldner

(1) Die Steuer entsteht

1. für Lieferungen und sonstige Leistungen

a) bei der Berechnung der Steuer nach vereinbarten Entgelten (§16 Abs. 1 Satz 1) mit Ablauf des Voranmeldungszeitraums, in dem die Leistungen ausgeführt worden sind. Das gilt auch auch für Teilleistungen. Sie liegen vor, wenn für bestimmte Teile einer wirtschaftlich teilbaren Leistung das Entgelt gesondert vereinbart wird. Wird das Entgelt oder ein Teil des Entgelts vereinnahmt, bevor die Leistung oder die Teilleistung ausgeführt worden ist, so entsteht insoweit die Steuer mit Ablauf des Voranmeldungszeitraums, in dem das Entgelt oder das Teilentgelt vereinnahmt worden ist. Das gilt nicht, wenn das jeweils vereinnahmte Entgelt oder Teilentgelt weniger als 10 000 Deutsche Mark beträgt und der Unternehmer keine Rechnung mit gesondertem Ausweis der Steuer (§14 Abs. 1) erteilt hat;

b) bei der Berechnung der Steuer nach vereinnahmten Entgelten (§20) mit Ablauf des Voranmeldungszeitraums, in dem die Entgelte vereinnahmt worden sind. Für Leistungen im Sinne des §1 Abs. 1 Nr. 1 Buchstabe b und Nr. 3 entsteht die Steuer mit Ablauf des Voranmeldungszeitraums, in dem diese Leistungen ausgeführt worden sind;

c) in den Fällen der Einzelbesteuerung nach §16 Abs. 5 in dem Zeitpunkt, in dem der Kraftomnibus in das Inland gelangt;

2. für den Eigenverbrauch mit Ablauf des Voranmeldungszeitraums, in dem der Unternehmer Gegenstände für die in §1 Abs. 1 Nr. 2 Satz 2 Buchstabe a bezeichneten Zwecke entnommen, sonstige Leistungen für die in §1 Abs. 1 Nr. 2 Satz 2 Buchstabe b bezeichneten Zwecke ausgeführt oder Aufwendungen der in §1 Abs. 1 Nr. 2 Satz 2 Buchstabe c bezeichneten Art gemacht hat;

3. im Fall des §14 Abs. 2 in dem Zeitpunkt, in dem die Steuer für die Lieferung oder sonstige Leistung nach Nummer 1 Buchstabe a oder Buchstabe b Satz 1 entsteht;

4. im Fall des §14 Abs. 3 im Zeitpunkt der Ausgabe der Rechnung;

5. im Fall des §17 Abs. 1 Satz 2 mit Ablauf des Voranmeldungszeitraums, in dem die Änderung der Bemessungsgrundlage eingetreten ist.

(2) Steuerschuldner ist in den Fällen des §1 Abs. 1 Nr. 1 bis 3 und des §14 Abs. 2 der Unternehmer, in den Fällen des §14 Abs. 3 der Aussteller der Rechnung.

(3) Für die Einfuhrumsatzsteuer gilt §21 Abs. 2.

409

§ 14 Ausstellung von Rechnungen

(1) Führt der Unternehmer steuerpflichtige Lieferungen oder sonstige Leistungen nach § 1 Abs. 1 Nr. 1 und 3 aus, so ist er berechtigt, und soweit er die Umsätze an einen anderen Unternehmer für dessen Unternehmen ausführt, auf Verlangen des anderen verpflichtet, Rechnungen auszustellen, in denen die Steuer gesondert ausgewiesen ist. Diese Rechnungen müssen die folgenden Angaben enthalten:

1. den Namen und die Anschrift des leistenden Unternehmers,
2. den Namen und die Anschrift des Leistungsempfängers,
3. die Menge und die handelsübliche Bezeichnung des Gegenstandes der Lieferung oder die Art und den Umfang der sonstigen Leistung,
4. den Zeitpunkt der Lieferung oder der sonstigen Leistung,
5. das Entgelt für die Lieferung oder sonstige Leistung (§ 10) und
6. den auf das Entgelt (Nummer 5) entfallenden Steuerbetrag.

[1] In den Fällen des § 1 Abs. 1 Nr. 3 und des § 10 Abs. 5 sind die Nummern 5 und 6 mit der Maßgabe anzuwenden, daß die Bemessungsgrundlage für die Leistung (§ 10 Abs. 4) und der darauf entfallende Steuerbetrag anzugeben sind. Unternehmer, die § 24 Abs. 1 bis 3 anwenden, sind jedoch auch in diesen Fällen nur zur Angabe des Entgelts und des darauf entfallenden Steuerbetrags berechtigt. Vereinnahmt der Unternehmer das Entgelt oder einen Teil des Entgelts für eine noch nicht ausgeführte steuerpflichtige Lieferung oder sonstige Leistung, so gelten die Sätze 1 und 2 sinngemäß. Der Unternehmer ist nicht verpflichtet, eine Rechnung im Sinne des Satzes 2 auszustellen, wenn das vor Ausführung der Lieferung oder sonstigen Leistung jeweils vereinnahmte Entgelt oder Teilentgelt weniger als 10 000 Deutsche Mark beträgt. Wird eine Endrechnung erteilt, so sind in ihr die vor Ausführung der Lieferung oder sonstigen Leistung vereinnahmten Teilentgelte und die auf sie entfallenden Steuerbeträge abzusetzen, wenn über die Teilentgelte Rechnungen im Sinne des Satzes 2 ausgestellt worden sind.

(2) Hat der Unternehmer in einer Rechnung für eine Lieferung oder sonstige Leistung einen höheren Steuerbetrag, als er nach diesem Gesetz für den Umsatz schuldet, gesondert ausgewiesen, so schuldet er auch den Mehrbetrag. Berichtigt er den Steuerbetrag gegenüber dem Leistungsempfänger, so ist § 17 Abs. 1 entsprechend anzuwenden.

(3) Wer in einer Rechnung einen Steuerbetrag gesondert ausweist, obwohl er zum gesonderten Ausweis der Steuer nicht berechtigt ist, schuldet den ausgewiesenen Betrag. Das gleiche gilt, wenn jemand in einer anderen Urkunde, mit der er wie ein leistender Unternehmer abrechnet, einen

---

[1] Zur Anwendung von § 14 Abs. 1 Satz 3 und 4 vgl. § 27 Abs. 9.

Steuerbetrag gesondert ausweist, obwohl er nicht Unternehmer ist oder eine Lieferung oder sonstige Leistung nicht ausführt.

(4) Rechnung ist jede Urkunde, mit der ein Unternehmer oder in seinem Auftrag ein Dritter über eine Lieferung oder sonstige Leistung gegenüber dem Leistungsempfänger abrechnet, gleichgültig, wie diese Urkunde im Geschäftsverkehr bezeichnet wird.

(5) Als Rechnung gilt auch eine Gutschrift, mit der ein Unternehmer über eine steuerpflichtige Lieferung oder sonstige Leistung abrechnet, die an ihn ausgeführt wird. Eine Gutschrift ist anzuerkennen, wenn folgende Voraussetzungen vorliegen:

1. Der leistende Unternehmer (Empfänger der Gutschrift) muß zum gesonderten Ausweis der Steuer in einer Rechnung nach Absatz 1 berechtigt sein.

2. Zwischen dem Aussteller und dem Empfänger der Gutschrift muß Einverständnis darüber bestehen, daß mit einer Gutschrift über die Lieferung oder sonstige Leistung abgerechnet wird.

3. Die Gutschrift muß die in Absatz 1 Satz 2 vorgeschriebenen Angaben enthalten.

4. Die Gutschrift muß dem leistenden Unternehmer zugeleitet worden sein.

Die Sätze 1 und 2 sind auf Gutschriften sinngemäß anzuwenden, die der Unternehmer über das für eine noch nicht ausgeführte steuerpflichtige Lieferung oder sonstige Leistung entrichtete Entgelt oder Teilentgelt ausstellt. Die Gutschrift verliert die Wirkung einer Rechnung, soweit der Empfänger dem in ihr enthaltenen Steuerausweis widerspricht.

(6) Der Bundesminister der Finanzen kann mit Zustimmung des Bundesrates zu Vereinfachung des Besteuerungsverfahrens durch Rechtsverordnung bestimmen, in welchen Fällen und unter welchen Voraussetzungen

1. als Rechnungen auch andere Urkunden anerkannt werden können,

2. auf einzelne Angaben bei der Ausstellung von Rechnungen (Absatz 1) verzichtet werden kann oder

3. eine Verpflichtung des Unternehmers zur Ausstellung von Rechnungen mit gesondertem Steuerausweis (Absatz 1) entfällt.

§15 Vorsteuerabzug

(1) Der Unternehmer kann die folgenden Vorsteuerbeträge abziehen:

1. die in Rechnungen im Sinne des §14 gesondert ausgewiesene Steuer für Lieferungen oder sonstige Leistungen, die von anderen Unternehmern für sein Unternehmen ausgeführt worden sind. Soweit der gesondert ausgewiesene Steuerbetrag auf eine Zahlung vor Ausführung dieser

Umsätze entfällt, ist er bereits abziehbar, wenn die Rechnung vorliegt und die Zahlung geleistet worden ist;

2. die entrichtete Einfuhrumsatzsteuer für Gegenstände, die für sein Unternehmen in das Inland eingeführt worden sind oder die er zur Ausführung der in § 1 Abs. 3 bezeichneten Umsätze verwendet.

(2) Vom Vorsteuerabzug ausgeschlossen ist die Steuer für die Lieferungen und die Einfuhr von Gegenständen sowie für die sonstigen Leistungen, die der Unternehmer zur Ausführung folgender Umsätze verwendet:

1. steuerfreie Umsätze,

2. Umsätze im Ausland, die steuerfrei wären, wenn sie im Inland ausgeführt würden,

3. unentgeltliche Lieferungen und sonstige Leistungen, die steuerfrei wären, wenn sie gegen Entgelt ausgeführt würden.

Gegenstände oder sonstige Leistungen, die der Unternehmer zur Ausführung einer Einfuhr verwendet, sind den Umsätzen zuzurechnen, für die der eingeführte Gegenstand verwendet wird.

(3) Der Ausschluß vom Vorsteuerabzug nach Absatz 2 tritt nicht ein, wenn die Umsätze

1. in den Fällen des Absatzes 2 Nr. 1

   a) nach § 4 Nr. 1 bis 6, § 25 Abs. 2 oder nach den in § 26 Abs. 5 bezeichneten Vorschriften steuerfrei sind oder

   b) nach § 4 Nr. 8 Buchstabe a bis g oder Nr. 10 Buchstabe a steuerfrei sind und sich unmittelbar auf Gegenstände beziehen, die in ein Gebiet außerhalb der Europäischen Wirtschaftsgemeinschaft ausgeführt werden;

2. in den Fällen des Absatzes 2 Nr. 2 und 3

   a) nach § 4 Nr. 1 bis 6, § 25 Abs. 2 oder nach den in § 26 Abs. 5 bezeichneten Vorschriften steuerfrei wären oder

   b) nach § 4 Nr. 8 Buchstabe a bis g oder Nr. 10 Buchstabe a steuerfrei wären und der Leistungsempfänger in einem Gebiet außerhalb der Europäischen Wirtschaftsgemeinschaft ansässig ist.

(4) Verwendet der Unternehmer einen für sein Unternehmen gelieferten oder eingeführten Gegenstand oder eine von ihm in Anspruch genommene sonstige Leistung nur zum Teil zur Ausführung von Umsätzen, die den Vorsteuerabzug ausschließen, so ist der Teil der jeweiligen Vorsteuerbeträge nicht abziehbar, der den zum Ausschluß vom Vorsteuerabzug führenden Umsätzen wirtschaftlich zuzurechnen ist. Der Unternehmer kann die nicht abziehbaren Teilbeträge im Wege einer sachgerechten Schätzung ermitteln.

(5) Der Bundesminister der Finanzen kann mit Zustimmung des Bundesrates durch Rechtsverordnung nähere Bestimmungen darüber treffen,

1. in welchen Fällen und unter welchen Voraussetzungen zur Vereinfachung des Besteuerungsverfahrens für den Vorsteuerabzug auf eine Rechnung im Sinne des § 14 oder auf einzelne Angaben in der Rechnung verzichtet werden kann,

2. unter welchen Voraussetzungen, für welchen Besteuerungszeitraum und in welchem Umfang zur Vereinfachung oder zur Vermeidung von Härten in den Fällen, in denen

   a) ein anderer als der Leistungsempfänger ein Entgelt gewährt (§ 10 Abs. 1 Satz 3) oder

   b) ein anderer als der Unternehmer, für dessen Unternehmen der Gegenstand eingeführt worden ist (Absatz 1 Nr. 2), die Einfuhrumsatzsteuer entrichtet oder durch seinen Beauftragten entrichten läßt,

   der andere den Vorsteuerabzug in Anspruch nehmen kann,

3. wann in Fällen von geringer steuerlicher Bedeutung zur Vereinfachung oder zur Vermeidung von Härten bei der Aufteilung der Vorsteuerbeträge (Absatz 4) Umsätze, die den Vorsteuerabzug ausschließen, unberücksichtigt bleiben können oder von der Zurechnung von Vorsteuerbeträgen zu diesen Umsätzen abgesehen werden kann und

4. unter welchen Voraussetzungen, auf welcher Grundlage und in welcher Höhe der Unternehmer den Vorsteuerabzug aus Gründen gleicher Wettbewerbsverhältnisse abweichend von Absatz 1 Nr. 1 aus Kosten in Anspruch nehmen kann, die er aus Anlaß einer Geschäfts- oder Dienstreise oder für einen dienstlich veranlaßten Umzug seiner Arbeitnehmer aufgewendet hat.

§ 15a Berichtigung des Vorsteuerabzugs

(1) Ändern sich bei einem Wirtschaftsgut die Verhältnisse, die im Kalenderjahr der erstmaligen Verwendung für den Vorsteuerabzug maßgebend waren, innerhalb von fünf Jahren seit dem Beginn der Verwendung, so ist für jedes Kalenderjahr der Änderung ein Ausgleich durch eine Berichtigung des Abzugs der auf die Anschaffungs- oder Herstellungskosten entfallenden Vorsteuerbeträge vorzunehmen. Bei Grundstücken einschließlich ihrer wesentlichen Bestandteile, bei Berechtigungen, für die die Vorschriften des bürgerlichen Rechts über Grundstücke gelten, und bei Gebäuden auf fremdem Boden tritt an die Stelle des Zeitraums von fünf Jahren ein solcher von zehn Jahren.

(2) Bei der Berichtigung nach Absatz 1 ist für jedes Kalenderjahr der Änderung in den Fällen des Satzes 1 von einem Fünftel und in den Fällen des Satzes 2 von einem Zehntel der auf das Wirtschaftsgut entfallenden Vorsteuerbeträge auszugehen. Eine kürzere Verwendungsdauer ist entsprechend zu berücksichtigen. Die Verwendungsdauer wird nicht dadurch verkürzt, daß das Wirtschaftsgut in ein anderes einbezogen wird.

(3) Die Absätze 1 und 2 sind auf Vorsteuerbeträge, die auf nachträgliche Anschaffungs- oder Herstellungskosten entfallen, sinngemäß anzuwenden.

(4) Eine Änderung der Verhältnisse liegt auch vor, wenn das noch verwendungsfähige Wirtschaftsgut vor Ablauf des nach den Absätzen 1 bis 3 maßgeblichen Berichtigungszeitraums veräußert oder zum Eigenverbrauch entnommen wird und dieser Umsatz für den Vorsteuerabzug anders zu beurteilen ist als die Verwendung im ersten Kalenderjahr.

(5) Absatz 4 gilt auch dann, wenn die Veräußerung oder Entnahme im Kalenderjahr der erstmaligen Verwendung stattfindet.

(6) Die Berichtigung nach den Absätzen 4 und 5 ist so vorzunehmen, als wäre das Wirtschaftsgut in der Zeit von der Veräußerung oder Entnahme bis zum Ablauf des maßgeblichen Berichtigungszeitraums unter entsprechend geänderten Verhältnissen weiterhin für das Unternehmen verwendet worden.

(7) Der Bundesminister der Finanzen kann mit Zustimmung des Bundesrates durch Rechtsverordnung nähere Bestimmungen darüber treffen,

1. wie der Ausgleich nach den Absätzen 1 bis 6 durchzuführen ist und in welchen Fällen er zur Vereinfachung des Besteuerungsverfahrens, zur Vermeidung von Härten oder nicht gerechtfertigten Steuervorteilen zu unterbleiben hat;

2. in welchen Fällen zur Vermeidung von Härten oder nicht gerechtfertigten Steuervorteilen eine Berichtigung des Vorsteuerabzugs in entsprechender Anwendung der Absätze 1 bis 6 bei einem Wechsel der Besteuerungsform durchzuführen ist;

3. daß zur Vermeidung von Härten oder eines nicht gerechtfertigten Steuervorteils bei einer unentgeltlichen Veräußerung oder Überlassung eines Wirtschaftsgutes

   a) eine Berichtigung des Vorsteuerabzugs in entsprechender Anwendung der Absätze 1 bis 6 auch dann durchzuführen ist, wenn eine Änderung der Verhältnisse nicht vorliegt,

   b) der Teil des Vorsteuerbetrages, der bei einer gleichmäßigen Verteilung auf den in Absatz 6 bezeichneten Restzeitraum entfällt, vom Unternehmer geschuldet wird,

   c) der Unternehmer den nach den Absätzen 1 bis 6 oder Buchstabe b geschuldeten Betrag dem Leistungsempfänger wie eine Steuer in Rechnung stellen und dieser den Betrag als Vorsteuer abziehen kann.

Fünfter Abschnitt. Besteuerung

§ 16 Steuerberechnung, Besteuerungszeitraum und Einzelbesteuerung

(1) Die Steuer ist, soweit nicht § 20 gilt, nach vereinbarten Entgelten zu berechnen. Besteuerungszeitraum ist das Kalenderjahr. Bei der Berechnung der Steuer ist von der Summe der Umsätze nach § 1 Abs. 1 Nr. 1 bis 3 auszugehen, soweit für sie die Steuer in dem Besteuerungszeitraum entstanden ist. Der Steuer sind die nach § 14 Abs. 2 und 3 und nach § 17 Abs. 1 Satz 2 geschuldeten Steuerbeträge hinzuzurechnen.

(2) Von der nach Absatz 1 berechneten Steuer sind die in den Besteuerungszeitraum fallenden, nach § 15 abziehbaren Vorsteuerbeträge abzusetzen. § 15a ist zu berücksichtigen. Die Einfuhrumsatzsteuer ist von der Steuer für den Besteuerungszeitraum abzusetzen, in dem sie entrichtet worden ist. Die bis zum 16. Tage nach Ablauf des Besteuerungszeitraums zu entrichtende Einfuhrumsatzsteuer kann bereits von der Steuer für diesen Besteuerungszeitraum abgesetzt werden, wenn sie in ihm entstanden ist.

(3) Hat der Unternehmer seine gewerbliche oder berufliche Tätigkeit nur in einem Teil des Kalenderjahres ausgeübt, so tritt dieser Teil an die Stelle des Kalenderjahres.

(4) Abweichend von den Absätzen 1 bis 3 kann das Finanzamt einen kürzeren Besteuerungszeitraum bestimmen, wenn der Eingang der Steuer gefährdet erscheint oder der Unternehmer damit einverstanden ist.

(5) Bei Beförderungen von Personen im Gelegenheitsverkehr mit Kraftomnibussen, die nicht im Inland zugelassen sind, wird die Steuer, abweichend von Absatz 1, für jeden einzelnen steuerpflichtigen Umsatz durch die zuständige Zolldienststelle berechnet (Einzelbesteuerung). Zuständige Zolldienststelle ist die Eingangszollstelle oder Ausgangszollstelle, bei der der Kraftomnibus in das Inland gelangt oder das Inland verläßt. Die zuständige Zolldienststelle handelt bei der Einzelbesteuerung für das Finanzamt, in dessen Bezirk sie liegt (zuständiges Finanzamt). Absatz 2 und § 19 Abs. 1 sind bei der Einzelbesteuerung nicht anzuwenden.

(6) Werte in fremder Währung sind zur Berechnung der Steuer und der abziehbaren Vorsteuerbeträge auf Deutsche Mark nach den amtlichen Briefkursen umzurechnen, die der Bundesminister der Finanzen als Durchschnittskurse für den Monat öffentlich bekanntgibt, in dem die Leistung ausgeführt oder das Entgelt oder ein Teil des Entgelts vor Ausführung der Leistung (§ 13 Abs. 1 Nr. 1 Buchstabe a Satz 4) vereinnahmt wird. Ist dem leistenden Unternehmer die Berechnung der Steuer nach vereinnahmten Entgelten gestattet (§ 20), so sind die Entgelte nach den Durchschnittskursen des Monats umzurechnen, in dem sie vereinnahmt werden. Das Fi-

nanzamt kann die Umrechnung nach dem Tageskurs, der durch Bankmitteilung oder Kurszettel nachzuweisen ist, gestatten.

(7) Für die Einfuhrumsatzsteuer gelten § 11 Abs. 5 und § 21 Abs. 2.

§ 17 Änderung der Bemessungsgrundlage

(1) Hat sich die Bemessungsgrundlage für einen steuerpflichtigen Umsatz im Sinne des § 1 Abs. 1 Nr. 1 bis 3 geändert, so haben

1. der Unternehmer, der diesen Umsatz ausgeführt hat, den dafür geschuldeten Steuerbetrag und

2. der Unternehmer, an den dieser Umsatz ausgeführt worden ist, den dafür in Anspruch genommenen Vorsteuerabzug

entsprechend zu berichtigen. Die Berichtigung des Vorsteuerabzugs kann unterbleiben, soweit ein dritter Unternehmer den auf die Minderung des Entgelts entfallenden Steuerbetrag an das Finanzamt entrichtet; in diesem Fall ist der dritte Unternehmer Schuldner der Steuer. Die Berichtigungen nach Satz 1 sind für den Besteuerungszeitraum vorzunehmen, in dem die Änderung der Bemessungsgrundlage eingetreten ist.

(2) Absatz 1 gilt sinngemäß, wenn

1. das vereinbarte Entgelt für eine steuerpflichtige Lieferung oder sonstige Leistung uneinbringlich geworden ist. Wird das Entgelt nachträglich vereinnahmt, sind Steuerbetrag und Vorsteuerabzug erneut zu berichtigen;

2. für eine vereinbarte Lieferung oder sonstige Leistung ein Entgelt entrichtet, die Lieferung oder sonstige Leistung jedoch nicht ausgeführt worden ist;

3. eine steuerpflichtige Lieferung oder sonstige Leistung rückgängig gemacht worden ist.

(3) Ist Einfuhrumsatzsteuer, die als Vorsteuer abgezogen worden ist, herabgesetzt, erlassen oder erstattet worden, so hat der Unternehmer den Vorsteuerabzug entsprechend zu berichtigen. Absatz 1 Satz 3 gilt sinngemäß.

(4) Werden die Entgelte für unterschiedlich besteuerte Lieferungen oder sonstige Leistungen eines bestimmten Zeitabschnitts gemeinsam geändert (z. B. Jahresboni, Jahresrückvergütungen), so hat der Unternehmer dem Leistungsempfänger einen Beleg zu erteilen, aus dem zu ersehen ist, wie sich die Änderung der Entgelte auf die unterschiedlich besteuerten Umsätze verteilt.

§ 18 Besteuerungsverfahren

(1) Der Unternehmer hat bis zum 10. Tag nach Ablauf jedes Kalendermonats (Voranmeldungszeitraum) eine Voranmeldung nach amtlich vor-

geschriebenem Vordruck abzugeben, in der er die Steuer für den Voranmeldungszeitraum (Vorauszahlung) selbst zu berechnen hat. § 16 Abs. 1 und 2 und § 17 sind entsprechend anzuwenden. § 150 Abs. 6 der Abgabenordnung bleibt unberührt. Gibt der Unternehmer die Voranmeldung nicht ab oder hat er die Vorauszahlung nicht richtig berechnet, so kann das Finanzamt die Vorauszahlung festsetzen. Die Vorauszahlung ist am 10. Tag nach Ablauf des Voranmeldungszeitraums fällig.

(2) Beträgt die Steuer für das vorangegangene Kalenderjahr nicht mehr als 6000 Deutsche Mark, so ist das Kalendervierteljahr Voranmeldungszeitraum. Das Finanzamt kann auf Antrag gestatten oder zur Sicherung des Steueranspruchs anordnen, daß an Stelle des Kalendervierteljahrs der Kalendermonat Voranmeldungszeitraum ist. Beträgt die Steuer für das vorangegangene Kalenderjahr nicht mehr als *600* [**ab 1. 1. 1993:** 1 000 Deutsche Mark] Deutsche Mark, so kann das Finanzamt den Unternehmer von der Verpflichtung zur Abgabe der Voranmeldungen und Entrichtung der Vorauszahlungen befreien. Hat der Unternehmer seine gewerbliche oder berufliche Tätigkeit nur in einem Teil des vorangegangenen Kalenderjahrs ausgeübt, so ist die tatsächliche Steuer in eine Jahressteuer umzurechnen.

(3) Der Unternehmer hat für das Kalenderjahr oder für den kürzeren Besteuerungszeitraum eine Steuererklärung nach amtlich vorgeschriebenem Vordruck abzugeben, in der er die zu entrichtende Steuer oder den Überschuß, der sich zu seinen Gunsten ergibt, nach § 16 Abs. 1 bis 4 und § 17 selbst zu berechnen hat (Steueranmeldung). In den Fällen des § 16 Abs. 3 und 4 ist die Steueranmeldung binnen einem Monat nach Ablauf des kürzeren Besteuerungszeitraums abzugeben. Die Steueranmeldung muß vom Unternehmer eigenhändig unterschrieben sein.

(4) Berechnet der Unternehmer die zu entrichtende Steuer oder den Überschuß in der Steueranmeldung für das Kalenderjahr abweichend von der Summe der Vorauszahlungen, so ist der Unterschiedsbetrag zugunsten des Finanzamts einen Monat nach dem Eingang der Steueranmeldung fällig. Setzt das Finanzamt die zu entrichtende Steuer oder den Überschuß abweichend von der Steueranmeldung für das Kalenderjahr fest, so ist der Unterschiedsbetrag zugunsten des Finanzamts einen Monat nach der Bekanntgabe des Steuerbescheids fällig. Die Fälligkeit rückständiger Vorauszahlungen (Absatz 1) bleibt von den Sätzen 1 und 2 unberührt.

(5) In den Fällen der Einzelbesteuerung (§ 16 Abs. 5) ist abweichend von den Absätzen 1 bis 4 wie folgt zu verfahren:

1. Der Beförderer hat für jede einzelne Fahrt eine Steuererklärung nach amtlich vorgeschriebenem Vordruck in zwei Stücken bei der zuständigen Zolldienststelle abzugeben.

2. Die zuständige Zolldienststelle setzt für das zuständige Finanzamt die Steuer auf beiden Stücken der Steuererklärung fest und gibt ein Stück

dem Beförderer zurück, der die Steuer gleichzeitig zu entrichten hat. Der Beförderer hat dieses Stück mit der Steuerquittung während der Fahrt mit sich zu führen.

3. Der Beförderer hat bei der zuständigen Zolldienststelle, bei der er das Inland verläßt, eine weitere Steuererklärung in zwei Stücken abzugeben, wenn sich die Zahl der Personenkilometer (§ 10 Abs. 6 Satz 2), von der bei der Steuerfestsetzung nach Nummer 2 ausgegangen worden ist, geändert hat. Die Zolldienststelle setzt die Steuer neu fest. Gleichzeitig ist ein Unterschiedsbetrag zugunsten des Finanzamts zu entrichten oder ein Unterschiedsbetrag zugunsten des Beförderers zu erstatten. Die Sätze 2 und 3 sind nicht anzuwenden, wenn der Unterschiedsbetrag weniger als fünf Deutsche Mark beträgt. Die Zolldienststelle kann in diesen Fällen auf eine schriftliche Steuererklärung verzichten.

(6) Zur Vermeidung von Härten kann der Bundesminister der Finanzen mit Zustimmung des Bundesrates durch Rechtsverordnung die Fristen für die Voranmeldungen und Vorauszahlungen um einen Monat verlängern und das Verfahren näher bestimmen. Dabei kann angeordnet werden, daß der Unternehmer eine Sondervorauszahlung auf die Steuer für das Kalenderjahr zu entrichten hat.

(7) Zur Vereinfachung des Besteuerungsverfahrens kann der Bundesminister der Finanzen mit Zustimmung des Bundesrates durch Rechtsverordnung bestimmen, daß und unter welchen Voraussetzungen auf die Erhebung der Steuer für folgende Umsätze verzichtet werden kann:

1. Lieferungen von Gold, Silber und Platin sowie sonstige Leistungen im Geschäft mit diesen Edelmetallen zwischen Unternehmern, die an einer Wertpapierbörse im Inland mit dem Recht zur Teilnahme am Handel zugelassen sind. Das gilt nicht für Münzen und Medaillen aus diesen Edelmetallen;

2. Lieferungen, die der Einfuhr folgen, wenn ein anderer als der Unternehmer, für dessen Unternehmen der Gegenstand eingeführt ist, die entrichtete Einfuhrumsatzsteuer als Vorsteuer abziehen kann (§ 15 Abs. 5 Nr. 2 Buchstabe b).

(8) Zur Sicherung des Steueranspruchs kann der Bundesminister der Finanzen mit Zustimmung des Bundesrates durch Rechtsverordnung bestimmen, daß die Steuer für die Umsätze eines im Ausland ansässigen Unternehmers im Abzugsverfahren durch den Leistungempfänger zu entrichten ist. Dabei können insbesondere geregelt werden:

1. die Art und Weise der Berechnung der einzubehaltenden und abzuführenden Steuer und der Ausschluß der §§ 19 und 24 im Abzugsverfahren;

2. die Aufzeichnungspflichten des Leistungsempfängers und seine Verpflichtung zur Ausstellung einer Bescheinigung über die einbehaltene oder abgeführte Steuer;

3. die Haftung des Leistungsempfängers für die einzubehaltende und abzuführende Steuer sowie die Zahlungspflicht des Leistungsempfängers oder eines Dritten bei der Ausstellung einer unrichtigen Bescheinigung;

4. der Verzicht auf die Besteuerung des Unternehmers nach den Absätzen 1 bis 4;

5. die Pflicht des Unternehmers, die Steuer für die dem Abzugsverfahren unterliegenden Umsätze nach vereinnahmten Entgelten zu berechnen;

6. die Anrechnung der einbehaltenen oder abgeführten Steuer bei der Besteuerung des Unternehmers nach den Absätzen 1 bis 4;

7. die Zuständigkeit der Finanzbehörden.

(9) Zur Vereinfachung des Besteuerungsverfahrens kann der Bundesminister der Finanzen mit Zustimmung des Bundesrates durch Rechtsverordnung die Vergütung der Vorsteuerbeträge (§ 15) an im Ausland ansässige Unternehmer, abweichend von § 16 und von den Absätzen 1 bis 4, in einem besonderen Verfahren regeln. Dabei kann angeordnet werden, daß der Unternehmer die Vergütung selbst zu berechnen hat.

§ 19 Besteuerung der Kleinunternehmer

(1) Die für Umsätze im Sinne des § 1 Abs. 1 Nr. 1 bis 3 geschuldete Umsatzsteuer wird nicht erhoben, wenn der in Satz 2 bezeichnete Umsatz zuzüglich der darauf entfallenden Steuer im vorangegangenen Kalenderjahr 25 000 Deutsche Mark nicht überstiegen hat und im laufenden Kalenderjahr 100 000 Deutsche Mark voraussichtlich nicht übersteigen wird. Umsatz im Sinne des Satzes 1 ist der nach vereinnahmten Entgelten bemessene Gesamtumsatz, gekürzt um die darin enthaltenen Umsätze von Wirtschaftsgütern des Anlagevermögens. Satz 1 gilt nicht für die nach § 14 Abs. 3 geschuldete Steuer. In den Fällen des Satzes 1 finden die Vorschriften über den Verzicht auf Steuerbefreiungen (§ 9), über den gesonderten Ausweis der Steuer in einer Rechnung (§ 14 Abs. 1) und über den Vorsteuerabzug (§ 15) keine Anwendung. § 15 a ist nur anzuwenden, wenn sich die für den Vorsteuerabzug maßgebenden Verhältnisse bei einem Wirtschaftsgut ändern, das von dem Unternehmer bereits vor Beginn des Zeitraums erstmalig verwendet worden ist, in dem die Steuer nach Satz 1 nicht erhoben wird.

(2) Der Unternehmer kann dem Finanzamt bis zur Unanfechtbarkeit der Steuerfestsetzung (§ 18 Abs. 3 und 4) erklären, daß er auf die Anwendung des Absatzes 1 verzichtet. Nach Eintritt der Unanfechtbarkeit der Steuerfestsetzung bindet die Erklärung den Unternehmer mindestens für fünf Kalenderjahre. Sie kann nur mit Wirkung von Beginn eines Kalenderjahres an widerrufen werden. Der Widerruf ist spätestens bis zur Unanfechtbarkeit der Steuerfestsetzung des Kalenderjahres, für das er gelten soll, zu erklären.

(3) Gesamtumsatz ist die Summe der steuerbaren Umsätze im Sinne des § 1 Abs. 1 Nr. 1 bis 3 abzüglich folgender Umsätze:

1. der Umsätze, die nach § 4 Nr. 8 Buchstabe i, Nr. 9 Buchstabe b und Nr. 11 bis 28 steuerfrei sind;

2. der Umsätze, die nach § 4 Nr. 8 Buchstabe a bis h, Nr. 9 Buchstabe a und Nr. 10 steuerfrei sind, wenn sie Hilfsumsätze sind.

Soweit der Unternehmer die Steuer nach vereinnahmten Entgelten berechnet (§ 13 Abs. 1 Nr. 1 Buchstabe a Satz 4 und 5 oder § 20), ist auch der Gesamtumsatz nach diesen Entgelten zu berechnen. Hat der Unternehmer seine gewerbliche oder berufliche Tätigkeit nur in einem Teil des Kalenderjahres ausgeübt, so ist der tatsächliche Gesamtumsatz in einen Jahresgesamtumsatz umzurechnen. Angefangene Kalendermonate sind bei der Umrechnung als volle Kalendermonate zu behandeln, es sei denn, daß die Umrechnung nach Tagen zu einem niedrigeren Jahresgesamtumsatz führt.

§ 20 Berechnung der Steuer nach vereinnahmten Entgelten

(1) Das Finanzamt kann auf Antrag gestatten, daß ein Unternehmer,

1. dessen Gesamtumsatz (§ 19 Abs. 3) im vorangegangenen Kalenderjahr nicht mehr als 250 000 Deutsche Mark betragen hat, oder

2. der von der Verpflichtung, Bücher zu führen und auf Grund jährlicher Bestandsaufnahmen regelmäßig Abschlüsse zu machen, nach § 148 der Abgabenordnung befreit ist, oder

3. soweit er Umsätze aus einer Tätigkeit als Angehöriger eines freien Berufs im Sinne des § 18 Abs. 1 Nr. 1 des Einkommensteuergesetzes ausführt,

die Steuer nicht nach den vereinbarten Entgelten (§ 16 Abs. 1 Satz 1), sondern nach den vereinnahmten Entgelten berechnet. Erstreckt sich die Befreiung nach Nummer 2 nur auf einzelne Betriebe des Unternehmers und liegt die Voraussetzung nach Nummer 1 nicht vor, so ist die Erlaubnis zur Berechnung der Steuer nach den vereinnahmten Entgelten auf diese Betriebe zu beschränken. Wechselt der Unternehmer die Art der Steuerberechnung, so dürfen Umsätze nicht doppelt erfaßt werden oder unversteuert bleiben.

(2) Absatz 1 gilt nicht für Geschäftsveräußerungen.

§ 21 Besondere Vorschriften für die Einfuhrumsatzsteuer

(1) Die Einfuhrumsatzsteuer ist eine Verbrauchsteuer im Sinne der Abgabenordnung.

(2) Für die Einfuhrumsatzsteuer gelten die Vorschriften für Zölle sinngemäß; ausgenommen sind § 5 Abs. 5 Nr. 1 und 3, §§ 24, 25 und 40 des Zollgesetzes sowie die Vorschriften über den aktiven Veredelungsverkehr

nach dem Verfahren der Zollrückvergütung und über den passiven Veredelungsverkehr. Für die Einfuhr abschöpfungspflichtiger Gegenstände gelten die Vorschriften des Abschöpfungserhebungsgesetzes sinngemäß.

(3) Die Zahlung der Einfuhrumsatzsteuer kann ohne Sicherheitsleistung aufgeschoben werden, wenn die zu entrichtende Steuer nach § 15 Abs. 1 Nr. 2 in voller Höhe als Vorsteuer abgezogen werden kann.

(4) Entsteht für den eingeführten Gegenstand nach dem Zeitpunkt des Entstehens der Einfuhrumsatzsteuer eine Zollschuld oder eine Verbrauchsteuer oder wird für den eingeführten Gegenstand nach diesem Zeitpunkt eine Verbrauchsteuer unbedingt, so entsteht gleichzeitig eine weitere Einfuhrumsatzsteuer. Das gilt auch, wenn der Gegenstand nach dem in Satz 1 bezeichneten Zeitpunkt bearbeitet oder verarbeitet worden ist. Bemessungsgrundlage ist die entstandene Zollschuld oder die entstandene oder unbedingt gewordene Verbrauchsteuer. Steuerschuldner ist, wer den Zoll oder die Verbrauchsteuer zu entrichten hat. Die Sätze 1 bis 4 gelten nicht, wenn derjenige, der den Zoll oder die Verbrauchsteuer zu entrichten hat, hinsichtlich des eingeführten Gegenstandes nach § 15 Abs. 1 Nr. 2 zum Vorsteuerabzug berechtigt ist oder dazu berechtigt wäre, wenn der Gegenstand für sein Unternehmen eingeführt worden wäre.

(5) Die Absätze 2 bis 4 gelten entsprechend für Gegenstände, die nicht Waren im Sinne des § 1 Abs. 2 Satz 1 des Zollgesetzes sind und für die keine Zollvorschriften bestehen.

§ 22 Aufzeichnungspflichten

(1) Der Unternehmer ist verpflichtet, zur Feststellung der Steuer und der Grundlagen ihrer Berechnung Aufzeichnungen zu machen. Diese Verpflichtung gilt in den Fällen des § 14 Abs. 3 auch für Personen, die nicht Unternehmer sind. Ist ein land- und forstwirtschaftlicher Betrieb nach § 24 Abs. 3 als gesondert geführter Betrieb zu behandeln, so hat der Unternehmer Aufzeichnungspflichten für diesen Betrieb gesondert zu erfüllen.

(2) Aus den Aufzeichnungen müssen zu ersehen sein:

1. die vereinbarten Entgelte für die vom Unternehmer ausgeführten Lieferungen und sonstigen Leistungen. Dabei ist ersichtlich zu machen, wie sich die Entgelte auf die steuerpflichtigen Umsätze, getrennt nach Steuersätzen, und auf die steuerfreien Umsätze verteilen. Dies gilt entsprechend für die Bemessungsgrundlagen nach § 10 Abs. 4 Nr. 1 und 2, wenn Lieferungen und sonstige Leistungen im Sinne des § 1 Abs. 1 Nr. 1 Satz 2 Buchstabe b und Nr. 3 sowie des § 10 Abs. 5 ausgeführt werden. Aus den Aufzeichnungen muß außerdem hervorgehen, welche Umsätze der Unternehmer nach § 9 als steuerpflichtig behandelt. Bei der Berechnung der Steuer nach vereinnahmten Entgelten (§ 20) treten an die Stelle der vereinbarten Entgelte die vereinnahmten Entgelte. Im

Falle des § 17 Abs. 1 Satz 2 hat der Unternehmer, der die auf die Minderung des Entgelts entfallende Steuer an das Finanzamt entrichtet, den Betrag der Entgeltsminderung gesondert aufzuzeichnen;

2. die vereinnahmten Entgelte und Teilentgelte für noch nicht ausgeführte Lieferungen und sonstige Leistungen. Dabei ist ersichtlich zu machen, wie sich die Entgelte und Teilentgelte verteilen

   a) auf steuerpflichtige Umsätze, getrennt nach Steuersätzen, für die die Steuer nach § 13 Abs. 1 Nr. 1 Buchstabe a Satz 4 und 5 entsteht, und

   b) auf steuerfreie Umsätze oder Umsätze, für die nach § 13 Abs. 1 Nr. 1 Buchstabe a Satz 5 die Steuer nicht entsteht.

Nummer 1 Satz 4 gilt entsprechend;

3. die Bemessungsgrundlagen für den Eigenverbrauch. Nummer 1 Satz 2 gilt entsprechend;

4. die wegen unberechtigten Steuerausweises nach § 14 Abs. 2 und 3 geschuldeten Steuerbeträge;

5. die Entgelte für steuerpflichtige Lieferungen und sonstige Leistungen, die an den Unternehmer für sein Unternehmen ausgeführt worden sind, und die vor Ausführung dieser Umsätze gezahlten Entgelte und Teilentgelte, soweit für diese Umsätze nach § 13 Abs. 1 Nr. 1 Buchstabe a Satz 4 und 5 die Steuer entsteht, sowie die auf die Entgelte und Teilentgelte entfallenden Steuerbeträge. Sind steuerpflichtige Lieferungen und sonstige Leistungen im Sinne des § 1 Abs. 1 Nr. 1 Satz 2 Buchstabe b und Nr. 3 sowie des § 10 Abs. 5 ausgeführt worden, so sind die Bemessungsgrundlagen nach § 10 Abs. 4 Nr. 1 und 2 und die darauf entfallenden Steuerbeträge aufzuzeichnen;

6. die Bemessungsgrundlagen für die Einfuhr von Gegenständen (§ 11), die für das Unternehmen des Unternehmers eingeführt worden sind, sowie die dafür entrichtete oder in den Fällen des § 16 Abs. 2 Satz 4 zu entrichtende Einfuhrumsatzsteuer.

(3) Die Aufzeichnungspflichten nach Absatz 2 Nr. 5 und 6 entfallen, wenn der Vorsteuerabzug ausgeschlossen ist (§ 15 Abs. 2 und 3). Ist der Unternehmer nur teilweise zum Vorsteuerabzug berechtigt, so müssen aus den Aufzeichnungen die Vorsteuerbeträge eindeutig und leicht nachprüfbar zu ersehen sein, die den zum Vorsteuerabzug berechtigenden Umsätzen ganz oder teilweise zuzurechnen sind. Außerdem hat der Unternehmer in diesen Fällen die Bemessungsgrundlagen für die Umsätze, die nach § 15 Abs. 2 und 3 den Vorsteuerabzug ausschließen, getrennt von den Bemessungsgrundlagen der übrigen Umsätze, ausgenommen die Einfuhren, aufzuzeichnen. Die Verpflichtung zur Trennung der Bemessungsgrundlagen nach Absatz 2 Nr. 1 Satz 2, Nr. 2 Satz 2 und Nr. 3 Satz 2 bleibt unberührt.

(4) In den Fällen des § 15a hat der Unternehmer die Berechnungsgrundlagen für den Ausgleich aufzuzeichnen, der von ihm in den in Betracht kommenden Kalenderjahren vorzunehmen ist.

(5) Ein Unternehmer, der ohne Begründung einer gewerblichen Niederlassung oder außerhalb einer solchen von Haus zu Haus oder auf öffentlichen Straßen oder an anderen öffentlichen Orten Umsätze ausführt oder Gegenstände erwirbt, hat ein Steuerheft nach amtlich vorgeschriebenem Vordruck zu führen.

(6) Der Bundesminister der Finanzen kann mit Zustimmung des Bundesrates durch Rechtsverordnung

1. nähere Bestimmungen darüber treffen, wie die Aufzeichnungpflichten zu erfüllen sind und in welchen Fällen Erleichterungen bei der Erfüllung dieser Pflichten gewährt werden können, sowie

2. Unternehmer im Sinne des Absatzes 5 von der Führung des Steuerheftes befreien, sofern sich die Grundlagen der Besteuerung aus anderen Unterlagen ergeben, und diese Befreiung an Auflagen knüpfen.

Sechster Abschnitt. Besondere Besteuerungsformen

§ 23 Allgemeine Durchschnittsätze

(1) Der Bundesminister der Finanzen kann mit Zustimmung des Bundesrates zur Vereinfachung des Besteuerungsverfahrens für Gruppen von Unternehmern, bei denen hinsichtlich der Besteuerungsgrundlagen annähernd gleiche Verhältnisse vorliegen und die nicht verpflichtet sind, Bücher zu führen und auf Grund jährlicher Bestandsaufnahmen regelmäßig Abschlüsse zu machen, durch Rechtsverordnung Durchschnittsätze festsetzen für

1. die nach § 15 abziehbaren Vorsteuerbeträge oder die Grundlagen ihrer Berechnung oder

2. die zu entrichtende Steuer oder die Grundlagen ihrer Berechnung.

(2) Die Durchschnittsätze müssen zu einer Steuer führen, die nicht wesentlich von dem Betrage abweicht, der sich nach diesem Gesetz ohne Anwendung der Durchschnittsätze ergeben würde.

(3) Der Unternehmer, bei dem die Voraussetzungen für eine Besteuerung nach Durchschnittsätzen im Sinne des Absatzes 1 gegeben sind, kann beim Finanzamt bis zur Unanfechtbarkeit der Steuerfestsetzung (§ 18 Abs. 3 und 4) beantragen, nach den festgesetzten Durchschnittsätzen besteuert zu werden. Der Antrag kann nur mit Wirkung vom Beginn eines Kalenderjahres an widerrufen werden. Der Widerruf ist spätestens bis zur Unanfechtbarkeit der Steuerfestsetzung des Kalenderjahres, für das er gelten soll, zu erklären. Eine erneute Besteuerung nach Durchschnittsätzen ist frühestens nach Ablauf von fünf Kalenderjahren zulässig.

§ 23a Durchschnittsatz für Körperschaften, Personenvereinigungen und Vermögensmassen im Sinne des § 5 Abs. 1 Nr. 9 des Körperschaftsteuergesetzes

(1) Zur Berechnung der abziehbaren Vorsteuerbeträge (§ 15) wird für Körperschaften, Personenvereinigungen und Vermögensmassen im Sinne des § 5 Abs. 1 Nr. 9 des Körperschaftsteuergesetzes, die nicht verpflichtet sind, Bücher zu führen und auf Grund jährlicher Bestandsaufnahmen regelmäßig Abschlüsse zu machen, ein Durchschnittsatz von 7 vom Hundert des steuerpflichtigen Umsatzes, mit Ausnahme der Einfuhr, festgesetzt. Ein weiterer Vorsteuerabzug ist ausgeschlossen.

(2) Der Unternehmer, dessen steuerpflichtiger Umsatz, mit Ausnahme der Einfuhr, im vorangegangenen Kalenderjahr 60000 DM überstiegen hat, kann den Durchschnittsatz nicht in Anspruch nehmen.

(3) Der Unternehmer, bei dem die Voraussetzungen für die Anwendung des Durchschnittsatzes gegeben sind, kann dem Finanzamt spätestens bis zum zehnten Tage nach Ablauf des ersten Voranmeldungszeitraums eines Kalenderjahres erklären, daß er den Durchschnittsatz in Anspruch nehmen will. Die Erklärung bindet den Unternehmer mindestens für fünf Kalenderjahre. Sie kann nur mit Wirkung vom Beginn eines Kalenderjahres an widerrufen werden. Der Widerruf ist spätestes bis zum zehnten Tag nach Ablauf des ersten Voranmeldungszeitraums dieses Kalenderjahres zu erklären. Eine erneute Anwendung des Durchschnittsatzes ist frühestens nach Ablauf von fünf Kalenderjahren zulässig.

§ 24 Durchschnittsätze für land- und forstwirtschaftliche Betriebe

(1)[1] Für die im Rahmen eines land- und forstwirtschaftlichen Betriebes ausgeführten Umsätze wird die Steuer [**ab 1. 1. 1993:** vorbehaltlich der Sätze 2 bis 4] wie folgt festgesetzt:

1. für die Lieferungen und den Eigenverbrauch von forstwirtschaftlichen Erzeugnissen, ausgenommen Sägewerkserzeugnisse, auf fünf vom Hundert,

2. für die Lieferungen und den Eigenverbrauch der in der Anlage nicht aufgeführten Sägewerkserzeugnisse und Getränke sowie von alkoholischen Flüssigkeiten, ausgenommen die Ausfuhrlieferungen und die im Ausland bewirkten Umsätze, auf *vierzehn*[2] *vom Hundert* [**ab 1. 1. 1993:** fünfzehn vom Hundert],

3. für die übrigen Umsätze im Sinne des § 1 Abs. 1 Nr. 1 bis 3 auf *acht*[2] *vom Hundert* [**ab 1. 1. 1993:** achtundeinhalb vom Hundert]

der Bemessungsgrundlage. Die Umsätze im Rahmen einer Betriebsveräußerung unterliegen nicht der Steuer. Eine Betriebsveräußerung im Sinne

---

[1] Zur Geltungsdauer vgl. § 28 Abs. 3, Fassung vom 1. 1. 1981–30. 6. 1984 und ab 1. 1. 1992.
[2] Amtl. Anm.: Dieser Durchschnittsatz gilt gemäß Artikel 5 Nr. 2 in Verbindung mit Artikel 38 Abs. 9 des Gesetzes vom 20. Dezember 1982 (BGBl. I S. 1857) seit 1. Juli 1983.

des Satzes 2 liegt vor, wenn ein land- und forstwirtschaftlicher Betrieb oder Teilbetrieb übereignet oder in eine Gesellschaft eingebracht wird, auch wenn einzelne Wirtschaftsgüter davon ausgenommen werden. Die Befreiungen nach § 4 mit Ausnahme der Nummern 1 bis 6 bleiben unberührt; § 9 findet keine Anwendung. Die Vorsteuerbeträge werden, soweit sie den in Satz 1 Nr. 1 bezeichneten Umsätzen zuzurechnen sind, auf fünf vom Hundert, in den übrigen Fällen des Satzes 1 auf *acht[1] vom Hundert* [**ab 1. 1. 1993: achtundeinhalb vom Hundert**] der Bemessungsgrundlage für diese Umsätze festgesetzt. Ein weiterer Vorsteuerabzug entfällt. § 14 ist mit der Maßgabe anzuwenden, daß der für den Umsatz maßgebliche Durchschnittsatz in der Rechnung zusätzlich anzugeben ist. Abweichend von § 15 Abs. 1 steht dem Leistungsempfänger der Abzug des ihm gesondert in Rechnung gestellten Steuerbetrages nur bis zur Höhe der für den maßgeblichen Umsatz geltenden Steuer zu.

(2) Als land- und forstwirtschaftlicher Betrieb gelten
1. die Landwirtschaft, die Forstwirtschaft, der Wein-, Garten-, Obst- und Gemüsebau, die Baumschulen, alle Betriebe, die Pflanzen und Pflanzenteile mit Hilfe der Naturkräfte gewinnen, die Binnenfischerei, die Teichwirtschaft, die Fischzucht für die Binnenfischerei und Teichwirtschaft, die Imkerei, die Wanderschäferei sowie die Saatzucht,
2. Tierzucht- und Tierhaltungsbetriebe, soweit ihre Tierbestände nach den §§ 51 und 51a des Bewertungsgesetzes zur landwirtschaftlichen Nutzung oder auf Grund der vom Senat von Berlin nach § 122 Abs. 2 des Bewertungsgesetzes erlassenen Rechtsverordnung zum land- und forstwirtschaftlichen Vermögen gehören.

Zum land- und forstwirtschaftlichen Betrieb gehören auch die Nebenbetriebe, die dem land- und forstwirtschaftlichen Betrieb zu dienen bestimmt sind. Ein Gewerbebetrieb kraft Rechtsform gilt auch dann nicht als land- und forstwirtschaftlicher Betrieb, wenn im übrigen die Merkmale eines land- und forstwirtschaftlichen Betriebes vorliegen.

(3) Führt der Unternehmer neben den in Absatz 1 bezeichneten Umsätzen auch andere Umsätze aus, so ist der land- und forstwirtschaftliche Betrieb als ein in der Gliederung des Unternehmens gesondert geführter Betrieb zu behandeln.

(4) Der Unternehmer kann spätestens bis zum 10. Tage eines Kalenderjahres gegenüber dem Finanzamt erklären, daß seine Umsätze vom Beginn des vorangegangenen Kalenderjahres an nicht nach den Absätzen 1 bis 3, sondern nach den allgemeinen Vorschriften dieses Gesetzes besteuert werden sollen. Die Erklärung bindet den Unternehmer mindestens für fünf Kalenderjahre. Sie kann mit Wirkung vom Beginn eines Kalenderjahres an

---

[1] Amtl. Anm.: Dieser Durchschnittsatz gilt gemäß Artikel 5 Nr. 2 in Verbindung mit Artikel 38 Abs. 9 des Gesetzes vom 20. Dezember 1982 (BGBl. I S. 1857) seit 1. Juli 1983.

widerrufen werden. Der Widerruf ist spätestens bis zum 10. Tage nach
Beginn dieses Kalenderjahres zu erklären. Die Frist nach Satz 4 kann verlängert werden. Ist die Frist bereits abgelaufen, so kann sie rückwirkend
verlängert werden, wenn es unbillig wäre, die durch den Fristablauf eingetretenen Rechtsfolgen bestehen zu lassen.

§ 25 Besteuerung von Reiseleistungen

(1) Die nachfolgenden Vorschriften gelten für Reiseleistungen eines Unternehmers, die nicht für das Unternehmen des Leistungsempfängers bestimmt sind, soweit der Unternehmer dabei gegenüber dem Leistungsempfänger im eigenen Namen auftritt und Reisevorleistungen in Anspruch
nimmt. Die Leistung des Unternehmers ist als sonstige Leistung anzusehen. Erbringt der Unternehmer an einen Leistungsempfänger im Rahmen
einer Reise mehrere Leistungen dieser Art, so gelten sie als eine einheitliche
sonstige Leistung. Der Ort der sonstigen Leistung bestimmt sich nach § 3a
Abs. 1. Reisevorleistungen sind Lieferungen und sonstige Leistungen Dritter, die den Reisenden unmittelbar zugute kommen.

(2) Die sonstige Leistung ist steuerfrei, wenn die Reisevorleistungen

1. außerhalb des Gebiets der Europäischen Wirtschaftsgemeinschaft bewirkt werden,

2. grenzüberschreitende Beförderungen mit Luftfahrzeugen oder Seeschiffen sind oder

3. Beförderungen mit Luftfahrzeugen oder Seeschiffen sind, die sich ausschließlich auf das Ausland erstrecken.

Sind die Reisevorleistungen nur zum Teil Reisevorleistungen im Sinne des
Satzes 1, so ist nur der Teil der sonstigen Leistung steuerfrei, dem die in
Satz 1 bezeichneten Reisevorleistungen zuzurechnen sind. Die Voraussetzung der Steuerbefreiung muß vom Unternehmer nachgewiesen sein. Der
Bundesminister der Finanzen kann mit Zustimmung des Bundesrates
durch Rechtsverordnung bestimmen, wie der Unternehmer den Nachweis
zu führen hat.

(3) Die sonstige Leistung bemißt sich nach dem Unterschied zwischen
dem Betrag, den der Leistungsempfänger aufwendet, um die Leistung zu
erhalten, und dem Betrag, den der Unternehmer für die Reisevorleistungen aufwendet. Die Umsatzsteuer gehört nicht zur Bemessungsgrundlage.
Der Unternehmer kann die Bemessungsgrundlage statt für jede einzelne
Leistung entweder für Gruppen von Leistungen oder für die gesamten
innerhalb des Besteuerungszeitraums erbrachten Leistungen ermitteln.

(4) Abweichend von § 15 Abs. 1 ist der Unternehmer nicht berechtigt,
die ihm für die Reisevorleistungen gesondert in Rechnung gestellten Steuerbeträge als Vorsteuer abzuziehen. Im übrigen bleibt § 15 unberührt.

(5) Für die sonstigen Leistungen gilt § 22 mit der Maßgabe, daß aus den Aufzeichnungen des Unternehmers zu ersehen sein müssen:

1. der Betrag, den der Leistungsempfänger für die Leistung aufwendet,

2. die Beträge, die der Unternehmer für die Reisevorleistungen aufwendet,

3. die Bemessungsgrundlage nach Absatz 3 und

4. wie sich die in den Nummern 1 und 2 bezeichneten Beträge und die Bemessungsgrundlage nach Absatz 3 auf steuerpflichtige und steuerfreie Leistungen verteilen.

§25a Besteuerung der Umsätze von Gebrauchtfahrzeugen

(1) Die nachfolgenden Vorschriften gelten für die Lieferungen im Sinne des § 1 Abs. 1 Nr. 1 und 3 und den Eigenverbrauch im Sinne des § 1 Abs. 1 Nr. 2 Satz 2 Buchstabe a von Fahrzeugen, wenn

1. der Unternehmer das Fahrzeug im Inland für sein Unternehmen zum Zwecke des gewerbsmäßigen Verkaufs erworben hat und

2. für die Lieferung des Fahrzeugs an den Unternehmer
   a) Umsatzsteuer nicht geschuldet oder nach § 19 Abs. 1 nicht erhoben wird oder
   b) die Besteuerung nach den Absätzen 2 und 3 dieser Vorschrift vorgenommen wird.

Fahrzeuge im Sinne des Satzes 1 sind Kraftfahrzeuge und Kraftfahrzeuganhänger, die den Vorschriften über das Zulassungsverfahren nach der Straßenverkehrs-Zulassungs-Ordnung unterliegen.

(2) Der Umsatz wird bemessen

1. bei Lieferungen nach dem Betrag, um den der Verkaufspreis den Einkaufspreis für das Fahrzeug übersteigt; bei Lieferungen im Sinne des § 1 Abs. 1 Nr. 1 Satz 2 Buchstabe b und Nr. 3 und in den Fällen des § 10 Abs. 5 tritt an die Stelle des Verkaufspreises der Wert nach § 10 Abs. 4 Nr. 1;

2. beim Eigenverbrauch nach dem Betrag, um den der Wert nach § 10 Abs. 4 Nr. 1 den Einkaufspreis für das Fahrzeug übersteigt.

Die Umsatzsteuer gehört nicht zur Bemessungsgrundlage.

(3) Die Vorschrift über den gesonderten Ausweis der Steuer in einer Rechnung (§ 14 Abs. 1) findet keine Anwendung. § 22 gilt mit der Maßgabe, daß aus den Aufzeichnungen des Unternehmers zu ersehen sein müssen

1. der Verkaufspreis oder der Wert nach § 10 Abs. 4 Nr. 1,

2. der Einkaufspreis und

3. die Bemessungsgrundlage nach Absatz 2.

(4) Der Unternehmer kann bei jeder Lieferung an einen anderen Unternehmer für dessen Unternehmen auf die Anwendung der vorstehenden Absätze verzichten.

Siebenter Abschnitt. Durchführung, Übergangs- und Schlußvorschriften

§ 26 Durchführung

(1) Die Bundesregierung kann mit Zustimmung des Bundesrates durch Rechtsverordnung zur Wahrung der Gleichmäßigkeit bei der Besteuerung, zur Beseitigung von Unbilligkeiten in Härtefällen oder zur Vereinfachung des Besteuerungsverfahrens den Umfang der in diesem Gesetz enthaltenen Steuerbefreiungen, Steuerermäßigungen und des Vorsteuerabzugs näher bestimmen sowie die zeitlichen Bindungen nach § 19 Abs. 2, § 23 Abs. 3 und § 24 Abs. 4 verkürzen. Bei der näheren Bestimmung des Umfangs der Steuerermäßigung nach § 12 Abs. 2 Nr. 1 kann von der zolltariflichen Abgrenzung abgewichen werden.

(2) Der Bundesminister der Finanzen kann mit Zustimmung des Bundesrates durch Rechtsverordnung den Wortlaut derjenigen Vorschriften des Gesetzes und der auf Grund dieses Gesetzes erlassenen Rechtsverordnungen, in denen auf den Zolltarif hingewiesen wird, dem Wortlaut des Zolltarifs in der jeweils geltenden Fassung anpassen.

(3) Der Bundesminister der Finanzen kann unbeschadet der Vorschriften der §§ 163 und 227 der Abgabenordnung anordnen, daß die Steuer für grenzüberschreitende Beförderungen im Luftverkehr niedriger festgesetzt oder ganz oder zum Teil erlassen wird, soweit der Unternehmer keine Rechnungen mit gesondertem Ausweis der Steuer (§ 14 Abs. 1) erteilt hat. Bei Beförderungen durch ausländische Unternehmer kann die Anordnung davon abhängig gemacht werden, daß in dem Land, in dem der ausländische Unternehmer seinen Sitz hat, für grenzüberschreitende Beförderungen im Luftverkehr, die von Unternehmern mit Sitz in der Bundesrepublik Deutschland durchgeführt werden, eine Umsatzsteuer oder ähnliche Steuer nicht erhoben wird.

(4) Die Bundesregierung kann durch allgemeine Verwaltungsvorschrift mit Zustimmung des Bundesrates bis zum 31. März 1991 den Erwerb von Gegenständen mit Ursprung in der Deutschen Demokratischen Republik einschließlich Berlin (Ost) durch einen Umsatzsteuerkürzungsanspruch begünstigen. Der Kürzungsanspruch beträgt bis zum 31. Dezember 1990 11, bei den in der Anlage bezeichneten Gegenständen 5,5 vom Hundert des Entgelts. Bei Marktordnungswaren tritt an die Stelle des Kürzungssatzes von 11 der Satz von 5 und an die Stelle des Kürzungssatzes von 5,5 der Satz von 2,5 vom Hundert. In der Zeit vom 1. Januar 1991 bis zum 31. März 1991 mindern sich die Kürzungssätze von 11 auf 6, von 5,5 auf 3, von 5 auf 2,7 und von 2,5 auf 1,4 vom Hundert.

(5) Der Bundesminister der Finanzen kann mit Zustimmung des Bundesrates durch Rechtsverordnung näher bestimmen, wie der Nachweis bei den folgenden Steuerbefreiungen zu führen ist:

1. Artikel III Nr. 1 des Abkommens zwischen der Bundesrepublik Deutschland und den Vereinigten Staaten von Amerika über die von der Bundesrepublik zu gewährenden Abgabenvergünstigungen für die von den Vereinigten Staaten im Interesse der gemeinsamen Verteidigung geleisteten Ausgaben (BGBl. 1955 II S. 823);

2. Artikel 67 Abs. 3 des Zusatzabkommens zu dem Abkommen zwischen den Parteien des Nordatlantikvertrages über die Rechtsstellung ihrer Truppen hinsichtlich der in der Bundesrepublik Deutschland stationierten ausländischen Truppen (BGBl. 1961 II S. 1183, 1218);

3. Artikel 14 Abs. 2 Buchstabe b und d des Abkommens zwischen der Bundesrepublik Deutschland und dem Obersten Hauptquartier der Alliierten Mächte, Europa, über die besonderen Bedingungen für die Einrichtung und den Betrieb internationaler militärischer Hauptquartiere in der Bundesrepublik Deutschland (BGBl. 1969 II S. 1997, 2009).

(6) Der Bundesminister der Finanzen kann dieses Gesetz und die auf Grund dieses Gesetzes erlassenen Rechtsverordnungen in der jeweils geltenden Fassung mit neuem Datum und unter neuer Überschrift im Bundesgesetzblatt bekanntmachen.

§ 27 Allgemeine Übergangsvorschriften

(1) Auf Umsätze und sonstige Sachverhalte aus der Zeit vor dem 1. Januar 1980 ist das im Zeitpunkt des maßgebenden Ereignisses für sie geltende Umsatzsteuerrecht weiterhin anzuwenden. § 29 Abs. 3 und 4 des Umsatzsteuergesetzes in der Fassung der Bekanntmachung vom 16. November 1973 (BGBl. I S. 1681), zuletzt geändert durch Artikel 3 des Gesetzes vom 30. November 1978 (BGBl. I S. 1849), gilt auch, wenn die Leistung nach dem 31. Dezember 1979 ausgeführt wird.

(2) § 13 Abs. 1 Nr. 1 Buchstabe a Satz 4 ist nicht anzuwenden, wenn die Zahlung des Entgelts oder des Teilentgelts auf einem Vertrag beruht, der vor dem Inkrafttreten dieses Gesetzes abgeschlossen worden ist. Dies gilt nicht, wenn der Unternehmer eine Rechnung mit gesondertem Ausweis der Steuer (§ 14 Abs. 1) erteilt hat.

(3) Der Unternehmer, der die bis zum 31. Dezember 1979 ausgeführten Umsätze nach § 19 Abs. 1 bis 3 in der bis zu diesem Zeitpunkt geltenden Fassung versteuert, hat die am Ende des Kalenderjahres 1979 für diese Umsätze noch nicht vereinnahmten Entgelte den im Dezember 1979 vereinnahmten Entgelten hinzuzurechnen und gleichzeitig mit ihnen der Besteuerung zu unterwerfen. Das Finanzamt hat auf Antrag, unbeschadet der Vorschrift des § 222 der Abgabenordnung, die Entrichtung der auf die noch nicht vereinnahmten Entgelte entfallenden Steuer entsprechend dem voraussichtlichen Zahlungseingang zu stunden. Die in Satz 1 bezeichneten Umsätze gehören nicht zum Gesamtumsatz des Kalenderjahres 1979.

(4) Änderungen dieses Gesetzes sind, soweit nichts anderes bestimmt ist, auf Umsätze im Sinne des § 1 Abs. 1 Nr. 1 bis 3 anzuwenden, die ab dem Inkrafttreten der maßgeblichen Änderungsvorschrift ausgeführt werden. Das gilt für Lieferungen und sonstige Leistungen auch insoweit, als die Steuer dafür nach § 13 Abs. 1 Nr. 1 Buchstabe a Satz 4 oder Buchstabe b Satz 1 vor dem Inkrafttreten der Änderungsvorschrift entstanden ist. Die Berechnung dieser Steuer ist für den Voranmeldungszeitraum zu berichtigen, in dem die Lieferung oder sonstige Leistung ausgeführt wird.

(5) § 9 Abs. 2 ist nicht anzuwenden, wenn das auf dem Grundstück errichtete Gebäude

1. Wohnzwecken dient oder zu dienen bestimmt ist und vor dem 1. April 1985 fertiggestellt worden ist,

2. anderen nichtunternehmerischen Zwecken dient oder zu dienen bestimmt ist und vor dem 1. Januar 1986 fertiggestellt worden ist,
   und wenn mit der Errichtung des Gebäudes vor dem 1. Juni 1984 begonnen worden ist.

(6) Die Vorschrift des § 2 Abs. 2 Nr. 2 kann auf Antrag des Unternehmers auf Umsätze angewendet werden, die nach dem 31. Dezember 1979 ausgeführt worden sind, soweit die Steuerfestsetzungen für die betreffenden Besteuerungszeiträume nicht bestandskräftig sind.

(7) Vom 1. Januar 1986 bis zum 31. Dezember 1988 sind

1. das Gebiet der Portugiesischen Republik bei Anwendung des § 3 Abs. 8, § 3a Abs. 3 und 5, § 15 Abs. 3 und § 25 Abs. 2 Nr. 1 sowie des § 1 der Umsatzsteuer-Durchführungsverordnung,

2. das Gebiet des Königreichs Spanien bei Anwendung des § 25 Abs. 2 Nr. 1

nicht als Gebiet der Europäischen Wirtschaftsgemeinschaft zu behandeln.

(8) Die Vorschrift des § 4 Nr. 8 Buchstabe j kann auf Antrag des Unternehmers auf Umsätze angewendet werden, die nach dem 31. Dezember 1982 ausgeführt worden sind, soweit die Steuerfestsetzungen für die betreffenden Besteuerungszeiträume nicht bestandskräftig sind.

(9) § 14 Abs. 1 Satz 3 und 4 ist auch auf Rechnungen für Umsätze anzuwenden, die vor dem 1. Januar 1990 ausgeführt werden, soweit beim leistenden Unternehmer die Steuerfestsetzungen für die betreffenden Besteuerungszeiträume nicht bestandskräftig sind.

(10) § 26 Abs. 4 und die auf Grund dieser Vorschrift erlassene allgemeine Verwaltungsvorschrift gelten nach Wirksamwerden des Beitritts mit der Maßgabe, daß zur Kürzung der Umsatzsteuer nur Unternehmer berechtigt sind, die im Erhebungsgebiet im Sinne des § 1 Abs. 2 dieses Gesetzes in der bis zum 31. Dezember 1990 geltenden Fassung ansässig sind.

§ 28[1] Zeitlich begrenzte Fassungen einzelner Gesetzesvorschriften

(1) § 2 Abs. 3 Satz 2 Nr. 1 gilt vom 1. Juli 1990 bis zum 31. Dezember 1992 in folgender Fassung: *[bei § 2 Abs. 3 abgedruckt]*

(2) § 2 Abs. 3 Satz 2 Nr. 1 gilt vom 1. Januar 1993 bis zum 31. Dezember 1995 in folgender Fassung: *[bei § 2 Abs. 3 abgedruckt]*

(3) § 24 Abs. 1 gilt vom 1. Januar bis zum 31. Dezember 1992 in folgender Fassung: *[bei § 24 Abs. 1 abgedruckt]*

(4) Die Vorschrift des § 12 Abs. 2 Nr. 10 gilt vom 1. Januar 1984 bis zum 31. Dezember 1992 in folgender Fassung: [bei § 12 Abs. 2 Nr. 10 abgedruckt]

(5) Die Vorschrift des § 24 Abs. 1 gilt vom 1. Juli 1984 bis zum 31. Dezember 1991 in folgender Fassung: nicht abgedruckt

(6) Für die Zeit vom 1. Juli 1984 bis 31. Dezember 1991 gilt folgender § 24a: nicht abgedruckt

§ 29 Umstellung langfristiger Verträge

(1) Beruht die Leistung auf einem Vertrag, der nicht später als vier Kalendermonate vor dem Inkrafttreten dieses Gesetzes[2] abgeschlossen worden ist, so kann, falls nach diesem Gesetz ein anderer Steuersatz anzuwenden ist, der Umsatz steuerpflichtig, steuerfrei oder nicht steuerbar wird, der eine Vertragsteil von dem anderen einen angemessenen Ausgleich der umsatzsteuerlichen Mehr- oder Minderbelastung verlangen. Satz 1 gilt nicht, soweit die Parteien etwas anderes vereinbart haben. Ist die Höhe der Mehr- oder Minderbelastung streitig, so ist § 287 Abs. 1 der Zivilprozeßordnung entsprechend anzuwenden.

(2) Absatz 1 gilt sinngemäß bei einer Änderung dieses Gesetzes.

§ 30 Berlin-Klausel *(aufgehoben)*

---

[1] § 28 Absätze 4 bis 6 aufgehoben mit Wirkung vom 1. 1. 1993 durch Steueränderungsgesetz 1992.
[2] Das heißt „4 Monate vor Inkrafttreten einer Gesetzesänderung".

Anlage

(zu § 12 Abs. 2 Nr. 1 und 2)

Liste der dem ermäßigten Steuersatz unterliegenden Gegenstände

Lfd. Nr.	Warenbezeichnung	Zolltarif (Kapitel, Position, Unterposition)
1	Lebende Tiere, und zwar	
	a) Pferde einschließlich reinrassiger Zuchttiere, ausgenommen Wildpferde,	aus Position 01.01
	b) Maultiere und Maulesel,	aus Position 01.01
	c) Hausrinder einschließlich reinrassiger Zuchttiere,	aus Position 01.02
	d) Hausschweine einschließlich reinrassiger Zuchttiere,	aus Position 01.03
	e) Hausschafe einschließlich reinrassiger Zuchttiere,	aus Position 01.04
	f) Hausziegen einschließlich reinrassiger Zuchttiere,	aus Position 01.04
	g) Hausgeflügel (Hühner, Enten, Gänse, Truthühner und Perlhühner),	Position 01.05
	h) Hauskaninchen,	aus Position 01.06
	i) Haustauben,	aus Position 01.06
	j) Bienen,	aus Position 01.06
	k) ausgebildete Blindenführhunde	aus Position 01.06
2	Fleisch und genießbare Schlachtnebenerzeugnisse	Kapitel 2
3	Fische und Krebstiere, Weichtiere und andere wirbellose Wassertiere, ausgenommen Zierfische, Langusten, Hummer, Austern und Schnecken	aus Kapitel 3
4	Milch und Milcherzeugnisse; Vogeleier und Eigelb, ausgenommen ungenießbare Eier ohne Schale und ungenießbares Eigelb; natürlicher Honig	aus Kapitel 4
5	Andere Waren tierischen Ursprungs, und zwar	
	a) Mägen von Hausrindern und Hausgeflügel,	aus Position 05.04
	b) rohe Bettfedern und Daunen,	aus Position 05.05
	c) rohe Knochen	aus Position 05.06

Lfd. Nr.	Warenbezeichnung	Zolltarif (Kapitel, Position, Unterposition)
6	Bulben, Zwiebeln, Knollen, Wurzelknollen und Wurzelstöcke, ruhend, im Wachstum oder in Blüte; Zichorienpflanzen und -wurzeln	Position 06.01
7	Andere lebende Pflanzen einschließlich ihrer Wurzeln, Stecklinge und Pfropfreiser; Pilzmyzel	Position 06.02
8	Blumen und Blüten sowie deren Knospen, geschnitten, zu Binde- oder Zierzwecken, frisch	aus Position 06.03
9	Blattwerk, Blätter, Zweige und andere Pflanzenteile, ohne Blüten und Blütenknospen, sowie Gräser, Moose und Flechten, zu Binde- oder Zierzwecken, frisch	aus Position 06.04
10	Gemüse, Pflanzen, Wurzeln und Knollen, die zu Ernährungszwecken verwendet werden, und zwar	
	a) Kartoffeln, frisch oder gekühlt,	Position 07.01
	b) Tomaten, frisch oder gekühlt,	Position 07.02
	c) Speisezwiebeln, Schalotten, Knoblauch, Porree und andere Gemüse der Allium-Arten, frisch oder gekühlt,	Position 07.03
	d) Kohl, Blumenkohl, Kohlrabi, Wirsingkohl und ähnliche genießbare Kohlarten der Gattung Brassica, frisch oder gekühlt,	Position 07.04
	e) Salate (Lactuca sativa) und Chicorée (Cichorium-Arten), frisch oder gekühlt,	Position 07.05
	f) Karotten und Speisemöhren, Speiserüben, Rote Rüben, Schwarzwurzeln, Knollensellerie, Rettiche und ähnliche genießbare Wurzeln, frisch oder gekühlt,	Position 07.06
	g) Gurken und Cornichons, frisch oder gekühlt,	Position 07.07
	h) Hülsenfrüchte, auch ausgelöst, frisch oder gekühlt,	Position 07.08
	i) anderes Gemüse, frisch oder gekühlt,	Position 07.09

Lfd. Nr.	Warenbezeichnung	Zolltarif (Kapitel, Position, Unterposition)
	j) Gemüse, auch in Wasser oder Dampf gekocht, gefroren,	Position 07.10
	k) Gemüse, vorläufig haltbar gemacht (z. B. durch Schwefeldioxid oder in Wasser, dem Salz, Schwefeldioxid oder andere vorläufig konservierend wirkende Stoffe zugesetzt sind), zum unmittelbaren Genuß nicht geeignet,	Position 07.11
	l) Gemüse, getrocknet, auch in Stücke oder Scheiben geschnitten, als Pulver oder sonst zerkleinert, jedoch nicht weiter zubereitet,	Position 07.12
	m) trockene, ausgelöste Hülsenfrüchte, auch geschält oder zerkleinert,	Position 07.13
	n) Topinambur	aus Position 07.14
11	Genießbare Früchte	Positionen 08.01 bis 08.13
12	Kaffee, Tee, Mate und Gewürze	Kapitel 9
13	Getreide	Kapitel 10
14	Müllereierzeugnisse, und zwar	
	a) Mehl von Getreide,	Positionen 11.01 und 11.02
	b) Grobgrieß, Feingrieß und Pellets von Getreide,	Position 11.03
	c) Getreidekörner, anders bearbeitet; Getreidekeime, ganz, gequetscht, als Flocken oder gemahlen	Position 11.04
15	Mehl, Grieß und Flocken von Kartoffeln	Position 11.05
16	Mehl und Grieß von trockenen Hülsenfrüchten sowie Mehl, Grieß und Pulver von Früchten	aus Position 11.06
17	Stärke	aus Position 11.08
18	Ölsaaten und ölhaltige Früchte sowie Mehl hiervon	Positionen 12.01 bis 12.08
19	Samen, Früchte und Sporen, zur Aussaat	Position 12.09
20	Hopfen (Blütenzapfen), frisch oder getrocknet, auch gemahlen, sonst zerkleinert oder in Form von Pellets; Hopfenmehl (Lupulin)	Position 12.10
21	Rosmarin, Beifuß und Basilikum in Aufmachungen für den Küchenge-	

Lfd. Nr.	Warenbezeichnung	Zolltarif (Kapitel, Position, Unterposition)
	brauch sowie Dost, Minzen, Salbei, Kamillenblüten und Haustee	aus Position 12.11
22	Johannisbrot und Zuckerrüben, frisch oder getrocknet, auch gemahlen; Steine und Kerne von Früchten sowie andere pflanzliche Waren (einschließlich nichtgerösteter Zichorienwurzeln der Varietät Cichorium intybus sativum) der hauptsächlich zur menschlichen Ernährung verwendeten Art, anderweit weder genannt noch inbegriffen; ausgenommen Algen, Tange und Zuckerrohr	aus Position 12.12
23	Stroh und Spreu von Getreide sowie Futter	Positionen 12.13 und 12.14
24	Pektinstoffe, Pektinate und Pektate	Unterposition 1302.20
25	Korbweiden, ungeschält, weder gespalten noch sonst bearbeitet; Schilf und Binsen, roh, weder gespalten noch sonst bearbeitet	aus Position 14.01
26	Genießbare tierische und pflanzliche Fette und Öle, auch verarbeitet, und zwar	
	a) Schweineschmalz, anderes Schweinefett und Geflügelfett,	aus Position 15.01
	b) Fett von Rindern, Schafen oder Ziegen, ausgeschmolzen oder mit Lösungsmitteln ausgezogen,	aus Position 15.02
	c) Oleomargarine,	aus Position 15.03
	d) fette pflanzliche Öle und pflanzliche Fette sowie deren Fraktionen, auch raffiniert,	aus Positionen 15.07 bis 15.15
	e) tierische und pflanzliche Fette und Öle sowie deren Fraktionen, ganz oder teilweise hydriert, umgeestert, wiederverestert oder elaidiniert, auch raffiniert, jedoch nicht weiterverarbeitet, ausgenommen hydriertes Rizinusöl (sog. Opalwachs),	aus Position 15.16
	f) Margarine; genießbare Mischungen und Zubereitungen von tierischen oder pflanzlichen Fetten und Ölen sowie von Fraktionen verschiedener	

Lfd. Nr.	Warenbezeichnung	Zolltarif (Kapitel, Position, Unterposition)
	Fette und Öle, ausgenommen Form- und Trennöle	aus Position 15.17
27	Bienenwachs, roh	aus Position 15.21
28	Zubereitungen von Fleisch, Fischen oder von Krebstieren, Weichtieren und anderen wirbellosen Wassertieren, ausgenommen Kaviar sowie zubereitete oder haltbar gemachte Langusten, Hummer, Austern und Schnecken	aus Kapitel 16
29	Zucker und Zuckerwaren	Kapitel 17
30	Kakaopulver ohne Zusatz von Zucker oder anderen Süßmitteln sowie Schokolade und andere kakaohaltige Lebensmittelzubereitungen	Positionen 18.05 und 18.06
31	Zubereitungen aus Getreide, Mehl, Stärke oder Milch; Backwaren	Kapitel 19
32	Zubereitungen von Gemüse, Früchten und anderen Pflanzenteilen, ausgenommen Frucht- und Gemüsesäfte	Positionen 20.01 bis 20.08
33	Verschiedene Lebensmittelzubereitungen	Kapitel 21
34	Wasser, ausgenommen – Trinkwasser, einschließlich Quellwasser und Tafelwasser, das in zur Abgabe an den Verbraucher bestimmten Fertigpackungen in den Verkehr gebracht wird, – Heilwasser und – Wasserdampf	aus Unterposition 2201 9000
35	Milchmischgetränke mit einem Anteil an Milch oder Milcherzeugnissen (z. B. Molke) von mindestens fünfundsiebzig vom Hundert des Fertigerzeugnisses	aus Position 22.02
36	Speiseessig	Position 22.09
37	Rückstände und Abfälle der Lebensmittelindustrie; zubereitetes Futter	Kapitel 23
38	Tabakpflanzen und Tabakblätter, grün oder luftgetrocknet, nicht weiterbearbeitet; Abfälle hiervon	aus Position 24.01
39	Speisesalz, nicht in wäßriger Lösung	aus Position 25.01
40	a) Handelsübliches Ammoniumcarbonat und andere Ammoniumcarbonate,	Unterposition 2836.10

Lfd. Nr.	Warenbezeichnung	Zolltarif (Kapitel, Position, Unterposition)
	b) Natriumhydrogencarbonat (Natriumbicarbonat)	Unterposition 2836.30
41	D-Glucitol (Sorbit), auch mit Zusatz von Saccharin oder dessen Salzen	Unterpositionen 2905.44 und 3823.60
42	Essigsäure	Unterposition 2915.21
43	Natriumsalz und Kaliumsalz des Saccharins	aus Unterposition 2925 1100
44	Fütterungsarzneimittel, die den Vorschriften des § 56 Abs. 4 des Arzneimittelgesetzes entsprechen	aus Positionen 30.03 und 30.04
45	Tierische oder pflanzliche Düngemittel mit Ausnahme von Guano, auch untereinander gemischt, jedoch nicht chemisch behandelt; durch Mischen von tierischen oder pflanzlichen Erzeugnissen gewonnene Düngemittel	aus Position 31.01
46	Mischungen von Riechstoffen und Mischungen (einschließlich alkoholischer Lösungen) auf der Grundlage eines oder mehrerer dieser Stoffe, in Aufmachungen für den Küchengebrauch	aus Unterposition 3302 1000
47	Gelatine	aus Position 35.03
48	Holz, und zwar	
	a) Brennholz in Form von Rundlingen, Scheiten, Zweigen, Reisigbündeln oder ähnlichen Formen,	Unterposition 4401.10
	b) Sägespäne, Holzabfälle und Holzausschuß, auch zu Pellets, Briketts, Scheiten oder ähnlichen Formen zusammengepreßt,	Unterposition 4401.30
	c) Rohholz, auch entrindet, vom Splint befreit oder zwei- oder vierseitig grob zugerichtet,	Position 44.03
	d) Holzpfähle, gespalten; Pfähle und Pflöcke aus Holz, gespitzt, nicht in der Längsrichtung gesägt	aus Unterpositionen 4404.10 und 4404.20
49	Bücher, Zeitungen und andere Erzeugnisse des graphischen Gewerbes – mit	

Lfd. Nr.	Warenbezeichnung	Zolltarif (Kapitel, Position, Unterposition)
	Ausnahme der Erzeugnisse, die auf Grund des Gesetzes über die Verbreitung jugendgefährdender Schriften in eine Liste aufgenommen sind, sowie der Drucke, die für die Werbezwecke eines Unternehmens herausgegeben werden oder die überwiegend Werbezwecken (einschließlich Reisewerbung) dienen –, und zwar	
	a) Bücher, Broschüren und ähnliche Drucke, auch in losen Bogen oder Blättern (ausgenommen kartonierte, gebundene oder als Sammelbände zusammengefaßte periodische Druckschriften, die überwiegend Werbung enthalten),	aus Positionen 49.01, 97.05 und 97.06
	b) Zeitungen und andere periodische Druckschriften, auch mit Bildern oder Werbung enthaltend (ausgenommen Anzeigenblätter, Annoncen-Zeitungen und dergleichen, die überwiegend Werbung enthalten),	aus Position 49.02
	c) Bilderalben, Bilderbücher und Zeichen- oder Malbücher, für Kinder,	aus Position 49.03
	d) Noten, handgeschrieben oder gedruckt, auch mit Bildern, auch gebunden	aus Position 49.04
	e) kartographische Erzeugnisse aller Art einschließlich Wandkarten, topographischer Pläne und Globen, gedruckt,	aus Position 49.05
	f) Briefmarken und dergleichen (z. B. Ersttagsbriefe, Ganzsachen, vorphilatelistische Briefe und freigestempelte Briefumschläge) als Sammlungsstücke	aus Positionen 49.07 und 97.04
50	Wolle, roh, nicht bearbeitet	aus Unterpositionen 5101.11 und 5101.19
51	Rollstühle und andere Fahrzeuge für Kranke und Körperbehinderte, auch mit	

Lfd. Nr.	Warenbezeichnung	Zolltarif (Kapitel, Position, Unterposition)
52	Motor oder anderer Vorrichtung zur mechanischen Fortbewegung Körperersatzstücke, orthopädische Apparate und andere orthopädische Vorrichtungen sowie Vorrichtungen zum Beheben von Funktionsschäden oder Gebrechen, für Menschen, und zwar	Position 87.13
	a) künstliche Gelenke, ausgenommen Teile und Zubehör,	aus Unterposition 9021.11
	b) orthopädische Apparate und andere orthopädische Vorrichtungen einschließlich Krücken sowie medizinisch-chirurgischer Gürtel und Bandagen, ausgenommen Teile und Zubehör,	aus Unterposition 9021.19
	c) Prothesen, ausgenommen Teile und Zubehör,	aus Unterpositionen 9021.21, 9021.29 und 9021.30
	d) Schwerhörigengeräte, Herzschrittmacher und andere Vorrichtungen zum Beheben von Funktionsschäden oder Gebrechen, zum Tragen in der Hand oder am Körper oder zum Einpflanzen in den Organismus, ausgenommen Teile und Zubehör	Unterpositionen 9021.40 und 9021.50, aus Unterposition 9021.90
53	Kunstgegenstände, und zwar	
	a) Gemälde und Zeichnungen, vollständig mit der Hand geschaffen, sowie Collagen und ähnliche dekorative Bildwerke,	Position 97.01
	b) Originalstiche, -schnitte und -steindrucke,	Position 97.02
	c) Originalerzeugnisse der Bildhauerkunst, aus Stoffen aller Art	Position 97.03
54	Sammlungsstücke,	
	a) zoologische, botanische, mineralogische oder anatomische, und Sammlungen dieser Art,	aus Position 97.05

Lfd. Nr.	Warenbezeichnung	Zolltarif (Kapitel, Position, Unterposition)
	b) von geschichtlichem, archäologischem, paläontologischem oder völkerkundlichem Wert,	aus Position 97.05
	c) von münzkundlichem Wert, und zwar	
	aa) kursungültige Banknoten einschließlich Briefmarkengeld und Papiernotgeld,	aus Position 97.05
	bb) Münzen aus unedlen Metallen,	aus Position 97.05
	cc) Münzen und Medaillen aus Edelmetallen, wenn die Bemessungsgrundlage für die Lieferung, den Eigenverbrauch oder die Einfuhr dieser Gegenstände mehr als 250 vom Hundert des unter Zugrundelegung des Feingewichts berechneten Metallwerts ohne Umsatzsteuer beträgt	aus Positionen 71.18, 97.05 und 97.6

12.2 Umsatzsteuer-Durchführungsverordnung (UStDV 1991)*

In der Fassung der Bekanntmachung vom 8. Februar 1991

(BGBl. I S. 379)

Geändert durch Achte Verordnung zur Änderung der Umsatzsteuer-Durchführungsverordnung vom 13. Juni 1991 (BGBl. I S. 1239)

BGBl. III 611–10–14–1

Inhaltsübersicht

---

* Die Verordnung tritt im Gebiet der ehem. DDR am 1. 1. 1991 in Kraft.

Zu § 3a des Gesetzes

§ 1 Sonderfälle des Ortes der sonstigen Leistung

Erbringt ein Unternehmer, der sein Unternehmen von einem außerhalb des Gebiets der Europäischen Wirtschaftsgemeinschaft liegenden Ort aus betreibt,

1. eine sonstige Leistung, die in § 3a Abs. 4 des Gesetzes bezeichnet ist, an eine im Inland ansässige juristische Person des öffentlichen Rechts, soweit sie nicht Unternehmer ist, oder

2. eine sonstige Leistung, die nicht in § 3a Abs. 2 oder 4 des Gesetzes bezeichnet ist, an einen im Inland ansässigen Unternehmer, eine im Inland belegene Betriebsstätte eines Unternehmers oder eine im Inland ansässige juristische Person des öffentlichen Rechts,

so ist diese Leistung abweichend von § 3a Abs. 1 des Gesetzes als im Inland ausgeführt zu behandeln, wenn sie dort genutzt oder ausgewertet wird. Wird die Leistung von einer Betriebsstätte eines Unternehmers ausgeführt, gilt Satz 1 entsprechend, wenn die Betriebsstätte außerhalb des Gebiets der Europäischen Wirtschaftsgemeinschaft liegt.

§ 2 Verbindungsstrecken im Inland

Bei grenzüberschreitenden Beförderungen ist die Verbindungsstrecke zwischen zwei Orten im Ausland, die über das Inland führt, als ausländische Beförderungsstrecke anzusehen, wenn diese Verbindungsstrecke den nächsten oder verkehrstechnisch günstigsten Weg darstellt und der Streckenanteil im Inland nicht länger als 30 Kilometer ist. Dies gilt nicht für Personenbeförderungen im Linienverkehr mit Kraftfahrzeugen. § 7 bleibt unberührt.

§ 3 Verbindungsstrecken im Ausland

Bei grenzüberschreitenden Beförderungen ist die Verbindungsstrecke zwischen zwei Orten im Inland, die über das Ausland führt, als Beförderungsstrecke im Inland anzusehen, wenn der ausländische Streckenanteil nicht länger als 10 Kilometer ist. Dies gilt nicht für Personenbeförderungen im Linienverkehr mit Kraftfahrzeugen. § 7 bleibt unberührt.

§ 4 Anschlußstrecken im Schienenbahnverkehr

Bei grenzüberschreitenden Personenbeförderungen mit Schienenbahnen sind anzusehen:

1. als Beförderungsstrecken im Inland die Anschlußstrecken im Ausland, die von Eisenbahnverwaltungen mit Sitz im Inland betrieben werden, sowie Schienenbahnstrecken in den in § 1 Abs. 3 des Gesetzes bezeichneten Zollfreigebieten,

2. als ausländische Beförderungsstrecken die Anschlußstrecken im Inland, die von Eisenbahnverwaltungen mit Sitz im Ausland betrieben werden.

§ 5 Kurze Straßenstrecken im Inland

Bei grenzüberschreitenden Personenbeförderungen im Gelegenheitsverkehr mit Kraftfahrzeugen sind Streckenanteile im Inland, die in einer Fahrtrichtung nicht länger als 10 Kilometer sind, als ausländische Beförderungsstrecken anzusehen. § 6 bleibt unberührt.

§ 6 Straßenstrecken in Zollfreigebieten

Bei grenzüberschreitenden Personenbeförderungen mit Kraftfahrzeugen von und zu den in § 1 Abs. 3 des Gesetzes bezeichneten Zollfreigebieten sowie zwischen diesen Zollfreigebieten sind die Streckenanteile in diesen Zollfreigebieten als Beförderungsstrecken im Inland anzusehen.

§ 7 Kurze Strecken im grenzüberschreitenden Verkehr mit Wasserfahrzeugen

(1) Bei grenzüberschreitenden Beförderungen im Passagier- und Fährverkehr mit Wasserfahrzeugen, die sich ausschließlich auf das Inland und die in § 1 Abs. 3 des Gesetzes bezeichneten Zollfreigebiete erstrecken, sind die Streckenanteile in diesen Zollfreigebieten als Beförderungsstrecken im Inland anzusehen.

(2) Bei grenzüberschreitenden Beförderungen im Passagier- und Fährverkehr mit Wasserfahrzeugen, die in Häfen im Inland beginnen und enden, sind

1. ausländische Streckenanteile als Beförderungsstrecken im Inland anzusehen, wenn die Streckenanteile im Ausland nicht länger als 10 Kilometer sind, und

2. Streckenanteile im Inland als ausländische Beförderungsstrecken anzusehen, wenn

   a) die Streckenanteile im Ausland länger als 10 Kilometer und
   b) die Streckenanteile im Inland nicht länger als 20 Kilometer sind.

Streckenanteile in den § 1 Abs. 3 des Gesetzes bezeichneten Zollfreigebieten sind in diesen Fällen als Beförderungsstrecken im Inland anzusehen.

(3) Bei grenzüberschreitenden Beförderungen im Passagier- und Fährverkehr mit Wasserfahrzeugen für die Seeschiffahrt, die zwischen Seehäfen im Ausland oder zwischen einem Seehafen im Inland und einem Seehafen im Ausland durchgeführt werden, sind Streckenanteile im Inland als ausländische Beförderungsstrecken anzusehen und Beförderungen in den in § 1 Abs. 3 des Gesetzes bezeichneten Zollfreigebieten nicht wie Umsätze im Inland zu behandeln.

(4) Häfen im Inland im Sinne dieser Vorschrift sind auch Freihäfen (§ 2 Abs. 3 Nr. 3 des Zollgesetzes).

(5) Bei grenzüberschreitenden Beförderungen im Fährverkehr über den Rhein, die Donau, die Oder und die Neiße sind die Streckenanteile im Inland als ausländische Beförderungsstrecken anzusehen.

Zu § 4 Nr. 1 und den §§ 6 und 7 des Gesetzes

Ausfuhrnachweis und buchmäßiger Nachweis bei Ausfuhrlieferungen und Lohnveredelungen an Gegenständen der Ausfuhr

§ 8 Grundsätze für den Ausfuhrnachweis bei Ausfuhrlieferungen

(1) Bei Ausfuhrlieferungen (§ 6 des Gesetzes) muß der Unternehmer im Geltungsbereich dieser Verordnung durch Belege nachweisen, daß er oder der Abnehmer den Gegenstand der Lieferung in das Ausland befördert oder versendet hat (Ausfuhrnachweis). Die Voraussetzung muß sich aus den Belegen eindeutig und leicht nachprüfbar ergeben.

(2) Ist der Gegenstand der Lieferung durch Beauftragte vor der Ausfuhr bearbeitet oder verarbeitet worden (§ 6 Abs. 1 Satz 2 des Gesetzes), so muß sich auch dies aus den Belegen nach Absatz 1 eindeutig und leicht nachprüfbar ergeben.

§ 9 Ausfuhrnachweis bei Ausfuhrlieferungen in Beförderungsfällen

In den Fällen, in denen der Unternehmer oder der Abnehmer den Gegenstand der Lieferung in das Ausland befördert hat (Beförderungsfälle), soll der Unternehmer den Ausfuhrnachweis regelmäßig durch einen Beleg führen, der folgendes enthält:

1. den Namen und die Anschrift des Unternehmers,
2. die handelsübliche Bezeichnung und die Menge des ausgeführten Gegenstandes,
3. den Ort und den Tag der Ausfuhr,

4. eine Ausfuhrbestätigung der Grenzzollstelle. An die Stelle dieser Bestätigung tritt bei einer Ausfuhr im gemeinschaftlichen Versandverfahren nach der Verordnung (EWG) Nr. 222/77 des Rates vom 13. Dezember 1976 über das gemeinschaftliche Versandverfahren (ABl. EG 1977 Nr. L 38 S. 1) oder bei einer Ausfuhr im gemeinsamen Versandverfahren nach dem durch Beschluß 87/415/EWG des Rates vom 15. Juni 1987 (ABl. EG 1987 Nr. L 226 S. 1) genehmigten Übereinkommen über ein gemeinsames Versandverfahren, wenn diese Verfahren nicht bei einer Grenzzollstelle beginnen,

a) eine Ausfuhrbestätigung der Abgangszollstelle, die nach Eingang des Rückscheins erteilt wird, oder

b) eine Abfertigungsbestätigung der Abgangszollstelle in Verbindung mit einer Eingangsbescheinigung der Bestimmungszollstelle im Ausland.

§ 10 Ausfuhrnachweis bei Ausfuhrlieferungen in Versendungsfällen

(1) In den Fällen, in denen der Unternehmer oder der Abnehmer den Gegenstand der Lieferung in das Ausland versendet hat (Versendungsfälle), soll der Unternehmer den Ausfuhrnachweis regelmäßig wie folgt führen:

1. durch einen Versendungsbeleg, insbesondere durch Frachtbrief, Konnossement, Posteinlieferungsschein oder deren Doppelstücke, oder

2. durch einen sonstigen handelsüblichen Beleg, insbesondere durch eine Bescheinigung des beauftragten Spediteurs oder durch eine Versandbestätigung des Lieferers. Der sonstige Beleg soll enthalten:

a) den Namen und die Anschrift des Ausstellers sowie den Tag der Ausstellung,

b) den Namen und die Anschrift des Unternehmers sowie des Auftraggebers, wenn dieser nicht der Unternehmer ist,

c) die handelsübliche Bezeichnung und die Menge des ausgeführten Gegenstandes,

d) den Ort und den Tag der Ausfuhr oder den Ort und den Tag der Versendung in das Ausland,

e) den Empfänger und den Bestimmungsort im Ausland,

f) eine Versicherung des Ausstellers, daß die Angaben in dem Beleg auf Grund von Geschäftsunterlagen gemacht wurden, die im Geltungsbereich dieser Verordnung nachprüfbar sind,

g) die Unterschrift des Ausstellers.

(2) Ist es dem Unternehmer in den Versendungsfällen nicht möglich oder nicht zumutbar, den Ausfuhrnachweis nach Absatz 1 zu führen, so kann er die Ausfuhr wie bei den Beförderungsfällen (§ 9) nachweisen.

§ 11 Ausfuhrnachweis bei Ausfuhrlieferungen in Bearbeitungs- und Verarbeitungsfällen

(1) In den Fällen, in denen der Gegenstand der Lieferung durch einen Beauftragten vor der Ausfuhr bearbeitet oder verarbeitet worden ist (Bearbeitungs- und Verarbeitungsfälle), soll der Unternehmer den Ausfuhrnachweis regelmäßig durch einen Beleg nach § 9 oder § 10 führen, der zusätzlich folgende Angaben enthält:

1. den Namen und die Anschrift des Beauftragten,
2. die handelsübliche Bezeichnung und die Menge des an den Beauftragten übergebenen oder versendeten Gegenstandes,
3. den Ort und den Tag der Entgegennahme des Gegenstandes durch den Beauftragten,
4. die Bezeichnung des Auftrages und der vom Beauftragten vorgenommenen Bearbeitung oder Verarbeitung.

(2) Ist der Gegenstand der Lieferung durch mehrere Beauftragte bearbeitet oder verarbeitet worden, so haben sich die in Absatz 1 bezeichneten Angaben auf die Bearbeitungen oder Verarbeitungen eines jeden Beauftragten zu erstrecken.

§ 12 Ausfuhrnachweis bei Lohnveredelungen an Gegenständen der Ausfuhr

Bei Lohnveredelungen an Gegenständen der Ausfuhr (§ 7 des Gesetzes) sind die Vorschriften über die Führung des Ausfuhrnachweises bei Ausfuhrlieferungen (§§ 8 bis 11) entsprechend anzuwenden.

§ 13 Buchmäßiger Nachweis bei Ausfuhrlieferungen und Lohnveredelungen an Gegenständen der Ausfuhr

(1) Bei Ausfuhrlieferungen und Lohnveredelungen an Gegenständen der Ausfuhr (§§ 6 und 7 des Gesetzes) muß der Unternehmer im Geltungsbereich dieser Verordnung die Voraussetzungen der Steuerbefreiung buchmäßig nachweisen. Die Voraussetzungen müssen eindeutig und leicht nachprüfbar aus der Buchführung zu ersehen sein.

(2) Der Unternehmer soll regelmäßig folgendes aufzeichnen:

1. die handelsübliche Bezeichnung und die Menge des Gegenstandes der Lieferung oder die Art und den Umfang der Lohnveredelung,
2. den Namen und die Anschrift des Abnehmers oder Auftraggebers,
3. den Tag der Lieferung oder der Lohnveredelung,
4. das vereinbarte Entgelt oder bei der Besteuerung nach vereinnahmten Entgelten das vereinnahmte Entgelt und den Tag der Vereinnahmung,
5. die Art und den Umfang einer Bearbeitung oder Verarbeitung vor der Ausfuhr (§ 6 Abs. 1 Satz 2, § 7 Abs. 1 Satz 2 des Gesetzes),
6. die Ausfuhr.

(3) In den Fällen des § 6 Abs. 1 Nr. 1 des Gesetzes, in denen der Abnehmer kein ausländischer Abnehmer ist, soll der Unternehmer zusätzlich zu den Angaben nach Absatz 2 aufzeichnen:

1. die Beförderung oder Versendung durch ihn selbst,
2. den Bestimmungsort.

(4) In den Fällen des § 6 Abs. 1 Nr. 3 Buchstabe b des Gesetzes soll der Unternehmer zusätzlich zu den Angaben nach Absatz 2 aufzeichnen:

1. die Beförderung oder Versendung durch ihn selbst,
2. den Bestimmungsort,
3. den Gewerbezweig oder Beruf des Abnehmers,
4. den Erwerbszweck des Abnehmers.

(5) In den Fällen des § 6 Abs. 3 des Gesetzes soll der Unternehmer zusätzlich zu den Angaben nach Absatz 2 aufzeichnen:

1. den Gewerbezweig oder Beruf des Abnehmers,
2. den Verwendungszweck des Beförderungsmittels.

(6) In den Fällen des § 7 Abs. 1 Nr. 1 des Gesetzes, in denen der Auftraggeber kein ausländischer Auftraggeber ist, ist Absatz 3 und in den Fällen des § 7 Abs. 1 Nr. 3 Buchstabe b des Gesetzes Absatz 4 entsprechend anzuwenden.

Sonderregelungen für den Reiseverkehr

§14 Ausschluß der Steuerbefreiung für Ausfuhrlieferungen im nichtkommerziellen innergemeinschaftlichen Reiseverkehr

(1) Die Steuerbefreiung für Ausfuhrlieferungen ist ausgeschlossen, wenn

1. der Gegenstand der Lieferung im nichtkommerziellen innergemeinschaftlichen Reiseverkehr ausgeführt wird und
2. das Entgelt für die Lieferung zuzüglich der auf sie entfallenden Umsatzsteuer 1235 Deutsche Mark nicht übersteigt.

(2) Eine Ausfuhr im nichtkommerziellen innergemeinschaftlichen Reiseverkehr liegt vor, wenn

1. der Abnehmer ein ausländischer Abnehmer ist, der seinen Wohnort in einem Gebiet hat, das zur Europäischen Wirtschaftsgemeinschaft gehört (Artikel 227 Abs. 1, 4 und 5 des Vertrages zur Gründung der Europäischen Wirtschaftsgemeinschaft),
2. der Abnehmer den Gegenstand der Lieferung für private Zwecke erworben hat und
3. der Abnehmer oder sein Beauftragter den Gegenstand der Lieferung im persönlichen Reisegepäck in das Gebiet eines anderen Mitgliedstaates der Europäischen Wirtschaftsgemeinschaft eingeführt hat.

(3) Absatz 1 ist nicht anzuwenden, wenn für die auf die Lieferung folgende Einfuhr des Gegenstandes in das Gebiet eines anderen Mitgliedstaates der Europäischen Wirtschaftsgemeinschaft Einfuhrumsatzsteuer erhoben worden ist und der Unternehmer die Besteuerung der Einfuhr buchmäßig nachgewiesen hat.

§ 15 Besteuerung der Einfuhr durch den Einfuhrstaat bei Ausfuhrlieferungen im nichtkommerziellen innergemeinschaftlichen Reiseverkehr

(1) In den Fällen einer Ausfuhr im nichtkommerziellen innergemeinschaftlichen Reiseverkehr (§ 14 Abs. 2), in denen das Entgelt für die Lieferung zuzüglich der auf sie entfallenden Umsatzsteuer 1235 Deutsche Mark übersteigt, ist die Steuerbefreiung für Ausfuhrlieferungen davon abhängig, daß bei der Einfuhr des Gegenstandes der Lieferung in das Gebiet eines anderen Mitgliedstaates der Europäischen Wirtschaftsgemeinschaft (Einfuhrstaat) die Vorschriften über die Erhebung der Einfuhrumsatzsteuer angewendet worden sind oder angewendet werden.

(2) Der Unternehmer muß im Geltungsbereich dieser Verordnung die in Absatz 1 bezeichnete Voraussetzung durch einen Beleg nachweisen. Der Beleg muß enthalten:

1. den Namen und die Anschrift des Unternehmers,

2. die handelsübliche Bezeichnung und Menge des Gegenstandes,

3. den Namen und die Anschrift des ausländischen Abnehmers,

4. einen Sichtvermerk der Zollbehörde oder einer sonstigen zuständigen Behörde des Einfuhrstaates. Aus dem Sichtvermerk muß sich ergeben, daß die Vorschriften über die Erhebung der Einfuhrumsatzsteuer angewendet worden sind oder angewendet werden.

(3) Der Nachweis nach Abs. 2 tritt an die Stelle des Ausfuhrnachweises. Die §§ 8 bis 11 sind nicht anzuwenden.

§ 16 Zusätzliche Nachweise bei Ausfuhrlieferungen im kommerziellen innergemeinschaftlichen Reiseverkehr

(1) In den Fällen einer Ausfuhr im kommerziellen innergemeinschaftlichen Reiseverkehr ist die Steuerbefreiung für Ausfuhrlieferungen davon abhängig, daß der Unternehmer die Unternehmereigenschaft des Abnehmers und dessen Erwerbszweck buchmäßig nachgewiesen hat. § 6 Abs. 1 des Gesetzes bleibt unberührt.

(2) Eine Ausfuhr im kommerziellen innergemeinschaftlichen Reiseverkehr liegt vor, wenn der Abnehmer ein Unternehmer ist, der den Gegenstand der Lieferung für Zwecke seines Unternehmens erworben hat, und im übrigen die Voraussetzungen des § 14 Abs. 2 Nr. 1 und 3 erfüllt sind.

§ 17 Abnehmernachweis bei Ausfuhrlieferungen im außergemeinschaftlichen Reiseverkehr

(1) In den Fällen einer Ausfuhr im außergemeinschaftlichen Reiseverkehr soll der Beleg nach § 9 zusätzlich folgende Angaben enthalten:

1. den Namen und die Anschrift des ausländischen Abnehmers,

2. eine Bestätigung der Grenzzollstelle, daß die nach Nummer 1 gemachten Angaben mit den Eintragungen in dem vorgelegten Paß oder sonstigen Grenzübertrittspapier desjenigen übereinstimmen, der den Gegenstand in das Ausland verbringt.

(2) Eine Ausfuhr im außergemeinschaftlichen Reiseverkehr liegt vor, wenn

1. der Abnehmer ein ausländischer Abnehmer ist, der seinen Wohnort in einem Gebiet außerhalb der Europäischen Wirtschaftsgemeinschaft hat und

2. der Abnehmer oder sein Beauftragter den Gegenstand der Lieferung im persönlichen Reisegepäck ausgeführt hat.

Zu § 4 Nr. 2 und § 8 des Gesetzes

§ 18 Buchmäßiger Nachweis bei Umsätzen für die Seeschiffahrt und für die Luftfahrt

Bei Umsätzen für die Seeschiffahrt und für die Luftfahrt (§ 8 des Gesetzes) ist § 13 Abs. 1 und 2 Nr. 1 bis 4 entsprechend anzuwenden. Zusätzlich soll der Unternehmer aufzeichnen, für welchen Zweck der Gegenstand der Lieferung oder die sonstige Leistung bestimmt ist.

Zu § 4 Nr. 3 des Gesetzes

§ 19 Grenzüberschreitende Beförderungen von Gegenständen

(1) Als Beförderungen im Sinne des § 4 Nr. 3 Buchstabe a des Gesetzes gelten nicht:

1. die grenzüberschreitende Beförderung von Gegenständen, bei der der Absende- und Bestimmungsort im Inland liegen und das Ausland nur im Wege der Durchfuhr berührt wird,

2. die grenzüberschreitende Beförderung von Gegenständen oder die Beförderung im internationalen Eisenbahnfrachtverkehr vom Ausland in das Inland auf Grund einer nachträglichen Verfügung zu einem anderen als dem ursprünglich im Frachtbrief angegebenen Bestimmungsort, soweit die Kosten für diese Beförderung nicht in der Bemessungsgrundlage für die Einfuhr (§ 11 des Gesetzes) enthalten sind.

(2) Als Besorgung einer grenzüberschreitenden Beförderung (§ 4 Nr. 3 Buchstabe a und § 3 Abs. 11 des Gesetzes) ist auch die Leistung eines Empfangsspediteurs anzusehen, soweit er von dem Empfänger des Gegenstandes oder von einem Dritten Beträge vereinnahmt und an einen anderen als Entgelt für eine in § 4 Nr. 3 Buchstabe a des Gesetzes bezeichnete Leistung wieder verausgabt.

(3) Befördern mehrere Unternehmer einen Gegenstand im Eisenbahnwechselverkehr mit durchgehendem Frachtbrief und führt hierbei einer der Unternehmer eine grenzüberschreitende Beförderung im Sinne des § 4 Nr. 3 Buchstabe a des Gesetzes aus, so sind auch die Beförderungsleistungen der übrigen Unternehmer als Beförderungen im Sinne der bezeichneten Vorschrift anzusehen.

§ 20 Belegmäßiger Nachweis bei steuerfreien Leistungen, die sich auf Gegenstände der Einfuhr, Ausfuhr oder Durchfuhr beziehen

(1) Bei einer Leistung, die sich auf einen Gegenstand der Einfuhr bezieht (§ 4 Nr. 3 Buchstabe b Doppelbuchstabe aa des Gesetzes), muß der Unternehmer durch Belege nachweisen, daß die Kosten für diese Leistung in der Bemessungsgrundlage für die Einfuhr enthalten sind.

(2) Bei einer Leistung, die sich unmittelbar auf einen Gegenstand der Ausfuhr oder der Durchfuhr bezieht (§ 4 Nr. 3 Buchstabe b Doppelbuchstabe bb des Gesetzes), muß der Unternehmer durch Belege die Ausfuhr oder Wiederausfuhr des Gegenstandes nachweisen. Die Voraussetzung muß sich aus den Belegen eindeutig und leicht nachprüfbar ergeben. Die Vorschriften über den Ausfuhrnachweis in den §§ 9 bis 11 sind entsprechend anzuwenden.

(3) Der Unternehmer muß die Nachweise im Geltungsbereich dieser Verordnung führen.

§ 21 Buchmäßiger Nachweis bei steuerfreien Leistungen, die sich auf Gegenstände der Einfuhr, Ausfuhr oder Durchfuhr beziehen

Bei einer Leistung, die sich auf einen Gegenstand der Einfuhr, der Ausfuhr oder der Durchfuhr bezieht (§ 4 Nr. 3 Buchstabe b des Gesetzes), ist § 13 Abs. 1 und 2 Nr. 1 bis 4 entsprechend anzuwenden. Zusätzlich soll der Unternehmer aufzeichnen:

1. bei einer Leistung, die sich auf einen Gegenstand der Einfuhr bezieht, daß die Kosten für die Leistung in der Bemessungsgrundlage für die Einfuhr enthalten sind,

2. bei einer Leistung, die sich auf einen Gegenstand der Ausfuhr oder der Durchfuhr bezieht, daß der Gegenstand ausgeführt oder wiederausgeführt worden ist.

Zu § 4 Nr. 5 des Gesetzes

§ 22 Buchmäßiger Nachweis bei steuerfreien Vermittlungen

(1) Bei Vermittlungen im Sinne des § 4 Nr. 5 des Gesetzes ist § 13 Abs. 1 entsprechend anzuwenden.

(2) Der Unternehmer soll regelmäßig folgendes aufzeichnen:

1. die Vermittlung und den vermittelten Umsatz,

2. den Tag der Vermittlung,

3. den Namen und die Anschrift des Unternehmers, der den vermittelten Umsatz ausgeführt hat,

4. das für die Vermittlung vereinbarte Entgelt oder bei der Besteuerung nach vereinnahmten Entgelten das für die Vermittlung vereinnahmte Entgelt und den Tag der Vereinnahmung.

Zu § 4 Nr. 18 des Gesetzes

§ 23 Amtlich anerkannte Verbände der freien Wohlfahrtspflege

Die nachstehenden Vereinigungen gelten als amtlich anerkannte Verbände der freien Wohlfahrtspflege:

1. Diakonisches Werk der Evangelischen Kirche in Deutschland e. V.,

2. Deutscher Caritasverband e. V.,

3. Deutscher Paritätischer Wohlfahrtsverband e. V.,

4. Deutsches Rotes Kreuz,

5. Arbeiterwohlfahrt – Bundesverband e. V. –,

6. Zentralwohlfahrtsstelle der Juden in Deutschland e. V.,

7. Deutscher Blindenverband e. V.,

8. Bund der Kriegsblinden Deutschlands e. V.,

9. Verband Deutscher Wohltätigkeitsstiftungen e. V.,

10. Bundesarbeitsgemeinschaft ,,Hilfe für Behinderte" e. V.

Zu § 4a des Gesetzes

§ 24 Antragsfrist für die Steuervergütung und Nachweis der Voraussetzungen

(1) Die Steuervergütung ist bei dem zuständigen Finanzamt bis zum Ablauf des Kalenderjahres zu beantragen, das auf das Kalenderjahr folgt, in

dem der Gegenstand in das Ausland gelangt. Ein Antrag kann mehrere Ansprüche auf die Steuervergütung umfassen.

(2) Der Nachweis, daß der Gegenstand in das Ausland gelangt ist, muß in der gleichen Weise wie bei Ausfuhrlieferungen geführt werden (§§ 8 bis 11).

(3) Die Voraussetzungen für die Steuervergütung sind im Geltungsbereich dieser Verordnung buchmäßig nachzuweisen. Regelmäßig sollen aufgezeichnet werden:

1. die handelsübliche Bezeichnung und die Menge des ausgeführten Gegenstandes,
2. der Name und die Anschrift des Lieferers,
3. der Name und die Anschrift des Empfängers,
4. der Verwendungszweck im Ausland,
5. der Tag der Ausfuhr des Gegenstandes,
6. die mit dem Kaufpreis für die Lieferung des Gegenstandes bezahlte Steuer oder die für die Einfuhr des Gegenstandes entrichtete Steuer.

Zu § 10 Abs. 6 des Gesetzes

§ 25 Durchschnittsbeförderungsentgelt

Das Durchschnittsbeförderungsentgelt wird auf 5 Pfennig je Personenkilometer festgesetzt.

Zu § 12 Abs. 2 Nr. 1 des Gesetzes

§§ 26 bis 29 *weggefallen*

Zu § 12 Abs. 2 Nr. 7 Buchstabe d des Gesetzes

§ 30 Schausteller

Als Leistungen aus der Tätigkeit als Schausteller gelten Schaustellungen, Musikaufführungen, unterhaltende Vorstellungen oder sonstige Lustbarkeiten auf Jahrmärkten, Volksfesten, Schützenfesten oder ähnlichen Veranstaltungen.

Zu § 14 des Gesetzes

§ 31 Angaben in der Rechnung

(1) Die nach § 14 Abs. 1 Satz 2 des Gesetzes erforderlichen Angaben können in anderen Unterlagen enthalten sein, sofern eine leichte Nachprüfbarkeit der Angaben gewährleistet ist. Auf der Rechnung muß angegeben sein, welche anderen Unterlagen ergänzende Angaben enthalten. Diese Angaben müssen eindeutig sein.

(2) Den Anforderungen des § 14 Abs. 1 Satz 2 Nr. 1 des Gesetzes ist genügt, wenn sich auf Grund der in die Rechnung aufgenommenen Bezeichnung der Name und die Anschrift des leistenden Unternehmers eindeutig feststellen lassen. Das gleiche gilt für die in § 14 Abs. 1 Satz 2 Nr. 2 des Gesetzes vorgeschriebene Angabe des Namens und der Anschrift des Leistungsempfängers.

(3) Für die in § 14 Abs. 1 Satz 2 Nr. 1 bis 3 des Gesetzes vorgeschriebenen Angaben können Abkürzungen, Buchstaben, Zahlen oder Symbole verwendet werden, wenn ihre Bedeutung in der Rechnung oder in anderen Unterlagen eindeutig festgelegt ist. Die erforderlichen anderen Unterlagen müssen sowohl beim Aussteller als auch beim Empfänger der Rechnung vorhanden sein.

(4) Als Zeitpunkt der Lieferung oder sonstigen Leistung (§ 14 Abs. 1 Satz 2 Nr. 4 des Gesetzes) kann der Kalendermonat angegeben werden, in dem die Leistung ausgeführt wird.

§ 32 Rechnungen über Umsätze, die verschiedenen Steuersätzen unterliegen

In einer Rechnung über Lieferungen oder sonstige Leistungen, die verschiedenen Steuersätzen unterliegen, sind die Entgelte und Steuerbeträge nach Steuersätzen zu trennen. Wird der Steuerbetrag durch Maschinen automatisch ermittelt und durch diese in der Rechnung angegeben, so ist der Ausweis des Steuerbetrages in einer Summe zulässig, wenn für die einzelnen Posten der Rechnung der Steuersatz angegeben wird.

§ 33 Rechnungen über Kleinbeträge

Rechnungen, deren Gesamtbetrag 200 Deutsche Mark nicht übersteigt, müssen mindestens folgende Angaben enthalten:

1. den Namen und die Anschrift des leistenden Unternehmers,
2. die Menge und die handelsübliche Bezeichnung des Gegenstandes der Lieferung oder die Art und den Umfang der sonstigen Leistung,
3. das Entgelt und den Steuerbetrag für die Lieferung oder sonstige Leistung in einer Summe,
4. den Steuersatz.

Die §§ 31 und 32 sind entsprechend anzuwenden.

§ 34 Fahrausweise als Rechnungen

(1)[1] Fahrausweise, die für die Beförderung von Personen ausgegeben werden, gelten als Rechnungen im Sinne des § 14 Abs. 1 des Gesetzes, wenn sie mindestens folgende Angaben enthalten:

---

[1] Zum Inkrafttreten siehe § 74 Abs. 1.

1. den Namen und die Anschrift des Unternehmers, der die Beförderung ausführt. § 31 Abs. 2 ist entsprechend anzuwenden;

2. das Entgelt und den Steuerbetrag in einer Summe;

3. den Steuersatz, wenn die Beförderungsleistung nicht dem ermäßigten Steuersatz nach § 12 Abs. 2 Nr. 10 des Gesetzes unterliegt.★

Auf Fahrausweisen der Deutschen Bundesbahn, der nichtbundeseigenen Eisenbahnen und der Deutschen Reichsbahn kann an Stelle des Steuersatzes die Tarifentfernung angegeben werden.

(2) Fahrausweise für eine grenzüberschreitende Beförderung im Personenverkehr und im internationalen Eisenbahn-Personenverkehr gelten nur dann als Rechnung im Sinne des § 14 Abs. 1 des Gesetzes, wenn eine Bescheinigung des Beförderungsunternehmers oder seines Beauftragten darüber vorliegt, welcher Anteil des Beförderungspreises auf die Strecke im Inland entfällt. In der Bescheinigung ist der Steuersatz anzugeben, der auf den auf das Inland entfallenden Teil der Beförderungsleistung anzuwenden ist.

(3) Die Absätze 1 und 2 gelten für Belege im Reisegepäckverkehr entsprechend.

Zu § 15 des Gesetzes

§ 35 Vorsteuerabzug bei Rechnungen über Kleinbeträge und bei Fahrausweisen

(1) Bei Rechnungen im Sinne des § 33 kann der Unternehmer den Vorsteuerabzug in Anspruch nehmen, wenn er den Rechnungsbetrag in Entgelt und Steuerbetrag aufteilt.

(2) Absatz 1 ist für Rechnungen im Sinne des § 34 entsprechend anzuwenden. Bei der Aufteilung in Entgelt und Steuerbetrag ist der Steuersatz nach § 12 Abs. 1 des Gesetzes anzuwenden, wenn in der Rechnung

1. dieser Steuersatz oder

2. eine Tarifentfernung von mehr als fünfzig Kilometern

angegeben ist. Bei den übrigen Rechnungen ist der Steuersatz nach § 12 Abs. 2 des Gesetzes anzuwenden. Bei Fahrausweisen im Luftverkehr kann der Vorsteuerabzug nur in Anspruch genommen werden, wenn der Steuersatz nach § 12 Abs. 1 des Gesetzes im Fahrausweis angegeben ist.

§ 36 Vorsteuerabzug bei Reisekosten nach Pauschbeträgen

(1) Nimmt ein Unternehmer aus Anlaß einer Geschäftsreise (§ 38) im Inland für seine Mehraufwendungen für Verpflegung einen Pauschbetrag in Anspruch oder erstattet er seinem Arbeitnehmer aus Anlaß einer Dienst-

---

★ Amtl. Anm. Siehe § 74 Abs. 1.

reise (§ 38) im Inland die Aufwendungen für Übernachtung oder die Mehraufwendungen für Verpflegung nach Pauschbeträgen, so kann er 11,4 vom Hundert dieser Beträge als Vorsteuer abziehen. Die als Vorsteuer abziehbaren Beträge dürfen jedoch 11,4 vom Hundert der Pauschbeträge nicht übersteigen, die für die Zwecke der Einkommensteuer oder Lohnsteuer anzusetzen sind.

(2) Erstattet ein Unternehmer seinem Arbeitnehmer aus Anlaß einer Dienstreise im Inland die Aufwendungen für die Benutzung eines eigenen Kraftfahrzeugs, so kann er für jeden gefahrenen Kilometer ohne besonderen Nachweis 7,6 vom Hundert der erstatteten Aufwendungen als Vorsteuer abziehen. Der als Vorsteuer abziehbare Betrag darf jedoch 7,6 vom Hundert der Pauschbeträge nicht übersteigen, die für die Zwecke der Lohnsteuer anzusetzen sind. Bei der Benutzung eines eigenen Fahrrads gelten die Sätze 1 und 2 mit der Maßgabe, daß die abziehbare Vorsteuer mit 12,3 vom Hundert der Aufwendungen berechnet werden kann.

(3) Verwendet ein Unternehmer für eine Geschäftsreise im Inland ein nicht zu einem Unternehmen gehörendes Kraftfahrzeug und nimmt er für die ihm dadurch entstehenden Aufwendungen einen Pauschbetrag in Anspruch, so kann er für jeden gefahrenen Kilometer ohne besonderen Nachweis 5,3 vom Hundert dieses Betrages als Vorsteuer abziehen. Der als Vorsteuer abziehbare Betrag darf jedoch 5,3 vom Hundert des Pauschbetrages nicht übersteigen, der für die Zwecke der Einkommensteuer anzusetzen ist.

(4) Die Absätze 1 bis 3 gelten für die auf das Inland entfallenden Aufwendungen für eine Geschäftsreise oder Dienstreise in oder durch das Ausland entsprechend. Bei der Ermittlung der abziehbaren Vorsteuerbeträge ist von den Pauschbeträgen auszugehen, die für die Zwecke der Einkommensteuer oder Lohnsteuer für Reisen im Inland anzusetzen sind.

(5) Die nach den Absätzen 1 bis 4 errechneten Vorsteuerbeträge können unter folgenden Voraussetzungen abgezogen werden:

1. Über die Reise ist ein Beleg auszustellen, der Zeit, Ziel und Zweck der Reise, die Person, die die Reise ausgeführt hat, und den Betrag angibt, aus dem die Vorsteuer errechnet wird. In den Fällen der Absätze 2 und 3 ist außerdem die Anzahl der gefahrenen Kilometer anzugeben.
2. Der Beleg muß so aufbewahrt werden, daß er leicht auffindbar ist.

§ 37 Gesamtpauschalierung des Vorsteuerabzugs bei Reisekosten

(1) An Stelle eines gesonderten Vorsteuerabzugs bei den einzelnen Reisekosten kann der Unternehmer einen Pauschbetrag von 9,2 vom Hundert der ihm aus Anlaß einer im Inland ausgeführten Geschäftsreise oder Dienstreise seines Arbeitnehmers insgesamt entstandenen Reisekosten als

Vorsteuer abziehen. Das gleiche gilt für die auf das Inland entfallenden Kosten einer Geschäftsreise oder Dienstreise in oder durch das Ausland.

(2) Bei der Ermittlung des abziehbaren Vorsteuerbetrages ist von den Beträgen auszugehen, die für die Zwecke der Einkommensteuer oder Lohnsteuer für Reisen im Inland anzusetzen sind. Kosten für Beförderungsleistungen, die von der Steuer befreit sind oder für die die Steuer nicht erhoben wird, sind bei der Ermittlung des abziehbaren Vorsteuerbetrages auszuscheiden.

(3) Die Anwendung der Absätze 1 und 2 muß sich auf alle in einem Kalenderjahr durchgeführten Geschäftsreisen und Dienstreisen erstrecken.

(4) § 36 Abs. 5 ist mit der Maßgabe anzuwenden, daß aus dem Beleg auch zu ersehen sein muß, wie sich der Gesamtbetrag der anläßlich einer Geschäftsreise oder Dienstreise entstandenen Reisekosten im einzelnen zusammensetzt.

§ 38 Geschäftsreisen, Dienstreisen

Bei Anwendung der Vorschriften der §§ 36 und 37 ist der Begriff der Geschäftsreise nach den für die Einkommensteuer und der Begriff der Dienstreise nach den für die Lohnsteuer geltenden Merkmalen abzugrenzen. Entsprechend ist als Geschäftsreise auch ein Geschäftsgang und als Dienstreise auch ein Dienstgang des Arbeitnehmers und ein Vorstellungsbesuch eines Stellenbewerbers anzusehen.

§ 39 Vorsteuerabzug bei Umzugskosten

(1) Erstattet ein Unternehmer seinem Arbeitnehmer Beträge für einen dienstlich veranlaßten Umzug, so kann er die darauf entfallende Steuer unter den folgenden Voraussetzungen als Vorsteuer abziehen:

1. Es muß sich um Mehraufwendungen im Sinne des § 3 Nr. 16 des Einkommensteuergesetzes handeln.
2. Die den Mehraufwendungen zugrundeliegenden Leistungen müssen steuerpflichtig sein.
3. Die Steuer muß dem Unternehmer oder seinem Arbeitnehmer gesondert in Rechnung gestellt worden sein.

(2) Erstattet der Unternehmer seinem Arbeitnehmer nur einen Teil der in Absatz 1 Nr. 1 bezeichneten Mehraufwendungen, so beschränkt sich der Vorsteuerabzug auf den Teil der Steuer, der auf den erstatteten Betrag entfällt.

(3) Soweit die erstatteten Mehraufwendungen auf Beträge entfallen, die ihrer Art nach Reisekosten sind, kann der Unternehmer dafür den abziehbaren Vorsteuerbetrag nach § 36 oder § 37 ermitteln.

(4) Die Voraussetzungen des Vorsteuerabzugs hat der Unternehmer aufzuzeichnen und, soweit er nicht Absatz 3 anwendet, durch Rechnungen nachzuweisen.

§ 40 Vorsteuerabzug bei unfreien Versendungen

(1) Läßt ein Absender einen Gegenstand durch einen Frachtführer oder Verfrachter unfrei zu einem Dritten befördern oder eine solche Beförderung durch einen Spediteur unfrei besorgen, so ist für den Vorsteuerabzug der Empfänger der Frachtsendung als Auftraggeber dieser Leistungen anzusehen. Der Absender darf die Steuer für diese Leistungen nicht als Vorsteuer abziehen. Der Empfänger der Frachtsendung kann diese Steuer unter folgenden Voraussetzungen abziehen:

1. Er muß im übrigen hinsichtlich der Beförderung oder ihrer Besorgung zum Abzug der Steuer berechtigt sein (§ 15 Abs. 1 Nr. 1 des Gesetzes).

2. Er muß die Entrichtung des Entgelts zuzüglich der Steuer für die Beförderung oder für ihre Besorgung übernommen haben.

3. Die in Nummer 2 bezeichnete Voraussetzung muß aus der Rechnung über die Beförderung oder ihre Besorgung zu ersehen sein. Die Rechnung ist vom Empfänger der Frachtsendung aufzubewahren.

(2) Die Vorschriften des § 22 des Gesetzes sowie des § 35 Abs. 1 und § 63 dieser Verordnung gelten für den Empfänger der Frachtsendung entsprechend.

§ 41 Vorsteuerabzug bei Einfuhren durch im Ausland ansässige Unternehmer

(1) Hat ein im Ausland ansässiger Unternehmer (§ 51 Abs. 3 Satz 1) einen Gegenstand in das Inland befördert oder versendet und hier unverändert geliefert, so gilt dieser Gegenstand unter folgenden Voraussetzungen als für seinen Abnehmer eingeführt:

1. Die Einfuhrumsatzsteuer muß vom Abnehmer oder dessen Beauftragten entrichtet worden sein.

2. In der Rechnung über die Lieferung darf die Steuer nicht gesondert ausgewiesen sein.

(2) Bei Reihengeschäften (§ 3 Abs. 2 des Gesetzes) ist Absatz 1 mit der Maßgabe anzuwenden, daß der Gegenstand für den Abnehmer als eingeführt gilt, bei dem die Voraussetzungen des Absatzes 1 Nr. 1 und 2 vorliegen. Der Gegenstand kann auch von einem in der Reihe vorhergehenden Lieferer in das Inland befördert oder versendet worden sein.

§ 42 Vorsteuerabzug bei Ordergeschäften

(1) Ein Gegenstand, der im Anschluß an die Einfuhr durch Übergabe eines Traditionspapieres (Konnossement, Ladeschein, Lagerschein) unver-

ändert geliefert wird, gilt unter den in § 41 Abs. 1 Nr. 1 und 2 bezeichneten Voraussetzungen als für den Abnehmer dieser Lieferung eingeführt.

(2) Werden im Anschluß an die Einfuhr mehrere Lieferungen des Gegenstandes durch Übergabe des Traditionspapieres bewirkt, so gilt der Gegenstand als für den Abnehmer einer dieser Lieferungen eingeführt, bei dem die Voraussetzungen des § 41 Abs. 1 Nr. 1 und 2 vorliegen.

(3) Die Absätze 1 und 2 sind entsprechend anzuwenden, wenn ein Gegenstand im Anschluß an die Einfuhr durch Abtretung des Herausgabeanspruchs mittels eines Konnossementsteilscheins oder eines Kaiteilscheins geliefert wird.

§ 43 Erleichterungen bei der Aufteilung der Vorsteuern

Die den folgenden steuerfreien Umsätzen zuzurechnenden Vorsteuerbeträge sind nur dann vom Vorsteuerabzug ausgeschlossen, wenn sie diesen Umsätzen ausschließlich zuzurechnen sind:

1. Umsätze von Geldforderungen, denen zum Vorsteuerabzug berechtigende Umsätze des Unternehmers zugrundeliegen;
2. Umsätze von Wechseln, die der Unternehmer von einem Leistungsempfänger erhalten hat, weil er den Leistenden als Bürge oder Garantiegeber befriedigt. Das gilt nicht, wenn die Vorsteuern, die dem Umsatz dieses Leistenden zuzurechnen sind, vom Vorsteuerabzug ausgeschlossen sind;
3. Lieferungen von gesetzlichen Zahlungsmitteln und im Inland gültigen amtlichen Wertzeichen sowie Einlagen bei Kreditinstituten, wenn diese Umsätze als Hilfsumsätze anzusehen sind.

Zu § 15a des Gesetzes

§ 44 Vereinfachungen bei der Berichtigung des Vorsteuerabzugs

(1) Eine Berichtigung des Vorsteuerabzugs nach § 15a des Gesetzes entfällt, wenn die auf die Anschaffungs- oder Herstellungskosten eines Wirtschaftsguts entfallende Vorsteuer 500 Deutsche Mark nicht übersteigt.

(2) Haben sich bei einem Wirtschaftsgut in einem Kalenderjahr die für den Vorsteuerabzug maßgebenden Verhältnisse gegenüber den Verhältnissen im Kalenderjahr der erstmaligen Verwendung um weniger als zehn Prozentpunkte geändert, so entfällt bei diesem Wirtschaftsgut für dieses Kalenderjahr die Berichtigung des Vorsteuerabzugs. Das gilt nicht, wenn der Betrag, um den der Vorsteuerabzug für dieses Kalenderjahr zu berichtigen ist, 500 Deutsche Mark übersteigt.

(3) Beträgt die auf die Anschaffungs- oder Herstellungskosten eines Wirtschaftsguts entfallende Vorsteuer nicht mehr als 2000 Deutsche Mark,

so ist die Berichtigung des Vorsteuerabzugs für alle in Betracht kommenden Kalenderjahre einheitlich bei der Berechnung der Steuer für das Kalenderjahr vorzunehmen, in dem der maßgebliche Berichtungszeitraum endet.

(4) Wird das Wirtschaftsgut während des maßgeblichen Berichtigungszeitraums veräußert oder zum Eigenverbrauch entnommen, so ist die Berichtigung des Vorsteuerabzugs für das Kalenderjahr der Veräußerung oder Entnahme zum Eigenverbrauch und die folgenden Kalenderjahre des Berichtigungszeitraums bereits bei der Berechnung der Steuer für den Voranmeldungszeitraum (§ 18 Abs. 1 und 2 des Gesetzes) durchzuführen, in dem die Veräußerung oder Entnahme zum Eigenverbrauch stattgefunden hat.

(5) Die Absätze 1 bis 4 sind bei einer Berichtigung der auf nachträgliche Anschaffungs- oder Herstellungskosten entfallenden Vorsteuerbeträge entsprechend anzuwenden.

§ 45 Maßgebliches Ende des Berichtigungszeitraums

Endet der Zeitraum, für den eine Berichtigung des Vorsteuerabzugs nach § 15a des Gesetzes durchzuführen ist, vor dem 16. eines Kalendermonats, so bleibt dieser Kalendermonat für die Berichtigung unberücksichtigt. Endet er nach dem 15. eines Kalendermonats, so ist dieser Kalendermonat voll zu berücksichtigen.

Zu den §§ 16 und 18 des Gesetzes

Dauerfristverlängerung

§ 46 Fristverlängerung

Das Finanzamt hat dem Unternehmer auf Antrag die Fristen für die Abgabe der Voranmeldungen und für die Entrichtung der Vorauszahlungen (§ 18 Abs. 1 und 2 des Gesetzes) um einen Monat zu verlängern. Das Finanzamt hat den Antrag abzulehnen oder eine bereits gewährte Fristverlängerung zu widerrufen, wenn der Steueranspruch gefährdet erscheint.

§ 47 Sondervorauszahlung

(1) Die Fristverlängerung ist bei einem Unternehmer, der die Voranmeldungen monatlich abzugeben hat, unter der Auflage zu gewähren, daß dieser eine Sondervorauszahlung auf die Steuer eines jeden Kalenderjahres entrichtet. Die Sondervorauszahlung beträgt ein Elftel der Summe der Vorauszahlungen für das vorangegangene Kalenderjahr.

(2) Hat der Unternehmer seine gewerbliche oder berufliche Tätigkeit nur in einem Teil des vorangegangenen Kalenderjahres ausgeübt, so ist die

461

Summe der Vorauszahlungen dieses Zeitraumes in eine Jahressumme umzurechnen. Angefangene Kalendermonate sind hierbei als volle Kalendermonate zu behandeln.

(3) Hat der Unternehmer seine gewerbliche oder berufliche Tätigkeit im
laufenden Kalenderjahr begonnen, so ist die Sondervorauszahlung auf der
Grundlage der zu erwartenden Vorauszahlungen dieses Kalenderjahres zu
berechnen.

§ 48 Verfahren

(1) Der Unternehmer hat die Fristverlängerung für die Abgabe der Voranmeldungen bis zu dem Zeitpunkt zu beantragen, an dem die Voranmeldung, für die die Fristverlängerung erstmals gelten soll, nach § 18 Abs. 1
und 2 des Gesetzes abzugeben ist. Der Antrag ist nach amtlich vorgeschriebenem Vordruck zu stellen. In dem Antrag hat der Unternehmer, der die
Voranmeldungen monatlich abzugeben hat, die Sondervorauszahlung
(§ 47) selbst zu berechnen und anzumelden. Gleichzeitig hat er die angemeldete Sondervorauszahlung zu entrichten.

(2) Während der Geltungsdauer der Fristverlängerung hat der Unternehmer, der die Voranmeldungen monatlich abzugeben hat, die Sondervorauszahlung für das jeweilige Kalenderjahr bis zum gesetzlichen Zeitpunkt
der Abgabe der ersten Voranmeldung zu berechnen, anzumelden und zu
entrichten. Absatz 1 Satz 2 gilt entsprechend.

(3) Das Finanzamt kann die Sondervorauszahlung festsetzen, wenn sie
vom Unternehmer nicht oder nicht richtig berechnet wurde oder wenn die
Anmeldung zu einem offensichtlich unzutreffenden Ergebnis führt.

(4) Die festgesetzte Sondervorauszahlung ist bei der Festsetzung der
Vorauszahlung für den letzten Voranmeldungszeitraum des Besteuerungszeitraums anzurechnen.

Verzicht auf die Steuererhebung

§ 49 Verzicht auf die Steuererhebung im Börsenhandel mit Edel-
metallen

Auf die Erhebung der Steuer für die Lieferungen von Gold, Silber und
Platin sowie für die sonstigen Leistungen im Geschäft mit diesen Edelmetallen wird verzichtet, wenn

1. die Umsätze zwischen Unternehmern ausgeführt werden, die an einer
   Wertpapierbörse im Inland mit dem Recht zur Teilnahme am Handel
   zugelassen sind,

2. die bezeichneten Edelmetalle zum Handel an einer Wertpapierbörse im
   Inland zugelassen sind und

3. keine Rechnungen mit gesondertem Ausweis der Steuer erteilt werden.

§ 50 Verzicht auf die Steuererhebung bei Einfuhren

In den Fällen, in denen der Gegenstand einer Lieferung nach den §§ 41 und 42 als für den Abnehmer eingeführt gilt, wird auf die Erhebung der für diese Lieferung geschuldeten Steuer verzichtet. In den Fällen des § 41 Abs. 2 und des § 42 Abs. 2 und 3 gilt Satz 1 für die vorangegangenen Lieferungen entsprechend.

Besteuerung im Abzugsverfahren

§ 51 Einbehaltung und Abführung der Umsatzsteuer

(1) Führt ein im Ausland ansässiger Unternehmer eine steuerpflichtige Werklieferung oder eine steuerpflichtige sonstige Leistung aus, so hat der Leistungsempfänger die Steuer von der Gegenleistung einzubehalten und an das für ihn zuständige Finanzamt abzuführen. Wird die Gegenleistung in Teilen erbracht, so hat der Leistungsempfänger die Steuer in entsprechenden Teilen einzubehalten und abzuführen.

(2) Der Leistungsempfänger ist nur dann zur Einbehaltung und Abführung der Steuer verpflichtet, wenn er ein Unternehmer oder eine juristische Person des öffentlichen Rechts ist. Für eine juristische Person des öffentlichen Rechts ist das Finanzamt zuständig, in dessen Bezirk sie ihren Sitz hat.

(3) Ein im Ausland ansässiger Unternehmer ist ein Unternehmer, der weder im Inland noch in einem Zollfreigebiet einen Wohnsitz, seinen Sitz, seine Geschäftsleitung oder eine Zweigniederlassung hat. Maßgebend ist der Zeitpunkt, in dem die Gegenleistung erbracht wird. Ist es zweifelhaft, ob der Unternehmer diese Voraussetzungen erfüllt, so darf der Leistungsempfänger die Einbehaltung und Abführung der Steuer nur unterlassen, wenn ihm der Unternehmer durch eine Bescheinigung des nach den abgabenrechtlichen Vorschriften für die Besteuerung seiner Umsätze zuständigen Finanzamtes nachweist, daß er kein Unternehmer im Sinne des Satzes 1 ist.

(4) Gegenleistung im Sinne des Absatzes 1 ist das Entgelt zuzüglich der Umsatzsteuer.

§ 52 Ausnahmen

(1) Die §§ 51 und 53 bis 58 sind nicht anzuwenden,

1. wenn die Leistung des im Ausland ansässigen Unternehmers in einer Personenbeförderung besteht oder
2. wenn die Gegenleistung des Leistungsempfängers ausschließlich in einer Lieferung oder sonstigen Leistung besteht.

(2) Der Leistungsempfänger ist nicht verpflichtet, die Steuer für die Leistung des im Ausland ansässigen Unternehmers einzubehalten und abzuführen, wenn

1. der Unternehmer keine Rechnung mit gesondertem Ausweis der Steuer erteilt hat und

2. der Leistungsempfänger im Falle des gesonderten Ausweises der Steuer den Vorsteuerabzug hinsichtlich dieser Steuer voll in Anspruch nehmen könnte.

(3) Für die Voraussetzung in Absatz 2 Nr. 2 ist es nicht erforderlich, daß der im Ausland ansässige Unternehmer zum gesonderten Ausweis der Steuer in einer Rechnung berechtigt ist.

(4) Hat der Leistungsempfänger die Steuer nach Absatz 2 nicht einbehalten und abgeführt, so ist er verpflichtet, dies dem im Ausland ansässigen Unternehmer auf Verlangen zu bescheinigen.

(5) Für die Berichtigung des Vorsteuerabzugs des Leistungsempfängers nach § 15a des Gesetzes ist in den Fällen des Absatzes 2 davon auszugehen,

1. daß die zwischen dem im Ausland ansässigen Unternehmer und dem Leistungsempfänger vereinbarte Gegenleistung Entgelt ist,

2. daß der im Ausland ansässige Unternehmer eine Rechnung mit gesondertem Ausweis der Steuer erteilt hat,

3. daß der Leistungsempfänger die Steuer als Vorsteuer abgezogen hat.

§ 53 Berechnung der Steuer

(1) Der Leistungsempfänger hat die einzubehaltende und abzuführende Steuer nach dem Entgelt und nach den Steuersätzen des § 12 des Gesetzes zu berechnen. Die §§ 19 und 24 des Gesetzes sind hierbei nicht anzuwenden. Zur Vereinfachung des Abzugsverfahrens kann das Finanzamt den Leistungsempfänger von der Verpflichtung befreien, die Steuer einzubehalten und abzuführen, soweit zu erwarten ist, daß der im Ausland ansässige Unternehmer auf Grund der Nichterhebungsgrenze von 25 000 Deutsche Mark (§ 19 Abs. 1 Satz 1 des Gesetzes) keine Umsatzsteuer zu entrichten hat.

(2) Stellt der im Ausland ansässige Unternehmer eine Rechnung aus, in der die Steuer gesondert ausgewiesen ist, so hat der Leistungsempfänger die ausgewiesene Steuer einzubehalten und abzuführen. Mindestens hat er die Steuer einzubehalten und abzuführen, die sich nach Absatz 1 ergibt.

(3) Nach Absatz 2 ist entsprechend in den Fällen zu verfahren, in denen der im Ausland ansässige Unternehmer nach Zahlung des Entgelts oder der Gegenleistung (§ 51 Abs. 4) eine Rechnung mit gesondertem Steuerausweis ausstellt.

(4) Die Absätze 2 und 3 sind auch in den Fällen anzuwenden, in denen der Leistungsempfänger eine Gutschrift mit gesondertem Steuerausweis ausstellt und der im Ausland ansässige Unternehmer dem ausgewiesenen Steuerbetrag nicht widerspricht. Das gilt auch dann, wenn der im Ausland

ansässige Unternehmer nicht zum gesonderten Ausweis der Steuer in einer Rechnung berechtigt ist.

(5) Besteht die Gegenleistung teilweise in einer Lieferung oder sonstigen Leistung, so hat der Leistungsempfänger die Steuer nur bis zur Höhe des Teils der Gegenleistung einzubehalten und abzuführen, der nicht in einer Lieferung oder sonstigen Leistung besteht.

(6) Der Leistungsempfänger hat Werte in fremder Währung auf Deutsche Mark umzurechnen und hierbei die Kurse anzuwenden, die für den Zeitpunkt der Zahlung des Entgelts gelten. Im übrigen ist nach § 16 Abs. 6 des Gesetzes zu verfahren.

§ 54 Anmeldung und Fälligkeit der Steuer

(1) Der Leistungsempfänger hat die abzuführende Steuer binnen zehn Tagen nach Ablauf des Voranmeldungszeitraums (§ 18 Abs. 1 und 2 des Gesetzes), in dem das Entgelt ganz oder teilweise gezahlt worden ist, nach amtlich vorgeschriebenem Vordruck bei dem für ihn zuständigen Finanzamt anzumelden. Gleichzeitig hat der Leistungsempfänger die angemeldete Steuer an dieses Finanzamt abzuführen. § 46 gilt entsprechend.

(2) Leistungsempfänger, die nicht zur Abgabe von Voranmeldungen verpflichtet sind, haben die abzuführende Steuer binnen zehn Tagen nach Ablauf des Kalendervierteljahres, in dem das Entgelt ganz oder teilweise gezahlt worden ist, anzumelden. Im übrigen ist nach Absatz 1 zu verfahren.

(3) Erteilt der im Ausland ansässige Unternehmer in den Fällen des § 52 Abs. 2 nach der Zahlung des Entgelts oder der Gegenleistung eine Rechnung mit gesondertem Ausweis der Steuer, so hat der Leistungsempfänger die Steuer binnen zehn Tagen nach Ablauf des Voranmeldungszeitraums, in dem die Rechnung erteilt worden ist, anzumelden und abzuführen. Bei dem Leistungsempfänger, der nicht zur Abgabe von Voranmeldungen verpflichtet ist, tritt an die Stelle des Voranmeldungszeitraums das Kalendervierteljahr. § 46 gilt entsprechend.

§ 55 Haftung

Der Leistungsempfänger haftet für die nach § 54 anzumeldende und abzuführende Steuer.

§ 56 Aufzeichnungspflichten

(1) Der Leistungsempfänger ist verpflichtet, zur Feststellung der anzumeldenden und abzuführenden Steuer und der Grundlagen ihrer Berechnung Aufzeichnungen zu machen. Die Aufzeichnungen müssen eindeutig und leicht nachprüfbar sein.

(2) Insbesondere sind aufzuzeichnen:

1. der Name und die Anschrift des im Ausland ansässigen Unternehmers,

2. die Art und der Umfang der Leistung,

3. der Tag oder der Kalendermonat der Leistung,

4. das Entgelt (der Wert der Gegenleistung abzüglich der Steuer),

5. der Tag oder der Kalendermonat der Zahlung des Entgelts,

6. der Betrag der anzumeldenden und abzuführenden Steuer,

7. das Datum der Rechnung, wenn diese nach der Zahlung des Entgelts oder der Gegenleistung erteilt wird.

(3) Das Finanzamt kann auf Antrag Erleichterungen für die in Absatz 2 vorgeschriebenen Aufzeichnungen gewähren, soweit dadurch die eindeutige und leichte Nachprüfbarkeit nicht beeinträchtigt wird.

(4) In den Fällen, in denen der Leistungsempfänger nach § 52 Abs. 2 keine Steuer einbehält und abführt, gelten die Absätze 1 bis 3 entsprechend. Der Leistungsempfänger hat eine Abschrift der nach § 52 Abs. 4 ausgestellten Bescheinigung aufzubewahren und in seinen Aufzeichnungen auf sie hinzuweisen.

§ 57 Besteuerung der Umsätze des im Ausland ansässigen Unternehmers nach § 16 und § 18 Abs. 1 bis 4 des Gesetzes

(1) Der im Ausland ansässige Unternehmer ist ohne besondere Aufforderung durch das für ihn zuständige Finanzamt nicht verpflichtet, Steueranmeldungen nach § 18 Abs. 1 bis 4 des Gesetzes abzugeben, wenn er nur Umsätze ausgeführt hat, für die der Leistungsempfänger die Steuer nach § 51 einzubehalten hat oder nach § 52 Abs. 2 nicht einzubehalten braucht.

(2) Die Besteuerung der in § 51 bezeichneten Umsätze ist nach § 16 und § 18 Abs. 1 bis 4 des Gesetzes durchzuführen,

1. wenn das Abzugsverfahren entgegen den für dieses Verfahren geltenden Vorschriften nicht durchgeführt worden ist oder zu einer unzutreffenden Steuer geführt hat oder

2. wenn der im Ausland ansässige Unternehmer auch steuerpflichtige Umsätze ausgeführt hat, die dem Abzugsverfahren nicht unterliegen.

Die Verpflichtungen des Leistungsempfängers nach den §§ 51 bis 56 bleiben bis zur Durchführung der Besteuerung nach § 16 und § 18 Abs. 1 bis 4 des Gesetzes unberührt.

(3) Bei der Berechnung der Steuer sind nicht zu berücksichtigen:

1. die Umsätze, bei denen die Ausnahmeregelung des § 52 Abs. 2 nachweislich angewendet worden ist,

2. die Vorsteuerbeträge, die in dem besonderen Verfahren nach den §§ 59 bis 61 vergütet worden sind.

Die abziehbaren Vorsteuerbeträge sind durch Vorlage der Rechnungen und Einfuhrbelege im Original nachzuweisen.

§ 58 Besteuerung nach vereinnahmten Entgelten, Anrechnung

(1) Im Falle der Besteuerung des im Ausland ansässigen Unternehmers nach § 18 Abs. 1 bis 4 des Gesetzes ist die Steuer für die Werklieferungen und sonstigen Leistungen, die dem Abzugsverfahren unterliegen, nach den für diese Umsätze vereinnahmten Entgelten zu berechnen.

(2) Die vom Leistungsempfänger einbehaltene und nach § 54 angemeldete Steuer wird auf die vom im Ausland ansässigen Unternehmer zu entrichtende Steuer angerechnet. Das Finanzamt kann die Anrechnung ablehnen, soweit der Leistungsempfänger die angemeldete Steuer nicht abgeführt hat und Anlaß zu der Annahme besteht, daß ein Mißbrauch vorliegt.

Vergütung der Vorsteuerbeträge in einem besonderen Verfahren

§ 59 Vergütungsberechtigte Unternehmer

(1) Die Vergütung der abziehbaren Vorsteuerbeträge (§ 15 des Gesetzes) an im Ausland ansässige Unternehmer (§ 51 Abs. 3 Satz 1) ist abweichend von § 16 und § 18 Abs. 1 bis 4 des Gesetzes nach den §§ 60 und 61 durchzuführen, wenn der Unternehmer im Vergütungszeitraum

1. im Inland keine Umsätze im Sinne des § 1 Abs. 1 Nr. 1 bis 3 des Gesetzes oder nur steuerfreie Umsätze im Sinne des § 4 Nr. 3 des Gesetzes ausgeführt hat oder

2. nur Umsätze ausgeführt hat, die dem Abzugsverfahren (§§ 51 bis 56) oder der Einzelbesteuerung (§ 16 Abs. 5 und § 18 Abs. 5 des Gesetzes) unterlegen haben.

(2) Absatz 1 gilt nicht für die Vorsteuerbeträge, die

1. anderen als den in Absatz 1 bezeichneten Umsätzen im Inland zuzurechnen sind,

2. den unter das Abzugsverfahren fallenden Umsätzen zuzurechnen sind, wenn diese Umsätze nach § 16 und § 18 Abs. 1 bis 4 des Gesetzes zu besteuern sind (§ 57 Abs. 2).

§ 60 Vergütungszeitraum

Vergütungszeitraum ist nach Wahl des Unternehmers ein Zeitraum von mindestens drei Monaten bis zu höchstens einem Kalenderjahr. Der Vergütungszeitraum kann weniger als drei Monate umfassen, wenn es sich um den restlichen Zeitraum des Kalenderjahres handelt. In den Antrag für diesen Zeitraum können auch abziehbare Vorsteuerbeträge aufgenommen werden, die in vorangegangene Vergütungszeiträume des betreffenden Kalenderjahres fallen.

§ 61 Vergütungsverfahren

(1) Der Unternehmer hat die Vergütung nach amtlich vorgeschriebenem Vordruck bei dem Bundesamt für Finanzen oder bei dem nach § 5 Abs. 1 Nr. 8 Satz 2 des Finanzverwaltungsgesetzes zuständigen Finanzamt zu beantragen. Der Antrag ist binnen sechs Monaten nach Ablauf des Kalenderjahres zu stellen, in dem der Vergütungsanspruch entstanden ist. In dem Antrag hat der Unternehmer die Vergütung selbst zu berechnen. Der Antrag gilt als Verzicht im Sinne des § 19 Abs. 2 des Gesetzes. Dem Vergütungsantrag sind die Rechnungen und Einfuhrbelege im Original beizufügen.

(2) Die Vergütung muß mindestens 400 Deutsche Mark betragen. Das gilt nicht, wenn der Vergütungszeitraum das Kalenderjahr oder der letzte Zeitraum des Kalenderjahres ist. Für diese Vergütungszeiträume muß die Vergütung mindestens 50 Deutsche Mark betragen.

(3) Der Unternehmer muß der zuständigen Finanzbehörde in den Fällen des § 59 Abs. 1 Nr. 1 durch behördliche Bescheinigung des Staates, in dem er ansässig ist, nachweisen, daß er als Unternehmer unter einer Steuernummer eingetragen ist.

Sondervorschriften für die Besteuerung bestimmter Unternehmer

§ 62 Berücksichtigung von Vorsteuerbeträgen, Belegnachweis

(1) Ist bei den in § 59 Abs. 1 genannten Unternehmern die Besteuerung nach § 16 und § 18 Abs. 1 bis 4 des Gesetzes durchzuführen, so sind hierbei die Vorsteuerbeträge nicht zu berücksichtigen, die nach § 59 Abs. 1 vergütet worden sind.

(2) Die abziehbaren Vorsteuerbeträge sind in den Fällen des Absatzes 1 durch Vorlage der Rechnungen und Einfuhrbelege im Original nachzuweisen.

Zu § 22 des Gesetzes

§ 63 Aufzeichnungspflichten

(1) Die Aufzeichnungen müssen so beschaffen sein, daß es einem sachverständigen Dritten innerhalb einer angemessenen Zeit möglich ist, einen Überblick über die Umsätze des Unternehmers und die abziehbaren Vor-

steuern zu erhalten und die Grundlagen für die Steuerberechnung festzustellen.

(2) Entgelte, Teilentgelte, Bemessungsgrundlagen nach § 10 Abs. 4 und
5 des Gesetzes, nach § 14 Abs. 2 und 3 des Gesetzes geschuldete Steuerbeträge sowie Vorsteuerbeträge sind am Schluß jedes Voranmeldungszeitraums zusammenzurechnen. Im Falle des § 17 Abs. 1 Satz 2 des Gesetzes
sind die Beträge der Entgeltsminderungen am Schluß jedes Voranmeldungszeitraums zusammenzurechnen.

(3) Der Unternehmer kann die Aufzeichnungspflichten nach § 22 Abs. 2
Nr. 1 Satz 1, 3, 5 und 6, Nr. 2 Satz 1 und Nr. 3 Satz 1 des Gesetzes in
folgender Weise erfüllen:

1. Das Entgelt oder Teilentgelt und der Steuerbetrag werden in einer Summe statt des Entgelts oder des Teilentgelts aufgezeichnet.
2. Die Bemessungsgrundlage nach § 10 Abs. 4 und 5 des Gesetzes und der
   darauf entfallende Steuerbetrag werden in einer Summe statt der Bemessungsgrundlage aufgezeichnet.
3. Bei der Anwendung des § 17 Abs. 1 Satz 2 des Gesetzes werden die
   Entgeltsminderung und die darauf entfallende Minderung des Steuerbetrags in einer Summe statt der Entgeltsminderung aufgezeichnet.

§ 22 Abs. 2 Nr. 1 Satz 2, Nr. 2 Satz 2 und Nr. 3 Satz 2 des Gesetzes gilt
entsprechend. Am Schluß jedes Voranmeldungszeitraums hat der Unternehmer die Summe der Entgelte und Teilentgelte, der Bemessungsgrundlagen nach § 10 Abs. 4 und 5 des Gesetzes sowie der Entgeltsminderungen
im Falle des § 17 Abs. 1 Satz 2 des Gesetzes zu errechnen und aufzuzeichnen.

(4) Dem Unternehmer, dem wegen der Art und des Umfangs des Geschäfts eine Trennung der Entgelte und Teilentgelte nach Steuersätzen
(§ 22 Abs. 2 Nr. 1 Satz 2 und Nr. 2 Satz 2 des Gesetzes) in den Aufzeichnungen nicht zuzumuten ist, kann das Finanzamt auf Antrag gestatten, daß
er die Entgelte und Teilentgelte nachträglich auf der Grundlage der Waren-
eingänge oder, falls diese hierfür nicht verwendet werden können, nach
anderen Merkmalen trennt. Entsprechendes gilt für die Trennung nach
Steuersätzen bei den Bemessungsgrundlagen nach § 10 Abs. 4 und 5 des
Gesetzes (§ 22 Abs. 2 Nr. 1 Satz 3 und Nr. 3 Satz 2 des Gesetzes). Das
Finanzamt darf nur ein Verfahren zulassen, dessen steuerliches Ergebnis
nicht wesentlich von dem Ergebnis einer nach Steuersätzen getrennten
Aufzeichnung der Entgelte, Teilentgelte und sonstigen Bemessungsgrundlagen abweicht. Die Anwendung des Verfahrens kann auf einen in der
Gliederung des Unternehmens gesondert geführten Betrieb beschränkt
werden.

(5) Der Unternehmer kann die Aufzeichnungspflicht nach § 22 Abs. 2
Nr. 5 des Gesetzes in der Weise erfüllen, daß er die Entgelte oder Teilentgelte und die auf sie entfallenden Steuerbeträge (Vorsteuern) jeweils in

einer Summe, getrennt nach den in den Eingangsrechnungen angewandten Steuersätzen, aufzeichnet. Am Schluß jedes Voranmeldungszeitraums hat der Unternehmer die Summe der Entgelte und Teilentgelte und die Summe der Vorsteuerbeträge zu errechnen und aufzuzeichnen.

§ 64 Aufzeichnung im Falle der Einfuhr

Der Aufzeichnungspflicht nach § 22 Abs. 2 Nr. 6 des Gesetzes ist genügt, wenn die entrichtete oder in den Fällen des § 16 Abs. 2 Satz 4 des Gesetzes zu entrichtende Einfuhrumsatzsteuer mit einem Hinweis auf einen entsprechenden zollamtlichen Beleg aufgezeichnet wird.

§ 65 Aufzeichnungspflichten der Kleinunternehmer

Unternehmer, auf deren Umsätze § 19 Abs. 1 Satz 1 des Gesetzes anzuwenden ist, haben an Stelle der nach § 22 Abs. 2 bis 4 des Gesetzes vorgeschriebenen Angaben folgendes aufzuzeichnen:

1. die Werte der erhaltenen Gegenleistungen für die von ihnen ausgeführten Lieferungen und sonstigen Leistungen;

2. den Eigenverbrauch. Für seine Bemessung gilt Nummer 1 entsprechend.

Die Aufzeichnungspflicht nach § 22 Abs. 2 Nr. 4 des Gesetzes bleibt unberührt.

§ 66 Aufzeichnungspflichten bei der Anwendung allgemeiner Durchschnittssätze

Der Unternehmer ist von den Aufzeichnungspflichten nach § 22 Abs. 2 Nr. 5 und 6 des Gesetzes befreit, soweit er die abziehbaren Vorsteuerbeträge nach einem Durchschnittssatz (§§ 69 und 70) berechnet.

§ 66a Aufzeichnungspflichten bei der Anwendung des Durchschnittsatzes für Körperschaften, Personenvereinigungen und Vermögensmassen im Sinne des § 5 Abs. 1 Nr. 9 des Körperschaftsteuergesetzes

Der Unternehmer ist von den Aufzeichnungspflichten nach § 22 Abs. 2 Nr. 5 und 6 des Gesetzes befreit, soweit er die abziehbaren Vorsteuerbeträge nach dem in § 23a des Gesetzes festgesetzten Durchschnittssatz berechnet.

§ 67[1] Aufzeichnungspflichten bei der Anwendung der Durchschnittssätze für land- und forstwirtschaftliche Betriebe

Unternehmer, auf deren Umsätze § 24 des Gesetzes anzuwenden ist, sind für den land- und forstwirtschaftlichen Betrieb von den Aufzeichnungspflichten nach § 22 des Gesetzes befreit. Ausgenommen hiervon sind die Bemessungsgrundlagen für die Umsätze im Sinne des § 24 Abs. 1 Satz 1 Nr. 2 des Gesetzes.

Die Aufzeichnungspflicht nach § 22 Abs. 2 Nr. 4 des Gesetzes bleibt unberührt.

§ 68 Befreiung von der Führung des Steuerheftes

(1) Unternehmer im Sinne des § 22 Abs. 5 des Gesetzes sind von der Verpflichtung, ein Steuerheft zu führen, befreit,

1. wenn sie im Inland eine gewerbliche Niederlassung besitzen und ordnungsmäßige Aufzeichnungen nach § 22 des Gesetzes in Verbindung mit den §§ 63 bis 66 dieser Verordnung führen,

2.[2] soweit ihre Umsätze nach den Durchschnittssätzen für land- und forstwirtschaftliche Betriebe (§ 24 Abs. 1 Satz 1 Nr. 1 und 3 des Gesetzes) besteuert werden,

3. soweit sie mit Zeitungen und Zeitschriften handeln.

(2) In den Fällen des Absatzes 1 Nr. 1 stellt das Finanzamt dem Unternehmer eine Bescheinigung über die Befreiung von der Führung des Steuerheftes aus.

Zu § 23 des Gesetzes

§ 69 Festsetzung allgemeiner Durchschnittssätze

(1) Zur Berechnung der abziehbaren Vorsteuerbeträge nach allgemeinen Durchschnittssätzen (§ 23 des Gesetzes) werden die in der Anlage bezeichneten Vomhundertsätze des Umsatzes als Durchschnittssätze festgesetzt. Die Durchschnittssätze gelten jeweils für die bei ihnen angegebenen Berufs- und Gewerbezweige.

(2) Umsatz im Sinne des Absatzes 1 ist der Umsatz, den der Unternehmer im Rahmen der in der Anlage bezeichneten Berufs- und Gewerbezweige im Inland ausführt, mit Ausnahme der Einfuhr und der in § 4 Nr. 8, Nr. 9 Buchstabe a und Nr. 10 des Gesetzes bezeichneten Umsätze.

---

[1] Zur Geltungsdauer von § 67 Satz 2 vgl. § 74 Abs. 2 Nr. 1.
[2] Zur Geltungsdauer von § 68 Abs. 1 Nr. 2 vgl. § 74 Abs. 2 Nr. 2.

(3) Der Unternehmer, dessen Umsatz (Absatz 2) im vorangegangenen Kalenderjahr 100000 Deutsche Mark überstiegen hat, kann die Durchschnittsätze nicht in Anspruch nehmen.

§ 70 Umfang der Durchschnittsätze

(1) Die in Abschnitt A der Anlage bezeichneten Durchschnittsätze gelten für sämtliche Vorsteuerbeträge, die mit der Tätigkeit der Unternehmer in den in der Anlage bezeichneten Berufs- und Gewerbezweigen zusammenhängen. Ein weiterer Vorsteuerabzug ist insoweit ausgeschlossen.

(2) Neben den Vorsteuerbeträgen, die nach den in Abschnitt B der Anlage bezeichneten Durchschnittsätzen berechnet werden, können unter den Voraussetzungen des § 15 des Gesetzes abgezogen werden:

1. die Vorsteuerbeträge für Gegenstände, die der Unternehmer zur Weiterveräußerung erworben oder eingeführt hat, einschließlich der Vorsteuerbeträge für Rohstoffe, Halberzeugnisse, Hilfsstoffe und Zutaten;

2. die Vorsteuerbeträge
   a) für Lieferungen von Gebäuden, Grundstücken und Grundstücksteilen,
   b) für Ausbauten, Einbauten, Umbauten und Instandsetzungen bei den in Buchstabe a bezeichneten Gegenständen,
   c) für Leistungen im Sinne des § 4 Nr. 12 des Gesetzes.

Das gilt nicht für Vorsteuerbeträge, die mit Maschinen und sonstigen Vorrichtungen aller Art in Zusammenhang stehen, die zu einer Betriebsanlage gehören, auch wenn sie wesentliche Bestandteile eines Grundstücks sind.

Zu § 24 Abs. 4 des Gesetzes

§ 71 Verkürzung der zeitlichen Bindungen für land- und forstwirtschaftliche Betriebe

Der Unternehmer, der eine Erklärung nach § 24 Abs. 4 Satz 1 des Gesetzes abgegeben hat, kann von der Besteuerung des § 19 Abs. 1 des Gesetzes zur Besteuerung nach § 24 Abs. 1 bis 3 des Gesetzes mit Wirkung vom Beginn eines jeden folgenden Kalenderjahres an übergehen. Auf den Widerruf der Erklärung ist § 24 Abs. 4 Satz 4 des Gesetzes anzuwenden.

Zu § 25 Abs. 2 des Gesetzes

§ 72 Buchmäßiger Nachweis bei steuerfreien Reiseleistungen

(1) Bei Leistungen, die nach § 25 Abs. 2 des Gesetzes ganz oder zum Teil steuerfrei sind, ist § 13 Abs. 1 entsprechend anzuwenden.

(2) Der Unternehmer soll regelmäßig folgendes aufzeichnen:

1. die Leistung, die ganz oder zum Teil steuerfrei ist,

2. den Tag der Leistung,

3. die der Leistung zuzurechnenden einzelnen Reisevorleistungen im Sinne des § 25 Abs. 2 des Gesetzes und die dafür von dem Unternehmer aufgewendeten Beträge,

4. den vom Leistungsempfänger für die Leistung aufgewendeten Betrag,

5. die Bemessungsgrundlage für die steuerfreie Leistung oder für den steuerfreien Teil der Leistung.

(3) Absatz 2 gilt entsprechend für die Fälle, in denen der Unternehmer die Bemessungsgrundlage nach § 25 Abs. 3 Satz 3 des Gesetzes ermittelt.

Zu § 26 Abs. 5 des Gesetzes

§ 73 Nachweis der Voraussetzungen der in bestimmten Abkommen enthaltenen Steuerbefreiungen

(1) Der Unternehmer hat die Voraussetzungen der in § 26 Abs. 5 des Gesetzes bezeichneten Steuerbefreiungen wie folgt nachzuweisen:

1. bei Lieferungen und sonstigen Leistungen, die von einer amtlichen Beschaffungsstelle in Auftrag gegeben worden sind, durch eine Bescheinigung der amtlichen Beschaffungsstelle nach amtlich vorgeschriebenem Vordruck (Abwicklungsschein),

2. bei Lieferungen und sonstigen Leistungen, die von einer deutschen Behörde für eine amtliche Beschaffungsstelle in Auftrag gegeben worden sind, durch eine Bescheinigung der deutschen Behörde.

(2) Zusätzlich zu Absatz 1 muß der Unternehmer die Voraussetzungen der Steuerbefreiungen im Geltungsbereich dieser Verordnung buchmäßig nachweisen. Die Voraussetzungen müssen eindeutig und leicht nachprüfbar aus den Aufzeichnungen zu ersehen sein. In den Aufzeichnungen muß auf die in Absatz 1 bezeichneten Belege hingewiesen sein.

(3) Das Finanzamt kann auf die in Absatz 1 Nr. 1 bezeichnete Bescheinigung verzichten, wenn die vorgeschriebenen Angaben aus anderen Belegen und aus den Aufzeichnungen des Unternehmers eindeutig und leicht nachprüfbar zu ersehen sind.

(4) Bei Beschaffungen oder Baumaßnahmen, die von deutschen Behörden durchgeführt und von den Entsendestaaten oder den Hauptquartieren nur zu einem Teil finanziert werden, gelten Absatz 1 Nr. 2 und Absatz 2 hinsichtlich der anteiligen Steuerbefreiung entsprechend.

Übergangs- und Schlußvorschriften

§ 74 Künftige Fassungen des § 34 Abs. 1 sowie der §§ 67 und 68 Abs. 1

(1) Ab dem Zeitpunkt, an dem die in § 28 Abs. 1 Nr. 1 des Gesetzes enthaltene Fassung des § 4 Nr. 7 des Gesetzes in Kraft tritt,* gilt § 34 Abs. 1 Satz 1 in folgender Fassung: *[bei § 34 abgedruckt].*

(2) Ab 1. Januar 1981 gilt folgendes:

1. In § 67 erhält der Satz 2 folgende Fassung: *[bei § 67 abgedruckt].*

2. In § 68 Abs. 1 erhält die Nummer 2 folgende Fassung: *[bei § 68 abgedruckt].*

(3) Für die Zeit vom 1. Juli 1984 bis zum 31. Dezember 1991 gilt folgendes:

1. In § 67 erhält der Satz 2 folgende Fassung: *[nicht abgedruckt].*

2. In § 68 Abs. 1 erhält die Nummer 2 folgende Fassung: *[nicht abgedruckt].*

§ 75 Berlin-Klausel

(gegenstandslos)

§ 76 (Inkrafttreten)

Anlage (zu den §§ 69 und 70)

Abschnitt A

Durchschnittsätze für die Berechnung sämtlicher Vorsteuerbeträge (§ 70 Abs. 1)

I. Handwerk

1. Bäckerei: 5,0 v. H. des Umsatzes

Handwerksbetriebe, die Frischbrot, Pumpernickel, Knäckebrot, Brötchen, sonstige Frischbackwaren, Semmelbrösel, Paniermehl und Feingebäck, darunter Kuchen, Torten, Tortenböden; herstellen und die Erzeugnisse überwiegend an Endverbraucher absetzen. Die Caféumsätze dürfen 10 vom Hundert des Umsatzes nicht übersteigen.

2. Bau- und Möbeltischlerei: 7,8 v. H. des Umsatzes

Handwerksbetriebe, die Bauelemente und Bauten aus Holz, Parkett, Holzmöbel und sonstige Tischlereierzeugnisse herstellen und reparieren, ohne daß bestimmte Erzeugnisse klar überwiegen.

---

* Amtl. Anm.: 1. Januar 1984.

3. Beschlag-, Kunst- und Reparaturschmiede: 6,5 v. H. des Umsatzes

Handwerksbetriebe, die Beschlag- und Kunstschmiedearbeiten einschließlich der Reparaturarbeiten ausführen.

4. Buchbinderei: 4,6 v. H. des Umsatzes

Handwerksbetriebe, die Buchbindearbeiten aller Art ausführen.

5. Druckerei: 5,6 v. H. des Umsatzes

Handwerksbetriebe, die folgende Arbeiten ausführen:

1. Hoch-, Flach-, Licht-, Sieb- und Tiefdruck.
2. Herstellung von Weichpackungen, Bild-, Abreiß- und Monatskalendern, Spielen und Spielkarten, nicht aber von kompletten Gesellschafts- und Unterhaltungsspielen.
3. Zeichnerische Herstellung von Landkarten, Bauskizzen, Kleidermodellen u. ä. für Druckzwecke.

6. Elektroinstallation: 7,9 v. H. des Umsatzes

Handwerksbetriebe, die die Installation von elektrischen Leitungen sowie damit verbundener Geräte einschließlich der Reparatur- und Unterhaltungsarbeiten ausführen.

7. Fliesen- und Plattenlegerei, sonstige Fußbodenlegerei und -kleberei: 7,6 v. H. des Umsatzes

Handwerksbetriebe, die Fliesen, Platten, Mosaik und Fußböden aus Steinholz, Kunststoffen, Terrazzo und ähnlichen Stoffen verlegen, Estricharbeiten ausführen sowie Fußböden mit Linoleum und ähnlichen Stoffen bekleben, einschließlich der Reparatur- und Instandhaltungsarbeiten.

8. Friseure: 3,9 v. H. des Umsatzes

Damenfriseure, Herrenfriseure sowie Damen- und Herrenfriseure.

9. Gewerbliche Gärtnerei: 5,3 v. H. des Umsatzes

Ausführung gärtnerischer Arbeiten im Auftrage anderer, wie Veredeln, Landschaftsgestaltung, Pflege von Gärten und Friedhöfen, Binden von Kränzen und Blumen, wobei diese Tätigkeiten nicht überwiegend auf der Nutzung von Bodenflächen beruhen.

10. Glasergewerbe: 8,0 v. H. des Umsatzes

Handwerksbetriebe, die Glaserarbeiten ausführen, darunter Bau-, Auto-, Bilder- und Möbelarbeiten.

11. Hoch- und Ingenieurhochbau: 5,5 v. H. des Umsatzes

Handwerksbetriebe, die Hoch- und Ingenieurhochbauten, aber nicht Brücken- und Spezialbauten, ausführen, einschließlich der Reparatur- und Unterhaltungsarbeiten.

12. Klempnerei, Gas- und Wasserinstallation: 7,4 v. H. des Umsatzes

Handwerksbetriebe, die Bauklempnerarbeiten und die Installation von Gas- und Flüssigkeitsleitungen sowie damit verbundener Geräte einschließlich der Reparatur- und Unterhaltungsarbeiten ausführen.

13. Maler- und Lackierergewerbe, Tapezierer: 3,3 v. H. des Umsatzes

Handwerksbetriebe, die folgende Arbeiten ausführen:

1. Maler- und Lackiererarbeiten, einschließlich Schiffsmalerei und Entrostungsarbeiten. Nicht dazu gehört das Lackieren von Straßenfahrzeugen.
2. Aufkleben von Tapeten, Kunststoffolien und ähnlichem.

14. Polsterei- und Dekorateurgewerbe: 8,3 v. H. des Umsatzes

Handwerksbetriebe, die Polsterer- und Dekorateurarbeiten einschließlich Reparaturarbeiten ausführen. Darunter fallen auch die Herstellung von Möbelpolstern und Matratzen mit fremdbezogenen Vollpolstereinlagen, Federkernen oder Schaumstoff- bzw. Schaumgummikörpern, die Polsterung fremdbezogener Möbelgestelle sowie das Anbringen von Dekorationen, ohne Schaufensterdekorationen.

15. Putzmacherei: 10,6 v. H. des Umsatzes

Handwerksbetriebe, die Hüte aus Filz, Stoff und Stroh für Damen, Mädchen und Kinder herstellen und umarbeiten. Nicht dazu gehört die Herstellung und Umarbeitung von Huthalbfabrikaten aus Filz.

16. Reparatur von Kraftfahrzeugen: 7,9 v. H. des Umsatzes

Handwerksbetriebe, die Kraftfahrzeuge, ausgenommen Ackerschlepper, reparieren.

17. Schlosserei und Schweißerei: 6,9 v. H. des Umsatzes

Handwerksbetriebe, die Schlosser- und Schweißarbeiten einschließlich der Reparaturarbeiten ausführen.

18. Schneiderei: 5,2 v. H. des Umsatzes

Handwerksbetriebe, die folgende Arbeiten ausführen:

1. Maßfertigung von Herren- und Knabenoberbekleidung, von Uniformen und Damen-, Mädchen- und Kinderoberbekleidung, aber nicht Maßkonfektion.
2. Reparatur- und Hilfsarbeiten an Erzeugnissen des Bekleidungsgewerbes.

19. Schuhmacherei: 5,7 v. H. des Umsatzes

Handwerksbetriebe, die Maßschuhe, darunter orthopädisches Schuhwerk, herstellen und Schuhe reparieren.

20. Steinbildhauerei und Steinmetzerei: 7,4 v. H. des Umsatzes

Handwerksbetriebe, die Steinbildhauer- und Steinmetzerzeugnisse herstellen, darunter Grabsteine, Denkmäler und Skulpturen einschließlich der Reparaturarbeiten.

21. Stukkateurgewerbe: 3,8 v. H. des Umsatzes

Handwerksbetriebe, die Stukkateur-, Gipserei- und Putzarbeiten, darunter Herstellung von Rabitzwänden, ausführen.

22. Winder und Scherer: 1,8 v. H. des Umsatzes

In Heimarbeit Beschäftigte, die in eigener Arbeitsstätte mit nicht mehr als zwei Hilfskräften im Auftrag von Gewerbetreibenden Garne in Lohnarbeit umspulen.

23. Zimmerei: 7,1 v. H. des Umsatzes

Handwerksbetriebe, die Bauholz zurichten, Dachstühle und Treppen aus Holz herstellen sowie Holzbauten errichten und entsprechende Reparatur- und Unterhaltungsarbeiten ausführen.

II. Einzelhandel

1. Blumen und Pflanzen: 5,3 v. H. des Umsatzes

Einzelhandelsbetriebe, die überwiegend Blumen, Pflanzen, Blattwerk, Wurzelstöcke und Zweige vertreiben.

2. Brennstoffe: 10,9 v. H. des Umsatzes

Einzelhandelsbetriebe, die überwiegend Brennstoffe vertreiben.

3. Drogerien: 9,5 v. H. des Umsatzes

Einzelhandelsbetriebe, die überwiegend vertreiben:

Heilkräuter, pharmazeutische Spezialitäten und Chemikalien, hygienische Artikel, Desinfektionsmittel, Körperpflegemittel, kosmetische Artikel, diätetische Nährmittel, Säuglings- und Krankenpflegebedarf, Reformwaren, Schädlingsbekämpfungsmittel, Fotogeräte und Fotozubehör.

4. Elektrotechnische Erzeugnisse, Leuchten, Rundfunk-, Fernseh- und Phonogeräte: 10,3 v. H. des Umsatzes

Einzelhandelsbetriebe, die überwiegend vertreiben:

Elektrotechnische Erzeugnisse, darunter elektrotechnisches Material, Glühbirnen und elektrische Haushalts- und Verbrauchergeräte. Leuchten, Rundfunk-, Fernseh-, Phono-, Tonaufnahme- und -wiedergabegeräte, deren Teile und Zubehöre, Schallplatten und Tonbänder.

5. Fahrräder und Mopeds: 10,6 v. H. des Umsatzes

Einzelhandelsbetriebe, die überwiegend Fahrräder, deren Teile und Zubehör, Mopeds und Fahrradanhänger vertreiben.

6. Fische und Fischerzeugnisse: 6,2 v. H. des Umsatzes

Einzelhandelsbetriebe, die überwiegend Fische, Fischerzeugnisse, Krebse, Muscheln und ähnliche Waren vertreiben.

7. Kartoffeln, Gemüse, Obst und Südfrüchte: 6,2 v. H. des Umsatzes

Einzelhandelsbetriebe, die überwiegend Speisekartoffeln, Gemüse, Obst, Früchte (auch Konserven) sowie Obst- und Gemüsesäfte vertreiben.

8. Lacke, Farben und sonstiger Anstrichbedarf: 9,8 v. H. des Umsatzes

Einzelhandelsbetriebe, die überwiegend Lacke, Farben, sonstigen Anstrichbedarf, darunter Malerwerkzeuge, Tapeten, Linoleum, sonstigen Fußbodenbelag, aber nicht Teppiche, vertreiben.

9. Milch, Milcherzeugnisse, Fettwaren und Eier: 6,2 v. H. des Umsatzes

Einzelhandelsbetriebe, die überwiegend Milch, Milcherzeugnisse, Fettwaren und Eier vertreiben.

10. Nahrungs- und Genußmittel: 7,9 v. H. des Umsatzes

Einzelhandelsbetriebe, die überwiegend Nahrungs- und Genußmittel aller Art vertreiben, ohne daß bestimmte Warenarten klar überwiegen.

11. Oberbekleidung: 10,7 v. H. des Umsatzes

Einzelhandelsbetriebe, die überwiegend vertreiben:

Oberbekleidung für Herren, Knaben, Damen, Mädchen und Kinder, auch in sportlichem Zuschnitt, darunter Berufs- und Lederbekleidung, aber nicht gewirkte und gestrickte Oberbekleidung, Sportbekleidung, Blusen, Hausjacken, Morgenröcke und Schürzen.

12. Reformwaren: 7,9 v. H. des Umsatzes

Einzelhandelsbetriebe, die überwiegend vertreiben:

Reformwaren, darunter Reformnahrungsmittel, diätetische Lebensmittel, Kurmittel, Heilkräuter, pharmazeutische Extrakte und Spezialitäten.

13. Schuhe und Schuhwaren: 10,4 v. H. des Umsatzes

Einzelhandelsbetriebe, die überwiegend Schuhe aus verschiedenen Werkstoffen sowie Schuhwaren vertreiben.

14. Süßwaren: 6,2 v. H. des Umsatzes

Einzelhandelsbetriebe, die überwiegend Süßwaren vertreiben.

15. Textilwaren verschiedener Art: 10,7 v. H. des Umsatzes

Einzelhandelsbetriebe, die überwiegend Textilwaren vertreiben, ohne daß bestimmte Warenarten klar überwiegen.

16. Tiere und zoologischer Bedarf: 8,4 v. H. des Umsatzes

Einzelhandelsbetriebe, die überwiegend lebende Haus- und Nutztiere, zoologischen Bedarf, Bedarf für Hunde- und Katzenhaltung und dergleichen vertreiben.

17. Unterhaltungszeitschriften und Zeitungen: 6,1 v. H. des Umsatzes

Einzelhandelsbetriebe, die überwiegend Unterhaltungszeitschriften, Zeitungen und Romanhefte vertreiben.

18. Wild und Geflügel: 6,2 v. H. des Umsatzes

Einzelhandelsbetriebe, die überwiegend Wild, Geflügel und Wildgeflügel vertreiben.

III. Sonstige Gewerbebetriebe

1. Eisdielen: 5,3 v. H. des Umsatzes

Betriebe, die überwiegend erworbenes oder selbsthergestelltes Speiseeis zum Verzehr auf dem Grundstück des Verkäufers abgeben.

2. Fremdenheime und Pensionen: 5,9 v. H. des Umsatzes

Unterkunftsstätten, in denen jedermann beherbergt und häufig auch verpflegt wird.

3. Gast- und Speisewirtschaften: 7,9 v. H. des Umsatzes

Gast- und Speisewirtschaften mit Ausschank alkoholischer Getränke (ohne Bahnhofswirtschaften).

4. Gebäude- und Fensterreinigung: 1,4 v. H. des Umsatzes

Betriebe für die Reinigung von Gebäuden, Räumen und Inventar, einschließlich Teppichreinigung, Fensterputzen, Schädlingsbekämpfung und Schiffsreinigung. Nicht dazu gehören die Betriebe für Hausfassadenreinigung.

5. Personenbeförderung mit Personenkraftwagen: 5,2 v. H. des Umsatzes

Betriebe zur Beförderung von Personen mit Taxis oder Mietwagen.

6. Wäschereien: 5,7 v. H. des Umsatzes

Hierzu gehören auch Mietwaschküchen, Wäschedienst, aber nicht Wäscheverleih.

IV. Freie Berufe

1. a) Bildhauer: 6,2 v. H. des Umsatzes
   b) Grafiker (nicht Gebrauchsgrafiker): 4,6 v. H. des Umsatzes
   c) Kunstmaler: 4,6 v. H. des Umsatzes

2. Selbständige Mitarbeiter bei Bühne, Film, Funk, Fernsehen und Schallplattenproduzenten: 3,2 v. H. des Umsatzes

Natürliche Personen, die auf den Gebieten der Bühne, des Films, des Hörfunks, des Fernsehens, der Schallplatten-, Bild- und Tonträgerproduktion selbständig Leistungen in Form von eigenen Darbietungen oder Beiträge zu Leistungen Dritter erbringen.

3. Hochschullehrer: 2,5 v. H. des Umsatzes

Umsätze aus freiberuflicher Nebentätigkeit zur unselbständig ausgeübten wissenschaftlichen Tätigkeit.

4. Journalisten: 4,2 v. H. des Umsatzes

Freiberuflich tätige Unternehmer, die in Wort und Bild überwiegend aktuelle politische, kulturelle und wirtschaftliche Ereignisse darstellen.

5. Schriftsteller: 2,2 v. H. des Umsatzes

Freiberuflich tätige Unternehmer, die geschriebene Werke mit überwiegend wissenschaftlichem, unterhaltendem oder künstlerischem Inhalt schaffen.

Abschnitt B
Durchschnittsätze für die Berechnung eines Teils der Vorsteuerbeträge
(§ 70 Abs. 2)

1. Architekten: 1,7 v. H. des Umsatzes

Architektur-, Bauingenieur- und Vermessungsbüro, darunter Baubüros, statische Büros und Bausachverständige, aber nicht Film- und Bühnenarchitekten.

2. Hausbandweber: 2,8 v. H. des Umsatzes

In Heimarbeit Beschäftigte, die in eigener Arbeitsstätte mit nicht mehr als zwei Hilfskräften im Auftrag von Gewerbetreibenden Schmalbänder in Lohnarbeit weben oder wirken.

3. Patentanwälte: 1,5 v. H. des Umsatzes

Patentanwaltspraxis, aber nicht die Lizenz- und Patentverwertung.

4. Rechtsanwälte und Notare: 1,3 v. H. des Umsatzes

Rechtsanwaltspraxis mit und ohne Notariat sowie das Notariat, nicht aber die Patentanwaltspraxis.

5. Schornsteinfeger: 1,4 v. H. des Umsatzes

6. Wirtschaftliche Unternehmensberatung, Wirtschaftsprüfung: 1,5 v. H. des Umsatzes

Wirtschaftsprüfer, vereidigte Buchprüfer, Steuerberater und Steuerbevollmächtigte. Nicht dazu gehören Treuhandgesellschaften für Vermögensverwaltung.

13.1 Versicherungsteuergesetz* (VersStG 1959)

In der Fassung vom 24. Juli 1959

(BGBl. I S. 539; BStBl. I S. 605)

Zuletzt geändert durch Solidaritätsgesetz vom 24. Juni 1991 (BGBl. I S. 1318)

BGBl. III 611–15

§ 1 Gegenstand der Steuer

(1) Der Steuer unterliegt die Zahlung des Versicherungsentgelts auf Grund eines durch Vertrag oder auf sonstige Weise entstandenen Versicherungsverhältnisses.

(2) Besteht das Versicherungsverhältnis mit einem im Gebiet der Europäischen Wirtschaftsgemeinschaft niedergelassenen Versicherer, so entsteht die Steuerpflicht, wenn der Versicherungsnehmer eine natürliche Person ist, nur sofern er bei Zahlung des Versicherungsentgelts seinen Wohnsitz oder gewöhnlichen Aufenthalt im Geltungsbereich dieses Gesetzes hat, oder, wenn er keine natürliche Person ist, sich bei Zahlung des Versicherungsentgelts das Unternehmen, die Betriebsstätte oder die entsprechende Einrichtung, auf die sich das Versicherungsverhältnis bezieht, im Geltungsbereich dieses Gesetzes befindet. Voraussetzung der Steuerpflicht ist außerdem bei der Versicherung von

1. Risiken mit Bezug auf unbewegliche Sachen, insbesondere Bauwerke und Anlagen, und auf darin befindliche Sachen mit Ausnahme von gewerblichem Durchfuhrgut,
   daß sich die Gegenstände im Geltungsbereich dieses Gesetzes befinden;

2. Risiken mit Bezug auf Fahrzeuge aller Art,
   daß das Fahrzeug im Geltungsbereich dieses Gesetzes in ein amtliches oder amtlich anerkanntes Register einzutragen ist und ein Unterscheidungskennzeichen erhält;

3. Reise- oder Ferienrisiken auf Grund eines Versicherungsverhältnisses mit einer Laufzeit von nicht mehr als vier Monaten,
   daß der Versicherungsnehmer die zur Entstehung des Versicherungsverhältnisses erforderlichen Rechtshandlungen im Geltungsbereich dieses Gesetzes vornimmt.

---

* **Das Gesetz tritt im Gebiet der ehem. DDR am 1. 1. 1991 in Kraft** (vgl. Anl. I Kap. IV Sachgebiet B Abschn. II Nr. 14 des Einigungsvertrags, – abgedruckt vor **1** –).

(3) Besteht das Versicherungsverhältnis mit einem im Gebiet der Europäischen Wirtschaftsgemeinschaft niedergelassenen Versicherer und hat der Versicherungsnehmer bei Zahlung des Versicherungsentgelts keinen Wohnsitz oder gewöhnlichen Aufenthalt im Geltungsbereich dieses Gesetzes und liegt, sofern es sich um keine natürliche Person handelt, auch das Unternehmen, die Betriebsstätte oder die entsprechende Einrichtung nicht im Geltungsbereich dieses Gesetzes, entsteht die Steuerpflicht nur bei der Versicherung von Risiken der in Absatz 2 Nr. 1 bis 3 bezeichneten Art unter den dort genannten Voraussetzungen.

(4) Besteht das Versicherungsverhältnis mit einem außerhalb der Europäischen Wirtschaftsgemeinschaft niedergelassenen Versicherer, so entsteht die Steuerpflicht, wenn

1. der Versicherungsnehmer bei der Zahlung des Versicherungsentgelts seinen Wohnsitz oder gewöhnlichen Aufenthalt oder seinen Sitz im Geltungsbereich dieses Gesetzes hat oder

2. ein Gegenstand versichert ist, der zur Zeit der Begründung des Versicherungsverhältnisses im Geltungsbereich dieses Gesetzes war.

§ 2 Versicherungsverträge

(1) Als Versicherungsvertrag im Sinne dieses Gesetzes gilt auch eine Vereinbarung zwischen mehreren Personen oder Personenvereinigungen, solche Verluste oder Schäden gemeinsam zu tragen, die den Gegenstand einer Versicherung bilden können.

(2) Als Versicherungsvertrag gilt nicht ein Vertrag, durch den der Versicherer sich verpflichtet, für den Versicherungsnehmer Bürgschaft oder sonstige Sicherheit zu leisten.

§ 3 Versicherungsentgelt

(1) Versicherungsentgelt im Sinne dieses Gesetzes ist jede Leistung, die für die Begründung und zur Durchführung des Versicherungsverhältnisses an den Versicherer zu bewirken ist (Beispiele: Prämien, Beiträge, Vorbeiträge, Vorschüsse, Nachschüsse, Umlagen, außerdem Eintrittsgelder, Gebühren für die Ausfertigung des Versicherungsscheins und sonstige Nebenkosten). Zum Versicherungsentgelt gehört nicht, was zur Abgeltung einer Sonderleistung des Versicherers oder aus einem sonstigen in der Person des einzelnen Versicherungsnehmers liegenden Grund gezahlt wird (Beispiele: Kosten für die Ausstellung einer Ersatzurkunde, Mahnkosten).

(2) Wird auf die Prämie ein Gewinnanteil verrechnet und nur der Unterschied zwischen Prämie und Gewinnanteil an den Versicherer gezahlt, so ist dieser Unterschiedsbetrag Versicherungsentgelt. Das gleiche gilt, wenn eine Verrechnung zwischen Prämie und Gewinnanteil nicht möglich ist und die Gutschriftanzeige über den Gewinnanteil dem Versicherungsnehmer mit der Prämienrechnung vorgelegt wird.

§ 4 Ausnahmen von der Besteuerung

Von der Besteuerung ausgenommen ist die Zahlung des Versicherungsentgelts

1. für eine Rückversicherung;

2. für eine Versicherung, die bei Vereinigungen öffentlich-rechtlicher Körperschaften genommen wird, um Aufwendungen der öffentlich-rechtlichen Körperschaften für Ruhegehalt und Hinterbliebenenversorgung ihrer Mitglieder auszugleichen;

3. für eine Unfallversicherung nach der Reichsversicherungsordnung, soweit sie nicht auf §§ 843, 1029, 1198 beruht;

4. für die Arbeitslosenversicherung nach dem Arbeitsförderungsgesetz sowie für eine Versicherung, die auf dem Zweiten Abschnitt des Lohnfortzahlungsgesetzes beruht; dies gilt auch für eine Versicherung, die bei einer Einrichtung im Sinne des § 19 Abs. 1 des Lohnfortzahlungsgesetzes genommen wird;

5. für eine Versicherung, durch die Ansprüche auf Kapital-, Renten- oder sonstige Leistungen im Falle des Erlebens, der Krankheit, der Berufs- oder Erwerbsunfähigkeit, des Alters, des Todes oder in besonderen Notfällen begründet werden. Dies gilt nicht für die Unfallversicherung, die Haftpflichtversicherung und sonstige Sachversicherungen; Nummer 3 bleibt unberührt;

5a. für eine Versicherung, die auf dem Vierten Abschnitt des Ersten Teils des Gesetzes zur Verbesserung der betrieblichen Altersversorgung vom 19. Dezember 1974 (Bundesgesetzbl. I S. 3610) beruht;

6. für eine Versicherung bei einer Lohnausgleichskasse, die von Tarifvertragsparteien errichtet worden ist, um Arbeitnehmer bei Arbeitsausfällen zu unterstützen;

7. für eine Vereinbarung im Sinne des § 2 Abs. 1, soweit sie die Gewährung von Rechtsschutz oder von Unterstützungen bei Streik, Aussperrung oder Maßregelung durch einen Berufsverband zum Gegenstand hat;

8. für eine Versicherung, die von einem der nachstehend bezeichneten Versicherungsnehmer genommen wird:

   a) bei der Bundesrepublik Deutschland beglaubigte diplomatische Vertretungen außerdeutscher Staaten,

   b) Mitglieder der unter Buchstabe a bezeichneten diplomatischen Vertretungen und Personen, die zum Geschäftspersonal dieser Vertretungen gehören und der inländischen Gerichtsbarkeit nicht unterliegen,

   c) in der Bundesrepublik Deutschland zugelassene konsularische Vertretungen außerdeutscher Staaten, wenn der Leiter der Vertretung Angehöriger des Entsendestaates ist und außerhalb seines Amtes in der Bundesrepublik Deutschland keine Erwerbstätigkeit ausübt,

d) in der Bundesrepublik Deutschland zugelassene Konsularvertreter (Generalkonsuln, Konsuln, Vizekonsuln, Konsularagenten) und Personen, die zum Geschäftspersonal dieser Konsularvertreter gehören, wenn sie Angehörige des Entsendestaates sind und außerhalb ihres Amtes in der Bundesrepublik Deutschland keine Erwerbstätigkeit ausüben.

Die Steuerbefreiung tritt nur ein, wenn Gegenseitigkeit gewährt wird;

9. für eine Versicherung von Vieh, wenn die Versicherungssumme 7500 Deutsche Mark nicht übersteigt. Hat ein Versicherungsnehmer bei demselben Versicherer mehrere Viehversicherungen abgeschlossen, so gilt die Ausnahme von der Besteuerung nur, wenn die versicherten Beträge zusammen die Freigrenze nicht übersteigen.

§ 5 Steuerberechnung

(1) Die Steuer wird für die einzelnen Versicherungen berechnet, und zwar

1. regelmäßig
   vom Versicherungsentgelt,

2. bei der Hagelversicherung und bei der im Betrieb der Landwirtschaft oder Gärtnerei genommenen Versicherung von Glasdeckungen über Bodenerzeugnissen gegen Hagelschaden
   von der Versicherungssumme und für jedes Versicherungsjahr.

Das Finanzamt kann auf Antrag gestatten, daß die Steuer nicht nach der Isteinnahme, sondern nach dem im Anmeldungszeitraum (§ 8 Abs. 2) angeforderten Versicherungsentgelt (Solleinnahme) berechnet wird. Im Fall der Berechnung nach der Solleinnahme ist die auf nicht vereinnahmte Versicherungsentgelte bereits entrichtete Steuer von der Steuer für den Anmeldungszeitraum abzusetzen, in dem der Versicherer die Versicherung ganz oder teilweise in Abgang gestellt hat.

(2) Bei Versicherungen, für die die Steuer vom Versicherungsentgelt zu berechnen ist, darf der Versicherer die Steuer vom Gesamtbetrag der Versicherungsentgelte berechnen, wenn er die Steuer in das Versicherungsentgelt eingerechnet hat. Hat der Versicherer die Steuer in das Versicherungsentgelt nicht eingerechnet, aber in den Geschäftsbüchern das Versicherungsentgelt und die Steuer in einer Summe gebucht, so darf er die Steuer von dem Gesamtbetrag dieser Summe berechnen.

(3) Für die Hagelversicherung und für die im Betrieb der Landwirtschaft oder Gärtnerei genommene Versicherung von Glasdeckungen über Bodenerzeugnissen gegen Hagelschaden darf das Finanzamt dem Versicherer gestatten, die Steuer von der Gesamtversicherungssumme aller von ihm übernommenen Versicherungen zu berechnen.

(4) Pfennigbeträge von 5 Pfennig oder mehr sind auf 10 Pfennig nach oben, Pfennigbeträge von weniger als 5 Pfennig auf 10 Pfennig nach unten abzurunden.

(5) Werte in fremder Währung sind zur Berechnung der Steuer nach den für die Umsatzsteuer geltenden Vorschriften umzurechnen.

§ 6[1] Steuersatz

(1) Die Steuer beträgt 10 vom Hundert des Versicherungsentgelts; dies gilt nicht für die in den Absätzen 2 bis 4 bezeichneten Versicherungen.

(2) Bei der Hagelversicherung und bei der im Betrieb der Landwirtschaft oder Gärtnerei genommenen Versicherung von Glasdeckungen über Bodenerzeugnissen gegen Hagelschaden beträgt die Steuer für jedes Versicherungsjahr 20 Pfennig für je 1000 Deutsche Mark der Versicherungssumme oder einen Teil davon.

(3) Bei der Seeschiffskaskoversicherung beträgt die Steuer 2 vom Hundert des Versicherungsentgelts.

(4) Bei der Unfallversicherung mit Prämienrückgewähr beträgt die Steuer 2 vom Hundert des Versicherungsentgelts.

§ 7 Steuerschuldner

(1) Steuerschuldner ist der Versicherungsnehmer. Für die Steuer haftet der Versicherer. Er hat die Steuer für Rechnung des Versicherungsnehmers zu entrichten. Ist die Steuerentrichtung einem zur Entgegennahme des Versicherungsentgelts Bevollmächtigten übertragen, so haftet auch der Bevollmächtigte für die Steuer.

(2) Hat der Versicherer keinen Wohnsitz (Sitz) in einem Mitgliedstaat der Europäischen Gemeinschaften, ist aber ein Bevollmächtigter zur Entgegennahme des Versicherungsentgelts bestellt, so haftet auch dieser für die Steuer. In diesem Fall hat der Bevollmächtigte die Steuer für Rechnung des Versicherungsnehmers zu entrichten.

(3) Hat der Versicherer weder seinen Wohnsitz (Sitz) in einem Mitgliedstaat der Europäischen Gemeinschaften, noch einen Bevollmächtigten zur Entgegennahme des Versicherungsentgelts, so hat der Versicherungsnehmer die Steuer zu entrichten.

(4) Im Verhältnis zwischen dem Versicherer und dem Versicherungsnehmer gilt die Steuer als Teil des Versicherungsentgelts, insbesondere soweit es sich um dessen Einziehung und Geltendmachung im Rechtsweg handelt.

---

[1] Zur Anwendung von § 6 vgl. § 10b.

§ 7a Örtliche Zuständigkeit

(1) Örtlich zuständig ist das Finanzamt, in dessen Bezirk der Versicherer seine Geschäftsleitung, seinen Sitz, seinen Wohnsitz oder eine Betriebsstätte – bei mehreren Betriebsstätten die wirtschaftlich bedeutendste – hat. Hat der Versicherer die Entrichtung der Steuer einem Bevollmächtigten übertragen, so ist das Finanzamt zuständig, in dessen Bezirk der Bevollmächtigte seine Geschäftsleitung, seinen Sitz oder seinen Wohnsitz hat.

(2) Hat der Versicherer weder Geschäftsleitung, Sitz, Wohnsitz oder Betriebsstätte im Geltungsbereich dieses Gesetzes, so bestimmt das Bundesamt für Finanzen das zuständige Finanzamt gemäß § 5 Abs. 1 Nr. 7 des Finanzverwaltungsgesetzes.

(3) Für das in Artikel 3 des Einigungsvertrages[1] genannte Gebiet bleibt das Finanzamt für Körperschaften in dem Teil des Landes Berlin, in dem das Grundgesetz bisher nicht galt, bis zum 31. Dezember 1993 örtlich zuständig.

§ 8 Anmeldung, Fälligkeit

(1) Der Versicherer (§ 7 Abs. 1) oder der Bevollmächtigte (§ 7 Abs. 2) hat innerhalb von fünfzehn Tagen nach Ablauf eines jeden Anmeldungszeitraums (Absatz 2)

1. eine eigenhändig unterschriebene Steuererklärung abzugeben, in der er die im Anmeldungszeitraum entstandene Steuer selbst zu berechnen hat (Steueranmeldung), und

2. die im Anmeldungszeitraum entstandene Steuer zu entrichten.

(2) Anmeldungszeitraum ist der Kalendermonat. Hat die Steuer für das vorangegangene Kalenderjahr insgesamt nicht mehr als 6000 Deutsche Mark betragen, so ist Anmeldungszeitraum das Kalendervierteljahr.

(3) Haben mehrere Versicherer eine Versicherung für denselben Versicherungsnehmer in der Weise gemeinschaftlich übernommen, daß jeder von ihnen aus der Versicherung zu einem bestimmten Anteil berechtigt und verpflichtet ist, so darf einer der Versicherer die Steuer auch für die anderen Versicherer entrichten. Er hat in diesem Fall den Gesamtbetrag des Versicherungsentgelts in seinen Geschäftsbüchern nachrichtlich zu vermerken. Die anderen Versicherer müssen in ihren Geschäftsbüchern angeben, wer die Steuer für sie entrichtet hat.

(4) Gibt der Versicherer oder der Bevollmächtigte bis zum Ablauf der Anmeldungsfrist die Steueranmeldung nicht ab, so setzt das Finanzamt die Steuer fest. Als Zeitpunkt ihrer Fälligkeit gilt der fünfzehnte Tag nach Ablauf des Anmeldungszeitraums.

---

[1] Auszugsweise abgedruckt vor **1**.

(5) Hat der Versicherungsnehmer die Steuer zu entrichten (§ 7 Abs. 3), so hat er den Abschluß der Versicherung dem Finanzamt unverzüglich anzuzeigen. Die gleiche Pflicht hat auch der Vermittler, der den Abschluß einer solchen Versicherung vermittelt hat, wenn er seine Geschäftsleitung, seinen Sitz oder seinen Wohnsitz im Geltungsbereich dieses Gesetzes hat. Der Versicherungsnehmer hat innerhalb von fünfzehn Tagen nach Ablauf des Monats, in dem das Versicherungsentgelt gezahlt worden ist, eine Steueranmeldung abzugeben und die selbstberechnete Steuer zu entrichten.

§ 9 Erstattung der Steuer

(1) Wird das Versicherungsentgelt ganz oder zum Teil zurückgezahlt, weil die Versicherung vorzeitig aufhört oder das Versicherungsentgelt oder die Versicherungssumme herabgesetzt worden ist, so wird die Steuer auf Antrag insoweit erstattet, als sie bei Berücksichtigung dieser Umstände nicht zu erheben gewesen wäre. Die Steuer wird dem Versicherer (§ 7 Abs. 1) oder dem Bevollmächtigten (§ 7 Abs. 2) für Rechnung des Versicherungsnehmers und im Fall des § 7 Abs. 3 dem Versicherungsnehmer erstattet.

(2) Die Steuer wird nicht erstattet

1. bei Erstattung von Prämienreserven,

2. wenn die Prämienrückgewähr ausdrücklich versichert war.

§ 10 Aufzeichnungspflichten und Außenprüfung

(1) Der Versicherer (§ 7 Abs. 1) oder der Bevollmächtigte (§ 7 Abs. 2) ist verpflichtet, zur Feststellung der Steuer und der Grundlagen ihrer Berechnung Aufzeichnungen zu führen. Diese müssen alle Angaben enthalten, die für die Besteuerung von Bedeutung sind, insbesondere

1. den Namen und die Anschrift des Versicherungsnehmers,

2. die Nummer des Versicherungsscheins,

3. die Versicherungssumme,

4. das Versicherungsentgelt,

5. den Steuerbetrag.

Ist das im Geltungsbereich dieses Gesetzes belegene Risiko von einem nicht in dessen Geltungsbereich niedergelassenen Versicherer gedeckt, so hat dieser dem Bundesamt für Finanzen auf Anforderung ein vollständiges Verzeichnis der sich auf diese Risiken beziehenden Versicherungsverhältnisse mit den in Satz 2 genannten Angaben zu übermitteln. Diese Verpflichtung besteht auch dann, wenn der Versicherer die Voraussetzungen für die Steuerpflicht oder für die Steuerentrichtung nicht für gegeben hält.

(2) Bei Personen und Personenvereinigungen, die Versicherungen vermitteln oder ermächtigt sind, für einen Versicherer Zahlungen entgegenzunehmen, ist zur Ermittlung oder Aufklärung von Vorgängen, die nach

diesem Gesetz der Steuer unterliegen, eine Außenprüfung (§§ 193 bis 203 der Abgabenordnung) auch insoweit zulässig, als sie der Feststellung der steuerlichen Verhältnisse anderer Personen dient, die als Versicherungsnehmer nach § 7 Abs. 3 zur Entrichtung der Steuer verpflichtet sind.

(3) Eine Außenprüfung ist auch bei Personen und Personenvereinigungen zulässig, die eine Versicherung im Sinne des § 2 vereinbart haben oder die als Versicherungsnehmer nach § 7 Abs. 3 zur Entrichtung der Steuer verpflichtet sind.

(4) Steuerbeträge, die auf Grund einer Außenprüfung nachzuentrichten oder zu erstatten sind, sind zusammen mit der Steuer für den laufenden Anmeldungszeitraum festzusetzen.

§ 10a Mitteilungspflicht

(1) Die mit der Aufsicht über die Versicherungsunternehmen betrauten Behörden teilen dem Finanzamt die zu ihrer Kenntnis gelangenden Versicherer mit.

(2) Das Registergericht teilt Eintragungen von Vereinen oder Genossenschaften, die sich mit dem Abschluß von Versicherungen befassen, dem Finanzamt mit; das gilt auch dann, wenn die Vereine oder Genossenschaften ihre Leistungen als Unterstützungen ohne Rechtsanspruch bezeichnen.

§ 10b Anwendungsvorschriften

(1) § 8 in der durch Artikel 20 des Steuerbereinigungsgesetzes 1985 vom 14. Dezember 1984 (BGBl. I S. 1493) geänderten Fassung ist erstmals auf Anmeldungszeiträume anzuwenden, die nach dem 31. Dezember 1984 beginnen. Auf Abrechnungszeiträume, die vor dem 1. Januar 1985 enden, sind die bisherigen Vorschriften über das Besteuerungsverfahren weiterhin anzuwenden.

(2) Wird ein Steuersatz geändert, so ist der neue Steuersatz auf Versicherungsentgelte anzuwenden, die ab dem Inkrafttreten der Änderung fällig werden. Änderungen der Fälligkeit, die innerhalb von drei Monaten vor dem Inkrafttreten der Änderung des Steuersatzes oder nachträglich vereinbart worden sind, gelten insoweit nicht.

(3) Der Steuersatz von 7 vom Hundert nach § 6 Abs. 1 ist bei Versicherungen, die im Zusammenhang mit Reisen durch einen Reiseveranstalter oder durch ein Reisebüro zu einem Festpreis angeboten werden (Reiseversicherungen), auf Versicherungsentgelte anzuwenden, die ab dem 1. Juli 1989 fällig werden. Der Steuersatz von 7 vom Hundert gilt weiter für die entsprechenden Versicherungsentgelte, die bis zum 31. Dezember 1991 fällig werden. Der Steuersatz von 10 vom Hundert gilt für die entsprechenden Versicherungsentgelte, die ab dem 1. Januar 1992 fällig werden.

§ 11 Ermächtigungen

(1) Die Bundesregierung wird ermächtigt, mit Zustimmung des Bundesrates Rechtsverordnungen zu erlassen über

1. die nähere Bestimmung der in diesem Gesetz verwendeten Begriffe,

2. die Abgrenzung der Steuerpflicht sowie den Umfang der Ausnahmen von der Besteuerung und der Steuerermäßigungen, soweit dies zur Wahrung der Gleichmäßigkeit der Besteuerung und zur Beseitigung von Unbilligkeiten in Härtefällen erforderlich ist,

3. die Zuständigkeit der Finanzämter und den Umfang der Besteuerungsgrundlage,

4., 5. *(aufgehoben)*

6. die Steuerberechnung bei Einrechnung der Steuer in das Versicherungsentgelt,

7. die Steuerberechnung nach der Versicherungsleistung,

8. die Festsetzung der Steuer in besonderen Fällen in Pauschbeträgen. Dies gilt insbesondere dann, wenn die Feststellung der Steuerbeträge mit Schwierigkeiten und Kosten verbunden wäre, die zur Höhe der Steuer in keinem angemessenen Verhältnis stehen würden,

9. die Erstattung der Steuer.

(2) Der Bundesminister der Finanzen kann dieses Gesetz und die auf Grund dieses Gesetzes erlassenen Rechtsverordnungen in der jeweils geltenden Fassung mit neuem Datum und unter neuer Überschrift im Bundesgesetzblatt bekanntmachen.

§ 12 *(aufgehoben)*

13.2 Versicherungsteuer-Durchführungsverordnung (VersStDV 1960)★

In der Fassung vom 20. April 1960

(BGBl. I S. 279; BStBl. I S. 272)

Steueränderungsgesetz 1991 vom 24. Juni 1991 (BGBl. I S. 1322)

BGBl. III 611–15–1

A. Allgemeine Bestimmungen

§ 1 Örtliche Zuständigkeit

(1) Örtlich zuständig ist das Finanzamt, in dessen Bezirk der Versicherer seine Geschäftsleitung, seinen Sitz, seinen Wohnsitz oder eine Betriebsstätte – bei mehreren Betriebsstätten die wirtschaftlich bedeutendste – hat. Hat der Versicherer die Entrichtung der Steuer einem Bevollmächtigten übertragen, so ist das Finanzamt zuständig, in dessen Bezirk der Bevollmächtigte seine Geschäftsleitung, seinen Sitz oder seinen Wohnsitz hat.

(2) Im Fall des § 7 Abs. 2 des Gesetzes ist das Finanzamt zuständig, in dessen Bezirk der Bevollmächtigte seine Geschäftsleitung, seinen Sitz oder seinen Wohnsitz hat.

(3) Hat der Versicherungsnehmer die Steuer selbst zu entrichten (§ 7 Abs. 3 des Gesetzes), so ist das Finanzamt zuständig, in dessen Bezirk der Versicherungsnehmer seine Geschäftsleitung, seinen Sitz, seinen Wohnsitz oder seinen gewöhnlichen Aufenthalt hat. Dieses Finanzamt ist auch für die Entgegennahme der Anzeigen eines Vermittlers (§ 8 Abs. 5 Satz 2 des Gesetzes) zuständig.

(4) In den Fällen, in denen die Zuständigkeit sich nicht aus den Absätzen 1 bis 3 ergibt, ist das Finanzamt zuständig, in dessen Bezirk die versicherten Gegenstände (§ 1 Nr. 2 des Gesetzes) belegen sind. Trifft dies für mehrere Finanzämter zu, so ist örtlich zuständig das Finanzamt, in dessen Bezirk sich der wertvollste Teil des versicherten Gegenstands oder der versicherten Gegenstände befindet.

§ 2 Anmeldungspflicht

(1) Der inländische Versicherer hat die Eröffnung seines Geschäftsbetriebs binnen zwei Wochen dem Finanzamt anzumelden. Das gleiche gilt für eine Person oder eine Personenvereinigung, die an einem Versicherungsvertrag im Sinne des § 2 Abs. 1 des Gesetzes beteiligt ist.

(2) Zugleich mit der Anmeldung hat der Versicherer dem Finanzamt anzuzeigen, ob er die Erfüllung der Steuerpflicht selbst übernehmen oder

★ Die Verordnung tritt im Gebiet der ehem. DDR am 1. 1. 1991 in Kraft.

den zur Empfangnahme von Prämienzahlungen ermächtigten Personen (Bevollmächtigten) übertragen will. In der Anzeige hat der Versicherer alle Bevollmächtigten, denen er die Erfüllung der Steuerpflicht übertragen hat, unter Angabe ihres Wohnsitzes (Sitzes, Geschäftsleitung) und des Umfangs der Übertragung aufzuführen.

(3) Veränderungen gegenüber den in der Anmeldung (Absatz 1) oder Anzeige (Absatz 2) gemachten Angaben hat der Versicherer binnen zwei Wochen dem Finanzamt anzuzeigen.

(4) Die Absätze 1 bis 3 gelten entsprechend für die inländische Geschäftsstelle eines ausländischen Versicherers, der die Leitung des Geschäfts im Inland übertragen ist.

§ 3 *(aufgehoben)*

§ 4 Steuerberechnung bei Einrechnung der Steuer in das Versicherungsentgelt

Berechnet der Versicherer die Steuer nach § 5 Abs. 2 des Gesetzes von dem Gesamtbetrag der Versicherungsentgelte einschließlich der Steuer, sind von diesem Gesamtbetrag statt 10 vom Hundert 9,091 vom Hundert, statt 7 vom Hundert 6,542 vom Hundert und statt 2 vom Hundert 1,961 vom Hundert zu erheben.

§ 5 Ausnahme von der Besteuerung bei Viehversicherungen

Sind bei einer Viehversicherung statt einer Versicherungsumme feste Entschädigungsbeträge für jedes Stück Vieh vereinbart, so gilt die Ausnahmevorschrift des § 4 Nr. 9 des Gesetzes nur, wenn der Höchstbetrag der Ersatzpflicht des Versicherers gegenüber einem Versicherungsnehmer im Zeitpunkt der Zahlung des Versicherungsentgelts 7500 Deutsche Mark nicht übersteigt.

B. Besteuerungsverfahren

I. Entrichtung der Steuer durch den Versicherer

§§ 6 bis 9 *(aufgehoben)*

§ 10 Entrichtung der Steuer im Pauschverfahren

Das Finanzamt kann in Fällen, in denen die Feststellung der Unterlagen für die Steuerfestsetzung unverhältnismäßig schwierig sein würde, die Berechnung und Entrichtung der Steuer im Pauschverfahren zulassen.

II. Entrichtung der Steuer durch den Versicherungsnehmer

§ 11 *(aufgehoben)*

14. Vermögensteuergesetz (VStG)★·★★

In der Fassung der Bekanntmachung vom 14. November 1990

(BGBl. I S. 558; BStBl. I S. 129)

Zuletzt geändert durch Steueränderungsgesetz 1992 vom 25. Februar 1992 (BGBl. I S. 297)

BGBl. III 611–6–3

Nichtamtliche Inhaltsübersicht

★ **Zur Anwendung vgl. § 25.**
★★ **Das Gesetz tritt im Gebiet der ehem. DDR am 1. 1. 1991 in Kraft** (vgl. Anl. I
Kap. IV Sachgebiet B Abschn. II Nr. 14 des Einigungsvertrags, – abgedruckt vor **1** –).

I. Steuerpflicht, Bemessungsgrundlage

§ 1 Unbeschränkte Steuerpflicht

(1) Unbeschränkt vermögensteuerpflichtig sind

1. natürliche Personen, die im Inland einen Wohnsitz oder ihren gewöhnlichen Aufenthalt haben;
2. die folgenden Körperschaften, Personenvereinigungen und Vermögensmassen, die im Inland ihre Geschäftsleitung oder ihren Sitz haben:
    a) Kapitalgesellschaften (Aktiengesellschaften, Kommanditgesellschaften auf Aktien, Gesellschaften mit beschränkter Haftung, bergrechtliche Gewerkschaften);
    b) Erwerbs- und Wirtschaftsgenossenschaften;
    c) Versicherungsvereine auf Gegenseitigkeit;
    d) sonstige juristische Personen des privaten Rechts;
    e) nichtrechtsfähige Vereine, Stiftungen und andere Zweckvermögen des privaten Rechts;
    f) Kreditanstalten des öffentlichen Rechts;
    g) Gewerbebetriebe im Sinne des Gewerbesteuergesetzes von juristischen Personen des öffentlichen Rechts, soweit sie nicht bereits unter den Buchstaben f fallen. Als Gewerbebetrieb gelten auch die Verpachtung eines Gewerbebetriebs sowie Anteile an einer offenen Handelsgesellschaft, einer Kommanditgesellschaft oder einer ähnlichen Gesellschaft, bei der die Gesellschafter als Unternehmer (Mitunternehmer) anzusehen sind.

(2) Unbeschränkt vermögensteuerpflichtig sind auch deutsche Staatsangehörige, die

1. im Inland weder einen Wohnsitz noch ihren gewöhnlichen Aufenthalt haben und
2. zu einer inländischen juristischen Person des öffentlichen Rechts in einem Dienstverhältnis stehen und dafür Arbeitslohn aus einer inländischen öffentlichen Kasse beziehen,

sowie zu ihrem Haushalt gehörende Angehörige, die die deutsche Staatsangehörigkeit besitzen. Dies gilt nur für natürliche Personen, die in dem Staat, in dem sie ihren Wohnsitz oder ihren gewöhnlichen Aufenthalt haben, lediglich in einem der beschränkten Steuerpflicht ähnlichen Umfang zu Personensteuern herangezogen werden.

(3) Die unbeschränkte Vermögensteuerpflicht erstreckt sich auf das Gesamtvermögen.

(4) Zum Inland im Sinne dieses Gesetzes gehört auch der der Bundesrepublik Deutschland zustehende Anteil am Festlandsockel, soweit dort Naturschätze des Meeresgrundes und des Meeresuntergrundes erforscht oder ausgebeutet werden.

§ 2 Beschränkte Steuerpflicht

(1) Beschränkt steuerpflichtig sind

1. natürliche Personen, die im Inland weder einen Wohnsitz noch ihren gewöhnlichen Aufenthalt haben;
2. Körperschaften, Personenvereinigungen und Vermögensmassen, die im Inland weder ihre Geschäftsleitung noch ihren Sitz haben.

(2) Die beschränkte Steuerpflicht erstreckt sich nur auf Vermögen der in § 121 des Bewertungsgesetzes genannten Art, das auf das Inland entfällt.

(3) Abweichend von Absatz 2 erstreckt sich die beschränkte Steuerpflicht eines Steuerpflichtigen mit Wohnsitz oder gewöhnlichem Aufenthalt, Sitz oder Ort der Geschäftsleitung in einem ausländischen Staat nicht auf das inländische Betriebsvermögen, das dem Betrieb von eigenen oder gecharterten Seeschiffen oder Luftfahrzeugen eines Unternehmens dient, dessen Geschäftsleitung sich in dem ausländischen Staat befindet. Voraussetzung für die Steuerbefreiung ist, daß dieser ausländische Staat Steuerpflichtigen mit Wohnsitz oder gewöhnlichem Aufenthalt, Sitz oder Ort der Geschäftsleitung im Inland eine entsprechende Steuerbefreiung für derartiges Vermögen gewährt und daß der Bundesminister für Verkehr die Steuerbefreiung für verkehrspolitisch unbedenklich erklärt hat.

§ 3 Befreiungen

(1) Von der Vermögensteuer sind befreit

1. die Deutsche Bundespost, die Deutsche Bundesbahn, die Monopolverwaltungen des Bundes, die staatlichen Lotterieunternehmen und der Erdölbevorratungsverband nach § 2 Abs. 1 des Erdölbevorratungsgesetzes vom 8. Dezember 1987 (BGBl. I S. 2510);
1a. die Deutsche Reichsbahn;
2. die Deutsche Bundesbank, die Kreditanstalt für Wiederaufbau, die Deutsche Ausgleichsbank, die Landwirtschaftliche Rentenbank, die Bayerische Landesanstalt für Aufbaufinanzierung, die Hessische

Landesentwicklungs- und Treuhandgesellschaft mit beschränkter Haftung, die Niedersächsische Gesellschaft für öffentliche Finanzierungen mit beschränkter Haftung, die Finanzierungs-Aktiengesellschaft Rheinland-Pfalz, die Hanseatische Gesellschaft für öffentliche Finanzierungen mit beschränkter Haftung Bremen, die Landeskreditbank Baden-Württemberg-Förderungsanstalt,[1] die Bayerische Landesbodenkreditanstalt, die Wohnungsbau-Kreditanstalt Berlin, die Hamburgische Wohnungsbaukreditanstalt, die Niedersächsische Landestreuhandstelle für den Wohnungs- und Städtebau, die Wohnungsbauförderungsanstalt des Landes Nordrhein-Westfalen, die Niedersächsische Landestreuhandstelle für Wirtschaftsförderung Norddeutsche Landesbank, die Landestreuhandstelle für Agrarförderung Norddeutsche Landesbank, die Saarländische Investitionskreditbank Aktiengesellschaft, die Investitionsbank Schleswig-Holstein – Zentralbereich der Landesbank Schleswig-Holstein Girozentrale, die Landesinvestitionsbank Brandenburg[1] und die Liquiditäts-Konsortialbank Gesellschaft mit beschränkter Haftung;

2a. die Staatsbank Berlin, die Treuhandanstalt;

3. Unternehmen, die durch Staatsverträge verpflichtet sind, die Erträge ihres Vermögens zur Aufbringung der Mittel für die Errichtung von Bundeswasserstraßen zu verwenden, sowie Unternehmen, deren Erträge ganz oder teilweise einem solchen Unternehmen zufließen, solange und soweit das Vermögen der Unternehmen ausschließlich diesem Zweck dient; § 101 des Bewertungsgesetzes findet keine Anwendung;

4. Einrichtungen, die unmittelbar dem Unterrichts-, Erziehungs- und Bildungswesen, der körperlichen Ertüchtigung, der Kranken-, Gesundheits-, Wohlfahrts- und Jugendpflege dienen, ohne Rücksicht auf die Rechtsform, in der sie bestehen, wenn sie gehören
   a) dem Bund, einem Land, einer Gemeinde, einem Gemeindeverband, einem Zweckverband oder Sozialversicherungsträgern,
   b) den Religionsgesellschaften, die Körperschaften des öffentlichen Rechts sind, sowie ihren Einrichtungen;

5. rechtsfähige Pensions-, Sterbe-, Kranken- und Unterstützungskassen im Sinne des § 5 Abs. 1 Nr. 3 des Körperschaftsteuergesetzes, soweit sie die für eine Befreiung von der Körperschaftsteuer erforderlichen Voraussetzungen erfüllen. In den Fällen des § 6 Abs. 1, 3 und 5 des Körperschaftsteuergesetzes besteht Steuerpflicht jeweils für das Kalenderjahr, das einem Kalenderjahr folgt, für das die Kasse körperschaftsteuerpflichtig ist. In diesen Fällen werden bei der Ermittlung des Be-

---

[1] Zur erstmaligen Anwendung von § 3 Abs. 1 Nr. 2 vgl. § 25 Abs. 4.

triebsvermögens oder des Gesamtvermögens noch nicht erbrachte Leistungen der Kasse nicht abgezogen. Von dem Gesamtvermögen ist der Teil anzusetzen, der dem Verhältnis entspricht, in dem der übersteigende Betrag im Sinne des § 6 Abs. 1 oder 5 des Körperschaftsteuergesetzes zu dem Vermögen im Sinne des § 5 Abs. 1 Nr. 3 Buchstabe d oder e des Körperschaftsteuergesetzes steht;

6. kleinere Versicherungsvereine auf Gegenseitigkeit im Sinne des § 53 des Versicherungsaufsichtsgesetzes, wenn sie die für eine Befreiung von der Körperschaftsteuer erforderlichen Voraussetzungen erfüllen;

6a. der Pensions-Sicherungs-Verein Versicherungsverein auf Gegenseitigkeit, wenn er die für eine Befreiung von der Körperschaftsteuer erforderlichen Voraussetzungen erfüllt;

7. Erwerbs- und Wirtschaftsgenossenschaften sowie Vereine im Sinne des § 5 Abs. 1 Nr. 14 des Körperschaftsteuergesetzes, soweit sie von der Körperschaftsteuer befreit sind. In den Fällen des Verzichts nach § 54 Abs. 5 Satz 1 des Körperschaftsteuergesetzes besteht die Steuerpflicht jeweils für das Kalenderjahr, für das auf die Steuerbefreiung verzichtet wird. In den Fällen des Widerrufs nach § 54 Abs. 5 Satz 3 des Körperschaftsteuergesetzes tritt die Steuerbefreiung für das Kalenderjahr ein, für das er gelten soll;

7a. landwirtschaftliche Produktionsgenossenschaften und deren Rechtsnachfolger in der Rechtsform der Genossenschaft, wenn sie von der Gewerbesteuer befreit sind;

8.[1] Berufsverbände ohne öffentlich-rechtlichen Charakter sowie kommunale Spitzenverbände auf Bundes- oder Landesebene einschließlich ihrer Zusammenschlüsse, wenn der Zweck dieser Verbände nicht auf einen wirtschaftlichen Geschäftsbetrieb gerichtet ist. Wird ein wirtschaftlicher Geschäftsbetrieb unterhalten, ist die Steuerbefreiung insoweit ausgeschlossen. Die Sätze 1 und 2 gelten auch für Zusammenschlüsse von juristischen Personen des öffentlichen Rechts, die wie die Berufsverbände allgemeine ideelle und wirtschaftliche Interessen ihrer Mitglieder wahrnehmen;

9. Körperschaften oder Personenvereinigungen, deren Hauptzweck die Verwaltung des Vermögens für einen nichtrechtsfähigen Berufsverband der in Nummer 8 bezeichneten Art ist, sofern ihre Erträge im wesentlichen aus dieser Vermögensverwaltung herrühren und ausschließlich dem Berufsverband zufließen;

10. politische Parteien im Sinne des § 2 des Parteiengesetzes und ihre Gebietsverbände. Wird ein wirtschaftlicher Geschäftsbetrieb unterhalten, so ist die Steuerbefreiung insoweit ausgeschlossen;

11. öffentlich-rechtliche Versicherungs- und Versorgungseinrichtungen

---

[1] Zur erstmaligen Anwendung von § 3 Abs. 1 Nr. 8 vgl. § 25 Abs. 4.

von Berufsgruppen, deren Angehörige auf Grund einer durch Gesetz angeordneten oder auf Gesetz beruhenden Verpflichtung Mitglieder dieser Einrichtungen sind, wenn die Satzung der Einrichtung die Zahlung keiner höheren jährlichen Beiträge zuläßt als das Zwölffache der Beiträge, die sich bei einer Beitragsbemessungsgrundlage in Höhe der doppelten monatlichen Beitragsbemessungsgrenze in der Rentenversicherung der Arbeiter und Angestellten ergeben würden. Ermöglicht die Satzung der Einrichtung nur Pflichtmitgliedschaften sowie freiwillige Mitgliedschaften, die unmittelbar an eine Pflichtmitgliedschaft anschließen, so steht dies der Steuerbefreiung nicht entgegen, wenn die Satzung die Zahlung keiner höheren jährlichen Beiträge zuläßt als das Fünfzehnfache der Beiträge, die sich bei einer Beitragsbemessungsgrundlage in Höhe der doppelten monatlichen Beitragsbemessungsgrenze in der Rentenversicherung der Arbeiter und Angestellten ergeben würden;

12.[1] Körperschaften, Personenvereinigungen und Vermögensmassen, die nach der Satzung, dem Stiftungsgeschäft oder der sonstigen Verfassung und nach der tatsächlichen Geschäftsführung ausschließlich und unmittelbar gemeinnützigen, mildtätigen oder kirchlichen Zwecken dienen. Wird ein wirtschaftlicher Geschäftsbetrieb unterhalten, ist die Steuerfreiheit insoweit ausgeschlossen. Satz 2 gilt nicht für die selbstbewirtschaftete forstwirtschaftliche Nutzung eines Betriebs der Land- und Forstwirtschaft (§ 34 des Bewertungsgesetzes) und für Nebenbetriebe im Sinne des § 42 des Bewertungsgesetzes, die dieser Nutzung dienen;

13. Erwerbs- und Wirtschaftsgenossenschaften sowie Vereine im Sinne des § 5 Abs. 1 Nr. 10 des Körperschaftsteuergesetzes, soweit sie von der Körperschaftsteuer befreit sind. In den Fällen des Verzichts nach § 54 Abs. 5 Satz 1 des Körperschaftsteuergesetzes besteht die Steuerpflicht jeweils für das Kalenderjahr, für das auf die Steuerbefreiung verzichtet wird. In den Fällen des Widerrufs nach § 54 Abs. 5 Satz 3 des Körperschaftsteuergesetzes tritt die Steuerbefreiung für das Kalenderjahr ein, für das er gelten soll;

14. *(weggefallen)*

15. die von den zuständigen Landesbehörden begründeten oder anerkannten gemeinnützigen Siedlungsunternehmen im Sinne des Reichssiedlungsgesetzes in der im Bundesgesetzblatt Teil III, Gliederungsnummer 2331–1, veröffentlichten bereinigten Fassung, zuletzt geändert durch Artikel 2 Nr. 24 des Gesetzes vom 8. Dezember 1986 (BGBl. I S. 2191), und im Sinne der Bodenreformgesetze der Länder, soweit die Unternehmen im ländlichen Raum Siedlungs-, Agrarstrukturverbesserungs- und Landentwicklungsmaßnahmen mit Ausnahme des Woh-

---

[1] Zur Anwendung von § 3 Abs. 1 Nr. 12 vgl. § 25 Abs. 2.

nungsbaus durchführen. Die Steuerbefreiung ist ausgeschlossen, wenn die Einnahmen des Unternehmens aus den in Satz 1 nicht bezeichneten Tätigkeiten die Einnahmen aus den in Satz 1 bezeichneten Tätigkeiten übersteigen;

16.[1] Bürgschaftsbanken (Kreditgarantiegemeinschaften) im Sinne des § 5 Abs. 1 Nr. 17 des Körperschaftsteuergesetzes, wenn sie die für eine Befreiung von der Körperschaftsteuer erforderlichen Voraussetzungen erfüllen;

17. Körperschaften, Personenvereinigungen und Vermögensmassen, die als Sicherungseinrichtung eines Verbandes der Kreditinstitute nach ihrer Satzung oder sonstigen Verfassung ausschließlich den Zweck haben, bei Gefahr für die Erfüllung der Verpflichtungen eines Kreditinstituts Hilfe zu leisten. Voraussetzung ist, daß das Vermögen und etwa erzielte Überschüsse nur zur Erreichung des satzungsmäßigen Zwecks verwendet werden. Die Sätze 1 und 2 gelten entsprechend für Einrichtungen zur Sicherung von Spareinlagen bei Unternehmen, die am 31. Dezember 1989 als gemeinnützige Wohnungsunternehmen anerkannt waren;

18. die folgenden Kapitalbeteiligungsgesellschaften für die mittelständische Wirtschaft, soweit sich deren Geschäftsbetrieb darauf beschränkt, im öffentlichen Interesse mit Eigenmitteln oder mit staatlicher Hilfe Beteiligungen zu erwerben, wenn der von ihnen erzielte Gewinn ausschließlich und unmittelbar für die satzungsmäßigen Zwecke der Beteiligungsfinanzierung verwendet wird:
Mittelständische Beteiligungsgesellschaft Baden-Württemberg GmbH, Kapitalbeteiligungsgesellschaft für die mittelständische Wirtschaft Bayerns mbH, MGB Mittelständische Beteiligungsgesellschaft Hessen GmbH, Mittelständische Beteiligungsgesellschaft Niedersachsen (MBG) mbH, Kapitalbeteiligungsgesellschaft für die mittelständische Wirtschaft in Nordrhein-Westfalen mbH, Mittelständische Beteiligungs- und Wagnisfinanzierungsgesellschaft Rheinland-Pfalz mbH, Saarländische Kapitalbeteiligungsgesellschaft mbH, Schleswig-Holsteinische Gesellschaft für Wagniskapital mbH, Technologie-Beteiligungs-Gesellschaft mbH der Deutschen Ausgleichsbank;

19. Unternehmensbeteiligungsgesellschaften, die nach dem Gesetz über Unternehmensbeteiligungsgesellschaften vom 17. Dezember 1986 (BGBl. I S. 2488) in dem Kalenderjahr, das dem Veranlagungszeitpunkt vorangeht, anerkannt sind. Der Widerruf der Anerkennung und der Verzicht auf die Anerkennung haben Wirkung für die Vergangenheit, wenn nicht Aktien der Unternehmensbeteiligungsgesellschaft öffentlich angeboten worden sind. Bescheide über die Anerkennung, die

---

[1] Zur erstmaligen Anwendung von § 3 Abs. 1 Nr. 16 vgl. § 25 Abs. 4.

Rücknahme oder den Widerruf der Anerkennung und über die Feststellung, ob Aktien der Unternehmensbeteiligungsgesellschaft öffentlich angeboten worden sind, sind Grundlagenbescheide im Sinne der Abgabenordnung.

(2) Die Befreiungen nach Absatz 1 sind auf beschränkt Steuerpflichtige (§ 2) nicht anzuwenden.

§ 4 Bemessungsgrundlage

(1) Der Vermögensteuer unterliegt

1. bei unbeschränkt Steuerpflichtigen das Gesamtvermögen (§§ 114 bis 120 des Bewertungsgesetzes);
2. bei beschränkt Steuerpflichtigen das Inlandsvermögen (§ 121 des Bewertungsgesetzes).

(2) Der Wert des Gesamtvermögens oder des Inlandsvermögens wird auf volle 1000 Deutsche Mark nach unten abgerundet.

§ 5 Stichtag für die Festsetzung der Vermögensteuer; Entstehung der Steuer

(1) Die Vermögensteuer wird nach den Verhältnissen zu Beginn des Kalenderjahrs (Veranlagungszeitpunkt, §§ 15 bis 17) festgesetzt.

(2) Die Steuer entsteht mit Beginn des Kalenderjahrs, für das die Steuer festzusetzen ist.

II. Steuerberechnung

§ 6 Freibeträge für natürliche Personen

(1) Bei der Veranlagung einer unbeschränkt steuerpflichtigen natürlichen Person bleiben 70 000 Deutsche Mark und im Falle der Zusammenveranlagung von Ehegatten 140 000 Deutsche Mark vermögensteuerfrei.

(2) Für jedes Kind, das mit einem Steuerpflichtigen oder mit Ehegatten zusammen veranlagt wird, sind weitere 70 000 Deutsche Mark vermögensteuerfrei. Kinder im Sinne des Gesetzes sind eheliche Kinder, für ehelich erklärte Kinder, nichteheliche Kinder, Stiefkinder, Adoptivkinder und Pflegekinder.

(3) Weitere 10 000 Deutsche Mark sind steuerfrei, wenn

1. der Steuerpflichtige das 60. Lebensjahr vollendet hat oder voraussichtlich für mindestens drei Jahre behindert im Sinne des Schwerbehindertengesetzes mit einem Grad der Behinderung von mehr als 90 ist und

2. das Gesamtvermögen (§ 4) nicht mehr als 150 000 Deutsche Mark beträgt.

Werden Ehegatten zusammen veranlagt (§ 14 Abs. 1), so wird der Freibetrag gewährt, wenn bei einem der Ehegatten die Voraussetzungen der Nummer 1 gegeben sind und das Gesamtvermögen nicht mehr als 300 000 Deutsche Mark beträgt. Der Freibetrag erhöht sich auf 20 000 Deutsche Mark, wenn bei beiden Ehegatten die Voraussetzungen der Nummer 1 gegeben sind und das Gesamtvermögen nicht mehr als 300 000 Deutsche Mark beträgt. Übersteigt das Gesamtvermögen 150 000 Deutsche Mark, im Fall der Zusammenveranlagung 300 000 Deutsche Mark, so mindert sich der Freibetrag um den übersteigenden Betrag.

(4) Der Freibetrag nach Absatz 3 erhöht sich auf 50 000 Deutsche Mark, wenn

1. der Steuerpflichtige das 65. Lebensjahr vollendet hat oder voraussichtlich für mindestens drei Jahre behindert im Sinne des Schwerbehindertengesetzes mit einem Grad der Behinderung von mehr als 90 ist,
2. das Gesamtvermögen (§ 4) nicht mehr als 150 000 Deutsche Mark beträgt und
3. die steuerfreien Ansprüche des Steuerpflichtigen nach § 111 Nr. 1 bis 4 und 9 des Bewertungsgesetzes insgesamt jährlich 4800 Deutsche Mark nicht übersteigen.

Werden Ehegatten zusammen veranlagt (§ 14 Abs. 1), so wird der Freibetrag gewährt, wenn bei einem der Ehegatten die Voraussetzungen der Nummer 1 gegeben sind, das Gesamtvermögen nicht mehr als 300 000 Deutsche Mark beträgt und die Ansprüche dieses Ehegatten nach § 111 Nr. 1 bis 4 und 9 des Bewertungsgesetzes insgesamt jährlich 4800 Deutsche Mark nicht übersteigen. Der Freibetrag erhöht sich auf 100 000 Deutsche Mark, wenn bei beiden Ehegatten die Voraussetzungen der Nummer 1 gegeben sind, das Gesamtvermögen nicht mehr als 300 000 Deutsche Mark beträgt und die Ansprüche nach § 111 Nr. 1 bis 4 und 9 des Bewertungsgesetzes insgesamt jährlich 9600 Deutsche Mark nicht übersteigen. Absatz 3 Satz 4 ist entsprechend anzuwenden.

§ 7 Freibetrag für Erwerbs- und Wirtschaftsgenossenschaften sowie Vereine, die Land- und Forstwirtschaft betreiben

(1) Bei der Veranlagung der inländischen Erwerbs- und Wirtschaftsgenossenschaften sowie der inländischen Vereine, deren Tätigkeit sich auf den Betrieb der Land- und Forstwirtschaft beschränkt, bleiben 100 000 Deutsche Mark in den der Gründung folgenden zehn Kalenderjahren vermögensteuerfrei. Voraussetzung ist, daß

1. die Mitglieder der Genossenschaft oder dem Verein Flächen zur Nutzung oder für die Bewirtschaftung der Flächen erforderliche Gebäude überlassen und

2. a) bei Genossenschaften das Verhältnis der Summe der Werte der Ge-
      schäftsanteile des einzelnen Mitglieds zu der Summe der Werte aller
      Geschäftsanteile,
   b) bei Vereinen das Verhältnis des Werts des Anteils an dem Vereinsver-
      mögen, der im Falle der Auflösung des Vereins an das einzelne Mit-
      glied fallen würde, zu dem Wert des Vereinsvermögens
   nicht wesentlich von dem Verhältnis abweicht, in dem der Wert der von
   dem einzelnen Mitglied zur Nutzung überlassenen Flächen und Gebäude
   zu dem Wert der insgesamt zur Nutzung überlassenen Flächen und Gebäude steht.

   (2) Absatz 1 Satz 1 gilt auch für inländische Erwerbs- und Wirtschaftsgenossenschaften sowie für inländische Vereine, die eine gemeinschaftliche
   Tierhaltung im Sinne des § 51 a des Bewertungsgesetzes betreiben.

§ 8 Besteuerungsgrenze bei Körperschaften und bei beschränkt Steuerpflichtigen

   (1) Von den unbeschränkt steuerpflichtigen Körperschaften, Personenvereinigungen und Vermögensmassen im Sinne des § 1 Abs. 1 Nr. 2 wird
   die Vermögensteuer nur erhoben, wenn das Gesamtvermögen (§ 4) mindestens 20 000 Deutsche Mark beträgt.

   (2) Von den beschränkt Steuerpflichtigen wird die Vermögensteuer nur
   erhoben, wenn das Inlandsvermögen (§ 4) mindestens 20 000 Deutsche
   Mark beträgt.

§ 9 Steuerpflichtiges Vermögen

   Steuerpflichtiges Vermögen ist

1. bei unbeschränkt Steuerpflichtigen
   a) bei natürlichen Personen
      der Vermögensbetrag, der nach Abzug der Freibeträge (§ 6) vom
      Gesamtvermögen (§ 4) verbleibt,
   b) bei Körperschaften, Personenvereinigungen und Vermögensmassen
      (§ 1 Abs. 1 Nr. 2) mit mindestens 20 000 Deutsche Mark Gesamtver-
      mögen das Gesamtvermögen (§ 4);
2. bei beschränkt Steuerpflichtigen mit mindestens 20 000 Deutsche Mark
   Inlandsvermögen das Inlandsvermögen (§ 4).

§ 10 Steuersatz

   Die Vermögensteuer beträgt jährlich

1. für natürliche Personen 0,5 vom Hundert des steuerpflichtigen Vermögens und
2. für die in § 1 Abs. 1 Nr. 2 und § 2 Abs. 1 Nr. 2 bezeichneten Körperschaften, Personenvereinigungen und Vermögensmassen 0,6 vom Hundert des steuerpflichtigen Vermögens.

§ 11 Anrechnung ausländischer Steuern

(1) Bei unbeschränkt Steuerpflichtigen, die in einem ausländischen Staat mit ihrem in diesem Staat belegenen Vermögen (Auslandsvermögen) zu einer der inländischen Vermögensteuer entsprechenden Steuer (ausländische Steuer) herangezogen werden, ist, sofern nicht die Vorschriften eines Abkommens zur Vermeidung der Doppelbesteuerung anzuwenden sind, die festgesetzte und gezahlte und keinem Ermäßigungsanspruch unterliegende ausländische Steuer auf den Teil der Vermögensteuer anzurechnen, der auf dieses Auslandsvermögen entfällt. Dieser Teil ist in der Weise zu ermitteln, daß die sich bei der Veranlagung des Gesamtvermögens (einschließlich des Auslandsvermögens) ergebende Vermögensteuer im Verhältnis des Auslandsvermögens zum Gesamtvermögen aufgeteilt wird. Ist das Auslandsvermögen in verschiedenen ausländischen Staaten belegen, so ist dieser Teil für jeden einzelnen ausländischen Staat gesondert zu berechnen. Die ausländische Steuer ist insoweit anzurechnen, als sie auf das Kalenderjahr entfällt, das mit dem jeweiligen Veranlagungszeitpunkt beginnt.

(2) Als Auslandsvermögen im Sinne des Absatzes 1 gelten alle Wirtschaftsgüter der in § 121 Absatz 2 des Bewertungsgesetzes genannten Art, die auf einen ausländischen Staat entfallen, unter Berücksichtigung der nach § 121 Abs. 3 des Bewertungsgesetzes abzugsfähigen Schulden und Lasten.

(3) Eine Neuveranlagung (§ 16) ist durchzuführen, wenn sich der anrechenbare Betrag dadurch ändert, daß ausländische Steuern erstmals erhoben, geändert oder nicht mehr erhoben werden. Vorbehaltlich des § 16 werden bei der Neuveranlagung nur die Änderungen berücksichtigt, die sich bei dem anrechenbaren Betrag ergeben. Der Steuerbescheid ist mit rückwirkender Kraft zu ändern, wenn sich nach Erteilung des Steuerbescheides der anrechenbare Betrag dadurch ändert, daß ausländische Steuern nachträglich erhoben oder zurückgezahlt werden.

(4) Der Steuerpflichtige hat den Nachweis über die Höhe des Auslandsvermögens und über die Festsetzung und Zahlung der ausländischen Steuern durch Vorlage entsprechender Urkunden zu führen. Sind diese Urkunden in einer fremden Sprache abgefaßt, so kann eine beglaubigte Übersetzung in die deutsche Sprache verlangt werden.

(5) Sind nach einem Abkommen zur Vermeidung der Doppelbesteuerung in einem ausländischen Staat erhobene Steuern auf die Vermögensteuer anzurechnen, so sind die Absätze 1 bis 4 entsprechend anzuwenden.

(6) Die Absätze 1 bis 4 sind bei Vermögen, das in einem ausländischen Staat belegen ist und das zum inländischen land- und forstwirtschaftlichen Vermögen oder zum inländischen Betriebsvermögen eines beschränkt Steuerpflichtigen gehört, entsprechend anzuwenden, soweit darin nicht Vermögen enthalten ist, mit dem der beschränkt Steuerpflichtige dort in

einem der unbeschränkten Steuerpflicht ähnlichen Umfang zu einer Steuer
vom Vermögen herangezogen wird.

§ 12 Steuerermäßigung bei Auslandsvermögen

(1) Anstelle einer Anrechnung ausländischer Steuern nach § 11 Abs. 1
bis 4 ist auf Antrag des Steuerpflichtigen die auf ausländisches Betriebsvermögen entfallende Vermögensteuer (§ 11 Abs. 1 Satz 2 und 3) auf die Hälfte zu ermäßigen. Satz 1 gilt für

1. das Betriebsvermögen, das einer in einem ausländischen Staat belegenen
   Betriebsstätte dient, wenn in dem Wirtschaftsjahr, das dem Bewertungsstichtag (§ 106 des Bewertungsgesetzes) vorangeht, die Bruttoerträge
   dieser Betriebsstätte ausschließlich oder fast ausschließlich aus unter § 8
   Abs. 1 Nr. 1 bis 6 des Außensteuergesetzes fallenden Tätigkeiten erzielt
   werden, und

2. die zum Betriebsvermögen eines inländischen Gewerbebetriebs gehörende Beteiligung an einer Personengesellschaft (§ 97 Abs. 1 Nr. 5 des
   Bewertungsgesetzes) oder Arbeitsgemeinschaft (§ 98 des Bewertungsgesetzes), soweit die Beteiligung auf Betriebsvermögen entfällt, das einer
   in einem ausländischen Staat belegenen Betriebsstätte im Sinne der
   Nummer 1 dient.

Der Ermäßigungsantrag muß das gesamte Vermögen im Sinne des Satzes 2
Nr. 1 und 2 umfassen; er kann auf das in einem ausländischen Staat oder
mehreren ausländischen Staaten belegene Vermögen begrenzt werden.

(2) Wenn das in einem ausländischen Staat belegene Betriebsvermögen
dem Betrieb von Handelsschiffen im internationalen Verkehr dient, setzt
die Steuerermäßigung nach Absatz 1 voraus, daß der Bundesminister für
Verkehr sie für verkehrspolitisch unbedenklich erklärt hat. Der Ermäßigungsantrag muß das gesamte in ausländischen Staaten belegene Betriebsvermögen umfassen. Schiffe, die in ein inländisches Schiffsregister eingetragen sind, gehören nicht zu dem in einem ausländischen Staat belegenen
Betriebsvermögen. Die Vorschriften dieses Absatzes sind auch anzuwenden, wenn mit dem Staat, in dem das Betriebsvermögen belegen ist, ein
Abkommen zur Vermeidung der Doppelbesteuerung besteht.

(3) Die obersten Finanzbehörden der Länder [**ab Kj. 1993:** oder die von
ihnen beauftragten Finanzbehörden] können im Einvernehmen mit dem
Bundesminister der Finanzen die auf Auslandsvermögen entfallende deutsche Vermögensteuer ganz oder zum Teil erlassen oder in einem Pauschbetrag festsetzen, wenn es aus volkswirtschaftlichen Gründen zweckmäßig
oder die Anwendung von § 11 Abs. 1 besonders schwierig ist.

(4) Eine Neuveranlagung (§ 16) ist durchzuführen, wenn die Steuerermäßigung sich ändert oder wegfällt oder wenn der Steuerpflichtige eine
Steuerermäßigung nach Absatz 1 erstmals beantragt oder wenn er anstelle

einer Steuerermäßigung nach Absatz 1 die Anrechnung ausländischer Steuern beantragt. § 11 Abs. 3 gilt entsprechend.

[Alte Fassung bis Kj. 1992]

§ 13 **Pauschbesteuerung bei Zuzug aus dem Ausland und bei beschränkter Steuerpflicht**

(1) Die für die Finanzverwaltung zuständigen obersten Landesbehörden können die Steuer bei Personen, die durch Zuzug aus dem Ausland unbeschränkt steuerpflichtig werden, bis zur Dauer von zehn Jahren seit Begründung der unbeschränkten Steuerpflicht in einem Pauschbetrag festsetzen. Die Steuer darf nicht höher sein als die Steuer, die sich bei Anwendung der §§ 8 und 9 für das Gesamtvermögen ergeben würde.

(2) Die obersten Finanzbehörden der Länder können im Einvernehmen mit dem Bundesminister der Finanzen die Vermögensteuer bei beschränkt Steuerpflichtigen ganz oder zum Teil erlassen oder in einem Pauschbetrag festsetzen, wenn es aus volkswirtschaftlichen Gründen zweckmäßig oder die Ermittlung der Vermögensteuer besonders schwierig ist.

[Neue Fassung ab Kj. 1993]

§ 13 **Pauschbesteuerung bei beschränkter Steuerpflicht**

Die obersten Finanzbehörden der Länder oder die von ihnen beauftragten Finanzbehörden können im Einvernehmen mit dem Bundesminister der Finanzen die Vermögensteuer bei beschränkt Steuerpflichtigen ganz oder zum Teil erlassen oder in einem Pauschbetrag festsetzen, wenn es aus volkswirtschaftlichen Gründen zweckmäßig oder die Ermittlung der Vermögensteuer besonders schwierig ist.

III. Veranlagung

§ 14 Zusammenveranlagung

(1) Bei unbeschränkter Steuerpflicht aller Beteiligten werden zusammen veranlagt

1. Ehegatten, wenn sie nicht dauernd getrennt leben,
2. Ehegatten und Kinder (§ 6 Abs. 2 Satz 2) oder Einzelpersonen und Kin-

der, wenn diese eine Haushaltsgemeinschaft bilden und die Kinder das 18. Lebensjahr noch nicht vollendet haben.

(2) Auf gemeinsamen Antrag werden bei unbeschränkter Steuerpflicht aller Beteiligten ferner Ehegatten oder Einzelpersonen zusammen veranlagt

1. mit unverheirateten oder von ihren Ehegatten dauernd getrennt lebenden Kindern, die das 18., aber noch nicht das 27. Lebensjahr vollendet haben, wenn die Antragsteller eine Haushaltsgemeinschaft bilden und die Kinder sich noch in der Berufsausbildung befinden oder ein freiwilliges soziales Jahr im Sinne des Gesetzes zur Förderung eines freiwilligen sozialen Jahres ableisten. Die Zusammenveranlagung wird nicht dadurch ausgeschlossen, daß die Berufsausbildung durch die Einberufung zum gesetzlichen Grundwehrdienst oder Zivildienst unterbrochen ist. Haben die Kinder das 27. Lebensjahr vollendet, so ist die Zusammenveranlagung nur zulässig, wenn der Abschluß der Berufsausbildung durch Umstände verzögert worden ist, die keiner der Antragsteller zu vertreten hat. Als ein solcher Umstand ist stets die Ableistung des gesetzlichen Grundwehrdienstes oder Zivildienstes anzusehen;

2. *mit Kindern, wenn diese wegen körperlicher oder geistiger Gebrechen dauernd außerstande sind, sich selbst zu unterhalten* [**ab Kj. 1993:** mit Kindern, wenn diese wegen körperlicher, geistiger oder seelischer Behinderung dauernd außerstande sind, sich selbst zu unterhalten].

§ 15 Hauptveranlagung

(1) Die Vermögensteuer wird für drei Kalenderjahre allgemein festgesetzt (Hauptveranlagung). Der Zeitraum, für den die Hauptveranlagung gilt, ist der Hauptveranlagungszeitraum; der Beginn dieses Zeitraums ist der Hauptveranlagungszeitpunkt.

(2) Die Bundesregierung wird ermächtigt, durch Rechtsverordnung mit Zustimmung des Bundesrates aus Gründen der Verwaltungsvereinfachung den Hauptveranlagungszeitraum um ein Jahr zu verkürzen oder zu verlängern.

(3) Ist die Festsetzungsfrist (§ 169 der Abgabenordnung) bereits abgelaufen, so kann die Hauptveranlagung unter Zugrundelegung der Verhältnisse des Hauptveranlagungszeitpunkts mit Wirkung für einen späteren Veranlagungszeitpunkt vorgenommen werden, für den diese Frist noch nicht abgelaufen ist.

§ 16 Neuveranlagung

(1) Die Vermögensteuer wird neu veranlagt, wenn dem Finanzamt bekannt wird,

1. daß der nach § 4 Abs. 2 abgerundete Wert des Gesamtvermögens oder des Inlandsvermögens, der sich für den Beginn eines Kalenderjahres ergibt, entweder um mehr als ein Fünftel oder um mehr als 150000

Deutsche Mark von dem nach § 4 Abs. 2 abgerundeten Wert des letzten Veranlagungszeitpunkts abweicht. Weicht der Wert nach oben ab, so muß die Wertabweichung mindestens 50000 Deutsche Mark betragen; weicht der Wert nach unten ab, so muß die Wertabweichung mindestens 10000 Deutsche Mark betragen;

2. daß sich die Verhältnisse für die Gewährung von Freibeträgen oder für die Zusammenveranlagung ändern; eine neue Ermittlung des Gesamtvermögens wird nur vorgenommen, wenn die Wertgrenzen der Nummer 1 überschritten sind.

(2) Durch eine Neuveranlagung nach Absatz 1 können auch Fehler der letzten Veranlagung beseitigt werden. § 176 der Abgabenordnung ist hierbei entsprechend anzuwenden. Dies gilt jedoch nur für Veranlagungszeitpunkte, die vor der Verkündung der maßgeblichen Entscheidung eines obersten Gerichts des Bundes liegen.

(3) Neuveranlagt wird

1. in den Fällen des Absatzes 1 Nr. 1 mit Wirkung vom Beginn des Kalenderjahrs an, für den sich die Wertabweichung ergibt;

2. in den Fällen des Absatzes 1 Nr. 2 mit Wirkung vom Beginn des Kalenderjahrs an, der der Änderung der Verhältnisse für die Gewährung von Freibeträgen oder für die Zusammenveranlagung folgt;

3. in den Fällen des Absatzes 2 mit Wirkung vom Beginn des Kalenderjahrs an, in dem der Fehler dem Finanzamt bekannt wird, bei einer Erhöhung der Vermögensteuer jedoch frühestens der Beginn des Kalenderjahrs, in dem der Steuerbescheid erteilt wird.

Der Beginn des maßgebenden Kalenderjahrs ist der Neuveranlagungszeitpunkt. § 15 Abs. 3 ist entsprechend anzuwenden.

§ 17 Nachveranlagung

(1) Die Vermögensteuer wird nachträglich festgesetzt (Nachveranlagung), wenn nach dem Hauptveranlagungszeitpunkt

1. die persönliche Steuerpflicht neu begründet wird oder

2. ein persönlicher Befreiungsgrund wegfällt oder

3. ein beschränkt Steuerpflichtiger unbeschränkt steuerpflichtig oder ein unbeschränkt Steuerpflichtiger beschränkt steuerpflichtig wird.

(2) Nachveranlagt wird mit Wirkung vom Beginn des Kalenderjahrs an, der dem maßgebenden Ereignis folgt. Der Beginn dieses Kalenderjahrs ist der Nachveranlagungszeitpunkt. § 15 Abs. 3 ist entsprechend anzuwenden.

§ 18 Aufhebung der Veranlagung

(1) Wird dem Finanzamt bekannt, daß

1. die Steuerpflicht erloschen oder ein persönlicher Befreiungsgrund eingetreten ist oder

2. die Veranlagung fehlerhaft ist,

so ist die Veranlagung aufzuheben.

(2) Die Veranlagung wird aufgehoben

1. in den Fällen des Absatzes 1 Nr. 1 mit Wirkung vom Beginn des Kalenderjahrs an, der auf den Eintritt des maßgebenden Ereignisses folgt;
2. in den Fällen des Absatzes 1 Nr. 2 mit Wirkung vom Beginn des Kalenderjahrs an, in dem der Fehler dem Finanzamt bekannt wird.

Der Beginn des maßgebenden Kalenderjahrs ist der Aufhebungszeitpunkt. § 15 Abs. 3 ist entsprechend anzuwenden.

§ 19 Pflicht zur Abgabe von Vermögensteuererklärungen

(1) Vermögensteuererklärungen sind auf jeden Hauptveranlagungszeitpunkt abzugeben. Für andere Veranlagungszeitpunkte hat eine Erklärung abzugeben, wer von der Finanzbehörde dazu aufgefordert wird (§ 149 der Abgabenordnung). Die Vermögensteuererklärung ist vom Vermögensteuerpflichtigen eigenhändig zu unterschreiben.

(2) Von den unbeschränkt Vermögensteuerpflichtigen haben eine Vermögensteuererklärung über ihr Gesamtvermögen abzugeben

1. natürliche Personen,
   a) die allein veranlagt werden, wenn ihr Gesamtvermögen 70000 Deutsche Mark übersteigt,
   b) die mit anderen Personen zusammen veranlagt werden (§ 14), wenn das Gesamtvermögen der zusammen veranlagten Personen den Betrag übersteigt, der sich ergibt, wenn für jede der zusammen veranlagten Personen 70000 Deutsche Mark angesetzt werden;
2. die in § 1 Abs. 1 Nr. 2 bezeichneten Körperschaften, Personenvereinigungen und Vermögensmassen, wenn ihr Gesamtvermögen mindestens 20000 Deutsche Mark beträgt.

(3) Beschränkt Vermögensteuerpflichtige haben eine Vermögensteuererklärung über ihr Inlandsvermögen abzugeben, wenn dieses mindestens 20000 Deutsche Mark beträgt.

(4) Die Erklärungen sind innerhalb der Frist abzugeben, die der Bundesminister der Finanzen im Einvernehmen mit den obersten Finanzbehörden der Länder bestimmt. Die Frist ist im Bundesanzeiger bekanntzumachen. Fordert die Finanzbehörde zur Abgabe einer Erklärung zur Hauptveranlagung oder zu einer anderen Veranlagung besonders auf (§ 149 Abs. 1 Satz 2 der Abgabenordnung), hat sie eine besondere Frist zu bestimmen, die mindestens einen Monat betragen soll.

IV. Steuerentrichtung

§ 20 Entrichtung der Jahressteuer

(1) Die Steuer wird zu je einem Viertel der Jahressteuer am 10. Februar, 10. Mai, 10. August und 10. November fällig. Eine Jahressteuer bis zu 500 Deutsche Mark ist in einem Betrag am 10. November zu entrichten.

(2) Von der Festsetzung der Vermögensteuer ist abzusehen, wenn die Jahressteuer den Betrag von 50 Deutsche Mark nicht übersteigt.

§ 21[1] Vorauszahlungen

(1) Der Steuerpflichtige hat, solange die Jahressteuer noch nicht bekanntgegeben worden ist, Vorauszahlungen auf die Jahressteuer zu entrichten.

(2) Die Vorauszahlungen betragen ein Viertel der zuletzt festgesetzten Jahressteuer. Sie sind am 10. Februar, 10. Mai, 10. August und 10. November zu entrichten. Beträgt die Jahressteuer nicht mehr als 500 Deutsche Mark, so sind die Vorauszahlungen in einem Betrag am 10. November zu entrichten.

(3) Das Finanzamt kann die Vorauszahlungen der Steuer anpassen, die sich für das Kalenderjahr voraussichtlich ergeben wird.

§ 22 Abrechnung über die Vorauszahlungen

(1) Ist die Summe der Vorauszahlungen, die bis zur Bekanntgabe des Steuerbescheids zu entrichten waren (§ 21), geringer als die Steuer, die sich nach dem bekanntgegebenen Steuerbescheid für die vorangegangenen Fälligkeitstage ergibt (§ 20), so ist der Unterschiedsbetrag innerhalb eines Monats nach Bekanntgabe des Steuerbescheids zu entrichten (Nachzahlung). Die Verpflichtung, rückständige Vorauszahlungen schon früher zu entrichten, bleibt unberührt.

(2) Ist die Summe der Vorauszahlungen, die bis zur Bekanntgabe des Steuerbescheids entrichtet worden sind, höher als die Steuer, die sich nach dem bekanntgegebenen Steuerbescheid für die vorangegangenen Fälligkeitstage ergibt, so wird der Unterschiedsbetrag nach Bekanntgabe des Steuerbescheids durch Aufrechnung oder Zurückzahlung ausgeglichen.

(3) Die Absätze 1 und 2 gelten entsprechend, wenn der Steuerbescheid aufgehoben oder geändert wird.

§ 23 Nachentrichtung der Steuer

Hatte der Steuerpflichtige bis zur Bekanntgabe der Jahressteuer keine Vorauszahlungen nach § 21 zu entrichten, so hat er die Steuer, die sich nach dem bekanntgegebenen Steuerbescheid für die vorangegangenen Fälligkeitstage ergibt (§ 20), innerhalb eines Monats nach Bekanntgabe des Steuerbescheids zu entrichten.

---

[1] Hinsichtlich Vorauszahlungen zur Vermögensteuer im Gebiet der ehem. DDR siehe Einigungsvertrag Anl. I, Kap. IV, Sachgebiet B, Abschn. II Nr. 15, – abgedruckt vor **1 –**.

V. Schlußvorschriften

§ 24 Neufassung

Der Bundesminister der Finanzen wird ermächtigt, den Wortlaut dieses Gesetzes in der jeweils geltenden Fassung mit neuem Datum, unter neuer Überschrift und in neuer Paragraphenfolge bekanntzumachen und dabei offenbare Unrichtigkeiten und Unstimmigkeiten im Wortlaut zu beseitigen.

§ 24a *(aufgehoben)*

§ 24b[1] Verzicht auf die Vermögensteuer der umgewandelten ehemaligen volkseigenen Kombinate, Betriebe und Einrichtungen für das zweite Halbjahr 1990

Bei ehemaligen volkseigenen Kombinaten, Betrieben und Einrichtungen, die auf Grund des Treuhandgesetzes vom 17. Juni 1990 (GBl. I Nr. 33 S. 300) in Aktiengesellschaften oder Gesellschaften mit beschränkter Haftung umgewandelt worden sind, wird die Vermögensteuer auf den 1. Juli 1990 nicht nachträglich festgesetzt. § 1 Abs. 2 sowie § 2 Abs. 1 und Abs. 5 der Verordnung über die Zahlung von Steuern der in Kapitalgesellschaften umgewandelten ehemaligen volkseigenen Kombinate, Betriebe und Einrichtungen im 2. Halbjahr 1990 vom 27. Juni 1990 (GBl. I Nr. 41 S. 618) sind nicht anzuwenden, soweit dort Regelungen zur Festsetzung und Erhebung der Vermögensteuer für das zweite Halbjahr 1990 getroffen worden sind.

§ 24c Zeitlich befristete Sondervorschrift für die Besteuerung nach dem Vermögen in dem in Artikel 3 des Einigungsvertrages genannten Gebiet

Für die Vermögensteuer der Kalenderjahre 1991 bis 1994 gilt in dem in Artikel 3 des Einigungsvertrages genannten Gebiet folgendes:

1. Von der Vermögensteuer sind befreit
   a) natürliche Personen mit Wohnsitz oder gewöhnlichem Aufenthalt,
   b) Körperschaften, Personenvereinigungen und Vermögensmassen im Sinne des § 1 Abs. 1 Nr. 2 mit Geschäftsleitung

in dem in Artikel 3 des Einigungsvertrages genannten Gebiet. § 19 Abs. 1 Satz 2 und § 20 Abs. 2 der Abgabenordnung gelten sinngemäß.

2. Von der Vermögensteuer sind auch befreit deutsche Staatsangehörige, die
   a) im Inland weder einen Wohnsitz noch ihren gewöhnlichen Aufenthalt haben und

---

[1] Zur Anwendung von § 24b vgl. § 25 Abs. 3.

b) zu einer juristischen Person des öffentlichen Rechts in dem in Artikel 3 des Einigungsvertrages genannten Gebiet in einem Dienstverhältnis stehen und dafür Arbeitslohn aus einer inländischen öffentlichen Kasse beziehen,

sowie zu ihrem Haushalt gehörende Angehörige, die die deutsche Staatsangehörigkeit besitzen.

3. Die Nummern 1 und 2 gelten nicht für Steuerpflichtige, die nach dem 31. Dezember 1990 in dem in Artikel 3 des Einigungsvertrages genannten Gebiet einen Wohnsitz begründet haben oder dort erstmals ihren gewöhnlichen Aufenthalt, ihre Geschäftsleitung oder in den Fällen der Nummer 1 Satz 2 ihren Sitz haben.

4. Die beschränkte Steuerpflicht erstreckt sich nur auf Vermögen der in § 121 des Bewertungsgesetzes genannten Art, das auf das Inland mit Ausnahme des in Artikel 3 des Einigungsvertrages genannten Gebiet entfällt.

§ 25 Anwendung des Gesetzes[1]

(1) Die vorstehende Fassung des Gesetzes ist, soweit in den folgenden Absätzen nichts anderes bestimmt ist, erstmals auf die Vermögensteuer des Kalenderjahrs [1993][2] anzuwenden.

(2) § 3 Abs. 1 Nr. 12 Satz 3 ist auch auf die Vermögensteuer der Kalenderjahre vor 1990 anzuwenden, soweit Bescheide noch nicht bestandskräftig sind oder unter dem Vorbehalt der Nachprüfung stehen.

(3) § 24b ist für das zweite Halbjahr 1990 anzuwenden.

(4) § 3 Abs. 1 Nr. 2 ist für die Investitionsbank Schleswig-Holstein – Zentralbereich der Landesbank Schleswig-Holstein Girozentrale und der Landesinvestitionsbank Brandenburg erstmals auf die Vermögensteuer des Kalenderjahres 1991 anzuwenden. § 3 Abs. 1 Nr. 8 und 16 sowie § 24c in der Fassung dieses Gesetzes sind erstmals auf die Vermögensteuer des Kalenderjahres 1991 anzuwenden.

---

[1] Vgl. auch Art. 10 § 3 Vermögensteuerreformgesetz vom 17. 4. 1974 (BGBl. I S. 949):

„**§ 3 Außerkrafttreten.** Dieses Gesetz gilt letztmals für die Vermögensteuer, die Gewerbesteuer, die Ermittlung des Nutzungswertes der selbstgenutzten Wohnung im eigenen Einfamilienhaus sowie die Grunderwerbsteuer des Kalenderjahres, das dem Kalenderjahr vorausgeht, auf dessen Beginn für Grundstücke (§ 70 des Bewertungsgesetzes) und Betriebsgrundstücke im Sinne des § 99 Abs. 1 Nr. 1 des Bewertungsgesetzes nicht mehr als 140 vom Hundert der auf den Wertverhältnissen am 1. Januar 1964 beruhenden Einheitswerte anzusetzen sind."

[2] Geändert durch Steueränderungsgesetz 1992 vom 25. 2. 1992 (BGBl. I S. 297).

(5) § 3 Abs. 1 Nr. 11 und 18 ist in der vorstehenden Fassung erstmals auf die Vermögensteuer des Kalenderjahres 1992 anzuwenden.

§ 26 Berlin-Klausel *(aufgehoben)*

15. Zweites Wohnungsbaugesetz
(Wohnungsbau- und Familienheimgesetz – II. WoBauG)*

In der Fassung vom 14. August 1990
(BGBl. I S. 1730; BStBl. I S. 424)
Zuletzt geändert durch Steueränderungsgesetz 1992 vom 25. Februar 1992 (BGBl. I S. 297)
BGBl. III 2330–2
– Auszug –

§ 2 Wohnungsbau

(1) Wohnungsbau ist das Schaffen von Wohnraum durch Neubau, durch Wiederaufbau zerstörter oder Wiederherstellung beschädigter Gebäude oder durch Ausbau oder Erweiterung bestehender Gebäude. Der auf diese Weise geschaffene Wohnraum ist neugeschaffen im Sinne dieses Gesetzes.

(2) Der Wohnungsbau erstreckt sich auf Wohnraum der folgenden Arten:

a) Familienheime in der Form von Eigenheimen, Kaufeigenheimen und Kleinsiedlungen;
b) Eigentumswohnungen und Kaufeigentumswohnungen;
c) (weggefallen)
d) Genossenschaftswohnungen;
e) Mietwohnungen;
f) Wohnteile ländlicher Siedlungen;
g) sonstige Wohnungen;
h) Wohnheime;
i) einzelne Wohnräume.

§ 5 Einteilung der Wohnungen nach ihrer Förderung

(1) Öffentlich geförderte Wohnungen im Sinne dieses Gesetzes sind neugeschaffene Wohnungen, bei denen öffentliche Mittel im Sinne des § 6 Abs. 1 zur Deckung der für den Bau dieser Wohnungen entstehenden Gesamtkosten oder zur Deckung der laufenden Aufwendungen oder zur Deckung der für Finanzierungsmittel zu entrichtenden Zinsen oder Tilgungen eingesetzt sind.

(2) Steuerbegünstigte Wohnungen im Sinne dieses Gesetzes sind neugeschaffene Wohnungen, die nicht öffentlich gefördert sind und nach den Vorschriften der §§ 82 und 83 als steuerbegünstigt anerkannt sind.

(3) Frei finanzierte Wohnungen im Sinne dieses Gesetzes sind neugeschaffene Wohnungen, die weder öffentlich gefördert noch als steuerbegünstigt anerkannt sind.

---

* **Zur Anwendung des Gesetzes im Gebiet der ehem. DDR mit Wirkung ab 1. 1. 1991 siehe § 116a.**

§ 7 Familienheime

(1) Familienheime sind Eigenheime, Kaufeigenheime und Kleinsiedlungen, die nach Größe und Grundriß ganz oder teilweise dazu bestimmt sind, dem Eigentümer und seiner Familie oder einem Angehörigen und dessen Familie als Heim zu dienen. Zu einem Familienheim in der Form des Eigenheims oder des Kaufeigenheims soll nach Möglichkeit ein Garten oder sonstiges nutzbares Land gehören.

(2) Das Familienheim verliert seine Eigenschaft, wenn es für die Dauer nicht seiner Bestimmung entsprechend genutzt wird. Das Familienheim verliert seine Eigenschaft nicht, wenn weniger als die Hälfte der Wohn- und Nutzfläche des Gebäudes anderen als Wohnzwecken, insbesondere gewerblichen oder beruflichen Zwecken dient.

§ 8 Familie und Angehörige

(1) Zur Familie rechnen die Angehörigen, die zum Familienhaushalt gehören oder alsbald nach Fertigstellung des Bauvorhabens, insbesondere zur Zusammenführung der Familie, in den Familienhaushalt aufgenommen werden sollen.

(2) Als Angehörige im Sinne dieses Gesetzes gelten folgende Personen:
a) der Ehegatte,
b) Verwandte in gerader Linie sowie Verwandte zweiten und dritten Grades in der Seitenlinie,
c) Verschwägerte in gerader Linie sowie Verschwägerte zweiten und dritten Grades in der Seitenlinie,
d)–f) *(weggefallen)*
g) Pflegekinder ohne Rücksicht auf ihr Alter und Pflegeeltern.

(3) Als kinderreich gelten Familien mit drei oder mehr Kindern im Sinne des § 32 Abs. 1 und 3 des Einkommensteuergesetzes.

§ 9 Eigenheime und Kaufeigenheime

(1) Ein Eigenheim ist ein im Eigentum einer natürlichen Person stehendes Grundstück mit einem Wohngebäude, das nicht mehr als zwei Wohnungen enthält, von denen eine Wohnung zum Bewohnen durch den Eigentümer oder seine Angehörigen bestimmt ist.

(2) Ein Kaufeigenheim ist ein Grundstück mit einem Wohngebäude, das nicht mehr als zwei Wohnungen enthält und von einem Bauherrn mit der Bestimmung geschaffen worden ist, es einem Bewerber als Eigenheim zu übertragen.

(3) Die in dem Wohngebäude enthaltene zweite Wohnung kann eine gleichwertige Wohnung oder eine Einliegerwohnung sein.

§ 10 Kleinsiedlungen

(1) Eine Kleinsiedlung ist eine Siedlerstelle, die aus einem Wohngebäude mit angemessener Landzulage besteht und die nach Größe, Bodenbeschaffenheit und Einrichtung dazu bestimmt und geeignet ist, dem Kleinsiedler durch Selbstversorgung aus vorwiegend gartenbaumäßiger Nutzung des Landes eine fühlbare Ergänzung seines sonstigen Einkommens zu bieten. Die Kleinsiedlung soll einen Wirtschaftsteil enthalten, der die Haltung von Kleintieren ermöglicht. Das Wohngebäude kann neben der für den Kleinsiedler bestimmten Wohnung eine Einliegerwohnung enthalten.

(2) Eine Eigensiedlung ist eine Kleinsiedlung, die von dem Kleinsiedler auf einem in seinem Eigentum stehenden Grundstück geschaffen worden ist.

(3) Eine Trägerkleinsiedlung ist eine Kleinsiedlung, die von einem Bauherrn mit der Bestimmung geschaffen worden ist, sie einem Bewerber zu Eigentum zu übertragen. Nach der Übertragung des Eigentums steht die Kleinsiedlung einer Eigensiedlung gleich.

§ 11 Einliegerwohnungen

Eine Einliegerwohnung ist eine in einem Eigenheim, einem Kaufeigenheim oder einer Kleinsiedlung enthaltene abgeschlossene oder nicht abgeschlossene zweite Wohnung, die gegenüber der Hauptwohnung von untergeordneter Bedeutung ist.

§ 12 Eigentumswohnungen und Kaufeigentumswohnungen

(1) Eine Eigentumswohnung ist eine Wohnung, an der Wohnungseigentum nach den Vorschriften des Ersten Teils des Wohnungseigentumsgesetzes begründet ist. Eine Eigentumswohnung, die zum Bewohnen durch den Wohnungseigentümer oder seine Angehörigen bestimmt ist, ist eine eigengenutzte Eigentumswohnung im Sinne des vorliegenden Gesetzes.

(2) Eine Kaufeigentumswohnung ist eine Wohnung, die von einem Bauherrn mit der Bestimmung geschaffen worden ist, sie einem Bewerber als eigengenutzte Eigentumswohnung zu übertragen.

§ 15 Wohnheime

Als Wohnheime im Sinne dieses Gesetzes gelten Heime, die nach ihrer baulichen Anlage und Ausstattung für die Dauer dazu bestimmt und geeignet sind, Wohnbedürfnisse zu befriedigen.

§ 16 Wiederaufbau und Wiederherstellung

(1) Wiederaufbau eines zerstörten Gebäudes ist das Schaffen von Wohnraum oder von anderem auf die Dauer benutzbarem Raum durch Aufbau dieses Gebäudes oder durch Bebauung von Trümmerflächen. Ein Gebäude gilt als zerstört, wenn ein außergewöhnliches Ereignis bewirkt hat, daß

oberhalb des Kellergeschosses auf die Dauer benutzbarer Raum nicht mehr vorhanden ist.

(2) Wiederherstellung eines beschädigten Gebäudes ist das Schaffen von Wohnraum oder von anderem auf die Dauer benutzbarem Raum durch Baumaßnahmen, durch die die Schäden ganz oder teilweise beseitigt werden; hierzu gehören auch Baumaßnahmen, durch die auf die Dauer zu Wohnzwecken nicht mehr benutzbarer Wohnraum wieder auf die Dauer benutzbar gemacht wird. Ein Gebäude gilt als beschädigt, wenn ein außergewöhnliches Ereignis bewirkt hat, daß oberhalb des Kellergeschosses auf die Dauer benutzbarer Raum nur noch teilweise vorhanden ist.

(3) Raum ist auf die Dauer nicht benutzbar, wenn ein zu seiner Benutzung erforderlicher Gebäudeteil zerstört ist oder wenn der Raum oder der Gebäudeteil sich in einem Zustand befindet, der aus Gründen der Bau- oder Gesundheitsaufsicht eine dauernde, der Zweckbestimmung entsprechende Benutzung des Raumes nicht gestattet; dabei ist es unerheblich, ob der Raum tatsächlich benutzt wird.

(4) Ein Gebäude gilt nicht als zerstört oder beschädigt, wenn die Schäden durch Mängel der Bauteile oder infolge Abnutzung, Alterung oder Witterungseinwirkung entstanden sind.

§ 17 Ausbau und Erweiterung

(1) Wohnungsbau durch Ausbau eines bestehenden Gebäudes ist das Schaffen von Wohnraum durch Ausbau des Dachgeschosses oder durch eine unter wesentlichem Bauaufwand durchgeführte Umwandlung von Räumen, die nach ihrer baulichen Anlage und Ausstattung bisher anderen als Wohnzwecken dienten. Als Wohnungsbau durch Ausbau eines bestehenden Gebäudes gilt auch der unter wesentlichem Bauaufwand durchgeführte Umbau von Wohnräumen, die infolge Änderung der Wohngewohnheiten nicht mehr für Wohnzwecke geeignet sind, zur Anpassung an die veränderten Wohngewohnheiten.

(2) Wohnungsbau durch Erweiterung eines bestehenden Gebäudes ist das Schaffen von Wohnraum durch Aufstockung des Gebäudes oder durch Anbau an das Gebäude.

§ 25 Begünstigter Personenkreis und Einkommensermittlung

(1) Mit öffentlichen Mitteln ist der soziale Wohnungsbau zugunsten der Wohnungsuchenden zu fördern, bei denen das Jahreseinkommen die sich aus den Sätzen 2 bis 5 ergebende Einkommensgrenze nicht übersteigt; maßgebend ist das Jahreseinkommen des Wohnungsuchenden und der nach § 8 zur Familie rechnenden Angehörigen (Gesamteinkommen). Die Einkommensgrenze beträgt 21 600 DM zuzüglich 10 200 DM für den zweiten und weiterer 8000 DM für jeden weiteren zur Familie des Wohnungsu-

chenden rechnenden Angehörigen. Bei jungen Ehepaaren im Sinne des §26 Abs. 2 Satz 2 erhöht sich die Einkommensgrenze bis zum Ablauf des fünften Kalenderjahres nach dem Jahr der Eheschließung um 8400 DM. Für Personen, deren Grad der Behinderung nicht nur vorübergehend wenigstens 50 beträgt (Schwerbehinderte), und ihnen Gleichgestellte erhöht sich die Einkommensgrenze um je 4200 DM; für Personen, deren Grad der Behinderung nicht nur vorübergehend wenigstens 80 beträgt, erhöht sich die Einkommensgrenze um je 9000 DM. Für die Bildung von Einzeleigentum erhöht sich bei Aussiedlern und Übersiedlern die Einkommensgrenze bis zum Ablauf des fünften Kalenderjahres nach dem Jahr der Einreise in den Geltungsbereich dieses Gesetzes um 6300 DM. Eine Förderung ist auch zulässig, wenn das Gesamteinkommen die Einkommensgrenze nur unwesentlich übersteigt.

(2) Jahreseinkommen im Sinne dieses Gesetzes ist die Summe der im vergangenen Kalenderjahr bezogenen positiven Einkünfte im Sinne des §2 Abs. 1 und 2 des Einkommensteuergesetzes; ein Ausgleich mit Verlusten aus anderen Einkunftsarten und mit Verlusten des zusammenveranlagten Ehegatten ist nicht zulässig. Abweichend von Satz 1 sind die Einkünfte des laufenden Jahres oder das Zwölffache der Einkünfte des letzten Monats zugrunde zu legen, wenn sie voraussichtlich auf Dauer höher oder niedriger sind als die Einkünfte des vergangenen Kalenderjahres; wird das Zwölffache der Einkünfte des letzten Monats zugrunde gelegt, so sind auch Einkünfte anzurechnen, die zwar nicht im letzten Monat bezogen wurden, aber im laufenden Jahr anfallen. Für die Feststellung des Jahreseinkommens gelten die Vorschriften des Einkommensteuerrechts über die Einkunftsermittlung; insbesondere sind steuerfreie Einnahmen, namentlich das Kindergeld nach der Kindergeldgesetzgebung, nicht anzurechnen. Abweichend von Satz 3 gilt folgendes:

1. Gesetzliche und tarifliche Kinderzulagen zu Löhnen, Gehältern und Renten sowie vergleichbare Bezüge sind nicht anzurechnen.

2. Einkünfte, für die ein Anspruch auf Befreiung von der Einkommensteuer nach den Doppelbesteuerungsabkommen besteht, sowie die Einkünfte aus Gehältern und Bezügen der bei internationalen oder übernationalen Organisationen beschäftigten Personen, die von der Einkommensteuer befreit sind, sind anzurechnen.

3. Beträge für Sonderabschreibungen, die bei der Einkommensteuer unter anderen Gesichtspunkten als denen der Wertminderung abgesetzt werden, insbesondere solche nach §7b des Einkommensteuergesetzes, sind hinzuzurechnen, soweit sie die nach §7 des Einkommensteuergesetzes zulässigen Absetzungen für Abnutzung übersteigen.

4. Der nach §19 Abs. 2 des Einkommensteuergesetzes steuerfrei gebliebene Betrag von Versorgungsbezügen ist anzurechnen.

5. Steuerpflichtige Renten im Sinne des § 22 Nr. 1 Satz 3 Buchstabe a des Einkommensteuergesetzes sind mit dem vollen Betrag abzüglich Werbungskosten anzusetzen.

6. Aufwendungen zur Erfüllung gesetzlicher Unterhaltsverpflichtungen
   a) für nicht zum Haushalt rechnende Verwandte des Wohnungsuchenden oder seines Ehegatten,
   b) für den geschiedenen oder dauernd getrennt lebenden Ehegatten und
   c) in Fällen der Nichtigkeit oder Aufhebung der Ehe
   sind vom Jahreseinkommen abzusetzen.

Von dem nach den Sätzen 1 bis 4 ermittelten Jahreseinkommen ist ein Betrag von 10 vom Hundert abzuziehen, wenn der Wohnungsuchende oder der nach § 8 zur Familie rechnende Angehörige Steuern vom Einkommen entrichtet.

(3) Deckt der Wohnungsuchende die Unterhaltskosten für sich und die zur Familie rechnenden Angehörigen nur aus Renten, so kann die sich aus Absatz 1 ergebende Einkommensgrenze in der Regel ohne besonderen Nachweis der Einkommenshöhe als eingehalten angesehen werden.

§ 39 Wohnungsgrößen

(1) Mit öffentlichen Mitteln soll nur der Bau von angemessen großen Wohnungen innerhalb der nachstehenden Grenzen gefördert werden:

1. Familienheime mit einer Wohnung   130 m²,
2. Familienheime mit zwei Wohnungen   200 m²,
3. eigengenutzte Eigentumswohnungen und
   Kaufeigentumswohnungen   120 m²,
4. andere Wohnungen in der Regel   90 m².

Bei Familienheimen mit zwei Wohnungen darf keine der Wohnungen die Wohnfläche von 130 m² übersteigen. Die zweite Wohnung darf nur als abgeschlossene Wohnung gefördert werden.

(2) Eine Überschreitung der in Absatz 1 Satz 1 Nr. 1 bis 4 und Satz 2 genannten Wohnflächengrenzen ist zulässig,

1. soweit die Mehrfläche zu einer angemessenen Unterbringung eines Haushalts mit mehr als vier Personen erforderlich ist, oder
2. soweit die Mehrfläche zur angemessenen Berücksichtigung der besonderen persönlichen oder beruflichen Bedürfnisse des künftigen Wohnungsinhabers erforderlich ist, oder
3. soweit die Mehrfläche im Rahmen der örtlichen Bauplanung bei Wiederaufbau, Wiederherstellung, Ausbau oder Erweiterung oder bei der Schließung von Baulücken durch eine wirtschaftlich notwendige Grundrißgestaltung bedingt ist.

(3) Die für das Wohnungs- und Siedlungswesen zuständigen obersten Landesbehörden oder die von ihnen bestimmten Stellen können die Wohn-

flächengrenzen des Absatzes 1 Satz 1 Nr. 1 bis 4 und Satz 2 herabsetzen und über Absatz 2 hinaus Überschreitungen für vergleichbare Fallgruppen zulassen.

(4) Soll ein durch Wiederherstellung, Ausbau oder Erweiterung neugeschaffener Wohnraum der Vergrößerung einer vorhandenen Wohnung dienen, so ist bei der Ermittlung der Wohnflächengrenze die Wohnfläche der gesamten Wohnung zugrunde zu legen.

§ 82 Anerkennung als steuerbegünstigte Wohnungen

(1) Neugeschaffene Wohnungen, die vor dem 1. Januar 1990 bezugsfertig geworden sind, sind als steuerbegünstigte Wohnungen anzuerkennen, wenn keine öffentlichen Mittel im Sinne des § 6 Abs. 1 zur Deckung der für den Bau dieser Wohnungen entstehenden Gesamtkosten oder zur Deckung der laufenden Aufwendungen oder zur Deckung der für Finanzierungsmittel zu entrichtenden Zinsen oder Tilgungen eingesetzt sind. Voraussetzung ist, daß die Wohnungen die in § 39 Abs. 1 Satz 1 Nr. 1 bis 4 und Satz 2 bestimmten Wohnflächengrenzen um nicht mehr als 20 vom Hundert überschreiten.

(2) Eine Überschreitung der sich nach Absatz 1 ergebenden Wohnflächengrenzen ist zulässig,
a) wenn die Mehrfläche zu einer angemessenen Unterbringung eines Haushalts mit mehr als vier Personen erforderlich ist oder
b) soweit die Mehrfläche zur angemessenen Berücksichtigung der besonderen persönlichen oder beruflichen Bedürfnisse des künftigen Wohnungsinhabers erforderlich ist oder
c) soweit die Mehrfläche im Rahmen der örtlichen Bauplanung bei Wiederaufbau, Wiederherstellung, Ausbau oder Erweiterung oder bei der Schließung von Baulücken durch eine wirtschaftlich notwendige Grundrißgestaltung bedingt ist.

(3) Zur angemessenen Unterbringung eines Haushalts mit mehr als vier Personen (Absatz 2 Buchstabe a) ist für jede weitere Person, die zu dem Haushalt gehört oder alsbald nach Fertigstellung des Bauvorhabens in den Haushalt aufgenommen werden soll, eine Mehrfläche bis zu 20 m² zulässig. Eine Verminderung der Personenzahl nach dem erstmaligen Bezug der Wohnung ist unschädlich. Das gleiche gilt, wenn die Voraussetzungen für die Zubilligung einer Mehrfläche nach Absatz 2 Buchstabe b später wegfallen.

(4) Maßgebend für die Anerkennung als steuerbegünstigte Wohnungen sind die Verhältnisse im Zeitpunkt der Bezugsfertigkeit. Lagen die Voraussetzungen für eine Anerkennung nach den Absätzen 1 bis 3 im Zeitpunkt der Bezugsfertigkeit nicht vor, so ist eine vom Eigentümer oder seinen Angehörigen selbst genutzte Wohnung nachträglich als steuerbegünstigt anzuerkennen, wenn die Voraussetzungen vor Ablauf von acht Jahren nach

Bezugsfertigkeit infolge einer Erhöhung der Personenzahl des Haushalts erfüllt werden. Das gleiche gilt zugunsten des Erwerbers einer Wohnung, wenn bei ihm die Voraussetzungen für eine Anerkennung im Zeitpunkt des Erwerbs, jedoch nicht später als acht Jahre nach Bezugsfertigkeit vorliegen.

(5) Die Vorschriften des § 39 Abs. 3 und 4 finden Anwendung.

(6) Wohnungen, die zu gewerblichen oder beruflichen Zwecken mitbenutzt werden, sind als steuerbegünstigt anzuerkennen, wenn nicht mehr als die Hälfte der Wohnfläche ausschließlich gewerblichen oder beruflichen Zwecken dient.

§ 83 Anerkennungsverfahren

(1) Über den Antrag auf Anerkennung einer Wohnung als steuerbegünstigt entscheidet die Stelle, welche die für das Wohnungs- und Siedlungswesen zuständige oberste Landesbehörde bestimmt. Der Antrag auf Anerkennung kann von dem Bauherrn oder mit seiner Einwilligung von einem Dritten, der an der Anerkennung ein berechtigtes Interesse hat, gestellt werden.

(2) Die Anerkennung ist auf Antrag schon vor Baubeginn der Wohnung auszusprechen, wenn die Voraussetzungen hinsichtlich der Größe und beabsichtigten Nutzungsart der geplanten Wohnung vorliegen.

(3) Die Wohnung gilt von der Anerkennung an als steuerbegünstigte Wohnung im Sinne dieses Gesetzes, auch wenn sie noch nicht bezugsfertig ist. Bei einer nachträglichen Anerkennung gemäß § 82 Abs. 4 gilt die Wohnung vom Beginn des Kalenderjahres an als steuerbegünstigt, in dem die Voraussetzungen für die Anerkennung erstmals erfüllt waren.

(4) *(weggefallen)*

(5) Die Anerkennung ist zu widerrufen, wenn die Wohnung nicht oder nicht mehr den Vorschriften des § 82 über die zulässige Wohnfläche oder die zulässige Benutzung entspricht. Der Widerruf ist für den Zeitpunkt auszusprechen, von dem ab die zum Widerruf berechtigenden Voraussetzungen gegeben waren.

§ 92a Grundsteuervergünstigung für Wohnungen, die nach dem 31. Dezember 1973 und vor dem 1. Januar 1990 bezugsfertig geworden sind

(1) Für Grundstücke mit öffentlich geförderten oder steuerbegünstigten Wohnungen, die nach dem 31. Dezember 1973 und vor dem 1. Januar 1990 bezugsfertig geworden sind (begünstigte Wohnungen), bemißt sich der Steuermeßbetrag der Grundsteuer auf die Dauer von zehn Jahren nur nach dem Teil des jeweils maßgebenden Einheitswerts, der auf den Grund und Boden entfällt (Bodenwertanteil). In den Fällen der Mindestbewertung ist sinngemäß zu verfahren.

(2) Befinden sich auf dem Grundstück außer begünstigten Wohnungen auch andere Wohnungen, gewerbliche oder sonstige Räume, so bemißt sich der Steuermeßbetrag der Grundsteuer auf die Dauer von zehn Jahren nur nach dem Teil des jeweils maßgebenden Einheitswerts, der sich zusammensetzt aus

1. dem Bodenwertanteil nach Absatz 1 und

2. dem auf die nichtbegünstigten Wohnungen und Räume entfallenden Teil des Einheitswertanteils der Gebäude und Außenanlagen. Dieser Teil des Einheitswertanteils der Gebäude und Außenanlagen ist während der Geltungsdauer der auf den Wertverhältnissen vom 1. Januar 1964 beruhenden Einheitswerte bei einer Bewertung im Ertragswertverfahren nach dem Verhältnis der Jahresrohmieten und bei einer Bewertung im Sachwertverfahren nach dem Verhältnis des umbauten Raumes zu bestimmen. Wohnungen, für die der Zeitraum von zehn Jahren abgelaufen ist oder bei denen die Voraussetzungen für die Grundsteuervergünstigung vorzeitig weggefallen sind, gehören zu den nichtbegünstigten Wohnungen.

In den Fällen der Mindestbewertung ist sinngemäß zu verfahren.

(3) *(weggefallen)*

(4) Die Absätze 1 und 2 gelten für Grundstücke im Sinne des Bewertungsgesetzes und für Betriebsgrundstücke im Sinne des § 99 Abs. 1 Nr. 1 des Bewertungsgesetzes.

(5) Die Absätze 1 bis 4 gelten entsprechend für Wohnheime, die nach dem 31. Dezember 1973 und vor dem 1. Januar 1990 bezugsfertig geworden sind.

(6) Enthält ein Betrieb der Land- und Forstwirtschaft begünstigte Wohnungen, so ist der auf diese Wohnungen entfallende Teil des Wohnungswerts (§ 47 des Bewertungsgesetzes) auf die Dauer von zehn Jahren bei der Bemessung der Grundsteuer außer Ansatz zu lassen. Dieser Teil des Wohnungswerts bestimmt sich während der Geltungsdauer der auf den Wertverhältnissen vom 1. Januar 1964 beruhenden Einheitswerte nach dem Verhältnis der Jahresrohmieten. Einem Betrieb der Land- und Forstwirtschaft steht ein Betriebsgrundstück im Sinne des § 99 Abs. 1 Nr. 2 des Bewertungsgesetzes gleich.

(7) Der nach den Absätzen 1 bis 6 maßgebende Teil des Einheitswerts wird im Steuermeßbetragsverfahren ermittelt.

§ 93 Unterlagen für die Grundsteuervergünstigung

(1) Die Grundsteuervergünstigung nach § 92a ist zu gewähren, wenn vorgelegt wird

a) bei einer öffentlich geförderten Wohnung der Bescheid der Bewilligungsstelle über die Bewilligung öffentlicher Mittel,

b) bei einer steuerbegünstigten Wohnung der Anerkennungsbescheid nach § 82,

c) bei einem Wohnheim eine Bescheinigung der für das Wohnungs- und Siedlungswesen zuständigen obersten Landesbehörde oder der von ihr bestimmten Stelle darüber, daß die in § 15 bestimmten Voraussetzungen vorliegen.

(2) Der Bewilligungsbescheid, der Anerkennungsbescheid oder die Bescheinigung ist im Verfahren über die Gewährung der Grundsteuervergünstigung in tatsächlicher und rechtlicher Hinsicht verbindlich und unterliegt nicht der Nachprüfung durch die Finanzbehörden und Finanzgerichte.

§ 94 Beginn und Fortfall der Grundsteuervergünstigung

(1) Die Grundsteuervergünstigung nach § 92a beginnt mit dem 1. Januar des Jahres, das auf das Kalenderjahr folgt, in dem das Gebäude, die Wohnung oder das Wohnheim bezugsfertig geworden ist. In den Fällen des § 82 Abs. 4 Satz 2 und 3 beginnt die Grundsteuervergünstigung mit dem 1. Januar des Kalenderjahres, das auf das Jahr folgt, in dem die Voraussetzungen für die Anerkennung erstmals erfüllt waren.

(2) Die Grundsteuervergünstigung endet mit Ablauf des zehnten Kalenderjahres, das auf das Jahr der Bezugsfertigkeit der begünstigten Wohnung folgt.

(3) Fallen die Voraussetzungen für die Grundsteuervergünstigung vor Ablauf des Zeitraums von zehn Jahren ganz oder teilweise fort, so entfällt insoweit die Vergünstigung mit Wirkung vom Beginn des Kalenderjahres, das auf den Fortfall der Voraussetzungen folgt.

(4) Die Voraussetzungen für die Grundsteuervergünstigung fallen bei steuerbegünstigten Wohnungen fort, wenn der Anerkennungsbescheid nach § 83 Abs. 5 widerrufen wird, und zwar von dem Zeitpunkt an, der in dem Widerrufsbescheid bezeichnet ist.

(5) Die Voraussetzungen für die Grundsteuervergünstigung fallen bei öffentlich geförderten Wohnungen fort, wenn durch eine Erweiterung der Wohnung die Wohnflächengrenze des § 82 überschritten wird, und zwar von dem Zeitpunkt an, der in einem Feststellungsbescheid der Bewilligungsstelle bezeichnet ist.

§ 94a Auskunft über die Grundsteuervergünstigung

Das Finanzamt hat dem Mieter von Wohnraum auf dessen Verlangen Auskunft zu erteilen, ob und für welchen Zeitraum eine Grundsteuervergünstigung nach den §§ 92a bis 94 gewährt wird oder gewährt worden ist; dem Mieter ist auch Auskunft darüber zu erteilen, von wann ab auf eine solche Vergünstigung verzichtet worden ist.

§ 95 *(weggefallen)*

§ 96 Vergünstigungen für Kleinsiedlungen

Auf Kleinsiedlungen,

1. deren Bau nach diesem Gesetz öffentlich gefördert wird oder
2. bei denen die sachlichen Voraussetzungen für die Bewilligung öffentlicher Mittel vorliegen und die von der zuständigen Bewilligungsbehörde als Kleinsiedlung anerkannt worden sind,

ist § 29 des Reichssiedlungsgesetzes sinngemäß anzuwenden.

§ 99 Gleichstellungen

(1) Bei Anwendung der Vorschriften dieses Gesetzes steht das Erbbaurecht dem Eigentum an einem Grundstück, das Wohnungserbbaurecht dem Wohnungseigentum gleich.

(2) Die in diesem Gesetz für Wohnungen getroffenen Vorschriften gelten für einzelne Wohnräume entsprechend, soweit sich nicht aus Inhalt oder Zweck einzelner Vorschriften etwas anderes ergibt.

§ 100a Sondervorschriften für Familienheime und eigengenutzte Eigentumswohnungen bei Schaffung neuer Mietwohnungen durch Ausbau und Erweiterung

Führt die Schaffung neuer, fremden Wohnzwecken dienender Wohnungen durch Ausbau oder Erweiterung von Gebäuden dazu, daß bisher begünstigter Wohnraum nicht mehr als Familienheim mit einer oder mit zwei Wohnungen oder als eigengenutzte Eigentumswohnung anzusehen ist, so sind § 83 Abs. 5 und § 94 Abs. 3 und 5 nicht anzuwenden, wenn

1. der Bauantrag für die neue Wohnung nach dem 2. Oktober 1989 gestellt worden ist und die Wohnung vor dem 1. Juni 1995 bezugsfertig wird und
2. die übrigen Anerkennungsvoraussetzungen weiterhin erfüllt sind.

Satz 1 gilt sinngemäß für Fördermittel, die aus öffentlichen Haushalten mittelbar oder unmittelbar zur Verfügung gestellt worden sind.

§ 114 Überleitungsvorschriften für Wohnflächengrenzen und die nachträgliche Anerkennung einer Wohnung als steuerbegünstigt

(1) Die Vorschriften des § 39 Abs. 1 in der Fassung des Wohnungsbauänderungsgesetzes 1980 vom 20. Februar 1980 (BGBl. I S. 159) sind für neugeschaffenen Wohnraum anzuwenden, für den die öffentlichen Mittel erstmalig nach dem 30. April 1980 bewilligt werden. Die Vorschriften des § 82 Abs. 1 in Verbindung mit § 39 Abs. 1 Satz 1 Buchstabe b in der in Satz 1 bezeichneten Fassung sowie die Vorschriften des § 82 Abs. 2 und 3 in

der Fassung des Wohnungsbauänderungsgesetzes 1980 sind für neugeschaffenen Wohnraum anzuwenden, der nach dem 30. April 1980 bezugsfertig geworden ist oder bezugsfertig wird.

(2) Bei öffentlich geförderten Familienheimen mit zwei Wohnungen, bei
denen vor dem 1. Mai 1980 durch Ausbau oder Erweiterung die Wohnflächengrenzen des § 39 in der bis zum 30. April 1980 geltenden Fassung ohne
Zustimmung der Bewilligungsstelle überschritten worden sind, sollen die
öffentlichen Mittel aus diesem Grund nicht zurückgefordert werden, wenn
die Wohnflächengrenzen des § 39 in der Fassung des Wohnungsbauänderungsgesetzes 1980 eingehalten sind.

(3) Sind bei einem als steuerbegünstigt anerkannten Familienheim mit
zwei Wohnungen vor dem 1. Mai 1980 durch Ausbau oder Erweiterung
die Wohnflächengrenzen des § 82 in Verbindung mit § 39 Abs. 1 Satz 1
Buchstabe b in der bis zum 30. April 1980 geltenden Fassung überschritten
worden, ist insoweit § 83 Abs. 5 nicht anzuwenden, wenn die Wohnflächengrenzen in der Fassung des Wohnungsbauänderungsgesetzes 1980 eingehalten sind.

(4) Lagen die Voraussetzungen für die nachträgliche Anerkennung einer
Wohnung als steuerbegünstigt nach § 82 Abs. 4 in der Fassung des Wohnungsbauänderungsgesetzes 1980 bereits vor Inkrafttreten des Änderungs-
gesetzes vor, so ist die Anerkennung abweichend von § 83 Abs. 3 Satz 2
mit Wirkung vom 1. Januar 1980 an auszusprechen. In diesen Fällen beginnt die Grundsteuervergünstigung abweichend von § 94 Abs. 1 Satz 2
mit dem 1. Januar 1980.

§ 115 Überleitungsvorschriften für § 23 Abs. 2 des Grunderwerb-
steuergesetzes

Soweit es für die Grunderwerbsteuer von Bedeutung ist (§ 23 Abs. 2 des
Grunderwerbsteuergesetzes), ob nach dem 31. Dezember 1989 bezugsfertig gewordene Wohnungen als steuerbegünstigt hätten anerkannt werden
können, entscheidet das für die Grunderwerbsteuer zuständige Finanzamt
bei der Steuerfestsetzung nach den bis zum 31. Dezember 1989 geltenden
Vorschriften, ob die sachlichen Voraussetzungen der Anerkennung als
steuerbegünstigte Wohnung vorliegen.

§ 116 Sondervorschriften für Berlin

Im Land Berlin gelten die folgenden Sondervorschriften:

1. § 25 Abs. 1 Satz 2 bis 5 gilt mit der Maßgabe, daß die dort genannten
   Beträge um 20 vom Hundert erhöht werden.

2. . . .

3. . . .

§ 116a Überleitungsregelungen aus Anlaß der Herstellung der Einheit Deutschlands

In dem in Artikel 3 des Einigungsvertrages[1] genannten Gebiet ist dieses Gesetz mit folgenden Maßgaben anzuwenden:

1. Die Vorschriften dieses Gesetzes sind anzuwenden auf neugeschaffene Wohnungen, für die Mittel aus öffentlichen Haushalten nach diesem Gesetz erstmalig nach dem Wirksamwerden des Beitritts bewilligt werden.

2. Für öffentlich-rechtliche Streitigkeiten, die aus diesem Gesetz entstehen können, ist bis zur Bildung von Verwaltungsgerichten der ordentliche Rechtsweg gegeben.

3. Die Bundesregierung wird ermächtigt, mit Zustimmung des Bundesrates durch Rechtsverordnung ab dem Wirksamwerden des Beitritts die Einkommensgrenzen des § 25 unter Berücksichtigung der Einkommensverhältnisse und -entwicklungen in dem in Artikel 3 des Einigungsvertrages genannten Gebiet anzupassen.

4. § 116 ist in dem Land Berlin für den Teil, in dem das Grundgesetz bisher nicht galt, nicht anzuwenden.

---

[1] Auszugsweise abgedruckt vor **1**.

16.1 Wechselsteuergesetz (WStG 1959)★ ★★

In der Fassung vom 24. Juli 1959

(BGBl. I S. 536; BStBl. I S. 602)

Zuletzt geändert durch Finanzmarktförderungsgesetz vom 22. Februar 1990 (BGBl. I S. 266)

BGBl. III 611–16

§ 1 Einzelwechsel

Der Steuer unterliegt

1. die Aushändigung
   a) eines im Inland ausgestellten Wechsels durch den Aussteller,
   b) eines im Ausland ausgestellten Wechsels durch den ersten inländischen Inhaber.

   Dies gilt nicht, wenn der Wechsel lediglich zur Annahme im Inland versendet oder vorgelegt wird und mit einem inländischen Indossament noch nicht versehen ist;

2. die Rückgabe oder anderweite Aushändigungen eines mit einem inländischen Indossament noch nicht versehenen Wechsels durch den inländischen Annehmer, dem der Wechsel lediglich zur Annahme übersandt oder vorgelegt war;

3. die Aushändigung eines mit einer Annahmeerklärung versehenen unvollständigen Wechsels (§ 4 Absatz 2) durch den inländischen Annehmer.

§ 2 Ausfertigung mehrerer Stücke eines Wechsels

(1) Wird der Wechsel in mehreren gleichen Ausfertigungen ausgestellt, die im Text der Urkunde mit fortlaufenden Nummern versehen sind, so unterliegt nur die Aushändigung (§ 1) der zum Umlauf bestimmten Ausfertigung (Umlaufstück) der Steuer.

★ **WStG aufgehoben mit Wirkung ab 1. 1. 1992 durch Gesetz vom 22. 2. 1990 (BGBl. I S. 266).**
Die Vorschriften zur Wechselsteuer sind nach dem 31. 12. 1991 weiterhin anzuwenden, soweit Wechselsteuer bereits vor dem 1. 1. 1992 entstanden ist und noch Steuerpflichten zu erfüllen sind, die mit bereits entstandener Steuer im Zusammenhang stehen, oder soweit für diese Steuern gehaftet wird. Die Festsetzungsfrist für die Wechselsteuer beginnt spätestens mit Ablauf des Kj. 1992 (Art. 4 Abs. 3 und 4 des ÄndG).
★★ **Das Gesetz gilt im Gebiet der ehem. DDR seit 1. 7. 1990** (siehe BStBl. I S. 546, 553).

(2) Ist auf eine nicht zum Umlauf bestimmte Ausfertigung eine Wechselerklärung gesetzt, die im Umlaufstück nicht enthalten ist, so unterliegt der Steuer auch die Aushändigung der Ausfertigung

1. durch den Unterzeichner der Wechselerklärung, wenn sie im Inland abgegeben ist,

2. durch den ersten inländischen Inhaber, wenn die Wechselerklärung im Ausland abgegeben ist.

Eine Annahmeerklärung gilt nicht als Wechselerklärung im Sinn dieses Absatzes.

(3) Ist eine zum Umlauf im Inland nicht bestimmte Ausfertigung dem inländischen Bezogenen lediglich zur Annahme übersandt oder vorgelegt worden und hat er auf sie eine Annahmeerklärung gesetzt, die im Umlaufstück nicht enthalten ist, so unterliegt der Steuer auch die Rückgabe oder anderweite Aushändigung der Ausfertigung. Dies gilt nicht, wenn die Ausfertigung an den inländischen Aussteller, den ersten inländischen Inhaber oder an einen inländischen Verwahrer ausgehändigt und die Rückseite der Ausfertigung vorher so durchkreuzt wird, daß sie zum Indossieren nicht mehr benutzt werden kann.

(4) Der Steuer unterliegt auch die Aushändigung einer nicht zum Umlauf bestimmten Ausfertigung durch den inländischen Verwahrer, wenn die Ausfertigung mit einer Annahmeerklärung versehen und ihre Rückseite durchkreuzt ist (Absatz 3 Satz 2). Dies gilt nicht,

1. wenn dem Verwahrer eine versteuerte Ausfertigung oder Abschrift des Wechsels vorgelegt wird,

2. wenn der Wechsel im Inland zahlbar ist und dem Verwahrer eine unversteuerte Ausfertigung oder Abschrift vorgelegt wird, deren Rückseite so durchkreuzt ist, daß sie zum Indossieren nicht benutzt werden kann.

(5) Soll eine nicht zum Umlauf bestimmte, unversteuerte Ausfertigung im Inland ohne Auslieferung einer versteuerten Ausfertigung bezahlt oder im Inland mangels Annahme oder Zahlung protestiert werden, so unterliegt der Steuer auch die Aushändigung der nicht zum Umlauf bestimmten Ausfertigung.

§ 3 Wechselabschriften

Die Vorschriften des § 2 Absätze 2 und 5 gelten entsprechend für Wechselabschriften, die mit einem urschriftlichen Indossament oder mit einer anderen urschriftlichen Wechselerklärung versehen sind.

§ 4 Wechsel

(1) Wechsel sind gezogene und eigene Wechsel.

(2) Als Wechsel im Sinn dieses Gesetzes gilt auch eine unvollständige Urkunde, wenn vereinbart ist, daß sie vervollständigt werden darf (unvoll-

ständiger Wechsel). Diese Vereinbarung wird vermutet, wenn die Urkunde als Wechsel bezeichnet ist.

§ 5 Wechselähnliche Urkunden

(1) Die für Wechsel gegebenen Vorschriften dieses Gesetzes gelten entsprechend für

1. eine Anweisung über die Zahlung von Geld, die
   a) durch Indossament übertragen werden kann oder
   b) auf den Inhaber lautet oder
   c) an jeden Inhaber bezahlt werden kann;
2. einen Verpflichtungsschein über die Zahlung von Geld, der durch Indossament übertragen werden kann.

(2) Es macht keinen Unterschied, ob die in Absatz 1 bezeichneten Urkunden als Briefe oder in anderer Form ausgestellt werden.

§ 6 Ausnahmen von der Besteuerung

(1) Von der Besteuerung ist ausgenommen die Aushändigung

1. eines vom Ausland auf das Ausland gezogenen Wechsels und eines im Ausland ausgestellten eigenen Wechsels, wenn die Wechsel im Ausland zahlbar sind;
2. eines vom Inland auf das Ausland gezogenen Wechsels, wenn er nur im Ausland, und zwar auf Sicht oder innerhalb von zehn Tagen nach dem Ausstellungstag zahlbar ist und vom Aussteller unmittelbar ins Ausland versendet wird;
3. eines Schecks, der den Vorschriften des Scheckgesetzes entspricht;
4. einer auf Sicht zahlbaren Platzanweisung, die eine Barzahlung ersetzt und kein Scheck ist.

(2) Die Ausnahme von der Besteuerung gilt nicht für die Aushändigung von Schecks und Platzanweisungen, die mit einer rechtlich wirksamen Annahmeerklärung versehen sind. Die Ausnahme gilt jedoch für die Aushändigung eines bestätigten Schecks der Deutschen Bundesbank.

§ 7 Besteuerungsgrundlage

(1) Die Steuer wird von der Wechselsumme berechnet.

(2) Ist in einem unvollständigen Wechsel (§ 4 Abs. 2) die Wechselsumme nicht angegeben, so ist die Steuer nach einer Summe von 10 000 Deutsche Mark zu berechnen. Wird nachträglich in den Wechsel eine Wechselsumme von mehr als 10 000 Deutsche Mark eingetragen, so ist die Steuer von der Wechselsumme unter Anrechnung der bereits gezahlten Steuer zu berechnen.

(3) Zur Berechnung der Steuer kann der Bundesminister der Finanzen durch Rechtsverordnung, die nicht der Zustimmung des Bundesrates be-

darf, für die in anderer als der Währung der Bundesrepublik Deutschland ausgedrückten Wechselsummen Mittelwerte festsetzen. Soweit dies nicht geschehen ist, wird die ausländische Währung nach dem laufenden Kurs für Auszahlungen (Mittelkurs) zur Zeit der Entstehung der Steuer umgerechnet.

§ 8 Steuersatz

(1) Die Steuer beträgt 15 Pfennig für je 100 Deutsche Mark oder einen Bruchteil dieses Betrags.

(2) Die Steuer ermäßigt sich auf die Hälfte

1. bei einem Wechsel, der vom Inland auf das Ausland gezogen und im Ausland zahlbar ist,

2. bei einem Wechsel, der vom Ausland auf das Inland gezogen und im Inland zahlbar ist.

(3) Die ermäßigte Steuer (Absatz 2) beträgt mindestens 10 Pfennig. Höhere Steuerbeträge sind auf volle 10 Pfennig nach oben abzurunden.

§ 9 Steuerschuldner

(1) Steuerschuldner ist, wer den Wechsel im Zeitpunkt der Entstehung der Steuer aushändigt.

(2) Für die Steuer haftet, wer im Inland

1. eine Wechselerklärung (Beispiele: Ausstellungserklärung, Annahmeerklärung, Indossament) auf den Wechsel gesetzt hat,

2. den Wechsel für eigene oder fremde Rechnung erwirbt, ihn veräußert, verpfändet oder als Sicherheit annimmt,

3. den Wechsel zur Zahlung vorlegt, Zahlung darauf empfängt oder leistet oder eine Quittung darauf setzt,

4. mangels Annahme oder Zahlung Protest erheben läßt.

§ 10 [Fälligkeit]

Die Steuer wird mit ihrer Entstehung (§§ 1 bis 3) fällig.

§ 11 Erstattung

Die Steuer wird auf Antrag erstattet,

1. wenn der ausländische Bezogene, dem der mit einem inländischen Indossament noch nicht versehene Wechsel lediglich zur Annahme übersendet oder vorgelegt war, die Annahme abgelehnt hat,

2. wenn der inländische Annehmer eine zum Umlauf im Inland nicht bestimmte Ausfertigung, die ihm lediglich zur Annahme übersandt oder vorgelegt war, ausgehändigt (§ 2 Abs. 3 Satz 1) und die Aushändigung einer anderen Ausfertigung der Steuer nach diesem Gesetz unterlegen hat,

3. wenn in einem unvollständigen Wechsel (§ 4 Abs. 2) nachträglich eine Wechselsumme eingetragen wird, die niedriger ist als 10000 Deutsche Mark (§ 7 Abs. 2); die Steuer wird nur insoweit erstattet, als sie auf den Unterschiedsbetrag entfällt.

§ 12 Prüfungspflicht der Behörden und Beamten

(1) Behörden des Bundes, eines Landes oder einer Gemeinde und Beamte, denen eine richterliche oder polizeiliche Gewalt anvertraut ist, müssen die ihnen vorgelegten Wechsel und wechselähnlichen Urkunden (§ 5) darauf prüfen, ob die Wechselsteuer entrichtet ist.

(2) Die gleiche Verpflichtung haben Notare, Postbeamte und andere Beamte, die Wechselproteste aufnehmen. Sie müssen auf der nach dem Wechselgesetz zurückzubehaltenden Abschrift des Protestes vermerken, welche Wechselsteuer zu der protestierten Urkunde entrichtet ist. Ist keine Steuer entrichtet, so ist dies zu vermerken.

§ 13 Strafbestimmung für Kommissionäre und Vermittler

Wenn Kommissionäre, Makler oder sonstige Vermittler vorsätzlich Geschäfte über Wechsel, für die die Wechselsteuer hinterzogen ist, abschließen oder vermitteln, so gilt die gleiche Strafe wie für Hinterziehung.

§ 14 Ermächtigungen

(1) Die Bundesregierung wird ermächtigt, mit Zustimmung des Bundesrates Vorschriften durch Rechtsverordnungen zu erlassen über

1. die nähere Bestimmung der in diesem Gesetz verwendeten Begriffe,

2. die Abgrenzung der Steuerpflicht sowie den Umfang der Ausnahmen von der Besteuerung und der Steuerermäßigungen, soweit dies zur Wahrung der Gleichmäßigkeit der Besteuerung und zur Beseitigung von Unbilligkeiten in Härtefällen erforderlich ist,

3. die Zuständigkeit der Finanzämter und den Umfang der Besteuerungsgrundlage,

4. die Umrechnung fremder Währungen, soweit nicht nach § 7 Abs. 3 Satz 1 Mittelwerte festgesetzt werden,

5. das Besteuerungsverfahren, insbesondere die Berechnung der Steuer sowie die von den Steuerpflichtigen zu erfüllenden Pflichten und die Beistandspflicht Dritter,

6. Art und Zeit der Steuerentrichtung,

7. Gestaltung, Herstellung, Verkauf, Verwendung, Umtausch und Ersatz von Wechselsteuermarken,

8. die Erstattung der Steuer.

(2) Der Bundesminister der Finanzen wird ermächtigt, den Wortlaut dieses Gesetzes und der zu diesem Gesetz erlassenen Durchführungsbestimmungen in der jeweils geltenden Fassung mit neuem Datum, unter neuer Überschrift und in neuer Paragraphenfolge bekanntzumachen und dabei Unstimmigkeiten des Wortlauts zu beseitigen.

16.2 Wechselsteuer-Durchführungsverordnung (WStDV 1960)★·★★

In der Fassung vom 20. April 1960

(BGBl. I S. 274; BStBl. I S. 268)

Geändert durch Finanzmarktförderungsgesetz vom 22. Februar 1990 (BGBl. I S. 266)

BGBl. III 611–16–1

1. Zuständigkeit

§ 1 Sachliche Zuständigkeit

Sachlich zuständig zur Verwaltung der Wechselsteuer sind die Finanzämter, denen die Verwaltung der Kapitalverkehrsteuern übertragen ist.

§ 2 Örtliche Zuständigkeit

Örtlich zuständig zur Verwaltung der Wechselsteuer ist das Finanzamt, das zuerst mit der Sache befaßt wird.

2. Umrechnung fremder Währungen

§ 3

Lauten Wechselsummen über fremde Währungen, für die Mittelwerte nach § 7 Abs. 3 Satz 1 des Gesetzes nicht festgesetzt sind, so sind für ihre Umrechnung in der nachstehenden Reihenfolge maßgebend

1. der Mittelkurs zwischen dem an einer Börse im Geltungsbereich des Gesetzes amtlich festgestellten Brief- und Geldkurs für Auszahlungen. Maßgebend ist der vor dem Tag der Entstehung der Steuerschuld zuletzt festgestellte Börsenkurs;

2. die letzte New Yorker Notierung für die Währung am Tag vor Entstehung der Steuerschuld. Der hierbei errechnete Dollarbetrag wird nach dem Mittelwert, der für den US-Dollar festgesetzt ist, in Deutsche Mark umgerechnet.

★ **WStDV aufgehoben mit Wirkung ab 1. 1. 1992 durch Gesetz vom 22. 2. 1990 (BGBl. I S. 266).**

Die Vorschriften zur Wechselsteuer sind nach dem 31. 12. 1991 weiterhin anzuwenden, soweit Wechselsteuer bereits vor dem 1. 1. 1992 entstanden ist und noch Steuerpflichten zu erfüllen sind, die mit bereits entstandener Steuer im Zusammenhang stehen, oder soweit für diese Steuern gehaftet wird. Die Festsetzungsfrist für die Wechselsteuer beginnt spätestens mit Ablauf des Kj. 1992 (Art. 4 Abs. 3 und 4 des ÄndG).

★★ **Die Verordnung gilt im Gebiet der ehem. DDR seit 1. 7. 1990.**

3. Entrichtung der Steuer

§ 4 Art und Zeit der Steuerentrichtung

(1) Die Steuer wird entrichtet

1. durch Verwendung von Wechselsteuermarken (§§ 8 und 9),
2. durch Verwendung eines zugelassenen Steuerstemplers (§ 14).

(2) Der Steuerschuldner (§ 9 Abs. 1 des Gesetzes) muß die Steuer entrichten, sobald er den Wechsel aushändigt.

(3) Solange die Steuer nicht entrichtet ist, ist jeder Haftende (§ 9 Abs. 2 des Gesetzes) zur Entrichtung der Steuer verpflichtet,

1. sobald er eine Wechselerklärung auf den Wechsel setzt (§ 9 Abs. 2 Nr. 1 des Gesetzes). Hat der Haftende vor Entstehung der Steuerschuld eine Wechselerklärung auf den Wechsel gesetzt, so ist er zur Entrichtung der Steuer verpflichtet, sobald er den Wechsel wiedererhält;
2. sobald er den Wechsel für eigene oder fremde Rechnung erwirbt, ihn als Sicherheit annimmt, ihn veräußert oder verpfändet (§ 9 Abs. 2 Nr. 2 des Gesetzes);
3. sobald er den Wechsel zur Zahlung vorlegt, Zahlung darauf empfängt oder leistet oder eine Quittung darauf setzt (§ 9 Abs. 2 Nr. 3 des Gesetzes);
4. sobald er mangels Annahme oder Zahlung Protest erheben läßt (§ 9 Abs. 2 Nr. 4 des Gesetzes).

§ 5 Ausfertigung mehrerer Stücke eines Wechsels, Beweislast

Der Steuerschuldner oder Haftende hat auf Verlangen des Finanzamts nachzuweisen

1. im Fall des § 2 Abs. 1 des Gesetzes,
   daß eine versteuerte Ausfertigung vorhanden ist;
2. im Fall des § 2 Abs. 2 des Gesetzes,
   daß die auf eine unversteuerte Ausfertigung gesetzte Wechselerklärung auch auf einer versteuerten Ausfertigung abgegeben ist;
3. im Fall des § 2 Abs. 5 des Gesetzes,
   daß bei Bezahlung einer nicht zum Umlauf bestimmten unversteuerten Ausfertigung auch eine versteuerte Ausfertigung ausgeliefert ist.

§ 6 Beschreibung der Marken

(1) Die Wechselsteuermarken können lauten auf Steuerbeträge von 10, 15, 20, 30, 45, 60, 75 und 90 Pfennig, 1½, 2, 4½, 6, 9, 15, 30, 60, 150, 300 und 600 Deutsche Mark. Sie haben die Form eines liegenden Rechtecks und sind 20 bis 21 Millimeter hoch und 38 Millimeter breit.

(2) Marken, die auf Pfennigbeträge lauten, haben einen blaugrauen und hellbraunen Untergrund, in den vier Ecken einen dunkelgrünen Wertaufdruck und am unteren Rand eine blaugraue Leiste, auf der in weißer Schrift die Worte „Deutsche Wechselsteuer" stehen. Der Wertbetrag wird in der oberen Markenhälfte in Buchstaben wiederholt, darunter befinden sich die Worte „Entwertet am:".

(3) Die Marken über Werte von 1½ bis 30 Deutsche Mark haben einen braunen und hellgrünen Untergrund, in den beiden oberen Ecken einen dunkelblauen und in den beiden unteren Ecken einen hellgrünen Wertaufdruck. Der Wertbetrag ist in dunkelblauen Buchstaben wiederholt, darunter befinden sich die Worte „Entwertet am:". Am unteren Rand befindet sich eine braune Leiste, auf der in weißer Schrift die Worte „Deutsche Wechselsteuer" stehen.

(4) Die Marken mit Werten von 60 bis 600 Deutsche Mark haben einen rotvioletten, hellgrünen und grauen Untergrund und am oberen Rand eine mit hellgrünem und grauem Linienwerk versehene Leiste, auf der in rotvioletter Schrift die Worte „Deutsche Wechselsteuer" stehen. Darunter befinden sich der Wertbetrag in schwarzblauer Farbe, und zwar auf der linken Seite in Ziffern mit dem Zusatz „DM" und rechts daneben in Buchstaben, sowie die Worte „Entwertet am:". In den beiden unteren Ecken wird der Wertbetrag in einem schwach durchscheinenden wasserzeichenartigen Druck wiederholt.

§ 7 Herstellung und Verkauf der Marken

(1) Die Wechselsteuermarken werden von der Bundesdruckerei hergestellt und ausschließlich an die vom Bundesminister für das Post- und Fernmeldewesen bestimmten Dienststellen der Deutschen Bundespost geliefert.

(2) Die Marken werden durch die vom Bundesminister für das Post- und Fernmeldewesen bestimmten Postanstalten zum Preis der auf ihnen angegebenen Steuerbeträge verkauft.

§ 8 Anbringung der Marken

(1) Die Wechselsteuermarken sind auf der Rückseite des Wechsels an einer nicht beschriebenen oder bedruckten Stelle aufzukleben, und zwar

1. wenn die Rückseite des Wechsels noch unbeschrieben und mit Steuermarken nicht versehen ist,
    unmittelbar am Rand einer Schmalseite;
2. wenn die Rückseite des Wechsels bereits Wechselerklärungen enthält oder Steuermarken trägt, denen Wechselerklärungen folgen,
    unmittelbar neben oder unter der letzten Wechselerklärung;

3. wenn die Rückseite des Wechsels Steuermarken trägt, denen eine Wechselerklärung nicht folgt,

unmittelbar neben oder unter den bereits aufgeklebten Marken.

(2) Werden zur Entrichtung eines Steuerbetrags mehrere Marken verwendet, so sind sie zunächst unmittelbar nebeneinander und, wenn der Raum nicht ausreicht, unmittelbar untereinander aufzukleben.

§ 9 Entwertung der Marken

(1) Die aufgeklebten Wechselsteuermarken sind in der Weise zu entwerten, daß in jede einzelne Marke der Tag der Entwertung eingetragen wird. Es darf nur der Tag eingetragen werden, an dem die Marke tatsächlich entwertet wird, auch wenn dieser Tag nicht der Ausstellungstag des Wechsels ist. Bei der Eintragung sind der Tag und das Jahr mit arabischen Ziffern, der Monat mit Buchstaben einzutragen. Allgemein übliche und verständliche Abkürzungen der Monatsangabe und die Weglassung der beiden ersten Zahlen der Jahresbezeichnung sind zulässig (z. B. 15. Okt. 59). Dem Entwertungsvermerk darf die Firma oder der Name des Verwendenden ganz oder teilweise hinzugefügt werden, wenn der Wertaufdruck der Marke und die ordnungsmäßige Versteuerung erkennbar bleiben. Unter diesen Voraussetzungen darf die Firma oder der Name des Verwendenden auch durch Durchlochung der Marke angebracht werden.

(2) Der Tag der Entwertung ist in deutlichen Schriftzeichen mit Tinte, mit Kugelschreiber, mit Schreibmaschine oder durch Stempelaufdruck einzutragen. Der Entwertungsvermerk soll an der durch den Vordruck bezeichneten Stelle stehen; er muß in seinem ganzen Umfang auf der Marke enthalten sein. Radierungen, Durchstreichungen und Überschreibungen auf der Marke sind unzulässig.

§ 10 Unrichtig verwendete Marken

(1) Wechselsteuermarken, die nicht richtig verwendet worden sind (§§ 8 und 9), gelten als nicht verwendet.

(2) Die unrichtige Verwendung darf dadurch richtiggestellt werden, daß der Wechsel einem Finanzamt vorgelegt und die Marken vom Finanzamt mit einem Aufdruck seines Dienststempels versehen werden. Das Finanzamt hat den Aufdruck des Dienststempels abzulehnen, wenn der Verdacht der Steuerhinterziehung oder Steuergefährdung besteht.

(3) Zur Abstempelung unrichtig verwendeter Wechselsteuermarken (Absatz 2) sind auch die mit der Verwaltung der Wechselsteuer nicht befaßten Finanzämter zuständig.

4. Umtausch und Ersatz von Marken

§ 11 Umtausch unbeschädigter Marken

(1) Unversehrte Wechselsteuermarken dürfen von den Postanstalten gegen Wechselsteuermarken anderer Wertbeträge umgetauscht werden.

(2) Die Marken werden von der Postanstalt vor der Rücknahme auf Echtheit und Unversehrtheit geprüft. Gibt die Prüfung zu Bedenken Anlaß, so entscheidet das zuständige Finanzamt•(§ 1), ob die Marken echt und unversehrt sind.

§ 12 Ersatz beschädigter Marken

(1) Beschädigte Wechselsteuermarken dürfen von den Postanstalten auf Antrag ersetzt werden, wenn von den Marken noch kein oder doch kein solcher Gebrauch gemacht worden ist, daß durch den Ersatz das Steueraufkommen gefährdet wird. Der Ersatz ist ausgeschlossen, wenn auf den Marken Radierungen, Durchstreichungen oder Überschreibungen vorgenommen worden sind oder wenn die Marken von den Urkunden abgelöst oder aus ihnen ausgeschnitten worden sind. Marken, die einen Entwertungsvermerk tragen, werden nicht ersetzt.

(2) Die Marken werden von der Postanstalt vor der Übernahme auf Echtheit geprüft. Die Postanstalt leistet Ersatz nur in Wechselsteuermarken. Den Wünschen des Antragstellers hinsichtlich der herauszugebenden Markenwerte soll nach Möglichkeit entsprochen werden. Die zurückgenommenen Marken werden nach Anweisung der Deutschen Bundespost vernichtet.

(3) Lehnt die Deutsche Bundespost den Ersatz beschädigter Wechselsteuermarken ab, so darf ein Antrag auf Ersatz beim zuständigen Finanzamt (§ 1) gestellt werden. Das Finanzamt leistet Ersatz nur in bar. Auf Wechselsteuermarken, deren Ersatz das Finanzamt ablehnt, ist dies mit roter Tinte zu vermerken, wenn die Marken nicht in amtlicher Verwahrung bleiben. Gegen einen ablehnenden Bescheid des Finanzamts ist die Beschwerde nach §§ 237 und 303 der Reichsabgabenordnung gegeben.

5. Erstattung der Steuer

§ 13

Die Steuer wird in den Fällen des § 11 des Gesetzes nicht erstattet, wenn die Wechselsteuermarken von den Wechseln abgelöst oder aus ihnen ausgeschnitten sind.

6. Verwendung von Steuerstemplern
§ 14

(1) Auf Antrag kann die Deutsche Bundespost die Entrichtung der Steuer durch Verwendung eines zugelassenen Steuerstemplers widerruflich genehmigen. Voraussetzung ist, daß die vom Bundesminister für das Post- und Fernmeldewesen erlassenen Bedingungen für die Benutzung des Steuerstemplers beachtet werden.

(2) Wertkarten, die in Verbindung mit Steuerstemplern verwendet werden, müssen den Aufdruck „Deutsche Wechselsteuer" tragen. Sie können über Beträge von 100, 1000 und 5000 Deutsche Mark lauten.

(3) Der Wertabdruck des Steuerstemplers muß im wesentlichen die gleiche Größe haben wie die Wechselsteuermarken (§ 6); er muß in deutlichen Schriftzeichen den Steuerbetrag, die Worte „Deutsche Wechselsteuer" und die Angabe des Verwendungstages enthalten. Aus dem Stempelabdruck muß sich in einer jeden Zweifel ausschließenden Weise ergeben, welcher Steuerstempler verwendet worden ist. Für den Abdruck ist grüne Stempelfarbe zu verwenden. Wechsel mit unleserlichem Stempelabdruck gelten als nicht versteuert.

(4) Für die Herstellung und den Verkauf der Wertkarten gilt § 7, für die Verwendung des Steuerstemplers gelten die §§ 8 bis 13 sinngemäß.

7. Aufbewahrung von Wechseln
§ 15

Wechsel, die den Vorschriften des Wechselsteuergesetzes unterliegen müssen fünf Jahre, von der Fälligkeit des Wechsels ab gerechnet, aufbewahrt werden. Wechselsteuermarken, die sich auf den Wechseln befinden, dürfen nicht abgetrennt werden.

8. Wechselähnliche Urkunden
§ 16

Die für Wechsel gegebenen Bestimmungen gelten entsprechend für unvollständige Wechsel (§ 4 Abs. 2 des Gesetzes) und für wechselähnliche Urkunden (§ 5 des Gesetzes).

9. Nachprüfungen zur Durchführung des Gesetzes
§ 17

Wird bei Nachprüfungen zur Durchführung des Gesetzes von der geprüften Stelle eine Beanstandung nicht anerkannt oder sind die Wechsel, zu denen eine Steuer nachzubringen ist, nicht erreichbar, so sind die fehlenden Wechselsteuermarken zu den Prüfungsakten des Finanzamts einzureichen und durch Aufdruck des Dienststempels zu entwerten.

17.1 Gesetz zur Förderung des Zonenrandgebietes (Zonenrandförderungsgesetz)

Vom 5. August 1971

(BGBl. I S. 1237; BStBl. I S. 370)

Zuletzt geändert durch Steueränderungsgesetz 1991 vom 24. Juni 1991 (BGBl. I S. 1322)
BGBl. III 707–9

Der Bundestag hat mit Zustimmung des Bundesrates das folgende Gesetz beschlossen:

§ 1 Zielsetzung[1]

(1) Zum Ausgleich der Auswirkungen der Teilung Deutschlands ist entsprechend § 2 Abs. 1 Nr. 4 des Raumordnungsgesetzes vom 8. April 1965 (Bundesgesetzbl. I S. 306) die Leistungskraft des Zonenrandgebietes bevorzugt zu stärken.

(2) Der Förderung des Zonenrandgebietes ist von den Behörden des Bundes, den bundesunmittelbaren Planungsträgern und im Rahmen der ihnen obliegenden Aufgaben von den bundesunmittelbaren Körperschaften, Anstalten und Stiftungen des öffentlichen Rechts besonderer Vorrang einzuräumen.

§ 2 Regionale Wirtschaftsförderung[1]

Zum Ausgleich von Standortnachteilen, zur Sicherung und Schaffung von Dauerarbeitsplätzen sowie zur Verbesserung der Infrastruktur werden insbesondere folgende Maßnahmen durchgeführt:

1. Bevorzugte Berücksichtigung des Zonenrandgebietes bei
   a) der Förderung der gewerblichen Wirtschaft bei Errichtung, Ausbau, Umstellung oder grundlegender Rationalisierung von Gewerbebetrieben,
   b) der Förderung des Ausbaues der Infrastruktur, soweit es für die Entwicklung der gewerblichen Wirtschaft erforderlich ist, durch
      aa) Erschließung von Industriegelände im Zusammenhang mit Maßnahmen nach Buchstabe a,
      bb) Ausbau von Verkehrsverbindungen, Energie- und Wasserversorgungsanlagen, Abwasser- und Abfallbeseitigungsanlagen sowie öffentlichen Fremdenverkehrseinrichtungen,

---

[1] Zur zeitlichen Anwendung vgl. § 13 Abs. 2.

cc) Errichtung oder Ausbau von Ausbildungs-, Fortbildungs- und Umschulungsstätten, soweit ein unmittelbarer Zusammenhang mit dem Bedarf der regionalen Wirtschaft an geschulten Arbeitskräften besteht.

2. Maßnahmen zum Ausgleich der durch die Teilung Deutschlands bedingten Frachtmehrkosten.

3. Bevorzugung bei der Vergabe öffentlicher Aufträge.

§ 3 Steuerliche Vorschriften

(1) Bei Steuerpflichtigen, die in einer Betriebsstätte im Zonenrandgebiet Investitionen vornehmen, kann im Hinblick auf die wirtschaftlichen Nachteile, die sich aus den besonderen Verhältnissen dieses Gebietes ergeben, auf Antrag zugelassen werden, daß bei den Steuern vom Einkommen einzelne Besteuerungsgrundlagen, soweit sie die Steuern mindern, schon zu einer früheren Zeit berücksichtigt werden.

(2) Sonderabschreibungen auf Grund des Absatzes 1 dürfen gewährt werden bei beweglichen und unbeweglichen Wirtschaftsgütern des Anlagevermögens, die der Steuerpflichtige vor dem 1. Januar 1995 angeschafft oder hergestellt hat, bei Anzahlungen auf Anschaffungskosten, die vor dem 1. Januar 1995 geleistet worden sind, und bei Teilherstellungskosten, die vor diesem Zeitpunkt entstanden sind. Die Sonderabschreibungen dürfen 50 vom Hundert der Anschaffungs- oder Herstellungskosten nicht übersteigen. Sie können im Wirtschaftsjahr der Anschaffung oder Herstellung und in den vier folgenden Wirtschafsjahren in Anspruch genommen werden, letztmals in dem Wirtschaftsjahr, das nach dem 30. Dezember 1994 endet. Bei Wirtschaftsgütern, die der Steuerpflichtige nach dem 31. Dezember 1991 bestellt oder herzustellen begonnen hat, können Sonderabschreibungen im Wirtschaftsjahr höchstens bis zu insgesamt 20 Millionen Deutsche Mark in Anspruch genommen werden. Der Höchstbetrag gilt auch für Gesellschaften im Sinne des § 15 Abs. 1 Satz 1 Nr. 2 und Abs. 3 des Einkommensteuergesetzes. Als Beginn der Herstellung gilt bei Baumaßnahmen, für die eine Baugenehmigung erforderlich ist, der Zeitpunkt, in dem der Bauantrag gestellt wird.

(2a) Eine Rücklage auf Grund des Absatzes 1 darf 50 vom Hundert der Anschaffungs- oder Herstellungskosten beweglicher und unbeweglicher Wirtschaftsgüter des Anlagevermögens nicht übersteigen, die voraussichtlich

1. bis zum Ende des zweiten auf die Bildung der Rücklage folgenden Wirtschaftsjahres und

2. vor dem 1. Januar 1997

angeschafft oder hergestellt werden; die in Nummer 1 genannte Frist verlängert sich für die Herstellung von Gebäuden auf 4 Jahre, wenn mit der

Herstellung bis zum Ende des zweiten auf die Bildung der Rücklage folgenden Wirtschaftsjahrs begonnen worden ist. Befindet sich die Betriebsstätte nicht in einem Gebiet, das im jeweils gültigen Rahmenplan nach dem Gesetz über die Gemeinschaftsaufgabe „Verbesserung der regionalen Wirtschaftsstruktur" vom 6. Oktober 1969 (BGBl. I S. 1861) ausgewiesen ist, darf in Wirtschaftsjahren, die nach dem 30. Dezember 1992 enden, die Rücklage nur in Höhe bis zu 25 vom Hundert gebildet werden. In Wirtschaftsjahren, die nach dem 30. Dezember 1992 enden, darf eine Rücklage von höchstens jeweils 20 Millionen Deutsche Mark gebildet werden. Der Höchstbetrag gilt auch für Gesellschaften im Sinne des § 15 Abs. 1 Satz 1 Nr. 2 und Abs. 3 des Einkommensteuergesetzes. Eine Rücklagenbildung ist letztmals in dem Wirtschaftsjahr, das nach dem 30. Dezember 1994 endet und in den Fällen des Satzes 2 in dem Wirtschaftsjahr, das nach dem 30. Dezember 1993 endet, zulässig. Die Rücklage ist gewinnerhöhend aufzulösen, sobald und soweit Sonderabschreibungen nach Absatz 2 in Anspruch genommen werden können. Ist eine Rücklage am Schluß des nach dem 30. Dezember 1994 endenden Wirtschaftsjahrs noch vorhanden, ist von den Anschaffungs- oder Herstellungskosten der vom Steuerpflichtigen vor dem 1. Januar 1997 angeschafften oder hergestellten Wirtschaftsgüter im Wirtschaftsjahr ihrer Anschaffung oder Herstellung ein Betrag bis zur Höhe der Rücklage, höchstens jedoch bis zu 50 vom Hundert der Anschaffungs- oder Herstellungskosten, abzuziehen. Die Rücklage ist in Höhe des abgezogenen Betrags gewinnerhöhend aufzulösen. Die Rücklage darf gewinnerhöhend nur aufgelöst werden, soweit ein Betrag nach Satz 7 abgezogen wird. Ist eine Rücklage am Schluß des nach dem 30. Dezember 1996 endenden Wirtschaftsjahrs noch vorhanden, ist sie im Wirtschaftsjahr ihrer Bildung gewinnerhöhend aufzulösen. Ist ein Betrag nach Satz 7 abgezogen worden, tritt für die Absetzungen für Abnutzung oder in den Fällen des § 6 Abs. 2 des Einkommensteuergesetzes im Wirtschaftsjahr des Abzugs der verbleibende Betrag an die Stelle der Anschaffungs- oder Herstellungskosten.

(3) Für Maßnahmen nach Absatz 1 gelten § 163 Abs. 1 Satz 3 und Abs. 2 Satz 1 und § 184 Abs. 2 Satz 2 der Abgabenordnung sinngemäß.

(4) Die Vorschriften der Absätze 1 bis 3 sind erstmals bei Wirtschaftsgütern anzuwenden, die nach dem 31. Dezember 1977 angeschafft oder hergestellt werden. Bei unbeweglichen Wirtschaftsgütern des Anlagevermögens, bei denen der Antrag auf Bauantrag vor dem 1. April 1985 gestellt worden ist, dürfen die Sonderabschreibungen abweichend von Absatz 2 Satz 2 insgesamt 40 vom Hundert der Herstellungskosten nicht übersteigen. Soweit ein Antrag auf Bauantrag baurechtlich nicht erforderlich ist, tritt an dessen Stelle der Beginn der Bauarbeiten. § 3 Abs. 3 in der vor dem Inkrafttreten des Gesetzes zur Änderung des Einkommensteuergesetzes, des Körperschaftsteuergesetzes und anderer Gesetze vom 20. August 1980

(BGBl. I S. 1545) geltenden Fassung ist letztmals für das Wirtschaftsjahr anzuwenden, das dem Wirtschaftsjahr vorangeht, für das § 15a des Einkommensteuergesetzes erstmals anzuwenden ist.

§ 4 Verkehr[1]

Die Verkehrserschließung und Verkehrsbedienung sind im Zonenrandgebiet im Rahmen des Ausbaues der Bundesverkehrswege bevorzugt zu fördern. Dies gilt auch für die Schaffung von Verkehrsverbünden der dem öffentlichen Verkehr dienenden Verkehrsunternehmen.

§ 5 Wohnungswesen[1]

(1) Zur Verbesserung der Wohnungsversorgung im Zonenrandgebiet ist der soziale Wohnungsbau sowie die Instandsetzung und Modernisierung des Wohnungsbestandes bevorzugt zu fördern. Die Bundesregierung stellt hierfür den zuständigen obersten Landesbehörden der Zonenrandländer im Rahmen der Wohnungsprogramme besondere zweckgebundene Bundesmittel zur Verfügung.

(2) Die zuständige oberste Landesbehörde kann die Förderungssätze für Bauvorhaben im Zonenrandgebiet bis zu einem Drittel über die normalen Sätze anheben, so daß eine unter Berücksichtigung der besonderen Verhältnisse im Zonenrandgebiet tragbare Miete oder Belastung gewährleistet ist.

(3) Die zuständige oberste Landesbehörde kann zulassen, daß im Zonenrandgebiet bei der Förderung des Wohnungsbaues für Arbeitnehmer die Einkommensgrenze für den öffentlich geförderten sozialen Wohnungsbau (§ 25 des Zweiten Wohnungsbaugesetzes in der Fassung vom 1. September 1965 – Bundesgesetzbl. I S. 1617 –, zuletzt geändert durch das Wohnungsbauänderungsgesetz 1968 vom 17. Juli 1968 – Bundesgesetzbl. I S. 821 –) angemessen überschritten wird.

§ 6 Soziale Einrichtungen[1]

(1) Der Bund fördert im Zonenrandgebiet im Benehmen mit den Ländern durch Zuwendungen zur Deckung von Finanzierungsspitzen die Schaffung sozialer Einrichtungen, insbesondere von Kindergärten, Stätten der Jugendarbeit, Sportstätten, Familienferienstätten und von überörtlichen Einrichtungen für die ältere Generation.

(2) Errichtung, Erweiterung, Ausstattung und Modernisierung von Einrichtungen der beruflichen Bildung und von überregionalen Einrichtungen der Rehabilitation werden im Zonenrandgebiet besonders gefördert. Die Förderung erstreckt sich auch auf Werkstätten für Behinderte.

(3) Die Förderung soll sich vorwiegend auf räumliche und sachliche Schwerpunkte konzentrieren.

---

[1] Zur zeitlichen Anwendung vgl. § 13 Abs. 2.

§ 7 Bildung und Kultur[1]

Der Bund fördert im Zonenrandgebiet im Benehmen mit den Ländern durch Zuwendungen zur Deckung von Finanzierungsspitzen den Bau und die Einrichtung allgemeinbildender Schulen und sonstige kulturelle Einrichtungen und Maßnahmen, insbesondere auf dem Gebiet der Jugend- und Erwachsenenbildung. § 6 Abs. 3 gilt entsprechend.

§ 8 Finanzierung[1]

Die Durchführung der in diesem Gesetz genannten Maßnahmen erfolgt im Rahmen der im jeweiligen Bundeshaushaltsplan hierfür bereitgestellten Mittel.

§ 9 Abgrenzung des Zonenrandgebietes

Als Zonenrandgebiet gelten die Gebiete, die am 1. Januar 1971 zu den in der Anlage genannten Stadt- und Landkreisen gehörten.

§ 10 Generalklausel[1]

Alle sonstigen auch das Zonenrandgebiet betreffenden Rechtsvorschriften, Richtlinien und Programme bleiben unberührt, soweit dieses Gesetz nicht etwas anderes bestimmt.

§ 11 Änderung des Gesetzes über die Gemeinschaftsaufgabe „Verbesserung der regionalen Wirtschaftsstruktur"

Das Gesetz über die Gemeinschaftsaufgabe „Verbesserung der regionalen Wirtschaftsstruktur" vom 6. Oktober 1969 (Bundesgesetzbl. I S. 1861) wird wie folgt geändert:

1. In § 1 Abs. 2 werden von den Worten „in Gebieten durchgeführt" die Worte „im Zonenrandgebiet und" eingefügt.

2. Nach § 2 Abs. 4 wird folgender Absatz 4a neu eingefügt:

(4a) Bei der Förderung der in § 1 Abs. 1 genannten Maßnahmen ist das Zonenrandgebiet bevorzugt zu berücksichtigen. Die politisch bedingte Sondersituation des Zonenrandgebietes kann Abweichungen von den vorstehenden Grundsätzen und Ergänzungen der in § 1 Abs. 1 genannten Maßnahmen notwendig machen.

§ 12 Berlin-Klausel

Dieses Gesetz gilt nach Maßgabe des § 12 Abs. 1 und des § 13 Abs. 1 des Dritten Überleitungsgesetzes vom 4. Januar 1952 (Bundesgesetzbl. I S. 1) auch im Land Berlin.

---

[1] Zur zeitlichen Anwendung vgl. § 13 Abs. 2.

§ 13 Inkrafttreten

(1) Dieses Gesetz tritt am 1. Januar 1971 in Kraft.

(2) Die §§ 1, 2, 8 und 10 sind letztmals für das Haushaltsjahr 1990, der § 5 letztmals für das Haushaltsjahr 1991, der § 4 letztmals für das Haushaltsjahr 1992 und die §§ 6 und 7 letztmals für das Haushaltsjahr 1994 im Rahmen der im jeweiligen Bundeshaushaltsplan hierfür bereitgestellten Mittel anzuwenden.

Anlage zu § 9[1]

Zonenrandgebiet im Sinne des Gesetzes sind

1. im Land Schleswig Holstein

die Stadtkreise
Flensburg, Kiel, Neumünster und Lübeck,

die Landkreise
Flensburg, Schleswig, Rendsburg-Eckernförde, Plön, Ost- Holstein, Segeberg, Stormarn und Hzgt. Lauenburg;

2. im Land Niedersachsen

die Stadtkreise
Lüneburg und Wolfsburg,

die Landkreise
Lüneburg, Lüchow-Dannenberg, Uelzen und Gifhorn,

die Stadtkreise
Braunschweig, Salzgitter und Goslar,

die Landkreise
Helmstedt, Braunschweig mit Ausnahme des Amtes Thedinghausen, Wolfenbüttel, Goslar, Gandersheim und Kreis Blankenburg,

der Stadtkreis
Hildesheim,

die Landkreise
Peine, Hildesheim-Marienburg, Zellerfeld, Osterode, Einbeck, Northeim, Duderstadt, Göttingen und Münden;

3. im Land Hessen

die Stadtkreise
Kassel und Fulda,

die Landkreise
Hofgeismar, Kassel, Witzenhausen, Eschwege, Melsungen, Rotenburg, Hersfeld, Hünfeld, Lauterbach, Fulda und Schlüchtern;

---

[1] Vgl. auch die aktualisierte Anlage zum BMF-Schreiben vom 27. 12. 1989 (BStBl. I S. 518).

4. im Land Bayern

die Stadtkreise
   Bad Kissingen und Schweinfurt,

die Landkreise
   Mellrichstadt, Bad Neustadt/Saale, Brückenau, Königshofen/Grabfeld, Bad Kissingen, Hofheim, Ebern, Schweinfurt und Haßfurt,

die Stadtkreise
   Coburg, Neustadt b. Coburg, Hof, Selb, Kulmbach, Marktredwitz, Bayreuth und Bamberg,

die Landkreise
   Coburg, Staffelstein, Bamberg, Lichtenfels, Kronach, Stadtsteinach, Kulmbach, Naila, Münchberg, Hof, Rehau, Wunsiedel und Bayreuth,

der Stadtkreis
   Weiden,

die Landkreise
   Tirschenreuth, Kemnath, Neustadt a. d. Waldnaab, Vohenstraußen, Nabburg, Oberviechtach, Waldmünchen, Neunburg vorm Wald, Cham und Roding,

die Stadtkreise
   Deggendorf und Passau,

die Landkreise
   Kötzting, Viechtach, Regen, Bogen, Grafenau, Deggendorf, Wolfstein, Wegscheid und Passau.

17.2 Gesetz über Sonderabschreibungen und Abzugsbeträge im Fördergebiet (Fördergebietsgesetz)[1]

Vom 24. Juni 1991

(BGBl. I S. 1322)

§ 1 Anspruchsberechtigter, Fördergebiet

(1) Für begünstigte Investitionen im Sinne der §§ 2 und 3, die im Fördergebiet durchgeführt werden, können Steuerpflichtige Sonderabschreibungen nach § 4 oder Gewinnabzüge nach § 5 vornehmen oder Rücklagen nach § 6 bilden. Bei Personengesellschaften und Gemeinschaften tritt an die Stelle des Steuerpflichtigen die Gesellschaft oder Gemeinschaft.

(2) Fördergebiet sind die Länder Berlin, Brandenburg, Mecklenburg-Vorpommern, Sachsen, Sachsen-Anhalt und Thüringen.

§ 2 Bewegliche Wirtschaftsgüter des Anlagevermögens

Begünstigt sind die Anschaffung und die Herstellung von abnutzbaren beweglichen Wirtschaftsgütern des Anlagevermögens sowie nachträgliche Herstellungsarbeiten an abnutzbaren beweglichen Wirtschaftsgütern des Anlagevermögens, die

1. keine Luftfahrzeuge sind,

2. mindestens 3 Jahre nach ihrer Anschaffung oder Herstellung zum Anlagevermögen einer Betriebsstätte des Steuerpflichtigen im Fördergebiet gehören und während dieser Zeit in einer solchen Betriebsstätte verbleiben und

3. in jedem Jahr des in Nummer 2 genannten Zeitraums vom Steuerpflichtigen zu nicht mehr als 10 vom Hundert privat genutzt werden.

§ 3 Baumaßnahmen

Begünstigt sind die Anschaffung und die Herstellung von abnutzbaren unbeweglichen Wirtschaftsgütern sowie Modernisierungsmaßnahmen und andere nachträgliche Herstellungsarbeiten an abnutzbaren unbeweglichen Wirtschaftsgütern, die beim Erwerber nicht zu einem Betriebsvermögen gehören, ist nur begünstigt, wenn für das Wirtschaftsgut weder Absetzungen für Abnutzung nach § 7 Abs. 5 des Einkommensteuergesetzes noch erhöhte Absetzungen oder Sonderabschreibungen in Anspruch genommen

---

[1] Zum zeitlichen Anwendungsbereich siehe § 8.

worden sind und das Wirtschaftsgut bis zum Ende des Jahres der Fertigstellung angeschafft wird.

§ 4 Sonderabschreibungen

(1) Die Sonderabschreibungen betragen bis zu 50 vom Hundert der Anschaffungs- oder Herstellungskosten der angeschafften oder hergestellten Wirtschaftsgüter oder der Herstellungskosten, die für die nachträglichen Herstellungsarbeiten aufgewendet worden sind. Sie können im Jahr der Anschaffung oder Herstellung oder Beendigung der nachträglichen Herstellungsarbeiten und in den folgenden vier Jahren in Anspruch genommen werden. Bei Wirtschaftsgütern des Anlagevermögens können die Sonderabschreibungen letztmals in dem Wirtschaftsjahr in Anspruch genommen werden, das nach dem 30. Dezember 1994 endet.

(2) Die Sonderabschreibungen nach Absatz 1 können bereits für Anzahlungen auf Anschaffungskosten und für Teilherstellungskosten in Anspruch genommen werden.

(3) Bei nachträglichen Herstellungskosten im Sinne des § 3 ist der Restwert von dem Jahr an, in dem die Sonderabschreibungen nicht mehr vorgenommen werden können, spätestens vom fünften auf das Jahr der Beendigung der Herstellungsarbeiten folgenden Jahr an, bis zum Ende des neunten Jahres nach dem Jahr der Beendigung der Herstellungsarbeiten in gleichen Jahresbeträgen abzusetzen.

§ 5 Gewinnabzug

Land- und Forstwirte, deren Gewinn nach § 13a des Einkommensteuergesetzes zu ermitteln ist, können im Wirtschaftsjahr der Anschaffung oder Herstellung oder Beendigung der nachträglichen Herstellungsarbeiten 25 vom Hundert der Anschaffungs- oder Herstellungskosten der angeschafften oder hergestellten Wirtschaftsgüter oder der Herstellungskosten, die für die nachträglichen Herstellungsarbeiten aufgewendet worden sind, vom Gewinn abziehen. Die abzugsfähigen Beträge dürfen insgesamt 4 000 Deutsche Mark nicht übersteigen und nicht zu einem Verlust aus Land- und Forstwirtschaft führen. § 7a Abs. 5 und 6 des Einkommensteuergesetzes gilt entsprechend.

§ 6 Steuerfreie Rücklage

(1) Steuerpflichtige, die den Gewinn nach § 4 Abs. 1 oder § 5 des Einkommensteuergesetzes ermitteln, können eine den steuerlichen Gewinn mindernde Rücklage für Investitionen im Sinne der §§ 2 und 3 bilden, mit denen vor dem 1. Januar 1992 begonnen worden ist. Die Rücklage kann bis zu der Höhe gebildet werden, in der voraussichtlich Sonderabschreibungen nach § 4 Abs. 1 in Anspruch genommen werden können, höchstens jedoch im Wirtschaftsjahr in Höhe von jeweils 20 Millionen Deutsche Mark.

(2) Die Rücklage ist gewinnerhöhend aufzulösen, sobald und soweit Sonderabschreibungen nach § 4 Abs. 1 für Investitionen, die vor dem 1. Januar 1993 abgeschlossen worden sind, in Anspruch genommen werden können, spätestens jedoch zum Schluß des ersten nach dem 30. Dezember 1992 endenden Wirtschaftsjahrs.

(3) Soweit eine nach Absatz 1 gebildete Rücklage gewinnerhöhend aufgelöst wird, ohne daß in gleicher Höhe Sonderabschreibungen nach § 4 vorgenommen werden, ist der Gewinn des Wirtschaftsjahrs, in dem die Rücklage aufgelöst wird, für jedes volle Wirtschaftsjahr, in dem die Rücklage bestanden hat, um 6 vom Hundert des aufgelösten Rücklagebetrags zu erhöhen.

§7 Abzugsbetrag bei zu eigenen Wohnzwecken genutzten Gebäuden

(1) Aufwendungen, die auf an einem eigenen Gebäude vorgenommene Herstellungs- und Erhaltungsarbeiten entfallen, können im Jahr der Zahlung und den folgenden neun Jahren jeweils bis zu 10 vom Hundert wie Sonderausgaben abgezogen werden. Die Aufwendungen sind nur begünstigt, wenn das Gebäude in dem Teil des Fördergebiets liegt, in dem das Grundgesetz vor dem 3. Oktober 1990 nicht gegolten hat, und soweit sie

1. nicht zu den Betriebsausgaben oder Werbungskosten gehören,
2. nicht in die Bemessungsgrundlage nach §§ 10e, 10f oder 52 Abs. 21 Satz 6 des Einkommensteuergesetzes einbezogen und nicht nach § 10e Abs. 6 des Einkommensteuergesetzes abgezogen werden,
3. auf das Gebäude oder Gebäudeteil entfallen, das im jeweiligen Jahr des Zeitraums nach Satz 1 zu eigenen Wohnzwecken genutzt wird,
4. während des Anwendungszeitraums nach § 8 Abs. 3 40000 Deutsche Mark nicht übersteigen.

Eine Nutzung zu eigenen Wohnzwecken liegt auch vor, wenn Teile einer zu eigenen Wohnzwecken genutzten Wohnung unentgeltlich zu Wohnzwecken überlassen werden.

(2) Für Zeiträume, für die von Aufwendungen, die auf Herstellungsarbeiten entfallen, Absetzungen für Abnutzung, erhöhte Absetzungen oder Sonderabschreibungen abgezogen worden sind, können für diese Aufwendungen keine Abzugsbeträge nach Absatz 1 Satz 1 in Anspruch genommen werden. Soweit das Gebäude während des Zeitraums nach Absatz 1 Satz 1 zur Einkunftserzielung genutzt wird, ist der noch nicht berücksichtigte Teil der Aufwendungen, die auf Erhaltungsarbeiten entfallen, im Jahr des Übergangs zur Einkunftserzielung wie Sonderausgaben abzuziehen.

(3) Die Absätze 1 und 2 sind auf Gebäudeteile, die selbständige unbewegliche Wirtschaftsgüter sind, und auf Eigentumswohnungen entsprechend anzuwenden.

§ 8 Anwendung

(1) Die §§ 1 bis 5 sind anzuwenden bei

1. Wirtschaftsgütern, die nach dem 31. Dezember 1990 und vor dem 1. Januar 1995 angeschafft oder hergestellt werden, und bei nachträglichen Herstellungsarbeiten, die in diesem Zeitpunkt beendet werden, sowie

2. nach dem 31. Dezember 1990 und vor dem 1. Januar 1995 geleisteten Anzahlungen auf Anschaffungskosten und entstandenen Teilherstellungskosten.

Bei beweglichen Wirtschaftsgütern, die im Zeitpunkt der Anschaffung oder Herstellung zum Anlagevermögen einer Betriebsstätte in dem Teil des Landes Berlin gehören, in dem das Grundgesetz schon vor dem 3. Oktober 1990 gegolten hat, und bei unbeweglichen Wirtschaftsgütern in diesem Gebiet ist Satz 1 nur anzuwenden, wenn der Steuerpflichtige sie nach dem 30. Juni 1991 bestellt oder herzustellen begonnen hat. Bei nachträglichen Herstellungsarbeiten an einem Gebäude gilt Satz 2 entsprechend. Als Beginn der Herstellung gilt bei Baumaßnahmen, für die eine Baugenehmigung erforderlich ist, der Zeitpunkt, in dem der Bauantrag gestellt wird.

(2) § 6 Abs. 1 ist erstmals für das Wirtschaftsjahr anzuwenden, das nach dem 31. Dezember 1990 endet, und letztmals für das Wirtschaftsjahr, das nach dem 30. Dezember 1991 endet.

(3) § 7 ist auf Aufwendungen anzuwenden, die auf nach dem 31. Dezember 1990 und vor dem 1. Januar 1995 vorgenommene Herstellungs- oder Erhaltungsarbeiten entfallen.

Sachverzeichnis

Die fett gedruckte Ziffer nach dem Stichwort bezeichnet die Nummer innerhalb dieser Ausgabe, die nachfolgende magere Ziffer den Paragraphen. Absätze innerhalb des Paragraphen sind durch römische Ziffern gekennzeichnet. Die in Klammern gesetzten Zahlen verweisen auf die Nummern innerhalb der Vorschrift.

Sachverzeichnis

Sachverzeichnis

Sachverzeichnis

Sachverzeichnis

Gebäudereinigung, Umsatzsteuer, Vorsteuerabzug **12.**2 Anl. (III 4)
Gebäudewert, Angleichung an den gemeinen Wert **4** 90; Außenanlagen **4** 89; Ermäßigung und Erhöhung **4** 88; bei Grundstücksbewertung, BewG **4** 85; Wertminderung wegen Alters **4** 86; Wertminderung wegen baulicher Mängel und Schäden **4** 87
Gebietsfremde Fahrzeuge, Kraftfahrzeugsteuer **10.**2 10 ff.
Gebietsverbände *s. Parteien, politische*
Gebrauchsmuster als Inlandsvermögen beschränkt Steuerpflichtiger, BewG **4** 121 II (5)
Gebrauchtfahrzeuge, Besteuerung der Umsätze **12.**1 25 a
Gegenleistung, Begriff, Gesellschaftsteuer **11.**1 8; Entgelt *s. dort;* Geltung bei der Grunderwerbsteuer **7** 9; Herabsetzung, Grunderwerbsteuer **7** 16
Gegenstände, Überlassung an Gesellschaft bzw. Übernahme von G., Gesellschaftsteuer **11.**1 2
Geistlicher, Dienstwohnung, Grundsteuerbefreiung **8** 3
Geld, Nutzung einer Geldsumme, BewG **4** 15 I; als sonstiges Vermögen, BewG **4** 110 I (2)
Gemeinde, Grundsteuerheberecht **8** 1; Vermögensteuerbefreiung **14** 3 I (4); Versorgungsbetriebe, Gesellschaftsteuerbefreiung **11.**1 7
Gemeindegebühren als Teil der Jahresrohmiete, BewG **4** 79 I
Gemeindegröße, Vervielfältiger für Jahresrohmiete, BewG **4** 80 II; Wertzahlen für Grundvermögen, BewG **4** 90
Gemeindesteuern, Grundsteuer **8** 1
Gemeindeverband, Vermögensteuerbefreiung **14** 3 I (4)
Gemeiner Wert, Auslandsvermögen, BewG **4** 31; als Bewertungsgrundsatz **4** 9; Grundstückswertangleichung u. g. W. **4** 90
Gemeinnützige Wohnungsunternehmen, Vermögensteuerbefreiung **14** 3 I (13)
Gemeinnützige Zwecke, Grundsteuerbefreiung **8** 3; Kapitalgesellschaften, Gesellschaftsteuerbefreiung **11.**1 7; Umsatzsteuerbefreiung **12.**1 4 (27); Umsatzsteuersatz **12.**1 12 II (8); Vermögensteuerbefreiung **14** 3 I (12); Zuwendungen für g. Z., Erbschaftsteuerbefreiung **5.**1 13 I (16), (17)
Gemeinschaft, Betrieb einer Land-/Forstwirtschaft, BewG **4** 34 VI; gemeinschaftliche Tierhaltung, BewG **4** 51 a; – als Betrieb der Land-/Forstwirtschaft, BewG **4** 34 VI a; Gesamthandsgemeinschaft *s. dort*
Gemeinschaftseigentum, Umwandlung

in Flächeneigentum, Grunderwerbsteuer **7** 7
Gemüse, Umsatzsteuersatz **12.**1 Anl. (10)
Gemüsebau, Umsatzbesteuerung nach Durchschnittssätzen **12.**1 24 II; **12.**2 67
Gemüsehändler, Umsatzsteuer, Vorsteuerabzug **12.**2 Anl. (II 7)
Genehmigungsbehörden, Anzeigepflichten, ErbStG **5.**2 14
Genossenschaft, Betriebsvermögen von Erwerbs- und Wirtschaftsgenossenschaften, BewG **4** 97; Geschäftsguthaben der Genossen, BewG **4** 104 a; Geschäftsguthaben als sonstiges Vermögen der Genossen, BewG **4** 110 I (3); Vermögensteuer **14** 1; Vermögensteuerbefreiung **14** 3 I (7); Vermögensteuererfreibetrag für G. in der Land- und Forstwirtschaft **14** 7
Genußrechte als Gesellschaftsrechte an Kapitalgesellschaft **11.**1 6
Gericht, Anzeigepflichten, ErbStG **5.**1 34; **5.**2 11 ff.
Geringstland, Bewertung, BewG **4** 44; als Wirtschaftsteil einer Land-/Forstwirtschaft, BewG **4** 34
Gesamtgut einer fortgesetzten Gütergemeinschaft als wirtschaftliche Einheit, BewG **4** 26
Gesamthandsgemeinschaft, flächenweise Grundstücksaufteilung, Grunderwerbsteuer **7** 7; Grunderwerbsteuerbefreiung **7** 5 f.
Gesamtschuldner, Grundsteuer **8** 10
Gesamtumsatz, Begriff, UStG **12.**1 19 IV; für Umsatzsteuer nach vereinnahmten Entgelten **12.**1 20; Umsatzsteuer für Unternehmer mit niedrigem G. **12.**1 19
Gesamtvermögen von Ehegatten, Zusammenrechnung **4** 119; Eltern und Kinder, Zusammenrechnung **4** 119; Ermittlung des G., Betriebsvermögen von einem Krankenhaus **4** 116; Vermögensteuer, G. als Bemessungsgrundlage **14** 4; Versorgungs- und Verkehrsunternehmen, BewG **4** 117
Gesamtwert bei Erbbaurechtsbewertung, BewG **4** 92
Geschäftsanteile, Bewertung **4** 110 I (3)
Geschäftsgrundstück, Begriff, BewG **4** 75; Bewertung, BewG **4** 76; Jahresrohmiete, Vervielfältiger, BewG **4** Anl. (6)
Geschäftsguthaben bei Genossenschaften, Abzugsfähigkeit durch Genossenschaft beim Betriebsvermögen, BewG **4** 104 a; als sonstiges Vermögen **4** 110 I (3)
Geschäftsleitung, Verlegung durch ausländische Kapitalgesellschaft, Gesellschaftsteuer **11.**1 2

Sachverzeichnis

Sachverzeichnis

fette Ziffern = Gesetzesnummern

Sachverzeichnis

Sachverzeichnis

an umlaufenden Betriebsmitteln als sonstiges Vermögen, BewG **4** 110 I (7); Überschußabgeltung, BewG **4** 118 I (3); Umsatzbesteuerung nach Durchschnittssätzen **12.1** 24; **12.2** 67; Umsatzsteuer, Aufzeichnungspflichten **12.2** 67; Umsatzsteuerersatz **12.1** 12 II; Vermögensteuerfreibetrag für Genossenschaften und Vereine **14** 7

land- und forstwirtschaftliche Arbeitskräfte, Gestellung, Umsatzsteuerbefreiung **12.1** 4 (7)

land- und forstwirtschaftliches Vermögen, Abbauland, Bewertung **4** 43; Abgrenzung zum Betriebsvermögen **4** 95; Abgrenzung vom Grundvermögen **4** 69; Begriff **4** 33; im Gebiet der ehem. DDR, Bewertung **4** 125; –, Grundsteuer **8** 40; in Berlin (West) **4** 122; Betrieb der Land- und Forstwirtschaft **4** 34; Betriebsmittel bei Weinbau **4** 56; Bewertungsbeirat **4** 63 ff.; Bewertungsgrundsätze **4** 36; Bewertungsstichtag bei gärtnerischer Nutzung **4** 59; Bewertungsstützpunkte **4** 39; Einheitswert **4** 48 f.; Einheitswertverteilung **4** 49; Ertragswert als Bewertungsgrundlage **4** 53 ff.; Geringstland, Bewertung **4** 44; Gutachterausschuß **4** 67; als Inlandsvermögen bei beschränkter Steuerpflicht **4** 121 II (1); landwirtschaftliche Sonderkulturen **4** 52; Nebenbetriebe, Bewertung **4** 42; Tierbestände **4** 33 III; Umland, Bewertung **4** 45; Vergleichswertermittlung **4** 40 f.; – für Binnenfischerei, Teichwirtschaft, Fischzucht, Imkerei, Schäferei, Saatzucht **4** 62; – bei forstwirtschaftlicher Nutzung **4** 55; Wirtschaftswert, BewG **4** 46; Wohnungswert des Wohnteils, BewG **4** 47

Landwirtschaftliche Produktionsgenossenschaft, Vermögensteuerbefreiung **14** 3 (7a)

Landwirtschaftliche Rentenbank, Vermögensteuerbefreiung **14** 3 I (2)

landwirtschaftliches Vermögen, Ertragsbedingungen **4** 50; gemeinschaftliche Tierhaltung **4** 51a; Tierbestände **4** 51

Lärmbelästigung, Grundstückswertermäßigung, BewG **4** 82

Lasten, Abzug bei Gesamtvermögenswertermittlung, BewG **4** 118; Abzugsfähigkeit, Erbschaftsteuer **5.1** 10 VI; auflösende Bedingung, BewG **4** 7; aufschiebende Bedingung, BewG **4** 6; Ungewißheit des Zeitpunkts der Entstehung oder des Wegfalls, BewG **4** 8

Lastenausgleichsansprüche, Erbschaftsteuerbefreiung **5.1** 13 I (7a); kein Vermögen, BewG **4** 111 (5)

Lastenausgleichsbank *s. Deutsche Ausgleichsbank*

Laubgenossenschaft, Bewertung, BewG **4** 3a

Lebensdauer eines Gebäudes, Vervielfältiger für Jahresrohmiete, BewG **4** 80 III; Wertminderung im Sachwertverfahren **4** 86

Lebensversicherung, Versicherungsteuerbefreiung **13.1** 4

Lebensversicherungsansprüche, Bewertung, BewG **4** 12 IV; als sonstiges Vermögen, BewG **4** 110 I (6)

Lederbekleidungs-Einzelhandel, Umsatzsteuer, Vorsteuerabzug **12.2** Anl. (II 11)

Lehrgänge der Jugendhilfe, Umsatzsteuerbefreiung **12.1** 4 (25)

Lehrlinge bei Blinden, keine Arbeitnehmer, UStG **12.1** 4 (19a)

Leistung, Begriff, Umsatzsteuer **12.1** 1, IX; Sonderfälle **12.2** 1; Bewertung, BewG **4** 13 ff.; eines Gesellschafters bzw. einer Personenvereinigung, Gesellschaftsteuer **11.1** 2, 4; Jahreswert, BewG **4** 15; Kapitalwert einer lebenslänglichen Leistung, BewG **4** Anl. 9; eines Mieters als Teil der Jahresrohmiete, BewG **4** 79 I; der Wohnungseigentümer, Umsatzsteuerbefreiung **12.1** 4 (13)

Leistungen, wiederkehrende, Bewertung, BewG **4** 13; Erbschaft-/Schenkungsteuer **5.1** 23; als sonstiges Vermögen, BewG **4** 110 I (4)

Leistungsprüfung für Tiere in der Tierzucht, Umsatzsteuersatz **12.1** 12 II (3 f.)

Lichtspieltheater, Umsatzsteuersatz **12.1** 12 II (7)

Lieferung, Aufzeichnungspflicht, UStG **12.1** 22; an Beauftragte, Umsatzsteuer **12.1** 3 VII; Beförderung als L. **12.1** 3 VII; Begriff, Umsatzsteuer **12.1** 1, 3 I; Bemessungsgrundlage **12.1** 10; im Einfuhrland, Begriff **12.1** 3 VIII; in Freihäfen, Umsatzsteuer **12.1** 1 III; Ort der L. **12.1** 3 VI; Rechnungsausstellung **12.1** 14; Tausch als L. **12.1** 3 XII; Umsatzsteuerbefreiung **12.1** 4; Umsatzsteuerbemessungsgrundlage **12.1** 10 V; Umsatzsteuersatz **12.1** 12 II (1); Umsatzsteuerschuld, Entstehung **12.1** 13; Versendung als L. **12.1** 3 VII; Vorsteuerabzug **12.1** 15

Linienverkehr, Umsatzsteuersatz **12.1** 12

Liquiditäts-Konsortialbank GmbH, Vermögensteuerbefreiung **14** 3 I (2)

Lohnausgleichskasse, Versicherungsteuerbefreiung **13.1** 4 (6)

Lohnsteuer, Ermäßigung nach dem Berlinförderungsgesetz **3** 26

Lohnveredelung an Gegenständen der Ausfuhr, Ausfuhrnachweis **12.2** 12; buchmäßiger Nachweis **12.2** 13; Umsatzsteuerbefreiung **12.1** 4 (1), 7

magere Ziffern = Paragraphen

Sachverzeichnis

569

Sachverzeichnis

Sachverzeichnis

Sachverzeichnis

Sachverzeichnis

Sachverzeichnis

Sachverzeichnis

Sachverzeichnis

fette Ziffern = Gesetzesnummern

Sachverzeichnis

Sachverzeichnis

Sachverzeichnis

STEUERRECHT im

Textausgaben

SteuerG 1 · Steuergesetze I

Einkommensteuer einschließlich Nebenbestimmungen sowie Einkommensteuer-Tabellen, Gewerbesteuer, Körperschaftsteuer, Umwandlungssteuer.
(dtv-Band 5549, Beck-Texte)

SteuerG 2 · Steuergesetze II

Außensteuer, Berlinförderung, Bewertungsrecht, Erbschaft- und Schenkungsteuer, Grunderwerbsteuer, Grundsteuer, Umsatzsteuer, Sonstige Verkehrsteuern.
(dtv-Band 5550, Beck-Texte)

LStRecht
Lohnsteuerrecht

Lohnsteuer-Durchführungsverordnung, Lohnsteuer-Richtlinien.
(dtv-Band 5540, Beck-Texte)

Lohnsteuer-Tabellen 1990

Lohnsteuer-Tabellen Tag, Woche, Monat, Jahr mit Vorbemerkungen und Berechnungsanleitungen.
Einkommensteuer-Tabellen 1990:
Grund- und Splittingtabelle mit Vorbemerkungen.
DDR-Lohnsteuer-Tabellen 1990:
Tag, Monat mit Vorbemerkung.
(dtv-Band 5541, Beck-Texte)

EStRecht
Einkommensteuerrecht

Einkommensteuergesetz mit Einkommensteuer-Grund- und -Splittingtabelle, Einkommensteuer-Durchführungsverordnung, Einkommensteuer-Richtlinien.
(dtv-Band 5542, Beck-Texte)

KStRecht
Körperschaftsteuerrecht

Körperschaftsteuergesetz mit Körperschaftsteuer-Durchführungsverordnung und Körperschaftsteuer-Richtlinien.
(dtv-Band 5544, Beck-Texte)

GewStRecht
Gewerbesteuerrecht

Gewerbesteuergesetz mit Gewerbesteuer-Durchführungsverordnung und Gewerbesteuer-Richtlinien.
(dtv-Band 5545, Beck-Texte)

UStRecht · Umsatzsteuerrecht

Umsatzsteuergesetz mit Umsatzsteuer-Durchführungsverordnung und Umsatzsteuer-Richtlinien 1988.
(dtv-Band 5546, Beck-Texte)

VStRecht · Vermögensteuer-
und Bewertungsrecht

Bewertungsgesetz, Vermögensteuergesetz, Anteilsbewertungsverordnung, Vermögensteuer-Richtlinien, Richtlinien für die Bewertung des Grundvermögens.
(dtv-Band 5547, Beck-Texte)

AO · FGO · Abgabenordnung

mit Finanzgerichtsordnung und Nebengesetzen.
(dtv-Band 5548, Beck-Texte)

Rechtsberater
Schneidewind/Schiml
Alles über Steuern von A–Z

Alles Wichtige u. a. über Einkommensteuer, Lohnsteuer, Mehrwertsteuer, Gewerbesteuer, Grundsteuer, Körperschaftsteuer, Vermögensteuer und Verfahrensrecht.
(dtv-Band 5049, Beck-Rechtsberater)

Bunjes
Steuer-ABC für Freiberufler

Betriebsprüfung, Direktversicherung, Fachkongresse, Familienangehörige, Gemeinschaftspraxis, Praxisveräußerung, Steuerbescheid, u.a.m.
(dtv-Band 5065, Beck-Rechtsberater)

Dornbusch/Jasper · Der Große dtv-Steuersparer von A–Z

Alle Tips zum Steuersparen für Arbeitnehmer, Unternehmer, Freiberufler, Haus-, Wohnungseigentümer, Rentner.
(dtv-Band 5068, Beck-Rechtsberater)

Würdinger · Wegweiser durch das Einkommen- und Lohnsteuerrecht

Einkünfte, abzugsfähige Ausgaben, Sonderausgaben, Sparförderung, Veranlagungsverfahren, Lohnsteuerverfahren, Rechtsbehelfe nach der Steuerreform 1990.
(dtv-Band 5100, Beck-Rechtsberater)

Dornbusch/Jasper/Piltz Steuervorteile durch Haus- und Wohnbesitz

Anschaffung, Besitz, Veräußerung. Optimale Steuergestaltung beim Ansparen, Bauen, Kaufen, Bewohnen, Vermieten, Veräußern, Verschenken und Vererben.
(dtv-Band 5240, Beck-Rechtsberater)

Schreyer
Der Lohn-Steuer-Sparer 1991

LohnsteuerJahresausgleich 1990, Lohnsteuer-Ermäßigung 1991.
(dtv-Band 5262, Beck-Rechtsberater)

Schreyer · Der Einkommen-Steuer-Sparer 1991

Einkommensteuer-Erklärung 1990.
(dtv-Band 5263, Beck-Rechtsberater)

Sauer/Luger
Vereine und Steuern

Umfang der Steuerpflicht, Gemeinnützigkeit und Spenden, ABC der Einnahmequellen, Buchführung und Jahresabschluß. Lohnsteuerabzugsverfahren.
(dtv-Band 5264, Beck-Rechtsberater)

Schiederer
Reisekosten 1991
Für Selbständige und Arbeitnehmer

Dienst- und Geschäftsreisen, Doppelte Haushaltsführung, Umzugskosten, Fahrtkosten Wohnung-Arbeitsstätte, Dienstwagen, Auslösungen, Vorsteuerabzug.
(dtv-Band 5282, Beck-Rechtsberater)

Hoffmann/Ruff/Schurwanz Steuerratgeber für Behinderte

Feststellungsgrundlagen und Zuständigkeiten, Besteuerungsverfahren, Nachteilsausgleiche, Steuerrechtliche Sonderregelungen.
(dtv-Band 5284, Beck-Rechtsberater)

Sauer · Das Lohnsteuerabzugsverfahren

Eine Anleitung für den Arbeitgeber. Aufzeichnungspflicht, Feststellung des Arbeitslohns, Anmeldung und Abführung der Lohnsteuer, Haftung des Arbeitgebers, Lohnsteuer-Außenprüfung.
(dtv-Band 5295, Beck-Rechtsberater)

Deutscher Taschenbuch Verlag